"十三五"国家重点出版物出版规划项目
现代机械工程系列精品教材
新工科·普通高等教育汽车类系列教材

汽车运用工程

主编　徐志军
参编　张学艳　刘丹丹

机械工业出版社

本书是"十三五"国家重点出版物出版规划项目。

本书系统讲述了汽车性能的相关基础理论、影响因素和试验测试方法。全书共11章，包括汽车的类型和性能、动力性、燃料经济性、制动性、操纵稳定性、被动安全性、通过性、舒适性、排放污染、运行材料和合理使用等内容。与现有教材相比，本书增加了天然气和新能源汽车的燃料经济性、污染物排放、使用等内容，采用了现行的标准和法规。

本书可作为本科院校汽车服务、汽车运用、交通工程和交通管理类专业的教材，也可作为职业院校相关专业教材，还可供从事汽车开发、使用、技术管理和交通管理方面的人员参考。

本书配有PPT课件，免费赠送给采用本书作为教材的教师，可登录www.cmpedu.com注册下载，或联系编辑（tian.lee9913@163.com）索取。

图书在版编目（CIP）数据

汽车运用工程/徐志军主编. —北京：机械工业出版社，2020.12
（2025.8重印）
"十三五"国家重点出版物出版规划项目　现代机械工程系列精品教材
新工科·普通高等教育汽车类系列教材
ISBN 978-7-111-67110-7

Ⅰ.①汽…　Ⅱ.①徐…　Ⅲ.①汽车工程-高等学校-教材　Ⅳ.①U46

中国版本图书馆CIP数据核字（2020）第249238号

机械工业出版社（北京市百万庄大街22号　邮政编码100037）
策划编辑：宋学敏　责任编辑：宋学敏　赵　帅
责任校对：张晓蓉　封面设计：张　静
责任印制：邓　博
北京中科印刷有限公司印刷
2025年8月第1版第4次印刷
184mm×260mm·22.25印张·546千字
标准书号：ISBN 978-7-111-67110-7
定价：59.80元

电话服务　　　　　　　　　　网络服务
客服电话：010-88361066　　　机　工　官　网：www.cmpbook.com
　　　　　010-88379833　　　机　工　官　博：weibo.com/cmp1952
　　　　　010-68326294　　　金　书　网：www.golden-book.com
封底无防伪标均为盗版　　机工教育服务网：www.cmpedu.com

前　言

　　随着汽车性能研究的深入、汽车性能标准法规的完善和更新，以及性能测试和应用技术的发展，汽车运用工程方面的教材亟需进行内容的更新和补充，以适应更好地发展应用型教育，培养应用型人才的要求。

　　结合汽车服务工程专业新的课程教材体系，本书以性能测试和评价为任务导向，包括汽车性能的计算，汽车性能的试验测试方法、相关标准和法规，汽车使用和汽车运行材料等内容。相比现有教材，本书增加了天然气和新能源汽车燃料经济性、污染物排放、使用等内容。全书在总体上以理论为主线，在内容上更注重应用性，在层次上更注重系统性。

　　本书内容注重理论密切联系实际，介绍了国内外汽车运行性能方面的有关标准和规范，以使读者在更大程度上学以致用。随着技术和社会的发展，这些规范和标准必然要有所更新，读者在运用时应注意以现行的规范和标准为准。

　　北京联合大学徐志军任本书的主编，并负责第1~3章及第6章的编写；参加编写的还有北京联合大学张学艳和刘丹丹，其中张学艳负责第4章、第5章、第7章及第8章的编写，刘丹丹负责第9~11章的编写。

　　本书在编写过程中参考了国内一些学者发表的学术论文和出版的学术著作，并获得了北京联合大学规划教材建设项目的资助，在此一并表示衷心感谢。

　　希望读者对本书存在的不当之处提出批评和修改建议，以便修订时参考。

编　者

目 录

前言
第1章 汽车的类型和性能 ………… 1
1.1 汽车的分类方法 ………… 1
1.1.1 按照汽车用途分类
（通用分类） ………… 1
1.1.2 汽车型式认证所使用的分类
方法 ………… 5
1.1.3 按动力装置使用的能源分类 ………… 7
1.1.4 按汽车行驶的道路条件分类 ………… 8
1.1.5 其他汽车分类标准 ………… 8
1.2 车辆识别代号（VIN） ………… 8
1.2.1 车辆识别代号的作用 ………… 9
1.2.2 车辆识别代号的组成 ………… 9
1.2.3 车辆识别代号的标示位置 ………… 11
1.3 汽车使用性能概述 ………… 12
1.3.1 汽车容载量 ………… 13
1.3.2 汽车使用方便性 ………… 15
1.3.3 紧凑性 ………… 16
1.3.4 乘坐舒适性 ………… 16
1.3.5 汽车的最大续驶里程 ………… 17
1.3.6 汽车的智能性 ………… 17
本章小结 ………… 20
习题 ………… 20

第2章 汽车的动力性 ………… 22
2.1 汽车动力性的评价指标 ………… 22
2.1.1 汽车动力性介绍 ………… 22
2.1.2 最高车速 ………… 22
2.1.3 加速性能 ………… 22
2.1.4 爬坡能力 ………… 23
2.2 汽车动力性分析 ………… 24
2.2.1 汽车驱动力 ………… 24
2.2.2 汽车的驱动力图 ………… 27
2.2.3 汽车行驶阻力 ………… 28
2.2.4 汽车行驶方程式 ………… 35
2.2.5 汽车行驶的附着条件 ………… 36
2.2.6 驱动力-行驶阻力平衡 ………… 40
2.2.7 汽车的功率平衡 ………… 43
2.2.8 汽车动力性的影响因素 ………… 44
2.2.9 汽车动力的合理使用 ………… 48
2.3 电动汽车的动力性 ………… 49
2.3.1 电动机特性 ………… 49
2.3.2 蓄电池 ………… 49
2.3.3 变速器档数和传动比 ………… 50
2.3.4 动力性计算 ………… 50
2.4 汽车动力性检测 ………… 52
2.4.1 汽车动力性试验相关标准 ………… 52
2.4.2 道路试验 ………… 52
2.4.3 室内试验 ………… 55
2.4.4 电动汽车动力性试验 ………… 58
本章小结 ………… 58
习题 ………… 59

第3章 汽车的燃料经济性 ………… 61
3.1 汽车燃料经济性的评价 ………… 61
3.1.1 汽车燃料经济性的介绍 ………… 61
3.1.2 发动机燃料经济性 ………… 61
3.1.3 整车燃料经济性评价指标 ………… 62
3.1.4 汽车燃料经济性评价方法 ………… 62
3.2 汽车燃料经济性分析 ………… 70
3.2.1 汽车燃料经济性计算 ………… 70
3.2.2 汽车燃料经济性的影响因素 ………… 75
3.3 汽车燃料经济性试验 ………… 82
3.3.1 汽车燃料经济性试验相关标准 ………… 82
3.3.2 试验设备 ………… 83
3.3.3 道路试验 ………… 85
3.3.4 室内试验 ………… 87
3.3.5 气体燃料消耗测试 ………… 90
3.3.6 燃料消耗测试数据的重复性
及其校正 ………… 91
3.3.7 给定路程测试法 ………… 91
本章小结 ………… 92

习题 …… 92

第4章 汽车的制动性 …… 94
4.1 汽车制动性的评价指标 …… 94
4.2 制动时车轮的受力 …… 95
4.2.1 地面制动力 …… 95
4.2.2 制动器制动力 …… 95
4.2.3 地面制动力、制动器制动力与附着力之间的关系 …… 96
4.2.4 硬路面上的附着系数 …… 97
4.3 汽车的制动效能及其恒定性 …… 100
4.3.1 制动减速度 …… 100
4.3.2 制动距离 …… 101
4.3.3 制动效能的恒定性 …… 105
4.4 制动时汽车的方向稳定性 …… 107
4.4.1 汽车的制动跑偏 …… 108
4.4.2 制动时后轴侧滑与前轴转向能力的丧失 …… 111
4.5 汽车制动力的分配 …… 114
4.5.1 制动时地面对前、后车轮的法向反作用力 …… 114
4.5.2 理想的前、后轮制动器制动力分配曲线 …… 115
4.5.3 具有固定比值的前、后制动器制动力与同步附着系数 …… 117
4.5.4 f 线组与 r 线组 …… 118
4.5.5 汽车在各种路面上制动过程的分析 …… 120
4.5.6 利用附着系数与制动效率 …… 121
4.5.7 同步附着系数的选择 …… 123
4.5.8 制动力的调节 …… 123
4.5.9 防抱制动系统 …… 125
4.5.10 电子制动力分配系统（EBD） …… 127
4.6 缓速制动 …… 127
4.7 辅助制动系统 …… 129
4.7.1 电子控制制动辅助系统（EBA） …… 129
4.7.2 自动紧急制动系统（AEB） …… 130
4.8 汽车制动性的影响因素 …… 130
4.8.1 轴间载荷分配 …… 130
4.8.2 制动力的调节和车轮防抱死 …… 131
4.8.3 汽车载质量 …… 131
4.8.4 车轮制动器 …… 131
4.8.5 制动初速度 …… 132
4.8.6 利用发动机制动 …… 132
4.8.7 驾驶技术 …… 132
4.8.8 道路条件 …… 133
4.9 汽车制动性试验 …… 133
4.9.1 高附着系数路面的制动试验 …… 133
4.9.2 制动性的室内试验 …… 135
本章小结 …… 136
习题 …… 137

第5章 汽车的操纵稳定性 …… 138
5.1 概述 …… 138
5.1.1 汽车操纵稳定性的基本内容 …… 138
5.1.2 车辆坐标系 …… 140
5.1.3 人-汽车系统 …… 141
5.1.4 汽车操纵稳定性试验的评价方法 …… 141
5.2 轮胎的侧偏特性 …… 142
5.2.1 轮胎的坐标系 …… 142
5.2.2 轮胎的侧偏现象 …… 143
5.2.3 轮胎结构、工作条件与侧偏特性的关系 …… 145
5.2.4 回正力矩 …… 147
5.2.5 有外倾角时轮胎的滚动 …… 148
5.3 汽车转向运动学和动力学 …… 149
5.3.1 无侧偏时的转向运动 …… 149
5.3.2 有侧偏时的转向运动 …… 150
5.3.3 转向特性 …… 151
5.3.4 线性二自由度汽车模型的运动微分方程 …… 152
5.3.5 汽车的稳态转向 …… 154
5.3.6 前轮角阶跃输入下的瞬态响应 …… 160
5.4 汽车操纵稳定性的影响因素 …… 164
5.4.1 车轮不平衡引起的转向轮摆振 …… 164
5.4.2 汽车操纵稳定性与悬架的关系 …… 164
5.4.3 转向系对汽车横摆角速度稳态响应的影响 …… 169
5.4.4 传动系与汽车操纵稳定性的关系 …… 171
5.5 改善汽车操纵稳定性的措施 …… 172
5.5.1 车轮定位及稳定效应 …… 172
5.5.2 轮胎的结构、气压对操纵稳定性的影响 …… 173
5.5.3 转向系的改进 …… 174

　　5.5.4　电子控制悬架 …………………… 174
　　5.5.5　车辆稳定性控制系统（VSC）… 175
　5.6　汽车操纵稳定性的试验 ……………… 175
　　5.6.1　试验仪器与设备 ………………… 176
　　5.6.2　汽车操纵稳定性道路试验 ……… 177
　　5.6.3　汽车操纵稳定性台架试验 ……… 179
　本章小结 …………………………………… 182
　习题 ………………………………………… 183

第6章　汽车的被动安全性 ………………… 185

　6.1　汽车被动安全性的评价 ……………… 185
　　6.1.1　汽车被动安全性的概念 ………… 185
　　6.1.2　汽车碰撞安全性 ………………… 186
　　6.1.3　被动安全性评价方法 …………… 188
　6.2　汽车被动安全技术 …………………… 190
　　6.2.1　安全车身 ………………………… 191
　　6.2.2　安全约束系统 …………………… 195
　　6.2.3　吸能式转向管柱 ………………… 197
　　6.2.4　座椅和头枕 ……………………… 198
　6.3　被动安全性试验 ……………………… 199
　　6.3.1　零部件台架试验 ………………… 200
　　6.3.2　实车碰撞试验 …………………… 201
　6.4　新车评价程序（NCAP）……………… 206
　　6.4.1　NCAP 星级 ……………………… 206
　　6.4.2　NCAP 试验方法 ………………… 207
　　6.4.3　C-NCAP …………………………… 208
　6.5　燃气汽车的安全性 …………………… 209
　　6.5.1　天然气汽车安全技术标准 ……… 209
　　6.5.2　天然气汽车使用安全性 ………… 211
　6.6　新能源汽车安全性 …………………… 214
　　6.6.1　纯电动汽车安全性问题 ………… 214
　　6.6.2　电动汽车安全性评价和测试 …… 215
　　6.6.3　提高电动汽车安全性的措施 …… 218
　本章小结 …………………………………… 219
　习题 ………………………………………… 219

第7章　汽车的通过性 ……………………… 221

　7.1　汽车的轮廓通过性 …………………… 221
　　7.1.1　最小离地间隙 …………………… 222
　　7.1.2　接近角与离去角 ………………… 222
　　7.1.3　纵向通过角 ……………………… 222
　　7.1.4　最小转弯直径 …………………… 223
　　7.1.5　转弯通道圆 ……………………… 223
　7.2　汽车的牵引支承通过性 ……………… 223
　　7.2.1　附着质量和附着质量系数 ……… 224
　　7.2.2　车轮接地比压 …………………… 224
　7.3　汽车的倾覆失效 ……………………… 224
　7.4　影响汽车通过性的因素 ……………… 226
　　7.4.1　汽车的最大单位驱动力和行驶
　　　　　速度 ………………………………… 226
　　7.4.2　汽车车轮 ………………………… 227
　　7.4.3　液力变矩器 ……………………… 232
　　7.4.4　差速器 …………………………… 233
　　7.4.5　悬架 ……………………………… 234
　　7.4.6　拖带挂车 ………………………… 234
　　7.4.7　驱动防滑系统（ASR）…………… 235
　　7.4.8　驾驶方法 ………………………… 236
　　7.4.9　轴距 ……………………………… 236
　　7.4.10　涉水深度 ……………………… 237
　　7.4.11　分动器 ………………………… 237
　　7.4.12　底盘保护 ……………………… 237
　本章小结 …………………………………… 237
　习题 ………………………………………… 237

第8章　汽车的舒适性 ……………………… 239

　8.1　汽车平顺性 …………………………… 239
　　8.1.1　汽车平顺性评价 ………………… 240
　　8.1.2　影响汽车平顺性的结构因素 …… 244
　8.2　汽车平顺性的试验 …………………… 250
　　8.2.1　汽车平顺性随机输入试验法 …… 250
　　8.2.2　汽车平顺性感觉评价试验法 …… 251
　8.3　汽车车内空间舒适性 ………………… 252
　　8.3.1　居住性 …………………………… 252
　　8.3.2　汽车内饰 ………………………… 253
　8.4　汽车噪声 ……………………………… 253
　　8.4.1　声学基本知识 …………………… 254
　　8.4.2　汽车噪声源和控制措施 ………… 255
　　8.4.3　汽车噪声的测定 ………………… 258
　本章小结 …………………………………… 260
　习题 ………………………………………… 260

第9章　汽车的排放污染 …………………… 261

　9.1　汽车排放 ……………………………… 261
　　9.1.1　汽车常规排放污染物的主要
　　　　　成分及其危害 …………………… 261
　　9.1.2　新能源汽车的排放污染物及
　　　　　危害 ……………………………… 263
　　9.1.3　汽车排放标准 …………………… 265
　9.2　汽车排放污染物的检测 ……………… 267
　　9.2.1　汽油机排放污染物的检测设备 … 267

9.2.2 发动机汽车排气污染物排放限值及测量方法 …… 271
9.2.3 车内空气质量检测 …… 274
9.3 汽车排气净化 …… 274
　9.3.1 排放污染物的机内净化技术 …… 274
　9.3.2 排放污染物的机外净化技术 …… 276
　9.3.3 使用中净化措施 …… 277
本章小结 …… 278
习题 …… 279

第10章 汽车的运行材料 …… 281
10.1 车用燃料 …… 281
　10.1.1 车用汽油的使用性能及评价指标 …… 281
　10.1.2 车用汽油介绍 …… 285
　10.1.3 车用柴油的使用性能及评价指标 …… 285
　10.1.4 车用柴油的牌号 …… 288
　10.1.5 气体燃料 …… 288
10.2 汽车润滑材料 …… 291
　10.2.1 内燃机油 …… 291
　10.2.2 润滑脂 …… 294
　10.2.3 齿轮油 …… 297
　10.2.4 润滑材料的选用和使用 …… 299
10.3 汽车工作液 …… 302
　10.3.1 冷却液 …… 302
　10.3.2 制动液 …… 304
　10.3.3 车用空调制冷剂 …… 305
　10.3.4 冷冻机油 …… 306
　10.3.5 减振器油 …… 306
10.4 汽车轮胎 …… 306
　10.4.1 汽车轮胎的类型与结构特点 …… 307
　10.4.2 汽车轮胎的规格与表示方法 …… 309
　10.4.3 合理使用轮胎 …… 315
本章小结 …… 316
习题 …… 317

第11章 汽车的合理使用 …… 320
11.1 汽车的运行条件 …… 320
　11.1.1 载荷与速度条件 …… 320
　11.1.2 燃料和润滑条件 …… 320
　11.1.3 气候条件 …… 321
　11.1.4 道路条件 …… 321
　11.1.5 驾驶技术 …… 321
　11.1.6 维修质量 …… 321
11.2 一般运行条件下汽车的合理使用 …… 321
　11.2.1 行驶注意事项 …… 321
　11.2.2 正确装载 …… 322
　11.2.3 合理拖挂 …… 323
11.3 汽车在特殊条件下的使用 …… 323
　11.3.1 汽车在磨合期内的合理使用 …… 323
　11.3.2 汽车在低温条件下的使用 …… 325
　11.3.3 汽车在高温条件下的使用 …… 330
　11.3.4 汽车在高原和山区条件下的使用 …… 332
　11.3.5 汽车在坏路或无路条件下的使用 …… 336
11.4 天然气汽车和新能源汽车的安全使用和维护 …… 339
　11.4.1 天然气汽车安全使用 …… 339
　11.4.2 天然气汽车维护作业安全要求 …… 341
　11.4.3 新能源汽车的合理使用 …… 342
本章小结 …… 343
习题 …… 344

参考文献 …… 345

第1章

汽车的类型和性能

1.1 汽车的分类方法

汽车作为运输工具,根据 GB/T 3730.1—2001《汽车和挂车类型的术语和定义》,汽车与其他运输工具的区别是:汽车是由动力驱动,具有四个或四个以上车轮的非轨道承载的车辆。汽车主要有三个用途:①载运人员和/或货物;②牵引载运人员和/或货物;③特殊用途。汽车还包括与电力线相联的车辆,如无轨电车,以及整车整备质量超过400kg的三轮车辆。

汽车的分类方法有很多,但最重要的方法是按照汽车的用途分类。

1.1.1 按照汽车用途分类(通用分类)

汽车用于载运人员或货物,根据其用途,分为乘用车和商用车两大类。现行的汽车分类国家标准为 GB/T 3730.1—2001《汽车和挂车类型的术语和定义》,该标准给出了通用性的分类,适用于一般概念、统计、牌照、保险,也可作为政府制定政策和管理的依据。

1. 乘用车

乘用车是在其设计和技术特性上主要用于载运乘客及其随身行李和/或临时物品的汽车,包括驾驶人座位在内最多不超过9个座位。它也可以牵引一辆挂车。按 GB/T 3730.1—2001,乘用车共包括11个类型,见表1-1。

表1-1 乘用车分类

术 语	定 义	示 意 图
普通乘用车 (saloon、sedan)	车身:封闭式,侧窗中柱有或无 车顶(顶盖):固定式,硬顶。有的顶盖一部分可以开启 座位:4个或4个以上座位,至少两排。后座椅可折叠或移动,以形成装载空间 车门:2个或4个侧门,可有一后开启门	
活顶乘用车 (convertible saloon)	车身:具有固定侧围框架的可开启式车身 车顶(顶盖):车顶为硬顶或软顶,至少有两个位置:①封闭;②开启或拆除 可开启式车身可以通过使用一个或数个硬顶部件和/或合拢软顶将开启的车身关闭 座位:4个或4个以上座位,至少两排 车门:2个或4个侧门 车窗:4个或4个以上侧窗	

(续)

术　语	定　义	示　意　图
高级乘用车 （pullman saloon、 pullman sedan、 executive limousine）	车身:封闭式,前后座之间可以设有隔板 车顶(顶盖):固定式,硬顶。有的顶盖一部分可以开启 座位:4个或4个以上座位,至少两排。后排座椅前可安装折叠式座椅 车门:4个或6个侧门,也可有一个后开启门 车窗:6个或6个以上侧窗	
小型乘用车 （coupe）	车身:封闭式,通常后部空间较小 车顶(顶盖):固定式,硬顶。有的顶盖一部分可以开启 座位:2个或2个以上的座位,至少一排 车门:2个侧门,也可有一个后开启门 车窗:2个或2个以上侧窗	
敞篷车 （convertible、 open tourer、 roadster、 spider）	车身:可开启式 车顶(顶盖):车顶可为软顶或硬顶,至少有两个位置,第一个位置遮覆车身,第二个位置车顶卷收或可拆除 座位:2个或2个以上的座位,至少一排 车门:2个或4个侧门 车窗:2个或2个以上侧窗	
仓背乘用车 （hatchback）	车身:封闭式,侧窗中柱可有可无 车顶(顶盖):固定式,硬顶。有的顶盖一部分可以开启 座位:4个或4个以上座位,至少两排。后座椅可折叠或可移动,以形成一个装载空间 车门:2个或4个侧门,车身后部有一仓门	—
旅行车 （station wagon）	车身:封闭式。车尾外形按可提供较大的内部空间设计 车顶(顶盖):固定式,硬顶。有的顶盖一部分可以开启 座位:4个或4个以上座位,至少两排。座椅的一排或多排可拆除,或装有向前翻倒的座椅靠背,以提供装载平台 车门:2个或4个侧门,并有一后开启门 车窗:4个或4个以上侧窗	
多用途乘用车 （multipurpose passenger car）	多用途乘用车是除上述车辆以外的,只有单一车室载运乘客及其行李或物品的乘用车。但是,如果这种车辆同时具有下列两个条件,则不属于乘用车而属于货车: 1)除驾驶人以外的座位数不超过6个 2)$P-(M+N\times68)>N\times68$ 式中　P—最大设计总质量 　　　M—整车整备质量与1位驾驶人质量之和 　　　N—除驾驶人座位以外的座位数	
短头乘用车 （forward control passenger car）	短头乘用车是一半以上的发动机长度位于车辆前风窗玻璃最前点以后,并且转向盘的中心位于车辆总长的前1/4部分内	

(续)

术　语	定　义	示　意　图
越野乘用车（off-road passenger car）	在其设计上所有车轮同时驱动(包括一个驱动轴可以脱开的车辆)，或其几何特性(接近角、离去角、纵向通过角、最小离地间隙)、技术特性(驱动轴数、差速锁止机构或其他型式机构)和它的性能(爬坡度)允许在非道路上行驶的一种乘用车	
专用乘用车（special purpose passenger car）	运载乘员或物品并完成特定功能的乘用车，它具备完成特定功能所需的特殊车身和/或装备。如旅居车、防弹车、救护车、殡仪车等	—

2. 商用车

商用车是在设计和技术特性上用于运送人员和货物的汽车，并且可以牵引挂车，乘用车不包括在内。商用车分类见表1-2。

表1-2　商用车分类

术　语		定　义	示　意　图
客车(bus) 客车是在设计和技术特性上用于载运乘员及其随身行李的商用车辆，包括驾驶人座位在内座位数超过9座。客车有单层的或双层的，也可牵引一挂车	小型客车（minibus）	小型客车用于载运乘客，除驾驶人座位外，座位数不超过16座的客车	
	城市客车（city-bus）	城市客车是一种为城市内运输而设计和装备的客车。这种车辆设有座椅及站立乘客的位置，并有足够的空间供频繁停站时乘客上下车走动用	
	长途客车（interurban coach）	长途客车是一种为城间运输而设计和装备的客车。这种车辆没有专供乘客站立的位置，但在其通道内可载运短途站立的乘客	
	旅游客车（touring coach）	旅游客车是一种为旅游而设计和装备的客车。这种车辆的布置要确保乘客的舒适性，不载运站立的乘客	

(续)

术 语		定 义	示 意 图
客车(bus) 客车是在设计和技术特性上用于载运乘员及其随身行李的商用车辆,包括驾驶人座位在内座位数超过9座。客车有单层的或双层的,也可牵引一挂车	铰接客车(articulated bus)	铰接客车是一种由两节刚性车厢铰接组成的客车。在这种车辆上,两节车厢是相通的,乘客可通过铰接部分在两节车厢之间自由走动 两节刚性车厢永久联结,只有在工厂车间使用专用的设施才能将其拆开	
	无轨电车(trolley bus)	无轨电车是一种经架线由电力驱动的客车 这种电车可指定用作多种用途	
	越野客车(off-road bus)	越野客车是在其设计上所有车轮同时驱动(包括一个驱动轴可以脱开的车辆),或其几何特性(接近角、离去角、纵向通过角、最小离地间隙)、技术特性(驱动轴数、差速锁止机构或其他型式机构)和它的性能(爬坡度)允许在非道路上行驶的一种车辆	—
	专用客车(special bus)	专用客车是在其设计和技术特性上只适用于需经特殊布置安排后才能载运人员的车辆	—
	半挂牵引车(semi-trailer towing vehicle)	半挂牵引车是装备有特殊装置,用于牵引半挂车的商用车辆	
货车(goods vehicle) 货车是一种主要为载运货物而设计和装备的商用车辆,它能否牵引一挂车均可	普通货车(general purpose goods vehicle)	普通货车是一种在敞开(平板式)或封闭(厢式)载货空间内载运货物的货车	

(续)

术语	定义	示意图
货车(goods vehicle) 货车是一种主要为载运货物而设计和装备的商用车辆,它能否牵引一挂车均可	多用途货车(multipurpose goods vehicle)	多用途货车是在其设计和结构上主要用于载运货物,但在驾驶人座椅后带有固定或折叠式座椅,可运载3个以上的乘客的货车	
	全挂牵引车(trailer towing vehicle)	全挂牵引车是一种牵引牵引杆式挂车的货车 它本身可在附属的载运平台上运载货物	
	越野货车(off-road goods vehicle)	越野货车是在其设计上所有车轮同时驱动(包括一个驱动轴可以脱开的车辆),或其几何特性(接近角、离去角、纵向通过角、最小离地间隙)、技术特性(驱动轴数、差速锁止机构或其他型式的机构)和它的性能(爬坡度)允许在非道路上行驶的一种车辆	
	专用作业车(special goods vehicle)	专用作业车是在其设计和技术特性上用于特殊工作的货车。如消防车、救险车、垃圾车、应急车、街道清洗车、扫雪车、清洁车等	
	专用货车(specialized goods vehicle)	专用货车是在其设计和技术特性上用于运输特殊物品的货车。如罐式车、乘用车运输车、集装箱运输车等	

1.1.2 汽车型式认证所使用的分类方法

GB/T 15089—2001《机动车辆及挂车分类》主要用于汽车型式认证,是汽车型式认证各技术法规适用范围的依据。

认证制度是证明某种产品达到某种质量标准的合格评定程序。当企业提出申请时,由质量评定机构对产品质量或质量控制体系进行验证,给予生产该产品的厂商以质量达标证书或允许其使用某种质量标准体系的标志。而获得这种证书或标志通常是进入特定市场的必备条件，这也是进行产品型式认证的意义所在。

为了确保经过认证批准的汽车产品的质量稳定性，认证机构每隔一段时间对厂商进行一次生产检查和产品质量抽查。生产检查包括厂商对产品质量控制规程、检测设备、生产工艺及每个生产单元的生产一致性控制方法等。若发现与认证车型有非一致性现象，则要采取一切必要的措施，确保尽快恢复生产一致性。

GB/T 15089—2001《机动车辆及挂车分类》将机动车辆和挂车分为L类、M类、N类、O类、G类（表1-3），汽车和其他机动车按照此分类进行型式认证。

表1-3 机动车辆及挂车分类

分类			定义	备注
L类 两轮或三轮机动车辆		L_1类 两轮	气缸排量≤50mL且最高设计车速≤50km/h	轻便两轮摩托车
		L_2类 三轮	气缸排量≤50mL且最高设计车速≤50km/h	轻便三轮摩托车
		L_3类 两轮	气缸排量>50mL或最高设计车速>50km/h	两轮摩托车
		L_4类 偏三轮	气缸排量>50mL或最高设计车速>50km/h	偏三轮摩托车
		L_5类 正三轮	气缸排量>50mL或最高设计车速>50km/h	正三轮摩托车
M类 至少有4个车轮并且用于载客的机动车辆		M_1类 座位数≤9	—	—
		M_2类 座位数>9	最大设计总质量≤5000kg	A级：可载乘员数（不包括驾驶人）不多于22人，并允许乘员站立（轻型客车） B级：可载乘员数（不包括驾驶人）不多于22人，不允许乘员站立（轻型客车）
		M_3类 座位数>9	最大设计总质量>5000kg	Ⅰ级：可载乘员数（不包括驾驶人）多于22人，允许乘员站立，并且乘员可以自由走动 Ⅱ级：可载乘员数（不包括驾驶人）多于22人，只允许乘员站立在过道和/或提供不超过相当于两个双人座位的站立面积 Ⅲ级：可载乘员数（不包括驾驶人）多于22人，不允许乘员站立
N类 至少有4个车轮且用于载货的机动车辆		N_1类	最大设计总质量≤3500kg	—
		N_2类	3500kg<最大设计总质量≤12000kg	
		N_3类	最大设计总质量>12000kg	
O类 挂车（包括半挂车）		O_1类	最大设计总质量≤750kg	—
		O_2类	750kg<最大设计总质量≤3500kg	
		O_3类	3500kg<最大设计总质量≤10000kg	
		O_4类	最大设计总质量>10000kg	

(续)

分类		定义	备注
G类	满足要求的M类、N类的越野车	—	—

1.1.3 按动力装置使用的能源分类

1. 传统能源汽车

绝大多数的汽车发动机是以汽油和柴油为燃料的活塞式内燃机。柴油机的振动和噪声虽然大于汽油机,但其油耗低于汽油机,经济性较好。我国的乘用车基本使用汽油机,商用车基本使用柴油机。

2. 代用燃料和双燃料汽车

代用燃料可降低汽车发动机的有害物质排放量,并增加燃料种类。代用燃料包括生物柴油等合成石油、液化石油气(LPG)、压缩天然气(CNG)、醇类(乙醇、甲醇、E10乙醇汽油、M10甲醇汽油),用于汽车发动机。这些代用燃料和汽油、柴油的性质略有不同,它们的热值基本相同,发动机不做改动或稍作改动即可应用代用燃料。也有用代用燃料和传统汽油、柴油的双燃料汽车,这类汽车的各种性能特性和传统能源汽车基本相同。

3. 新能源汽车

新能源汽车包括混合动力电动汽车(HEV)、纯电动汽车(BEV,包括太阳能汽车)、燃料电池电动汽车(FCEV)、氢发动机汽车及其他新能源(如高效储能器、二甲醚)汽车等。

纯电动汽车直接采用电动机驱动,部分车辆将电动机安装在发动机舱内,也有部分车辆使用轮毂电动机直接驱动车轮,其难点在于电力储存技术。相比传统能源,蓄电池的能量密度较小,质量和体积大,容量较小,充电速度和稳定性及成本目前仍有待改善。

混合动力电动汽车是指采用传统燃料,同时配以电动机/发动机来改善低速动力输出和燃油消耗的车型。按照燃料种类的不同,其主要可分为汽油混合动力电动汽车和柴油混合动力电动汽车两种。这种汽车在城市工况行驶时燃油消耗量低,续驶里程长,但在汽车行驶时仍然有排放物。

目前,氢燃料的使用主要有两种途径:一是直接注入内燃机燃烧,这种发动机称为氢发动机;二是通过燃料电池转化为电能驱动电动机。氢的燃烧产物是水,以氢作为燃料的汽车在行驶时不产生任何污染物,可视为零排放。但是氢燃料电池成本过高,而且按照目前的技术条件,氢燃料的存储和运输非常困难,因为氢分子非常小,极易透过储藏装置的外壳逃逸。另外,氢气需要通过电解水或者利用化石燃料制取,这需要消耗大量能源。

太阳能技术其实也是一种电力驱动技术,只是将车辆自充电的能力进一步延伸,只要将太阳能光电板暴露在阳光下,就能将太阳能转化为电能驱动车辆。使用这种技术的汽车在行驶时不产生任何污染物。但是常见的汽车外形不能满足接收太阳光的光电板的面积需求。太阳能光电板在转化能量时受天气及云层的影响较大,普通电池组所提供的动力及续航能力很难满足汽车公路行驶的需求。

1.1.4　按汽车行驶的道路条件分类

1. 道路用车

道路用车是适用于公路和城市道路行驶的汽车。这种汽车的外廓尺寸（总长、总宽、总高）和单轴负荷均受交通法规限制。

2. 非道路用车

非道路用车主要有两类：一类是外廓尺寸、单轴负荷等参数超出了法规限制而不适于公路行驶，只能在矿山、机场和工地内的无路地区或专用道路上行驶的汽车；另一类是越野汽车。越野汽车是一种能在复杂的无路地面上行驶的具有高通过性的汽车。越野汽车可以是轿车、客车，也可以是货车或其他用途的汽车。常见的轮式越野汽车都配备越野轮胎并采用全轮驱动的结构形式。越野汽车可按总质量分为：轻型越野汽车——总质量小于5000kg；中型越野汽车——总质量为5000~13000kg；重型越野汽车——总质量大于13000kg。

1.1.5　其他汽车分类标准

1. 北美汽车分类

乘用车分为轿车（Car）、轻型车（Light Truck）和商用车。其中轻型车又包括皮卡、部分SUV（运动型多用途汽车）等。

2. 欧洲汽车分类

欧洲汽车主要分为货车（Truck）、轿车（Car）和公共汽车（Bus）三类，所有派生出来的车型都归纳在这三类之内，如SUV、MPV（多用途汽车）等都可称为乘用车。

德国的汽车分类比较典型，主要依据轿车的轴距、排量、质量等参数等级划分，轿车可分为A级车、B级车、C级车和D级车。

A级（包括A0、A00）车是小型轿车，B级车是中档轿车，C级车是高档轿车，而D级车是豪华轿车。表示级别的字母顺序越靠后，该级别车的轴距越大、发动机排量和质量越大，轿车的豪华程度也不断提高。

一般的A级车的轴距为2.3~2.45m，发动机排量为1.3~1.6L。B级车的轴距为2.45~2.6m，发动机排量为1.6~2.4L。C级车的轴距为2.6~2.8m，发动机排量为2.3~3.0L。D级车大多外形气派，车内空间宽敞，发动机动力也非常强劲，其轴距一般均大于2.8m，发动机排量基本都在3.0L以上。

3. 日本汽车分类

日本多按轮胎数划分汽车类型。

1.2　车辆识别代号（VIN）

目前，世界各国汽车公司所生产的汽车大部分都使用了车辆识别代号（VIN）。

VIN是汽车制造厂为了识别一辆汽车而规定的一组字码，它由一组拉丁字母和阿拉伯数字组成，共17位，故又称为17位码（图1-1）。

VIN的每一位代号代表着汽车某一方面的信息，从VIN中可以识别出车辆的生产国家、

图 1-1 车辆识别代号

制造公司或生产厂家、类型、品牌名称、车型系列、车身形式、发动机型号、安全防护装置型号、检验数字、装配工厂名称和出厂顺序号码等信息。

1.2.1 车辆识别代号的作用

在汽车营销、进出口贸易、办理车辆牌照、处理交通事故、保险索赔、查获被盗车辆、侦破刑事案件、车辆维修与检测等方面，VIN 用来供汽车管理、维修、保险、评估等人员了解汽车规格参数和性能特征。通过 VIN 还可以看出汽车的配置和先进程度，这些都直接影响汽车的评估价值。

在各种测试仪表和维修设备中都存储有 VIN 数据，以作为修理的依据，在查找零件目录中汽车零件号之前，首先要确认 VIN 中的车型年款代号，否则会产生误购、错装等现象。

1.2.2 车辆识别代号的组成

车辆识别代号 17 位编码经过特定的排列组合可以保证每个制造厂在 30 年之内生产的每辆汽车的识别代号具有唯一性，不会产生重号或错认，故又称为"汽车身份证"。

世界各国及各汽车公司对本国或本公司生产的汽车的 17 位车辆识别代号都有具体的规定。各国的技术法规一般只规定车辆识别代号的基本要求，如对字母和数字的排列位置、安装位置、书写形式和尺寸都有相应的规定等，并应保证 30 年内不会重号。除对个别符号的含义有统一要求外，其他不做硬性规定，而是由生产厂家自行规定其代号的含义。

GB 16735—2019 规定了道路车辆识别代号（VIN）的内容与构成。

年产量大于或等于 1000 辆的完整车辆和/或非完整车辆制造厂车辆识别代号的组成如图 1-2 所示。

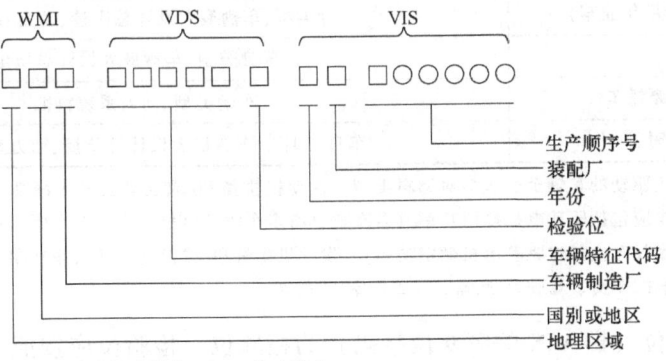

图 1-2 年产量大于或等于 1000 辆的完整车辆和/或非完整车辆制造厂车辆识别代号的组成

1) VIN 的 1~3 位为世界制造厂识别代号（WMI），用以表明车辆的制造厂。全球所有汽车制造厂都拥有一个或多个 WMI，该代号由 3 位字码（字母和数字）组成。第 1 位字码表示地理区域，如非洲、亚洲、欧洲、大洋洲、北美洲和南美洲；第2位字码表示一个特定地理区域内的一个国家或地区。第3位字码表示某个特定的车辆制造厂，由各国的授权机构负责分配。各字码的含义见表1-4。

表1-4 常见汽车生产国别或地区代码

代码	国别或地区	代码	国别或地区	代码	国别或地区
1	美国	9	巴西	T	瑞士
2	加拿大	A~H	非洲	V	法国
3	墨西哥	J	日本	W	德国
4	美国	K	韩国	Y	瑞典
6	澳大利亚	S	英国	Z	意大利

2) VIN的4~9位为车辆说明部分（VDS），其第1~5位（即VIN的第4~8位）应对车辆一般特征进行描述，其组成代码及排列次序由车辆制造厂决定：

① 车辆一般特征包括但不限于：

——车辆类型（如乘用车、货车、客车、挂车、摩托车、轻便摩托车、非完整车辆等）。

——车辆结构特征（如车身类型、驾驶室类型、货箱类型、驱动类型、轴数及布置方式等）。

——车辆装置特征（如约束系统类型、动力系统特征、变速器类型、悬架类型等）。

——车辆技术特性参数（如车辆质量参数、车辆尺寸参数、座位数等）。

② 对于不同类型的车辆，在VDS中描述的车辆特征至少应包括表1-5中规定的内容。

表1-5 车辆特征描述

车辆类型	车辆特征
乘用车	车身类型、动力系统特征①
客车	车辆长度、动力系统特征①
货车（含牵引车、专用作业车）	车身类型、车辆最大设计总质量、动力系统特征①
挂车	车身类型、车辆最大设计总质量
摩托车和轻便摩托车	车辆类型、动力系统特征①
非完整车辆	车身类型②、车辆最大设计总质量、动力系统特征①

① 其中对于仅发动机驱动的车辆至少包括对燃料类型、发动机排量和/或发动机最大净功率的描述；对于其他驱动类型的车辆，至少应包括驱动电机峰值功率（若车辆具有多个驱动电机，应为多个驱动电机峰值功率之和；对于其他驱动类型的摩托车应描述驱动电机额定功率）、发动机排量和/或发动机最大净功率（若有）的描述。

② 车身类型分为承载式车身、驾驶室-底盘、无驾驶室-底盘等。

VDS的最后一位（即VIN的第9位字码）为检验位，检验位应按照规定的方法计算。

3) VIN的10~17位为车辆指示部分（VIS）。VIS的第一位字码（即VIN的第10位）应代表年份。年份代码按表1-6的规定使用（30年循环一次）。车辆制造厂若在此位使用车型年份，应向授权机构备案每个车型年份的起止日期，并及时更新；同时在每一辆车的机动车出厂合格证或产品一致性证书上注明使用了车型年份。

表 1-6 年份代码表

年份	代码	年份	代码	年份	代码	年份	代码
1991	M	2001	1	2011	B	2021	M
1992	N	2002	2	2012	C	2022	N
1993	P	2003	3	2013	D	2023	P
1994	R	2004	4	2014	E	2024	R
1995	S	2005	5	2015	F	2025	S
1996	T	2006	6	2016	G	2026	T
1997	V	2007	7	2017	H	2027	V
1998	W	2008	8	2018	J	2028	W
1999	X	2009	9	2019	K	2029	X
2000	Y	2010	A	2020	L	2030	Y

VIS 的第 2 位字码（即 VIN 的第 11 位）应代表装配厂。如果车辆制造厂生产年产量大于或等于 1000 辆的完整车辆和/或非完整车辆，VIS 的第 3~8 位字码（即 VIN 的第 12~17 位）用来表示生产顺序号。如果车辆制造厂生产年产量小于 1000 辆的完整车辆和/或非完整车辆，则 VIS 的第 3、第 4、第 5 位字码（即 VIN 的第 12~14 位）应与第一部分的 3 位字码一同表示一个车辆制造厂，VIS 的第 6、第 7、第 8 位字码（即 VIN 的第 15~17 位）用来表示生产顺序号。

1.2.3 车辆识别代号的标示位置

对于车辆识别代号在汽车上的标示位置，各国规定不尽相同。美国规定应标示在汽车仪表板左侧，在车外透过风窗玻璃可以清楚地看到而便于检查，而欧洲则规定应标示在汽车右侧的底盘车架上或标写在制造厂铭牌上。我国规定，车辆应在产品标牌上标示车辆识别代号（L_1、L_3 类车辆可除外），产品标牌的型式、标示位置、标示要求应符合规定。车辆应至少有一个车辆识别代号直接打刻在车架（无车架的车辆为车身主要承载且不能拆卸的部件）能防止锈蚀、磨损的部位上。M_1、N_1 类车辆应在靠近风窗立柱的位置标示车辆识别代号，该车辆识别代号在白天不需移动任何部件从车外即能清晰识读，如图 1-3 所示。

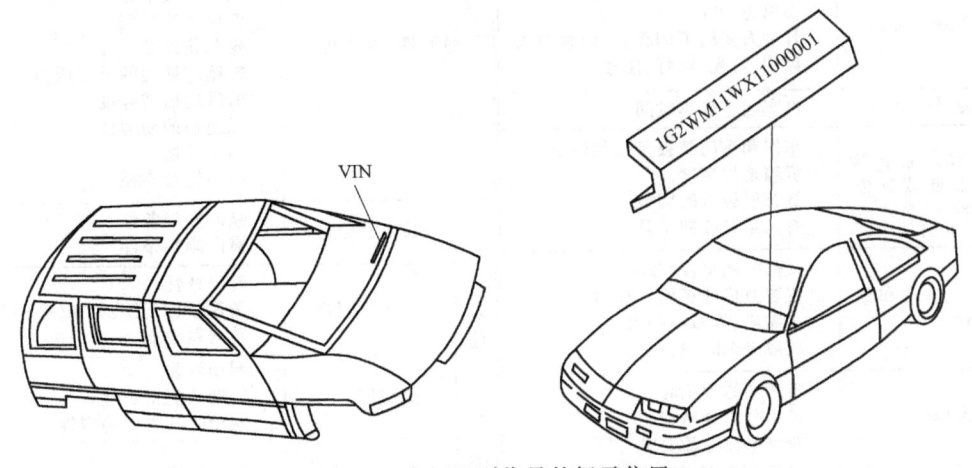

图 1-3 车辆识别代号的标示位置

除此之外，车辆识别代号在车辆的相关资料中都有标识，如行驶证、合格证、技术参数

表、发票、进口货物证明书等。此外,也可以在车身和铭牌上找到车辆识别代号,各制造厂的产品位置不尽相同,一般为:
- 仪表与前风窗左下角的交界处。
- 发动机前横梁上。
- 左前门边或立柱上。
- 发动机、车架等大部件上。
- 左侧轮罩内。
- 前风窗下车身处。
- 转向管柱上。
- 散热器支架上。
- 发动机前部的加工垫上。
- 质保和保养手册、车主手册上。

1.3 汽车使用性能概述

汽车使用性能是指汽车以最高效率工作的能力。汽车使用性能一般包括容载量、使用方便性、安全性、动力性、经济性、操纵稳定性、平顺性、舒适性及废气排放等。目前,我国采用的汽车使用性能指标见表1-7。

表 1-7 汽车使用性能的主要指标

使用性能		指标(评价参数)	使用性能		指标(评价参数)
容载量		整备质量 最大载质量(t) 单位装载质量(t/m³) 长、宽、高 货箱单位有效容积(m³/t) 货箱单位面积(m²/t) 座位数和可站立人数	动力性		平均技术速度(km/h) 最高车速 加速度 爬坡能力
使用方便性	操纵方便性	每百公里平均操纵次数 操纵力(N) 驾驶人座椅可调程度、调整方式 照明、灯光、视野、信号完好	越野性、机动性		汽车最小离地间隙 接近角 离去角 纵向通过半径 前后轴荷分配 轮胎花纹及尺寸 轮胎对地面的单位压力 前后轮辙重合度 低速档的动力性 驱动轴数 最小转弯半径
	起步迅速性	汽车起步暖车时间			
	乘员上下车和装卸货物方便性	车门和车门踏板尺寸及位置 货箱地板高度 货箱栏板可倾翻数 有无随车装卸工具			
	可靠性和耐久性	大修间隔里程(km) 主要总成的更换里程(km) 可靠度、故障率(1/km) 故障停车时间(h)	安全性	位置稳定性	纵向倾翻条件 横向倾翻条件
				操纵稳定性	转向特性 是否有电子稳定程序(ESP)等系统 转向系性能
	维修性	维护和修理工时 每千公里维修费用 对维修设备的要求		制动性	制动效能 制动效能恒定性 制动时的方向稳定性
	环保性、防公害性	噪声级别 排放级别(CO、HC、NO_x排放) 电磁干扰	乘坐舒适性	平顺性	振动频率 振动加速度及变化率 振幅

(续)

使用性能	指标（评价参数）	使用性能	指标（评价参数）
燃料经济性	等速油耗（L/100km） 综合油耗（L/100km） 城市工况油耗（L/100km）	设备完整性	乘坐空间 空气调节指标 车内噪声指标（dB） 座椅结构
智能驾驶水平	L0 级、L1 级、L2 级、L3 级、L4 级、L5 级		

1.3.1 汽车容载量

汽车容载量是指汽车能够装载货物的最大数量或一次允许运载的最多乘客数。汽车容载量与汽车的整备质量、装载质量、车厢尺寸、货物的密度、座位数和站立乘客的地板面积有关。

1. 汽车质量参数

汽车质量是汽车自身质量和承载能力的度量。它是设计汽车、计算运输工作量及设计道路等级施工标准的依据之一。汽车质量还是我国汽车车型产品分类中载货汽车的重要分类参数。汽车质量参数主要包括：

(1) **整备质量** 装备有车身、全车电气设备和车辆正常行驶所需要的辅助设备，加足冷却液、燃料、润滑材料，带齐备用车轮、随车工具、标准备件及灭火器等的完整车辆的质量。

(2) **最大总质量** 最大总质量是整备质量与最大载质量的总和。它是限制装载质量和道路通行能力的主要依据。

(3) **最大载质量** 最大载质量是额定装载的最大限制质量，它等于最大总质量减去整车整备质量。

(4) **最大轴载质量** 最大轴载质量是汽车车桥所允许的最大载荷。对于双桥结构的汽车，可分为前桥最大轴载质量和后桥最大轴载质量。

(5) **整备质量利用系数** 汽车的整备质量利用系数描述了汽车整备质量与最大载质量的关系：

$$整备质量利用系数 = \frac{最大载质量}{整备质量}$$

汽车的整备质量利用系数随最大载质量的增加而提高，轻型货车约为 1.1，中型货车约为 1.35，重型货车约为 1.3~1.7。因此，目前国际流行用中型汽车列车运输。平头汽车的整备质量利用系数一般比长头汽车的高。自卸汽车的整备质量利用系数比基本型汽车低。

整备质量利用系数与汽车的部件、总成、结构的完善程度及轻型材料的使用率有关，表明了汽车主要材料的使用水平，进而反映了该车型的设计、制造水平，也间接反映了汽车的使用经济性。在运输过程中，汽车的整备质量将导致非生产性油耗，加速轮胎磨损并导致功率的损耗。在装载质量和使用寿命相同的条件下，整备质量利用系数越大，该车型的结构和制造水平就越高。

整备质量利用系数的提高是现代货车制造技术进步的重要标志之一。降低汽车整备质量的主要途径是应用轻型材料，特别是应用强度大、密度小的高强度铝合金或复合塑料。

2. 几何参数

几何参数是表达车辆所占有的空间几何形状和位置大小的参数。一般包括车辆的长度、宽度和高度方向的尺寸（图1-4）。

（1）**车长** 汽车长度方向两极端点间的距离（mm）。

（2）**车宽** 汽车宽度方向两极端点间的距离，即平行于车辆纵向对称平面，并分别抵靠在车辆两侧固定突出部位（除后视镜、侧面标志灯、示宽灯、转向指示灯、挠性挡泥板、折叠式踏板、防滑链及轮胎与地面接触变形增大的部位）的两平面间的距离（mm）。

（3）**车高** 汽车最高点至地面的距离，即车辆在额定载荷及标定轮胎气压的条件下，车辆的支撑平面与车辆最高突出部位相抵靠的水平面之间的距离（mm）。

（4）**前悬** 汽车最前端至前轴中心线的距离，即通过两前轮中心的垂面与抵靠在车辆最前端并垂直于车辆纵向对称平面的垂面之间的距离（mm）。

（5）**后悬** 通过车辆最后车轮轴线的垂面与分别抵靠在车辆最后端并垂直于车辆纵向对称平面的垂面之间的距离（mm）。

（6）**轮距** 同一车轴左右轮胎胎面中心线间的距离。同一车轴的两端为单车轮时，轮距为车轮在车辆支撑平面上留下的轨迹中心线之间的距离（mm）。轴的两端为双车轮时，轮距为车轮两中心平面之间的距离（mm）。

（7）**轴距** 汽车同侧车轮前轴中心至后轴中心的距离。若为三轴汽车，则为同侧车轮前轴中心至后两轴中点间的距离（mm）。

（8）**行李舱参数** 行李舱容积及行李舱开口宽度。

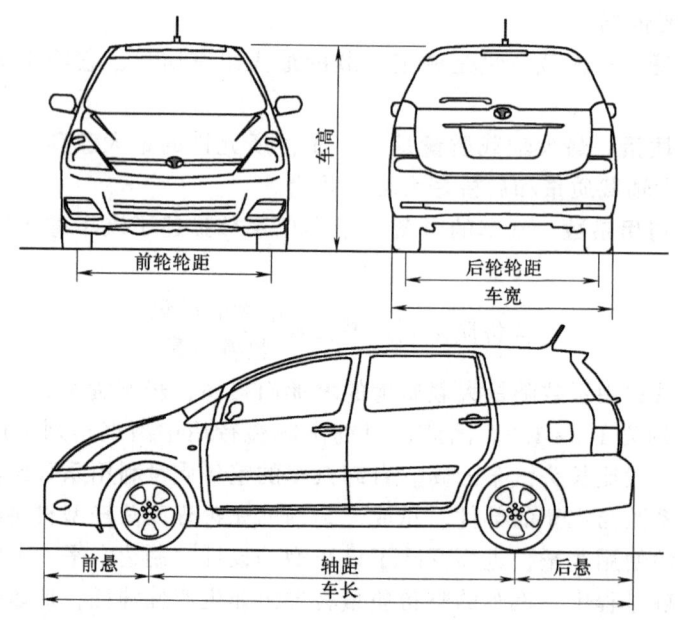

图1-4 汽车的几何参数

3. 比装载质量和装载质量利用系数

货车的容载量常用比装载质量和装载质量利用系数进行评价：

$$比装载质量 = \frac{最大载质量}{货箱容积}$$

$$装载质量利用系数 = \frac{货物容积质量 \times 货箱容积}{最大载质量}$$

比装载质量和装载质量利用系数表征了汽车结构对各种货物需要的适应能力。

1.3.2 汽车使用方便性

汽车使用方便性是汽车的一项综合使用性能,用于表征汽车在运行过程中驾驶人操纵轻便性及乘员上下车的方便性和装卸货物的适用性。

1. 操纵轻便性

操纵轻便性决定了驾驶人的工作条件,对减轻驾驶人的疲劳程度、保证行车安全具有重要意义。其主要评价指标为操纵力、操纵次数、驾驶人座椅参数与调整参数、驾驶人的视野参数等。为减小驾驶人的操纵力,常设置制动助力器、转向助力器等助力装置或采用助力制动、助力转向等。

驾驶人的操纵次数通常用换档、踏离合器踏板和制动踏板的次数表征。驾驶人操纵次数通过在该类车常用路况下,在典型道路上的使用试验确定,并将试验路段上各类操纵次数换算为100km行程的操纵次数。一般选用多辆同型号汽车进行试验,以排除驾驶人技术水平和操纵习惯差异对试验的影响。与手动变速器相比,自动变速器显然可以大大减少驾驶人的操纵次数,汽车智能驾驶的程度越高,驾驶人的操纵次数越少。

驾驶人座椅的构造和操纵杆件的配置是否舒适方便也影响汽车的使用方便性。可适当增加驾驶人座椅的高度,驾驶座椅应具有多维调节的功能,可以设置为带有记忆功能的电动座椅。同时,转向盘的位置应按照驾驶人的需要调节。

为便于调整,常设置电动门窗和电动后视镜等。为提高汽车的操纵轻便性,各种操纵机构应有良好的接近性,应设置速度、机油压力、冷却液温度、燃料消耗量及电参数等的显示仪表。当控制参数进入临界值时,发出声、光信号,以便驾驶人能及时掌握车辆状况。显示仪表应具有必要的显示精度和背光,以利于驾驶人观察。为改善驾驶人的工作环境,提高劳动效率,在驾驶室内应设置空调及采暖通风装置。驾驶人的视野性能主要取决于座椅的布置、高度及坐垫和靠背的倾角,以及车窗尺寸、形状、布置和支柱结构等。可以设置倒车雷达、导航仪改善驾驶人视野。部分汽车智能化程度较高,可以在车辆变道或后车超车甚至驾驶人注意力不集中时通过声光或者振动提醒驾驶人,先进的汽车智能设备可通过声控来帮助驾驶人进行导航或者通信。

2. 乘员上下车方便性

乘员上下车方便性主要取决于车门的布置和车门踏板的结构参数。

对于轿车,乘员上下车方便性主要取决于车门支柱的布置,特别是两门轿车,应保证后座乘员出入方便。车门支柱倾斜适当,可改善乘员出入的方便性。对开式车门和鸭翼式车门可方便乘员出入。

对于客车,乘员上下车方便性主要取决于车门踏板高度、深度、级数、能见度及车门的宽度。车门踏板高度和深度应与生活中所习惯的楼梯台阶相近。为方便轮椅和童车的上下,有些车门踏板设计成高度可调或自动升降式。

3. 装卸货物方便性

装卸货物方便性是指车辆对装卸货物的适应性，由车辆装卸所耗费的时间和劳动力评价。

装卸货物方便性的结构因素主要包括：货箱和车身地板的装卸高度；从一面、两面、三面或从上面装卸货物的可能性；厢式车车门的构造、布置和尺寸；有无随车装卸装置及其装卸效率。乘用车的行李舱盖或者掀背门是否能自动开启对装卸货物方便性的影响较大。

1.3.3 紧凑性

紧凑性是评价汽车外形尺寸合理利用的指标。它影响汽车操纵轻便性、机动性、在受约束条件下的通过性及停车面积等。重型货车、大型客车对紧凑性的要求较其他车辆高。

紧凑性的主要评价指标是汽车长度利用系数、汽车外形面积利用系数及比容载量面积和体积。

汽车长度利用系数 λ_L 的计算式为

$$\lambda_L = \frac{L_K}{L}$$

式中　L_K——车厢（身）的有效容积内长度；

　　　L——汽车外形长度。

汽车外形面积利用系数 λ_a 的计算式为

$$\lambda_a = \frac{ab}{AB}$$

式中　ab——车厢（身）的有效容积；

　　　AB——汽车轮廓占地面积。

1.3.4 乘坐舒适性

汽车乘坐舒适性在很大程度上取决于座椅的结构。座椅的结构应符合人体工程学的要求，为乘客提供最佳的方便性和最舒适的乘坐姿势。

座椅的结构参数主要是座椅的宽度和深度、靠背高度和倾角及座椅上乘员的上下自由空间。

座椅应具有良好的柔和性，通常用它的振动特性（振幅、频率）和消振速度评价柔和性。舒适性还与乘员室的内部空间（表1-8）有关，内部空间越大，舒适性越好。

表1-8　乘员室的内部空间

前排内部高度	后排内部高度	前排内部宽度	后排内部宽度
前排座垫长度	后排座垫长度	前排腿部空间	后排腿部空间
第三排内部高度	第三排腿部空间	行李舱开口宽度	行李舱离地高度

另外，乘坐舒适性也与车身的密封性有关。保护乘员空间不受发动机气体排放物的污染，防止尘土侵入及保暖、供冷、通风、调温等也是提高乘坐舒适性的重要措施。

1.3.5 汽车的最大续驶里程

汽车的最大续驶里程是指在燃料箱加满燃料后，汽车所能连续行驶的最大里程，即

$$L_T = \frac{100 V_c}{Q_s}$$

式中 L_T——汽车的最大续驶里程（km）；

V_c——燃料箱容积（L）；

Q_s——汽车运行燃料消耗量（L/100km）。

除了汽车的技术水平外，汽车运行的燃料消耗量也取决于车辆的实载率、道路条件、运行速度等使用因素，因此，它将随使用条件而变化。合适的汽车最大续驶里程可减少中途停车，提高汽车运输效率。汽车最大续驶里程的确定应保证汽车在最大的昼夜行驶里程内不需要中途停车补充燃料。电动汽车的最大续驶里程是指汽车在车载蓄电池充满电后能连续行驶的最大里程，是电动汽车使用者关心的性能指标，它和蓄电池的容量、整车质量、气候、车速有很大的关系。插电式混合动力电动汽车的最大续驶里程分为纯电续驶里程（一般较小，为60~150km）和混合动力总的续驶里程。由于混合动力电动汽车的油耗比传统能源汽车的油耗小，且燃料箱的储能量大于蓄电池，所以与传统能源汽车和纯电动汽车相比，混合动力电动汽车的续驶里程较大。

1.3.6 汽车的智能性

1. 名词术语

（1）**智能驾驶** 在普通汽车的基础上增加了先进的传感器（雷达、摄像头）、控制器、执行器等装置，通过车载传感系统和信息终端实现与人、车、路等的智能信息交换，使车辆具备智能的环境感知能力，能够自动分析车辆行驶的安全及危险状态，并使车辆按照人的意愿到达目的地，最终实现替代人来操作的目的。

（2）**车联网** 车辆上的车载设备通过无线通信技术，对信息网络平台中的所有车辆动态信息进行有效利用，在车辆运行中提供不同的功能服务。可以发现，车联网表现出以下几点特征：车联网能够为车与车之间的距离提供保障，降低车辆发生碰撞事故的可能性；车联网可以帮助驾驶人实时导航，并通过与其他车辆和网络系统的通信，提高交通运行的效率。

（3）**智能网联汽车**（Intelligent Connected Vehicle，ICV） 其是车联网与智能汽车的有机联合，是带有先进的车载传感器、控制器、执行器等装置，并融合现代通信与网络技术，实现车与人、车、路、后台等智能信息交换共享，实现安全、舒适、节能、高效行驶，并最终可替代人来操作的新一代汽车。

（4）**无人驾驶** 无人驾驶汽车是通过车载传感系统感知道路环境，自动规划行车路线并控制车辆到达预定目标的智能汽车。无人驾驶汽车利用车载传感器来感知车辆周围环境，并根据感知所获得的道路、车辆位置和障碍物信息，控制车辆的转向和速度，从而使车辆能够安全、可靠地在道路上行驶。

无人驾驶集自动控制、体系结构、人工智能、视觉计算等众多技术于一体，是计算机科学、模式识别和智能控制技术高度发展的产物，也是衡量一个国家科研实力和工业水平的一个重要标志，在国防和国民经济领域具有广阔的应用前景。

(5) 高级驾驶辅助系统（Advanced Driving Assistant System，ADAS） ADAS 是利用安装在车上的各种传感器（毫米波雷达、激光雷达、单/双目摄像头及卫星导航），在汽车行驶过程中随时感知周围的环境，收集数据，进行静态、动态物体的辨识、侦测与追踪，并结合导航仪地图数据，进行系统的运算与分析，从而预先使驾驶人察觉可能发生的危险，显著提高汽车驾驶的舒适性和安全性。近年来，ADAS 市场增长迅速，原来这类系统局限于高端市场，而现在正在进入中端市场。

ADAS 不同于自动驾驶。ADAS 是辅助驾驶，核心是环境感知，而自动驾驶则是人工智能，它们的体系差别很大。但 ADAS 可以视为自动驾驶汽车的前提。

2. 自动驾驶的分级

自动驾驶也称智能驾驶，按其智能化程度，大致可分为以预警为主的初级阶段（辅助驾驶，通过环境感知，为驾驶人提供决策和预警信息，由驾驶人驾驶车辆，无人驾驶技术只提供辅助作用）、以控制为主的高级阶段（半自动驾驶，驾驶人干预和纠正车辆的自动驾驶，以车辆自动驾驶为主，驾驶人干预驾驶为辅，在特殊情况下只能依靠驾驶人来完成驾驶任务）、完全无人驾驶的终极阶段。

按照美国国家公路交通安全管理局（NHTSA）和美国汽车工程师学会（SAE）的标准，自动驾驶（智能驾驶）可分为 5 级，见表 1-9。

表 1-9 NHTSA 和 SAE 自动驾驶分级标准

NHTSA 分级	SAE 分级	名称	SAE 定义	转向/加减速控制	驾驶环境检测	动态驾驶任务	系统能力（驾驶模式）
L0 级	L0 级	无自动化	驾驶人完全控制驾驶，行驶过程中可得到警告	驾驶人控制	驾驶人执行	驾驶人控制	无
L1 级	L1 级	辅助驾驶	通过驾驶环境对转向盘和加减速中的一项操作提供支持，其余任务由驾驶人操作	驾驶人/系统控制			
L2 级	L2 级	部分自动化	通过驾驶环境对转向盘和加减速中的多项操作提供支持，其余任务由驾驶人操作				
L3 级	L3 级	有条件自动化	由无人驾驶系统完成所有驾驶操作，根据系统要求，驾驶人提供适当的应答	系统控制	系统执行	系统控制	部分
L4 级	L4 级	高度自动化	由无人驾驶系统完成所有驾驶操作，驾驶人不一定提供所有的应答，限定道路和环境条件				
L4 级	L5 级	完全自动化	由无人驾驶系统完成所有驾驶操作，根据系统要求，可能的情况下由驾驶人操作，不限定道路和环境条件				全域

3. 各级自动驾驶汽车的功能

各级自动驾驶汽车的功能如下：

（1）L0 级：无自动化 L0 级自动驾驶汽车没有任何自动驾驶功能、技术，驾驶人完全控制汽车的所有功能。驾驶人需要负责起动、制动、操作和观察道路状况。碰撞预警、车道偏离预警、自动刮水器、自动前照灯控制也属于此阶段。

(2) L1 级：**辅助驾驶**　驾驶人仍然控制行车安全，但可使系统控制部分功能，某些功能已经可自动实现，如常见的自适应巡航（ACC）、应急制动辅助（EBA）、车道保持（LKS），只是单一功能，驾驶人无法做到手和脚同时不操作。

(3) L2 级：**部分自动化**　驾驶人和汽车分别控制，驾驶人在某些环境中可以不操作汽车，即手脚同时不操作。但是驾驶人仍然需要时刻注意，必要时控制汽车，如 ACC 和 LKS 组合跟车。其重点是驾驶人不再是主要操作者。

(4) L3 级：**有条件自动化**　车辆能够在某个特定的驾驶交通环境下独立完成所有的驾驶操作，而且系统可以自动检测环境的变化以判断是否返回驾驶人手动操作模式。在人工智能不能准确判断时，仍需驾驶人操作。L3 级的自动驾驶仍需在限定的场景下进行。

(5) L4 级：**高度自动化**　行车时不需驾驶人控制，汽车负责安全，只要在出发前输入出发地和目的地，车辆就可以完全由自动驾驶系统控制。

(6) L5 级：**完全自动化**（无人驾驶）　自动驾驶的 L5 级在定义上与 L4 级相似，由智能系统独立完成所有的驾驶操作。但二者的区别在于，L4 级的自动驾驶仅适用于部分场景，通常是在路况非常简单且标准化的道路之上，而 L5 级则要求自动驾驶汽车在任何场景下都可以做到完全由系统控制车辆行驶。

各级自动驾驶的功能见表 1-10。

表 1-10　各级自动驾驶的功能

NHTSA 分级	L0	L1	L2	L3	L4	
SAE 分级	L0	L1	L2	L3	L4	L5
功能	无自动化	辅助驾驶	部分自动化	有条件自动化	高度自动化	完全自动化
	夜视 行人检测 交通标志识别 盲点监测 并线辅助 后排路口交通警告 车道偏离警告	自适应巡航系统 自动紧急制动 停车辅助系统 前向碰撞预警系统 车身电子稳定系统	车道保持系统	拥挤辅助驾驶	停车场自动泊车	
	传感探测和 决策警报	单一功能（以上之一）	组合功能 （L1/L2 组合）	特定条件 部分任务	特定条件 全部任务	全部条件 全部任务
	ADAS			自动驾驶		

4. ADAS 功能和传感器

ADAS 通常包括导航与实时交通系统（TMC）、电子警察系统（ISA）、车联网、自适应巡航（ACC）、车道偏离警告系统（LDWS）、车道保持辅助（LKA）系统、碰撞避免或预碰撞系统（CAS/PS）、夜视（NV）系统、自适应灯光控制（ALC）、行人保护系统（PPS）、自动泊车（AP）系统、交通标志识别（TSR）、盲点监测（BSD）、驾驶人疲劳探测（DMS）、全景影像（SVM）系统、下坡控制（HDC）系统、电动汽车警告（EVWS）、远光自动控制（IHC）和增强现实导航（AR NAVI）系统。图 1-5 所示为 ADAS 功能示意图。

ADAS 的传感器用来检测汽车状态，从而预知危险，主要有摄像头、毫米波雷达、超声

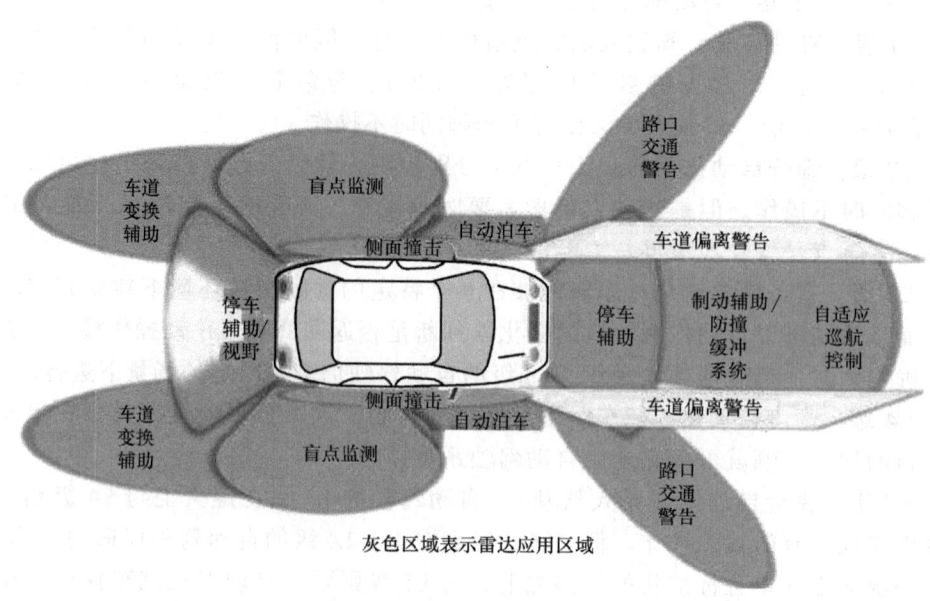

图 1-5 ADAS 功能示意图

波雷达、夜视传感器和 V2X（车联网，即车与车、外界的信息交换）。这些传感器一般安装在车辆的前后保险杠、侧视镜、变速杆内部或者风窗玻璃上。

本 章 小 结

1. 17 位车辆识别代号的每一位代号代表着汽车某一方面的信息，从中可以识别出车辆的生产国家、制造公司或生产厂家、类型、品牌名称、车型系列、车身形式、发动机型号、车型年款、安全防护装置型号、检验数字、装配工厂名称和出厂顺序号码等信息。

2. 汽车使用性能是指汽车以最高效率工作的能力，是汽车性能的主要内容，它是决定汽车利用效率和方便性的结构特性。汽车使用性能一般包括客载量、使用方便性、安全性、动力性、经济性、操纵稳定性、平顺性、舒适性及废气排放等。

3. 汽车的基本尺寸和整备质量等质量参数对汽车的容载量、动力性等几乎所有性能都有影响。

习 题

1. 简述汽车分类。
2. 什么是车辆识别代号？
3. 车辆识别代号中第 9 位的作用是什么？
4. 车辆识别代号一般位于汽车的什么部位？
5. 车辆识别代号包含哪些信息？
6. 查找资料，分析图 1-1 所示的车辆识别代号表示的具体信息。
7. 在给定的汽车上找出车辆识别代号，记录该代号，解读该代号的信息。

8. 查找 3 种不同车型的汽车参数表，找到其基本质量参数和基本尺寸，并分析其容载量和舒适性。
9. 什么是整车整备质量？
10. 什么是整备质量利用系数？
11. 汽车的基本尺寸有哪些参数？
12. 汽车使用性能包括哪些方面？
13. 智能驾驶是如何分级的？

第2章

汽车的动力性

2.1 汽车动力性的评价指标

2.1.1 汽车动力性介绍

汽车的动力性是指汽车在良好的路面上直线行驶时,克服各种行驶阻力所能达到的平均行驶速度的高低。动力性是汽车性能中最重要、最基本的性能。汽车运输效率的高低在很大程度上取决于汽车的动力性,汽车行驶的平均行驶速度越高,汽车的运输生产效率就越高。在用汽车随使用时间的延长,其动力性会逐渐下降,这样不仅降低了汽车应有的运输效率及公路应有的通行能力,还会成为造成交通事故、交通堵塞的潜在因素。

汽车的动力性主要由三方面的指标评定,即最高车速、加速性能和爬坡能力。

最高车速高,则可以缩短运行时间,提高效率,较快地到达目的地;加速性能好,则速度增加快,在超越车辆时,与被超越车辆并行的时间缩短,并行距离减小,有利于行车安全;爬坡能力强,则在山区或遇到较长坡道时,能够顺利驶上坡道或能避免因动力不足而在坡道上溜坡等危险现象的发生,这对于越野车或货车很重要。

2.1.2 最高车速

最高车速是指汽车以额定最大总质量,在无风或者微风天气(风速≤3m/s)的条件下,在干燥、清洁、平直良好路面(混凝土或沥青等铺装路面)上所能达到的最高稳定行驶速度,它对于长途运输车辆的平均行驶速度的影响最大。汽车以最高车速行驶时,发动机达到最高功率(节气门全开)。

最高车速用 u_{amax} 表示,单位为 km/h。一般轿车的最高车速为 130~200km/h,客车的最高车速为 90~130km/h,货车的最高车速为 80~110km/h。最高车速不同于高速公路的最大限速,前者更高。

2.1.3 加速性能

加速性能是汽车以额定最大总质量,在无风或者微风天气(风速≤3m/s)的条件下,在干燥、清洁、平直良好路面(混凝土或沥青等铺装路面)上所能达到的最大加速程度。加速性能对市区运行车辆的平均行驶速度的影响很大,特别是轿车对加速性能尤为重视。加速性能在理论分析中用加速度来评价,由于加速过程的加速度是不断变化的,而且不易表述,在实际试验中通常用汽车加速时间来评价。

加速时间是指汽车以额定最大总质量状态在风速≤3m/s的条件下，在干燥、清洁、平坦的混凝土或沥青路面上，由某一低速加速到某一高速所需的时间，用 t 表示，单位为 s。汽车加速时间分原地起步加速时间与超车加速时间两种。

1. 原地起步加速时间

原地起步加速时间指汽车由起步档（手动档为1档或2档，自动档可以是D位）起步，并以最大的加速强度（包括节气门的快速增大和选择恰当的换档时间等）逐步换至最高档后达到某一预定的距离或车速所需的时间。

一般常用原地起步行驶，加速到速度为100km/h时所需的时间来表明汽车原地起步加速性能，也可用原地起步加速通过某一预定距离所需的时间表示。

原地起步加速时间是衡量轿车动力性的重要指标。一般认为高速轿车的0～100km/h加速时间应在10s以内，跑车或竞赛汽车的0～100km/h加速时间可达4s左右。

因为电动机的低速转矩特性好于内燃机，无需复杂的换档，所以电动汽车的原地起步加速时间更短。

2. 超车加速时间

超车加速时间是汽车用最高档或次高档由某一预定的车速（一般是30km/h或40km/h）全力加速至另一预定高速所经过的时间。这段时间越短，则超车加速能力越强，从而可以减少超车过程中的并行时间，有利于保障行车安全。

加速性能的测试与驾驶人的换档技术和环境有密切的联系。驾驶人技术水平的不同，行驶路面的不同，甚至气候条件的不同，所反映出来的加速时间也会不同。汽车制造厂给出的参数往往是样车所能达到的最佳值，作为用户，该参数仅能作为参考。

2.1.4 爬坡能力

汽车的爬坡能力通常用最大爬坡度（坡度的概念将在后面介绍）评定。最大爬坡度 i_{max} 是指汽车满载时用变速器最低档位（此时驱动力矩最大）能够在干燥、清洁的最大坡度路面上等速行驶，此时的道路纵向坡度称为最大爬坡度。

变速器处于不同档位，汽车有不同的爬坡能力，但通常注重考查的是汽车1档的最大爬坡能力和最高档的最大爬坡能力。货车要求有30%（坡度角为16.7°）左右的爬坡度；轿车的车速较高，且经常在状况较好的道路上行驶，因此不强调轿车的爬坡能力，一般轿车的爬坡度为20%左右。

最大爬坡度 i_{max} 代表车辆的极限爬坡能力，它应比实际行驶中遇到的道路最大坡度大很多。这是因为应考虑在实际坡道行驶时，在坡道上停车后顺利起步加速、克服松软坡道路面的阻力、克服坡道崎岖不平路面的局部阻力等要求。换言之，如果一辆汽车的最大爬坡度为30%，但其在30%的坡道上是不能进行"坡起"的，因为按照最大爬坡度的定义，车辆在坡度为30%的坡道上只能以最低档且节气门全开状态匀速行驶，这时所需的驱动轮驱动力只要等于坡道的道路阻力即可，而"坡起"需要加速，这时需要驱动轮驱动力大于坡道的道路阻力。所以在坡度为30%的坡道上不能"坡起"的现象并不是汽车出现故障。

越野车要在坏路或无路条件下行驶，因而爬坡能力是一个很重要的指标，它的最大爬坡度可达60%（坡度角为31°）或更高。

也有用汽车在规定坡度（如6%）的坡道上必须达到的车速来表示汽车的爬坡能力的。

上述汽车动力性的三个评价指标对汽车平均行驶速度都有直接的影响。通常对这三个指标的研究分析，都是针对汽车满载情况而言的。在评价汽车动力性时，由于汽车用途和运行环境的不同，往往对其动力性指标也有所侧重。如经常在公路干线上行驶的汽车，起主要作用的是汽车的最大速度，而加速度的要求居于次位。而在城市内行驶的汽车正好相反，由于城市内交通繁忙，汽车在行驶中需要经常制动、停车和起步，汽车的加速性能便成为评价此类汽车的主要指标，一般不强调其爬坡能力。而越野车要在坏路或无路条件下行驶，故对其爬坡能力有较高的要求。

2.2 汽车动力性分析

2.2.1 汽车驱动力

1. 驱动力的产生

发动机曲轴输出的转矩 T_e 经传动系传递至车轮，车轮得到转矩 T_t，如图2-1所示。由图2-2所示的车轮和路面局部接触示意图可知，车轮和路面的接触部位，车轮对路面产生水平方向的向后推力，即作用于路面的圆周力 F_0，而由路面产生作用于车轮圆周上的切向反作用力 F_t，F_t 的方向向前，使汽车前进，习惯将 F_t 称为汽车驱动力。

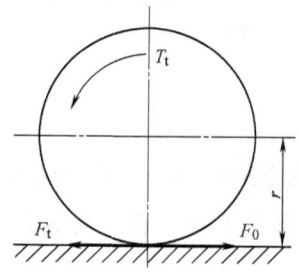

图 2-1 车轮水平受力分析

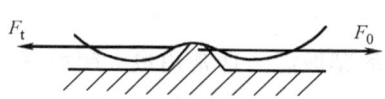

图 2-2 车轮和路面局部接触示意图

由作用力和反作用力原理，得

$$F_t = F_0 = \frac{T_t}{r} \tag{2-1}$$

式中 T_t——传输至驱动轮圆周的转矩；

r——车轮半径；

对于传统的传动系，发动机转矩 T_e 经过离合器、变速器（包括分动器）、传动轴、主减速器、差速器、半轴（及轮边减速器）传递至车轮，车轮得到的转矩 T_t 为

$$T_t = T_e i_g i_0 \eta_T \tag{2-2}$$

式中 T_e——发动机输出转矩；

i_g——变速器传动比；

i_0——主减速器传动比；

η_T——汽车传动系机械效率。

将式（2-2）带入式（2-1），得驱动轮的驱动力为

$$F_t = \frac{T_e i_g i_0 \eta_T}{r} \tag{2-3}$$

对于装有分动器、轮边减速器和液力传动等装置的汽车，应计入相应传动装置的传动比和机械效率。

由式（2-3）可知，汽车的驱动力 F_t 与发动机的转矩 T_e、传动系的各传动比 i_g 及 i_0，以及传动系的机械效率 η_T 成正比，与车轮半径 r 成反比。

2. 发动机的输出功率和输出转矩

式（2-3）中使用的发动机输出转矩的大小和发动机的节气门开度、发动机的转速有关。发动机的功率 P_e、转矩 T_e 及燃料消耗率 b_e 与发动机转速 n 之间的关系称为发动机的速度特性。发动机的速度特性是求解汽车动力性主要指标时最重要的依据之一。发动机外特性曲线是指在发动机全负荷时测出的功率或转矩随转速变化的曲线，图 2-3 所示为汽车发动机的外特性曲线。

发动机制造厂提供的发动机特性曲线常是在试验台上未带冷却液泵、风扇、发电机、空调压缩机、转向助力泵等条件下测得的（汽车参数表上标注的额定功率和最大转矩即是在这种条件下测得的），带上全部附件时发动机从飞轮输出的特性称为使用外特性。使用外特性的功率和转矩要比外特性的低一些，尤其是在高转速范围。

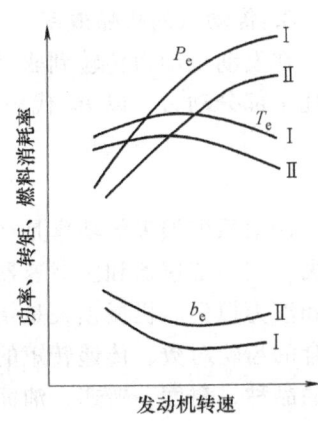

图 2-3　汽车发动机的外特性曲线
Ⅰ—外特性曲线　Ⅱ—使用外特性曲线

一般汽油发动机的使用外特性的最大功率比外特性的最大功率约小 15%；货车柴油机使用外特性的最大功率比其外特性的最大功率约小 5%；轿车柴油机使用外特性的最大功率比其外特性的最大功率约小 10%。

使用外特性的转矩 T_s 与外特性的转矩关系为

$$T_s = T_e k_s \tag{2-4}$$

式中　k_s——系数；

　　　T_e——不带附件时的发动机转矩。

由于不同国家规定的测试方法不同，对于同一发动机测出的外特性曲线也有差异，k_s 值也不同。另外，空调约消耗发动机功率的 10%~13%。国产发动机可根据 GB/T 18297—2001《汽车发动机性能试验方法》进行发动机外特性的测试，该标准规定，凡属维持发动机工作所不可少的附件，如进气排气歧管、化油器或节气门体、电控系统、燃油输油泵、燃油喷射泵、分电器、冷却液泵、机油泵、增压器、废气放气阀、中冷器及风冷发动机的风扇、导风罩等附件一律带上；凡不是为发动机本身服务的附件，对发动机来说是外加的负载，如排气制动阀门、制动用的压气泵、空调用的冷气泵、助力转向用的液压泵等附件一律不带。若因为结构的原因，这些附件不便从发动机上拆下，其消耗的功率可加到发动机的实测有效功率中去，或从机械损失功率中扣除。实际上，从发动机外特性的转矩和功率中减去装车行驶状态下增加的附件所损耗的功率，就得到了使用外特性。

通常，台架试验是在发动机工况相对稳定，即保持冷却液、机油温度于规定的数值，并

且在各个转速不变时测得的转矩、功率和油耗数值。在实际使用中,发动机的工况经常是不稳定的。发动机在热状况下,可燃混合气的浓度与台架试验有显著差异。所以在不稳定工况下,发动机提供的功率比稳定工况时低5%~8%,电喷发动机下降得少一些。但由于发动机变工况时功率不易测量,所以在进行动力性估算时,一般采用通过台架试验在稳定工况时所测得的使用外特性中的功率和转矩曲线。

发动机外特性曲线是修正为标准状态下的试验结果。而在使用中,大气压力(或海拔)、温度、湿度同标准状态不同,通常实际行驶时的"使用外特性"比图2-3所示的更低一些。

3. 传动系的机械效率

在发动机动力传输到驱动轮的过程中,因克服传动系中各个部件相互运动的摩擦阻力而消耗了部分动力。以 P_T 代表传动系损失的功率,则传动系的机械效率 η_T 为

$$\eta_T = \frac{P_e - P_T}{P_e} = 1 - \frac{P_T}{P_e} \tag{2-5}$$

传动系内损失的功率是在离合器、变速器、传动轴、主减速器、驱动轮轴承等处的功率损失,其中变速器和主减速器损失的功率所占的比例最大。损失功率的形式主要包括机械损失和液力损失。机械损失是指齿轮传动副、轴承、油封等处的摩擦损失,其大小主要取决于啮合的齿轮对数、传递转矩的大小及装配加工的精度等。液力损失,如搅油损失等,与润滑油的品种、温度、转速、油面高度等有关。

传动系机械效率是在专门的试验台上测得的。试验结果表明,在直接档工作时,啮合的齿轮不传递转矩,因此比超速档和其他档位的效率高。同一档位转矩增加时,润滑油的搅油损失所占的比例减小,机械效率较高;转速低时搅油损失小,比转速高时的机械效率高。虽然传动系的机械效率因受到多种因素的影响而有所变化,但在进行汽车动力性的初步分析时,可以将其视为常数。

对于有级变速器,轿车的 $\eta_T = 0.90~0.92$,货车和大客车的 $\eta_T = 0.82~0.85$,越野车的 $\eta_T = 0.80~0.85$。对于自动变速器(AT),由于所具有的液力变矩器是液力传动,存在较大的液体流动损失,因此机械效率较手动变速器低;对于双离合变速器(DCT),机械效率和手动变速器相近;对于无级变速器(CVT),在低负荷条件下效率较高,但负荷变大后,其机械效率并不高。表2-1列出了汽车传动系各总成的机械效率,整个传动系总的机械效率等于各总成的机械效率的乘积。

表2-1 汽车传动系机械效率(发动机全负荷)

部件名称	η_T	部件名称	η_T
4~6档变速器	0.96	传动轴	0.98
副变速器或分动器	0.95	单级主减速器	0.96
8档以上变速器	0.90	双级主减速器	0.92
自动变速器	0.80~0.92	无级变速器	0.82~0.93

4. 车轮半径

车轮半径分为自由半径 r_0、静力半径 r_s 和滚动半径 r_r。车轮无载荷时的半径称为自由半径;车轮静止不动时,在汽车重力的作用下,车轮中心至轮胎与道路接触面的距离称为静力半径。由于轮胎承受径向载荷的作用而发生变形,显然静力半径小于自由半径。

以车轮滚动圈数与车轮实际滚动距离之间的关系换算出的车轮半径，称为车轮的滚动半径，有

$$r_r = \frac{s}{2\pi n_w} \quad (2\text{-}6)$$

式中　n_w——车轮转动圈数；

s——车轮转动 n_w 圈时滚动的距离（路程）。

对汽车进行动力学分析时应该使用静力半径，而在进行运动学分析时，采用滚动半径。在实际应用中，一般不考虑它们的差别，统称为滚动半径 r，即认为

$$r_r \approx r_s \approx r$$

表 2-2 给出了部分子午线轮胎的滚动半径。

表 2-2　部分子午线轮胎的滚动半径

轮胎规格	滚动半径/m	轮胎规格	滚动半径/m	轮胎规格	滚动半径/m
255/50R16	0.322	205/50R15	0.285	195/60R14	0.286
255/65R16	0.354	205/50R16	0.297	195/75R14	0.315
235/65R17	0.335	245/70R19.5	0.407	215/70R15	0.332

2.2.2　汽车的驱动力图

发动机动力经过传动系传递到驱动轮，车速 $u_a(\text{km/h})$ 与发动机转速 $n(\text{r/min})$ 呈线性关系，即

$$u_a = 0.377 \frac{rn}{i_g i_0} \quad (2\text{-}7)$$

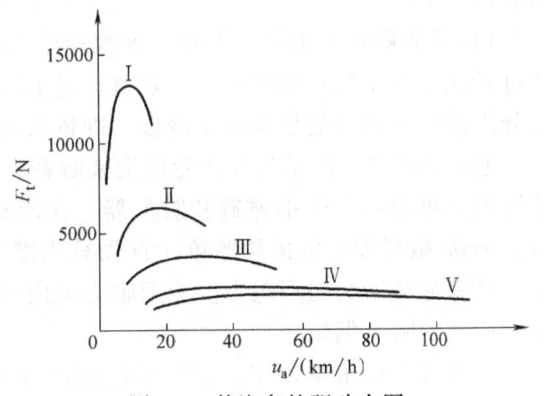

图 2-4　某汽车的驱动力图

由于发动机的转矩随发动机转速的变化而变化，某档位下，由式（2-3）求出的驱动力也随发动机转速的变化而变化。可根据发动机外特性（使用外特性）曲线图得到不同档位下汽车驱动力和车速之间的函数曲线图，通常称其为汽车驱动力图（图 2-4），它可全面地描述汽车驱动力。

根据发动机使用外特性曲线，在传动系传动比、传动系效率、车轮半径等参数已知或确定后，就可作出汽车的驱动力图。

汽车驱动力图的作图步骤如下：

1）画直角坐标系，横坐标表示车速 $u_a(\text{km/h})$，纵坐标表示驱动力 $F_t(\text{N})$。

2）在使用外特性的转矩曲线上每隔 200~400r/min 取一点（T_e、n），根据式（2-3）和式（2-7）计算在某一档位下，发动机处于某一状态时的汽车驱动力和车速。

3）在坐标系上作出相应的点，将同一档位下所得的点连成圆滑的曲线，就得到了该档

位下的驱动力曲线。对应不同的档位，有不同的驱动力曲线。图2-4即为用这种方法作出的某5档汽车的驱动力图。

汽车的驱动力图直观地显示了驱动力随车速变化的规律。对应于不同的档位，有不同的驱动力曲线。由图2-4可知，档位低，因变速器的传动比大，相应的车速低而驱动力大。

驱动力图由发动机使用外特性变换得到，它表示使用各个档位时不同车速下汽车所能发出驱动力的极限值。当节气门部分开启时，驱动力有所减小，所以驱动力曲线之下的范围，都可以是汽车运行的实际状态点。

2.2.3　汽车行驶阻力

汽车在行驶的过程中会受到多种外力的作用，包括驱动力和其他行驶阻力。汽车在水平道路上等速行驶时，需要克服轮胎与地面作用而产生的滚动阻力和空气阻力。当汽车上坡行驶时，需要克服重力沿坡道的分力，即坡度阻力。汽车加速行驶时，需要克服加速惯性阻力，即加速阻力。

1. 车轮阻力

汽车行驶时，车轮在地面上滚动会因轮胎与地面在接触区域存在法向、切向的相互作用而使轮胎相对地面产生变形。当车轮在硬路面（混凝土、沥青）上滚动时，轮胎的弹性变形是主要的；而当车轮在松软的地面上滚动时，路面的塑性变形是主要的。这些变形都会导致能量损失。此外，轮胎胎面与路面接触部位的相对滑移、悬架的弹性变形与各构件之间的摩擦，以及从动轮轴承和油封处的摩擦等都会因能量损失而表现为作用在车轮上的车轮阻力。

车轮阻力由3部分组成：轮胎的滚动阻力、路面阻力及轮胎侧偏引起的阻力。

（1）**滚动阻力**　轮胎的滚动阻力主要是轮胎的变形阻力，其次还包括轮胎和地面之间的摩擦力及轮胎空气阻力。其中的轮胎空气阻力又是整车空气阻力的一部分。滚动阻力的成因有以下两种。

1）轮胎圆周上的振动变形。弹性轮胎在硬路面上滚动时，轮胎任一截面上的微小单元都可看成是一个微小的弹性体。随着车轮的滚动，每一个微小弹性体与地面接触的整个过程可分为被压缩和回复松弛两个阶段，即依次地进行径向加载和卸载的过程。

通常用图2-5所示的弹簧轮模型来解释轮胎变形阻力产生的原因。如图2-5所示，弹簧轮周围分布着一个个小弹簧和阻尼器。在滚动中，当每个单元进入轮胎与地面的接触部位时，弹簧-阻尼器组成的轮胎单元首先被压缩，然后松弛。各个弹簧反复经历压缩和松弛过程，其阻尼功即为变形阻力。变形阻力可用单位行程的阻尼功来表示。这种损失表现为阻碍车轮运动的阻力偶矩。

转鼓试验台试验表明，在汽车速度超过45m/s后，变形阻力急剧增加。其原因是，此时轮胎开始振动，形成振动变形波，如图2-6所示。这表明，除了与地面接触的部分外，轮胎的其他部分也在运动，结果使阻尼功急剧增加。

2）车轮滚动时接地区前端受压产生阻碍车轮滚动的阻力矩。汽车静止时，车轮与地面接触区法向反作用力的分布是前后对称的，其合力垂直于接触面指向轮心。当车轮滚动时，接触区法向反作用力的分布前后不对称，图2-7a所示为合法向反作用力 F_{Z1} 向前偏移了一段距离 a，图中阴影表示轮胎接触区受力情况。这是因为轮胎与地面接触区的前端处于压缩状态，而后端处于松弛状态，因而接触面前端法向力大于后端法向力。如果将合法向反作用力后移距离 a 至车轮中心的垂线，则有阻碍车轮滚动的阻力矩 T_{f1}，如图 2-7b 所示。

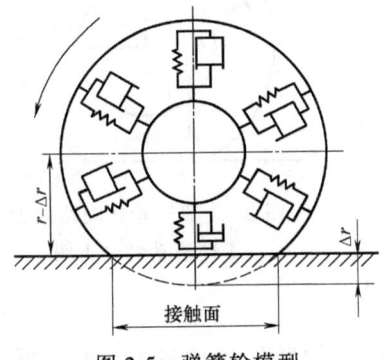

图 2-5　弹簧轮模型

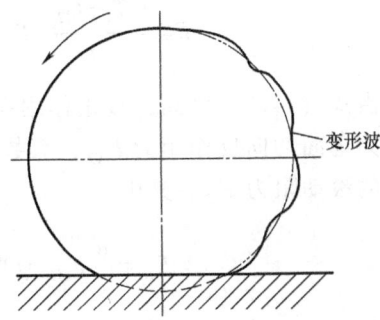

图 2-6　轮胎周围上的振动变形波

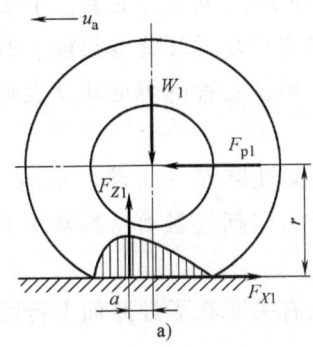

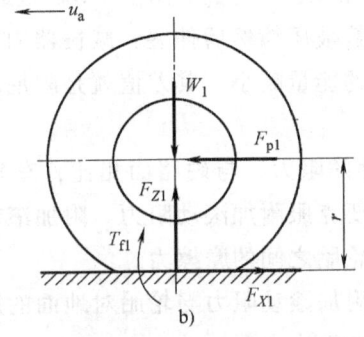

图 2-7　从动轮在硬路面上滚动时的受力图
W_1—法向载荷　u_a—车速　F_{p1}—车轴推力　F_{Z1}—法向反作用力
T_{f1}—阻力偶矩　F_{X1}—切向反作用力

由图 2-7 可知，欲使从动轮在硬路面上等速滚动，必须在车轮中心加一推力 F_{p1} 与地面切向反作用力构成一力偶矩来克服上述滚动阻力矩。由力矩平衡得

$$T_{f1} = aF_{Z1} = rF_{X1} = rF_{p1}$$

$$F_{X1} = F_{p1} = \frac{a}{r}F_{Z1} = \frac{a}{r}W_1 \tag{2-8}$$

令 $f = \dfrac{a}{r}$，且考虑到 $F_{Z1} = W_1$，则

$$F_{p1} = fW_1 \tag{2-9}$$

式中　f——滚动阻力系数。

式（2-9）表明，滚动阻力系数是车轮在一定条件下滚动时所需的推力与车轮负荷之比，或单位汽车重力所需的推力。也就是说，滚动阻力等于汽车滚动阻力系数与车轮负荷的乘积。

图 2-8 所示为驱动轮在硬路面上等速滚动时的受力图，图中 F_{X2} 为驱动力矩引起的道路对车轮的切向反作用力，F_{p2} 为驱力轴作用于车轮的水平力，法向反作用力 F_{Z2} 也由于轮胎

迟滞而使其作用点向前移动了一个距离 a，即在驱动轮上也作用有滚动阻力偶矩 T_{f2}。由平衡条件得

$$F_{X2} = \frac{T_t - T_{f2}}{r} = F_t - F_{f2} \qquad (2-10)$$

由式（2-10）可知，真正作用在驱动轮上驱动汽车行驶的力为地面切向反作用力 F_{X2}，其数值为驱动力 F_t 减去驱动轮上的滚动阻力 F_{f2}。其中

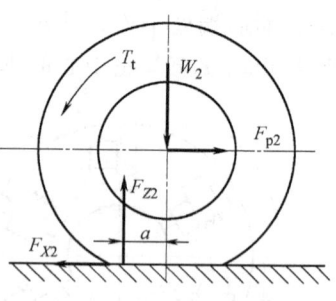

图 2-8 驱动轮在硬路面上等速滚动的受力图

$$F_{f2} = \frac{a}{r} F_{Z2} = fW_2 \qquad (2-11)$$

（2）路面阻力 以上讨论的是在平整、干燥的硬路面上轮胎的滚动阻力，而实际的路面往往与上述理想状态差别很大，这里研究三种路面的阻力情况。

1）不平路面的阻力。因为车轮和车轴是通过弹簧-阻尼元件安装在车架上的，当汽车驶过凸起物时，弹簧被压缩然后伸展，减振器内形成阻尼功并转化成热能。所以，弹性悬架回收的能量比输入的能量略小，其差值就是阻尼功。单位行程的阻尼功就表现为不平路面的附加滚动阻力。

2）松软路面的阻力。与硬路面相比，车轮在柔性路面（土路、草地、砂土地、雪地）上运动时，还需要克服附加滚动阻力。附加滚动阻力包括接触面材料被压缩和移动行程的车辙阻力和车辙与轮胎之间的摩擦力。

柔性路面的附加滚动阻力与轮胎对地面的压强有关。在柔性路面上行驶时，降低轮胎充气压力对减小滚动阻力有利。

3）积水路面的阻力。在积水硬路面上运动的车轮与路面之间存在三个区域：水膜区、过渡区和接触区。在过渡区轮胎已有变形，与道路有局部接触，而在接触区轮胎与路面之间才完全接触而传递力。

轮胎排挤水层就形成了排水阻力。当水层厚度较大时，车速超过一定值后，将出现水滑现象，使轮胎完全被水层浮起。此时，汽车基本丧失转向、制动能力。

（3）滚动阻力系数 在硬路面上行驶的整车的滚动阻力 F_f，可引用上面推导的式（2-9）和（2-11），得

$$F_f = Gf \qquad (2-12)$$

式中 G——汽车总重力；
$\qquad f$——滚动阻力系数。

通常，滚动阻力系数通过试验确定。滚动阻力与路面的类型与路况、行驶车速及轮胎的结构、材料、充气压力、磨损情况等有关。

路面的种类和状况对滚动阻力系数有较大的影响。硬实、平整、干燥的路面，滚动阻力系数小；软路面的塑性变形和硬路面的高低不平导致轮胎与悬架反复变形而增加迟滞损失，会导致滚动阻力系数增大。表 2-3 列出了在车速低于 50km/h 时不同路面上滚动阻力系数的值。

表 2-3 车轮滚动阻力系数

路面状态	滚动阻力系数 f	路面状态	滚动阻力系数 f
良好平滑沥青铺装路面	≈0.010	整齐良好平坦未铺装路面	≈0.04
良好平滑混凝土铺装路面	≈0.011	整修不良多砂石道路	≈0.08
良好粗石混凝土铺装路面	≈0.014	新铺设碎石道路	≈0.12
良好木块铺装路面	≈0.018	砂质或石质道路	≈0.16
良好砌石铺装路面	≈0.020	松散砂地黏土道路	0.2~0.3

车速对滚动阻力系数的影响很大。低速行驶时，滚动阻力近似与车速成正比；高速行驶时，滚动阻力近似与车速的二次方成正比。当车速低于 100km/h 时，滚动阻力随车速的增加逐渐增加，但变化不大；当车速超过 140km/h 时，滚动阻力随车速的增加而快速增加；当车速达到某一临界值时，滚动阻力迅速增加，此时轮胎产生驻波现象，轮胎轮缘呈现明显的波浪状（图 2-6）。除了滚动阻力快速增加，轮胎温度也快速升高，胎面与帘布层脱落，容易导致爆胎。这是高速行驶车辆的一种很危险的工况。

在汽车动力性分析中，轿车车速在 50km/h 以下时，滚动阻力系数 f 一般取 0.0165，当车速较高（大于 50km/h）时，f 可按式（2-13）计算：

$$f = 0.0165[1 + 0.01(u_a - 50)] \tag{2-13}$$

式中　u_a——车速（km/h）。

货车胎压较高且变形较小，可取 f=0.01，车速较高时可按式（2-16）计算：

$$f = 0.0076 + 0.000056 u_a \tag{2-14}$$

轮胎的结构、材料、帘线对滚动阻力系数的影响也很大。子午线轮胎较一般轮胎的滚动阻力系数小，且随速度变化小。相同尺寸和强度的轮胎，帘布层数越少，胎体越薄，滚动阻力系数就越小。气压降低时，在硬路面上行驶的汽车轮胎变形大，滚动阻力也相应增大。相关试验表明，轮胎气压比规定压力增加 10%，可有较好的节油效果，且不降低轮胎的使用寿命。但是，轮胎充气压力不可过高，否则会降低轮胎寿命并导致道路早期损坏。

在软路面上，如果轮胎气压高，会使轮胎车辙较深，从而增加路面的附加阻力，导致总的车轮阻力变大。

驱动轮轮胎大于从动轮轮胎的滚动阻力。这是因为在驱动力矩作用下，胎面与接触地面存在一定的滑动，会增加能量损耗。驱动力越大，滚动阻力系数越大。

（4）轮胎侧偏引起的阻力　车辆转弯或变更车道行驶时，车轮运动方向不垂直于其轴线，而是车轮平面与运动方向成某一角度，即侧偏角。这时车轮受到侧向力 F_y 的作用，此时，滚动阻力将增加。

如图 2-9 所示，当侧偏角为 α 时，滚动阻力 F_f 为

$$F_f = F_{f0}\cos\alpha + F_y\sin\alpha \tag{2-15}$$

式中　F_{f0}——直线行驶的滚动阻力；
　　　F_y——侧向力。

$F_q = F_y\sin\alpha$ 为曲线行驶的附加滚动阻力在行驶方向上的分量，F_Z 为地面法向反作用力，则附加滚动阻力系数 f_q 为

$$f_q = \frac{F_q}{F_z} \qquad (2\text{-}16)$$

当侧偏角 α 较小时，侧向力 F_y 与侧偏角 α 近似成正比。

对于前束角为 δ 的汽车，在直线行驶时，相当于同一轴的每个车轮的侧偏角为 δ/2，因前束而引起的附加阻力为

$$F_{qi} = 2F_Y \sin\frac{\delta}{2} \qquad (2\text{-}17)$$

2. 空气阻力

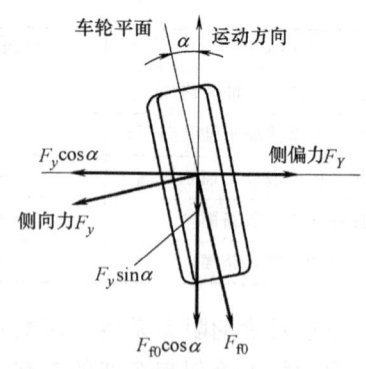

图 2-9 轮胎侧偏引起的附加滚动阻力

汽车直线行驶时受到的空气作用力在行驶方向上的分力，称为空气阻力，用 F_w 表示。汽车高速行驶时，空气阻力远远超过滚动阻力，一辆以 100km/h 的速度行驶的汽车，发动机输出功率的 80% 被用于克服空气阻力。减小空气阻力，就能有效地改善汽车的行驶经济性。通常按空气阻力产生的原因，将其分为以下几种：

（1）**压差阻力** 压差阻力又称为形状阻力，是作用于汽车外表面上的法向力的合力在行驶方向上的分力，约占空气阻力的 55%~65%。汽车向前行驶穿过空气介质时，汽车前部的空气被压缩，使作用于汽车前部的压力升高。被车辆分开的空气无法在后部平顺合拢和恢复原状，汽车后部形成涡流区产生负压，使作用于汽车后部的压力降低。汽车前后存在压力差便形成了压力阻力，它与车身形状有很大的关系，如车头和车尾的形状、风窗玻璃的倾角等对其都有影响。汽车后部涡流分离的范围越大，即涡流区域越大，压差阻力也越大。

如图 2-10 所示，尽管迎风面积 A 相同，但由于车辆造型不同，涡流区的大小差别很大，因此压差阻力各不相同。

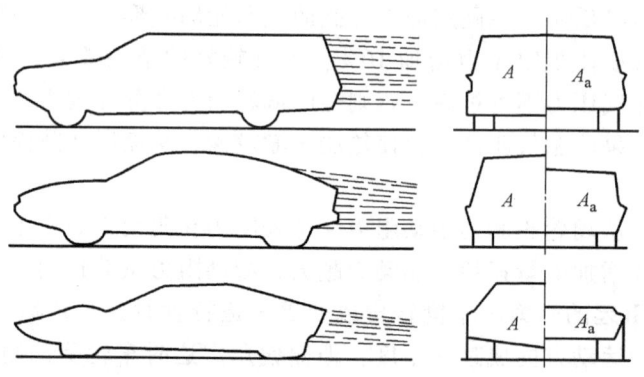

图 2-10 压力阻力产生的原因

（2）**诱导阻力** 汽车上部和底部的空气压力不同，会引起横向气流，使车辆产生升力，横向气流也会在车身表面产生涡流分离现象，造成压差，产生诱导阻力。

（3）**干扰阻力** 干扰阻力主要来自汽车的突出部件，如后视镜、门把手、导水槽、驱动轴、悬架导向杆等。

（4）**内部阻力** 内部阻力是指因发动机冷却系、车身通风等因需要气流流过汽车内部而产生的阻力。

(5) 表面阻力 表面阻力又称摩擦阻力。汽车空气阻力中的摩擦阻力是由于空气具有黏性而使其在车身表面产生的切向力造成的。当气流流过车身时，因空气具有黏性，空气微团与车身表面发生摩擦而阻碍了气体的流动，从而产生阻力。

显然，较长的车辆（如大型客车）上的表面阻力较大。一般大型客车的造型考虑了空气动力学的要求，其前部空气阻力很小。但车身表面阻力沿纵向增加的数值仍相当大，增加值几乎等于车尾部分的空气阻力。

上述几部分阻力叠加起来，就构成了整车空气阻力。

根据上述分析，空气阻力主要与空气流速 v、空气密度 ρ、物体的迎风面积 A 及物体的形状有关。空气阻力用式（2-18）表示，即

$$F_w = C_w A \frac{\rho}{2} v^2 \tag{2-18}$$

式中 C_w——无因次的空气阻力系数（风阻系数）。

若空气流速 v 以 km/h 为单位，且空气密度 $\rho = 1.2258 \text{kg/m}^3$，代入上式，则得

$$F_w = \frac{C_w A v^2}{21.15}$$

由此可见，空气阻力与空气阻力系数 C_w 和迎风面积 A 成正比，与车速的平方成正比。

车速越高，空气阻力越大，相对滚动阻力越显著。故为弥补空气阻力所造成的功率损失，在汽车的结构设计和使用中，应尽量降低空气阻力系数 C_w 和迎风面积 A。图 2-11 所示为现代汽车在外形结构上降低空气阻力系数的方法。

通过风洞试验和空气动力学分析

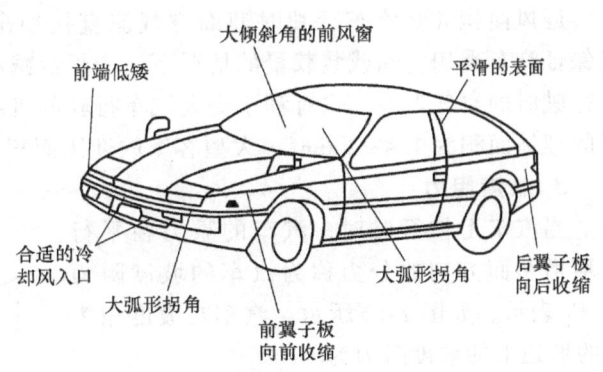

图 2-11 现代汽车在外形结构上降低空气阻力系数的方法

得知，要使汽车的空气阻力系数 C_w 的值较小，应使汽车的外形呈现水滴或海豚的形状，但这在实际结构上是难以实现的，因为受车身造型和交通面积利用的限制。为了使汽车具有较好的流线型外形，现代汽车在外形结构设计上考虑了如下方面：

1）车身前部发动机舱盖向前下方倾斜。面与面的交接处平滑相接。前风窗玻璃与发动机舱盖和车顶的过渡处应平滑，玻璃应尽可能地倾斜。减小车灯、后视镜等凸出物的尺寸，使其形状接近流线型，拱形保险杠与车头连成连续平滑的整体或收入车体内。保险杠下应有合适的扰流板，车轮罩应光滑。

2）整个车身应向前倾 $1°\sim 2°$。水平投影应为腰鼓形，后端应稍微收缩，前端呈半圆形。汽车尾部较好的形状为仓背式或直背式。行李舱上盖板应短而高。"扰流翼"（或汽车尾翼）具有降低空气阻力和提高稳定性的作用。底部要求盖住零部件使其平整化，并由中部或后轮向后逐步升高。

3）散热器和通风的进口和出口位置应适当。货车顶部安装导流罩，汽车侧面应安装防护板。

随着汽车设计技术和制造工艺水平的提高，汽车的空气阻力系数在不断降低。目前，轿车的 C_w 值为 $0.3 \sim 0.5$，部分已降至 0.19；大型客车的 C_w 值为 $0.5 \sim 0.9$；货车的 C_w 值为 $0.6 \sim 1.5$。各类汽车的空气阻力系数见表 2-4。

表 2-4 各类汽车的空气阻力系数

车 型	空气阻力系数 C_w
敞篷车	0.5~0.7
厢式车	0.5~0.6
浮顶式车	0.4~0.55
前照灯、后轮、备用轮胎在车身内，无保险杠	0.3~0.4
前照灯及全部车轮在车身内，覆盖地板	0.2~0.25
最优流线型设计	0.15~0.20
货车、汽车列车	0.8~1.5
大型客车	0.6~0.7
流线型大型客车	0.3~0.4

迎风面积 A 是汽车行驶时迎面空气流直接冲击的面积，即汽车行驶方向的投影面积。在保证汽车乘用空间或装载量的情况下，应尽量减小汽车的外廓尺寸，这不仅有利于降低汽车行驶时的空气阻力，也有利于提高汽车行驶的机动性和安全性。对一般车型而言，目前轿车的迎风面积为 $1.4 \sim 2.6 m^2$，大型客车的迎风面积为 $4 \sim 7 m^2$，货车的迎风面积为 $3 \sim 7 m^2$。

3. 坡度阻力

当汽车上坡行驶时，汽车的重力在平行于坡道路面方向的分力称为汽车的坡度阻力用 F_i 表示。如图 2-12 所示，汽车在坡度角为 α 的坡道上的坡度阻力为

$$F_i = G\sin\alpha = mg\sin\alpha \quad (2-19)$$

式中　　G——汽车的重力；

　　　　m——汽车的质量；

　　　　g——重力加速度；

　　　　α——坡度角。

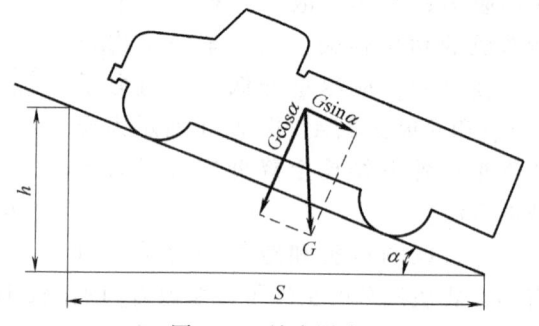

图 2-12 坡度阻力

汽车上坡行驶时，重力在垂直于路面方向上的分力为 $mg\cos\alpha$，则滚动阻力 F_f 为

$$F_f = fmg\cos\alpha \quad (2-20)$$

当 α 较小时，$\sin\alpha \approx \alpha$，$\cos\alpha \approx 1$。在这种情况下，可用坡度 i 近似代替坡度角，$i = h/s = \tan\alpha$。普通公路的坡度一般小于 5%。这时，坡道阻力可表示为

$$F_i = mgi \quad (2-21)$$

同理，滚动阻力 F_f 可表示为

$$F_f = fmg\cos\alpha \approx fmg \quad (2-22)$$

坡道阻力 F_i 和滚动阻力 F_f 均为与道路有关的行驶阻力，通常将这两个阻力合在一起，称为道路阻力 F_Ψ，即

$$F_\Psi = F_f + F_i = (i+f)mg \quad (2-23)$$

定义道路阻力系数 Ψ 为

$$\Psi = f + i \tag{2-24}$$

4. 加速阻力

汽车加速行驶时，需要克服本身质量加速运动的惯性力，该力称为加速阻力，用 F_j 表示。加速时平移质量产生平移惯性力，旋转质量产生旋转惯性力偶矩（当汽车加速时，飞轮和车轮产生与车轮旋转方向相反的惯性力偶矩，经轮缘作用于路面，路面给轮缘一个切向反作用力，与汽车的行驶方向相反）。为了能用一个公式计算，一般将旋转质量惯性力偶矩在数值上等效转换为平移质量惯性力。对于固定档位，常用系数 δ 作为考虑旋转质量力偶矩后的汽车旋转质量换算系数。这时，汽车的加速阻力 F_j 为

$$F_j = \delta m \frac{du}{dt} \tag{2-25}$$

式中　δ——汽车旋转质量换算系数，$\delta > 1$；

　　　m——汽车总质量；

　　　$\dfrac{du}{dt}$——汽车加速度。

δ 主要与发动机飞轮的转动惯量、车轮的转动惯量及传动系的传动比有关。车轮和传动系的转动惯量见表 2-5。δ 的值需要进行实测和计算，过程复杂，一般情况下，往往采用统计值，见表 2-6。

表 2-5　车轮和传动系的转动惯量

项 目		小型轿车	货 车
车辆质量(空载)/kg		905	2935
车辆质量(满载)/kg		1105	7000
最终传动比		4.8	6.143
车轮有效直径/m		0.648	0.813
转动惯量 /kg·m²	发动机(包括飞轮离合器和变速器)	0.1542	0.4436
	传动轴(不包括关联发动机部分)	0.0070	0.0671
	前轮及前轴	2.1293	11.1340
	后轮及后轴(包括终减速器)	2.1394	21.9816

表 2-6　汽车旋转质量换算系数 δ

档 位	轿 车		货 车
变速档数	3	4	4
1 档	—	2.70	2.56
2 档	1.88	1.54	1.46
3 档	1.28	1.20	1.20
4 档	1.11	1.10	1.09

2.2.4　汽车行驶方程式

汽车的动力性是由汽车纵向受力条件所决定的。在汽车行驶过程中，其纵向作用有各种

外力，包括驱动力和其他行驶阻力。建立汽车行驶方程式，就可根据牛顿定律，利用受力关系，确定汽车的加速度、最高车速和最大爬坡度。

汽车行驶方程式为

$$F_t = F_f + F_i + F_w + F_j \tag{2-26}$$

汽车在水平道路上匀速行驶时，需要克服地面滚动阻力 F_f 和空气阻力 F_w；当汽车上坡行驶时，需要克服重力沿着坡道的分力，即坡度阻力 F_i；汽车加速行驶时，需要克服加速阻力 F_j。

只要汽车运动，滚动阻力和空气阻力就存在，而坡度阻力和加速阻力仅在一定的行驶条件下才存在。匀速行驶时，就没有加速阻力 F_j；在平直道路上行驶时，坡度阻力 F_i 就不存在。

减速行驶时，F_j 与汽车行驶方向相同，成为驱动汽车前进的力；下坡行驶时，F_i 也与汽车行驶方向相同，成为驱动汽车前进的力之一。

若 $F_t > F_f + F_i + F_w$，汽车将加速行驶。

若 $F_t = F_f + F_i + F_w$，汽车将匀速行驶。

若 $F_t < F_f + F_i + F_w$，汽车将无法起步或减速行驶直至停车。

所以汽车行驶的驱动条件为

$$F_t \geq F_f + F_i + F_w \tag{2-27}$$

当发动机的转速特性、变速器的传动比、主减速比、传动效率、车轮半径、空气阻力系数、汽车迎风面积及汽车质量等初步确定后，便可使用式（2-27）分析汽车在附着性能良好的典型路面（混凝土、沥青路面）上的行驶能力，即确定汽车在节气门全开时可能达到的最高车速、加速能力和爬坡能力。

2.2.5 汽车行驶的附着条件

1. 附着条件和附着力

汽车动力性分析是从汽车能发挥其最大驱动能力的角度出发的，要求汽车有足够的驱动力，以便汽车能够充分地加速、爬坡和实现最高车速。实际上，轮胎传递的轮缘切向力受到接触面的制约。由图 2-2 所示的车轮和路面局部接触示意图可知，车轮和路面的凸凹部位互相嵌入，当车轮旋转时，产生了切向推力。当汽车动力传动系统的转矩增大时，车轮对路面的切向推力也增大，车轮也获得了增大的驱动力。但是如果转矩增大到一定程度，车轮和路面之间的切向推力增大会使车轮和路面之间的凸凹部位破碎，车轮就会滑转，和路面之间的切向推力不再增加甚至减小。

从以上的分析可以看出，地面驱动力存在极限，只有在车轮不打滑时车轮的驱动力才能随着发动机转矩的增加而增加。这个驱动力的极限称为车轮和路面之间的附着力，记为 F_φ。当 $F_t \geq F_\varphi$ 时，车轮将发生滑转现象。驱动轮发生滑转时，将形成类似制动拖滑的连续或间断的黑色胎印。

因此，汽车行驶还必须满足附着条件：

$$F_t \leq F_\varphi \tag{2-28}$$

综上所述，汽车行驶要满足的约束条件（必要充分条件）为

$$F_f+F_i+F_w \leq F_t \leq F_\varphi \qquad (2\text{-}29)$$

该条件也称为汽车行驶的驱动-附着条件。

2. 附着系数

硬路面上,车轮在法向反力(车轮载荷)的作用下嵌入坚硬的路面。法向反力越大,驱动力增大时车轮越不容易打滑,附着力和接触面对车轮法向反力成正比,即

$$F_\varphi = \varphi F_Z \qquad (2\text{-}30)$$

式中 F_Z——接触面对车轮的法向反作用力;

φ——附着系数。

附着系数主要取决于路面的种类和状况,另外还与轮胎的结构和气压、行车速度、车轮运动状况有关。

(1)路面种类和状况对附着系数的影响 坚硬路面的坚硬微小突起部分嵌入轮胎与路面的接触部位,使接触强度较大,因而不易打滑,其附着系数较大。若路面被细沙、尘土、油污、泥土等覆盖,路面的附着系数便会大大降低。路面被冰雪覆盖,其附着系数会更低。潮湿路面由于水的润滑作用,会使附着系数下降20%~60%。松软土壤的剪切强度较低,故其附着系数较小;泥泞土路由于其表面较为光滑,土质松软,附着系数更低;温度升高时沥青路面因硬度下降会使附着系数下降;使用时间较长的路面因磨损和风化而使路面变光滑,导致附着系数降低。

良好的路面应当具有自动排水能力,且其微观结构应是粗糙的并有一定的尖锐棱角,以穿透水膜直接与轮胎胎面接触。一般汽车动力性试验条件所称的"良好路面"就是这种路面。

(2)轮胎的结构和气压对附着系数的影响 宽断面轮胎和子午线轮胎与地面的接触面积大,可使附着系数增大。

轮胎的花纹对附着系数有一定的影响,花纹浅的轮胎在硬路面上有较好的附着能力,花纹宽而深的轮胎在软路面上的附着能力较好。纵向条纹较多的胎面,在干燥的硬路面上接地面积较小,使附着系数有所减小,但在潮湿的路面上有利于挤出水分,改善了附着能力。

现代子午线轮胎胎面上采用纵向曲折大沟槽,胎面边缘为横向沟槽,以提高轮胎的纵向和横向抓地能力。胎面上还有大量的细小花纹,使胎面在接地过程中产生微小滑动,可使接地面的水膜被擦去,胎面直接与路面接触。这种结构增强了在潮湿路面上的排水能力,提高了附着系数。

旧轮胎的附着系数小于新轮胎,轮胎在使用过程中由于胎面花纹深度逐渐减小,会使附着系数显著下降。

降低轮胎的气压,可使车轮在硬路面上的附着系数略有增加,所以采用低压胎可得到较好的附着性能。但是在松软路面上,降低轮胎的气压会使附着系数明显增加,因为轮胎与土壤的接触面积增大,胎面凸起嵌入土壤的数目也增多。对潮湿的路面,适当提高轮胎的气压,使轮胎与路面的接触面积减小,有利于挤出接触面的水分,使轮胎胎面与路面的接触更牢,提高附着系数。

(3)车速对附着系数的影响 车速提高,大多情况下附着系数是降低的。在硬路面上,随着车速的提高,由于路面微观凸凹部分来不及与胎面完全嵌合,所以会使附着系数有所下降。在潮湿路面上,车速提高会使接触面间的水分来不及排出,故使附着系数显著降低。特

别是雨天汽车在硬路面上高速行驶时，高速旋转的车轮与路面之间存在水楔作用，这会使附着系数大幅度下降。在结冰路面和压实的积路面雪上，随着车速的提高，附着系数略有增大，当然，这不意味着汽车在冰雪路面上可以高速行驶，这样会使汽车的行驶稳定性变差。

综上所述，附着系数受很多因素影响。而在一般动力性分析中，通常取附着系数为定值，其大致范围列于表2-7中，可以看出，良好的混凝土或沥青路面的附着系数取0.7~0.8，路面潮湿时取0.5~0.6；干燥碎石路面的附着系数取0.6~0.7；干燥土路的附着系数取0.5~0.6，潮湿土路取0.2~0.4。

在长时间未冲洗的路面上，微雨时行车要特别注意安全，控制车速，因为这时路面的尘土和少量的水混合形成的泥会嵌入轮胎的花纹而不易排出，使得轮胎的附着系数下降。

表2-7 各种路面上的附着系数

路面种类		干　燥		潮　湿	
		车速≤48km/h	车速>48km/h	车速≤48km/h	车速>48km/h
水泥	新铺设	0.80~1.00	0.70~0.85	0.50~0.80	0.40~0.75
	交通量较少	0.60~0.80	0.60~0.75	0.45~0.70	0.45~0.65
	磨损路段	0.55~0.75	0.50~0.65	0.45~0.65	0.45~0.60
沥青	新铺设	0.80~1.00	0.65~0.70	0.50~0.80	0.45~0.75
	交通量较少	0.60~0.80	0.55~0.70	0.45~0.70	0.40~0.65
	磨损路段	0.55~0.75	0.45~0.65	0.45~0.65	0.40~0.60
	焦油过多路段	0.50~0.70	0.35~0.60	0.30~0.60	0.25~0.45
碎石		0.40~0.70	0.40~0.70	0.45~0.75	0.45~0.75
结冰		0.07~0.20	0.10~0.25	—	—
压实积雪		0.30~0.55	0.35~0.60	—	—
松散积雪		0.10~0.25	0.10~0.20	—	—

3. 车轮与路面的法向反力

由式（2-30）可知，车轮附着力与车轮的法向反力（车轮和路面之间的垂直作用力）成正比。而这个法向反力随汽车运动状态和道路坡度的变化而变化。

（1）**汽车在水平路面上静止时的车轮法向反力** 汽车静止在水平路面上的受力情况如图2-13所示，前轮法向反力为 F_{Z1}，后轮法向反力为 F_{Z2}，由力矩平衡得

$$\begin{cases} F_{Z1} = G\dfrac{b}{L} \\ F_{Z2} = G\dfrac{a}{L} \end{cases} \tag{2-31}$$

（2）**空气阻力引起的法向反力** 空气阻力使后轴载荷增加 F_{Z1w}，前轴载荷减小 F_{Z2w}，如图2-14所示。

（3）**汽车加速的惯性力引起的法向反力** 加速的惯性力使后轴载荷增加 F_{Z1g}，前轴载荷减小 F_{Z2g}，如图2-15所示。

（4）**升力引起的法向反力** 升力导致法向反力减小，如图2-16所示，前轮减小 F_{Z1s}，后轮减小 F_{Z2s}。

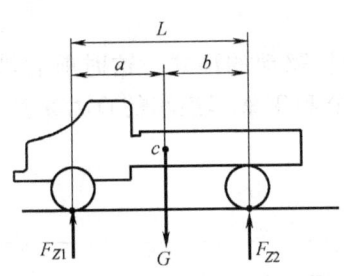

图 2-13 汽车静止在水平路面上的受力情况

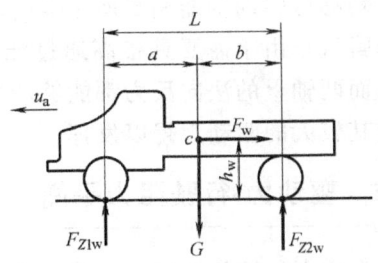

图 2-14 空气阻力引起的法向反力

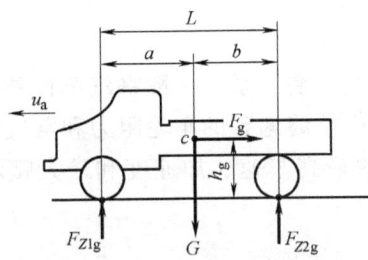

图 2-15 汽车加速的惯性力引起的法向反力

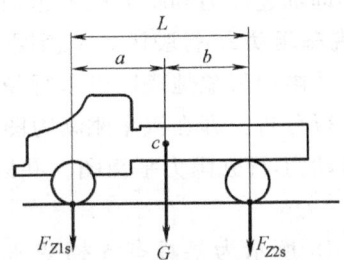

图 2-16 升力引起的法向反力

（5）**汽车加速上坡时的车轮法向反力** 汽车在坡道上静止停放时，两个车轴全部车轮的总的法向反力为

$$F_Z = G\cos\alpha$$

如图 2-17 所示，汽车加速上坡时，两轴上的法向反力分别为

$$F_{Z1} = \frac{Gb\cos\alpha - (F_i + F_j + F_w)h_g}{L} \quad (2-32)$$

$$F_{Z2} = \frac{Ga\cos\alpha + (F_i + F_j + F_w)h_g}{L} \quad (2-33)$$

式中 L——汽车轴距；
a——前轴距汽车重心的距离；
b——后轴距汽车重心的距离；
G——车的重力；
F_i——坡度阻力，$F_i = G\cos\alpha$；
F_j——加速阻力；
F_w——空气风阻。

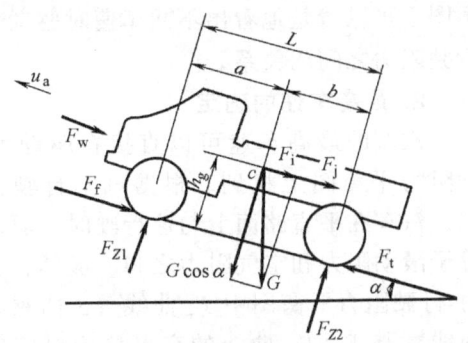

图 2-17 汽车加速上坡时的受力分析

4. 汽车行驶的附着条件对汽车爬坡能力和加速能力的影响

由式（2-32）和式（2-33）可知，汽车行驶时车轮与地面的法向作用力（即轴荷）跟汽车静止时不同，且随着汽车重心位置、行驶情况和道路情况的变化而变化，这被称为汽车的轴荷再分配现象。汽车上坡、加速时，前轴荷减小，后轴荷增大，这对后轴驱动的汽车有利，当汽车加速或上坡需要大的驱动力时，后轴与地面法向作用力的增大可使附着力随之增大，有利于保证所需要的驱动力的发挥。而对前轴驱动的汽车，其结构上的重心位置，应保

证轴荷转移后驱动轴能满足所必需的附着条件。

越野汽车由于需要具备高通过能力，通常采用全轮驱动的型式，这时前后轴均为驱动轴，因而两轴上的法向反力都能够产生附着力，即充分利用整部汽车的重力来产生附着力，可以使其较大的驱动力得以发挥。

2.2.6 驱动力-行驶阻力平衡

在附着力足够的情况下（汽车满足附着条件），根据汽车行驶方程式，汽车的驱动力越大，匀速行驶的阻力（滚动阻力和空气阻力）越小，那么汽车能克服的加速阻力和坡度阻力越大，即加速能力和爬坡能力越强。

1. 汽车驱动力-行驶阻力平衡图

为了清晰而形象地表明汽车行驶时的受力情况及其平衡关系，一般将汽车行驶方程式用图解法进行分析，即在汽车驱动力图上画出汽车行驶中始终遇到的车轮阻力和空气阻力，作出汽车驱动力-行驶阻力平衡图，并以它来确定汽车的最高车速、加速度和最大爬坡度等动力性指标。

图 2-18 所示为某具有 5 档变速器汽车的驱动力-行驶阻力平衡图，图中有 5 个档的驱动力 F_t 曲线（1档最高，5档最低），又有滚动阻力 F_f 和空气阻力 F_w 叠加后的正常行驶阻力曲线。

各档的驱动力曲线是由发动机使用外特性转化来的，从汽车的驱动力-行驶阻力平衡图上可以清楚地看出不同车速时驱动力和行驶阻力之间的关系。

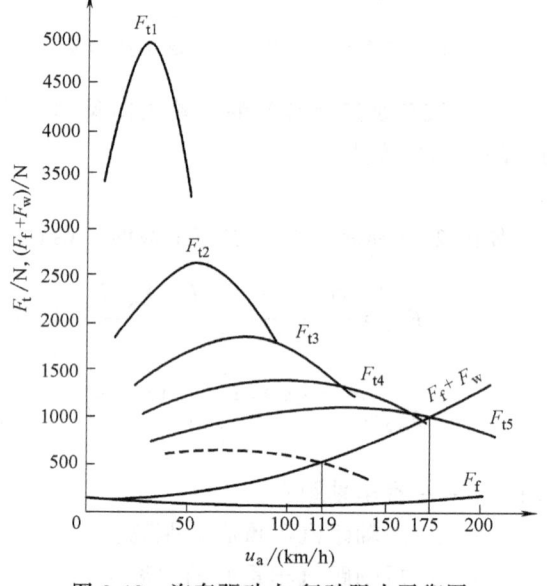

图 2-18 汽车驱动力-行驶阻力平衡图

2. 最高车速的确定

汽车的最高车速可以直接在驱动力-行驶阻力平衡图上找到。根据汽车行驶方程式，汽车在平直路面上匀速行驶时，驱动力等于滚动阻力和空气阻力之和。显然，驱动力-行驶阻力平衡图中 F_t 曲线（5档驱动力曲线）与 F_f+F_w 曲线的交点位置对应的便是最高车速（175km/h）。此时驱动力和行驶阻力相等，汽车处于稳定的平衡状态。

当需要以低于最高车速的速度行驶时，驾驶人可以调小节气门开度，此时发动机只用部分负荷特性工作，相应地得到图 2-18 中虚线所示的驱动力曲线（虚线），新的驱动力曲线和行驶阻力曲线之间的交点代表汽车达到新的平衡，对应汽车节气门部分开启时的最高车速（119km/h）。

3. 加速能力

从图 2-18 中还可以看出，当车速低于最高车速时，驱动力 F_t（节气门开度最大时）大于正常行驶阻力 F_f+F_w（滚阻力和空气阻力），两者之间的差值称为汽车的后备驱动力。也称剩余驱动力。根据汽车行驶方程式，该后备驱动力可以克服加速阻力和坡度阻力，即可以用来使汽车加速、爬坡或者牵引挂车。对于牵引挂车，后备驱动力又称挂钩牵引力。

汽车的加速能力可以用其在水平良好路面上的加速度来表示。利用汽车行驶方程式，加速度为

$$a = \frac{\mathrm{d}u}{\mathrm{d}t} = \frac{F_\mathrm{t} - (F_\mathrm{f} + F_\mathrm{w})}{\delta m} \tag{2-34}$$

式中　m——汽车总质量；
　　　δ——旋转质量换算系数。

加速度的大小与后备驱动力成正比，与汽车总质量和旋转质量换算系数成反比。如果忽略旋转质量的影响，得到的加速度曲线如图2-19中的实线所示。实际上旋转质量换算系数总是大于1（$\delta>1$）的，且档位越低，δ值越大，所以考虑到旋转质量的影响，实际的加速度曲线如图2-19a中的虚线所示。

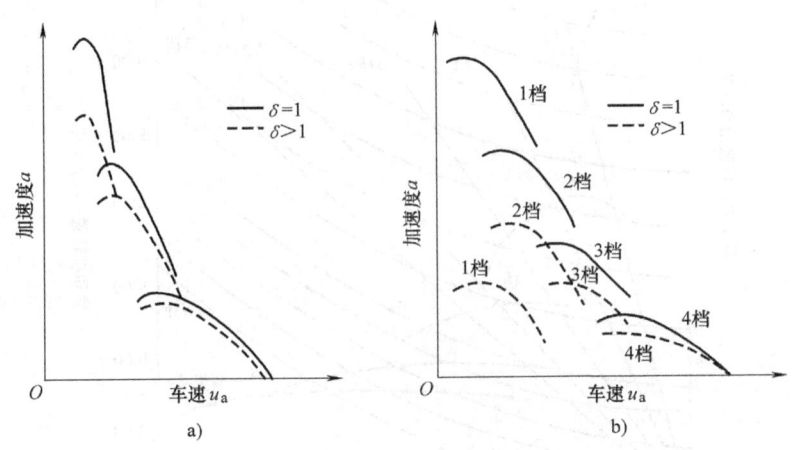

图2-19　汽车加速度曲线

利用驱动力-行驶阻力平衡图或加速度曲线可以计算汽车在加速过程中的瞬时加速度，从而可以计算从低速加速到高速时的超车加速时间；也可以计算汽车由低档起步开始连续换档加速至某一车速的加速时间。换档时机的选择影响加速时间，对于一般乘用车和轻型商用车，总是1档起步，动力性最佳的换档时机总是使汽车发动机达到最高转速时再换入高档，这样可以充分利用低档加速度的优势。

一些货车的旋转质量较大，1档的传动比较大，使1档的旋转质量换算系数δ较大，造成1档的驱动力虽然较大，但是加速度常常低于2档的加速度，如图2-19b中的虚线所示，为使起步容易，这样的汽车常常使用2档起步。

4. 爬坡能力

汽车的爬坡能力用最大爬坡度$i_{\max}$表示。当汽车以全部后备驱动力克服坡度阻力和滚动阻力匀速爬坡时，汽车行驶方程式为

$$F_\mathrm{t} = F_\mathrm{f} + F_\mathrm{i} + F_\mathrm{w} \tag{2-35}$$

式中

$$F_\mathrm{f} = Gf\cos\alpha$$

$$F_i = G\sin\alpha$$

当 α 较小时，$\sin\alpha \approx \tan\alpha$，最大爬坡度

$$i_{max} \approx \arcsin\frac{F_{tmax}-Gf}{G} \tag{2-36}$$

如果将坡度阻力画在驱动力-行驶阻力平衡图上，就得到汽车行驶特性图（图2-20），可以直接得到汽车在平路和坡道行驶的最高车速和加速性。

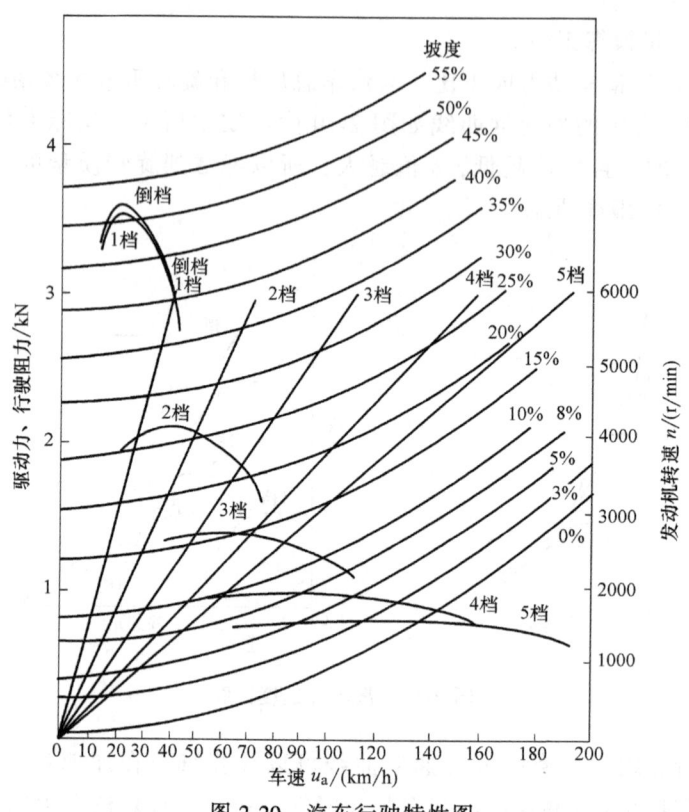

图 2-20 汽车行驶特性图

5. 汽车的动力特性图

汽车驱动力越大，动力性越好。但是汽车的驱动力并不直接表明汽车的动力性。例如，研究两辆质量不同的汽车的动力性，第一辆汽车各档的驱动力均较第二辆汽车的大，但并不能由此断定第一辆汽车的动力性就好，因为第一辆汽车的重量大，道路阻力与加速阻力也大，而第二辆汽车的重量小，其相应的道路阻力与加速阻力也小。此外，即使重量与驱动力都接近，也不能认为动力性就一定接近，因为它们的空气阻力还可能存在较大差异，但空气阻力与重量无关，而与汽车的外形有关。

根据汽车行驶方程式易得

$$\frac{F_t - F_w}{G} = f\cos\alpha + \sin\alpha + \frac{\delta}{g}\frac{du}{dt} \tag{2-37}$$

式（2-37）的左端是汽车本身所具有的参数，而右端各项不受汽车重力和空气阻力的影响，只和汽车行驶时的道路阻力、加速度及 δ/g 有关，即只和行驶条件及状况有关。

由此可知，表征动力性的指标应该是一种既考虑驱动力和车的重力，又包含空气阻力的综合性参数。因此引入动力因数 D 来表示汽车的动力性。动力因数是单位汽车总重力所具有的剩余驱动力，可以用它来克服相应的道路阻力和加速阻力，所以常将动力因数作为表征汽车动力性的指标。式（2-38）给出了动力因数的定义：

$$D = \frac{F_t - F_w}{G} \quad (2-38)$$

图 2-21 中画出了动力因数与车速的关系曲线和滚动阻力系数曲线，称为动力特性图。

由动力特性图的动力因数曲线和滚动阻力曲线的交点可以求出汽车的最高车速。由动力特性图还可以求出汽车的加速能力和最大爬坡度。由式（2-37），汽车的加速度为

$$a = \frac{du}{dt} = \frac{g}{\delta}(D - f) \quad (2-39)$$

由式（2-36）可得到各档的最大爬坡度：

$$i_{max} \approx D_{max} - f \quad (2-40)$$

表 2-8 列出了各种汽车的动力因数。

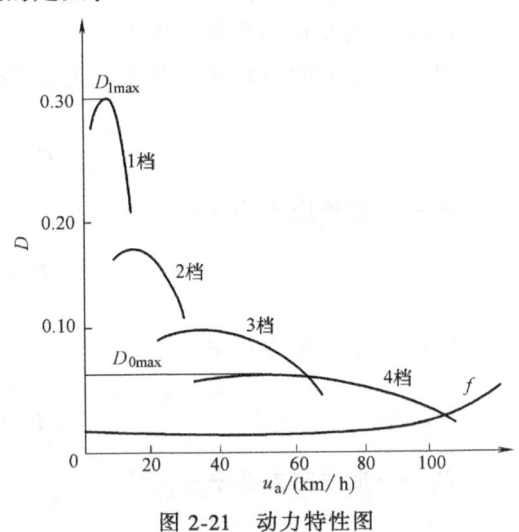

图 2-21　动力特性图

表 2-8　各种汽车的动力因数

汽车类别			直接档最大动力因数	1 档最大动力因数
货车	小型	总质量<2t	0.06~0.10	0.30~0.40
	轻型	总质量 2~6t	0.05~0.08	0.30~0.40
	中型	总质量 6~12t	0.05~0.06	0.30~0.35
	重型	总质量>14t	0.04~0.06	0.30~0.35
客车	小型	总质量<4t	0.50~0.80	0.20~0.35
	中、大型	总质量 4~18t	0.40~0.60	0.20~0.35
	铰接通道式	总质量>18t	0.30~0.40	0.15~0.25
轿车	微型	排量<0.9L	0.07~0.10	0.30~0.40
	轻型	排量 0.9~2L	0.08~0.12	0.30~0.45
	中级	排量 2~4L	0.10~0.15	0.30~0.50
	高级	排量>4L	0.14~0.20	0.30~0.50

2.2.7　汽车的功率平衡

汽车行驶时，不仅驱动力和行驶阻力互相平衡，也有发动机功率和汽车行驶的阻力功率平衡。汽车行驶的每一瞬间，发动机发出的功率总是等于机械传动损失与各种行驶阻力所消耗的功率的总和。

研究和分析汽车的功率平衡，也可以确定汽车的动力性指标，而且可以更方便地去设计汽车发动机的功率值和传动系的参数，以及分析汽车的燃油经济性。

与汽车行驶的各阻力相对应，汽车运行所消耗的阻力功率包括滚动阻力功率、空气阻力功率、坡度阻力功率和加速阻力功率。驱动功率和阻力功率满足下面的功率平衡方程式

$$P_e \eta_T = P_f + P_i + P_w + P_j \tag{2-41}$$

式中 P_e——发动机输出功率（此处是指使用功率）；

η_T——汽车传动系机械效率；

P_f——滚动阻力功率，当车速为 u_a(km/h) 时

$$P_f = \frac{Gf\cos\alpha}{3600}u_a \tag{2-42}$$

P_i——坡度阻力功率：

$$P_i = \frac{G\sin\alpha}{3600}u_a \tag{2-43}$$

P_w——空气阻力功率：

$$P_w = \frac{C_w A u_a^3}{76140} \tag{2-44}$$

P_j——加速阻力功率：

$$P_j = \frac{\delta G a}{3600 g}u_a \tag{2-45}$$

与驱动力-行驶阻力平衡图相似，可以将功率平衡方程式表达为功率平衡图（图2-22）。

汽车在良好的水平路面上达到最高车速时，驱动功率等于阻力功率，所以驱动功率曲线与阻力功率曲线交点处的车速即为在良好水平路面上行驶的汽车的最高车速 $u_{a\max}$。

驾驶人可以控制节气门在某一开度，发动机功率如图2-22中虚曲线所示，该虚线和阻力功率曲线交点处的速度是其行车速度 u_a'。该车速下发动机的最大功率大于阻力功率，两者之差 $P_e - \frac{1}{\eta_T}(P_f + P_w)$ 称为汽车发动机后备功率。

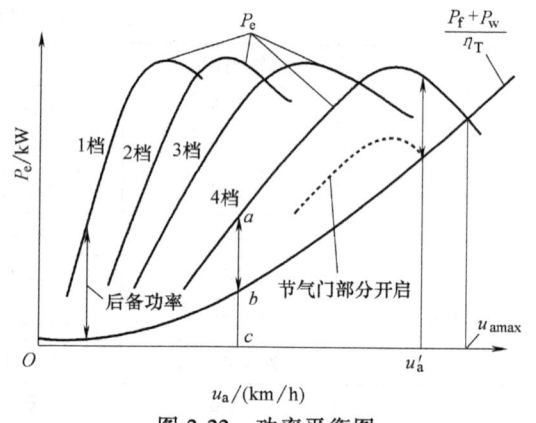

图 2-22 功率平衡图

综上所述，在一般情况下维持汽车匀速行驶所需的发动机的功率并不大，节气门开度较小。当需爬坡或加速时，驾驶人加大节气门开度，使汽车的全部或部分后备功率发挥作用。因此，汽车后备功率越大，其加速能力、爬坡能力越强，汽车的动力性越好。

利用功率平衡图定性地分析、设计有关汽车使用中的动力性问题比较清晰简便，同时也能很清楚地看出行驶时发动机负荷率的变化，对于汽车燃料经济性的分析也是比较方便的。

2.2.8 汽车动力性的影响因素

汽车行驶时应满足驱动条件和附着条件，因此在保证附着力的前提下，汽车的驱动力越大、阻力越小，其动力性就越好。以下分析汽车动力性的影响因素。

1. 发动机的动力性

发动机功率越大，最高车速越高。设计中发动机最大功率的选择必须能保证汽车预期的最高车速。但功率不宜过大，否则在常用条件下，发动机负荷过低，燃料消耗量增加。常用比功率表征汽车发动机的动力性。比功率是指单位汽车质量所具有的发动机功率，也称功率利用系数。各种汽车的比功率见表2-9。

表2-9 各种汽车的比功率

汽车类别			最高车速/(km/h)	比功率/(kW/t)
货车	小型	总质量<2t	80~120	15~35
	轻型	总质量2~6t	84~120	9.6~22
	中型	总质量6~12t	75~110	7.4~12
	重型	总质量>14t	70~100	7.4~13
客车	小型	总质量<4t	80~120	15~24
	中、大型	总质量4~18t	70~100	6.6~8.8
	铰接通道式	总质量>18t	55~85	3.7~8.1
轿车	微型	排量<0.9L	90~120	18~52
	轻型	排量0.9~2L	120~170	37~66
	中级	排量2~4L	130~220	44~74
	高级	排量>4L	140~190	52~110

发动机外特性对动力性也有较大的影响。图2-23所示为不同外特性的汽车功率平衡图，两车的最大功率与其相对应的转速相等，但是外特性的形状不同。外特性曲线1低速区功率较大（转矩较大），其后备功率较大，使汽车具有较大的加速能力和爬坡能力，因而动力性较好。同时可以减少汽车的换档次数，因而有利于提高汽车的平均行驶速度。

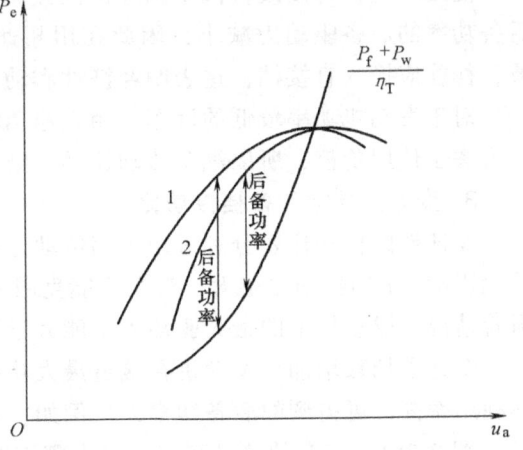

图2-23 不同外特性的汽车功率平衡图

2. 传动系最小传动比

传动系最小传动比是按最高设计车速设计的。当汽车在平直道路上达到最高车速时，功率平衡图上的发动机功率曲线与阻力功率曲线相交。对于轿车，最高车速经常设计在最大功率附近，有三种设计方案：最高车速设计、高速设计和低速设计。

(1) **最高车速设计** 最高车速（即发动机功率曲线与阻力功率曲线的交点）对应于发动机最大功率（P_{emax}）点的转速n（即发动机外特性功率曲线的最高点）。这种方案的优点是可以利用发动机发出的最大功率达到理论最高车速；其缺点是高速时的后备功率较小，加速、爬坡和克服逆风的能力不足。

(2) **高速设计** 最高车速对应的发动机转速高于最大功率点的转速，这种方案常用于带 4 档变速器的轿车。其优点是有较大的后备功率，缺点是达不到理论最高车速，而且当以最高车速行驶时，发动机转速过高，因而噪声、磨损和油耗都过大。

（3）低速设计　最高车速对应的发动机转速低于最大功率点的转速，一般用于带 5 档变速器的轿车。这类轿车的 5 档是"超速档"（又称"节能档""高速公路档"）。其优点是车辆以最高车速行驶时，发动机转速较低，发动机功率利用率（负荷率）较高，油耗下降；其缺点是达不到理论最高车速，同时后备功率比前两种设计都小。

一般 4 档变速器中，4 档的传动比等于 1，作为直接档，该档按"高速设计"或"最大车速设计"。如果再增加按"低速设计"的超速档 5 档（变速器传动比小于 1），就可以将上述设计的优点综合起来。如图 2-24 所示，4 档的车速和 5 档的车速可能相等，甚至 5 档的最高车速可能略低于 4 档的最高车速。采用这种方案，车辆以最高档行驶时，经济性好且噪声和磨损小，换用次高档后又有一定的后备功率。

"超速档"只是指变速器传动比小于 1，输出轴转速高于输入轴，而不是其对应的最高车速一定高于直接档的最高车速。

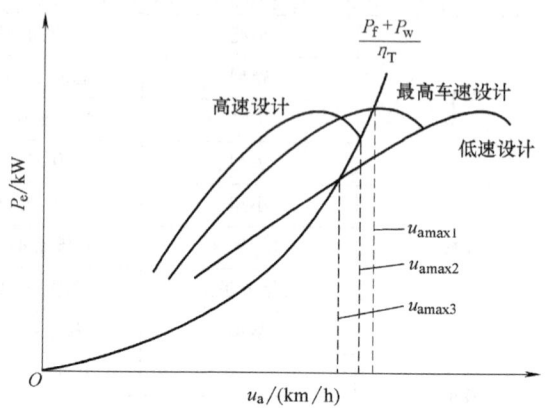

图 2-24　最高车速设计、高速设计和低速设计

传动系最小传动比的设计包括主减速器最小传动比的选择和变速器最小传动比的选择。

使用超速档可以改善汽车的经济性并提高车速。在超速档时，节气门开度相对加大，使后备功率的后备驱动力减小，因此在用超速档时，不利于加速和爬坡，如果需要加速和爬坡，往往应换入直接档，这表明经济性和动力性有一定的矛盾。

对于发动机功率较低的汽车，用超速档时的最大车速可能不如直接档的大，因此超速档就失去了使用价值，所以汽车传动比必须结合发动机的功率进行合理计算。

3. 变速器档数和各档传动比

变速器的传动比要分别考虑 1 档传动比和其余各档传动比。1 档传动比对汽车动力性有重大影响，1 档传动比越大，汽车所能克服的道路阻力越大，但应考虑驱动轮与道路之间的附着情况，驱动轮上的最大驱动力不能大于驱动轮与道路之间的附着力。

变速器档数增加，发动机在接近最大功率工况下工作的可能性会增加，发动机的平均功率利用率高，可得到的后备功率大。例如，在两档变速器的 1 档与直接档之间增加两个档位时（图 2-25），汽车的最高车速和最大爬坡度均不变。但在一定的速度范围内，可利用的后备功率增大了（图中阴影区域），这有利于汽车的加速和爬坡。变速器档数越多，越接近等功率发动机（电动机），若变速器档数无限增多，即采用无级变速器，则活塞式内燃机就可能总是在最大功率下工作。

但有级变速器档数增多，变速器的结构会变得复杂。从变速器操作的角度来说，档数越少越好，但一般还应保证各档之间的传动比比值不大于 1.7，否则换档过程中会因发动机的转速变化幅度过大而换档困难。目前，非常注重汽车燃料经济性，所以变速器档数较以前都有增多。装有手动变速器的轿车普遍采用 5 档变速器，也有的采用 6 档变速器；轻型货车和中型货车一般采用 5 档变速器，也有的采用 6 档、7 档变速器；重型货车一般采用 6 档以上变速器，有的变速器有十几个档，以在不同工况下使汽车具有较好的动力性和经济性。

有级变速器各档传动比要合理分配，以使发动机经常在接近外特性最大功率处的大功率范围内运转，从而增加汽车的后备功率。如果各档传动比分配不当，将导致换档困难，影响汽车的动力性。一般来说，考虑到换档过程会占用一定的时间，所以换档时车速会降低，而且车速越高降低越多，传动比还受齿轮齿数和各档利用率（高档利用率高些）的影响。一般较高档位相邻两档间的传动比之比小些，这样对动力性和经济性更有利。

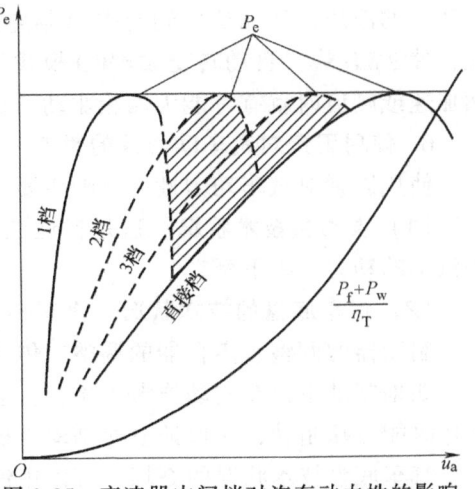

图 2-25　变速器中间档对汽车动力性的影响

4. 传动系机械效率

提高传动系的机械效率，可以提高车轮的驱动功率，功率平衡图上的阻力曲线降低，可以得到较大的最高车速和较大的后备功率，改善汽车的动力性。

提高传动系机械效率的方法有：采用齿轮传动，尽量不用液力传动，自动变速器采用闭锁离合器，以减小搅油损失；改善齿轮设计精度，改善轴承设计和合理选用润滑油，减小机械摩擦损失。

5. 汽车整车结构

（1）汽车总质量　汽车总质量对汽车的动力性有很大影响。除了空气阻力以外，所有运动阻力都与汽车总质量有关。在其他条件相同的情况下，汽车总质量增加，则汽车阻力增加，动力性下降。对具有相同载质量的不同汽车，降低汽车整备质量，可以相应降低汽车行驶的有关阻力，使汽车动力性得到改善，同时也使汽车油耗得以减小。

汽车轻量化的主要措施是：增加铝与复合材料在汽车上应用的比例，增加超高强度钢的用量并改善汽车各总成乃至零件的结构，减小结构尺寸和用料量；采用承载式车身、前轮驱动、少片弹簧；提高轮胎的可靠性，去掉备用轮胎等。

（2）汽车的外形和尺寸　汽车的外形和尺寸直接影响空气阻力系数和迎风面积，影响汽车的空气阻力和附着力。改善汽车外形和缩减汽车尺寸，会明显改善汽车的动力性，这也是汽车节油的有效途径。

（3）轮胎的尺寸与结构　轮胎的尺寸与结构直接影响附着力，从而影响汽车的驱动力和驱动力的发挥。另外，减小滚动阻力系数，也可以使汽车的动力性得到提高，同时也降低了汽车的油耗。

轮胎的气压和花纹对附着力和滚动阻力有着较大的影响，选用时应考虑汽车行驶的环境条件。子午线轮胎在包括降低滚动阻力系数等诸多方面的综合性能较好，其滚动阻力系数比斜交轮胎低 20%～30%，可节油 6%～9%。

（4）四轮驱动系统　分时四轮驱动（4WD）系统能够根据行驶的路面情况自动采取双轮动力或四轮动力进行驱动，以充分发挥所需的驱动力，提高汽车的动力性。4WD 系统的工作原理是：通常情况下，汽车处于二轮驱动（2WD）模式运行，这时传动系的机械效率较高。而当前轮与后轮之间出现转速差时，说明驱动轮出现滑转，应提高附着力，此时前、后油泵的液压促使原从动轴与差速器离合器接合,使来自分动器的驱动力施加在该轴车轮上,使2WD模式自动转变成4WD模式。车辆匀速行驶或减速行驶时一般为二轮驱动,当突然加速或爬坡时就有可能为四轮驱动,这一转变是自动实现的。

6. 使用因素对汽车动力性的影响

使用因素对汽车动力性的影响主要包括以下几个方面:

(1) **发动机技术状况** 这是保证汽车动力性的关键,应保证发动机的功率、转矩,否则汽车的动力性将下降。

(2) **汽车底盘的技术状况** 汽车传动系各轴承的紧度与润滑、前轮定位角度、轮胎气压、制动器的调整、离合器的调整、传动系润滑油的质量等都直接影响汽车的动力性。

如果制动系存在制动拖滞现象,将会导致车轮阻滞力增大。制动系的调整必须既保证在工作时能可靠制动,又保证放松制动踏板后没有制动拖滞。

汽车底盘技术状况的好坏,可以用汽车的滑行试验来综合评定。汽车滑行距离越长,说明汽车底盘的综合技术状况越好,汽车动力性越好。

(3) **驾驶人驾驶技术** 熟练地驾驶、适时和迅速地换档、正确选择档位,对发挥和利用汽车的动力性有很大作用。例如,充分利用惯性冲坡,可以使汽车通过比设计的最大爬坡度还大的短坡。

(4) **汽车行驶条件** 路面和气候也影响汽车的动力性,在坏路上行驶时,路面和轮胎间的滚动阻力增大,附着系数下降,汽车的动力性变差。在炎热地区,发动机进气温度高,导致发动机功率下降;在高原地区,由于气压低,发动机进气充量下降导致有效功率下降,使汽车的动力性变差。试验表明,在海拔为4000m的地区,发动机的有效功率只有原来的50%。

2.2.9 汽车动力的合理使用

在正常使用时期,如何合理使用汽车,充分发挥其动力,获得合理的经济效益,是汽车使用研究的主要内容。充分发挥汽车的动力主要是提高汽车的平均技术速度和有效载质量,即提高汽车发动机功率的利用程度。

1. 汽车平均技术速度

汽车平均技术速度不同于汽车的最高速度,它不仅能反映汽车的动力性,同时也能反映各种运行条件的影响,因此,它是影响运行生产率和成本的重要因素之一。

汽车平均技术速度等于汽车总行驶里程与总行驶时间之比,是汽车运输企业在编制运输工作时计算生产率和成本的一个重要参数。汽车平均技术速度是驾驶人技术水平、车辆技术性能与状况、道路、交通条件、运输组织、载荷等功能效率的综合反映。因此,影响汽车平均技术速度的因素有驾驶人的技术水平、车辆技术性能与状况、道路条件、交通条件、运输生产组织、载质量等。

2. 合理拖挂

合理组织拖挂运输,增加车轴数,组成汽车列车,是充分利用汽车的动力,发挥车辆的潜力,增加车辆的载质量,提高运输生产率,降低运输成本的有效措施。汽车列车不仅比单车的载质量大,运输效率高,而且还能节约燃料,车辆制造成本和使用成本都较低,并且对道路也无更高的要求。因此,可以在较少增加公路投资的情况下,大幅度增加车辆的载质量，提高公路运输的经济效益。

汽车拖挂后，与单车的工作情况不同，拖挂后所需的发动机输出功率增大，传动系的转矩增加，起步时间增长，行驶中由于冲击、摇摆和振动所造成的交变负荷也变大，汽车各总成机件的磨损增加，大修间隔里程缩短，使汽车的使用寿命降低。

2.3 电动汽车的动力性

与使用内燃机的传统汽车类似，电动汽车的动力性指标一般包括最高车速、加速性能、最大爬坡度，除此之外，还有坡道起步能力及评价续驶里程的 30min 最高车速、完全放电行驶里程等内容。

影响动力性评价指标的因素不仅适用于传统内燃机汽车，也适用于电动汽车。

电动汽车和传统汽车同样遵守汽车行驶方程式，所受的阻力和传统汽车相同，包括空气阻力、滚动阻力、坡度阻力及加速阻力等。因此电动汽车动力性的计算方法和内燃机汽车相同，可以采用解析法或者图解法，区别在于电动机的特性不同于内燃机，传动系中无变速器或者有简单的两档变速器。

2.3.1 电动机特性

与内燃机汽车类似，电动机的转矩经传动系传递至驱动轮，直接影响汽车驱动力的大小，进而影响汽车的动力特性；电动机的起动性能和短时过载能力影响汽车的加速性能；电动机的功率、转矩和转速满足一定的计算关系，且一定程度上影响汽车的一次充电后的行驶里程。

基于电动汽车的特点，为了提高最高车速，电动机应有较高的瞬时功率和功率密度（W/kg）。为了提高一次充电行驶距离，电动机应有较高的效率。而且电动汽车是变速工作的，所以电动机应有较高的高低速综合效率，此外还要有很强的过载能力和大的起动转矩，转矩响应要快。电动汽车起动和爬坡时速度较低，但要求转矩较大，正常运行时需要的转矩较小，而速度很高，用于电动汽车的电动机的典型特性曲线如图 2-26 所示，由图可知，电动机的特性和内燃机有很大不同，在达到额定转速前，转矩保持恒定，超过额定转速时，转矩迅速下降，功率保持恒定，且电动机的运行速度范围较宽。这样的特性使得电动机特别适合用于汽车。

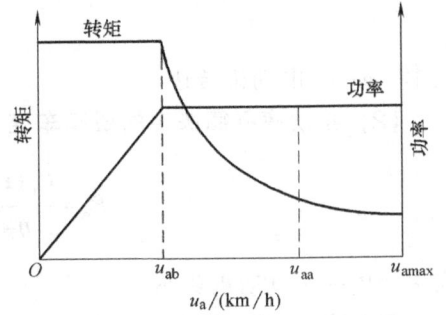

图 2-26 驱动电动机特性曲线

2.3.2 蓄电池

纯电动汽车行驶时完全依赖蓄电池的能量，蓄电池的容量越大，续驶里程越长，但蓄电池的体积大、质量大，这反过来会影响整车的续驶里程。纯电动汽车的蓄电池应有足够高的功率密度、足够高的能量密度、足够的循环寿命、足够的安全可靠性、能够接受的成本，而这些要求又彼此制约，高要求难以得到技术上的全方位满足，而只能寻求平衡。

2.3.3 变速器档数和传动比

由于驱动电动机的高速恒功率特性，电动汽车的行驶速度和行驶阻力发生变化时，电动机转速可随阻力的增大而降低，输出的转矩相应增大，这段工作范围无需变速器换档，电动汽车能够满足最高车速、加速性能和爬坡性能的要求。但是在低速恒转矩工作区域内，阻力进一步加大，转速进一步降低，转矩却不再增大，这时需要传动系的传动比加大。为满足其行驶性能，同时也使驱动电动机经常保持在高效率的范围内工作以减轻驱动电动机和蓄电池的负荷，电动汽车在电动机和驱动轮之间安装减速器和变速器是非常有必要的。

传动系一般可分为固定传动比与可变传动比两种模式。固定传动比模式要求电动机既能够在恒转矩区域提供较大的功率，又能够在恒功率区域提供较大的运行速度，故对驱动电动机额定值的要求比较高。其优点为减速器结构简单，由于没有离合器、减少了部分减速齿轮等，有利于降低整车质量，可变传动比模式下，通过换档可在低档位获得较大转矩，高档位获得较大转速，相对来说电动机的调速范围要求降低；其缺点是结构复杂，传动效率相对较低，质量与体积较大，成本相对较高。

与传统汽车类似，变速器档位越多，电动机工作在最理想工况下的可能性越高，但是会使变速器结构更复杂，质量和体积增大，进而对汽车的动力性产生不良影响，一般纯电动汽车的变速器有两个档位即可。另外传动比分配的合理性也会对汽车的加速能力和爬坡能力有一定的影响。

2.3.4 动力性计算

1. 最高车速

（1）由电动机最高转速和传动系决定的最高车速　可用式（2-7）计算，即

$$u = \frac{0.377rn}{i_g i_0}$$

式中　n——电动机转速。

（2）按功率平衡决定的最高车速　功率平衡式（2-41）~式（2-45）可简化为

$$P_e = \frac{P_f + P_w}{\eta_T} = \frac{1}{\eta_T}\left(\frac{Gfu_{amax}}{3600} + \frac{C_w A u_{amax}^3}{76140}\right) \tag{2-46}$$

式中　P_e——电动机功率。

若由式（2-7）计算的车速大于由式（2-46）计算的车速，则说明整车在最高车速工况下无后备功率，反之则说明整车在最高车速工况下有后备功率，故其实际最高车速取二者之中较小者。

2. 最大爬坡度

（1）地面附着性能允许的最大爬坡度　前面已得到汽车行驶方程式：

$$F_t = F_f + F_i + F_w + F_j$$

车辆以最低档稳定速度爬坡时 $\frac{du}{dt} = 0$，即 $F_j = 0$。同时爬坡时行驶速度较小，可近似认为

空气阻力 $F_w = 0$。所以汽车行驶方程式简化为

$$F_t = F_f + F_i$$

由汽车在坡道上的附着条件可知

$$\varphi G\cos\alpha = G\sin\alpha + fG\cos\alpha$$

即

$$\tan\alpha_{max} = \varphi - f$$

由 $\tan\alpha_{max} = i_{max}$，得最大爬坡度

$$i_{max} = \varphi - f \tag{2-47}$$

（2）**驱动力允许的最大爬坡度** 可按式（2-39）和式（2-40）计算。其中动力因数为 $D = \dfrac{F_t - F_w}{G}$，由于低速爬坡时 F_w 可忽略不计（汽车只要克服坡度阻力和滚动阻力即可），令 D_{1max} 为 1 档的动力因数，则

$$D_{1max} = \dfrac{T_e i_g i_0 \eta_T}{rG} \tag{2-48}$$

较为精确的计算过程如下：

1 档时最大爬坡度

$$D_{1max} = f\cos\alpha_{max} + \sin\alpha_{max} \tag{2-49}$$

将 $\cos\alpha_{max} = \sqrt{1 - \sin^2\alpha_{max}}$ 代入式（2-49）可得

$$\alpha_{max} = \arcsin\dfrac{D_{1max} - f\sqrt{1 - D_{1max}^2 + f^2}}{1 + f^2} \tag{2-50}$$

由 $i_{max} = \tan\alpha_{max}$，可求出最大爬坡度。

由上面的分析可知，若由式（2-47）计算的最大爬坡度大于由式（2-50）计算的最大爬坡度，则说明整车最大爬坡度受限于整车动力性能，反之则说明整车最大爬坡度受限于整车附着性能，故其实际最大爬坡度取二者之中较小者。

3. 最大加速度

（1）**地面附着性能允许的最大加速度** 根据汽车行驶附着条件[式（2-28）]，汽车达到附着极限时，驱动力最大等于附着力，平路上原地起步加速时，空气阻力 $F_w \approx 0$，式（2-38）中的动力因数 $D \approx \phi$（滑动附着系数），将式（2-39）中的 D 改为 ϕ，即得到附着条件限制的汽车最大加速度。

（2）**驱动力允许的最大加速度** 汽车最大驱动力是在最低档获得。将式（2-39）中 D 改为 D_{1max}（一档动力因数），可得到驱动力允许的最大爬坡度。

若按照地面附着性能计算的最大加速度大于按照驱动力允许计算的最大加速度，则说明整车最大加速度受限于整车动力性能；若按照地面附着性能计算的最大加速度小于按照驱动力允许计算的最大加速度，则说明整车最大加速度受限于整车附着性能，故其实际最大加速度取二者之中较小者。

2.4 汽车动力性检测

2.4.1 汽车动力性试验相关标准

汽车性能试验是汽车性能理论研究的基础，也是汽车产品质量检验和评价的重要方法。目前我国有关汽车性能试验的方法、规程、限定等方面的标准很多。

汽车动力性试验分为道路试验和室内试验。汽车动力性试验包括动力性评价指标、驱动力、行驶阻力及附着力的测量。动力性试验可在道路或实验室内进行。道路试验主要是测定最高车速、加速能力和最大爬坡度等评价指标，在实验室内可测量汽车的驱动力和各种阻力。

与汽车动力性相关的标准主要有 GB/T 12534—1990《汽车道路试验方法通则》、GB/T 12536—2017《汽车滑行试验方法》、GB/T 12537—1990《汽车牵引性能试验方法》、GB/T 12544—2012《汽车最高车速试验方法》、GB/T 12543—2009《汽车加速性能试验方法》、GB/T 12539—2018《汽车爬陡坡试验方法》、GB/T 12547—2009《汽车最低稳定车速试验方法》、GB/T 12677—1990《汽车技术状况行驶检查方法》、GB/T 18385—2005《电动汽车 动力性能 试验方法》和 GB/T 18386—2017《电动汽车 能量消耗率和续驶里程 试验方法》等。无论测量汽车运行性能的哪一方面，都应注意试验条件的控制、试验方法的运用和试验数据的采集与处理，以保证试验结果的准确性。

2.4.2 道路试验

1. 试验条件

良好的试验条件是获得可靠试验结果的前提，所以在试验过程中要严格遵守规定的条件要求。

(1) **车辆条件** 对新车或大修后的车辆进行试验，试验前需进行一定行程的磨合，新车一般按照制造厂的规定进行磨合（行程一般为 1000~1500km）。试验前还应注意各总成的技术状况和调整状况，应使之处于良好状态，如点火系、供油系、制动蹄鼓间隙、车轮轴承紧度、车轮定位、轮胎气压等均应状态良好。

对于载荷，规定动力性试验时汽车为满载，货车内可以按规定载质量均匀放置沙袋；轿车、客车及货车驾驶室的乘员可用重物替代，每位乘员的质量取 65kg。

汽车试验时应具有的正常状态：冷却液温度为 80~90℃；发动机机油温度为 60~95℃；变速器及驱动桥齿轮油温度不低于 50℃；试验前汽车应当预热，以达到上述温度状态。

(2) **道路条件** 道路试验应在混凝土或沥青路面的直线路段上进行。路面要求平整，纵向坡度不大于 0.1%。

(3) **气候条件** 试验应避免在雨雾天进行，相对湿度小于 95%，气压在 99.3~120kPa 之间，温度在 0~40℃之间，风速不大于 3m/s。

2. 试验用主要仪器、设备

试验用主要仪器、设备包括试验车辆、综合气象观测仪、五轮仪（或相应车速、行程记录装置)、标杆、光电测时仪或秒表、卷尺、发动机转速表等。

五轮仪主要由主机、第五轮传感器和脚踏开关等部分组成。检测时将第五轮安装在汽车车身上(汽车本身有四个轮子,传感器为第五轮,故称五轮仪),使其能够在地面上滚动。第五轮支架上装有一个磁电式速度传感器,其磁头靠近圆盘矩形齿。第五轮旋转时,磁头与矩形齿间的间隙周期性变化,引起传感器线圈的磁通量也发生相应变化,主机可据此计算出汽车行驶距离及行驶速度。

有些五轮仪采用了光电式速度传感器,还有一些采用了非接触式速度传感器。非接触式速度传感器没有滚动的第五轮,检测时将传感器安装在汽车保险杠(或其他部位)下部,这种传感器可以向路面发射某种波束,并能接收路面的反射波,根据反射波的变化情况,可测出汽车的行驶速度。

五轮仪主机由单片计算机控制,有传感器信号接口、键盘、显示器、微型打印机等部分,如图 2-27 所示。第五轮、脚踏开关等传感器产生的电信号经电缆线输送到主机,再经主机放大、处理、运算后,在显示器上显示出检测过程的数据变化及检测结果,微型打印机可将检测结果及检测过程中汽车行驶速度的变化曲线打印出来,还可以通过键盘输入检测项目及预先设定的初始值等。

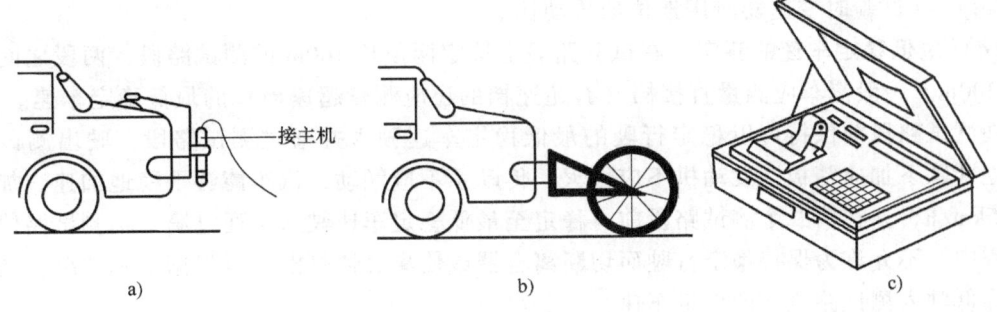

图 2-27 五轮仪
a) 非接触式 b) 接触式 c) 主机

3. 主要项目试验方法

(1) **最高车速的测定** 设置 500m 或 1000m 长的测试路段,两端各设 100m 的准备路段,以提示试验人员做试验准备。各标志点插立红白相间的标杆,标杆应在垂直于道路中心线方向 2m 左右插两根,以保证观察准确。测试路段两端应有足够长的加速区间。

汽车节气门全开达到最高车速后以稳定状态通过测试路段,记录通过 500m 或 1000m 所用的时间。试验应往返两个方向进行,求两次通过时间的平均值,便可算得最高车速。使用光电测时仪、秒表或直接用五轮仪测量通过时间。

(2) **加速能力的测定** 加速能力的测定包括起步连续换档加速能力和直接档(或超速档)加速能力两项。需用五轮仪测得加速过程参数,配以记录仪可直接绘出加速时间曲线和加速行程曲线。

起步加速性能试验一般以常用起步档起步(轿车为 1 档、货车常为 2 档),加速踏板踩到底,按最佳换档时机逐次换至高档,直到加速到某一较高车速(0.8u_{amax} 或 100km/h)或通过某一路段(如 400m、500m 或 1000m)为止。

超车加速性能试验一般以选定档位（最高档）上稍高于最低稳定车速（一般为 30km/h）开始，迅速将加速踏板踩到底，使汽车加速至该档最高车速的 80% 为止。

每项加速试验应往返各进行一次，取两次记录的平均值为最终结果。

（3）**爬坡能力的测定** 为测得汽车的最大爬坡度，应有一系列不同坡度的坡道，长度应不小于 25m。试验中，汽车使用最低档，爬坡过程加速踏板踩到底，汽车所能通过的最陡坡道的坡度即为汽车的最大爬坡度。

如果所选坡道的坡度不合适（大或小），可采用增、减载荷和变换档位的方法进行试验，再按测试数据换算出最大爬坡度：

$$\alpha = \arcsin\left(\frac{G_s i_1}{G i_s}\sin\alpha'\right) \tag{2-51}$$

式中　α——换算后的爬坡度；
　　　α'——试验时实际爬坡度；
　　　G——汽车最大重力；
　　　G_s——试验时的汽车重力；
　　　i_1——变速器 1 档传动比；
　　　i_s——试验时变速器所用档位的传动比。

（4）**最低稳定车速的测定** 在试验路段上选定两段长 100m 的测试路段，两段之间相隔 200~300m。一般汽车应测量直接档（有超速档的还应测量超速档）的最低稳定车速。

在测试路段前保持可以稳定行驶的最低稳定车速驶入并通过测试路段，驶出测试路段时，立即踩下加速踏板，发动机不应熄火，传动系不应颤动，汽车能够平稳地加速，加速至 20~25km/h，并在第二个测试路段前再稳定至最低稳定车速驶入且通过第二个测试路段。试验过程中，不允许为保持稳定行驶而切断离合器或使离合器打滑，可根据实际情况，适当提高或降低驶入测试路段前的稳定车速。

试验应往返各进行一次，取 4 次通过测试路段的时间的算术平均值，便可算得最低稳定车速。

（5）**滑行试验** 滑行试验可以测定汽车的滚动阻力与空气阻力。滑行是指汽车在水平路面且无风的条件下，从某一车速脱档利用汽车的动能继续行驶的过程，分为高速滑行（滑行初速度高于 50km/h）和低速滑行（滑行初速度低于 25km/h）。滑行过程中绘制速度与时间的关系曲线（图 2-28），计算减速度、滑行时间和滑行距离。

滑行时汽车的滚动阻力 F_f 与空气阻力 F_w 之和为

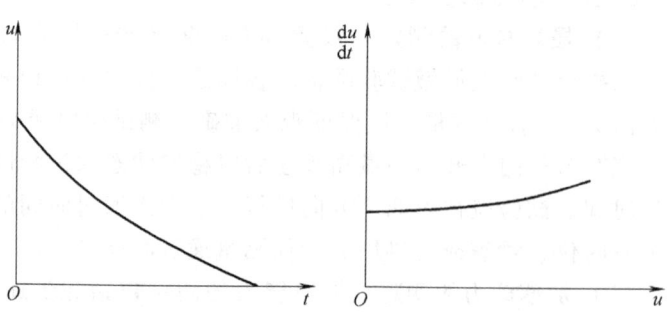

图 2-28　滑行试验中的 u-t 曲线和 $\frac{du}{dt}$-u 曲线

$$F_f + F_w = m\frac{du}{dt} - \frac{T_r}{r} \tag{2-52}$$

式中　T_r——滑行时传动系施加于驱动轮的摩擦阻力矩；

　　　r——驱动轮滚动半径。

由式（2-52）可知，汽车的滑行运动只取决于滚动阻力和空气阻力，以及汽车本身的质量，若已知 T_r，则根据一定车速下的减速度值，便能确定该车速下汽车的滚动阻力和空气阻力，以及滚动阻力系数 f 和空气阻力系数 C_w。由于低速下的空气阻力小，所以可利用低速时的减速度值，不计空气阻力，直接求出低速时的滚动阻力。

轮胎的滚动阻力也常用装有测力传感器的轮胎试验拖车来测量。地面与轮胎间的附着系数，需用装有制动器或能驱动轮胎的试验拖车进行实地测量。

滑行距离（汽车以某一车速滑行至停车所驶过的距离）常被用来评价汽车底盘的技术状况，试验时应在同一车速下往返各滑行一次，取滑行距离的平均值。滑行距离越长，表明底盘的技术状况越好。

2.4.3　室内试验

室内试验又称台架试验，与道路试验在许多方面可以互补，室内试验的室内环境不受外界气候条件的限制，试验条件容易控制，可用多种方法测量多方面参数（如动力性、经济性、环保性）等。

室内的动力性试验主要测定汽车的驱动力、传动系机械效率、滚动阻力系数及空气阻力系数等。

1. 驱动力测试

驱动力由汽车测功器来测量，图 2-29 所示为一种单鼓式汽车测功器（也称底盘测功机或转鼓试验台）。试验时汽车的驱动轮放在转鼓上，应注意驱动轮的中心应与转鼓的中心在同一垂直平面内，转鼓内装有液力或电力测功器。横向拉绳用于固定汽车，同时测取汽车的挂钩拉力 F_d，垂直拉绳连接拉力表，用于测取汽车施加于转鼓的力矩 T（$T=FL$）。

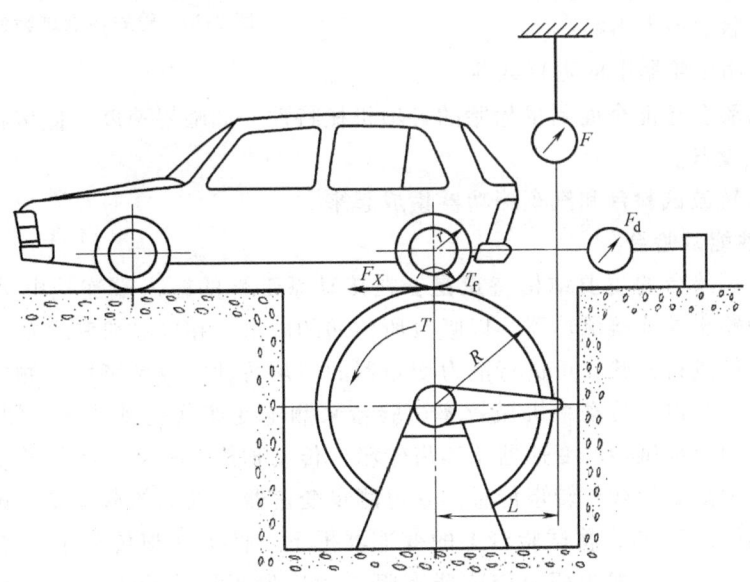

图 2-29　单鼓式汽车测功器

由驱动轮与转鼓上的力矩平衡,得驱动力矩为

$$T_t = F_X r + T_f \tag{2-53}$$

$$T = F_X R - T_f \tag{2-54}$$

测得汽车的挂钩拉力为 F_d,$F_d = F_X$,汽车施加于转鼓的力矩 $T = FL$,则驱动力为

$$F_t = \frac{T_t}{r} = \frac{F_d(r+R) - FL}{r} \tag{2-55}$$

在各档、各种车速下测得节气门全开时的 F_t 与 F 值,即可得到驱动力图。

以上的测试由于汽车不移动,不存在空气阻力和加速阻力。为了能在实验室直接测量汽车的加速性能,汽车测功器装有由电子调节器控制其负荷的装置,可以模拟加速过程中的全部阻力——滚动阻力、空气阻力与加速阻力。用不同惯量的飞轮组来代替试验汽车的质量,构成汽车在转鼓上加速时所产生的各种惯性阻力。

2. 轮胎试验

在轮胎转鼓试验台上可以测量轮胎的滚动阻力系数。图 2-30 所示为一种轮胎转鼓试验台,轮胎由电力测功器驱动,轮胎上加载垂直载荷 W,转鼓轴连接着作为制动装置的测功器。试验中测出驱动轮胎的转矩 T_t 和作用于转鼓的制动力矩 T_d,则滚动阻力系数为

$$f = \frac{T_t R - T_d r}{Wr(R+r)} \tag{2-56}$$

式中 T_t——驱动轮胎的转矩;
　　　T_d——转鼓的制动力矩;
　　　R——转鼓的半径;
　　　r——轮胎的动力半径;
　　　W——作用于轮胎上的垂直载荷。

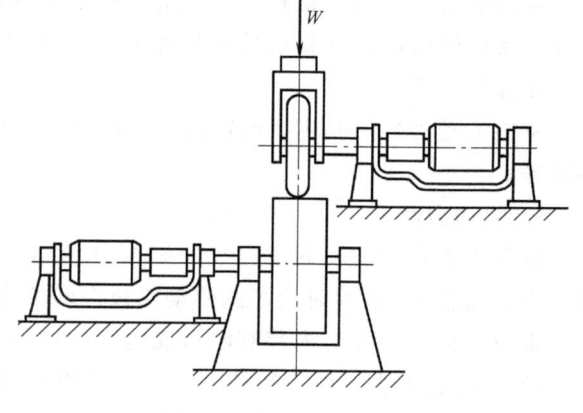

图 2-30　轮胎转鼓试验台

轮胎转鼓试验台还能全面测量轮胎的各项机械特性,如临界速度、侧偏特性,其是测试轮胎的重要试验设备。

也可将轮胎转鼓试验台和汽车测功器集成起来。

3. 传动系性能试验台

传动系性能试验台的主要结构特点是:在传动系部件的输入端连接电动机,使部件转动,而在部件的输出端连接测功器,以吸收所传递的能量。在电动机和测功器之间,可安装不同的传动系部件进行试验,可进行液力变矩器的转矩特性与效率特性的测定、自动变速器换档性能测试等。可以由传动系机械效率试验台来测定变速器机械效率。图 2-31 所示为机械效率试验台,两个被试验的变速器 4 和齿轮箱、传动轴构成一个封闭的传动系。该系统可以通过串联的液力缸 2 加载,转矩传感器 6 可测量变速器一轴上的载荷 T。测功器 1 驱动该封闭系统所需的转矩为 T_1,将试验台上的变速器拆下,换上一根传动轴,测功器 1 驱动该系统的转矩为 T_2。$T_1 - T_2$ 即为两个变速器克服传动损失所需的转矩,由此可求得变速器机械效率:

$$\eta_{\mathrm{T}} = \sqrt{\frac{T-(T_1-T_2)}{T}} \tag{2-57}$$

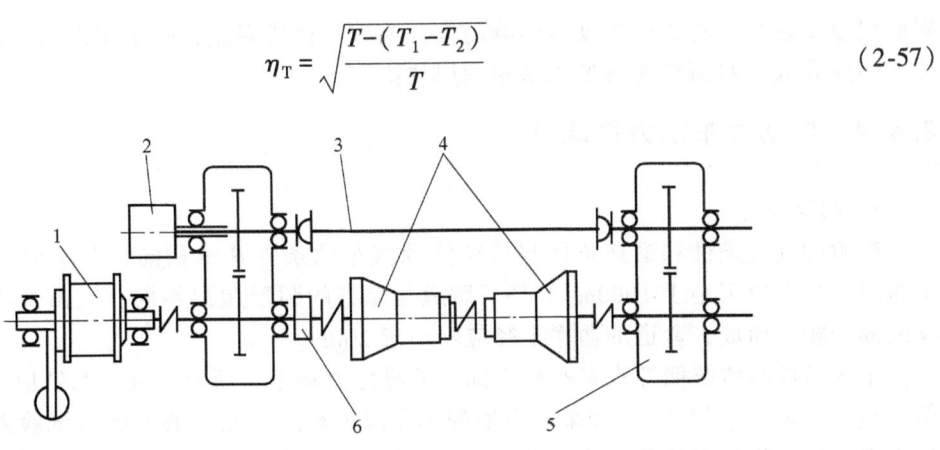

图 2-31　机械效率试验台

1—测功器　2—液力缸　3—传动轴　4—变速器　5—齿轮箱　6—转矩传感器

4. 发动机性能试验台

发动机性能试验台的主要特点是将发动机与测功器连接。测功器用作发动机的负载，并能测量发动机输出的转矩和转速。如果采用电力测功器，则测功器实质上为一台发电机，可将从汽车发动机输入的能量转变为电能，电能通常被输送到负载电阻组（或其他设施）上消耗掉。在发动机开始运转后，就可以测量各种工况下的特性。例如，通常需要测定发动机的外特性。此外，还可以进行寿命试验、废气分析试验及发动机安装不同零部件的性能对比试验等。

5. 风洞试验

风洞试验可准确测量汽车的空气阻力，分为模型风洞试验和整车风洞试验。将缩小的汽车模型置于模型风洞中，借助于鼓风机使空气以所需速度流过风洞，并测量汽车模型所承受的空气阻力及其他空气动力特性参数，即可求出空气阻力系数。

为了得到准确的试验结果，试验必须做到几何相似与空气动力学相似。几何相似即要求缩小的模型与真实汽车完全相似；空气动力学相似是指模型在风洞中试验时，与汽车实际行驶状况下的雷诺数应相等。

模型试验时的几何相似和空气动力学相似很难严格实现，测出的空气阻力系数往往比由整车风洞试验测出的小。模型风洞多用于汽车造型阶段和重型货车、大型客车的空气动力学试验。

轿车试验已多用整车风洞，图 2-32 所示为一个回流式整车风洞的简图。

通过风洞试验还可以看到气流流过车身时的脱离等空气动力学现象，在汽车设计阶段，可不断改善汽车车身外形，找到减小空气阻力的方法。

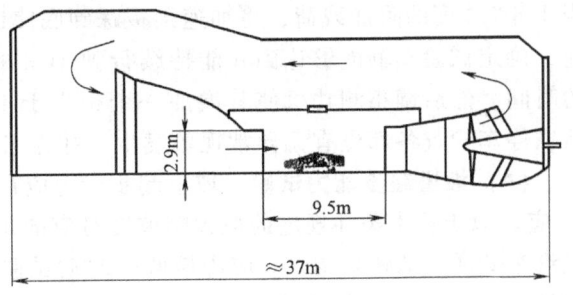

图 2-32　回流式整车风洞简图

风洞试验的一个重要问题是地面效应。实际行驶时，空气相对于路面是不动的，在路上不会形成附面层。风洞试验时，模型车辆下面有一块固定地板，在气流作用下形成附面层，附面层厚度越大,对试验精度的影响越大。为减小试验误差,除了使模型离开地板一定距离外,还应采取一些简单易行的减薄附面层的措施。

2.4.4 电动汽车动力性试验

1. 试验条件

试验的气候条件和道路条件与传统能源汽车的条件基本相同,但增加了环形跑道(环形跑道的长度应不小于1000m)。环行跑道与完整的圆形跑道不同,它由直线部分和近似环型的部分相接而成,弯道的曲率半径应不小于200m。

车辆条件与传统能源汽车有所不同。差异之处在于,所有的储能系统应充到规定的最大值(电能、液压、气压),如果蓄电池的工作温度超过了允许的温度,试验人员应按技术条件中推荐的操作程序使蓄电池处于正常运行温度下工作;在进行试验前七天内,试验车辆至少行驶300km(磨合)。

2. 试验内容

除最高车速、最大爬坡度等试验项目外,增加了30min最高车速试验、完全放电行驶试验、40%放电行驶试验、0~50km/h加速性能试验、50~80km/h或50~100km/h加速性能试验、坡道起步能力试验。

(1) **30min最高车速试验** 对蓄电池充电并对试验车辆进行预热,使试验车辆以该车30min最高车速估计值±5%的车速行驶30min。若试验中车速有变化,可以通过踩加速踏板来补偿,从而使车速符合要求。

测量车辆驶过的里程,如果试验中车速低于30min最高车速估计值95%,试验应重做,车速可以是上述30min最高车速估计值或者按技术条件重新估计的30min最高车速。

(2) **完全放电行驶试验** 完成30min最高车速试验之后,试验车辆停放30min,然后以V_{30}(30min最高车速)的70%恢复行驶,直到车速下降到当加速踏板踩到底时,车速为$V_{30}\pm10$km/h的50%,或直到仪表板上的信号装置提示驾驶人停车,记录行驶里程。计算总的行驶里程,包括预热阶段的行驶里程、30min最高车速试验时的行驶里程、完全放电时的行驶里程。

(3) **爬坡车速试验** 爬坡车速试验在底盘测功机上进行。调整测功机使其增加一个相当于4%坡度的附加载荷,将加速踏板踩到底使试验车辆加速或使用适当变速档位使车辆加速,确定试验车辆能够达到并能持续行驶1km的最高稳定车速,同时,记录持续行驶1km的时间。然后调整测功机使其增加一个相当于12%坡度的附加载荷,重复试验。试验完成后,停车检查各部位有无异常现象发生,并详细记录。计算实际爬坡最高车速。

(4) **坡道起步能力试验** 坡道起步能力应在有一定坡度角α_1的道路上进行。该坡度角α_1应近似于技术条件规定的最大爬坡度对应的角α_0。实际坡度和厂定坡度之差,应通过增减汽车载质量ΔM来调整。应用最低档起动试验车辆并以每分钟至少行驶10m的速度通过测量区(至少10m长的坡道)。

本章小结

1. 汽车动力性指标主要有加速时间、最大爬坡度、最高车速。

2. 汽车行驶时，需要克服的行驶阻力有滚动阻力、加速阻力、坡度阻力、空气阻力。

3. 汽车行驶时满足驱动条件和附着条件，即 $F_f+F_i+F_w \leqslant F_t \leqslant F_\varphi$。

4. 硬路面上，轮胎在法向反力（轮胎载荷）的作用下嵌入坚硬的路面。法向反力越大，驱动力增大时车轮越不容易打滑，附着力和车轮法向反力成正比，和附着系数成反比。附着系数主要取决于路面的种类和状况，另外还与轮胎的结构和气压、行车速度、车轮运动状况有关。

5. 利用汽车驱动力-行驶阻力平衡图、功率平衡图、动力特性图可以分析汽车的动力性，并得到汽车的最高车速、后备驱动力、后备功率和动力因数，从而得出汽车的加速性能和爬坡能力。

习 题

1. 什么是汽车的动力性？
2. 汽车动力性的评价指标有哪些？
3. 如何评价汽车的加速性能？
4. 货车和越野车的最大爬坡度是多少？
5. 对表 2-10 中的三种车型，比较其动力性。

表 2-10 三种常见车型的动力性

车 型	车型 1	车型 2	车型 3
级别	中型车	中型车	紧凑型车
发动机	2.0L 101kW L4	2.0L 105kW L4	2.0L 108kW L4
变速器	5 档手动	5 档手动	5 档手动
推出年份	2006 年	2006 年	2006 年
最高车速/(km/h)	188	190	205
0~100km/h 加速时间/s	13.8	11.8	9.9
100~0km/h 制动距离/m	45	—	—

注：1 马力 = 0.735kW。

6. 汽车的驱动力是如何产生的？如何由发动机转矩或功率确定汽车的驱动力？
7. 什么是传动效率？其与哪些因素有关？
8. 如何绘制汽车的驱动力图？如何利用驱动力图说明汽车运行的状态范围？
9. 汽车的行驶阻力有哪几种？各在什么情况下存在？
10. 什么是轮胎的迟滞损失？它如何形成滚动阻力？什么是驻波现象？
11. 如何确定硬路面上汽车行驶的滚动阻力？
12. 滚动阻力系数与哪些因素有关系？
13. 什么是空气阻力？如何确定？
14. 什么是压力阻力、诱导阻力、干扰阻力、内部阻力、表面阻力？各是如何产生的？
15. 在结构和使用上应如何降低汽车的空气阻力？
16. 什么是坡度阻力？如何确定？
17. 什么是汽车的轴荷再分配现象？
18. 什么是附着力和附着系数？它们受哪些因素的影响？

19. 列出汽车的行驶方程式。
20. 什么是汽车的驱动力-行驶阻力平衡图？
21. 什么是后备驱动力和挂钩牵引力？
22. 如何利用汽车的驱动力平衡确定其最高车速、加速能力和爬坡能力？
23. 什么是汽车的动力因数？其实质是什么？
24. 如何利用动力特性图确定汽车的最高车速、加速能力和爬坡能力？
25. 什么是汽车的功率平衡方程式和功率平衡图？
26. 什么是后备功率？它有什么作用？
27. 如何利用汽车的功率平衡分析其动力性？
28. 发动机功率如何影响汽车的动力性？什么是比功率？
29. 主减速器传动比如何影响汽车的动力性？
30. 变速器各档传动比如何影响汽车的动力性？
31. 变速器档数如何影响汽车的动力性？
32. 汽车外形尺寸和整备质量如何影响汽车的动力性？
33. 轮胎尺寸和结构如何影响汽车的动力性？
34. 四轮驱动系统对提高汽车的动力性有何作用？
35. 底盘技术状况和道路状况如何影响汽车的动力性？
36. 汽车转向行驶时，在路面和行驶状况相同的情况下，滚动阻力系数比直线行驶时的大，为什么？
37. 滑行性能对汽车动力性有无直接影响？
38. 一货车发动机的使用外特性数据见下表。

发动机转速 n/(r/min)	1000	1500	2000	2500	3000	3500	4000
发动机输出转矩/N·m	147	169	174	173	169	163	146

发动机最低转速为600r/min，最高转速为4000r/min。汽车总质量为3880kg，车轮半径为0.367m，传动系机械效率 $\eta_T = 0.85$，滚动阻力系数 $f = 0.013$，空气阻力系数×迎风面积 $C_w A = 2.77\text{m}^2$，主减速器传动比为 $i_0 = 5.83$。同时，变速器传动比如下：1档为6.09，2档为3.09，3档为1.71，4档为1.00。试绘制汽车驱动力-行驶阻力平衡图，并求出汽车最高车速和最大爬坡度。

39. 汽车动力性试验的条件主要包括哪些？如何保证这些条件？
40. 如何进行汽车最高车速、加速能力、爬坡能力、最低稳定车速、滑行距离的测定？
41. 在汽车动力性试验中，如何确定汽车的滚动阻力系数？
42. 道路试验和室内试验是否可以相互取代？为什么？

第3章

汽车的燃料经济性

汽车的使用经济性，是指汽车完成单位运输量所耗费的最少费用的一种使用性能。它是评价汽车运行成本的指标。统计资料表明，在我国营运汽车的平均运输成本中，汽车运行材料费（燃料费及轮胎费）所占的比例最大。对运行材料消耗和节约的研究，对提高汽车的使用经济性具有重要作用。本章重点介绍汽车的燃料经济性。

3.1 汽车燃料经济性的评价

3.1.1 汽车燃料经济性的介绍

汽车的燃料经济性是指汽车在一定使用条件下，以最少的燃料消耗量完成单位运输工作的能力。它是汽车的重要使用性能之一。

节约燃料就意味着可降低汽车运输成本，提高经济效益，同时也可降低 CO_2 的排放量。

显而易见，研究汽车燃料经济性对汽车节能的意义重大，为此，世界各国都很重视降低汽车能耗，并将其作为汽车制造和交通运输领域的重要课题。

3.1.2 发动机燃料经济性

各种汽车的燃料经济性有很大差异，其中发动机的燃料经济性直接影响汽车的燃料经济性。发动机燃料经济性的评价指标主要包括有效热效率 η_e 和有效燃料消耗率 b_e。

1. 有效热效率 η_e

η_e 是发动机的有效功 W_e(J) 与所消耗燃料热量 Q_1 的比值：

$$\eta_e = \frac{W_e}{Q_1} \tag{3-1}$$

η_e 越大，说明燃烧同样多的燃料，发动机对外输出功越多，汽车的行驶里程越长，所以发动机的燃料经济性越好。

2. 有效燃料消耗率 b_e

b_e 是单位有效功的燃料消耗量，通常以 $g/(kW \cdot h)$ 为单位。

b_e 越小，说明发动机输出同样的功（汽车行驶的距离），消耗的燃料越少，经济性越好。

η_e、b_e 之间的关系为

$$\eta_e = \frac{3.6}{b_e h_\mu} \times 10^6 \tag{3-2}$$

式中 h_u——燃料的低热值（kJ/kg）。

b_e 容易测量，一般用 b_e 表示发动机的经济性。

3.1.3 整车燃料经济性评价指标

1. 燃油汽车燃料经济性评价指标

发动机有效燃料消耗率 b_e 或有效热效率 η_e 随发动机工况（转速、功率）的不同而不同，汽车的功率利用及行驶条件不同，相同的发动机用于相同的汽车上时，其经济性也会随着工况的变化而变化。同一种发动机用于不同的汽车上，即使在同样的车速和路况条件下行驶同样长的距离，由于车的总质量或者档位不同，发动机实际的输出功并不相同，因而消耗的燃料数量也不相同。所以，发动机有效燃料消耗率 b_e 或有效热效率 η_e 不能直接用于评价汽车的燃料经济性。

汽车的燃料经济性常使用单位行程的燃料消耗量（L/100km），即行驶100km所消耗的燃料升数评价；或使用单位运输工作的燃料消耗量［L/(100t·km)］，即行驶100t·km（吨公里）所消耗的燃料升数评价。前者用于比较相同容量的汽车燃料经济性，也可用于分析汽车发动机和变速器匹配的不同对汽车燃料经济性的影响；后者常用于比较和评价不同容载量的汽车的燃料经济性。两者数值越大，汽车的经济性越差。汽车燃料经济性也可用汽车消耗单位量燃料所经过的行程（km/L），即每燃烧1L燃料行驶的公里数作为评价指标。

汽车在使用过程中，载荷和道路条件对汽车的燃料消耗量影响很大，因此也可采用燃料消耗量 Q（单位为L/100km）与有效载荷 G_e（单位为t）之间的关系曲线，评价在不同道路条件下汽车的燃料经济性，称为平均燃料运行消耗特性。

2. 燃气汽车燃料经济性评价指标

作为清洁能源，压缩天然气、液化天然气、液化石油气等气体燃料被许多汽车使用。燃气汽车同样使用单位行程的燃料消耗量，即行驶100km所消耗的燃料量，或单位运输工作的燃料消耗量及消耗单位量燃料所经过的行程评价其燃料经济性。

3. 纯电动汽车的能耗经济性指标

以动力蓄电池为能源的纯电动汽车，其评价指标如下：

（1）续驶里程 纯电动汽车电池组充满电后可连续行驶的里程即为续驶里程，可以分为等速续驶里程和循环工况续驶里程。

（2）单位里程容量消耗 以电池组作为唯一动力源的纯电动汽车，定义车辆等速或按工况行驶单位里程消耗的电池组容量为单位里程容量消耗，单位为 A·h/km。

（3）单位里程能量消耗 单位里程能量消耗又可以分为单位里程电网交流电量消耗和单位里程电池组直流电量消耗，单位为 kW·h/km。

（4）单位容量和单位能量消耗行驶里程 这两种能耗经济性的评价指标分别是单位里程容量消耗和单位里程能量消耗的倒数，单位分别为 km/(A·h) 和 km/(kW·h)。

（5）能量利用率 能量利用率是电动汽车的有效驱动能量与电池组在行驶中所消耗的总能量之比。

3.1.4 汽车燃料经济性评价方法

汽车的燃料经济性与汽车运行的行驶道路（城市、市郊、一般公路、高速公路）、交通状况（道路上行人、车辆构成及车辆密集程度）、驾驶习惯（平均车速、加速度及制动减速度）及周围环境（温度、风、雨、雪等）等运行条件有关，因此评价汽车的燃料经济性时必须说明是在何种条件下。可根据对各种使用条件（影响燃料经济性的因素）的控制程度，将燃料经济性试验分为不加以控制的道路试验、加以控制的道路试验、道路循环试验（包括等油耗、加速、制动油耗等）、在汽车底盘测功器（即转鼓试验台）上的循环试验。

1. 不加以控制的道路试验

不加以控制的道路试验，除了对被试车辆的维护、调整规范及所用燃料、润滑材料的规格有明确的规定外，对行驶道路、交通状况、驾驶习惯及周围环境等条件均不加以限制。这种试验反映了车辆类型、道路条件、交通量、装载质量及气候等因素对汽车燃料消耗的影响。它可用于全面评价汽车的燃料经济性，是一种非常接近实际情况的试验。但是这种试验必须用相当数量的汽车（车队）进行长距离（10000~16000km）的试验，以获得可信度较高的统计数据，试验持续时间很长，试验成本巨大，一般不被采用。

2. 加以控制的道路试验

在某一地区选择一条或数条典型干线公路，路段长度不小于50km，试验时车速为40~50km/h并尽可能保持等速，记录制动次数、换档次数、时间和行程，以及试验中遇到的特殊情况。

试验应往返各进行一次，共两次。测定50km单程耗油量，取两次测量结果的平均值，换算成以L/100km为单位的油耗。

3. 道路循环试验

汽车完全按规定的车速、时间规范进行的道路试验方法被称为道路循环试验。试验规范中规定了换档时刻、制动时间、速度、加速度、制动减速度等数值，从而控制了汽车运行条件，属于控制的道路试验。道路循环试验包括等速行驶油耗试验、怠速油耗试验、综合工况试验。

4. 等速百公里油耗试验

等速百公里油耗试验是一种在我国广泛采用的简单的道路循环试验，是评价汽车燃料经济性的重要方法。

试验规范规定，在平直良好的低海拔平原地区路面上，温度为0~35℃，汽车充分预热后进行试验。试验时，汽车用最高档等速行驶，从车速为20km/h开始，以车速间隔10km/h的整倍数，直至该档最高车速的80%，至少测定5点。其中最常控制的车速是60km/h和90km/h，这两个等速行驶的油耗试验结果常常被用来评价汽车的燃料经济性。

图3-1所示为汽车等速行驶油耗的一般试验结果，图中的曲线反映的燃料经济性和汽车速度相关。因此它不能全面评价汽车的燃料经济性，只能作为一种比较性的指标。等速行驶燃料经济性不能反映汽车实际行驶中频繁出现的加速、减速等非稳定行驶工况。

5. 多工况燃油消耗量

多工况油耗是汽车按照规定，通过进行多工况循环试验得出的百公里油耗。汽车在市区中频繁处于加速、减速、怠速、停车等行驶工况，实际油耗与等速

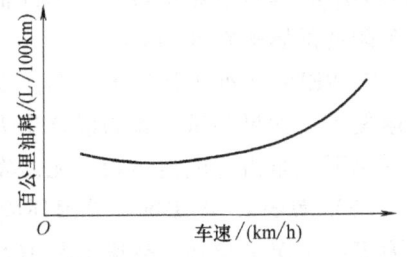

图3-1 汽车等速百公里燃油消耗曲线

行驶时相差较大。

多工况循环行驶试验规定了车速-时间行驶规范,确定了何时换档、何时制动及行车速度、加速度等的值。

(1) **欧洲 NEDC 工况** NEDC 工况由市区循环和市郊循环两部分组成(图 3-2)。市区循环由 4 个 195s 的小循环单元组成,包括怠速、起动、加速及减速停车等几个阶段,最高车速为 50km/h,平均车速为 18.35km/h,最大加速度为 $1.042m/s^2$,平均加速度为 $0.599m/s^2$。市郊循环时间为 400s,共行驶 4.052km。市郊工况测试一个循环,最高车速为 120km/h,平均车速为 62km/h,最大加速度为 $0.833m/s^2$,平均加速度为 $0.354m/s^2$,有效行驶时间为 400s,共行驶 6.955km 路程。

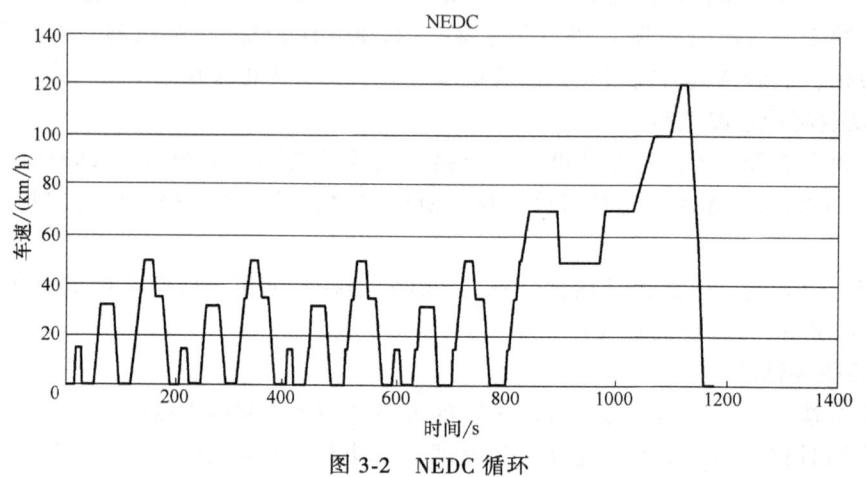

图 3-2 NEDC 循环

NEDC 循环存在以下问题:

1) 测试方法简单粗暴,多数时间处于匀速状况。NEDC 工况的全过程仅有 16 个上升沿,比稳态工况(21 个)的数量还少,而且 4 个市区小单元完全一致,导致车辆大部分时间处在平稳状况过程中。这与实际驾驶过程有很大的不同,不能有效反映实际能耗和排放状况。

2) 测试时间短、里程短。NEDC 工况全程运行 1180s,且里程短,与美国 FTP75 工况、欧洲 WLTC 工况相比运行时间较短。

3) 基本不考虑环境温度对车辆运行的影响。以新能源汽车为例,部分车型在 NEDC 工况下的百公里耗电量与高温光照空调下的耗电量差异较大,最大可以达到 16% 以上。这是因为 NEDC 运行规则中没有考虑高低温状态下车辆开启/关闭空调的影响,但实际上空调对整车能耗的影响在 5% 以上。

在 NEDC 工况下测试的汽车,发动机通常都会维持比较良好的工作状态,因此试验结果普遍偏低。如果测试对象为混合动力车型,则可能会得出不正确的结果,因为混合动力车型在低速下完全由蓄电池驱动,无需发动机参与。

(2) **美国 EPA 工况** 美国环境保护局(EPA)制定的测试工况标准包括 4 种循环,分别为市区工况 FTP75、高速工况 HWFET、激烈驾驶工况 US06 和可选的空调使用工况 SC03。

图 3-3 所示为市区工况 FTP75 循环的速度-时间关系曲线。整个循环行驶时间为 1874s,

行程为 12km，平均车速为 31.4km/h，最高车速为 90.9km/h。它是根据美国洛杉矶市中心的交通情况拟定的，包括了一系列不重复的加速、减速、怠速和接近于等速的行驶过程。

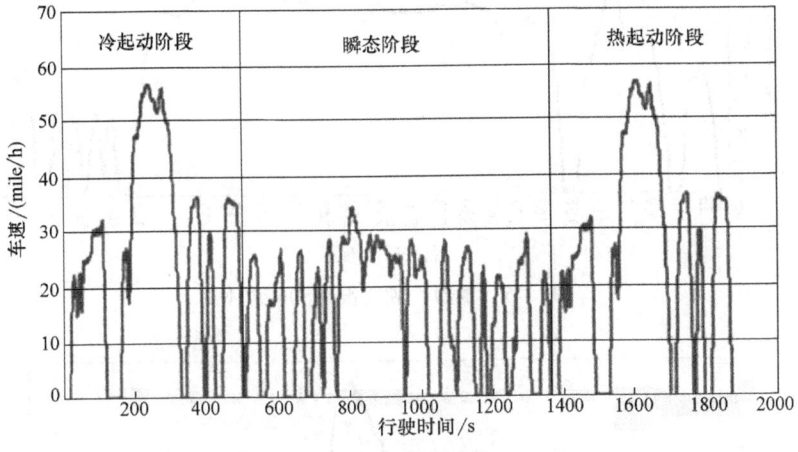

图 3-3 市区工况 FTP75 循环

整个 FTP75 工况运转循环分为三个阶段：第一阶段为冷起动阶段，耗时 505s；第二阶段为瞬态阶段，耗时 864s；随后熄火停车 9~11min，再进行第三阶段即热起动阶段测试，耗时 505s，全程时长约为 2474s。汽车在 40min 内不断地加速、制动，很好地模拟了现实拥堵市区交通中走走停停的情况。

图 3-4 所示为高速工况 HWFET 循环的速度-时间关系曲线，图 3-5 所示为激烈驾驶工况 US06 的速度-时间关系曲线，图 3-6 所示为空调使用工况 SC03 的速度-时间关系曲线。

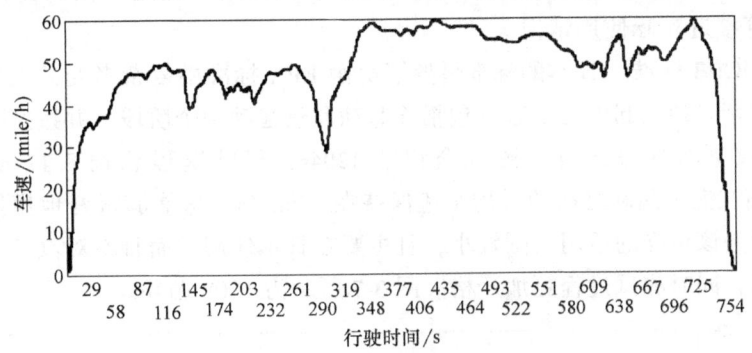

图 3-4 高速工况 HWFET 循环

在进行 US06 激烈驾驶循环试验时，首先进行一个高速、大加速度的测试，对车辆进行热车。然后进行 60~120s 的怠速，随后直接开始正式试验。车辆被频繁进行急加速与急制动，平均车速为 77.8km/h，而最高车速达到了约 128km/h。

SC03 试验为空调全负荷开启的特定行驶循环。环境温度保持在 (35±5)℃，试验过程中空调始终开启在最大制冷量处。在此条件下，首先运行一遍 SC03 工况对车辆进行热车，然后熄火并在该环境下热浸 540~660s 后热起动进行正式试验。

FTP75 工况被称为目前最合理的循环工况，最终试验结果由 FTP75 循环、US06 高速、

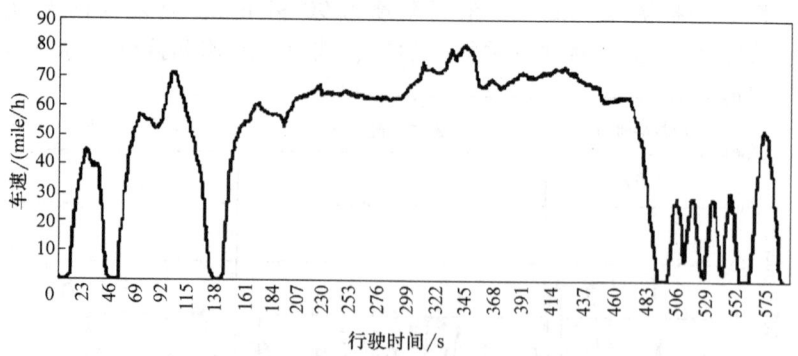

图 3-5 激烈驾驶工况 US06 循环

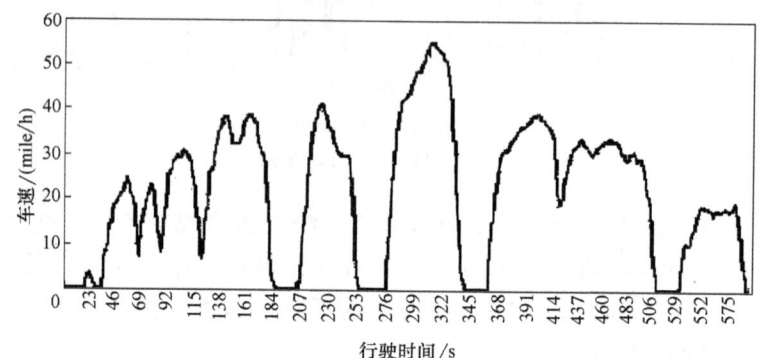

图 3-6 SC03 空调全负荷开启的特定行驶循环

高加速循环，SC03 高温空调全负荷运转循环这三个试验结果通过不同的比例计算而成，因此这样的数据更接近实际使用情况。

(3) 日本 JC08 标准　日本的标准借鉴了美国 EPA 标准中复杂多变的工况设计，模拟了车辆在城市中拥堵时频繁起停的状态，包括冷起动和热起动两个阶段，并按照冷起动 25%、热起动 75% 的加权进行成绩统计。测试全程共 1204s，行驶里程总长 8.17km，平均车速为 24.4km/h。车辆在完全制动之前的平均车速保持在 50km/h，这能够很好地模拟市区行车等红绿灯的情况。但是该标准的适用范围较小，且主要在日本使用。而日本对汽车排放的要求与其他国家有所不同，同时测试过程更加严格。图 3-7 所示为 JC08 循环。

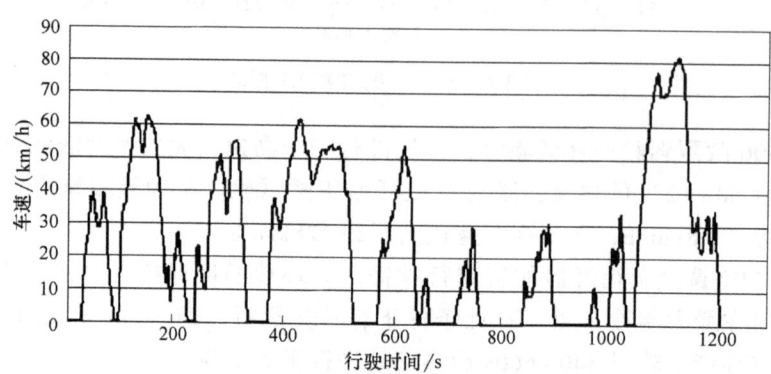

图 3-7 JC08 循环

(4) 我国乘用车燃料经济性试验规范 我国仿照 NEDC 循环使用城市工况循环（1504循环）、郊区工况循环及综合工况循环三种循环测试乘用车的燃油消耗量。

城市工况循环（1504 循环）就是 NEDC 循环（图 3-2）的前 4 个 195s 的小循环单元，其中每个单元循环如图 3-8 所示。

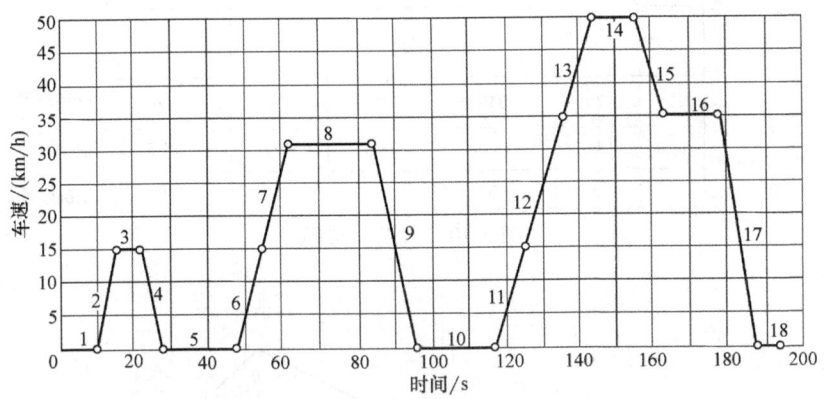

图 3-8 城市工况循环（1504 循环）

郊区工况循环就是 NEDC 循环（图 3-2）的市郊循环部分，如图 3-9 所示。综合工况循环就是 NEDC 循环（图 3-2）。

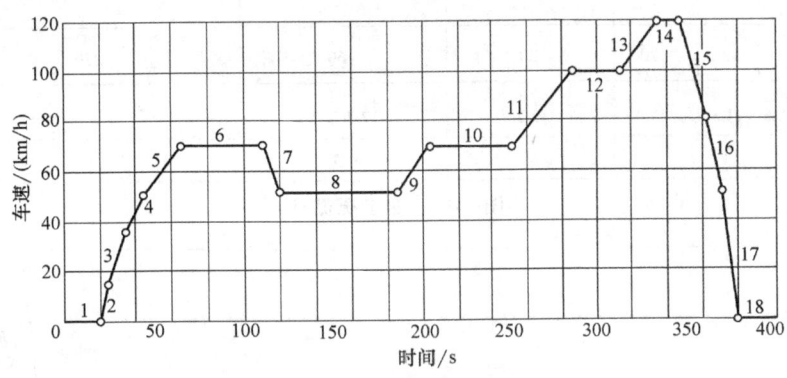

图 3-9 郊区工况循环

(5) 我国商用车燃料经济性试验规范 我国对货车、城市公共汽车等也制定了相应的燃料经济性试验规范。货车为"六工况循环"，城市公共客车为四工况循环，图 3-10、图 3-11 所示分别为六工况循环和四工况循环。

(6) 世界轻型车测试程序（WLTP） WLTP 由日本、美国、欧盟等共同制定，其要求比 NEDC 更严格。该测试分为低速、中速、高速与超高速四部分，对应的持续时间分别为 589s、433s、455s、323s，对应的最高速度分别为 56.5km/h、76.6km/h、97.4km/h、131.3km/h。此外，该测试融入了车辆的滚动阻力、档位、车的质量（货物、乘客质量）等，相较于 NEDC 标准有了较大的提升（表 3-1）。图 3-12 所示为 WLIP 循环。

WLTP 还考虑了各种配置，如空调等对油耗与污染物排放的影响。

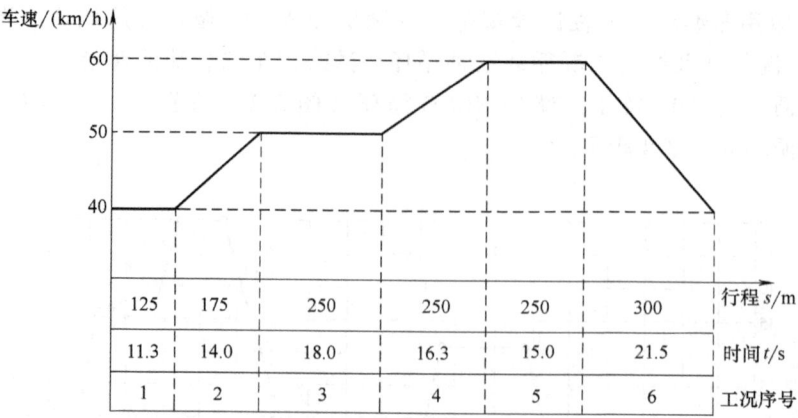

图 3-10 六工况循环

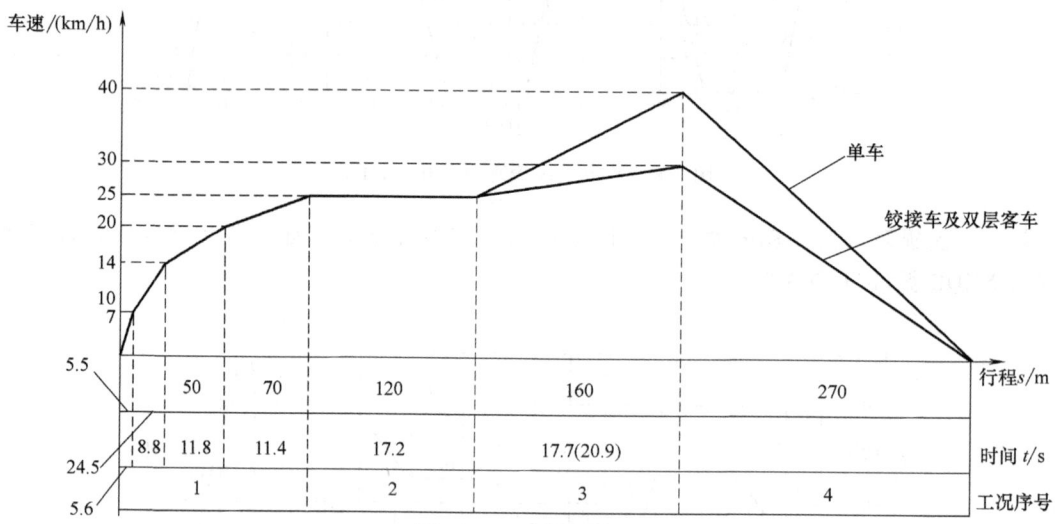

图 3-11 四工况循环

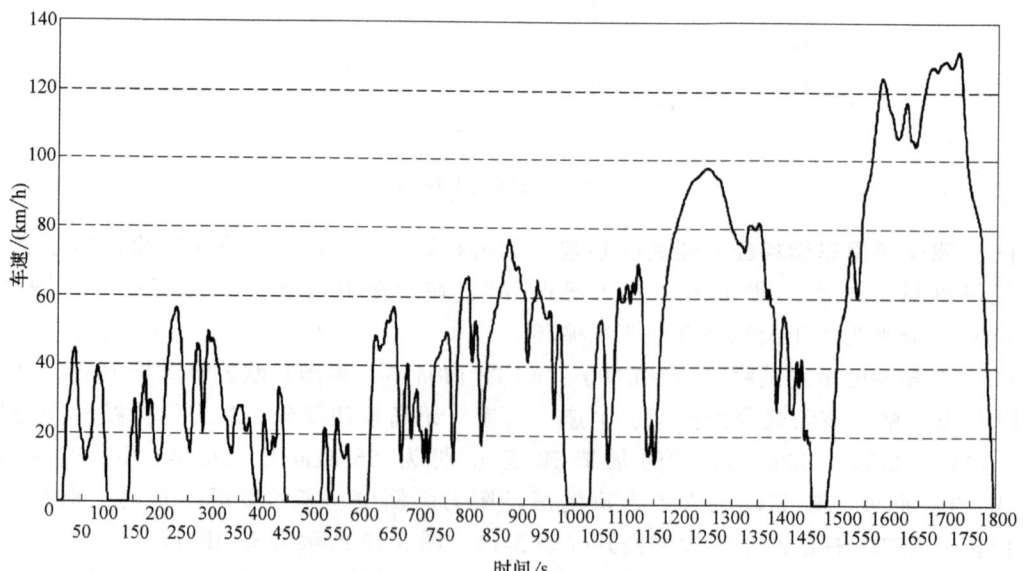

图 3-12 WLTP 循环

表 3-1 WLTP 和 NEDC 测试标准对比

项目	WLTP	NEDC
动态测试循环时间	1800s(30min)	1180s(约20min)
循环测试距离	23.25km	11.04km
测试阶段	4种(低速、中速、高速、超高速)	2种(市区和高速)
模拟市区与高速路段的比例	52%/48%	66%/34%
测试平均车速	46.5km/h	34km/h
最高测试车速	131.3km/h	120km/h
测试驾驶方式	根据不同测试人员的习惯变化	加速、换档等采用固定模式

通过研究按照 WLTP 和 NEDC 测试标准分别测试的燃油消耗量，对收集的大量数据进行线性回归分析，得出 WLTP 的试验结果较 NEDC 高约 10.57%。

(7) 几种测试循环的比较 按照严格程度和更接近真实行驶工况的程度，EPA>WLTP>NEDC。

(8) 中国典型城市公交驾驶循环（CCBC） 图 3-13 所示为中国典型城市公交循环（CCBC）。

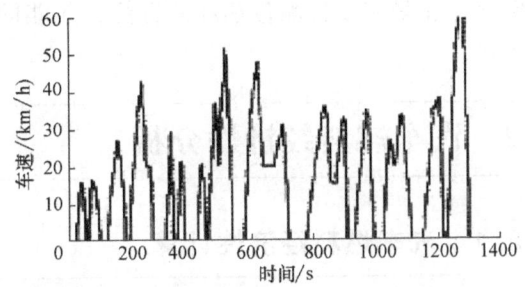

图 3-13 中国典型城市公交循环（CCBC）

(9) 重型商用车辆瞬态车辆循环（C-WTVC） C-WTVC 循环是以世界统一的重型商用车辆瞬态车辆循环为基础，调整加速度和减速度而形成的循环。C-WTVC 循环由市区、公路和高速工况三部分组成，如图 3-14 所示。

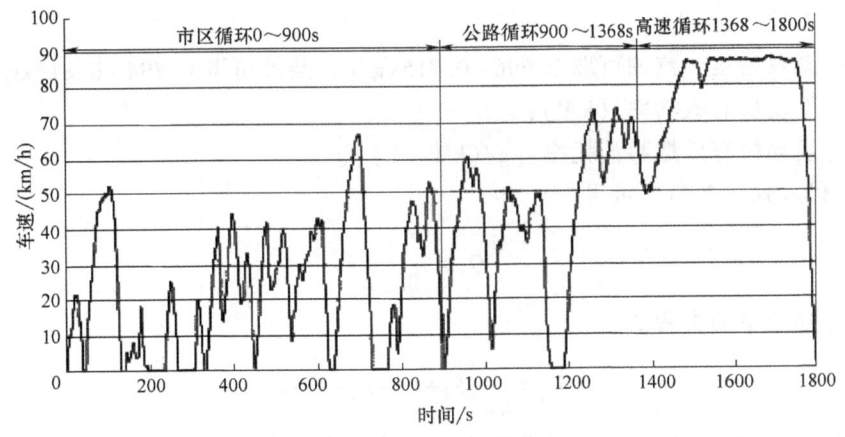

图 3-14 重型商用车辆瞬态车辆循环（C-WTVC）

(10) 汽车燃料消耗量测定方法 可通过道路试验、转鼓试验和模拟试验 3 种方法测定汽车燃料消耗量。

道路试验是真实的道路用车试验，试验结果更符合实际情况，美国规定汽车企业必须进行道路试验。但是进行道路试验时控制车速比较困难，试验的可重复性不易把握，成本高，周期长。

用转鼓（汽车测功器）试验测量油耗有以下优点：在室内试验可不受外界气候条件的影响；能控制试验条件，周围环境影响的修正系数可以减到最小；若能控制室温，则可对不同气温条件的汽车工况进行模拟试验；室内便于控制行驶状况，故能采用符合实际的复杂循环；可以同时进行燃料经济性与排气污染试验；能采用多种测量油耗的方法，如质量法、体积法与碳平衡法。

用汽车测功器测量油耗的方法尚需改进。例如，其不易准确模拟滚动阻力和空气阻力，室内冷却风扇产生的冷却气流与道路行驶的实际气流有差异，难以给出准确的惯性阻力。

与其他方法相比，由于用汽车测功器测量油耗的重复性好，能反映实际行驶时复杂的交通情况，能采用多种测量油耗的方法，还能同时进行废气污染的测量，所以这种方法日益受到重视。

3.2 汽车燃料经济性分析

3.2.1 汽车燃料经济性计算

1. 利用功率平衡计算燃料经济性

（1）**汽车燃料消耗方程式** 根据每小时燃料消耗量，可确定燃料消耗量 Q_s（L/100km）为

$$Q_s = \frac{100 G_T}{u_a \rho} \tag{3-3}$$

$$G_T = \frac{P_e b_e}{1000} \tag{3-4}$$

式中　u_a——车速（km/h）；

ρ——燃料密度，汽油可取 0.696~0.715kg/L，柴油可取 0.794~0.813kg/L；

P_e——发动机有效功率（kW）；

b_e——发动机有效燃料消耗率 [g/(kW·h)]。

将式（3-4）代入式（3-3），可得

$$Q_s = \frac{P_e b_e}{10 u_a \rho} \tag{3-5}$$

根据汽车功率平衡方程式

$$P_e = \frac{1}{\eta_T}(P_f + P_w + P_i + P_j)$$

将滚动阻力和坡度阻力合起来记为道路阻力，道路阻力功率为

$$P_\Psi = P_f + P_i = \frac{u_a}{3600} G(f\cos\alpha + \sin\alpha) \tag{3-6}$$

当 α 较小时，$\cos\alpha \approx 1$，$i = \tan\alpha \approx \sin\alpha \approx \alpha$，则道路阻力系数为

$$\Psi = f+i$$

所以式（3-6）化为

$$P_\Psi = \frac{u_a}{3600}G\Psi \tag{3-7}$$

则

$$P_e = \frac{u_a}{3600\eta_T}\left(G\Psi + \frac{C_w A u_a^2}{21.15} + \frac{\delta G}{g}\frac{du}{dt}\right) \tag{3-8}$$

将式（3-8）代入式（3-5），得汽车燃料消耗方程式为

$$Q_s = \frac{b_e}{36000\eta_T\rho}\left(G\Psi + \frac{C_w A u_a^2}{21.15} + \frac{\delta G u_a}{g}\frac{du}{dt}\right) \tag{3-9}$$

式（3-9）表明了汽车的燃料消耗量与影响因素（发动机燃料经济性、汽车结构参数、行驶条件等）的关系，它全面地表述了汽车的燃料经济性。

在汽车的研究和开发中，常常在试验样车制成前，根据发动机台架试验得到的油耗曲线与汽车功率平衡图，对汽车进行燃料经济性估算，其中最简单和最基本的是估算汽车等速行驶时的油耗。

（2）用功率平衡图与负荷特性图计算汽车等速百公里油耗 由负荷特性可查得汽车行驶时发动机的油耗。图 3-15 所示为由发动机台架试验得到的某发动机使用负荷特性，负荷特性给出了在发动机某一转速 n_e 时，不同有效功率 P_e（或负荷率）下的有效燃料消耗率 b_e 曲线。负荷率是指在发动机某一相同转速下节气门部分开启时发动机输出的功率与节气门全开时（最大）发动机输出的功率之比，通常以百分数表示。

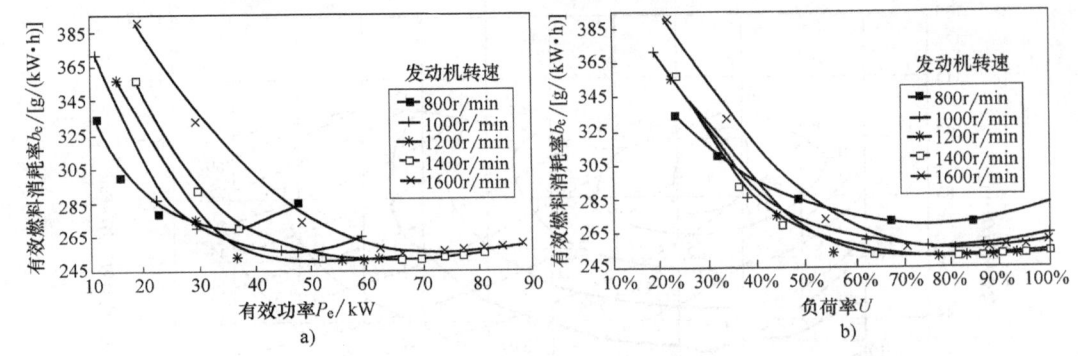

图 3-15　汽车发动机负荷特性

若汽车在平路上匀速行驶，发动机输出的功率 P_e 应等于汽车阻力功率 P'（图 3-16a）。此时，发动机负荷率 U 为

$$U = \frac{P'}{P'_s}\times 100\% \tag{3-10}$$

若对应车速 u_a 的发动机转速为 n_e，则根据 n_e 和 U 便能在负荷特性曲线上确定有效燃料消耗率 b_e（图 3-16b）。

由第 2 章式（2-7）可得到车速 u_a，将 u_a、b_e、P_e 和 ρ 代入式（3-5），即可求出速度 u_a 时汽车的百公里油耗。

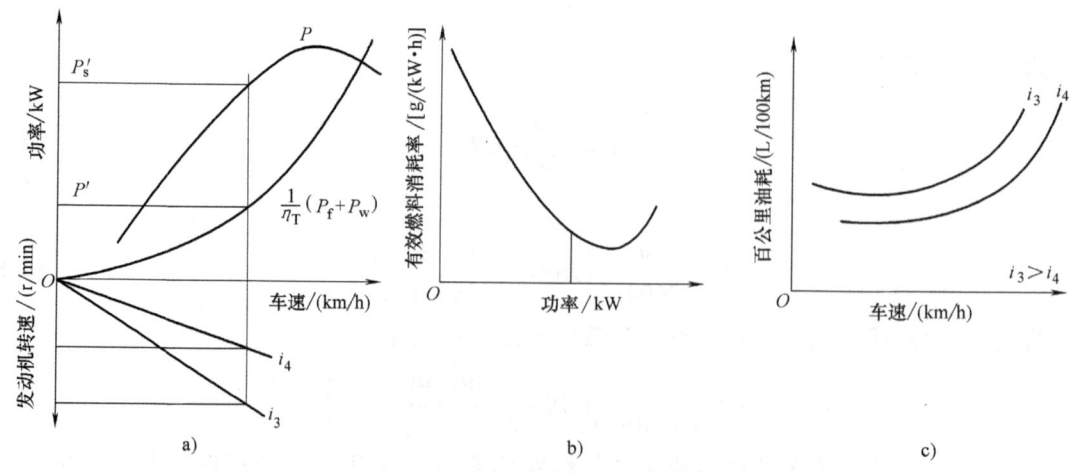

图 3-16 用功率平衡与负荷特性计算汽车等速百公里油耗

若求出不同车速的百公里油耗,便可绘制出汽车等速百公里油耗与车速的关系曲线(图 3-16c)。

按同样的步骤也可绘制出汽车在坡度为 i 的道路上($\Psi=f+i$)行驶时的等速油耗曲线。

需要注意的是,上述计算所使用的汽车厂提供的负荷特性是在发动机没有带附件的条件下测得的,因此,应对计算所得到的等速油耗予以修正。

有时也用发动机万有特性(图 3-17)来计算汽车等速油耗。还可以在动力特性图上画上"等速百公里油耗曲线",该曲线称为行驶特性,它能全面反映汽车在各种档位下行驶时的百公里油耗。

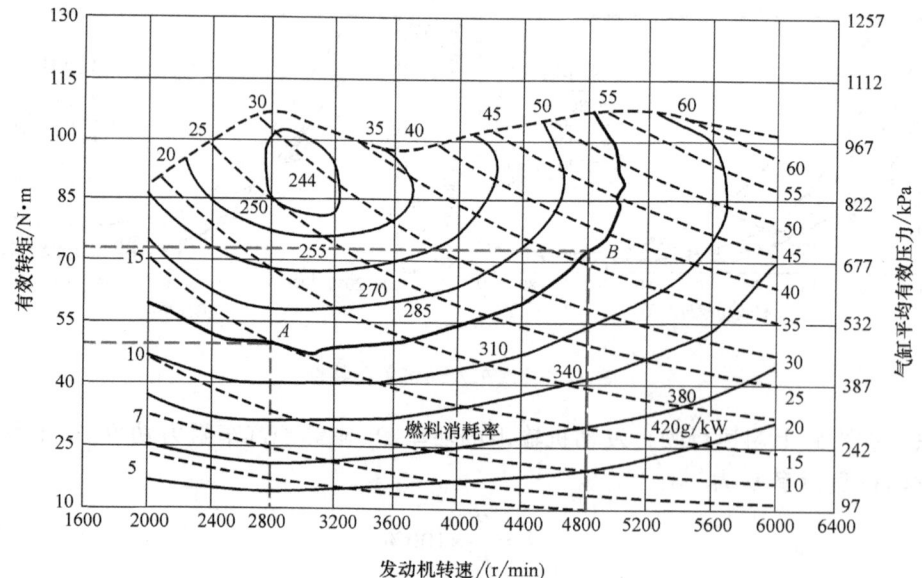

图 3-17 发动机万有特性

利用万有特性计算汽车在一定道路上行驶的等速油耗,首先是利用第 2 章式(2-7)计算车速 u_a,根据某一行驶车速 u_a 求出相应的发动机转速 n_e,同时由式(3-8)求出发动机

的功率 P_e（也可以从图 3-16a 中得到）。

根据 n_e、P_e，在万有特性图上查出发动机在此工况下的有效燃料消耗率 b_e，再利用式（3-9）求出百公里油耗。同理，可求出对应不同行驶车速的汽车等速百公里油耗。

上述计算主要依靠发动机使用负荷特性图或者万有特性图完成。汽车的等速行驶油耗也可采用经验拟合公式来计算。

由于等速油耗仅反映了汽车的稳态工况，而在实际行驶中汽车常为非稳态工况。因此，在分析汽车燃料经济性时，除等速百公里油耗曲线外，还常用数值计算法确定按某行驶工况循环试验行驶时的总平均百公里油耗量。为此，必须计算加速、减速及停车怠速的油耗。

2. 减速及停车怠速的油耗计算

减速及停车怠速时的油耗，可根据试验得到的怠速油耗（L/h）和循环中的减速行驶与停车怠速运转的时间求出。

3. 加速工况的油耗计算

等加速行驶时的油耗按式（3-9）计算。

由于加速过程中系统的加浓作用等，加速时发动机的有效燃料消耗率 b_e 比稳态工况的略大。但为了计算方便，在计算加速油耗时，常用稳态工况的 b_e 值。

汽车以等加速在道路阻力系数为 ψ 的道路上行驶的燃料经济性，可用汽车在当量道路阻力系数 ψ' 下稳定行驶的燃料经济性近似表示。

汽车加速过程的油耗计算方法是，首先将加速阻力作为道路阻力通过作图分别求出各不同加速度时的油耗值。分段越细，结果越准确。最后将各段相加，就是整个加速过程的油耗，再加上等速、减速、停车怠速等各种行驶状态的油耗，就可以按预定循环工况试验程序估算出汽车的燃料经济性。这种估算在设计试验样车阶段是十分必要的。

在等加速行驶的油耗曲线下面画出加速过程曲线（在纵坐标上加上时间坐标），则在对应于 Δt_1，Δt_2，Δt_3，$\cdots$，Δt_n 等的速度间隔中，其平均加速度为

$$\frac{du_1}{dt_1}=\frac{\Delta u_1}{\Delta t_1},\frac{du_2}{dt_2}=\frac{\Delta u_2}{\Delta t_2},\frac{du_3}{dt_3}=\frac{\Delta u_3}{\Delta t_3},\cdots,\frac{du_n}{dt_n}=\frac{\Delta u_n}{\Delta t_n} \quad (3\text{-}11)$$

而在 Δt_1，Δt_2，Δt_3，$\cdots$，Δt_n 时间间隔中的绝对油耗（L）为

$$\Delta Q_1 = \frac{1}{3.6\times 10^5} u_{a1} Q_1 \Delta t_1$$

$$\Delta Q_2 = \frac{1}{3.6\times 10^5} u_{a2} Q_2 \Delta t_2$$

$$\Delta Q_3 = \frac{1}{3.6\times 10^5} u_{a3} Q_3 \Delta t_3$$

$$\vdots$$

$$\Delta Q_n = \frac{1}{3.6\times 10^5} u_{an} Q_n \Delta t_n$$

式中 u_{a1}，u_{a2}，$\cdots$，u_{an}——Δt_1，Δt_2，Δt_3，$\cdots$，Δt_n 时间间隔内的平均车速（km/h）。

由此可求出整个加速过程中的绝对油耗为

$$Q = \sum_{i=1}^{n} Q_i \quad (3\text{-}12)$$

4. 定额计算法

计算某一具体条件下汽车的燃料消耗量也可采用定额计算法，它是一种能反映运输工作量的计算方法。

5. 汽车运行条件修正系数

影响汽车燃料消耗量的因素，除汽车结构、工艺水平、车况外，还有道路、载荷、运距、环境条件（如气温、风、雨、雾、交通情况等）及驾驶水平等，其中包括随机因素、自然因素和人为因素。为了全面地建立数学表达式，需要考虑可等级化和数量化的因素，如道路、载荷、温度、海拔等。交通因素将在道路分类中予以考虑，而车况、驾驶水平等因素，尽管它们对燃料消耗也有较大影响，但计算时将其视为一般正常水平而不予考虑。对风、雨、雾等特殊环境因素，由于它们的影响是局部的、地区性的，而且也难于等级化和数量化，其影响可根据实际情况在制定燃料消耗定额时确定。常见的修正系数见表3-2~表3-4。

表3-2 气温区间及修正系数

月平均气温/℃	>28	28~5	<5~-5	<-5~-15	<-15~-25	<-25
修正系数	1.02	1.0	1.03	1.06	1.09	1.13

表3-3 海拔（气压）修正系数

海拔/m	≤500	>500~1500	>1500~2500	>2500~3500	>3500
修正系数	1.00	1.03	1.07	1.13	1.20

表3-4 道路分级和修正系数

道路类别	公路等级和条件	城市道路等级	修正系数
1类	平原、微丘一级、二级、三级公路	—	1.00
2类	平原、微丘四级公路	平原、微丘一级、二级、三级、四级公路	1.10
3类	山岭、重丘一级、二级、三级公路	重丘一级、二级、三级、四级公路	1.25
4类	平原、微丘级外公路	级外公路	1.35
5类	山岭、重丘四级公路	—	1.45
6类	山岭、重丘级外公路	—	1.70

6. 货车运行燃料消耗量

汽车运行燃料消耗量的计算式用于计算汽车在不同运行条件下运行时所消耗的燃料限额，以限制和考核汽车的燃料经济性。它由汽车基本运行燃料消耗量和汽车运行条件修正系数两部分构成。

货车运行的燃料消耗量计算式为

$$Q = \sum_{i=1}^{n}(q_a + q_b W_i + q_c \Delta m) S_i K / 100 \tag{3-13}$$

式中 q_a——汽车空驶基本燃料消耗量（L/100km）；

q_b——货物（旅客）周转量的基本附加燃料消耗量 [L/(100t·km)]；

q_c——整备质量变化的基本附加燃料消耗量 [L/(100t·km)]；

W_i——对应运行条件下汽车的载质量（t）；

Δm——汽车整备质量增量，其值为汽车实际整备质量（包括挂车整备质量）与汽车整备质量 m_0 之差（t）；

S_i——对应运行条件下汽车的行驶里程（km）；

K——运行条件修正系数：

$$K = K_{ri}K_{hi}K_{ti}K_{\gamma i}$$

式中 K_{ri}——对应运行条件下道路修正系数；

K_{hi}——对应运行条件下海拔（气压）修正系数，$K_{hi} = 1+0.0021(P-100)$，P 的单位为 kPa；

K_{ti}——对应运行条件下气温修正系数，$K_{ti} = 1+0.0025(20-T)$，T 的单位为℃；

$K_{\gamma i}$——燃料密度修正系数，对于汽油 $K_{\gamma i} = 1+0.8(0.742-\gamma_g)$，对于柴油 $K_{\gamma i} = 1+0.8(0.830-\gamma_d)$，$\gamma_g$ 和 γ_d 分别为汽油和柴油在温度为 20℃、气压为 100kPa 时的密度，单位为 g/mL。

大型载客汽车运行燃料消耗量计算式为

$$Q = \sum_{i=1}^{n}(q_a + q_bN_i + q_c\Delta m)S_iK/100 \tag{3-14}$$

式中 N_i——对应运行条件下乘客数。

轿车运行燃料消耗量计算式为

$$Q = \sum_{i=1}^{n}qS_iK/100 \tag{3-15}$$

式中 q——空车时轿车的综合基本燃料消耗量（L/100km）。

气温和气压修正系数也可分别从表 3-2 和表 3-2 中选取，道路条件修正系数可从表 3-4 中选取。

3.2.2 汽车燃料经济性的影响因素

汽车燃料经济性的影响因素主要有人为因素（驾驶、管理）和车辆技术状况（自身技术状况、新技术的应用）。目前国内外汽车的节油途径，概括起来有政策性措施、结构措施和技术管理措施。

1. 政策性措施

政策性措施是指制定正确的运输能源政策，包括燃料价格政策、燃料与道路税收政策、油料分配与奖惩制度、油料管理制度、各种运输方式的合理分配与转换政策、新能源开发政策、限制油耗及车速的标准法规等。

(1) **美国油耗法规 CAFE** 美国油耗法规控制的是所谓"公司平均燃油经济性"，以 mile/gal 为单位。每个制造厂每年销售的各型轿车或轻型货车，以其所占总销售量的百分比作为加权系数，乘以该型车辆的燃料经济性，再将各车型的加权燃料经济性相加，得到该厂的总平均燃料经济性的值，此值应满足法规限值的要求，当此值劣于某一数值时，则根据其相差的程度，在出售汽车时向购买方一次性征收每辆车 1000~7700 美元的税款，这种税称为"油老虎税"（Gas Guzzler Tax）。

按 CAFE 方法，对于汽车制造厂来说，其可以生产燃料经济性低于平均限值的车型，只要其同时生产一些燃料经济性高于平均限值的车型，使得该汽车制造厂的总平均燃料经济性不超过限值即可。因此，为了满足油耗法规的规定，各个汽车制造厂纷纷开发小排量低油耗的轿车，大量淘汰装用大排量高油耗发动机的轿车和轻型货车。

（2）**中国汽车燃料消耗量限值** GB 27999—2019《乘用车燃料消耗量评价方法及指标》（2021年1月1日实施）、GB 30510—2018《重型商用车辆燃料消耗量限值》、JT/T 719—2016《营运货车燃料消耗量限值及测量方法》等标准给出了相关车型燃料消耗量限值的要求。

1）新能源汽车积分与双积分制度。为了提升乘用车节能水平，缓解能源和环境压力，建立节能与新能源汽车管理长效机制，促进汽车产业健康发展，2018年，工业和信息化部等部门推出的《乘用车企业平均燃料消耗量与新能源汽车积分并行管理办法》开始实施。双积分制度引起了企业的重视，极大地激发了企业研发生产新能源汽车和小型低油耗汽车的积极性。

① 乘用车企业平均燃料消耗量积分，为该企业平均燃料消耗量的目标值和实际值之间的差额，与其乘用车生产量或者进口量的乘积（计算结果按四舍五入原则保留整数）（式3-16）。实际值低于达标值产生正积分，高于达标值产生负积分。

$$C_{CAFC} = (\alpha T_{CAFC} - CAFC) \sum_{i=1}^{n} V_i \qquad (3\text{-}16)$$

式中 C_{CAFC}——企业平均燃料消耗量积分；

T_{CAFC}——企业平均燃料消耗量目标值（L/100km）；

CAFC——企业平均燃料消耗量实际值（L/100km）；

α——按GB 27999—2014要求采取的企业平均燃料消耗量折算系数，2016~2020年α可分别取134%、128%、120%、110%和100%；

i——乘用车车型序号；

V_i——第i个车型的年度生产量或进口量。

αT_{CAFC}即为折算后的企业平均燃料消耗量的目标值。

② 新能源汽车积分（NEV积分）。车企每生产一辆新能源汽车，除了获得正常收益外，还可获得传统车企的补贴。车企生产的新能源汽车达标后，可获得正积分，新能源汽车正积分可以抵扣同等数量的平均燃料消耗量负积分。

乘用车企业新能源汽车积分，为该企业新能源汽车积分实际值与达标值之间的差额。实际值高于达标值产生正积分，低于达标值产生负积分。

乘用车企业新能源汽车积分实际值，是指该企业在核算年度内生产或者进口的新能源乘用车各车型的积分（表3-5）与该车型生产量或者进口量乘积之和。

表3-5 新能源乘用车车型积分计算方法

车辆类型	标准车型积分	备注
纯电动乘用车	0.0056R+0.4	1）R为电动汽车续驶里程（工况法），单位为km 2）P为燃料电池系统额定功率，单位为kW 3）当R小于100km时，标准车型积分为0分；当100km≤R<150km时，标准车型积分为1分 4）纯电动乘用车标准车型积分上限为3.4分，燃料电池乘用车标准车型积分上限为6分 5）车型积分计算结果按四舍五入原则保留两位小数
插电式混合动力乘用车	1.6	
燃料电池乘用车	0.08P	

纯电动乘用车车型积分＝标准车型积分×续驶里程调整系数×能量密度调整系数×电耗调整系数。

当 $100km \leqslant R < 150km$ 时，续驶里程调整系数为 0.7；当 $150km \leqslant R < 200km$ 时，续驶里程调整系数为 0.8；当 $200km \leqslant R < 300km$ 时，续驶里程调整系数为 0.9；当 $R \geqslant 300km$ 时，续驶里程调整系数为 1。

当纯电动乘用车动力蓄电池系统的质量能量密度 $<90W \cdot h/kg$ 时，能量密度调整系数为 0；当 $90W \cdot h/kg \leqslant$ 质量能量密度 $<105W \cdot h/kg$ 时，能量密度调整系数为 0.8；当 $105W \cdot h/kg \leqslant$ 质量能量密度 $<125W \cdot h/kg$ 时，能量密度调整系数为 0.9；当质量能量密度 $\geqslant 125W \cdot h/kg$，能量密度调整系数为 1。

纯电动乘用车 30min 最高车速不低于 100km/h。按整备质量（m，kg）的不同，设定纯电动乘用车电能消耗量目标值（Y）。车型电能消耗量（kW·h/100km，工况法）满足电能消耗量目标值的，电耗调整系数（EC 系数）为车型电能消耗量目标值除以电能消耗量实际值（计算结果按四舍五入原则保留两位小数，上限为 1.5 倍）；其余车型 EC 系数按 0.5 倍计算，并且积分仅限本企业使用。

纯电动乘用车电能消耗量目标值：$m \leqslant 1000kg$ 时，$Y = 0.0112m + 0.4$；$1000kg < m \leqslant 1600kg$ 时，$Y = 0.0078m + 3.8$；$m > 1600kg$ 时，$Y = 0.0048m + 8.60$。

插电式混合动力乘用车应符合 GB/T 32694—2016《插电式混合动力电动乘用车 技术条件》的要求。车型电量保持模式试验的燃料消耗量（不含电能转化的燃料消耗量）与 GB 19578—2014《乘用车燃料消耗量限值》中车型对应的燃料消耗量限值相比应当小于 70%；其电量消耗模式试验的电能消耗量应小于前面纯电动乘用车电能消耗量目标值的 135%。无法同时满足以上两项指标的车型按照标准车型积分的 0.5 倍计算，并且积分仅限本企业使用。

燃料电池乘用车续驶里程不低于 300km，当 P 不低于驱动电动机额定功率的 30% 且不小于 10kW 时，车型积分按照标准车型积分的 1 倍计算，其余车型积分按照标准车型积分的 0.5 倍计算，并且积分仅限本企业使用。

2021 年 1 月 1 日之前获得型式批准并且满足 GB/T 32694—2016 要求的插电式混合动力乘用车，在 2023 年 1 月 1 日之前可以获得 1.6 分的标准车型积分，具体积分倍数按照插电式混合动力乘用车要求执行。

在核算乘用车企业新能源汽车积分实际值时，同一车型在核算年度有多少个新能源乘用车车型积分的，按照不同的积分分开计算。

乘用车企业新能源汽车积分达标值，是指该企业在核算年度内传统能源乘用车的生产量或者进口量，与新能源汽车积分比例要求的乘积。

对传统能源乘用车年度生产量或者进口量不满 3 万辆的乘用车企业，不设定新能源汽车积分比例要求；达到 3 万辆以上的，从 2019 年度开始设定新能源汽车积分比例要求。2019 年度、2020 年度，新能源汽车积分比例要求分别为 10%、12%。

③ 企业平均燃料消耗量负积分、新能源汽车负积分必须抵偿归零。乘用车企业平均燃料消耗量负积分应当采取下列方式抵偿归零：使用本企业结转的平均燃料消耗量正积分；使用本企业受让的平均燃料消耗量正积分；使用本企业产生的新能源汽车正积分；购买新能源汽车正积分。乘用车企业的新能源汽车负积分，应当通过购买新能源汽车正积分的方式抵偿

归零。(购买的新能源汽车正积分仅限企业当年度使用,不允许再次出售)。

乘用车企业平均燃料消耗量负积分、新能源汽车负积分未按照上述方法抵偿归零的,应当向工业和信息化部提交其本年度乘用车生产或者进口调整计划,使本年度预期产生的正积分能够抵偿其尚未抵偿的负积分。

2)节能管理和营运管理。节能管理包括制定有关运行油耗的法规和标准,完善油耗考核奖惩制度,正确选择与合理使用车辆,正确选用燃料及润滑材料与轮胎,推广节能新技术、新产品,进行驾驶人轮训等。

营运管理包括掌握运输市场信息,建立现代化调度系统,搞好运输组织,提高现有车辆的实载率,大力研究结合卫星定位系统、地理信息系统(GIS)和先进运输信息系统(ATS)的新型货运系统和客运系统。例如,优选公共汽车、货车的路线;选择与道路、货运相应的车型;加快信息反馈,完善物流系统,以便统一调配运输;搞好物流集散点的调整;改善运输方式,加强运输的集中管理,研制封闭容器运输、高架运输等新运输系统。

3)交通管理措施。包括改善交通基础设施,设计合理的管理模式,从而改进交通流的运行特性。例如,改善道路设施,如建设高速公路、汽车专用公路,改善道路结构,提高路面质量,实行立体交叉等;优化交通管理,如采用信号控制及运行路线诱导、速度限制指示系统;改善交通系统,如采用双层公共汽车、特定需要的公共汽车、城市汽车系统、快速运输系统及复合运输系统。

2. 提高汽车燃料经济性的结构措施

(1)改善发动机燃料经济性的措施 将先进的节能技术用于发动机,可以改善发动机的燃料经济性,表3-6给出了采用先进的节能技术后油耗下降的效果。

表3-6 先进发动机节能技术对油耗和排放量的影响

发动机节能技术	油耗下降(%)		排放下降(%)		成本上升(元)	
排气可变正时	1	3	1	3	280	560
可变气门升程	2	5	2	5	800	1200
无凸轮轴进气	5	10	2	5	2300	4500
环轴	2	4	0	0	280	600
滚子挺柱	1	2	0	0	60	200
电子节温器	1	2	1	2	60	100
压缩比升高0.5	1.5	3	−1	−2	50	100
可变压缩比	5	20	—	—	1700	4000
增压	5	15	—	—	1000	2500
缸内直喷	2	4	2	4	1000	2000
三元催化转化器改良	1	2	10	40	340	600
弱混混合动力	5	10	3	5	2000	5000
中混混合动力	15	30	4	8	20000	32000

1)提高压缩比和变压缩比。当压缩比 ε 提高时,热效率增加,发动机动力性提高,发动机油耗率降低。汽油机压缩比的提高主要受爆燃和 NO_x 污染物排放的限制。

提高发动机结构的爆燃极限;使用爆燃传感器,自动延迟产生爆燃时的点火提前角;掺水燃烧抗爆；开发高辛烷值汽油等都是提高压缩比的措施。

变压缩比技术可以动态调整内燃机压缩比，在不同的负荷下可变压缩比可以提高燃烧热效率。高负荷时需要较低的压缩比，而低负荷时需要较高的压缩比。随着负荷的变化连续调节压缩比，以便能够从低负荷到高负荷的整个工况范围内提高热效率。

2) 改善进排气系统。减小进气管气流阻力，减小排气干扰，提高充气效率。现在对进、排气道已实现电控变截面积、变长度，根据工况实现最佳的截面积和长度。每缸采用多进气门，以增加进气充量。

3) 配气相位和气门升程可变。最佳配气相位是在常用工况下局部最佳。现已出现电液控制的可变配气相位和可变气门升程控制方法，可保证发动机在各种工况下处于最佳状态。

4) 采用稀混合气。稀混合气可以提高发动机的燃料经济性。由于稀混合气中的汽油分子有更多的机会与空气中的氧分子接触，更容易燃烧完全。由于稀混合气燃烧后最高温度降低，使气缸壁传热损失较小，并使燃烧产物的离解减少，从而提高了热效率。另外，采用稀混合气，由于气缸内压力、温度低，不易发生爆燃，可以提高压缩比。使用稀薄燃烧技术的汽油发动机，空燃比可达 20∶1 以上，甚至高达 26∶1。

对均质混合气采用稀混合气的主要途径有：缸内直喷；加快燃烧速度；提高点火能量，适当增加点火提前角，延长火花持续时间；清除火花塞附近的废气；使汽油充分雾化，分层燃烧。

5) 发动机自动起停技术。在传统发动机上安装具有急速起停功能的加强电动机，使汽车在满足急速停车条件时（计算机判断车辆的状态，如车辆处于等红灯、堵塞等停滞状态），计算机可以控制发动机自动停止运行。当整车需要再起动前进时，急速起停电动机系统迅速响应驾驶人起动命令，快速起动发动机，瞬时衔接，从而大大减少油耗和废气排放量，并且发动机停止运行阶段并不影响车内空调、音响等设备的使用。此项技术在一般路况条件下可以节约 5% 的燃油，而在拥堵路段中最高可以节约 15% 左右的燃油。据相关机构测试，使用此项技术将使一辆普通轿车每年节省 10%~15% 的燃料。

6) 可变排量发动机。为了保证汽车具有良好的动力性，要求选用功率较大的发动机，以克服各种行驶阻力。但汽车在行驶中经常处于不经济的部分负荷状况，使油耗增加。如果能够根据汽车运行工况，同时调节发动机功率，使之始终在有利的负荷率下工作，就可解决上述问题。

通常采取改变发动机有效工作排量的方法解决上述问题：改变有效气缸数目，即在中小负荷时，关闭一部分气缸，而提高另一部分气缸的功率利用率，使之工作在较经济工况。

减少发动机工作气缸数的方法很多，可关闭部分气缸的喷油和点火，也可采用堵塞进气道或关闭进排气门的方法。关闭进排气门的方法能减小泵气损失和气门驱动损失，节油效果显著。

7) 混合动力。典型的混合动力电动汽车（HEV）是指既有内燃机又有电动机的车辆。与传统内燃机汽车相比，HEV 可以大大降低燃料消耗量，其原因是：可使发动机在最佳的工作区域稳定运行，降低发动机的油耗、排放量和噪声；在商业区、居民区等环保要求严格的地区，可关闭发动机，发动机不再急速运行，采用纯电动模式，实现"零排放"和避免了内燃机在高油耗的小负荷或者急速工况运行；通过电动机回收制动时的能量，提高能量利用率，进一步降低汽车的能量消耗量和排放量。

8) 发动机增压。将进入发动机气缸的空气或可燃混合气预先进行压缩或压缩后再加以冷却,以提高进入气缸的空气或可燃混合气的密度,从而使充气质量增加,并在供油系统的适当配合下,使更多的燃料很好燃烧,达到提高发动机动力性、提高比功率、改善燃料经济性、降低废气排放量和噪声的目的。

9) 缸内直喷。缸内直喷是将燃油喷入气缸内与进气混合的技术,其优点是油耗量低,升功率大,压缩比高,与同排量的一般发动机相比功率与转矩都得到提高。

10) 发动机智能热管理系统。发动机智能热管理系统能够根据驾驶条件和发动机负荷来管理和优化发动机温度,以改善发动机的冷却性能和排放特性。

发动机智能热管理系统由电控冷却液泵、电控节温器和电动风扇组成。电控冷却液泵由电动机驱动,可以对冷却液流量进行独立控制,由于不用曲轴驱动,安装位置比较灵活,可以优化冷却液泵水力特性设计,减小压力损失和驱动损失。电控节温器的控制系统由传感器、电动机和控制模块组成,可以根据冷却液温度或者发动机部件温度来控制冷却液流量。

(2) 底盘和车身结构的优化

1) 汽车轻量化。汽车轻量化就是在保证汽车的强度和安全性能的前提下,尽可能地降低汽车的整备质量,从而提高汽车的动力性,减少燃料消耗,降低排气污染。

汽车行驶时,除空气阻力外,其他阻力都与汽车总质量有关。因此,降低汽车整备质量是降低油耗最有效的措施之一。据有关资料介绍,汽车整备质量增加25%,油耗增加8%;汽车整备质量降低10%,油耗可减少8.5%。

目前,在汽车轻量化方面采用的主要措施有:用优化设计的方法充分利用材料的强度,提高结构的刚度;采用高强度轻材料,如采用高强度低合金钢、铝合金、镁合金、塑料和各种纤维强化材料等制造汽车零件;改进汽车结构,如轿车采用前轮驱动、高可靠性轮胎(可以去掉备用轮胎)、少片或单片弹簧钢板、承载式车身、空冷发动机、绝热发动机,以及各种零件的薄壁化、复合化、小型化等;减小车身尺寸,这还有利于减小行驶时的空气阻力;取消一些附加设备及器材等。质量小的电子产品的大量应用,也对汽车的轻量化产生了作用。

2) 减小滚动阻力。试验表明,滚动阻力减小10%,油耗可降低2%。采用子午线轮胎,提高轮胎气压,是减小滚动阻力的主要途径。试验表明,大型货车装用子午线轮胎后,滚动阻力可减小15%~30%,节油5%~8%,轿车采用子午线轮胎可节油6%~9%。根据相关资料,采用轮胎制造新技术,可使轮胎滚动阻力系数由0.016降至0.008。

提高轮胎气压,可使汽车行驶时轮胎的变形减小,因此汽车的滚动阻力随轮胎气压的增加而减小。

3) 减小空气阻力。汽车在高速行驶时,空气阻力消耗的功率相当大,可达50%左右。空气阻力的大小取决于汽车迎风面积A和空气阻力系数C_w。汽车迎风面积取决于汽车的外形尺寸,难以改变。因而,主要应设法改进空气阻力系数。例如,大众汽车的空气阻力系数,1975年前后约为0.45,1992年下降至0.3~0.35。

研究表明,空气阻力系数每降低10%,可使汽车的燃料经济性提高2%左右。目前国内外减小空气阻力系数的主要措施有选择合理的车身外形、对所有暴露部位进行空气动力学优选及在车身上加装各种导流装置。图3-18所示为在汽车上加装各种导流装置的示意图。

4) 选择最佳传动比。由根据功率平衡计算汽车油耗的过程可知,汽车的油耗与车速、发动机功率及发动机燃料消耗率有关。在行驶阻力功率一定的情况下,发动机的燃料消耗率

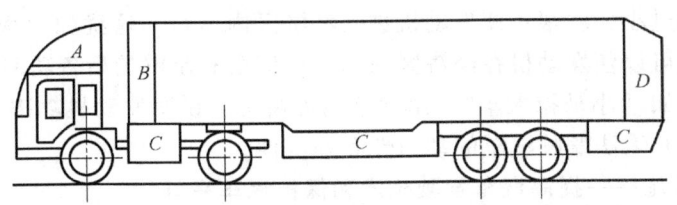

图 3-18　在汽车上加装各种导流装置的示意图
A—空气动力学屏板　B—间隙密封罩　C—防护罩　D—导流罩

越低，汽车的燃料经济性越好。可在发动机万有特性图上查到当前汽车工况下的发动机燃料消耗率。发动机燃料消耗率最低的区域是发动机中低转速中大负荷工况，即发动机的实际动力曲线穿过万有特性图上的低油耗区域。在设定车速下，为保证发动机转速为经济转速，可以选用适当的总传动比（$i_g i_0$）。

如图 3-19 所示，如果在车速相同（均为 v_a）的情况下，采用不同的传动比，就可以改变发动机的转速，当转速为 n_1 时，显然其工况点不在发动机的油耗经济区（$b_{e3} > b_{emin}$），现改变传动比，由 i_1 换入 i_2，则发动机转速由 n_1 降至 n_2，其工况点就进入最低油耗区，虽然其负荷率增加了，但是其百公里油耗将会明显下降，使汽车的经济性得到明显改善。因此调整和增加变速器档位对汽车的经济性是很重要的。最常见的例子是变速器由原来的 5 档增至 6 档，增加一个传动比小于 1 的超速档。

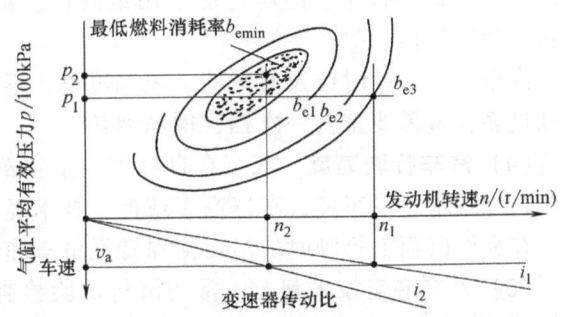

图 3-19　车速不变，改变传动比使发动机转速进入经济转速区域

合理地选择和调整主减速器的传动比 i_0，使汽车大部分时间变速器能用高档或直接档行驶，而且使常用车速所对应的发动机工况（包括转速和负荷率）均处在经济区内，显然这对提高汽车的经济性是十分必要的。同时还应具有足够的后备功率以克服坡度阻力和超车时的加速阻力。这是保证汽车经济性和动力性的基本条件。

汽车行驶时大部分时间是按常用工况运行的，因此首先应进行工况调查，通过大量的工况调查，对车速、档位、节气门开度及其变化过程进行细致的记录和整理，求出常用工况的具体参数，从而可以求出发动机的对应常用工作转速及功率范围。将这些参数标在汽车或发动机的万有特性图上就可以看出常用工况是否与发动机经济油耗区接近，然后就可采取措施，改变传动比，使常用工况与经济油耗区接近或重合，这样就可获得较好的汽车行驶的燃料经济性。图 3-20 所示为常用工况调整。

5）选择发动机功率，优化匹配发动机和底盘传动系。通过工况调查可以进一步发现常用工况下发动机负荷率的

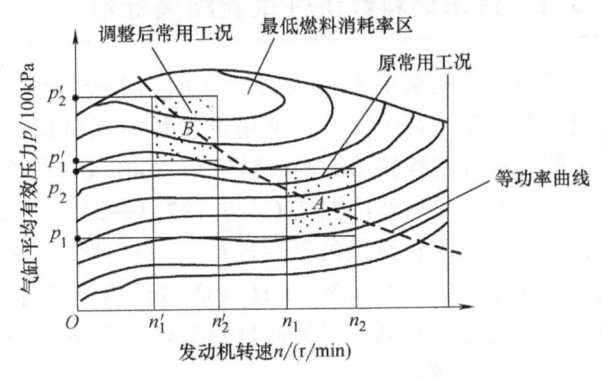

图 3-20　常用工况调整

大小，如果负荷率过小，就很难使发动机进入经济区内运行，这犹如"大马拉小车"。如果负荷率过高，虽然可以使发动机在经济区内运行，但没有足够的后备功率，难以满足车辆动力性的要求，这犹如"小马拉大车"。出现这两种情况，说明发动机功率与汽车总质量之间的匹配不合理，因此无法兼顾汽车的动力性和经济性。

3. 技术管理措施——提高汽车驾驶技术和保持汽车完好

实际上，在相同使用条件下，不同的汽车技术状况和不同的驾驶人产生的汽车百公里油耗相差较大。所以，提高驾驶人操作技术和正确维护汽车是节约燃料的重要措施。

(1) **发动机的起动升温**　常温起动发动机时，尽量一次起动成功。每次起动时间不得超过5s。三次起动不成功时，必须进行检查，排除故障。起动后应迅速转入急速状态进行暖车。

(2) **汽车起步加速**　起动后，应该进行暖车，使发动机温度迅速升到正常工作温度。

(3) **档位的选择和变换**　汽车在良好的路面上行驶时，为了节约燃料，在节气门开度不超过90%的条件下，应尽可能使用最高档。最高档时发动机的负荷利用率较高，而有效燃料消耗率较低。

汽车上坡行驶时应及时减档。减档过早，不能充分利用汽车惯性爬坡；减档过晚，车速降低过多，常需要多换一次档，增加油耗。

(4) **汽车行驶速度**　汽车在良好路面上满载行驶时，存在一个使等速燃料消耗最少的车速，即技术经济车速，车速高于或低于技术经济车速，汽车等速油耗均上升。

在良好路面上行驶时应尽可能保持经济车速行驶。

(5) **汽车底盘技术状况**　常用滑行试验检查底盘的综合技术状况，它对汽车运行燃料消耗的影响很大。汽车的滑行性能常用滑行和滑行阻力系数表示。滑行阻力系数不得大于0.014。例如，一般驾驶人常用滑行距离来检查底盘的技术状况。当汽车的前轮定位准确，制动器间隙正常，轮胎气压正常，各相对运动零件摩擦表面光洁、间隙合适并润滑充分时，底盘的行驶阻力减小，滑行距离会大大增加。阻力较小的装载2.5t的汽车，在良好的水平道路上以30km/h的车速开始空档滑行，滑行距离应达到200~250m。当滑行距离由200m提高到250m时，油耗可降低7%。

3.3　汽车燃料经济性试验

3.3.1　汽车燃料经济性试验相关标准

轿车和总质量小于2000kg货车的燃料经济性试验按GB/T 12545.1—2008《汽车燃料消耗量试验方法　第1部分：乘用车燃料消耗量试验方法》进行；客车和总质量大于2000kg货车的燃料经济性按GB/T 12545.2—2001《商用车辆燃料消耗量试验方法》进行，混合动力电动汽车的燃料经济性按GB/T 19753—2013《轻型混合动力电动汽车能量消耗量试验方法》进行。为保证试验的顺利进行，一些具体要求可参照GB/T 12534—1990《汽车道路试验方法通则》、GB 18565—2016《道路运输车辆综合性能要求和检验方法》、GB/T 18566—2011《道路运输车辆燃料消耗量检测评价方法》和JT/T 1013—2015《碳平衡法汽车燃料消耗量检测仪》等。

无特殊规定时装载质量均为厂定最大装载质量或使试验车处于厂定最大总质量状态，装载质量应均匀分布，装载物应固定牢靠，试验过程中不得晃动和颠离；不应因潮湿、散失等条件变化而改变其质量，以保证装载质量的大小、分布不变。乘员平均质量按表3-7计算，可用相同质量的重物代替。

表 3-7 乘员平均质量　　　　　　　　　　　　　　　　　（单位：kg）

车型			每人平均质量	行李质量	代替重物分布			
					座椅上	座椅前的地板上	吊在车顶的拉手上	行李舱（架）
货车、越野汽车、专用汽车、自卸汽车、牵引汽车			65	—	55	10	—	—
客车	公共	长途	60	30	50	10	—	13
		座客	60	—	50	10	—	—
		站客	60	—	—	55	5	—
	旅游		60	22	50	10	—	22
轿车			60	5	50	10	—	5

3.3.2 试验设备

燃料消耗量的道路试验主要测量车速、距离、时间和燃料消耗量等参数，车速、距离和时间的测量用五轮仪或非接触式车速仪。燃料消耗量的检测仪器为油耗仪，由于实车道路试验的仪器布置和电源等的限制，目前使用的油耗测量方法一般是用油耗仪（流量计）直接测量。油耗仪有容积式油耗仪、质量式油耗仪、流量式油耗仪和流速式油耗仪，其中最常用的行星活塞式油耗仪属于容积式油耗仪。

燃料消耗量的室内试验（台架试验）还要使用底盘测功机，油耗测量一般用碳平衡法间接测量，进行型式试验时，国家标准规定使用碳平衡法。

1. 容积式油耗仪

容积式油耗仪的工作原理是使被测的流体充满一定容量的测量室，通过充满测量室的次数可得出被测流体的总量，再除以测定时间间隔或行驶里程即可得到平均燃料消耗量。

定容式：通过测定消耗一定容量燃料所需要的时间来计算耗油量，不能连续测量，一般用于台架试验。

容量式：通过累计发动机工作中所消耗的燃料总容量，用时间和里程来计算油耗量。它可以连续测量，其结构有四活塞联动式、往复活塞式、膜片式、油泡式等。

图 3-21 所示为四活塞联动式油耗仪的结构原理示意图，由图可知，该油耗仪在壳体内安装有四个互成90°的活塞 1、2、4、5，同时也是四个滑阀。由滑阀开闭时刻的适当配合，实现了油缸吸排油的连续进行。进油室 P_1、P_2、P_3、P_4 内充有一定压力的燃油，燃油在泵油压力的作用下，推动活塞直线运动，并推动曲轴做旋转运动。曲柄每转一周，各缸排油一次，此时的排油量等于4个缸的容积。通过一套传动和转动机构将曲柄的转动变成电脉冲信号。

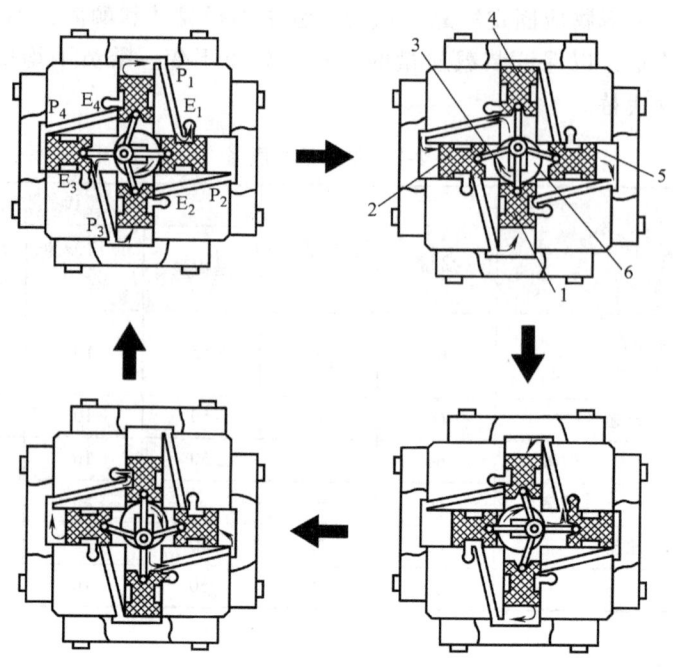

图 3-21 四活塞联动式油耗仪的结构原理示意图

1、2、4、5—活塞 3—连杆 6—曲轴 P_1、P_2、P_3、P_4—油道 E_1、E_2、E_3、E_4—油道口

2. 质量式油耗仪

质量式油耗仪通过测量消耗一定质量的燃油所用的时间来计算油耗，图 3-22 所示为质量式油耗仪，其由称量装置、计数装置和控制装置等构成。

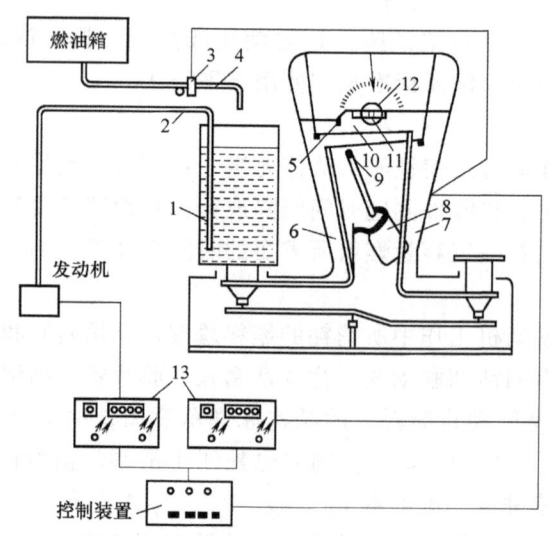

图 3-22 质量式油耗仪

1—油杯 2—出油管 3—电磁阀 4—加油管 5、10—光电二极管 6、7—限位开关
8—限位器 9—光源 11—鼓轮机构 12—鼓轮 13—计数器

3. 油耗仪在燃油管路中的安装

对于一般的无回油管路汽油车（化油器汽车），油耗仪的安装位置如图3-23所示。

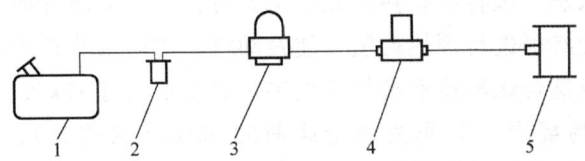

图 3-23 无回油管路的汽油车油耗仪的安装位置
1—油箱 2—滤清器 3—汽油泵 4—油耗仪 5—化油器

对于一般的有回油管路汽油车（电喷汽车），油耗仪的安装位置如图3-24所示。

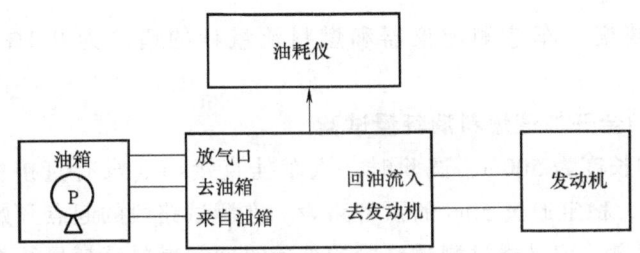

图 3-24 有回油管路的汽油车油耗仪的安装位置

对于柴油车，油耗仪的安装位置如图3-25所示。油耗仪接在油箱与高压油泵之间的油路上，回油管路则用三通接在油耗仪的出油管路上，以免燃油被油耗仪重复计量。

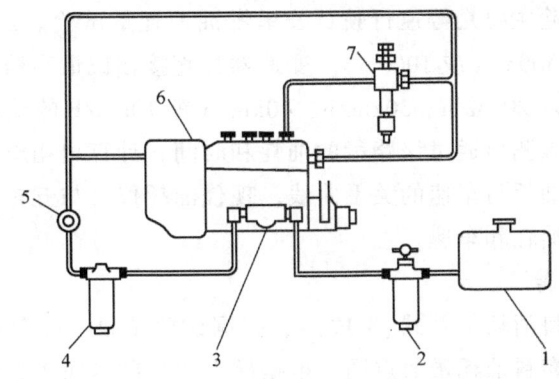

图 3-25 有回油管路的柴油车油耗仪的安装位置
1—油箱 2—粗滤器 3—输油泵 4—细滤器 5—油耗仪 6—喷油泵 7—喷油器

3.3.3 道路试验

道路试验项目包括限定条件下的直接档节气门全开加速燃料消耗量、等速燃料消耗量、多工况燃料消耗量、限定条件下的平均使用燃料消耗量试验。

1. 基本试验条件

(1) **车辆条件** 试验车辆必须清洁,关闭车窗和驾驶室通风口,由恒温器控制的空气流必须处于正常调整状态,做各项燃料消耗量试验时,汽车发动机不得调整。

试验时,试验车辆必须进行预热行驶,使发动机、传动系及其他部分预热到规定的温度状态。轮胎充气压力应符合该车技术条件的规定,误差不超过10kPa。

(2) **试验车辆载荷要求** 轿车为规定载荷的50%(取整数);城市客车为总质量的65%;其他汽车为满载,乘员质量及其装载要求按表3-7的规定。

(3) **道路条件** 试验道路应为清洁、干燥、平坦的,用沥青或混凝土铺成的直线道路。道路长度为2000~3000m,宽度不小于8m,纵向坡度在0.1%以内。

(4) **气候条件** 试验应在无雨无雾,相对湿度小于95%,气温为0~40℃,风速不大于3m/s的天气条件下进行。

(5) **测试仪器精度** 车速测定仪器和燃料流量计的精度为0.1%,计时器最小读数为0.1s。

2. 直接档节气门全开加速燃料消耗量试验

试验测试路段的长度为500m,试验时,汽车挂直接档(没有直接档可用最高档),以(30±1)km/h的速度,稳定通过50m的预备路段,在测试路段的起点开始,节气门全开,加速通过测试路段,测量并记录通过测试路段的加速时间、燃料消耗量及汽车在测试路段终点时的速度。

试验往返各进行两次,测得同方向加速时间的相对误差应不大于5%。取四次加速时间试验结果的算术平均值作为测定值,且要符合该车技术条件的规定。

3. 等速行驶百公里燃油消耗量试验

道路燃料经济性试验主要是等速行驶百公里燃油消耗量试验。试验路段设在路面良好、平直的道路上,长度为500m(或1000m)。变速器挂直接档或最高档,加载至限定条件并使汽车稳定在试验车速,以20km/h、30km/h、40km/h等10km/h的整倍数车速等速驶过测量路段,利用油耗仪与秒表测出通过该路段的油耗和时间,计算出相应的百公里油耗和实际平均车速,即得到百公里油耗与车速的关系曲线。现代油耗仪可与五轮仪或非接触式速度计连接,直接测量出百公里油耗和车速。

4. 燃料消耗量的计算

采用容积法确定燃料消耗量[式(3-17)],根据试验结果,以车速为横坐标,燃油消耗量为纵坐标,绘制等速燃料消耗量散点图,根据散点图绘制等速燃料消耗量的特性曲线。

$$Q_0 = \frac{F}{S} \times 100 = \frac{3.6F}{v_a t} \times 100 \qquad (3\text{-}17)$$

式中 v_a——检测车速(km/h);

S——测量距离(m),此处$S=500$m;

t——燃油消耗时间(s);

F——燃油消耗量(mL);

Q_0——满载百公里燃油消耗量检测值(L/100km)。

3.3.4 室内试验

汽车运行工况可分为匀速、加速、减速和怠速等几种，实际运行时，往往是上述几种工况的组合，并以此决定汽车的油耗。

为了模拟实际汽车运行状况，以进行汽车燃油消耗的测量，一些国家制定了多工况试验标准，既使得试验结果比较接近于实际情况，又可缩短试验周期。我国乘用车采用的是 NEDC 工况。多工况燃油消耗的测量试验基本上都在室内底盘测功机（转鼓试验台）上进行，如图 3-26 所示。测试汽车固定在试验台上，从动轮置于固定台面上，驱动轮置于转鼓上。起动发动机挂档后，汽车便驱动转鼓（及与其相连接的旋转机构与电力测功器）旋转。

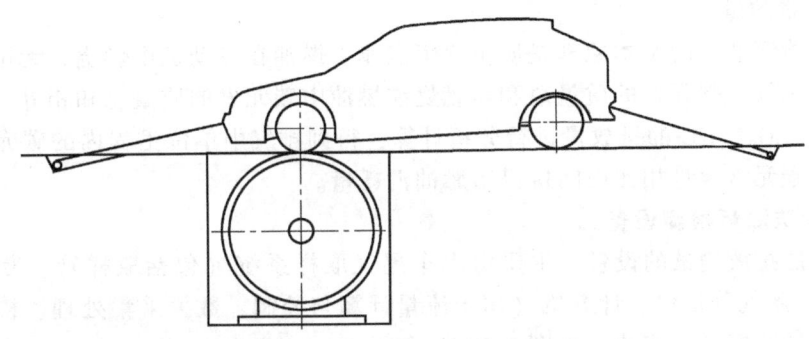

图 3-26 测试车固定在试验台上

为了试验的顺利进行，在测试之前，测试车辆应先在道路上进行滑行试验，以确定其行驶阻力。将滑行试验的结果及汽车质量参数输入转鼓试验台，静止的汽车驱动转鼓时将会模拟加载，即汽车克服滚动阻力和空气阻力所消耗的驱动轮功率，这样，汽车在转鼓试验台上将会遇到与在道路上行驶时完全一样的阻力，包括整车的滚动阻力、空气阻力、加速阻力。因此，固定在转鼓试验台上的汽车，可以在室内进行多工况燃油消耗试验。

试验方法遵循 GB/T 12545.1—2008《汽车燃料消耗量试验方法 第 1 部分：乘用车燃料消耗量试验方法》和 GB/T 19233—2020《轻型汽车燃料消耗量试验方法》（2021 年 1 月 1 日实施）。

使用油耗仪等设备直接测量燃油消耗量存在以下问题：

1) 汽油挥发造成污染和安全隐患。
2) 将油耗测量设备串入到汽车发动机的燃油供给系统中会影响发动机的燃油供给，在接头处容易产生渗漏，影响测量结果。
3) 油耗测量设备的安装较困难。

碳平衡法测量燃油消耗量具有以下优点：

1) 碳平衡法是不解体检测技术，是根据汽车尾气的含碳量来进行测量，不需要拆卸汽车的燃油供给系统，因此具有操作简便、检测时间短等优势，克服了传统检测方法的缺点。
2) 可以和汽车排放检测相结合。
3) 可以满足油耗测量精度要求。
4) 特别适合在实验室底盘测功机上对行驶工况比较复杂的汽车进行油耗测量。

因此燃油消耗的型式试验要求使用碳平衡法。

但是碳平衡法也存在一些难点，车况衰退（积炭、烧机油等）就会降低碳平衡法测量燃油消耗量的准确度，需要深入的试验分析，寻求车况与碳平衡法测量燃油消耗量的关系，建立相应的模型才能用于在用车的燃油消耗量检测；汽车排气存在温度高、湿度大、脉动性强及流量变化幅度大等特点，排气容积不是简单地用气体流量计就可准确测定的。因此在用车的燃油消耗量多数还是采用油耗仪测量，目前国内厂商已经开发了若干碳平衡法的智能燃油测量仪，同时颁布了行业标准 JT/T 1013—2015《碳平衡法汽车燃料消耗量检测仪》。

1. 碳平衡法测量燃料经济性的原理

燃油主要是由碳氢化合物组成的混合物，燃烧后生成不同量的 CO、CO_2、HC、H_2O、NO_x 等，无论燃烧状况如何，汽车尾气中的 CO、CO_2、HC 中的 C 元素的总量都对应着所消耗燃油中 C 元素的量。

碳平衡法检测油耗的基本原理是质量守恒定律。燃油在发动机中燃烧，无论燃烧状况如何，所产生的尾气中碳元素的质量总和与燃烧前燃油中碳元素的质量总和相等。因此，通过对尾气中 CO、CO_2、HC 的排放量进行分析计算，得到排气中单位里程内的碳元素含量，再与所用燃油中碳元素含量相比而间接得出燃油消耗量。

2. 碳平衡法油耗检测设备

使用定容法排放测试的设备，主要由汽车尾气取样系统（包括取样管、变频器和抽风机）、流量计、尾气分析仪、计算机（用于流量计算与控制、数据采集处理、检测流程控制及建立碳平衡计算模型）组成，如图 3-27 所示。

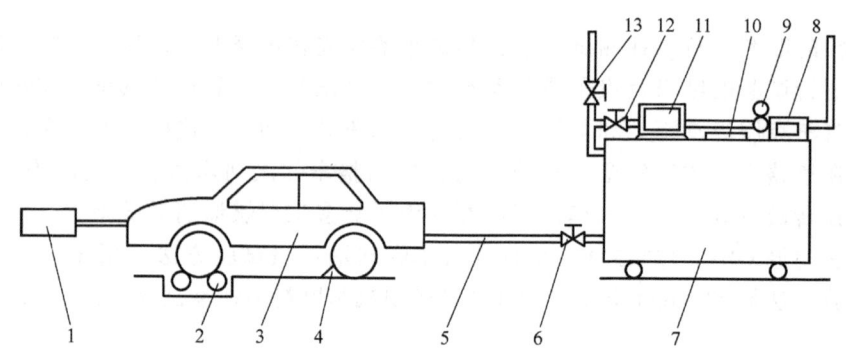

图 3-27 碳平衡法（和油耗仪对比）油耗测量系统示意图
1—油耗仪 2—底盘测功机 3—试验车辆 4—挡块 5—金属软管 6、12、13—球阀 7—稳压箱
8—废气分析仪 9—流量计 10—流量计显示器 11—计算机

3. 测量步骤

1）在检测时，首先将碳平衡油耗检测设备和底盘测功机预热。

2）底盘测功机预热完成后，操纵控制器，锁止滚筒，试验车辆驶入试验台。按照试验车辆的驱动形式布置纵向约束装置。然后操纵控制器，释放滚筒，使其处于自由滚动状态。

3）逆时针旋转加载电位器，使底盘测功机处于无加载状态（有特殊要求的除外）。

4）车辆处于静止状态，将碳平衡油耗设备的取样管插入汽车排气管，接通抽风机取样汽车尾气（计算机根据汽车发动机的排量自动调节流量大小和稀释比，汽车尾气与外界空气同时被吸入流量计。）

5）打开气体分析仪进行尾气取样，指挥驾驶人操纵汽车，按照试验循环规范进行加速、匀速和用车辆的制动器减速的多工况试验,测出稀释气体中CO、HC和CO_2的浓度。

6) 计算机根据尾气分析仪的测量值、流量计的流量、稀释比和试验车辆在底盘测功机上满载行驶的距离计算出百公里燃油消耗量。

汽车在进行多工况试验时,加速、匀速和用车辆的制动器减速时,每个试验工况除单独规定外,车速偏差为±2km/h。在工况改变的过程中允许车速的偏差大于规定值,但在任何条件下超过车速偏差的时间都不大于1s,即时间偏差为±1s。每辆车的多工况燃油消耗量试验应进行4次,取4次试验结果的算术平均值为多工况燃油消耗量试验的测定值。

4. 碳平衡法的油耗计算

(1) 计算过程的假设

1) 燃油燃烧的生成物全部从排气管排出。

2) 燃油燃烧生成物中的碳只包含在CO_2、CO和HC中,忽略其他生成物中的碳(如含氧碳氢化合物)和固体碳粒。

3) 排气中的CO_2、CO、HC全部来自燃油燃烧,没有其他来源。

4) 试验车辆技术状况良好,即曲轴箱窜气微量,排气系统无泄漏。

(2) 油耗计算公式 汽车的百公里耗油量为

$$FC = (0.866M_{HC} + 0.4286M_{CO} + 0.2727M_{CO_2}) \times 0.1154/SG \tag{3-18}$$

式中 M_{HC}——HC的质量;

M_{CO}——CO的质量;

M_{CO_2}——CO_2的质量;

SG——实测的燃油密度。

HC、CO、CO_2的浓度可以通过气体分析仪直接测量,HC、CO、CO_2质量排放量的计算式为

$$M_{HC} = (1000V_{mix}\rho_{HC}C_{HC} \times 10^{-6})/L$$
$$M_{CO} = (1000V_{mix}\rho_{CO}C_{CO} \times 10^{-6})/L$$
$$M_{CO_2} = (1000V_{mix}\rho_{CO_2}C_{CO_2} \times 10^{-6})/L \tag{3-19}$$

式中 V_{mix}——稀释排气的容积,可以由系统直接测量;

ρ_{HC}、ρ_{CO}、ρ_{CO_2}——排放气体的密度,在标准温度和压力下是常量;

C_{HC}、C_{CO}、C_{CO_2}——稀释排气中污染物的浓度;

L——车辆试验循环所行驶的实际里程,可以通过底盘测功机直接测量积分得到。

(3) 污染物的浓度修正 取样袋中污染物的校正浓度:

$$C_i = C_e - C_d(1 - 1/DF) \tag{3-20}$$

式中 C_i——校正后稀释排气中污染物i的质量浓度(10^{-6}或体积分数);

C_e——稀释排气中污染物i的测定质量浓度(10^{-6}或体积分数);

C_d——稀释空气中污染物i的测定质量浓度(10^{-6}或体积分数);

DF——稀释系数。

(4) 稀释系数 稀释系数的计算式为

$$DF = 13.4/[C_{CO_2} + (C_{HC} + C_{CO}) \times 10^{-4}] \tag{3-21}$$

式中 C_{CO_2}——取样袋内稀释排气中 CO_2 的质量浓度（10^{-6}）；

C_{HC}——取样袋内稀释排气中 HC 的质量浓度（10^{-6}）；

C_{CO}——取样袋内稀释排气中 CO 的质量浓度（10^{-6}）。

3.3.5 气体燃料消耗测试

使用气体燃料的汽车燃料消耗量测试方法有称重法、气瓶传感器测量法、流量测量法、碳平衡法等。最常用的气体燃料是 CNG（压缩天然气）和 LNG（液化天然气）。

1. 用碳平衡法测量耗气量

台架试验使用碳平衡法，和燃油汽车相同，试验方法遵循 GB/T 12545.1—2008《汽车燃料消耗量试验方法 第1部分：乘用车燃料消耗量试验方法》和 GB/T 12545.2—2001《商用车辆燃料消耗量试验方法》，试验设备和试验方法见 3.3.4 节。也可依照 GB/T 29125—2012《压缩天然气汽车燃料消耗量试验方法》测量。由于天然气的组分不同于燃油，因此燃料消耗的计算式有所不同。

天然气的密度采用标准条件（15℃、101.325kPa）下的平均值（0.654kg/m³），天然气消耗量的计算式为

$$FC_0 = \frac{0.1336}{0.654}(0.749THC + 0.429CO + 0.273CO_2) \tag{3-22}$$

式中 FC_0——基准天然气消耗量（15℃、101.325kPa）（m³/100km）；

THC——实测总碳氢排放量（当测量 CH_4 和非 CH_4 碳氢 NMHC 时，应为 CH_4 和 NMHC 排放量之和）（g/km）；

CO——实测一氧化碳排放量（g/km）；

CO_2——实测二氧化碳排放量（g/km）。

2. 用流量计测量耗气量

天然气汽车燃料消耗量依照 GB/T 29125—2012《压缩天然气汽车燃料消耗量试验方法》测量。

1）采用质量流量计测量时，天然气耗气量的计算式为

$$FC_\tau = \frac{m_1}{10^5 d_{NG,\tau} D} \tag{3-23}$$

式中 FC_τ——试验天然气标准参比条件（15℃、101.325kPa）下的消耗量（m³/100km）；

m_1——实测天然气消耗质量（g）；

$d_{NG,\tau}$——试验用天然气标准参比条件（15℃、101.325kPa）下的密度（kg/km³）；

D——实测汽车行驶距离（km）。

2）采用体积流量计测量时，天然气耗气量的计算式为

$$FC_\tau = \frac{V_1}{10^5 \times D} \frac{p_1 T_\tau}{p_\tau T_1} \frac{Z_{mix}(t_\tau, p_\tau)}{Z_{mix}(t_1, p_1)} \tag{3-24}$$

式中 FC_τ——试验天然气标准参比条件（15℃、101.325kPa）下的消耗量（m³/100km）；

V_1——实测天然气消耗体积（m³）；

T_τ——标准参比条件温度：15℃；

p_1——试验状态下天然气实测压力（kPa）；

p_τ——标准参比条件压力：101.325kPa；

T_1——试验状态下天然气实测温度（$T_1 = t_1 + 273.15$）（K）；

$Z_{mix}(t_1, p_1)$——混合气压缩因子（温度t_1，压力p_1）；

$Z_{mix}(t_\tau, p_\tau)$——混合气压缩因子（温度t_τ，压力p_τ）；

D——实测汽车行驶距离（km）。

3.3.6 燃料消耗测试数据的重复性及其校正

1. 数据的重复性

等速油耗试验和多工况油耗试验的测试结果须经重复性检验。试验结果的重复性按第95百分位分布来判断。第95百分位分布的标准差 R 与重复试验次数 n 的对应关系见表3-8。

表3-8 第95百分位分布的标准差 R 与重复试验次数 n 的对应关系

n	2	3	4	5	10
R	$0.053Q_0$	$0.063Q_0$	$0.069Q_0$	$0.073Q_0$	$0.085Q_0$

注：Q_0 为每次试验时，n 次试验所测得的燃料消耗量的算术平均值（L/100km）。

2. 燃料消耗量的校正

燃料（燃油或者天然气）消耗测定值均应校正到标准状态的数值。校正公式为

$$Q_{mj} = \frac{Q_0}{C_1 C_2 C_3} \tag{3-25}$$

式中　Q_{mj}——校正后的燃料消耗量（燃油单位为L/100km，天然气单位为m³/100km）；

Q_0——实测燃料消耗量均值（燃油单位为L/100km，天然气单位为m³/100km）；

C_1——环境温度校正系数，$C_1 = 1 + 0.0025(20 - T)$；

C_2——大气压力校正系数，$C_2 = 1 + 0.0021(p - 100)$；

C_3——燃油密度校正系数，汽油车 $C_3 = 1 + 0.8(0.742 - \rho_s)$，柴油车 $C_3 = 1 + 0.8(0.830 - \rho_d)$（对天然气，$C_3 = 1$）；

T——试验时的环境温度（℃）；

p——试验时的大气压力（kPa）；

ρ_s——试验用汽油平均密度（g/mL）；

ρ_d——试验用柴油平均密度（g/mL）。

3.3.7 给定路程测试法

给定一段路程（一般为50~100km的公路或城市道路），在汽车出发前将油箱加满，记录里程表的里程数（最好调验一下里程表）。到达目的地后，再将油箱加满，这时加的油量即为本段路程的油耗量。用油耗量除以行驶的路程（公里数）再乘以100即得百公里油耗。也可以用这种方法计算出两次加油之间的综合油耗。

先进的汽车仪表可显示油耗，即发动机电子控制单元通过油位、车速、发动机转速等传

感器信息，计算出瞬时油耗、平均油耗、续驶里程等，通过仪表可以显示出来。

本 章 小 结

1. 汽车的燃料经济性是指汽车在一定使用条件下，以最少的燃料消耗量完成单位运输工作的能力。它是汽车的重要使用性能之一。

2. 各种汽车的燃料经济性有很大差异，其中发动机的燃料经济性直接影响汽车的燃料经济性。发动机燃料经济性的评价指标主要包括有效热效率 η_e 和有效燃料消耗率 b_e。

3. 汽车的燃料经济性常使用单位行程的燃料消耗量（L/100km）或单位运输工作的燃料消耗量 [L/(100t·km)] 和汽车消耗单位量燃料所经过的行程（km/L）作为评价指标。

4. 在汽车设计阶段，即可进行汽车燃料消耗的模拟计算，其依据主要是发动机的负荷特性、万有特性、传动系的传动比和汽车行驶阻力等，传动系的传动比要根据汽车使用工况尽量使发动机在低油耗的高效率区运行。

5. 汽车燃料经济性影响因素主要有人为因素（驾驶、管理）和车辆技术状况（自身技术状况、新技术的应用）。目前国内外汽车的节油途径，概括起来有政策性措施、结构措施和技术管理措施。

6. 强制性法规如双积分制度等政策性措施对汽车生产企业的激励作用很大，结构措施主要是采用先进的发动机节能技术。

7. 汽车的燃料消耗量使用质量式油耗仪、容积式油耗仪等进行直接测量，多工况的台架试验使用碳平衡法进行测试。

习 题

1. 判断题

1）从经济性分析，汽车起步后尽早升档有利。（　）

2）汽车行驶时，滚动阻力和空气阻力在任何行驶条件下均存在，坡度阻力和加速阻力仅在一定的行驶条件下存在。（　）

3）胎面花纹磨损的轮胎的滚动阻力系数比新轮胎的大。（　）

4）为了降低吨公里耗油量，提高汽车燃料经济性，应尽量增加汽车的质量，以提高负荷率。（　）

5）当变速器挂入直接档时，主减速器传动比越大，汽车的经济性就越好。（　）

6）汽车拖挂运输可使汽车的百公里油耗下降，从而起到节油效果。（　）

7）一般来说，道路条件越好，发动机的功率利用率越低。（　）

8）汽车列车之所以能节省燃料，是由于它的百公里油耗减小了。（　）

9）试验表明，一般发动机在较低的转速范围内和低负荷率时，其经济性较好。（　）

10）只要汽车的动力因数相等，汽车都能克服同样的坡度，产生同样的加速度。（　）

2. 简答题

1）汽车车速对燃料经济性有何影响？

2）为什么说汽车列车的运输经济性好？

3）保持发动机良好的技术状况以利于提高燃料经济性的主要措施有哪些？

4）汽车燃料消耗量的试验方法有哪些？

5) 从使用技术的角度来讲，提高燃料经济性的措施有哪些？
6) 提高汽车燃料经济性的措施有哪些？
7) 燃料消耗量是如何测量的？
8) 燃料消耗量试验常在什么工况下进行？

3. 计算题

某乘用车总质量 $m=1000\text{kg}$，汽车滚动阻力系数 $f=0.013$，汽车迎风面积 $A=0.8\text{m}^2$，车速 $u_a=30\text{km/h}$，传动效率 $\eta_T=0.8$，汽油密度 $\rho=0.714\text{kg/L}$，发动机的有效燃料消耗率 $b_e=280\text{g/(kW·h)}$。求汽车爬坡（$i=0.1$）时的百公里油耗。

第4章 汽车的制动性

汽车的制动性既包括汽车在行驶时能在短距离内停车且维持行驶方向稳定性和在下长坡时能维持一定车速的能力,也包括在一定坡道上能长时间停放的能力。前者为汽车的行车制动性,后者为汽车的驻车制动性。

汽车的制动性是汽车的主要性能之一,它直接关系到交通安全。制动时发生严重侧滑或跑偏、制动距离过长或下长坡时制动稳定性差等常常造成重大的交通事故。良好的汽车制动性是汽车安全行驶的重要保障,因此,掌握汽车的制动性及其影响因素,改善汽车的制动性始终是汽车设计、制造和使用部门的重要任务。

4.1 汽车制动性的评价指标

根据汽车制动性的定义,可知汽车制动性的内容包括:
1) 使汽车减速,必要时可使其在短距离内停车且维持行驶方向的稳定性。
2) 在下长坡时能维持一定车速。
3) 对已停驶(特别是在坡道上停驶)的汽车,可使其可靠地驻留原地不动。
1) 和2) 主要指行车制动,3) 指驻车制动。本章主要讨论行车制动性。

汽车的制动性主要由以下三方面来评价:
1) 制动效能是指在良好路面上,汽车以一定初速度制动到停车的制动距离或制动时汽车的减速度,它是制动性能最基本的评价指标。制动效能包括制动减速度和制动距离。
2) 制动效能的恒定性,即抗热衰退性能。汽车高速行驶或下长坡连续制动时制动效能保持的程度,称为抗热衰退性能。因为制动过程实际上是将汽车行驶的动能通过制动器吸收转换为热能,所以制动器温度升高后能否保持在冷状态时的制动效能已成为设计制动器时要考虑的一个重要问题。此外,涉水行驶后,制动器还存在水衰退问题。
3) 制动时汽车的方向稳定性是指制动时汽车按照驾驶人给定方向行驶的能力,即制动时不发生跑偏、侧滑及失去转向能力的性能。

制动时汽车的方向稳定性,常用制动时汽车按给定路径行驶的能力来评价。若制动时发生跑偏、侧滑或失去转向能力,则汽车将偏离原来的路径。

表 4-1 列出了一些乘用车制动规范对行车制动器制动性的部分要求。

表 4-1 乘用车制动规范对行车制动器制动性的部分要求

项目	中国 GB 21670—2008(M_1 类车)	中国 GB 7258—2017(乘用车)	欧洲经济共同体(EEC)71/320 R13	美国 FMVSS135(冷制动试验)
试验路面	附着良好	$\varphi \geq 0.7$	附着良好	峰值附着系数为 0.9

(续)

项目	中国 GB 21670—2008（M_1类车）	中国 GB 7258—2017（乘用车）	欧洲经济共同体（EEC）71/320 R13	美国 FMVSS135（冷制动试验，含 ABS 的）
载荷	满载和空载	满载	满载和空载	轻载、满载
制动初速度	100km/h 或 50km/h，脱开发动机 0-型试验	50km/h	80km/h，脱开发动机 0-型试验	100km/h
制动距离	$\leq 0.1v+0.006v^2$	$\leq 19m$	$0.1v+\dfrac{v^2}{150}$	$\leq 85m$

注：v 是初速度，单位为 km/h。

4.2 制动时车轮的受力

汽车受到与行驶方向相反的外力时，才能从一定的速度制动到较小的车速直至停车。这个外力只能由地面和空气提供。但由于空气阻力相对较小，所以实际上外力主要是由地面提供的，称之为地面制动力。地面制动力越大，制动减速度越大，制动距离也越短，所以地面制动力对汽车制动性具有决定性影响。

制动时的汽车行驶方程式为

$$F_{Xb} = F_j - (F_f + F_w + F_i) \tag{4-1}$$

式中　F_{Xb}——地面制动力。

制动过程中，滚动阻力 $F_f \approx 0$；当路面平坦时，坡度阻力 $F_i \approx 0$；制动时车速较低且迅速降低，则空气阻力 $F_w \approx 0$。所以，式（4-1）可近似表达为

$$F_{Xb} = F_j \tag{4-2}$$

4.2.1　地面制动力

图 4-1 所示为在良好的硬路面上制动时车轮的受力情况，图中滚动阻力偶矩和减速时的惯性力、惯性力偶矩均忽略不计。T_μ 是车轮制动器中摩擦片与制动鼓或制动盘相对滑动时的摩擦力矩，单位为 N·m；F_{Xb} 是地面制动力，单位为 N；W 为车轮垂直载荷，F_{Tp} 为车轴对车轮的推力，F_Z 为地面对车轮的法向反作用力，它们的单位均为 N。

显然，从力矩平衡得到

$$F_{Xb} = \dfrac{T_\mu}{r} \tag{4-3}$$

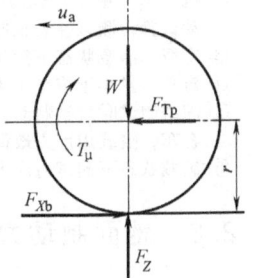

图 4-1　车轮在地面制动时的受力情况

式中　r——车轮半径（m）。

地面制动力是使汽车制动而减速行驶的外力，但是地面制动力取决于两个摩擦副的摩擦力：一个是制动器内制动摩擦片与制动鼓或制动盘间的摩擦力，一个是轮胎与地面间的摩擦力——附着力。

4.2.2　制动器制动力

图 4-2 所示为汽车架离地面后某车轮在旋转过程中制动时的受力情况，图中忽略了惯性

力偶矩。T_μ 为车轮制动器中摩擦片与制动鼓或制动盘相对滑转时的摩擦力矩,单位为 N·m,W 为车轴对车轮的垂直载荷、F_Z 为支架通过车轴对车轮的法向反作用力。这样,在轮胎周缘为了克服制动器摩擦力矩所需要的力称为制动器制动力,以符号 F_μ 表示。它相当于将汽车架离地面,并踩住制动踏板,在轮胎周缘沿切线方向推动车轮直至它能转动所需的力;F_{Tp} 为车轴对车轮的推力,单位均为 N。

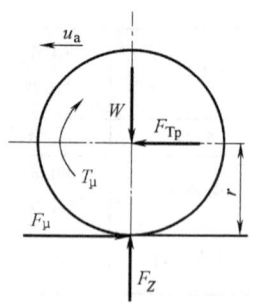

图 4-2 车轮架离地面制动时的受力情况

若车轮半径为 r,单位为 m,显然

$$F_\mu = \frac{T_\mu}{r} \tag{4-4}$$

F_μ 取决于制动器的类型、结构尺寸、制动器摩擦副的摩擦因数及车轮半径,并与制动踏板力成正比。

表 4-2 给出了台试检验制动力要求。

表 4-2 台试检验制动力要求

机动车类型	制动力总和与整车重力的百分比		轴制动力与轴荷[①]的百分比	
	空载	满载	前轴[②]	后轴[②]
三轮汽车	—	—	—	≥60[③]
乘用车、其他总质量小于或等于 3500kg 的汽车	≥60	≥50	≥60[③]	≥20[③]
铰接客车、铰接式无轨电车、汽车列车	≥55	≥45	—	—
其他汽车	≥60[④]	≥50	≥60[③]	≥50[⑤]
挂车	—	—	—	≥55[⑥]
普通摩托车	—	—	≥60	≥55
轻便摩托车	—	—	≥60	≥50

① 用平板制动检验台检验乘用车、其他总质量小于或等于 3500kg 的汽车时应按左右轮制动力最大时刻所分别对应的左右轮动态轮荷之和计算。
② 机动车(单车)纵向中心线中心位置以前的轴为前轴,其他轴为后轴;挂车的所有车轴均按后轴计算;用平板制动试验台测试时装轴制动力时,并装轴可视为一轴。
③ 空载和满载状态下测试均应满足此要求。
④ 对总质量小于或等于整备质量的 1.2 倍的专项作业车应大于或等于 50%。
⑤ 满载测试时后轴制动力百分比不做要求;空载用平板制动检验台检验时应大于或等于 35%;总质量大于 3500kg 的客车,空载用反力滚筒式制动试验台测试时应大于或等于 40%,用平板制动检验台检验时应大于或等于 30%。
⑥ 满载状态下测试时应大于或等于 45%。

4.2.3 地面制动力、制动器制动力与附着力之间的关系

在制动时,若只考虑车轮的运动为滚动与抱死拖滑两种状况,当制动踏板力较小时,制动器摩擦力矩不大,地面与轮胎之间的摩擦力即地面制动力,足以克服制动器摩擦力矩而使车轮滚动。显然,车轮滚动时的地面制动力就等于制动器制动力,且随制动踏板力增加成正比地增加(图 4-3)。但地面制动力是滑动摩擦的约束反力,它的值不能超过附着力,即

$$F_{Xb} \leq F_\varphi = F_Z \varphi \tag{4-5}$$

或最大地面制动力 $F_{Xb\max}$ 为

$$F_{X\text{bmax}} = F_\varphi = F_Z \varphi \tag{4-6}$$

当制动器踏板力 F_p 或制动系液压力 p 上升到某一值（图 4-3 中为制动系液压力 p_a）、地面制动力 F_{Xb} 达到附着力 F_φ 值时，车轮即抱死不转而出现拖滑现象。制动系液压力 $p>p_a$ 时，制动器制动力 F_μ 由于制动器摩擦力矩的增长而仍按直线关系继续上升。但是，若作用在车轮上的法向载荷为常数，地面制动力 F_{Xb} 达到附着力 F_φ 的值后就不再增加。

由此可见，汽车的地面制动力首先取决于制动器制动力，但同时又受地面附着条件的限制，所以只有汽车具有足够的制动器制动力，同时地面又能提供高的附着力时，才能获得足够的地面制动力。

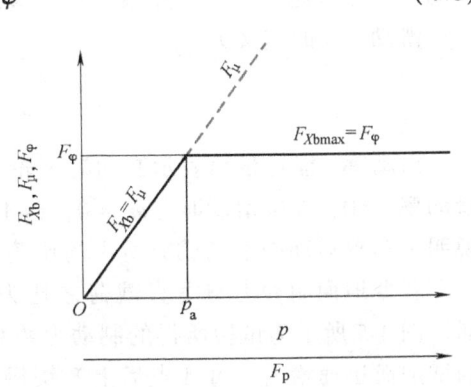

图 4-3 制动过程中地面制动力、制动器制动力及附着力的关系

4.2.4 硬路面上的附着系数

上面曾经假设车轮的运动只有滚动和抱死拖滑两种情况，但仔细观察汽车制动过程，发现胎面留在地面上的印痕从车轮滚动到抱死拖滑是一个渐变的过程。通过观察汽车制动过程中逐渐增大制动踏板力时轮胎留在地面上的印痕（图 4-4），可以发现印痕基本上可分三段：

第一段内，印痕的形状与轮胎胎面花纹基本上一致（图 4-4a），车轮还接近于单纯的滚动，可以认为

$$u_w \approx r_{r0} \omega_w$$

式中　u_w——车轮中心的速度；
　　　r_{r0}——没有地面制动力时的车轮滚动半径；
　　　ω_w——车轮的角速度。

第二段内，轮胎花纹的印痕可以辨别出来，但花纹逐渐模糊（图 4-4b），轮胎不只是单纯的滚动，胎面与地面发生一定程度的相对滑动，即车轮处于边滚边滑的状态，此时

$$u_w > r_{r0} \omega_w$$

且随着制动强度的增加，滑动成分的比例越来越大，即

$$u_w \gg r_{r0} \omega_w$$

第三段内，看不出花纹的印痕（图 4-4c），车轮被制动器抱住，在路面上做完全的拖滑，此时

$$\omega_w = 0$$

从这三段的变化情况可以看出，随着制动强度的增加，车轮滚动成分越来越少，而

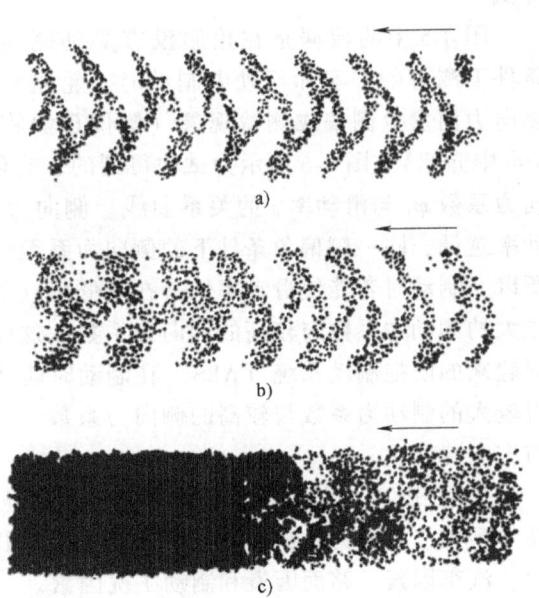

图 4-4 制动时轮胎留在地面上的印痕

滑动成分越来越多。一般用滑动率 s 来说明这个过程中滑动成分的多少。

滑动率 s 的定义为

$$s = \frac{u_w - r_{r0}\omega_w}{u_w} \times 100\%$$

滑动率 s 能定量地表示制动时车轮与地面间相对滑动的程度。在纯滚动时，$u_w \approx r_{r0}\omega_w$，滑动率 $s=0$；在纯滑动时，$\omega_w=0$，$s=100\%$；边滚边滑时，$0<s<100\%$。所以滑动率的数值说明了车轮运动中滑动成分所占的比例。滑动率越大，滑动成分越多。

若令地面制动力与垂直载荷之比为制动力系数 φ_b，则在不同滑动率时，φ_b 的数值不同。图 4-5 所示为试验所得的制动力系数曲线，即 φ_b-s 曲线。曲线在 OA 段近似于直线，随 s 的增加而迅速增大；过 A 点后上升缓慢，至 B 点达到最大值。制动力系数的最大值称为峰值附着系数 φ_p，一般出现在 $s=15\%\sim20\%$ 处。滑动率再增加，制动力系数有所下降，直至滑动率为 100%。$s=100\%$ 的制动力系数称为滑动附着系数 φ_s，在干燥路面上，φ_p 与 φ_s 的差别较小，而在湿路面差别较大。

图 4-5 中 OA 段，虽然有一定的滑动率，但轮胎并没有与地面发生真正的相对滑动。滑动率大于零的原因是受地面制动力的作用，轮胎前面即将与地面接触的胎面受到拉伸而微量伸长，使得轮胎的滚动半径 r_r 随地面制动力的增大而增大，故 $u_w = r_r\omega_w > r_{r0}\omega_w$，或 $s>0$。显然，滚动半径与地面制动力成正比地增大，OA 段近似直线。至 A 点后，轮胎接地面积中出现局部相对滑动，φ_b 值的增大速度减缓。因为摩擦副间的动摩擦因数小于静摩擦因数，故 φ_b 值在 B 点达到最大值后又逐渐降低。

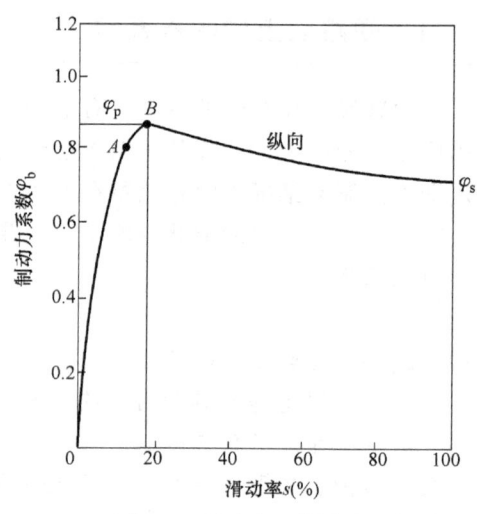

图 4-5 制动力系数曲线

图 4-5 中的数据是在轮胎没有受到侧向力的条件下测得的。实际行驶中制动时，轮胎常受到侧向力而发生侧偏或侧滑现象（侧偏现象将在第 5 章中介绍）。图 4-6 所示为试验得到的、有侧向力作用而发生侧偏时的制动力系数 φ_b、侧向力系数 φ_1 与滑动率 s 的关系曲线。侧向力系数为侧向力与垂直载荷之比。曲线表明，滑动率越低，同一侧偏角条件下的侧向力系数越大，即轮胎保持转向、防止侧滑的能力越大。所以，制动时若能使滑动率保持在较低值（如图 4-6 中侧偏角为 1° 时，$s\approx15\%$），便可获得较大的制动力系数与较高的侧向力系数。这样，制动性最好，侧向稳定性也很好。近年来发展起来的防抱制动系统（ABS）在制动时能使滑动率保持在较低值（$s=15\%\sim20\%$），可获得较大的制动力系数与较高的侧向力系数。这样，可以显著地改善汽车在制动时的制动效能与方向稳定性。

20 世纪 20 年代以来，许多汽车工程师通过大量的路面试验和实验室台架试验来研究制动力系数、侧向力系数与 s 的函数关系，得出影响附着系数的因素可归纳为 4 类：轮胎因素、汽车因素、路面因素和制动工况因素。

1) 轮胎因素包括轮胎的径向、切向和侧向刚度，轮胎尺寸及其比例、帘布层结构、胎

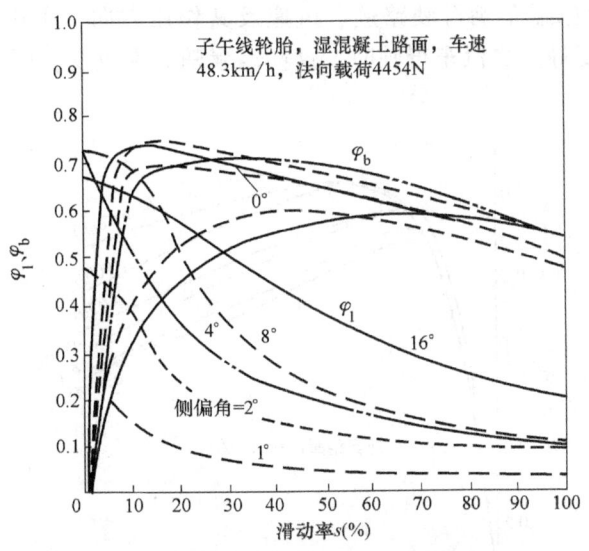

图 4-6 有侧向力时 φ_b-s、φ_1-s 曲线

压、胎面花纹及其磨损程度，轮胎类型（夏季型还是冬季型）等。增大轮胎与地面的接触面积能提高附着能力。子午线轮胎接地面积大、单位压力小、滑移小、胎面不易损耗，制动力系数较高。轿车普遍采用宽断面、低气压子午线轮胎。在良好、平整的沥青路面上，对于有胎面花纹的轮胎，其附着性能比无胎面花纹光整的轮胎要好很多。轮胎的磨损会影响其附着能力。随着胎面花纹深度的减小，其附着系数将显著下降。

2）汽车因素包括整车质心位置、轴距、车轮外倾角、整车质量、簧载质量、前后轮距、每个车轮的动载荷、车身绕其质心的转动惯量、各个车轮的转动惯量、转换到驱动轮上的转动惯量、悬架装置的类型和性能、转向系统的类型和性能、制动系统的类型和性能等。在制动过程中，有些参数保持不变，如车轮的转动惯量；有些参数随时间改变，如作用在各个车轮上的动载荷；有些参数在一定条件下是变化的，如簧载质量；有些参数改变很小，可看作是不变的，如轴距等。

3）路面因素包括路面宏观不平度、路面微观粗糙度、路面基础、路面材料、路面的覆盖物（如灰尘、油污、水、雪、冰等）、路面曲率、路面横向坡度等。当汽车行驶时，这些因素随时在改变（表 4-3）。

表 4-3 各种路面的附着系数

路　　面	峰值附着系数	滑动附着系数
沥青或混凝土路面（干）	0.8～0.9	0.75
沥青（湿）	0.5～0.7	0.45～0.6
混凝土（湿）	0.8	0.7
砾石	0.6	0.55
土路（干）	0.68	0.65
土路（湿）	0.55	0.4～0.5
雪（压紧）	0.2	0.15
冰	0.1	0.07

4）制动工况因素包括车辆行驶路迹、风速及其作用方向、车速、制动踏板动作速度、侧向力和制动器的温度等。当汽车行驶时，这些因素随时在改变。图4-7所示为车速对货车轮胎φ_b-s曲线的影响。

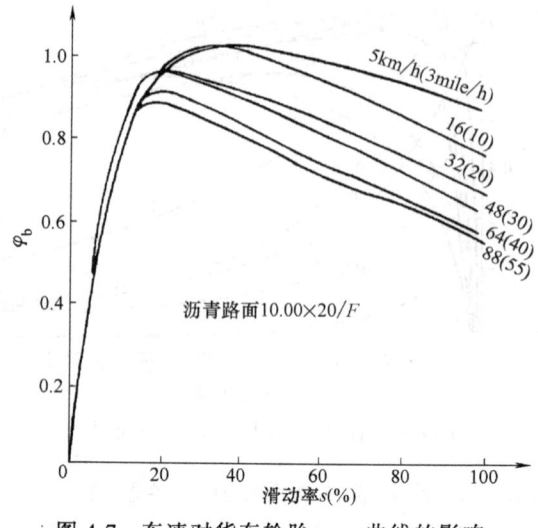

图 4-7 车速对货车轮胎φ_b-s曲线的影响

4.3 汽车的制动效能及其恒定性

汽车的制动效能是指汽车迅速降低车速直至停车的能力。评价制动效能的指标是制动减速度a_b（m/s²）和制动距离s（m）。汽车制动效能的恒定性是指效能保持的程度，通常是指抗热衰退性能。

4.3.1 制动减速度

制动减速度是制动时车速对时间的导数，即$a_b = \mathrm{d}u/\mathrm{d}t$。它反映了地面制动力的大小，因此与制动器制动力（车轮滚动时）及附着力（车轮抱死拖滑时）有关。

假设制动时不计空气阻力和滚动阻力对汽车制动减速的影响，则制动时总的地面制动力为

$$F_{Xb} = \frac{G}{g}\frac{\mathrm{d}u}{\mathrm{d}t} = \varphi_b G$$

因此汽车能达到的制动减速度a_b（m/s²）为

$$a_b = \frac{\mathrm{d}u}{\mathrm{d}t} = \varphi_b g$$

若允许汽车的前、后轮同时抱死，则制动减速度为

$$a_{b\max} = \varphi_s g$$

若汽车装有防抱制动系统（ABS），则制动减速度为

$$a_{b\max} = \varphi_p g$$

在评价汽车的制动性能时，由于瞬时制动减速度曲线的形状复杂，不好用某一点的值来代表，因此我国采用平均减速度的概念，即

$$\overline{a_b} = \frac{1}{t_2-t_1}\int_{t_1}^{t_2} a_b(t)\,\mathrm{d}t$$

式中　t_1——制动压力达到 75% 最大压力的时刻；

　　　t_2——到停车时总时间的 2/3 的时刻。

ECE R13 和 GB 7258—2017 中采用的是充分发出的平均减速度（m/s²），即

$$\mathrm{MFDD} = \frac{u_b^2 - u_e^2}{25.92(s_e - s_b)}$$

式中　u_b——$0.8u_0$ 的车速（km/h），u_0 为制动初速度（km/h）；

　　　u_e——$0.1u_0$ 的车速（km/h）；

　　　s_b——u_0 到 u_b 车辆经过的距离（m）；

　　　s_e——u_0 到 u_e 车辆经过的距离（m）。

表 4-4 给出了 GB 7258—2017《机动车运行安全技术条件》规定的相应初速度下充分发出的制动减速度要求。

表 4-4　制动减速度和制动稳定性要求

机动车类型	制动初速度 /(km/h)	空载检验充分 发出的平均减速度 /(m/s²)	满载检验充分 发出的平均减速度 /(m/s²)	试验通道宽度 /m
三轮汽车	20	≥3.8		2.5
乘用车	50	≥6.2	≥5.9	2.5
总质量小于或等于 3500kg 的低速货车	30	≥5.6	≥5.2	2.5
其他总质量小于或等于 3500kg 的汽车	50	≥5.8	≥5.4	2.5
铰接客车、铰接式无轨电车、汽车列车(乘用车列车除外)	30	≥5.0	≥4.5	3.0①
其他汽车、乘用车列车	30	≥5.4	≥5.0	3.0①

① 对车宽大于 2.55m 的汽车和汽车列车，其试验通道宽度（m）为"车宽（m）+0.5"。

在下面的制动距离分析中，假设 φ 值不变，目的是对制动距离进行粗略的定量分析，以研究制动距离的各种影响因素，寻找缩短制动距离的有效措施。

4.3.2　制动距离

制动距离与汽车的行驶安全有直接的关系，它指的是汽车速度为 u_0 时，从驾驶人开始操纵制动控制装置（制动踏板）到汽车完全停止所驶过的距离。制动距离与制动踏板力、路面附着条件、车辆载荷、发动机接合情况等许多因素有关。在测试制动距离时，应规定制动踏板力或制动系统压力、路面附着系数及车辆的状态。制动距离与制动器的热状况也有密切关系，若无特殊说明，一般的制动距离是在冷试验的条件下测得的。此时，起始制动时制动器的温度在 100℃ 以下。由于各种汽车的动力性不同，对制动效能也提出了不同的要求：

一般轿车、轻型货车行驶速度高，所以要求制动效能也高；重型货车行驶速度低，制动效能要求就稍低。

为了分析制动距离，需要对制动过程有一个全面了解。图 4-8 所示为驾驶人在接收到紧急制动信号后，制动踏板力、汽车制动减速度与制动时间的关系曲线。图 4-8a 所示为实际测得的曲线，图 4-8b 所示为经过简化后的曲线。

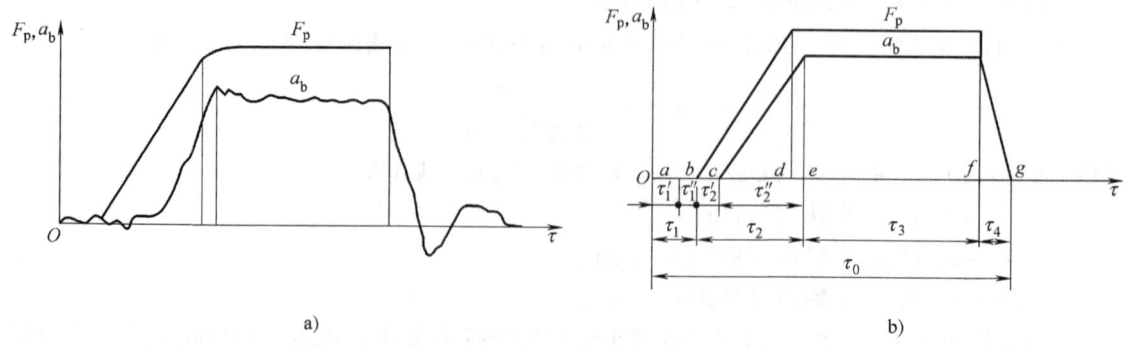

图 4-8 汽车的制动过程

可将一次制动过程分为四个阶段。

（1）**驾驶人反应时间 τ_1** 驾驶人接到紧急停车信号时，并没有立即行动（图 4-8b 中的 a 点），而要经过 τ_1' 后才意识到应进行紧急制动，并移动右脚，再经过 τ_1'' 后才踩到制动踏板。从 a 点到 b 点所经过的时间 $\tau_1 = \tau_1' + \tau_1''$ 称为驾驶人反应时间。这段时间一般为 0.3~1.0s。

（2）**制动器作用时间 τ_2** 在 b 点以后，随着驾驶人踩制动踏板的动作，制动踏板力迅速增大，至 d 点时达到最大值。但由于制动蹄是由回位弹簧拉着的，蹄片与制动鼓间存在间隙，所以要经 τ_2'，即至 c 点，地面制动力才起作用，使汽车开始产生减速度。c 点到 e 点经过的时间是制动器制动力增长过程所需的时间 τ_2''。$\tau_2 = \tau_2' + \tau_2''$，总称为制动器作用时间。制动器作用时间一方面取决于驾驶人踩制动踏板的速度，另外更重要的是受制动系结构形式的影响。τ_2 一般在 0.2~0.9s 之间。

（3）**持续制动时间 τ_3** e 点到 f 点经过的时间为持续制动时间 τ_3，其减速度基本不变。

（4）**放松制动器时间 τ_4** 到 f 点时驾驶人松开制动踏板，但制动力的消除还需要一段时间，τ_4 一般为 0.2~1.0s。这段时间过长会耽误随后起步行驶的时间。另外，若因车轮抱死而使汽车失去控制，驾驶人采取措施放松制动踏板时，又会使制动力不能立即释放。

从制动的全过程来看，总共包括驾驶人见到信号后做出行动反应、制动器起作用、持续制动和放松制动器四个阶段。评价汽车制动性能的制动距离一般是指从驾驶人开始踩到制动踏板到完全停车所驶过的距离。可见，它包括制动器起作用和持续制动两个阶段中汽车驶过的距离 s_2 和 s_3。

在制动器起作用阶段，汽车驶过的距离 s_2 估算如下：

在 τ_2' 时间内有

$$s_2' = u_0 \tau_2'$$

式中　u_0——起始制动车速。

在 τ_2'' 时间内，制动减速度线性增长，即

$$\frac{du}{d\tau} = k\tau$$

式中

$$k = -\frac{a_{bmax}}{\tau_2''}$$

故

$$\int du = \int k\tau d\tau$$

求解这个积分等式。因为 $\tau = 0$ 时（图 4-8b 中的 c 点），$u = u_0$，故

$$u = u_0 + \frac{1}{2}k\tau^2$$

在 τ_2'' 时的车速为

$$u_e = u_0 + \frac{1}{2}k\tau_2''^2$$

又因

$$\frac{ds}{d\tau} = u_0 + \frac{1}{2}k\tau^2$$

故

$$\int ds = \int \left(u_0 + \frac{1}{2}k\tau^2\right)d\tau$$

而 $\tau = 0$ 时（图 4-8b 中的 c 点），$s = 0$，故

$$s = u_0\tau + \frac{1}{6}k\tau^3$$

$\tau = \tau_2''$ 时的距离为

$$s_2'' = u_0\tau_2'' - \frac{1}{6}a_{bmax}\tau_2''^2$$

因此，在 τ_2 时间内的制动距离为

$$s_2 = s_2' + s_2'' = u_0\tau_2' + u_0\tau_2'' - \frac{1}{6}a_{bmax}\tau_2''^2$$

在持续制动阶段，汽车以 a_{bmax} 做匀减速运动，其初速度为 u_e，末速度为零，故得

$$s_3 = \frac{u_e^2}{2a_{bmax}}$$

将 u_e 代入，得

$$s_3 = \frac{u_0^2}{2a_{bmax}} - \frac{u_0\tau_2''}{2} + \frac{a_{bmax}\tau_2''^2}{8}$$

故总制动距离 s（km）为

$$s = s_2 + s_3 = \left(\tau_2' + \frac{\tau_2''}{2}\right)u_0 + \frac{u_0^2}{2a_{bmax}} - \frac{a_{bmax}\tau_2''^2}{24}$$

因为 τ_2'' 很小，故略去 $\dfrac{a_{bmax}\tau_2''^2}{24}$ 项，且车速的单位为 km/h，则总制动距离 s（m）可写为

$$s = \frac{1}{3.6}\left(\tau_2' + \frac{\tau_2''}{2}\right)u_0 + \frac{u_0^2}{25.92 a_{bmax}} \tag{4-7}$$

从式（4-7）可以看出，决定汽车制动距离的主要因素是：制动器起作用的时间、最大制动

减速度即附着力（或最大制动器制动力）及起始制动车速。附着力（或制动器制动力）越大、起始制动车速越低，制动距离越短，这是显而易见的。

下面仅对制动器起作用的时间加以分析。

真正使汽车减速停车的是持续制动时间，但制动器起作用的时间也对制动距离有较大的影响。制动器起作用的时间与制动系的结构形式有密切的关系。

当驾驶人急速踩下制动踏板时，液压制动系的制动器起作用的时间可短至 0.1s 或更短；真空助力制动系和气压制动系起作用的时间为 0.3～0.9s；货车有挂车时，汽车列车的制动器起作用的时间有时竟长达 2s，但精心设计的汽车列车制动系起作用的时间可缩短到 0.4s。

改进制动系结构，减少制动器起作用的时间，是缩短制动距离的一项有效措施。例如红旗 CA770 轿车由真空助力制动系改为压缩空气助力（气顶液）制动系后，以 30km/h 起始制动车速所做的制动试验结果见表 4-5。

表 4-5 装用不同助力制动系时 CA770 轿车的制动距离

制动系形式	制动时间/s	制动距离/m	最大制动减速度/(m/s^2)
真空助力制动系	2.12	12.25	7.25
压缩空气-液压制动系	1.45	8.25	7.65

由表 4-5 可知，采用压缩空气-液压制动系后，制动距离缩短了 32.7%，制动时间减少 31.6%。但最大减速度只提高 5.5%。虽未单独给出制动器起作用时间 τ_2 的变化情况，但试验结果说明，最大减速度提高不多，即持续制动时间 τ_3 变化不大。因此，可认为制动器起作用时间的减少是缩短制动距离的主要原因。

图 4-9 所示为根据某杂志 1993～1998 年对 48 辆装有真空助力器的各种轿车在干燥、良好的路面上进行制动试验的结果，并按最小二乘法原理拟合得到的制动距离曲线。拟合得到的公式为

$$s = 0.0034u_0 + 0.00451u_0^2$$

式中　u_0——起始制动车速（km/h）；
　　　s——制动距离（m）。

它代表了 20 世纪 90 年代轿车制动性能的水平。

表 4-6 给出了 GB 7258—2017《机动车运行安全技术条件》中的制动距离和制动稳定性要求。

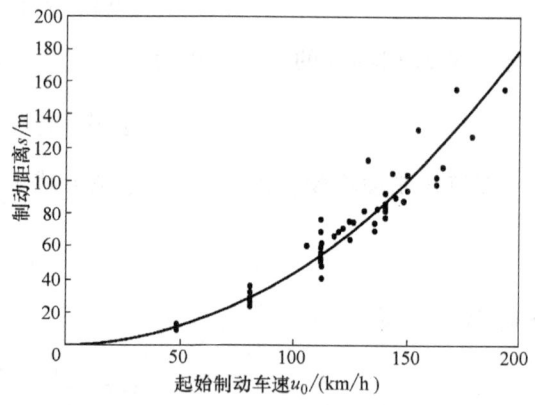

图 4-9 轿车的制动距离曲线

表 4-6 制动距离和制动稳定性要求

机动车类型	制动初速度/(km/h)	空载检验制动距离要求/m	满载检验制动距离要求/m	试验通道宽度/m
三轮汽车	20	≤5.0		2.5
乘用车	50	≤19.0	≤20.0	2.5

(续)

机动车类型	制动初速度 /(km/h)	空载检验制动距离要求/m	满载检验制动距离要求/m	试验通道宽度/m
总质量小于或等于3500kg的低速货车	30	≤8.0	≤9.0	2.5
其他总质量小于或等于3500kg的汽车	50	≤21.0	≤22.0	2.5
铰接客车、铰接式无轨电车、汽车列车（乘用车列车除外）	30	≤9.5	≤10.5	3.0①
其他汽车、乘用车列车	30	≤9.0	≤10.0	3.0①
两轮普通摩托车	30	≤7.0		—
边三轮摩托车	30	≤8.0		2.5
正三轮摩托车	30	≤7.5		2.3
轻便摩托车	20	≤4.0		—
轮式拖拉机运输机组	20	≤6.0	≤6.5	3.0
手扶变型运输机	20	≤6.5		2.3

① 对车宽大于2.55m的汽车和汽车列车，其试验通道宽度为"车宽+0.5m"。

4.3.3 制动效能的恒定性

　　以上的讨论仅限于在冷态下制动的情况，即制动器起始温度在100℃以下的制动效能。汽车在繁重的工作条件下制动时（如在下长坡时，制动器就要较长时间连续地进行较大强度的制动），制动器温度常在300℃以上，有时高达600~700℃。高速制动时，汽车动能大，制动器吸收的能量多，温度也会很快上升。制动器温度上升后，摩擦材料的摩擦因数因温度升高而下降，制动力也显著下降（图4-10），导致制动效能降低，这种现象称为制动器的热衰退。如雷克萨斯LS400汽车在冷制动时，起始制动车速为195km/h，制动距离为163.9m，减速度为8.5m/s²；而经过下山中的26次制动后，前制动器温度达693℃，这时以同样的起始车速制动，减速度为6.0m/s²，制动距离加长了80.6m达到244.5m。热衰退是目前制动器不可避免的现象，只是程度上有所差别。制动效能的恒定性主要指的是抗热衰退性能。

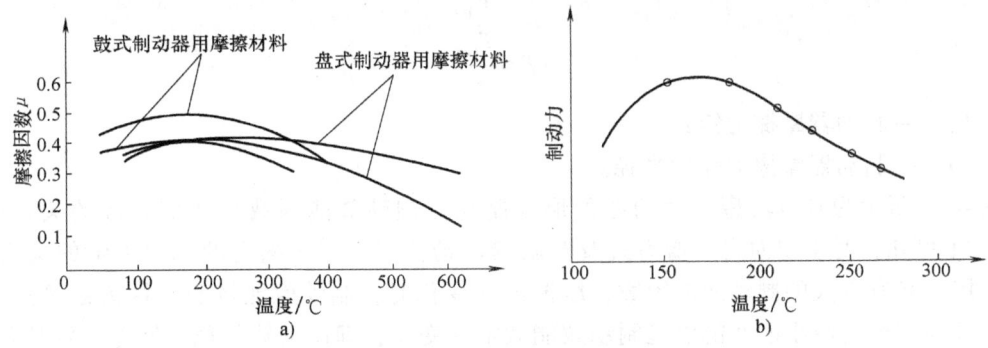

图4-10　温度对摩擦因数及制动力的影响
a) 温度对摩擦因数的影响　b) 温度对制动力的影响

制动器抗热衰退性能一般用一系列连续制动时制动效能的保持程度来衡量,要求以一定车速连续制动15次,每次的制动减速度为3m/s²,最后的制动效能应不低于规定的冷试验制动效能(5.8m/s²)的60%(在制动踏板力相同的条件下)。

山区行驶的货车和高速行驶的轿车,对抗热衰退性能有更高的要求。一些国家规定,大型货车必须装备辅助制动器,以保持山区行驶时的制动效能。抗热衰退性能与制动器摩擦副材料及制动器结构有关。

一般制动器的制动鼓、制动盘由铸铁制成,而摩擦片由半金属和陶瓷等几种材料制成。铸铁的成分、金相组织、硬度及摩擦材料的成分、工艺过程及结构对摩擦副的摩擦性能都有影响。如保时捷911采用了特殊的陶瓷制动盘,表4-7给出了保时捷911与雷克萨斯SC430在制动时的各项指标对比。

表4-7 保时捷911与雷克萨斯SC430在制动时的各项指标对比

项目	保时捷911 冷/热	雷克萨斯SC430 冷/热
制动距离/m	34.1/34.1	39.4/44.3
a_{bmax}/(m/s²)	11.3/11.3	9.8/8.7
前轮温度/℃	228/480	180/685
后轮温度/℃	214/278	118/365

表4-7中的"热"是指以100km/h的初速度连续制动10次,第10次的状态为"热";数据表明,特殊的摩擦副材料使保时捷车轮的温升较小,热衰退现象不明显;还应注意到两种车前轮的温升都大于后轮。

正常制动时,摩擦副的温度在200℃左右,摩擦副的摩擦因数为0.3~0.4。但在更高的温度时,有些摩擦片的摩擦因数会有很大程度的降低而出现热衰退现象。另外,如果制动器结构不合理或使用不当,会引起制动液的温度急剧上升,当温度超过制动液的沸点时会发生汽化现象,使制动完全失效。制动器的抗热衰退性能不仅受摩擦材料摩擦因数的影响,而且同制动器的结构形式有密切关系。

常用制动效能因数与摩擦因数的关系曲线来说明各种类型制动器的制动效能稳定程度。制动效能因数 K_{ef} 是指单位制动轮缸推力 F_{pu} 所产生的制动器摩擦力 F,即

$$K_{ef} = \frac{F}{F_{pu}}$$

且

$$F = \frac{T_\mu}{r}$$

式中 T_μ——制动器摩擦力矩;
r——制动器摩擦力作用半径。

图4-11所示为具有典型尺寸的各种形式制动器制动效能因数与摩擦因数的关系曲线。由图4-11可知,对于双向自动增力式及双领蹄制动器,由于结构上的几何力学的关系产生增力作用,具有较大的制动效能因数;摩擦因数变化时,制动效能按非线性关系迅速改变。因此,摩擦因数的微小改变能引起制动效能大幅度变化,即制动器的稳定性差。双从蹄制动器情况与之相反,领从蹄式制动器介于二者之间。这里要特别强调的是盘式制动器,其制动效能没有鼓式制动器大(一般盘式制动器常加装真空助力器以增大制动效能),但其稳定性

好；高强度制动时，摩擦材料的摩擦因数虽有下降，但对制动效能影响不大；同时盘式制动器和鼓式制动器相比，反应时间短且不会因为热膨胀而增加制动间隙。因此，盘式制动器已普遍用作轿车的前制动器，用作轿车后制动器的也不少。目前各种吨位的货车，包括重型货车（行驶于公路上做长途运输的）、牵引车采用盘式制动器的也日益增多。总之，盘式制动器的应用越来越广泛。

制动效能恒定性的另一重要内容就是要减少制动器涉水引起制动效能下降的水衰退现象。制动器涉水时引起制动效能下降是因为制动器摩擦表面浸水后，水的润滑作用使摩擦因数下降。若水衰退只发生在汽车一侧的制动器中，将会造成左右车轮制动力不等，使汽车制动时的方向稳定性变差。

制动器浸水后，经过若干次（一般为5～15次）制动后，由于制动时在制动器摩擦副上产生热量，可使摩擦片干燥，并逐渐恢复到浸水前的制动性能，这称为水恢复现象。图4-12所示为鼓式制动器和盘式制动器浸水后制动效能的下降程度及经过若干次制动后制动效能恢复的情况。图4-12中曲线表明，盘式制动器的水衰退影响比鼓式制动器的要小，制动效能因数下降少，恢复也较快。这首先是因为盘式制动器的制动盘在旋转时易将所沾的水甩出，其次是制动块压力高，易将摩擦片上的水分挤出，而鼓式制动器排水和干燥较难，故恢复也较慢。

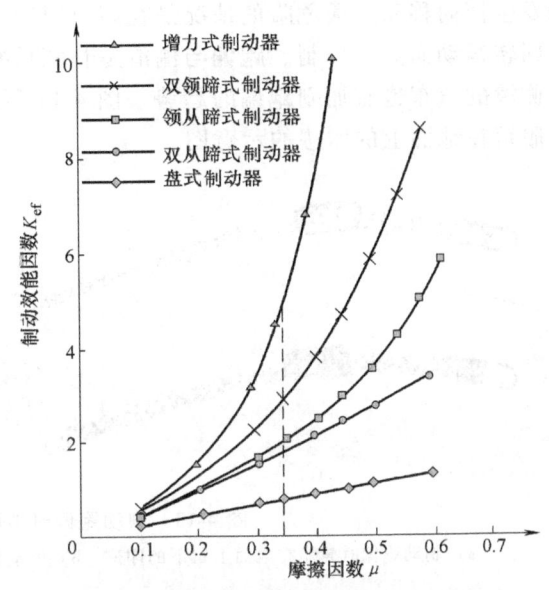

图 4-11 制动效能因数与摩擦因数的关系曲线

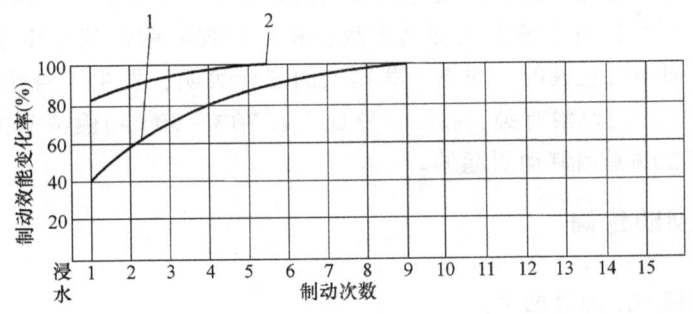

图 4-12 制动器的水衰退及恢复特性
1—鼓式制动器 2—盘式制动器

4.4 制动时汽车的方向稳定性

在对汽车实施制动的过程中，有时会出现制动跑偏、后轴侧滑或前轮失去转向能力等现象，从而造成汽车失去控制而离开原来的行驶方向，甚至发生撞入对方车辆行驶轨道、下沟、滑下山坡等危险情况。一般称汽车在制动过程中维持直线行驶或按预定弯道行驶的能力为制动时汽车的方向稳定性。汽车试验中常规定一定宽度的试验通道（如 1.5 倍车宽或 3.7m），制动时方向稳定性合格的车辆，在试验过程中不允许产生不可控制的效应而使它离开这条通道。制动时的方向不稳定主要有制动跑偏、制动侧滑或失去转向能力。

制动跑偏是指制动时汽车自动向左或向右偏驶。制动侧滑是指制动时汽车的某一轴或两轴发生横向移动。最危险的情况是在高速制动时发生后轴侧滑，此时汽车常发生不规则的急剧回转运动而失去控制。跑偏与侧滑是有联系的，严重的跑偏有时会引起后轴侧滑，易于发生侧滑的汽车也有加剧跑偏的趋势。图 4-13 所示为单纯制动跑偏和由跑偏引起后轴侧滑时轮胎留在地面上的印迹的示意图。

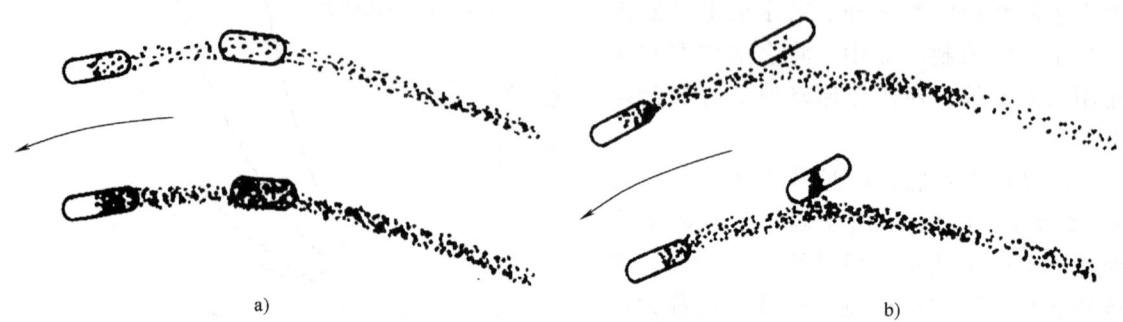

图 4-13 制动跑偏时地面上轮胎印迹的情形
a) 制动跑偏时轮胎在地面上留下的印迹 b) 制动跑偏引起后轴轻微侧滑时轮胎留在地面上的印迹

前轮失去转向能力，是指弯道制动时汽车不再按原来的弯道行驶而沿弯道切线方向驶出；直线行驶制动时，虽然转动转向盘但汽车仍按直线方向行驶的现象。失去转向能力和后轴侧滑也是有联系的，一般如果汽车后轴不会侧滑，前轮就可能失去转向能力；后轴侧滑，前轮常仍有转向能力。

制动跑偏、侧滑与前轮失去转向能力是造成交通事故的重要原因。例如，我国某山区公路，根据对两周（雨季）发生的七起交通事故分析，发现其中六起是由于制动时后轴发生侧滑或前轮失去转向能力造成的。西方一些国家的统计表明，发生人身伤亡的交通事故中，在潮湿路面上约有 1/3 与侧滑有关；在冰雪路面上有 70%～80% 与侧滑有关。根据对侧滑事故的分析，发现有 50% 是由制动引起的。

4.4.1 汽车的制动跑偏

制动时汽车跑偏的原因有两个：
1) 汽车左、右车轮，特别是前轴左、右车轮（转向轮）制动器的制动力不相等。
2) 制动时悬架导向杆系与转向系拉杆在运动学上的不协调（互相干涉）。

其中，第一个原因是制造、调整误差造成的，汽车究竟是向左还是向右跑偏，要根据具体情况而定；而第二个原因是设计造成的，制动时汽车总是会向左（或向右）一方跑偏。

图 4-14 所示为由于转向轴左、右车轮制动力不相等而引起跑偏的受力分析。为了简化，假定车速较低，跑偏不严重，且跑偏过程中转向盘是不动的，在制动过程中也没有发生侧滑，并忽略汽车做圆周运动时产生的离心力及车身绕质心的惯性力偶矩。

设前左轮的制动器制动力大于前右轮，故地面制动力 $F_{X1l} > F_{X1r}$。此时，前、后轴分别受到的地面侧向反作用力为 F_{Y1} 和 F_{Y2}。显然，F_{X1l} 绕主销的力矩大于 F_{X1r} 绕主销的力矩。虽然转向盘不动，由于转向系各处的间隙及零部件的弹性变形，转向轮仍产生一向左转动的角度而使汽车有轻微的转弯行驶，即跑偏。同时，由于主销有后倾，也使 F_{Y1} 对转向轮产生一同方向的偏转力矩，这样也增大了向左转动的角度。

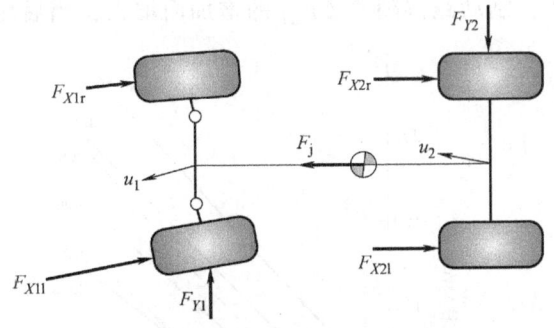

图 4-14 制动跑偏时的受力图

曾在轿车上做了专门的试验来观察左、右车轮制动力不相等的程度对制动跑偏的影响。试验车的前轴左、右车轮制动泵装有可以调节液压的限压阀，以产生不同的制动器制动力。后轴上也装有一个可调节的限压阀，以改变前、后轴制动力之比，使汽车在制动时产生后轴车轮抱死与不抱死两种工况。转向盘可以锁住。左、右车轮制动力之差用不相等度表示，即

$$\Delta F_{\mu r} = \frac{F_{\mu b} - F_{\mu l}}{F_{\mu b}} \times 100\%$$

式中　$F_{\mu b}$——大的制动器制动力；

$F_{\mu l}$——小的制动器制动力。

GB 7258—2017 规定，前轴的不相等度不应大于 20%，后轴的不相等度不应大于 24%。试验的结果用车身横向位移和汽车的偏航角来表示，如图 4-15 和图 4-16 所示。由图可

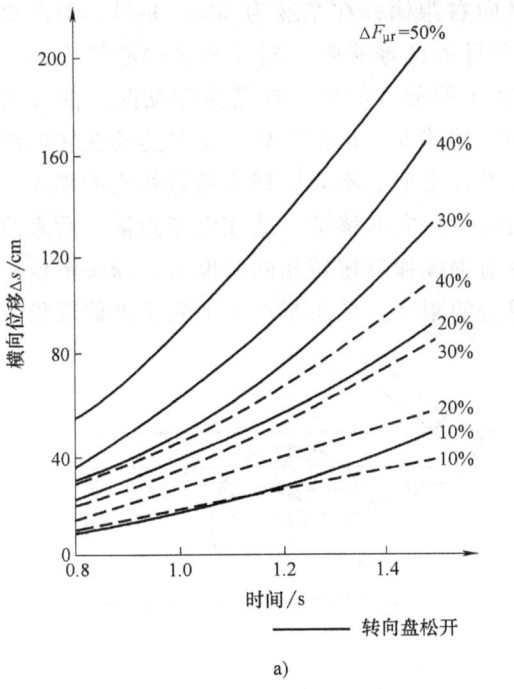

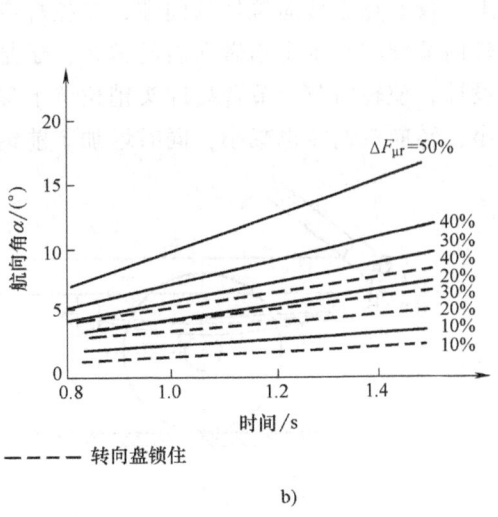

——转向盘松开　　- - - - 转向盘锁住

a)　　　　　　　　　　　　　　b)

图 4-15　后轮未抱死时制动器制动力不相等度 $\Delta F_{\mu r}$ 对制动跑偏的影响（起始车速为 62.7km/h）

a）车身的横向位移　b）偏航角

知，制动跑偏随着 $\Delta F_{\mu r}$ 的增加而增大；当后轮抱死时，跑偏的程度加大。

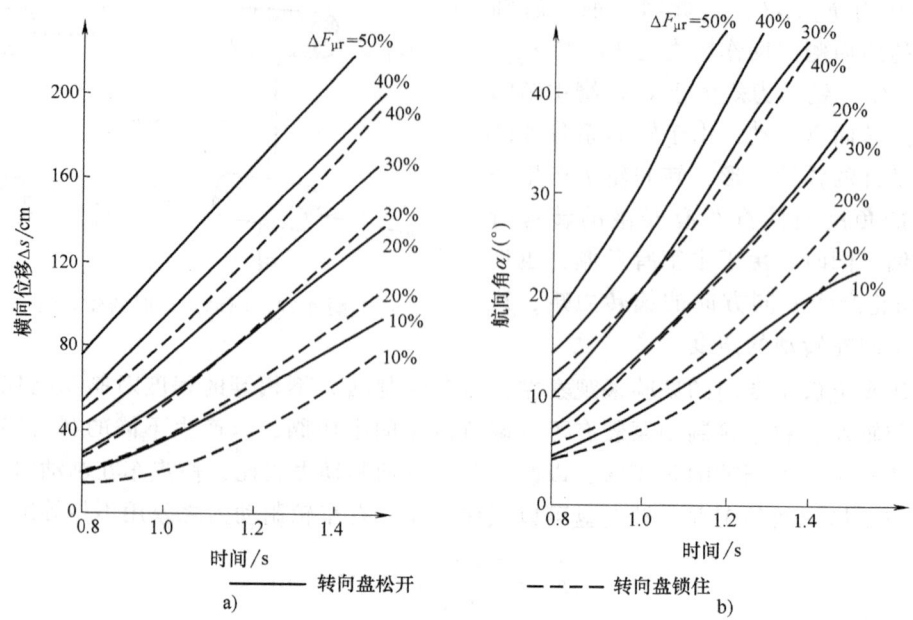

图 4-16 后轮抱死时制动器制动力不相等度 $\Delta F_{\mu r}$ 对制动跑偏的影响（起始车速为 62.7km/h）
a) 车身的横向位移 b) 偏航角

造成跑偏的第二个原因是悬架导向杆系与转向系拉杆发生运动干涉，且跑偏的方向不变。例如一辆试制中的货车，在紧急制动时总是向右跑偏，在车速为 30km/h 时，最严重的跑偏距离为 1.7m。分析其原因主要是转向节上节臂处的球头销相对于前轴中心线太高，且悬架钢板弹簧的刚度又太小。图 4-17 所示为该货车的前部简图。在紧急制动时，前轴向前扭转了一个角度，转向节上节臂球头销本应做相应的移动，但由于球头销又连接在转向纵拉杆上，仅能克服转向拉杆的间隙，使拉杆有少许弹性变形而不允许球头销做相应的移动，致使转向节臂相对于主销做向右的偏转，于是引起转向轮向右移动，造成汽车跑偏。后来改进了设计，使转向节上节臂处球头销位置下移，在前钢板弹簧扭转相同角度时，球头销位移量减小，转向节偏转也减小，同时增加了前钢板弹簧的刚度，从而基本上消除了跑偏现象。

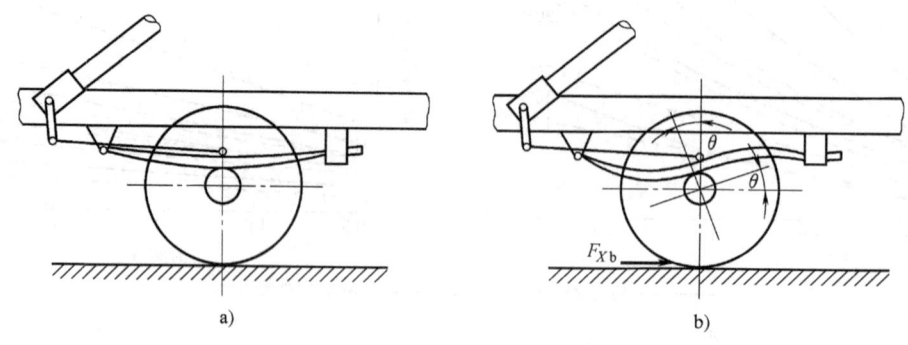

图 4-17 悬架导向杆系与转向系拉杆在运动学上的不协调引起的制动跑偏
a) 未制动时 b) 制动时前轴转动（转角为 θ）

4.4.2 制动时后轴侧滑与前轴转向能力的丧失

制动时发生侧滑，特别是后轴侧滑，将引起汽车剧烈的回转运动，严重时可使汽车掉头。由试验与理论分析得知，制动时若后轴车轮比前轴车轮先抱死拖滑，就可能发生后轴侧滑。若能使前、后轴车轮同时抱死或前轴车轮先抱死，后轴车轮再抱死或不抱死，则能防止后轴侧滑。不过前轴车轮抱死后将失去转向能力。由下述直线行驶制动试验可以清楚地看到这些结论。

试验是在一条一侧有2.5%的横向坡（设定正向行驶时左侧为坡下）的平直混凝土路面上进行的。为了降低附着系数使之容易发生侧滑，在地面上洒了水。试验用的轿车有调节各个车轮制动器液压的装置，以控制每根车轴的制动力，达到改变前、后车轮抱死拖滑次序的目的。调节装置甚至可使车轮制动器液压为零，即在制动时该车轮根本不制动。下面给出4项试验结果。

（1）**前轮无制动力而后轮有足够的制动力** 试验结果如图4-18中曲线A所示。曲线A说明，随着车速提高，侧滑的程度更加剧烈。车速在48km/h时，汽车纵轴与行驶方向的夹角（偏航角）可达180°。

（2）**后轮无制动力而前轮有足够的制动力** 试验结果如图4-18中曲线B所示。由图可知，即使车速达到65km/h，汽车的纵轴转角也不大，夹角的最大值只有10°，即汽车基本上维持直线行驶。但应当指出，前轴车轮抱死后，汽车将失去转向能力，若遇到障碍，只有放松制动踏板，才能绕开行驶。

（3）**前、后车轮都有足够的制动力，但它们抱死拖滑的次序和时间间隔不同** 试验时利用车上制动器液压调节装置，可使前、后车轮在制动到抱死拖滑时有不同的先后次序和时间间隔。试验结果如图4-19所示（以64.4km/h的起始车速制动）。由图可知，若前轮比后轮先抱死拖滑（此时前轮丧失转向能力），或后轮比前轮先抱死且时间间隔在0.5s以内，则汽车基本上按直线行驶；若后轮比前轮先抱死拖滑超过0.5s，则后轴将发生严重的侧滑。

试验时还发现，前轴或后轴的两个车轮也不是同时抱死的。如果只有一个后轮抱死，也不会发生侧滑，侧滑程度取决于后抱死的后轮与后抱死的前轮的时间间隔。

（4）**起始车速和附着系数的影响** 试验时还做了起始车速为48.2km/h及72.3km/h的制动。试验表明，起始车速为48.2km/h时，即使后轮比前轮先抱死拖滑在0.5s以上，汽车纵轴的转角也只有25°；起始车速为72.3km/h时，侧滑的情况与64.4km/h时一样。这说明只有在起始车速超过48km/h时，后轴侧滑才成为一种危险的侧滑。

为了查明附着系数对侧滑的影响，还在干燥路

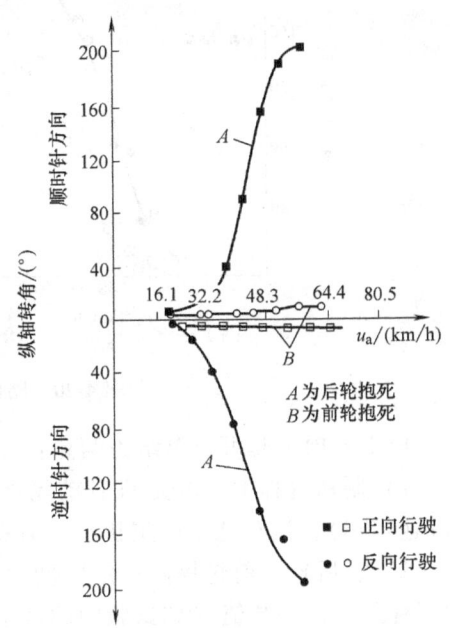

图4-18 前轮抱死或后轮抱死时汽车纵轴转过的角度（偏航角）

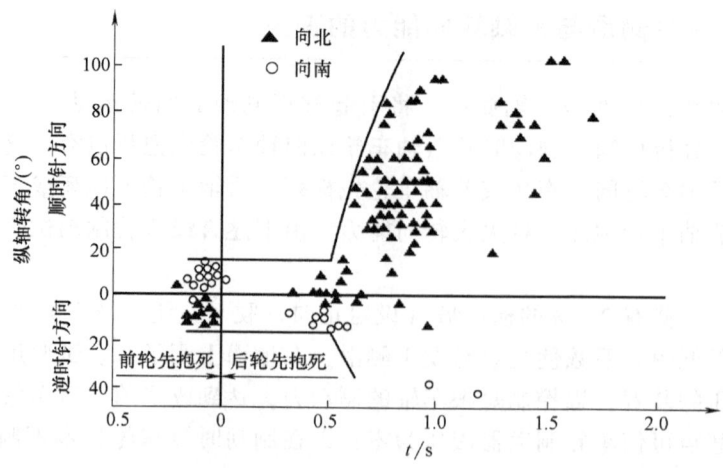

图 4-19　前、后轮抱死拖滑的次序和时间间隔对后轴侧滑的影响（混凝土路面、转向盘固定）

面上做了同样的试验。试验时前轮无制动力，后轮可制动到抱死拖滑。干燥路面的制动距离是湿路面的 70%，即在湿路面上制动时的制动时间要长。试验结果如图 4-20a 所示。曲线表明，在干燥路面上，汽车纵轴转角比湿路面上的小。每次试验还记录后轮开始拖滑的时间，若以时间为横坐标将曲线重画一次（图 4-20b），则在同样的时间内，干、湿路面的汽车纵轴转角相差不多。可见，在低附着系数路面上制动，侧滑程度的增加主要是由于制动时间增加。

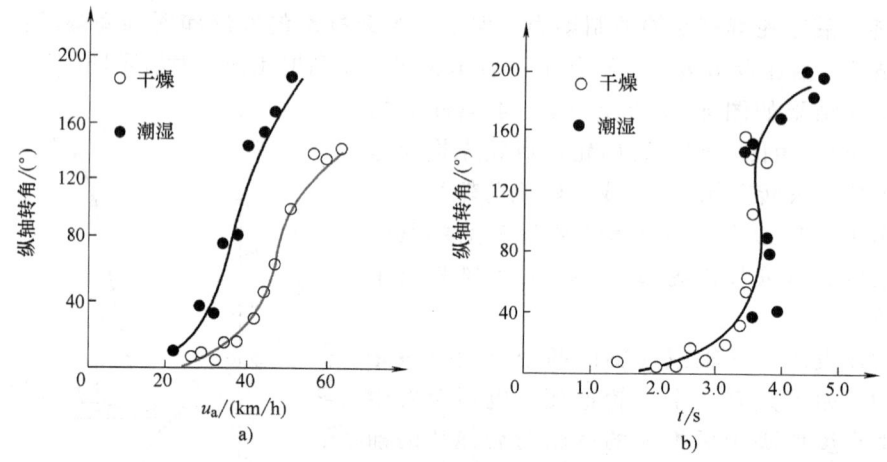

图 4-20　路面附着系数对后轴侧滑的影响

以上 4 项试验可以总结为两点：

1) 制动过程中，若是只有前轮抱死或前轮先抱死拖滑，汽车基本上沿直线向前行驶（减速停车）；汽车处于稳定状态，但丧失转向能力。

2) 若后轮比前轮提前一定时间（如对试验中的汽车为 0.5s 以上）先抱死拖滑，且起始车速超过某一数值（如试验中的汽车车速超过 48km/h）时，汽车在轻微的侧向力作用下就会发生侧滑。路面越滑、制动距离和制动时间越长，后轴侧滑越剧烈。

下面从受力情况的角度分析汽车前轮抱死拖滑或后轮抱死拖滑的两种运动情况。

图 4-21a 所示为前轮抱死而后轮滚动。设转向盘固定不动，汽车受到偶然并短暂的侧向力作用后，前轴发生侧滑，因此前轴中点 A 的前进速度 u_A 与汽车纵轴的夹角为 α；后轴未有侧向滑动，后轴中点速度 u_B 的方向与汽车纵轴方向一致。此时，汽车将发生类似转弯的行驶运动，其瞬时转动中心为速度 u_A、u_B 垂线的交点 O，在质心 C 上作用有离心力。图 4-21 所示为汽车侧向的受力情况，F_{Y1}、F_{Y2} 为作用于前、后轴的地面侧向反作用力，F_j 为侧向惯性力，其数值基本上等于离心力；图 4-21 中没有画出沿纵轴方向的力。当前轮抱死时，F_{Y1} 很小，可认为 $F_{Y1} \approx 0$。根据刚体平面运动微分方程，有 $F_{Y1}+F_{Y2}+F_j=0$，即地面侧向反力与侧向惯性力平衡；$(F_{Y1}a-F_{Y2}b)+M_j=0$，$M_j=-I_z \dot{\omega}_r$（I_z 为汽车绕通过质心 C 垂直地面轴线的转动惯量，$\dot{\omega}_r$ 为汽车角加速度），即地面侧向反力对质心 C 的力矩之和与惯性力矩平衡。由力矩平衡方程式可知，前轮抱死、后轮滚动时，后轮侧向反作用力对质心的力矩 $F_{Y2}b$，使图 4-21a 所示的汽车角速度减小，汽车趋于恢复直线行驶而处于稳定状况。图 4-21b 所示为后轮抱死而前轮滚动（后轴侧滑）的情形。这时 $F_{Y2} \approx 0$，前轮地面侧向反作用力 F_{Y1} 对 C 点的力矩增大了汽车角速度，汽车在一定条件下可能出现难以控制的急剧转动。因此，后轴侧滑是一种不稳定的、危险的工况。

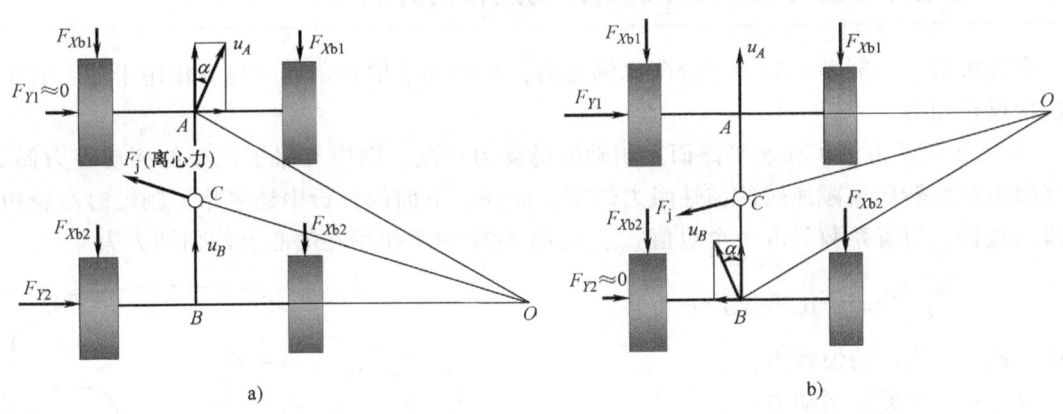

图 4-21 汽车一根轴侧滑时的运动状况
a) 前轴侧滑　b) 后轴侧滑

上面是直线行驶条件下的制动试验，在弯道行驶时进行的制动试验也会得到类似的结果，即只有后轮抱死或后轮提前抱死，在一定车速条件下，后轴才将发生侧滑。另外，只有前轮抱死或前轮先抱死时，因为侧向力系数为零，不能产生任何地面侧向反作用力，汽车无法按原弯道行驶而沿切线方向驶出，即失去了转向能力。

因此，从保证汽车方向稳定性的角度出发，首先不能出现只有后轴车轮抱死或后轴车轮比前轴车轮先抱死的情况，以防止危险的后轴侧滑；其次，尽量少出现只有前轴车轮抱死或前、后轴车轮都抱死的情况，以维持汽车的转向能力。最理想的情况就是防止任何车轮抱死，前、后车轮都处于滚动状态，这样就可以确保制动时的方向稳定性。

以上讨论了评价汽车制动性的三项指标，即制动效能、制动效能的恒定性及制动时汽车的方向稳定性，并分析了各种影响因素。下面讨论与方向稳定性密切相关的制动器制动力在前、后轴间的分配和调节问题。

4.5 汽车制动力的分配

对于一般汽车而言，根据其前、后轴制动器制动力的分配、载荷情况、道路附着系数和坡度等因素，当制动器制动力足够时，制动过程可能出现如下三种情况：

1) 前轮先抱死拖滑，然后后轮抱死拖滑。
2) 后轮先抱死拖滑，然后前轮抱死拖滑。
3) 前、后轮同时抱死拖滑。

前文已指出：情况 1) 是稳定工况，但在制动时汽车丧失转向能力，附着条件没有充分利用（详细分析见后文）；情况 2) 中，后轴可能出现侧滑，是不稳定工况，附着条件利用率也低；而情况 3) 可以避免后轴侧滑，同时前转向轮只有在最大制动强度下才使汽车失去转向能力，较之前两种工况，附着条件利用情况较好。

所以，前、后制动器制动力分配的比例将影响汽车制动时的方向稳定性和附着条件利用程度，是设计汽车制动系必须妥善处理的问题。

4.5.1 制动时地面对前、后车轮的法向反作用力

在分析前、后制动器制动力分配比例之前，必须先了解在制动时地面作用于前、后车轮的法向反作用力。

图 4-22 所示为汽车在水平路面上制动时的受力情况。图中忽略了汽车的滚动阻力偶矩、空气阻力及旋转质量减速时的惯性阻力偶矩。此外，下面的分析中还忽略了制动时车轮边滚边滑的过程，附着系数只取一个定值 φ_0。由图 4-22 中，作用在质心上的惯性力为

$$F_j = F_{Xb} = F_{Xb1} + F_{Xb2} = m\frac{du}{dt}$$

式中　F_j——汽车的惯性力；
　　　F_{Xb}——地面总制动力；
　　　F_{Xb1}——前轮地面制动力；
　　　F_{Xb2}——后轮地面制动力；
　　　m——汽车质量；
　　　$\dfrac{du}{dt}$——汽车减速度。

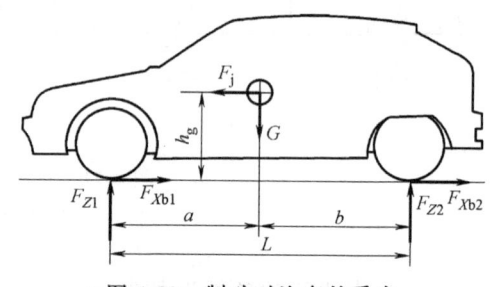

图 4-22　制动时汽车的受力

根据力矩平衡条件，对后轮接地点取力矩得

$$F_{Z1}L = Gb + m\frac{du}{dt}h_g$$

式中　F_{Z1}——地面对前轮的法向反作用力；
　　　G——汽车重力；
　　　b——汽车质心至后轴中心线的距离；
　　　h_g——汽车质心高度。

对前轮接地点取距，得

$$F_{Z2}L = Ga - m\frac{du}{dt}h_g$$

式中 F_{Z2}——地面对后轮的法向反作用力；

a——汽车质心至前轴中心线的距离。

令 $\frac{du}{dt} = zg$，z 称为制动强度，则可求得地面法向反作用力为

$$\begin{cases} F_{Z1} = \dfrac{G}{L}(b+zh_g) \\ F_{Z2} = \dfrac{G}{L}(a-zh_g) \end{cases} \quad (4\text{-}8)$$

若在不同附着系数的路面上制动，前、后轮都抱死（不论是同时抱死或分别先后抱死），此时，$F_{Xb} = F_\varphi = G\varphi = m\dfrac{du}{dt}$ 或 $\dfrac{du}{dt} = \varphi g$，$z = \varphi$。则地面作用于前、后轮的法向反作用力为

$$\begin{cases} F_{Z1} = \dfrac{G}{L}(b+\varphi h_g) \\ F_{Z2} = \dfrac{G}{L}(a-\varphi h_g) \end{cases} \quad (4\text{-}9)$$

式（4-8）、式（4-9）均为直线方程。图 4-23 所示为 BJ1041 和 BJ213 汽车前、后轮法向反作用力随减速度与四轮均抱死后随地面附着系数变化的情况。由图可知，当制动强度或附着系数改变时，前、后轮法向反作用力的变化是很大的。例如，BJ1041 汽车，当 $a_b = 0.7g$ 时，即 $\varphi = 0.7$ 时，前轮法向反作用力增加了 53.1%，而后轮减小了 34.2%。

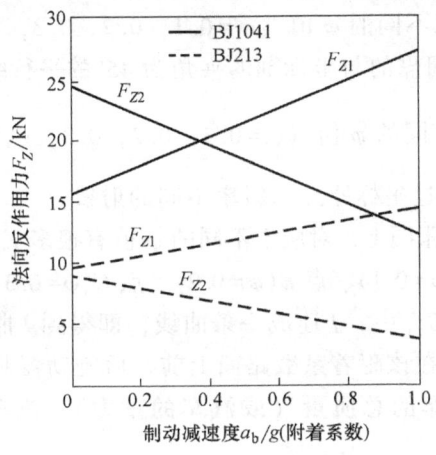

图 4-23 制动时地面对前、后轮法向反作用力的变化

4.5.2 理想的前、后轮制动器制动力分配曲线

前文已指出，制动时前、后车轮同时抱死，对附着条件的利用、制动时汽车的方向稳定性均较为有利。此时的前、后轮制动器制动力 $F_{\mu 1}$ 和 $F_{\mu 2}$ 的关系曲线，常称为理想的前、后轮制动器制动力分配曲线。在任何附着系数 φ 的路面上，前、后车轮同时抱死的条件是：

前、后轮制动器制动力之和等于附着力,并且前、后轮制动器制动力分别等于各自的附着力,即

$$F_{\mu 1}+F_{\mu 2}=\varphi G$$
$$F_{\mu 1}=\varphi F_{Z1}$$
$$F_{\mu 2}=\varphi F_{Z2}$$

或

$$\begin{cases} F_{\mu 1}+F_{\mu 2}=\varphi G \\ \dfrac{F_{\mu 1}}{F_{\mu 2}}=\dfrac{F_{Z1}}{F_{Z2}} \end{cases} \tag{4-10}$$

将式 (4-9) 代入式 (4-10),得

$$\begin{cases} F_{\mu 1}+F_{\mu 2}=\varphi G \\ \dfrac{F_{\mu 1}}{F_{\mu 2}}=\dfrac{b+\varphi h_g}{a-\varphi h_g} \end{cases} \tag{4-11}$$

消去变量 φ,得

$$F_{\mu 2}=\dfrac{1}{2}\left[\dfrac{G}{h_g}\sqrt{b^2+\dfrac{4h_g L}{G}F_{\mu 1}}-\left(\dfrac{G}{h_g}+2F_{\mu 1}\right)\right] \tag{4-12}$$

由式 (4-12),根据车辆结构参数画成的曲线,即为前、后轮同时抱死时前、后轮制动器制动力的关系曲线——理想的前、后轮制动器制动力分配曲线,简称 I 曲线。可以看出,当汽车载质量不同,质心位置参数不同时,I 曲线也不同。

一般可用作图法直接求得 I 曲线:

1) 先建立以 $F_{\mu 1}$ 为横轴,$F_{\mu 2}$ 为纵轴的坐标关系。

2) 由 $F_{\mu 1}+F_{\mu 2}=\varphi G$,取不同的 φ 值($\varphi=0.1,0.2,0.3,\cdots$)在 $F_{\mu 1}$-$F_{\mu 2}$ 坐标系中作图(图 4-24),得到一组等间隔的与坐标轴的夹角为 45°的平行线。

3) 由 $\dfrac{F_{\mu 1}}{F_{\mu 2}}=\dfrac{b+\varphi h_g}{a-\varphi h_g}$,取不同的 φ 值($\varphi=0.1,0.2,0.3,\cdots$)在 $F_{\mu 1}$-$F_{\mu 2}$ 坐标系中作图(图 4-24),它们应是一组通过坐标原点,斜率不同的射线。

4) 上述两组直线放在一张图上,对应于不同的 φ 值有很多交点,选取同一个 φ 值的交点,即可得到图 4-24 所示的点 $A(\varphi=0.1)$、点 $B(\varphi=0.2)$、点 $C(\varphi=0.3)$ 等,直至点 $J(\varphi=1.0)$。

5) 将原点与点 A,B,C,$\cdots$,J 连成一条曲线,即得到 I 曲线。

6) I 曲线上任一点代表在该附着系数路面上前、后制动器制动力应有的数值。

由此可知,只要给出汽车的总质量(或汽车的重力)、汽车的质心位置(a、b 和 h_g)就能作出 I 曲线。

应当提出,I 曲线是制动踏板力增长到前、后车轮同时抱死拖滑时的前、后制动器制动力的分配曲线。车轮同时抱死时,$F_{\mu 1}=F_{Xb1}=F_{\varphi 1}$,$F_{\mu 2}=F_{Xb2}=F_{\varphi 2}$,所以 I 曲线也是车轮同时抱死时 $F_{\varphi 1}$ 和 $F_{\varphi 2}$ 的关系曲线。

还应进一步指明,汽车前、后制动器制动力常不能按 I 曲线的要求来分配。制动过程中常是一根车轴的车轮先抱死,随着制动踏板力的进一步增加,接着另一根车轴的车轮抱死。显然,I 曲线还是前、后轮都抱死后的地面制动力 F_{Xb1} 与 F_{Xb2},即 $F_{\varphi 1}$ 与 $F_{\varphi 2}$ 的关系曲线。

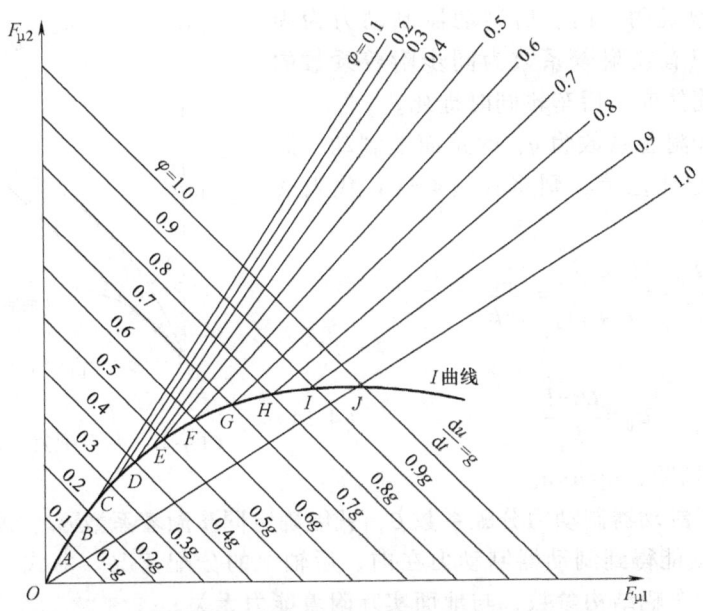

图 4-24 理想的前、后制动器制动力分配曲线

4.5.3 具有固定比值的前、后制动器制动力与同步附着系数

很多两轴汽车的前、后制动器制动力之比为一固定值。常用前制动器制动力与汽车总制动器制动力之比来表明分配的比例。称为制动器制动力分配系数，并以符号 β 表示，即

$$\beta = \frac{F_{\mu 1}}{F_\mu}$$

式中　$F_{\mu 1}$——前制动器制动力；
　　　F_μ——汽车总制动器制动力，$F_\mu = F_{\mu 1} + F_{\mu 2}$，$F_{\mu 2}$ 为后制动器制动力。

故
$$F_{\mu 1} = \beta F_\mu$$
$$F_{\mu 2} = (1-\beta) F_\mu$$

且
$$\frac{F_{\mu 1}}{F_{\mu 2}} = \frac{\beta}{1-\beta} \tag{4-13}$$

若用 $F_{\mu 2} = B(F_{\mu 1})$ 表示，则 $F_{\mu 2} = B(F_{\mu 1})$ 为一条直线，此直线通过坐标原点，且其斜率为

$$\tan\theta = \frac{1-\beta}{\beta}$$

这条直线称为实际前、后制动器制动力分配线，简称 β 线。

图 4-25 所示为某轻型货车的 β 线与空载和满载两种情况下的 I 曲线。图中 β 线与满载时的 I 曲线交于 B 点，此时的附着系数值为 $\varphi_0 = 0.786$。将 β 线与 I 曲线交点处的附着系数称为同步附着系数 φ_0，所对应的制动减速度称为临界减速度。同步附着系数是由汽车结构参数决定的、反映汽车制动性能的一个重要参数。一般情况下，汽车满载时的同步附着系数最大，随着载荷减小，同步附着系数变小。

同步附着系数说明，前、后制动器制动力为固定比值的汽车，只有在附着系数为同步附着系数的路面上制动时才能使前、后车轮同时抱死。

设汽车在同步附着系数为 φ_0 的路面上制动，此时前、后轮同时抱死拖滑，则将式（4-11）代入式（4-13），得

$$\frac{F_{\mu 1}}{F_{\mu 2}}=\frac{b+\varphi_0 h_g}{a-\varphi_0 h_g}=\frac{\beta}{1-\beta}$$

经整理，得

$$\varphi_0=\frac{L\beta-b}{h_g} \qquad (4\text{-}14)$$

式中 L——汽车轴距，$L=a+b$。

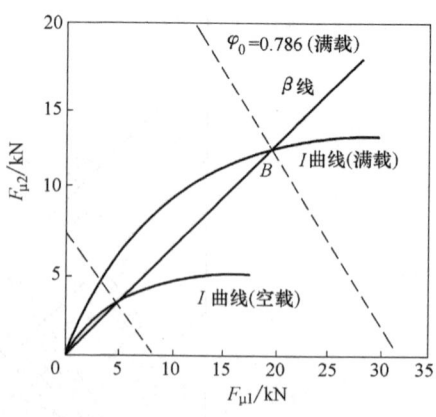

图 4-25 某轻型货车的 β 线与 I 曲线

可见，确定了制动器制动力分配系数 β，就能确定同步附着系数 φ_0；反过来，若给出同步附着系数 φ_0，就能得到制动器制动力在前、后轴上的分配情况。由式（4-14）可知，同步附着系数取决于车辆结构参数，与地面实际附着能力无关。

4.5.4 f 线组与 r 线组

利用 β 线与 I 曲线，就可以分析前、后制动器制动力具有固定比值的汽车在各种路面上的制动情况，为了便于分析，先介绍两组线组——f 线组与 r 线组。

f 线组是在各种 φ 值路面上，后轮没有抱死而前轮抱死时的前、后轮地面制动力的分配关系曲线；r 线组是前轮没有抱死而后轮抱死时的前、后轮地面制动力的分配关系曲线。先求 f 线组。当前轮抱死时，前轮地面制动力等于前轮附着力，即

$$F_{Xb1}=\varphi F_{Z1}=\varphi\left(\frac{Gb}{L}+\frac{F_{Xb}h_g}{L}\right)$$

由于

$$F_{Xb}=F_{Xb1}+F_{Xb2}$$

故

$$F_{Xb1}=\varphi\left(\frac{Gb}{L}+\frac{F_{Xb1}+F_{Xb2}}{L}h_g\right)$$

整理得

$$F_{Xb2}=\frac{L-\varphi h_g}{\varphi h_g}F_{Xb1}-\frac{Gb}{h_g} \qquad (4\text{-}15)$$

显然，当前、后轮都抱死后，式（4-15）也成立，只是此时的后轮地面制动力也达到后轮附着力的数值。

以不同 φ 值代入式（4-15），即得到 f 线组，如图 4-26 所示。可见，f 线组与纵轴交点的坐标为 $\left(0,-\dfrac{Gb}{h_g}\right)$，与 φ 值无关。

当 $F_{Xb2}=0$ 时，$F_{Xb1}=\dfrac{\varphi Gb}{L-\varphi h_g}$，因此可求出在不同 φ 值时相应的 F_{Xb1} 值，即 f 线组与横轴的交点 a，b，c，…。显然，此时的总地面制动力 $F_{Xb}=F_{Xb1}+F_{Xb2}=F_{Xb1}+0$，$F_{Xb}<\varphi G$，即后轮没有抱死。随着 F_{Xb1}、F_{Xb2} 的增加，F_{Xb} 也增加，最后 f 线组与 I 曲线相交。前已述及，I

曲线也是车轮同时都抱死时的 $F_{\varphi 1}$ 和 $F_{\varphi 2}$ 的关系曲线。故相交点处后轮也抱死，即 $F_{Xb} = F_{Xb1} + F_{Xb2} = F_{\varphi 1} + F_{\varphi 2} = \varphi G$。由此可见，$I$ 曲线以上的 f 线组已无意义（横轴下方的 f 线组也无意义，因为此时 F_{Xb2} 为负值，已是地面驱动力）。

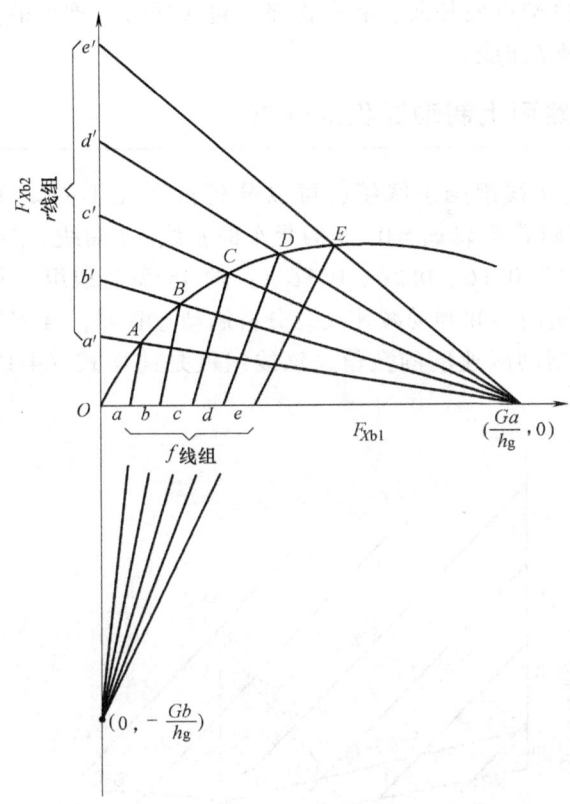

图 4-26 f 线组与 r 线组

再求 r 线组。当后轮抱死时，后轮地面制动力等于后轮附着力，即

$$F_{Xb2} = \varphi F_{Z2} = \varphi \left(\frac{Ga}{L} - \frac{F_{Xb} h_g}{L} \right)$$

代入 $F_{Xb} = F_{Xb1} + F_{Xb2}$，整理得

$$F_{Xb2} = \frac{-\varphi h_g}{L + \varphi h_g} F_{Xb1} + \frac{\varphi Ga}{L + \varphi h_g} \tag{4-16}$$

显然，当前、后轮都抱死后，式（4-16）也成立，只是此时的前轮地面制动力也达到前轮附着力的数值。

以不同 φ 值代入式（4-16），即得到 r 线组，如图 4-26 所示。可见，r 线组与横轴交点的坐标为 $\left(\dfrac{Ga}{h_g}, 0 \right)$，与 φ 值无关。

当 $F_{Xb1} = 0$ 时，$F_{Xb2} = \dfrac{\varphi Ga}{L + \varphi h_g}$，由此可求出不同 φ 值时相应的 F_{Xb2} 值，即 r 线组与纵轴的交点 a'，b'，c'，…。显然，此时的总地面制动力 $F_{Xb} = 0 + F_{Xb2} < G\varphi$，即前轮没有抱死。随着 F_{Xb1} 的增加与相应的 F_{Xb2} 的稍稍减小，F_{Xb} 增加，最后，r 线组与 I 曲线相交。相交点处

$F_{Xb} = F_{Xb1} + F_{Xb2} = \varphi G$，前轮也抱死。故 I 曲线以下的 r 线组已无意义（纵轴左侧的 r 线组也无意义）。

显然，对于同一 φ 值下 f 线组与 r 线组的交点 A，B，C，…，既符合 $F_{Xb1} = \varphi F_{Z1}$，又符合 $F_{Xb2} = \varphi F_{Z2}$，所以这些交点便是前、后车轮都（包含同时）抱死的点。因此，连接 A，B，C，…各点的曲线也就是 I 曲线。

4.5.5 汽车在各种路面上制动过程的分析

利用 β 线、I 曲线、f 线组与 r 线组，可以分析汽车在不同 φ 值路面上的制动过程。图 4-27 所示为一辆同步附着系数 $\varphi_0 = 0.39$ 的货车的 β 线、I 曲线、f 线组与 r 线组。图中还画出了 F_{Xb1} 与 F_{Xb2} 之和为 $0.1G$、$0.2G$、$0.3G$、…的 45°斜直线组。同一条斜直线上的点均具有相同大小的总地面制动力和制动减速度。分析制动过程时，常利用此线组来确定制动过程中的总地面制动力和制动减速度的数值。该线组就是前面式（4-11）中第一式按不同 φ 值作出的 45°斜直线组。

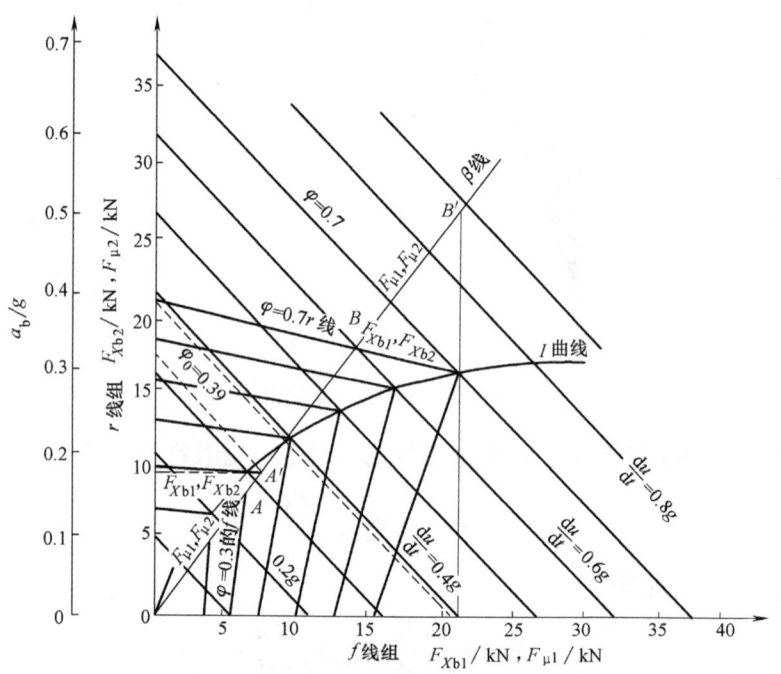

图 4-27 不同 φ 值路面上制动过程的分析

1) 当 $\varphi < \varphi_0$ 时，设 $\varphi = 0.3$，则制动开始时，前、后制动器制动力 $F_{\mu 1}$、$F_{\mu 2}$ 按 β 线上升。因前、后车轮均未抱死，故地面制动力 F_{Xb1} 和 F_{Xb2} 也按 β 线上升。到 A 点时，β 线与 $\varphi = 0.3$ 的 f 线相交，前轮开始抱死，制动减速度为 $0.27g$。此时的地面制动力 F_{Xb1}、F_{Xb2} 已符合后轮没有抱死而前轮先抱死的状况。若驾驶人继续增加制动踏板力，F_{Xb1}、F_{Xb2} 将沿 f 线变化，前轮的地面制动力 F_{Xb1} 不再等于 $F_{\mu 1}$，但继续制动，前轮法向反作用力增加，故 F_{Xb1} 沿 f 线稍有增加。但因后轮未抱死，所以当制动踏板力增大，$F_{\mu 1}$、$F_{\mu 2}$ 沿 β 线上升时，F_{Xb2} 仍等于 $F_{\mu 2}$ 而继续上升。当 $F_{\mu 1}$、$F_{\mu 2}$ 至 A' 点时，f 线与 I 曲线相交，此时后轮达到抱死所需的地面制动力 F_{Xb2}（即后轮的附着力），于是前、后车轮均抱死，汽车获得的减速度

为 $0.3g$。

可见，β 线位于 I 曲线下方，制动时总是前轮先抱死。前面已指出，前轮先抱死虽是一种稳定工况，但会丧失转向能力。

2）当 $\varphi > \varphi_0$ 时，设 $\varphi = 0.7$，如图 4-27 所示，开始制动时，前、后车轮均未抱死，故前、后轮地面制动力和制动器制动力均按 β 线增长。到 B 点时，β 线与 $\varphi = 0.7$ 的 r 线相交，地面制动力 F_{Xb1}、F_{Xb2} 符合后轮先抱死的状况，后轮开始抱死，此时的制动减速度为 $0.6g$。从 B 点以后，再增加制动踏板力，F_{Xb1}、F_{Xb2} 将沿 $\varphi = 0.7$ 的 r 线变化。但继续制动时，后轮法向反作用力有所减小，因而后轮地面制动力沿 r 线有下降。但前轮未抱死，当 $F_{\mu 1}$、$F_{\mu 2}$ 沿 β 线增长时，始终有 $F_{Xb1} = F_{\mu 1}$。当 $F_{\mu 1}$、$F_{\mu 2}$ 到 B' 点时，r 线与 I 曲线相交，F_{Xb1} 达到前轮抱死的地面制动力，前、后轮均抱死，汽车获得的减速度为 $0.7g$。

可见，β 线位于 I 曲线上方，制动时总是后轮先抱死，因而容易发生后轴侧滑使汽车失去方向稳定性。

3）$\varphi = \varphi_0$ 时，易知在制动时汽车的前、后轮将同时抱死，此时的减速度为 $\varphi_0 g$，即 $0.39g$，也是一种稳定工况，但也失去转向能力。

4.5.6 利用附着系数与制动效率

为了防止后轴侧滑和前轮失去转向能力，汽车在制动过程中最好既不出现后轴车轮先抱死的危险工况，也不出现前轴车轮先抱死或前、后车轮都抱死的工况。所以，应当以即将出现车轮抱死但还没有任何车轮抱死时的制动减速度作为汽车能产生的最高制动减速度。

从上面的分析可知，若在附着系数为同步附着系数的路面上制动，则汽车的前、后车轮将同时达到抱死的工况，此时的制动强度 $z = \varphi_0$，φ_0 为同步附着系数。在其他附着系数的路面上制动时，达到前轮或后轮抱死前的制动强度比路面附着系数要小，即不出现前轮或后轮抱死的制动强度必小于地面附着系数，也就是 $z < \varphi$。因此可以说，只有在 $\varphi = \varphi_0$ 的路面上，地面的附着条件才能得到较好的利用。而在 $\varphi < \varphi_0$ 或 $\varphi > \varphi_0$ 的路面上，出现前轮或后轮提前抱死情况时，地面附着条件均未得到较好的利用。这一点在上面分析的例子中可以看出。这个结论也常常这样来描述：汽车以一定减速度制动时，除去制动强度 $z = \varphi_0$ 以外，不发生车轮抱死所要求的（最小）路面附着系数总大于其制动强度。为了定量说明这一点，引进利用附着系数的概念，又称为被利用的附着系数，其定义为

$$\varphi_i = \frac{F_{Xbi}}{F_{Zi}}$$

式中 φ_i——第 i 轴对应于制动强度 z 的利用附着系数；

F_{Xbi}——对应于制动强度 z，汽车第 i 轴产生的地面制动力；

F_{Zi}——制动强度为 z 时，地面对第 i 轴的法向反力。

显然，利用附着系数越接近制动强度，地面的附着条件发挥得越充分，汽车制动力分配的合理程度越高。通常以利用附着系数与制动强度的关系曲线（图 4-28）来描述汽车制动力分配的合理性。最理想的情况是利用附着系数总是等于制动强度这一关系，即图 4-28 中的对角线（$\varphi = z$）。图 4-28 画出了与图 4-27 同一货车的利用附着系数与制动强度曲线。应当指出，前、后制动力分配曲线（图 4-25 与图 4-27）与利用附着系数曲线是一一对应的。例

如，具有理想制动力分配的汽车，其利用附着系数就是对角线 $\varphi = z$。

下面分别求出前轮或后轮提前抱死时，前轴和后轴的利用附着系数。

设汽车前轮刚要抱死或前、后轮同时刚要抱死时产生的减速度为 $\dfrac{du}{dt} = zg$，则

$$F_{\mu 1} = F_{Xb1} = \beta \dfrac{G}{g} \dfrac{du}{dt} = \beta G z$$

而

$$F_{Z1} = \dfrac{G}{L}(b + \varphi h_g)$$

故前轴利用附着系数为

$$\varphi_f = \dfrac{F_{Xb1}}{F_{Z1}} = \dfrac{\beta z}{\dfrac{1}{L}(b + z h_g)} \quad (4-17)$$

同理，后轴利用附着系数可求得如下：

$$F_{Xb2} = (1-\beta)\dfrac{G}{g}\dfrac{du}{dt} = (1-\beta)Gz$$

$$F_{Z2} = \dfrac{G}{L}(a - z h_g)$$

故

$$\varphi_r = \dfrac{F_{Xb2}}{F_{Z2}} = \dfrac{(1-\beta)z}{\dfrac{1}{L}(a - z h_g)} \quad (4-18)$$

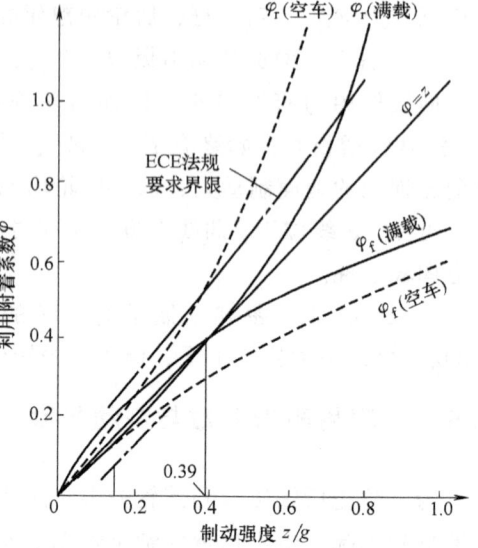

图 4-28 利用附着系数与制动强度的关系曲线

由图 4-28 可以看出，$z = 0.39$ 时，前、后轴利用附着系数均为 0.39，即无任何车轮抱死所要求的（最小）地面附着系数（实际上为刚要抱死）为 0.39，这就是这一货车的同步附着系数。在 $\varphi < \varphi_0$ 的路面上，前轮提前抱死；在 $\varphi > \varphi_0$ 的路面上，后轮提前抱死。

由图 4-28 还可以看出，空车时 φ_r 全在 45°对角线上面，所以实际上汽车总是出现后轮先抱死的工况，φ_r 曲线就是汽车的利用附着系数曲线，而且此时利用附着系数远远大于制动强度，汽车的制动力分配是不合理的。

通常还用制动效率描述地面附着条件的利用程度，并说明实际制动力分配的合理性。制动效率定义为车轮不锁死的最大制动减速度与车轮和地面间附着系数的比值。也就是车轮将要抱死时的制动强度与利用附着系数之比。不难看出，由式 (4-17) 和式 (4-18) 即可得到前轴的制动效率为

$$E_f = \dfrac{z}{\varphi_f} = \dfrac{b/L}{\beta - \varphi_f h_g/L} \quad (4-19)$$

后轴的制动效率为

$$E_r = \dfrac{z}{\varphi_r} = \dfrac{a/L}{1 - \beta + \varphi_r h_g/L} \quad (4-20)$$

图 4-29 所示为前、后轴制动效率曲线。由图可知，当 $\varphi = 0.6$ 时，空载时后轴制动效率约等于 0.67。这说明后轮不抱死时，汽车最多只能利用可供制动的附着力的 67%，即其制

动减速度不是 $0.6g$，而只有 $0.6 \times 0.67g = 0.402g$。

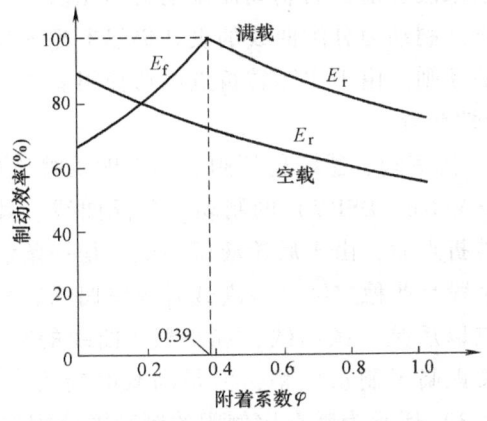

图 4-29 前、后轴制动效率曲线

4.5.7 同步附着系数的选择

由以上的讨论可知，汽车的制动情况取决于 β 线与 I 曲线的配合，或者说同步附着系数对汽车制动减速度、制动效率及制动时汽车的方向稳定性有着重要的影响。

汽车的总质量及质心位置给定后，即可作出 I 曲线。β 线则是由制动器制动力在前、后轴上的分配确定的。所以设计中可调整 β 值以求得 β 线与 I 曲线的恰当配合，保证合适的同步附着系数。β 线的斜率为 $\tan\theta = \dfrac{1-\beta}{\beta}$，$\beta$ 值越大，β 线的斜率越小，同步附着系数 φ_0 越大。这样即使在附着系数较高的路面上制动也不会发生后轴侧滑，且在高附着系数路面上的制动效率较高。但是在多数路面上制动时，可能因前轮先抱死而失去转向能力。

同步附着系数是根据车型和使用条件来选择的。轿车的行驶速度较高，高速下后轴侧滑是十分危险的。因此一般采用较高的同步附着系数。对货车而言，由于车速较低，制动时后轴侧滑的危险性较小，但在较滑的路面上制动时，汽车可能丧失转向能力。因此同步附着系数一般不超过 0.6。但是由于道路条件的改善和汽车行驶速度的提高，货车的同步附着系数呈现升高的趋势。轻型越野汽车常选择较高的同步附着系数。这样，即使在附着系数很低的路面上制动，也不会发生后轴侧滑。但是在多数路面上制动时，会因前轮先抱死可能失去转向能力。

使用条件也影响 φ_0 的选择。在多雨的山区，坡路弯道多，下急弯坡路制动时，汽车失去转向能力将是十分危险的。因此，经常在山区使用的车辆，同步附着系数应取低值。一些山区的运输单位，为了安全行车，调小了前轮制动器制动力。前轮制动器制动力调小后，还带来另外一个好处，即基本消除了由于左、右前轮制动器制动力不等而引起的制动跑偏。

4.5.8 制动力的调节

由前面的分析可知，对于具有固定比值的前、后轮制动器制动力的制动系统，其实际制动力分配曲线与理想的制动力分配曲线相差较大，可能出现因前轮抱死而失去转向能力，或因后轮抱死而发生后轴侧滑的危险情况。因此，现代的汽车均装有各种制动力调节装置，可根据制动强度、载荷等因素来改变前、后制动器制动力的比值，使之接近于理想制动力分配曲线，满足制动法规的要求。制动力分配曲线的设计仍然考虑的是兼顾制动稳定性和最短制动距离但优先考虑稳定性的原则。由于实际转折点的选择很复杂，故转折点的选择一般低于 I 曲线，以保证有一定稳定性余量。

图 4-30 所示为限压阀、比例阀、感载比例阀、感载射线阀与减速度传感比例阀（Deceleration Sencing Proportioning Valve，DSPV）的制动力分配曲线。其中图 4-30a 所示为限压阀的制动力分配曲线，在其转折点后，由于后轮液压不变，是一条水平线，虽然分配线对空载基本是合适的，但仍有一小段是非稳定区，且满载时效率偏低。图 4-30b 所示为比例阀的制动力分配曲线，在其转折点以后是一条斜线，和空载 I 曲线的交点即同步附着系数超过了0.82，既消除了不稳定区又提高了制动效率，但是满载时转折点下移会增加和 I 曲线的距离，降低制动的效率。图 4-30c 所示为感载比例阀的制动力分配曲线，满载时转折点上移和满载的 I 曲线靠近，提高了制动效率。图 4-30d 所示为感载射线阀的制动力分配曲线。图 4-30e 中还画出了根据 ECE 法规要求计算得到的轿车制动力分配所要求的范围。可以看出，DSPV 能够满足 ECE 法规的要求。

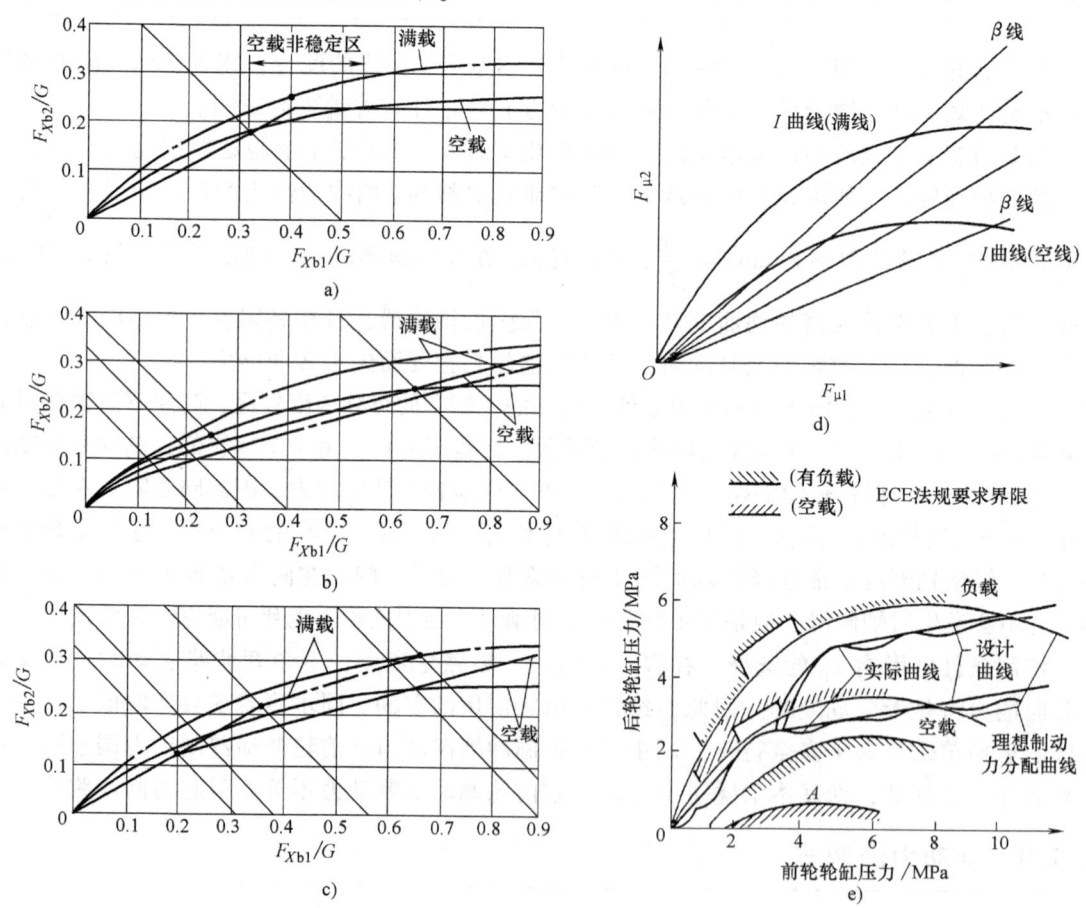

图 4-30 各种调节阀的制动力分配曲线
a) 限压阀 b) 比例阀 c) 感载比例阀 d) 感载射线阀 e) 减速度传感比例阀

4.5.9 防抱制动系统

驾驶过汽车的人都有一些体验：在被雨淋湿且带有泥土的沥青路上或在积雪道路上紧急制动时，汽车会发生侧滑甚至掉头旋转；左、右两侧车轮如果行驶在不同的路面上，如一侧车轮在积雪路面上，另一侧车轮在显露出来的沥青路面上，紧急制动时，汽车就会失去方向控制；高速行驶在弯道上进行紧急制动，有可能从路边滑出或闯入对面的车道。这是由于制动系统都不能真正保证前、后车轮制动器制动力按理想制动器制动力分配曲线分配，即使加装了制动力调节装置，也不能保证 β 线在 I 曲线的下方，因此，不管在什么 φ 值的路面上制动，总会有一个车轮（前轮或后轮，加装了制动调节装置的汽车只能是前轮）先抱死，而使汽车发生后轴侧滑或前轮失去转向能力。

由图 4-6 可知道车辆在制动行驶时，地面作用于车轮的制动力 F_{Xb} 和侧向力 F_y 随车轮制动滑动率 s 的变化关系。侧向力随滑动率的增加而下降，当滑动率为 1 时降至接近 0；而制动力开始随滑动率的增加而迅速增加，当滑动率增至峰值附着系数对应的滑动率 s_p 时，则随滑动率的增加而逐渐减小。也就是说，制动力通常在滑动率为 s_p 这一特定值附近时达到最大值，同时具有一定的防侧滑能力。如果在制动时控制车轮的滑动率始终在 s_p 附近，即可以保证车轮具有最大的制动效能且不失方向稳定性。防抱制动系统（Antilock Braking System，ABS）就是为了防止这些危险状况的发生而研制的。它是在制动过程中强制性地将车轮的滑动率控制在峰值附着系数对应的滑动率附近，从而防止车轮被制动抱死，提高汽车的方向稳定性和转向操纵能力，缩短制动距离，达到最佳制动效果的安全装置。除 ABS 外，还有驱动过程中防止驱动车轮发生滑转的控制系统（Acceleration Slip Regulation，ASR），因其是通过牵引力控制来实现驱动车轮滑转控制的，又称为牵引力控制系统（traction control System，TCS）。高级轿车一般将 ABS 和 TCS 结合为一体，组成统一的防滑控制系统。

1. ABS 的基本结构

图 4-31 所示为一个典型的 ABS 系统，其通常由三部分组成：传感器、电子控制单元（Electronic Control Unit，ECU）和液压执行元件。它具有三个独立进行压力调节的管路，所以称为三通道系统。轮速传感器检测车轮运动状态，并将车轮旋转信号传给 ECU，ECU 经过对轮速信号的处理判断，发出指令送到液压调节器，使之调节制动管路的压力，保证车轮不抱死。

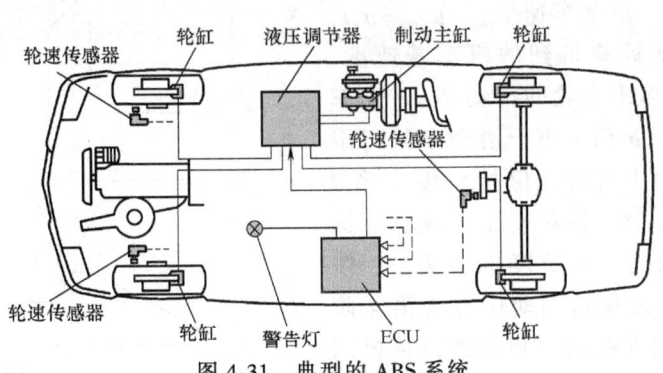

图 4-31 典型的 ABS 系统

对于制动压力的调节，目前大多采用 2 位 2 通电磁阀，图 4-32 所示为 Bosch 公司 ABS

5.3型的液压原理图。关闭出油阀,打开进油阀,压力增加;进油阀和出油阀同时关闭,保持压力不变;关闭进油阀,打开出油阀,压力减小。

2. ABS的工作原理

由上述可知,车轮滑动率能较好地反映车轮制动状况,但由于滑动率通常不易直接测量。因此必须采用其他参数作为ABS的控制目标参数。

根据单轮模型(图4-1)的制动车轮受力情况,设单轮模型的质量为m,车轮的转动惯量为I,车轮旋转的角速度为ω,地面的制动力为F_{Xb},作用于车轮的制动力矩为T_μ,忽略空气阻力与滚动阻力,则根据受力和力矩平衡方程可得

$$F_{Xb} = F_Z \varphi_b$$

$$I\frac{d\omega}{dt} = F_{Xb}r - T_\mu \quad (4-21)$$

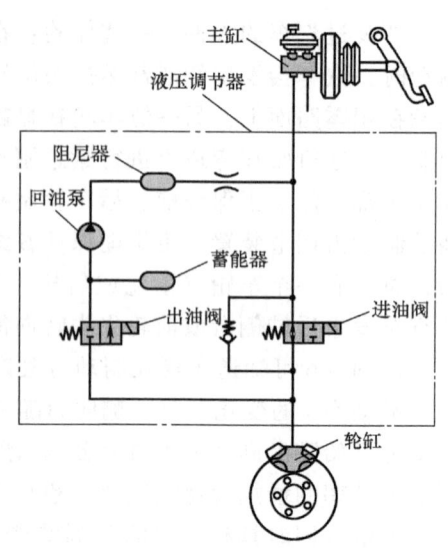

图4-32 Bosch公司ABS 5.3型的液压原理图

由式(4-21)可知,制动过程中,当超出s_p后,地面制动力F_{Xb}和地面制动力矩$F_{Xb}r$将会减小,而当T_μ保持恒定时,势必导致车轮角加速度减小,即增加了车轮角减速度。由于地面提供的制动力矩$F_{Xb}r$比车轮惯性力矩大得多,路面附着系数φ的微小变化将会引起很大的车轮角速度变化。因此,车轮的角减速度可作为一个主要的ABS控制目标参数。

电子控制的防抱制动系统通常采用轮速传感器测量车轮转速信号,通过车轮转速信号的微分来获得车轮的角减速度。但若要准确地控制制动强度,还需要更多的控制目标参数。

通常的方法是采用所谓的相对滑动率作为第二控制目标参数。根据每个车轮的实际转速,通过一定关系推算出一个理想的参考车速,它对应于当前时刻的最佳附着情况。比较该参考车速与实际车速,即可得出相对滑动率的目标值。

图4-33所示为Bosch公司采用的一种典型的逻辑门限值控制的制动过程。制动开始时,如果车轮的角减速度低于门限值$-a$(本节均指绝对值),则取此刻车轮速度作为初始的参考车速u_{ref0},此后,参考车速$u_{ref} = u_{ref0} - a_b t$,$a_b$为由车轮减速度计算得到的汽车减速度。根据$u_{ref}$就可以计算出车轮的滑动率$s$。当车轮的角减速度达到$-a$而$s$小于滑动率的门限值$s_1$时,则使制动压力进入保持阶段(第2阶段);当$s$大于$s_1$时,使制动压力减小(第3阶段);这时车轮的角减速度也会减小,恢复到$-a$值时,就使之保持制动压力(第4阶段);这时车轮因惯性会进一步加速,越过门限值$+a$(该门限值是用来判断低附着系数路面的)后继续加速,一直达到门限值$+A_k$(表

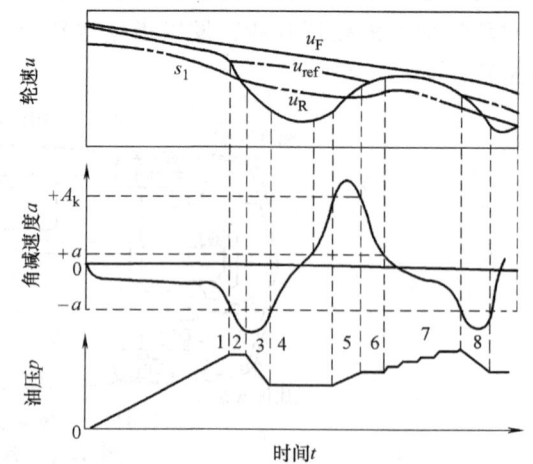

图4-33 在高附着系数路面上的防抱死制动过程
u_F—实际车速 u_{ref}—汽车参考车速 u_R—车轮速度

明是高附着系数路面），这时使制动压力再次增加（第 5 阶段）；当车轮角加速度再回到 $+A_k$ 时，进行保压（第 6 阶段）；车轮角加速度回落到 $+a$ 值，说明此时是在峰值附着系数附近，使制动压力进入缓慢升压阶段，以便保持在峰值附着系数附近，一直到车轮减速度再次达到 $-a$ 值，构成一个循环。之后循环往复一直到汽车停止。

另一个方法是将可测的车辆减速度作为第二个控制目标参数，并为车轮角减速度提供参考。采用这种方法需在车辆中加装一个加速度传感器。

4.5.10 电子制动力分配系统（EBD）

汽车在制动时，两轴汽车 4 个轮胎附着的地面条件往往不一样，如有时左前轮和右后轮附着在干燥的水泥地面上，而右前轮和左后轮却附着在水中或泥水中，这种情况会导致汽车制动时 4 个车轮获得的地面制动力不同，如果制动系统安装了机械式制动压力调节阀，虽然可以避免出现后轮先抱死，但制动力调节曲线与理想的制动力分配曲线相差较大，导致制动效率不高。如果制动系统安装了电子制动力分配系统，其制动力调节曲线在各种载荷下均能与理想的制动力分配曲线靠近，获得较高的制动效率（图 4-34）。

EBD 就是在 ABS 的基础上平衡每个车轮的有效制动力，缩短制动距离，改善制动平衡，避免打滑、倾斜和侧翻事故的发生。EBD 的工作原理是，高速 ECU 在汽车制动的瞬间利用传感器分别对汽车 4 个车轮的不同地面附着状态进行感应、计算，得出不同的附着力数值，进而控制 4 个车轮的制动装置以不同的方式和力度实施制动，并在运动中快速调整，使制动力与附着力相匹配，从而保证车辆在制动过程中平稳、安全行驶。EBD 是 ABS 的附加装置（一

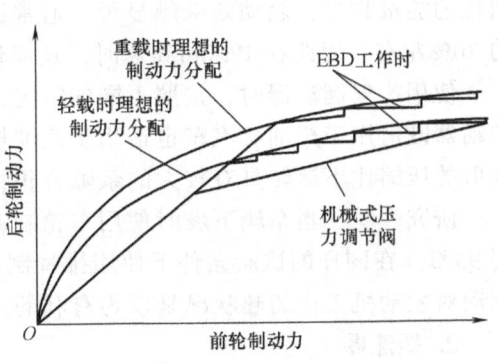

图 4-34 EBD 控制过程原理

般由设计软件来实现），采用滑动率而不是车轮减速度来检测车轮的抱死趋势，相对传统的 ABS，EBD 的滑动率门限值更低一些，制动压力调节的升压及降压梯度明显降低。由于电磁阀工作少，液压泵不工作，因而噪声小，制动舒适性好。配备 EBD 的 ABS，各车轮由于有最理想的制动力分配，可进一步缩短汽车的制动距离。

现代轿车通常将 EBD 作为 ABS 系统的标准功能配置，因此装备 ABS 的车辆上，传统的机械/液压式限压阀或比例阀可以取消。EBD 利用现成的 ABS 功能件实现其功能，无需额外零件。

4.6 缓速制动

在山路上下坡行驶时，一般利用主制动系统将汽车的势能和动能转化为热能；而在连续下长坡行驶时，商用车制动系统的热负荷是非常大的，主制动系统无法及时将热量释放到大气中，使得制动鼓（盘）的温度大幅度升高，从而使摩擦因数下降，磨损加大。结果制动器失去或部分失去制动效能，这种热衰退现象是很危险的。典型的例子是，某路段曾常发生重大交通事故，造成事故的主要原因是该路段有连续的坡道与弯道，有些驾驶人超载、超速驾驶没有装备缓速器的商用车，在下坡时长时间踩着制动踏板，致使制动鼓与蹄片过热而使

制动失灵，导致事故发生。在汽车连续下长坡行驶时，吸收势能维持较慢车速安全行驶的制动工作应由辅助制动系统来承担。辅助制动系统虽然在制动过程中吸收能量的功率较小，但是它可在长时间内维持其制动功率不变，从而保证汽车安全行驶。辅助制动系统独立作用于车轮，维持车辆以一定车速下长坡，减小制动器磨损，保证安全和舒适性。

1. 发动机辅助制动

用发动机制动时，放松加速踏板但不脱开发动机，驱动轮在汽车惯性力作用下，通过传动系统迫使发动机高于怠速转速旋转。此时，行驶中的汽车发动机，如果关闭节气门，发动机就在汽车惯性力的作用下变为压气机，并产生一个制动力矩，制动力矩对汽车产生制动力。汽车的一部分动能为发动机的内摩擦、压缩空气和其他机械损失所消耗。

事实上，发动机制动的制动力是非常有限的。为提高发动机的制动能力，有的汽车在排气歧管上安装排气制动器来增加发动机的压气机作用。排气制动器由安装在排气系统中的节流阀组成，制动时排气制动器阀门关闭，切断油路、电路，利用排气歧管中的反压力产生制动作用。该节流阀可通过机械、电动或气动方法来关闭。发动机产生的制动力矩取决于发动机的转速和传动系统的传动比。传动系统的传动比越大，发动机转速越高，发动机内阻力矩消耗的能量越多，制动效果越显著。通常，发动机所能产生的制动力矩可达发动机驱动力矩的70%左右，因此在中速和高速时，还应使用汽车的主制动器。

使用排气制动器时，按照不同的情况，制动蹄和制动鼓的磨损可减小25%~50%。排气制动器既适用于柴油机汽车也适用于汽油机汽车，只是后者的制动性能稍低于前者，因为在较低的压缩比下运转具有较大的余隙容积，所以当汽油机作为压气机使用时其效率较低。

研究表明，当车辆下坡时使用车轮制动器制动，则内燃机气缸表面的温度将由223℃降到93℃。在同样的试验条件下使用排气制动器，其温度只由223℃降至168℃。可见，排气制动对发动机工作的热状况是较为有利的。

2. 缓速器

有些重型车辆采用液力缓速器或电涡流缓速器。液力缓速器装在变速器的输出端；电涡流缓速器装在变速器输出端或传动轴上，也可装在驱动桥的主传动输入端。

液力缓速器的工作方式与液力偶合器相似，如图4-35所示。按驾驶人对缓速制动功率的要求通过电控线路设定控制气压，将相应的工作液注入缓速器转子与定子间的工作区。转子将传动轴传送的机械能转换成工作液的动能，被定子的固定叶片所阻挡，对转子乃至整车产生制动作用。同时，转换成定子的热能。热能一般通过一个油/水热交换器耗散到发动机冷却液中。并且用热敏开关来限制缓速器的制动功率，以保持热平衡。

为了提高低转速段的制动力矩，增设了一个传动比约为1∶2的升速机构，这种改进了的传统缓速器被称为"助力缓速器"其制动力矩特性如图4-36所示。

电涡流缓速器的定子上装有励磁线圈，通电后形成磁场，装在传动轴上的转子感应出涡电流，产生制动力矩。制动力矩的大小取决于定子上的励磁线圈的磁场强度和转子与定子的间隙。缓速器工作时产生的热，通过转子上的散热筋片发散到周围空气中。按驾驶人对缓速制动功率的要求，可以向八组线圈中的两组、四组、六组、八组通电工作。

电涡流缓速器有过热保护，转子温度升高时，制动力矩会显著下降；当定子温度达到250℃时，为防止缓速器损坏，只向四组线圈供电。装在传动轴上的电涡流缓速器如图4-37所示，电涡流缓速器制动力矩特性如图4-38所示。

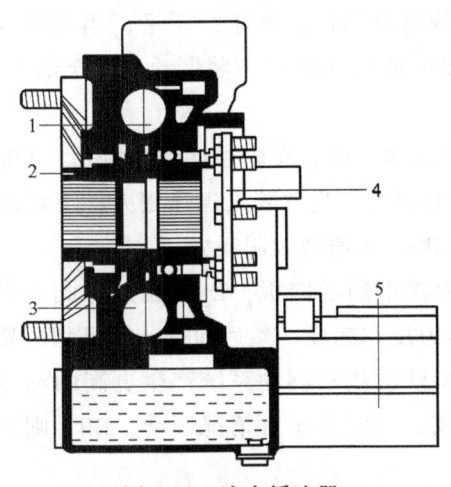

图 4-35 液力缓速器

1—制动定子　2—驱动轴　3—制动转子
4—安装凸缘　5—油/水热交换器

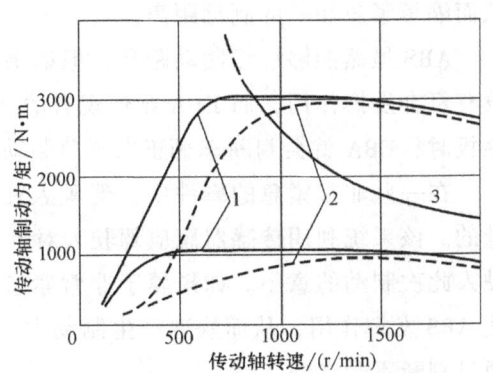

图 4-36 液力缓速器制动力矩特性

1—助力缓速器　2—传统缓速器
3—持续工作时冷却能力极限（300kW 发动机冷却系）

液力缓速器质量小，可直接与变速器连成一体，控制灵敏。电涡流缓速器设计简单，安装方便，价格低，传统的结构在低转速段制动力矩较高，无需另加升速装置。

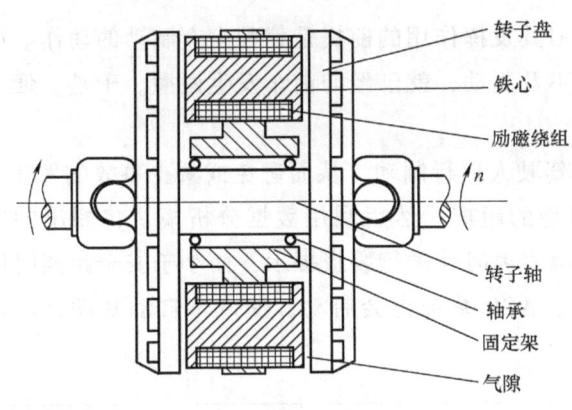

图 4-37 电涡流缓速器

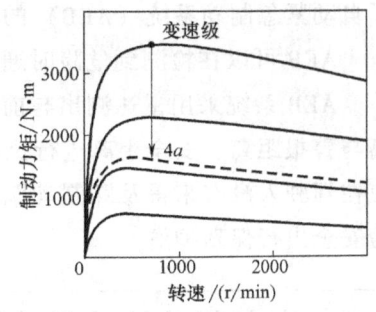

图 4-38 电涡流缓速器制动力矩特性

当车辆在低附着系数路面上行驶时，如果接入缓速制动装置，可能会使车轮产生过大滑转而影响稳定性。因此，防抱制动系统应能监测这种滑转并通过接通和断开缓速制动装置来控制，以使它不超过允许的限值。

4.7　辅助制动系统

4.7.1　电子控制制动辅助系统（EBA）

电子控制制动辅助系统（Electronic Brake Assist，EBA）是汽车紧急制动辅助系统的一种。EBA能通过驾驶人踩下制动踏板的速度,探测车辆行驶情况。紧急情况下,当驾驶人迅速踩下制动踏板的力度不足时,EBA便会启动,并在不足1s的时间内将制动力增至最大,从而缩短紧急制动的制动距离。

ABS虽然能够缩短制动距离,但如果驾驶人采用"点刹"时,车轮往往不会抱死,ABS没有机会发挥作用,而EBA则使现有的ABS具有一定的智能。当驾驶人迅速用力踩下制动踏板时,EBA就会判断车辆正在紧急制动,从而启动ABS,迅速增大制动力。

在一些非常紧急的事件中,驾驶人往往不能迅速地踩下制动踏板,EBA就是为此而设计的。该系统利用传感器感应驾驶人对制动踏板踩踏的力度与速度,然后通过计算机判断驾驶人此次制动的意图。如果属于非常紧急的制动,EBA就会指示制动系统产生更高的油压使ABS发挥作用,从而快速产生制动力,减小制动距离。而对于正常情况制动,EBA则会通过判断不予启动ABS。

通常情况下,EBA的响应速度都会远远快于驾驶人,这对缩短制动距离,增强安全性非常有利。有关测试表明,EBA可以使车速高达200km/h的汽车完全停下的距离缩短21m,尤其是对在高速公路行驶的车辆,EBA可以有效防止常见的"追尾"事故。

4.7.2 自动紧急制动系统(AEB)

虽然车辆配备了众多先进的制动技术,但其发挥作用的前提是驾驶人有制动的动作。而现实中在遇到突发情况时,很多驾驶人还来不及制动,就已经与前车发生碰撞。于是,便有了自动紧急制动系统(AEB)的诞生。

AEB可以在检测到危险时通过系统协助驾驶人进行制动,从而避免或减少事故的发生。

AEB系统采用雷达测出与前车或者障碍物的距离,然后利用数据分析模块将测出的距离与警报距离、安全距离进行比较,小于警报距离时就进行警报提示,而小于安全距离时即使在驾驶人没有来得及踩制动踏板的情况下,AEB系统也会启动,使汽车自动制动,从而为安全出行保驾护航。

4.8 汽车制动性的影响因素

汽车的制动性是行驶安全的重要保证。汽车的制动性与汽车的结构及其使用条件有关,如汽车轴间载荷的分配、载质量、制动系的结构、利用发动机制动、制动初速度、道路条件、驾驶技术等均对制动过程有很大影响。

4.8.1 轴间载荷分配

汽车制动时,前轴载荷增加,后轴载荷减小。如果根据轴间载荷的变化分配前、后轮制动器制动力,符合理想分配的条件,则前、后轮同时抱死。如果前、后轮制动器制动力的比例为定值,则只有在具有同步附着系数的路面上,前、后轮才能同时抱死。当$\varphi>\varphi_0$时,后轮先抱死;当$\varphi<\varphi_0$时,前轮先抱死;空载时总是后轮先抱死。

4.8.2 制动力的调节和车轮防抱死

1. 制动力的调节

为了防止制动时后轮抱死而发生危险的侧滑,汽车制动系的前、后轮制动器制动力的实际分配线(β线)应当总在理想的前、后轮制动器制动力分配曲线(I曲线)下方。同时为了减小前轮失去转向能力的倾向和提高制动效率,β线越接近I曲线越好。如果能按需要改变β线使之达到上述目的,将比前、后轮制动器制动力具有固定比值的汽车具有更大的优越性。为此,在现代汽车制动系中装有各种压力调节装置。

常见的压力调节装置有限压阀、比例阀、感载限压阀、感载比例阀等。

2. 车轮的防抱死

采用按理想制动器制动力分配曲线来改变β线的制动系能提高汽车制动时的方向稳定性,且制动效率也较高。但各种调节装置的β线常在I曲线的下方,因此无论在附着系数为何值的路面上制动,前轮仍将抱死而可能使汽车失去转向能力。另外,由φ_b-s曲线可知,汽车的附着能力和车轮的运动状况有关。当滑动率$s=15\%\sim20\%$时,制动力系数最大;而车轮完全抱死,$s=100\%$时,制动力系数反而下降。一般汽车的制动系,包括装有调节阀能改变β线的制动系,都无法利用峰值附着系数,在紧急制动时,常常是利用较小的滑动附着系数使车轮抱死。

为了充分发挥轮胎与地面间的潜在附着能力,全面满足对汽车制动性的要求,已采用了多种形式的防抱制动系统。采用防抱制动系统,在紧急制动时,能防止车轮完全抱死,而使车轮处于滑动率为$15\%\sim20\%$的状态。此时,制动力系数最大,侧向力系数也很大,从而使汽车在制动时不仅有较强的抗后轴侧滑能力,保证汽车的行驶方向稳定性,而且有良好的转向操纵性。由于利用了峰值附着系数,也能充分发挥制动效能,提高制动减速度和缩短制动距离。

4.8.3 汽车载质量

对于载质量较大的汽车,前、后轮的制动器设计,一般不能保证在任何道路条件下都使其制动力同时达到附着极限,所以汽车的制动距离就会由于载质量的不同而发生差异。实践证明,对于载质量为3t以上的汽车,载质量每增加约1t,其制动距离平均要增加1.0m。即使是同一辆汽车,在装载质量和方式不同时,由于质心位置变动,制动距离也会不同。

另外,对于同一辆汽车,随其载质量的增大,要保持同样的制动减速度,需增大制动力。当制动器制动力达到最大值时,若再增大汽车的载质量,必然会使汽车的制动效能降低,这也是汽车超载易发生事故的原因之一。

4.8.4 车轮制动器

车轮制动器的摩擦副、制动鼓和制动盘的构造和材料,对于制动器的摩擦力矩和制动效能的恒定性有很大影响。在设计制造中应选用优良的结构形式及材料,在使用维修中也应注意摩擦片的选用。

双向自动增力式制动器具有较大的制动效能因数,但稳定性差;双从蹄式制动器的制动效能因数低,但稳定性较好;领从蹄式制动器介于两者之间;盘式制动器的制动效能没有鼓式制动器的大,但其稳定性最好。

制动器的技术状况不仅和设计制造有关,而且和使用维修情况有密切关系。制动摩擦片和制动鼓的接触面积不足或接触不均匀,将使制动摩擦力矩降低。而且局部接触的面积和部位不同,也将引起制动性能的差异。

制动摩擦片的表面不清洁,如沾有油污、水或污泥,则摩擦因数将减小,制动力矩随之降低。如汽车涉水之后水渗入制动器,其摩擦因数将急剧下降20%~30%。

4.8.5 制动初速度

制动初速度高时,需要通过制动消耗的动能也大,故制动距离会延长。制动初速度越高,通过制动器转化产生的热量也越多,制动器的温度也越高。制动蹄片的摩擦性能会随温度的升高而降低,导致制动力衰减,制动距离增加。

4.8.6 利用发动机制动

发动机的内摩擦力矩和泵气损耗可用来作为制动时的阻力矩,而且发动机的散热能力要比制动器强很多。一台发动机在单位时间内大约有相当于其功率1/3的热量必须散发到冷却介质中去。因此,可将发动机当做辅助制动器。

发动机常用于减速制动和下坡时保持车速不变的惯性制动,一般用上坡的档位来下坡。必须注意的是,在紧急制动时,发动机不仅无助于制动,反而需要消耗一部分制动力去克服发动机旋转质量的惯性力。因此,这时应脱开发动机与传动系的连接。

发动机的制动效果对汽车制动性的影响很大。它不仅能在较长的时间内发挥制动作用,减轻车轮制动器的负担,而且由于传动系中差速器的作用,可将制动力矩平均地分配在左、右车轮上,以减小侧滑甩尾的可能性。在光滑的路面上,这种作用就显得更为重要。此外,由于发动机的制动作用,在行车中可显著地减少车轮制动器的使用次数,对改善驾驶条件十分有利。同时,又能经常保持车轮制动器处于低温而能发挥最大制动效能的状态,以备紧急制动时使用。

有些适合山区使用的柴油车,为了加强发动机的制动效果,在排气歧管的末端安装有排气制动器。排气制动器中设有阀门,制动时将阀门关闭,以增大排气歧管中的反压力,从而产生制动作用,这种方法称为排气制动。此时发动机作为"耗功机"(压缩机)。特别是在下长坡时,用发动机进行辅助制动,更能发挥其特殊的优越性。应用这种方法,一般可使发动机制动时所吸收的功率达到发动机有效功率的50%以上。

4.8.7 驾驶技术

驾驶技术对汽车制动性有很大影响。制动时,如能保持车轮接近抱死而未抱死的状态,便可获得最佳的制动效果。经验表明,在制动时,若迅速交替地踩下和放松制动踏板(非紧急情况),即可提高其制动效果。因为,此时车轮边滚边滑,轮胎着地部位不断变换,故可避免由于轮胎局部剧烈发热使胎面温度上升而降低制动效果。在紧急制动时,驾驶人若能快速踩下制动踏板,则制动系的作用时间将缩短,从而缩短制动距离。在光滑路面上不可快速踩下制动踏板，以免因制动力过大而超过附着极限，导致汽车侧滑。当然，装备有 ABS 的汽车在紧急制动时应将制动踏板快速踩到底直至汽车减速或停车。

4.8.8 道路条件

道路的附着系数限制了最大制动力，故它对汽车的制动性有很大的影响。当制动的初速度相同时，附着系数减小，制动距离随之增加。

由于冰雪路面上的附着系数特别小，所以制动距离增大。特别要注意冰雪坡道上的制动距离，并应利用发动机制动。有计算表明，在冰雪路面上，利用发动机制动的辅助作用可使制动距离缩短 20%~30%。

在冰雪路面上制动时方向稳定性变差，当车轮被制动到抱死时，侧滑的危险程度将更大。汽车在冰雪路面上行驶时，应加装防滑链。

4.9 汽车制动性试验

汽车的制动性试验分为道路试验和室内试验，主要是通过道路试验来评定。一般要测定冷制动及高温下（热态）汽车的制动距离、制动减速度、制动时间等。另外还要测定在转弯与变更车道时汽车制动的方向稳定性。

道路试验虽能全面地反映汽车的制动性，但试验需要有特定的场地，且用时长。因此，汽车生产与使用企业及一般试验单位常用室内制动试验台通过测定汽车的地面制动力及左、右车轮地面制动力之差来评定汽车的制动性。

4.9.1 高附着系数路面的制动试验

1. 试验基本条件

试验路段应为干净、平整、坡度不大于 1% 的硬路面，路面附着系数不宜小于 0.75。试验时，风速应小于 5m/s，气温为 0~35℃。试验前，汽车应充分预热，以 $0.8 \sim 0.9 u_{a\max}$ 的速度行驶 1h 以上。

2. 试验仪器

道路试验的主要仪器是五轮仪、惯性式减速度计和压力传感器。五轮仪采用电磁感应传感器、光电传感器与数字显示装置，能精确测出起始车速、制动距离和时间，以及横向偏移，明显提高了试验的准确性。

3. 冷制动试验

冷制动试验时，制动器温度不能超过 100℃。令汽车加速超过起始制动车速 3~5km/h，摘档滑行，待车速降至起始制动车速时，紧急制动直至停车。用仪器记录各项评定指标。为保证试验结果的可靠性，一般都应该进行 200 次的制动器磨合制动试验，制动减速度为 3.5m/s²。试验中，若汽车偏航角大于 8°或超越试验路段宽度 3.5m 界线时，应重新调整被测试汽车的制动系，再进行试验。

4. 高温工况试验

高温工况试验包含两个阶段：加热制动器与测定制动性指标。连续制动是一种常用的加热方法,即令汽车加速到 $0.8u_{amax}$ 时,以 $3m/s^2$ 的减速度制动减速到 $0.4u_{amax}$;再加速,再制动减速。每次制动的时间间隔为 45~60s。根据不同车型共制动 15~20 次。最后轿车制动器温度可升至 250~270℃,中型货车达 140~150℃,重型货车达 170~200℃。也可令汽车维持 40km/h 车速驶下长度为 1.7km、坡度为 7% 的坡道来加热制动器。加热前后及中间应进行数次制动性指标测定,以评定制动系的热衰退性能。

另一种高温工况是下长坡连续制动。如令汽车在坡度为 6%~10%、长度为 7~10km 的坡道上以车速 30km/h 制动下坡,最后检查制动性指标。

5. 汽车制动方向稳定性试验

汽车转弯试验在平坦的干地面上进行(ABS系统的转弯制动在冰雪路面上进行)。试验时汽车沿一定半径做圆周行驶,达到下述开始制动前的稳定状态:转弯半径为 40m 或 50m,侧向加速度为 $(5±0.5)m/s^2$,相应车速为 51km/h 或 57km/h;或者转弯半径为 100m,侧向加速度为 $(4±0.4)m/s^2$,相应车速为 72km/h;保持转向盘转角不变动,放松加速踏板,迅速踩下制动踏板,离合器可以脱开也可以不脱开,使汽车以不同的等制动减速度制动。记录制动减速度、汽车横摆角速度、汽车偏航角、制动时侧向路径偏离量等参数。根据试验结果绘制最大横摆角速度、汽车偏航角、制动时侧向路径偏离量等参数与制动减速度的关系曲线。利用这些曲线来评价汽车的转弯制动方向稳定性。

因为湿路面附着系数降低很多,转弯制动试验也常在湿路面上进行。

评定制动时方向稳定性的试验,也在汽车的左、右两侧车轮行经不同附着系数的路面上进行,如左轮行经 $\varphi=0.7$ 的路面,右轮行经 $\varphi=0.3$ 的路面。

6. 汽车防抱制动系统(ABS)制动性试验

对于采用防抱制动系统的汽车,试验时测量附着系数利用率。附着系数利用率 ε 是防抱制动系统工作时的最大制动强度 z 与附着系数 φ 的比值,即 $\varepsilon=z/\varphi$。附着系数利用率 ε 应在 $\varphi\leqslant0.3$ 和 $\varphi\approx0.8$ 的两种路面上测量,且应满足 $\varepsilon\geqslant0.75$ 的条件。同时还应保证在对接路面上(从高附着系数 φ_H 到低附着系数 φ_L 或者反过来。$\varphi_H\geqslant0.5$,$\varphi_H/\varphi_L>2$)和左右车轮分别位于两种不同附着系数 (φ_H 和 φ_L) 的对开路面上 ($\varphi_H\geqslant0.5$,$\varphi_H/\varphi_L>2$),以 50km/h 制动初速度制动,车轮不能抱死。并且还要求在对开路面上,用转向盘来修正方向时,在最初 2s,转向盘转角不得超过 120°,总转角不得超过 240°。

7. 制动距离、制动减速度和车辆的侧向路径偏移量

在汽车道路制动试验中,关键是要测准制动距离、制动减速度和车辆的侧向路径偏移量。测量制动距离时,首先要测准制动的起始时刻。一般采用制动踏板开关和制动灯开关来进行测量。制动初速度在极限偏差为 3% 的范围内,制动距离按下式修正:

$$L=L'(u/u')^2$$

式中 L ——校正后的制动距离(m);

L' ——测定的制动距离(m);

u ——初速度的规定值(km/h);

u' ——初速度的测定值(km/h)。

制动减速度的测量有两种方法:一种是采用减速度计;另一种是采用五轮仪的速度信号微分。减速度计的选择要注意频率响应特性、灵敏度和噪声。

侧向路径偏移量的测量有两种方法:一种是采用皮尺测量汽车相对行驶航道的偏离,最

大测量误差为 0.05m；另一种是采用航向陀螺仪测量偏航角，这种方法一般用于研究。

4.9.2 制动性的室内试验

室内试验装置主要有平板式及滚筒式两种。图 4-39 所示为平板式制动试验台简图。试验台由 4 块可活动的平板组成，左、右平板中心的距离等于轮距的宽度，前、后平板中心的距离等于轴距，每一块平板的长度都大于一个车轮的直径，大约为 1m。试验时，车辆用低速驶上平板并踩制动踏板。由于 4 个平板的纵向运动受到测力传感器的约束，所以每一块平板所测出的力等于轮胎和平板之间的制动力。平板式试验台的优点是可以反映制动时载荷的转移，测试方便、时间短。平板式试验台容易模拟道路的附着情况，而滚筒式制动试验台为了增加筒面与轮胎胎面的附着力，筒面应有横向槽形花纹，以保持附着系数在 0.65 以上。有时还应使用一定加载装置，以增加附着质量。

图 4-39 平板式制动试验台简图

图 4-40 所示为一种广泛采用的滚筒式制动试验台简图。试验台主要由滚筒装置、驱动装置、检测装置与控制装置等组成。滚筒由电动机经减速装置驱动。旋转的滚筒带动车轮旋转，当踩制动踏板时，车轮受到的制动器摩擦力矩增加滚筒旋转的阻力，电动机的反作用力矩由测力传感器测得，这样就能测出每个车轮制动器的摩擦力矩，进而得到每个车轮的制动力大小。

制动试验台滚筒表面应干燥，没有松散物质及油污。驾驶人将汽车驶上滚筒，位置摆正，起动滚筒，使用制动，测取所要求的参数值，并记录车轮是否抱死。

轿车制动力大部分是由前轮制动器提供的，在滚筒式试验台上测量汽车前轮制动力常常会不准确。这是因为试验中作用于滚筒的垂直力仅是处于静止状态汽车的前轴轴荷（大大小于真实制动时前轴对地面的动态作用力），轮胎与筒面间的附着系数又较低，造成轮胎与筒面间的附着力明显不足。采用平板式试验台进行测试时，注意要有一定的引车距离和稳定的车速，以提高其测试的重复性。平板式试验台不容易测量制动鼓的失圆度，测量制动力随制动踏板力的变化

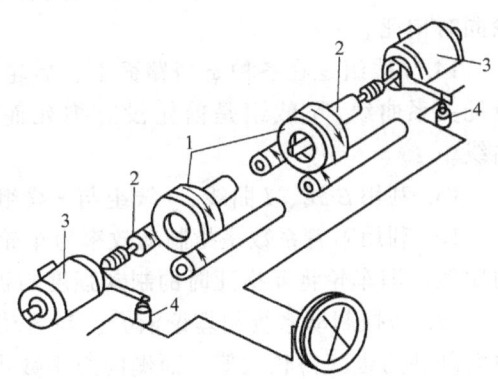

图 4-40 滚筒式制动试验台简图
1—车轮 2—滚筒 3—电动机 4—测力传感器

不如滚筒式试验台方便。在测量左、右车轮制动力的偏差时，目前常用检测线上的滚筒式试验台，通过计算机采集制动踏板力增大过程中的左、右车轮制动力，然后计算出不相等度。

本 章 小 结

1. 汽车制动性的评价指标：①制动效能；②制动效能的恒定性；③制动时汽车的方向稳定性。

2. 制动器制动力、地面制动力及附着力之间的关系。

3. 制动力系数 φ_b 与滑动率 s 的关系。

4. 影响制动力系数的因素。

5. 制动过程的阶段：驾驶人反应时间、制动器作用时间、持续制动时间、放松制动器时间。

6. 制动距离的概念。

7. 制动效能的恒定性。

8. 制动时汽车跑偏的原因主要有：①汽车左、右车轮制动力不相等，特别是前轴左、右车轮（转向轮）制动器的制动力不相等；②制动时悬架导向杆系与转向系拉杆在运动学上不协调（互相干涉）。

9. 制动侧滑是指汽车制动时汽车的某一轴或两轴发生横向移动的现象。后轴侧滑是不稳定、危险的工况。

10. 制动时，前、后轮的地面法向反作用力。

11. 理想的前、后轮制动器制动力分配曲线（I 曲线）是指制动时前、后车轮同时抱死时的前、后制动器制动力的关系曲线。只要给定汽车总质量及汽车质心的位置，就能作出 I 曲线。I 曲线可通过解析法和作图法获得。

12. 制动器制动力分配系数是指前制动器制动力与汽车总制动器制动力之比。

13. 同步附着系数为 β 线与 I 曲线交点处的附着系数。同步附着系数说明，前、后制动器制动力为固定比值的汽车，只有在附着系数为同步附着系数的路面上制动时才能使前、后轮同时抱死。

14. f 线组是在各种 φ 值路面上，后轮没有抱死而前轮抱死时的前、后轮地面制动力的分配关系曲线。r 线组是前轮没有抱死而后轮抱死时的前、后轮地面制动力的分配关系曲线。

15. 利用 β 线、I 曲线、f 线组与 r 线组，分析汽车在不同 φ 值路面上的制动过程。

16. 利用附着系数是指制动效率为车轮不锁死的最大制动强度与车轮和地面间附着系数的比值，即车轮将要抱死时的制动强度与被利用的附着系数之比。

17. 防抱制动系统的理论依据：当滑动率 $s = 15\% \sim 20\%$ 时，制动力系数出现峰值，此时地面制动力也获得较大值，而侧向力系数也较大，即同时具有一定的防侧滑能力。防抱制动系统就是将制动时车轮的滑动率控制在 $15\% \sim 20\%$ 之间起到其作用的。

18. 影响制动性的主要因素：轴间载荷分配、制动力的调节和车轮防抱死、汽车载质量、车轮制动器、制动初速度、利用发动机制动、驾驶技术、道路条件。

19. 汽车制动性试验：汽车的制动性主要通过道路试验来评定。

一般要测定冷制动及高温下（热态）汽车的制动距离、制动减速度、制动时间等参数。另外还要测定在转弯与变更车道时汽车制动的方向稳定性。

习　题

1. 什么是汽车的制动性？汽车制动性的评价指标有哪些？
2. 什么是制动器制动力、地面制动力和附着力？三者有什么联系和区别？
3. 什么是车轮的滑动率？制动力系数、侧向力系数与滑动率的关系如何？
4. 汽车制动过程可分为几个阶段？什么是汽车的制动距离？它与哪些因素有关？
5. 什么是汽车制动效能的恒定性？影响汽车制动器热衰退性的主要因素是什么？
6. 什么是汽车制动时的跑偏和侧滑？各有何特点？造成跑偏或侧滑的原因是什么？
7. 什么是汽车的同步附着系数 φ_0？如何选择？
8. 已知某汽车总质量 $m=8025$kg，轴距 $L=4$m，质心离前轴距离 $a=3.03$m、离后轴距离 $b=0.97$m、高度 $h_g=1.15$m，在坡度为 $\alpha=15°$ 的良好路面上等速下坡（低速）时，地面法向反力 F_{Z1}、F_{Z2} 是多大？如果该车在附着系数 $\varphi=0.7$ 的水平沥青路面上紧急制动，获得的最大减速度是多大？
9. 某汽车总质量为 5400kg，质心高度 $h_g=1.25$m，质心至前轴距离 $a=2.315$m，至后轴距离 $b=0.985$m，制动器制动力分配系数 $\beta=0.446$，求该车的同步附着系数。在 $\varphi=0.6$ 的道路上制动时，是否会出现后轴先抱死的现象？
10. 某汽车同步附着系数 $\varphi_0=0.4$，试分析该车在良好的沥青路面上（$\varphi=0.7$）的制动过程（利用 β 线、I 曲线、f 线组与 r 线组分析）。
11. 请分析防抱制动系统（ABS）的理论依据。

第5章

汽车的操纵稳定性

　　汽车在行驶过程中，会遇到各种复杂的情况，有时沿直线行驶，有时沿曲线行驶。在出现意外情况时，驾驶人还要做出紧急的转向操作，以避免发生事故。此外，汽车还要经受来自地面不平、坡道、大风等各种外部因素的干扰。

　　汽车的操纵稳定性是指在驾驶人不感到过分紧张、疲劳的条件下，汽车能遵循驾驶人通过转向系统及转向车轮给定的方向行驶，且当遭遇外界干扰时，汽车能抵抗干扰而保持稳定行驶的能力。

　　汽车的操纵稳定性包括两个相互关联的部分，即操纵性和稳定性。操纵性是指汽车能够确切地响应驾驶人指令的能力；稳定性是指汽车抵抗改变其行驶方向的各种外界干扰（路面扰动或风扰动等），并保持稳定行驶而不失去控制，避免翻车或侧滑的能力。

　　汽车的操纵稳定性，是汽车的主要使用性能之一，随着汽车平均速度的提高，操纵稳定性显得越来越重要。汽车的操纵稳定性是汽车主动安全性的重要评价指标，它不仅影响汽车驾驶的操纵方便程度、汽车的行驶安全，而且与汽车运输生产率及驾驶人的疲劳强度有关。

5.1 概述

5.1.1 汽车操纵稳定性的基本内容

　　汽车操纵稳定性涉及的问题较为广泛，它需要采用较多的物理参量从多方面来进行评价。表 5-1 给出了汽车操纵稳定性的基本内容及评价所用物理参量。

表 5-1　汽车操纵稳定性的基本内容及评价所用物理参量

基本内容	主要评价物理参量
转向盘角阶跃输入下的稳态响应——转向特性 转向盘角阶跃输入下的瞬态响应	稳态横摆角速度增益——转向灵敏度 反应时间、横摆角速度波动的无阻尼圆频率
横摆角速度频率响应特性	共振峰频率、共振时振幅比、相位滞后角、稳态增益
转向盘中间位置操纵稳定性	转向灵敏度、转向力特性——转向盘转矩梯度、转向功灵敏度
回正性	回正后剩余横摆角速度与剩余横摆角、达到剩余横摆角速度的时间
转向半径	最小转向半径
转向轻便性：原地转向轻便性、低速行驶转向轻便性、高速行驶转向轻便性	转向力、转向功

(续)

基本内容	主要评价物理参量
直线行驶性能:直线行驶性、侧向风敏感性、路面不平敏感性	车速、转向盘转角和力矩、侧向偏移
典型行驶工况性能:蛇行性能、移线性能、双移线性能——回避障碍性能	转向盘转角、转向力、侧向加速度、横摆角速度、侧偏角、车速等
极限行驶性能:圆周行驶极限侧向加速度、抗侧翻能力、发生侧滑时的控制性能	极限侧向加速度、极限车速、回至原来路径所需时间

在汽车操纵稳定性的研究中,常将汽车作为一个控制系统,求出汽车曲线行驶的时域响应与频域响应,并用它们表征汽车的操纵稳定性。

汽车曲线行驶的时域响应是指汽车在转向盘输入或外界侧向干扰输入下的侧向运动响应。转向盘输入有两种形式:给转向盘作用一个角位移,称为角位移输入,简称角输入;给转向盘作用一个力矩,称为力矩输入,简称力输入。驾驶人在实际驾驶车辆时,对转向盘的这两种输入是同时加入的。外界侧向干扰输入主要是指侧向风与路面不平产生的侧向力。表5-1中的转向盘角阶跃输入下的稳态响应及转向盘角阶跃输入下的瞬态响应,就是表征汽车操纵稳定性的转向盘角位移输入下的时域响应。回正性是一种转向盘力输入下的时域响应。

横摆角速度频率响应特性是转向盘转角正弦输入下,频率由 $0 \to \infty$ 时,汽车横摆角速度与转向盘转角的振幅比及相位差的变化规律。它是另一个重要的表征汽车操纵稳定性的基础特性。

转向盘中间位置操纵稳定性是转向盘小转角、低频正弦输入下汽车高速行驶时的操纵稳定性。

转向半径是评价汽车机动灵活性的物理参量。

转向轻便性是评价转动转向盘轻便程度的特性。

汽车的直线行驶性能是评价汽车操纵稳定性的另一个重要方面。其中,侧向风敏感性与路面不平敏感性是汽车直线行驶时在外界侧向干扰输入下的时域响应。

典型行驶工况性能(Task Performance)是指汽车通过某种模拟典型驾驶操作的通道的性能。它能更如实地反映汽车的操纵稳定性。

极限行驶性能是指汽车在处于正常行驶与异常危险运动之间的运动状态下的特性。它表明了汽车安全行驶的极限性能。

本章只讨论上述内容的最基本部分:转向盘角阶跃输入下的稳态响应、瞬态响应与横摆角速度频率响应特性。此外,对转向盘力特性与汽车侧翻也稍做介绍。

汽车是由若干部件组成的一个系统。它具有惯性、弹性、阻尼等许多动力学的特点,所以它是一个多自由度动力学系统。应指出,构成汽车动力学系统的元件,如轮胎、悬架、转向系等,具有非线性特性,描述汽车的微分方程应是非线性微分方程,即汽车为一个非线性系统。但是在大多数行驶状况下,汽车的侧向加速度不超过 $0.4g$,若忽略一些次要因素,则可以将汽车近似地看成一个线性动力学系统。本章就是将汽车作为线性系统来分析讨论的。

5.1.2 车辆坐标系

汽车的运动是借固结于运动着的汽车上的动坐标系——车辆坐标系来描述的。图 5-1 所示固结于汽车上的 $Oxyz$ 直角动坐标系就是车辆坐标系。xOz 处于汽车左右对称的平面内。当车辆在水平路面上处于静止状态下，x 轴平行于地面指向前方，z 轴通过质心指向上方，y 轴指向驾驶人的左侧，坐标系的原点 O 常可令其与质心重合。

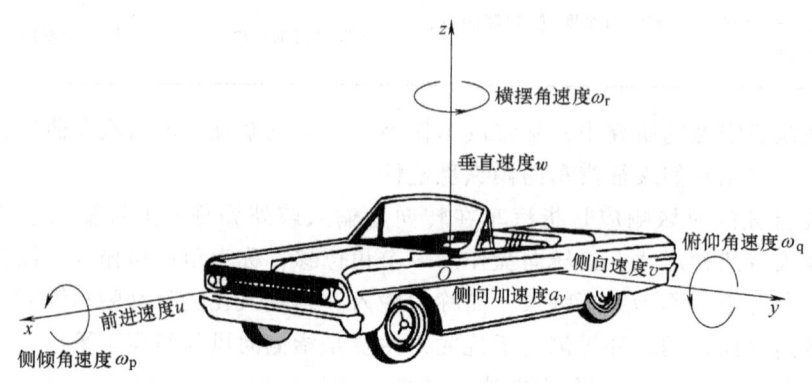

图 5-1 车辆坐标系与汽车的主要运动形式

如果将汽车作为一个整体来研究，其在三维空间中的运动主要包括：沿 x 方向的平动——纵向运动；沿 y 方向的平动——侧向运动；沿 z 方向的平动——垂直运动；绕 x 轴的转动——侧倾运动；绕 y 轴的转动——俯仰运动；绕 z 轴的转动——横摆运动。其中沿 x 方向的平动、沿 z 方向的平动及绕 y 轴的转动与转向操纵没有直接的关系，而其他的运动是由转向操纵直接引起的，因此也就是汽车操纵稳定性研究的主要内容。

在车辆坐标系中描述的汽车运动可以用表 5-2 的符号及名称来详细说明。

表 5-2 汽车运动符号说明

符号	名称	说明
u	前进速度	车身质心速度沿 x 轴分量
v	侧向速度	车身质心速度沿 y 轴分量
w	垂直速度	车身质心速度沿 z 轴分量
ω_p	侧倾角速度	车身角速度沿 x 轴分量
ω_q	俯仰角速度	车身角速度沿 y 轴分量
ω_r	横摆角速度	车身角速度沿 z 轴分量

汽车的操纵稳定性是汽车的主要性能之一。汽车操纵稳定性的研究主要是分析汽车做曲线运动时的响应，并以相关的物理量来表征汽车的操纵稳定性。对于给定的汽车，在转向盘输入下的响应特性，如侧向运动、横摆运动及侧倾运动等响应，常用来对汽车的操纵稳定性进行评价。

5.1.3 人-汽车系统

在汽车操纵稳定性的研究中，可以将汽车仅作为一个开环系统进行分析和研究。在这种开环系统中，假定驾驶人只是机械地对转向盘做必要的转动，而不允许根据汽车的转向运动做任何操纵修正动作，即不存在任何反馈作用。因此将汽车作为开环系统来研究，汽车的响应完全取决于汽车的结构参数，能够较好地反映汽车本身的固有特性。这种开环系统的时域响应可以通过建立数学模型进行理论分析，也可用测试设备通过试验测量进行客观分析。

虽然汽车的开环系统研究可以为汽车的操纵稳定性提供可靠的分析方法，但是汽车的操纵稳定性是与汽车驾驶人相联系的。因此，在研究操纵稳定性时应将驾驶人与汽车作为一个统一的整体。图5-2概括地描述了人-汽车系统中驾驶人与汽车的关系。驾驶人根据需要，操纵转向盘使汽车做一定的转向行驶运动，路面凸凹不平、侧向风等干扰因素也影响汽车的行驶。驾驶人根据道路、交通等情况，通过身体感知汽车运动状态，经分析、判断，对转向盘进行操纵修正。如此不断地反复循环，驾驶人操纵汽车行驶前进。由此可知，在人-汽车系统中，通过驾驶人将系统的输出参数反馈到输入控制中。因此，人-汽车系统是一个闭环系统。驾驶人的反馈作用十分复杂，目前理论研究尚不成熟，人-汽车系统的汽车操纵稳定性借助试验进行测定。表5-1中的典型行驶工况性能就是人-汽车闭环系统的操纵稳定性能，是指人-汽车系统通过某种典型通道时的性能。

尽管试验得到的人-汽车闭环系统的性能真实地反映了汽车的操纵稳定性能，但是由于实施试验的驾驶人的操作特性起着反馈的作用，所以客观性及再现性就不如开环系统汽车的时域响应好。人-汽车系统的操纵稳定性只能在已具有实际车辆的条件下通过试验求得，目前尚不能用理论分析与计算进行准确预测。

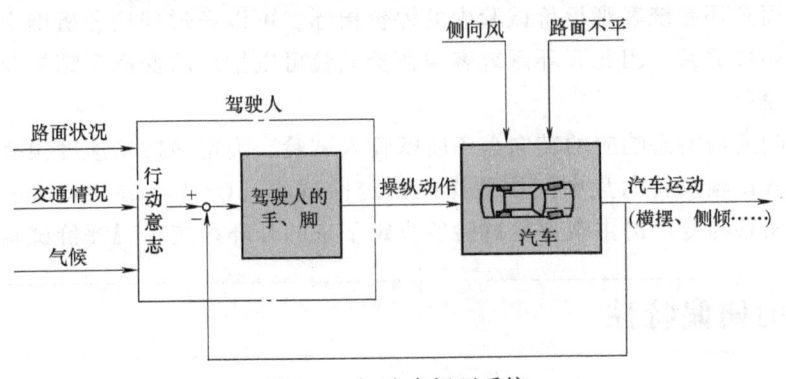

图 5-2 人-汽车闭环系统

5.1.4 汽车操纵稳定性试验的评价方法

汽车的性能最后应通过试验来进行测定和评价，这也是非常重要的。对试验中汽车性能的评价可分为主观评价和客观评价两种。主观评价法是指让试验评价人员根据试验时自己的感觉进行评价的方法，并按规定的项目和评分办法进行评分。客观评价法是通过测试仪器测出能够表征汽车操纵稳定性能的参数（如横摆角速度、侧向加速度及侧倾角等）来评价操纵稳定性的方法。在研究汽车的固有特性的开环系统中应用的是客观评价法，而在采用闭环系统研究汽车的操纵稳定性中通常同时采用客观评价与主观评价两种方法。

由于汽车是由人来驾驶的，因此主观评价法始终是操纵稳定性的最终评价方法。例如，客观评价中采用的物理量是否可以表征操纵稳定性，就取决于用这些物理量评价性能的结果与主观评价是否一致。熟练的试验驾驶人在进行主观评价试验时，还能发现仪器所不能检验出来的问题。较为常见的是先由人的感觉发现问题，然后用仪器来进行检测。虽然开环系统试验只用客观评价法，但是其试验方法的本身及采用的评价指标，实际上均是由人们的长期实践或专门设置的主观评价试验来检验、确定的。

在汽车操纵稳定性闭环评价中，闭环试验一般选取汽车的一些典型行驶工况，评价比较接近实际交通情况。典型行驶工况中的汽车操纵性包含了人、车的相互作用，是人-汽车系统意义上的性能，因此，以此为基础的评价更为合理、可信。

汽车操纵稳定性的主观评价是驾驶人根据不同的驾驶任务操纵汽车时，依据对操纵动作难易程度的感觉来对汽车进行评价，即驾驶人对汽车的易操纵性所进行的评价。由于个体的生理心理存在很大差异，因此，不同的驾驶人对同一汽车同一特性的评价可能大不相同，致使主观评价结果产生很大的离散性。为减小其离散性，使主观评价真实可信，通常要指定一组评价者，一般为 10~25 人，用统计的方法来获得评价结果。在选取评价者时，要对评价者的评价能力提出要求，即评价者应具有较好的分辨能力和记忆力；要尽可能排除其他干扰因素，如因评价者是被测车的设计者而产生的偏袒，或被测车与评价者已习惯的车相比较而导致评价的片面性等；被测车对评价者应当是未知的，以避免评价者利用自己的技术知识弥补观察和感觉的不足。

主观评价的缺点之一是，它受到评价者个人主观因素的影响，不同评价者可能给出差别较大的评价结果；其另一缺点是，一般情况下，它不能给出汽车性能与汽车结构之间有何种联系的信息。而开环系统客观评价试验中的评价指标，可以通过理论分析确定汽车性能与汽车结构参数的函数关系，因此开环系统客观评价试验可以指出改变汽车结构及结构参数以提高性能的具体途径。

确定稳态响应与瞬态响应的转向盘角阶跃输入试验、确定横摆角速度频率响应特性的转向盘角脉冲输入试验及转向盘中间位置操纵稳定性试验（On Center Handling Test）就是由长期汽车工程实践与专门的主观评价试验所肯定下来的开环系统客观评价试验方法。

5.2 轮胎的侧偏特性

轮胎的侧偏特性是轮胎力学特性的一个重要部分。侧偏特性主要是指侧偏力、回正力矩与侧偏角间的关系，它是研究汽车操纵稳定性的基础。

5.2.1 轮胎的坐标系

为了讨论轮胎的力学特性，需要建立一个坐标系，如图 5-3 所示。垂直于车轮旋转轴线的轮胎中分平面称为车轮平面。坐标系的原点 O 为车轮平面和地平面的交线与车轮旋转轴线在地平面上投影线的交点。车轮平面与地平面的交线取为 X 轴，规定向前为正。Z 轴与地平面垂直，规定指向上方为正。Y 轴在地平面上，规定面向车轮前进方向时指向左方为正。

图 5-3 中还画出了地面作用于轮胎的力与力矩,即地面切向反作用力 F_X、地面侧向反作用力 F_Y、地面法向反作用力 F_Z 及地面反作用力绕 Z 轴的力矩——回正力矩 T_Z 等。它们均按轮胎坐标系规定的方向确定正、负方向。图中还画出了侧偏角 α 与外倾角 γ。侧偏角是轮胎接地印迹中心(即坐标系原点)位移方向与 X 轴的夹角,图示方向为正;外倾角是垂直平面(XOZ 平面)与车轮平面的夹角,图示方向为正。

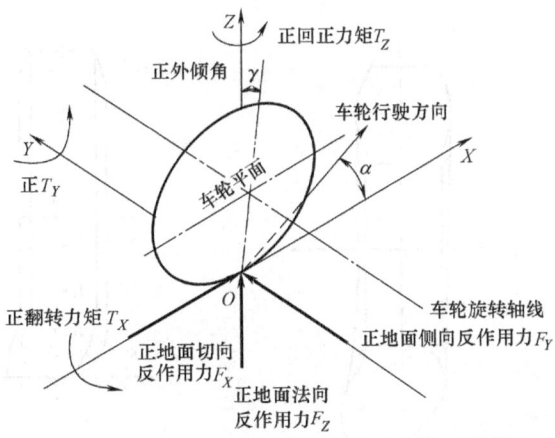

图 5-3 轮胎的坐标系与地面作用于轮胎的力和力矩

5.2.2 轮胎的侧偏现象

汽车在行驶过程中,由于路面的侧向倾斜、侧向风或曲线行驶时的离心力等作用,车轮中心沿 y 轴方向将作用有侧向力 F_y,相应地在地面上产生地面侧向反作用力 F_Y,F_Y 也称为侧偏力。当有地面侧向反作用力时,若车轮是刚性的,则可以发生两种情况:

1) 当地面侧向反作用力 F_Y 未超过车轮与地面间的附着极限时,车轮与地面间没有滑动,车轮仍在其自身平面 cc 内运动(图 5-4)。

2) 当地面侧向反作用力 F_Y 达到车轮与地面间的附着极限时,车轮发生侧向滑动,若滑动速度为 Δu,车轮便沿合成速度 u' 的方向行驶,偏离了 cc 平面。

当车轮有侧向弹性时,即使地面侧向反作用力 F_Y 没有达到附着极限,车轮行驶方向也将偏离车轮平面 cc,这就是轮胎的侧偏现象。为了说明侧偏现象,讨论具有侧向弹性的车轮在垂直载荷为 W 的条件下,车轮中心受到侧向力 F_y,地面相应的有侧偏力 F_Y 时的两种情况:

1) 车轮静止不滚动。由于车轮有侧向弹性,轮胎发生侧向变形,轮胎胎面接地印迹的中心线 aa 与车轮平面 cc 不重合,错开 Δh,但 aa 仍平行于 cc(图 5-5a)。

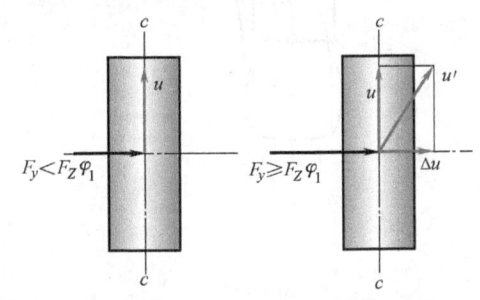

图 5-4 有侧向力作用时刚性车轮的滚动

2) 车轮滚动。接触印迹的中心线 aa 不只是和车轮平面 cc 错开一定距离,而且不再与车轮平面 cc 平行,aa 与 cc 的夹角 α,即为侧偏角。此时,车轮就是沿着 aa 方向滚动的(图 5-5b)。

为了说清楚出现侧偏角 α 的原因,下面具体分析车轮的滚动过程(图 5-5b)。在轮胎胎面中心线上标出 A_1、A_2、A_3、…各点,随着车轮向前滚动,各点将依次落于地面上相应的 A_1'、A_2'、A_3'、…各点上。在主视图上可以看出,靠近地面的胎面上,A_1、A_2、A_3、…各点连线在接近地面时逐渐变为一条斜线,因此它们落在地面相应各点 A_1'、A_2'、A_3'、…的连线并

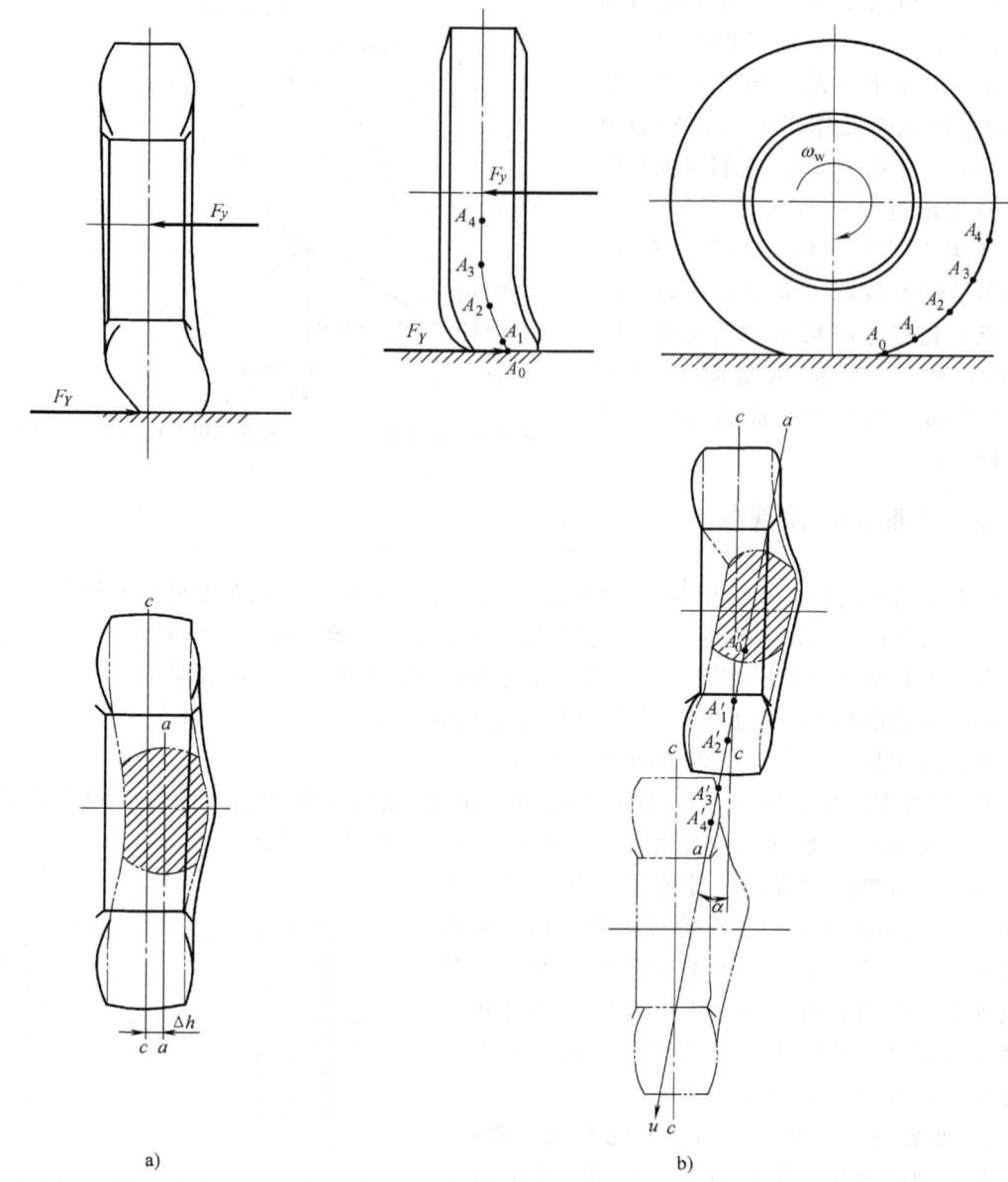

图 5-5 轮胎的侧偏现象
a) 静止 b) 滚动

不垂直于车轮旋转轴线,即与车轮平面 cc 有夹角 α。当轮胎与地面没有侧向滑动时,A_1'、A_2'、A_3'、…的连线就是接地印迹的中心线,当然也是车轮滚动时在地面上留下的痕迹,即车轮并没有在车轮平面 cc 内向前滚动,而是沿着侧偏角 α 的方向滚动。显然,侧偏角 α 的数值是与侧偏力 F_Y 的大小有关的。

图 5-6 所示为一条由试验测出的侧偏力-侧偏角曲线。曲线表明,侧偏角不超过 5° 时,F_Y 与 α 呈线性关系。汽车正常行驶时,侧向加速度不超过 0.4g,侧偏角不超过 5°,可以认为侧

偏角与侧偏力呈线性关系。F_Y-α 曲线在 $\alpha = 0°$ 处的斜率称为侧偏刚度 k，单位为 N/rad 或 N/(°)。由轮胎坐标系有关符号规定可知，负的侧偏力产生正的侧偏角，因此侧偏刚度为负值。F_Y 与 α 的关系式可写为

$$F_Y = k\alpha \qquad (5-1)$$

小型轿车轮胎的 k 值约在 $-80000 \sim -28000$ N/rad。侧偏刚度是决定操纵稳定性的重要轮胎参数。轮胎应有高的侧偏刚度（指绝对值），以保证汽车有良好的操纵稳定性。

在侧偏力较大时，侧偏角以较大的速率增长，即 F_Y-α 曲线的斜率逐渐减小，这时轮胎在接地面处已发生部分侧滑。最后，侧偏力达到附着极限时，整个轮胎侧滑。显然，轮胎的最大侧偏力取决于附着条件，即垂直载荷，轮胎胎面花纹、材料、结构、充气压力，路面的材料、结构、潮湿程度及车轮的外倾角等。一般而言，最大侧偏力越大，汽车的极限性能越好，如按圆周行驶的极限侧向加速度就越高。

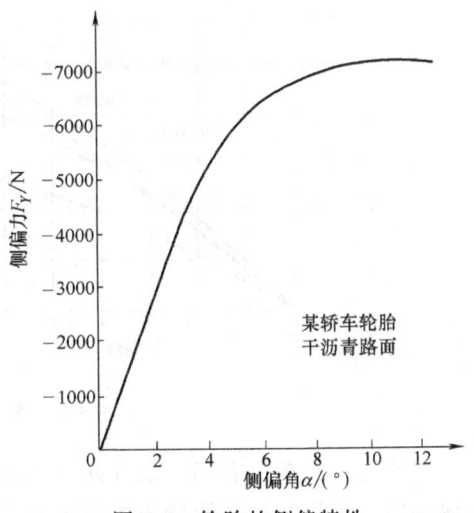

图 5-6 轮胎的侧偏特性

5.2.3 轮胎结构、工作条件与侧偏特性的关系

轮胎的尺寸、形式和结构参数对侧偏刚度有显著影响。尺寸较大的轮胎有较高的侧偏刚度。子午线轮胎接地面宽，一般侧偏刚度较高。钢丝子午线轮胎比尼龙子午线轮胎的侧偏刚度高。以百分数表示的轮胎断面高 H 与轮胎断面宽 B 之比，即 $H/B \times 100\%$ 称为高宽比。现代轮胎的高宽比逐渐减小，不少轿车已采用高宽比为 60%（60 系列）的宽轮胎。追求高性能的运动型轿车也有采用高宽比为 50% 甚至 40% 宽轮胎的。高宽比对轮胎侧偏刚度的影响很大，采用高宽比小的宽轮胎是提高侧偏刚度的主要措施。图 5-7 所示为 4 种轮胎的侧偏刚度与垂直载荷的关系曲线，可以看出高宽比为 60% 的 60 系列轮胎的侧偏刚度有大幅度提高。

汽车行驶时，轮胎垂直载荷常有变化。如转向时，内侧车轮轮胎的垂直载荷减小，外侧车轮轮胎的垂直载荷增大。垂直载荷的变化对轮胎侧偏特性有显著影响。图 5-8 表明垂直载荷增大后，侧偏刚度随垂直载荷的增加而加大；但垂直载荷过大时，轮胎与地面接触区的压力变得极不均匀，使轮胎侧偏刚度反而有所减小。

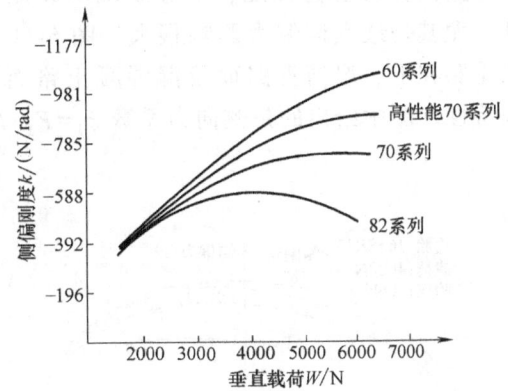

图 5-7 4 种不同高宽比子午线轮胎的侧偏刚度与载荷的关系曲线

轮胎充气压力对侧偏刚度也有显著影响。由图 5-9 可知，气压增加，侧偏刚度增大，但气压过高后侧偏刚度不再变化。

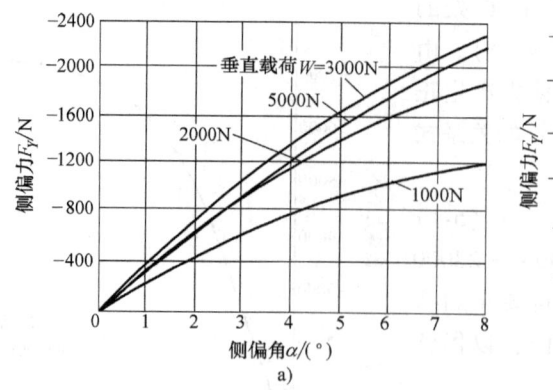
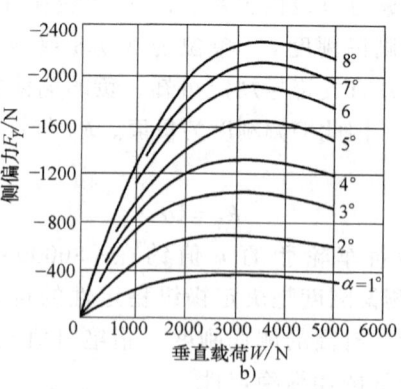

图 5-8 垂直载荷对侧偏特性的影响

上面讨论的是没有切向反作用力作用时轮胎的侧偏特性。实际上，在轮胎上常同时作用有侧向力与切向力。由试验得到的曲线（图 5-10）表明，一定侧偏角下，驱动力增加时，侧偏力逐渐减小，这是由于轮胎侧向弹性有所改变。当驱动力相当大时，侧偏力显著下降，因为此时接近附着极限，切向力已耗去大部分附着力，而侧向能利用的附着力很小。作用有制动力时，侧偏力也有相似的变化。由图 5-10 还可看出，这组曲线的包络线接近于一个椭圆，一般称为附着椭圆。它确定了在一定附着条件下切向力与侧偏力合力的极限值。

路面及其粗糙程度、干湿状况对轮胎侧偏特性，尤其是最大侧偏力影响很大。图 5-11 所示为某轮胎在干、湿沥青路面及湿混凝土路面上的侧偏特性。图中给出的是侧向力系数 $\varphi_1 = F_Y/F_Z$ 与侧偏角 α 的关系曲线。

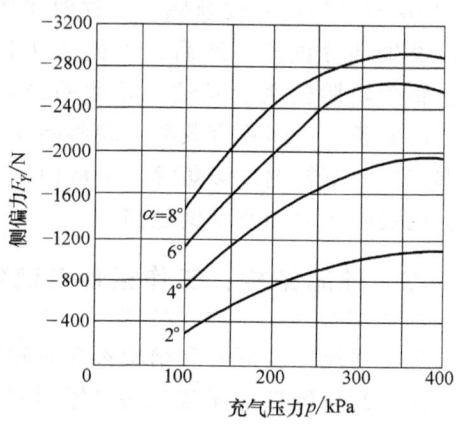

图 5-9 轮胎充气压力对侧偏特性的影响
轮胎：6.40-13，速度 $u = 11\text{m/s}$，
垂直载荷 $W = 4000\text{N}$

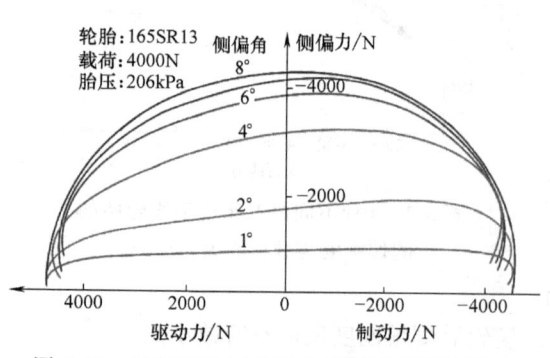

图 5-10 地面切向反作用力对侧偏特性的影响

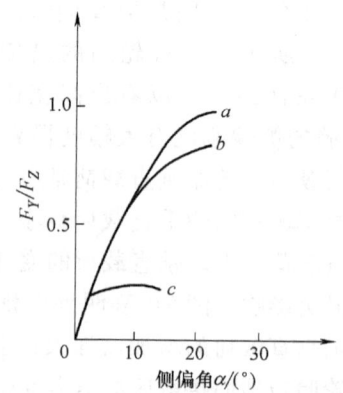

图 5-11 干路面和湿路面上的侧偏特性
a—干沥青路面，速度为 16.5km/h b—湿混凝土路面，
速度为 32.2km/h c—湿沥青路面，速度为 14.5km/h

在有薄水层的路面上，因滑水现象（Hydroplaning），会出现完全丧失侧偏力的情况。试验数据表明，出现滑水现象与车速、轮胎胎面、路面粗糙度和水层厚度有关。如某轮胎在水层厚度为 1.02mm 时，在粗糙路面上，开有 4 条沟槽的胎面能防止滑水现象；而在水层厚度为 7.62mm 时，不论胎面有无沟槽、路面是否粗糙，当车速为 80km/h 时均出现滑水现象，此时最大侧偏力为零。

5.2.4 回正力矩

轮胎发生侧偏时会产生绕 OZ 轴的回正力矩 T_Z，如图 5-3 所示。回正力矩 T_Z 是车辆圆周行驶时使转向车轮恢复到直线行驶位置的主要恢复力矩之一。

回正力矩是由接地面内分布的微元侧向反力产生的。如图 5-15 所示，车轮静止受到侧向力后，印迹长轴线 aa 与车轮平面 cc 平行，aa 线上各点相对于 cc 平面的横向变形均为 Δh，即地面侧向反作用力沿 aa 线均匀分布（图 5-12a）。车轮滚动时 aa 线不仅与车轮平面错开距离 Δh，且转动了 α 角，因而印迹前端离车轮平面近，侧向变形小；印迹后端离车轮平面远，侧向变形大。一般认为，地面微元侧向反作用力的分布与变形成正比，故地面微元侧向反作用力的分布情况将如图 5-12b 所示，其合力大小与侧向力 F_Y 相等，但其作用点必然在接地印迹几何中心的后方，偏移距离 e 称为轮胎拖距。$F_Y e$ 就是回正力矩 T_Z。

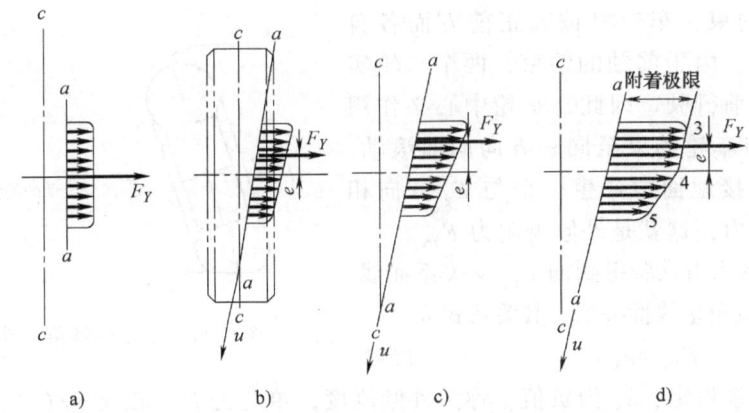

图 5-12 接地印迹内地面侧向反作用力的分布与回正力矩的产生
a）车轮静止时受到侧向力 b）车轮运动时受到侧向力（侧向力较小） c）车轮运动时受到侧向力（侧向力较大） d）车轮运动时受到侧向力（侧向力很大）

在 F_Y 增加时，接地印迹内地面微元侧向反作用力的分布情况如图 5-12c 所示。F_Y 增大至一定程度时，接地印迹后部的某些部分便达到附着极限，侧向反作用力将沿 345 线分布（图 5-12d）。随着 F_Y 进一步增大，更多部分达到附着极限，直到整个接地印迹发生侧滑，因而轮胎拖距会随着侧向力的增加而逐渐变小。

图 5-13 所示为试验得到的 T_Z-α 关系曲线。T_Z 开始时逐步增大，$\alpha = 4° \sim 6°$ 时达到最大值；α 继续增大，T_Z 下降，在 $\alpha = 10° \sim 16°$ 时 T_Z 为零；α 再增大，T_Z 成为负值。这是因为接地面后部发生侧向滑动的速度大、摩擦因数较小。这说明如果转向过急，侧偏力很大，侧偏角迅速增大，引起回正力矩减小甚至为负值，即不能提供回正作用，反而会加剧转向，会

造成操纵稳定性丧失的严重后果。试验结果还表明，T_Z 随垂直载荷增大而增加。

轮胎形式及结构参数对 $T_Z-\alpha$ 关系有重要影响。在同样的侧偏角下，尺寸大的轮胎一般回正力矩较大。子午线轮胎回正力矩比斜交轮胎大。

轮胎的气压低，接地印迹长，轮胎拖距 e 大，回正力矩 T_Z 也会变大。

地面切向反作用力对回正力矩有较大影响。随着驱动力的增加，回正力矩达到最大值后开始下降。在制动力作用下，回正力矩不断减小，制动力增加到某值时，回正力矩由正值变为负值。

正是由于转向时上述回正力矩的存在，以及现代轿车轮胎气压较低、弹性增加，引起回正力矩增加，因此结构设计上主销后倾角可以减小到接近于零，甚至为负值。

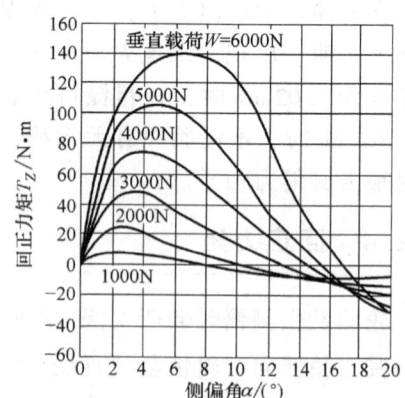

图 5-13 轮胎的回正力矩-侧偏角特性
轮胎 8.00-14，速度 $u=8.4m/s$，胎压 140kPa

5.2.5 有外倾角时轮胎的滚动

汽车两前轮有外倾角 γ 时，车轮具有绕各自旋转轴线与地面的交点 O' 滚动的趋势（图 5-14）。若不受约束，车轮将偏离正前方而各自向左、右侧滚动。由于前轴的约束，两个车轮实际上只能一起向前行驶。因此，车轮中心必作用有侧向力 F_y，将车轮约束至同一方向向前滚动。与此同时，轮胎接地面中产生一个与 F_y 方向相反的侧向反作用力，这就是外倾侧向力 $F_{Y\gamma}$。

图 5-15a 所示为由试验得到的 $F_{Y\gamma}-\gamma$ 关系曲线。外倾侧向力与外倾角呈线性关系，其关系式为

$$F_{Y\gamma} = k_\gamma \gamma \tag{5-2}$$

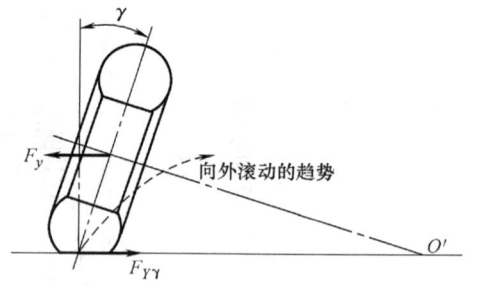

图 5-14 车轮外倾角与外倾侧向力

按轮胎坐标系规定，k_γ 为负值，称为外倾刚度，单位为 N/rad 或 N/(°)。

图 5-15b 所示为由试验得到的不同外倾角下轮胎的侧偏特性。显然，侧偏特性具有平移的特点。图 5-15c 所示为图 5-15b 中的局部放大图，图中的 A、B 与 C 线条分别是外倾角 γ 为正、为零与为负时，小侧偏角范围内的侧偏特性。图 5-15c 还表明：

1) 侧偏角 $\alpha=0$ 时，地面侧向反作用力便是外倾侧向力 $F_{Y\gamma}$，即 $F_{Y\gamma}=k_\gamma \gamma$。当外倾角 $\gamma>0$ 时（图 5-15c 中 A 线），$F_{Y\gamma}<0$。

2) $\gamma>0$ 时，侧偏角为 α 的地面侧向反作用力为 $F_Y=cd+de$（图 5-15c 中 A 线），即 F_Y 为外倾角等于零时的侧偏力与外倾侧向力之和。有外倾角时的地面侧向反作用力与外倾角、侧偏角的关系式为

$$F_Y = F_{Y\alpha} + F_{Y\gamma} \tag{5-3}$$

式中 $F_{Y\alpha}$——只有侧偏角 α 而无外倾角 γ 时的侧偏力；
$F_{Y\gamma}$——只有外倾角 γ 而无侧偏角 α 时的外倾侧向力。

随着外倾角的增大，胎面与路面的接触情况越来越差，因影响侧向附着力而降低了汽车

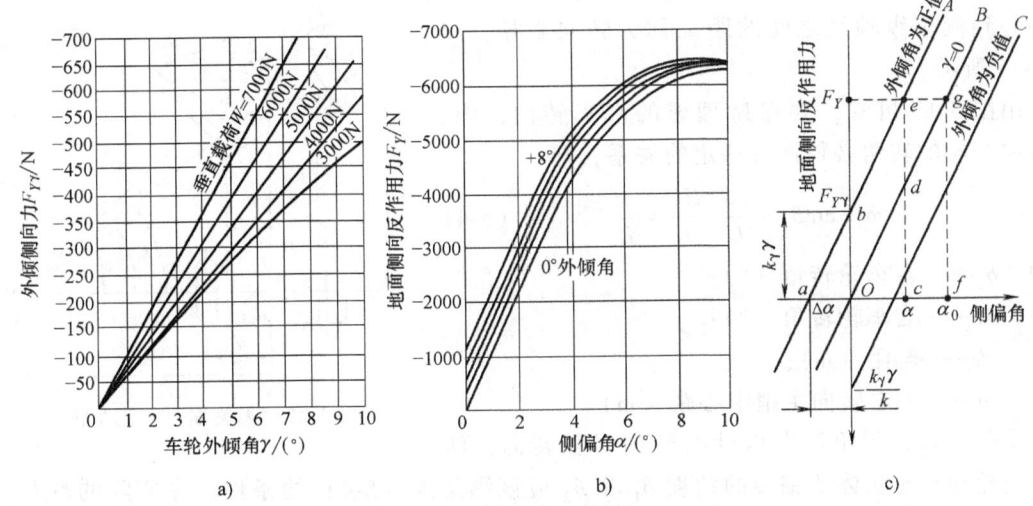

图 5-15 有外倾角时轮胎的侧偏特性
a) 外倾侧向力与外倾角的关系曲线　b)、c) 有外倾角时轮胎的侧偏特性

极限性能（降低极限侧向加速度）。所以，高速轿车特别是采用超宽断面轮胎的赛车，转弯行驶时承受大部分前侧向力的前外轮应尽量垂直于地面，即外倾角等于零。摩托车转弯时，车轮外倾角很大，为了保证最大地面侧向反作用力，摩托车轮胎具有圆形断面。

车轮有外倾角时还产生回正力矩。随着外倾角的增大，外倾回正力矩几乎呈线性增加。

按照轮胎坐标系的规定，将上述各轮胎特性参数的正负关系画在图 5-16 中，可见正侧偏角对应于负的侧偏力与正的回正力矩；正外倾角对应于负的外倾侧向力与负的回正力矩。

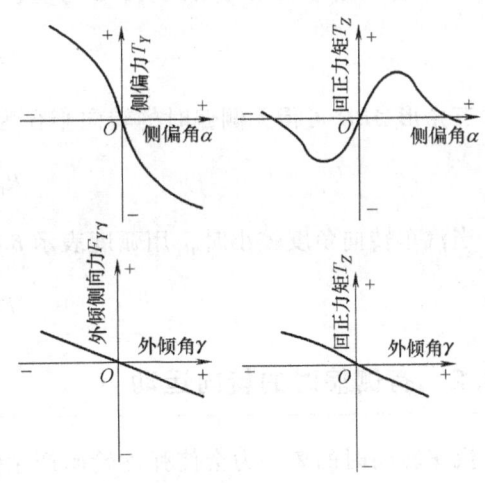

图 5-16 轮胎特性参数的正负

5.3 汽车转向运动学和动力学

5.3.1 无侧偏时的转向运动

汽车转向是通过驾驶人操纵转向盘改变转向轮的转角来实现的。以前轮转向的汽车为例，当汽车在良好路面上低速转向时，作用于车体的离心力较小，由此而产生的悬架弹簧变形和轮胎的侧向变形可以忽略。此时汽车转向行驶时，为减小轮胎磨损和提高汽车的行驶稳定性，须沿着一个转向中心旋转，这样可保证各车轮在转向行驶中与地面保持纯滚动接触而

无滑动现象。该中心称为瞬时转向中心，从瞬时转向中心到汽车纵轴线之间的距离称为转向半径，如图 5-17 所示。

由图 5-17 可知，要保持理想的汽车转向，内、外转向车轮的转角必须保持一定的关系，即

$$\cot\delta_1 - \cot\delta_2 = \frac{OG}{L} - \frac{OD}{L} = \frac{d}{L} \tag{5-4}$$

式中 δ_1——左车轮转角（°）；
δ_2——右车轮转角（°）；
L——轴距（m）；
d——左右转向主销中心距（m）。

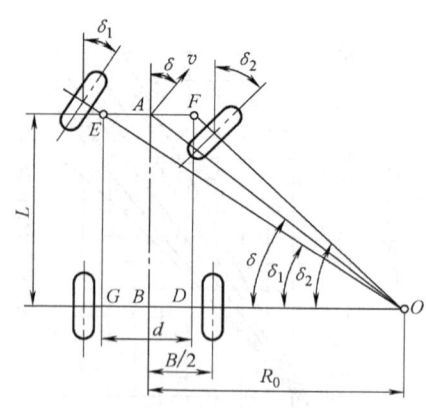

图 5-17 无侧偏时的汽车转向

由此可知，无论汽车以什么转向半径转向，两侧转向轮相对于机体所偏转的角度 δ_1 和 δ_2 应该满足式（5-4）的条件。在实际的汽车上所采用的转向梯形机构，在选择合适的参数后可以使 δ_1 和 δ_2 接近上述要求。

不考虑轮胎侧偏时，设汽车前轴中点的速度方向与汽车纵轴线之间的夹角为 δ，由图 5-17 中各三角形关系可以证明，δ 与左、右转向轮转角 δ_1 和 δ_2 的关系为

$$\delta = \frac{\delta_1 + \delta_2}{2}$$

则由三角形 ABO 可得无侧偏时的转向半径为

$$R_0 = \frac{L}{\tan\delta} \tag{5-5}$$

当汽车转向角度较小时，用弧度表示 δ 的大小，则 $\tan\delta \approx \delta$。

$$R_0 \approx \frac{L}{\delta}$$

5.3.2 有侧偏时的转向运动

汽车转向时的离心力会使弹性轮胎产生侧偏，轮胎的侧偏会影响实际的转向半径，如图 5-18 所示，为便于分析，假设在离心力作用下，同一轴车轮的侧偏角度相等，前轴车轮的侧偏角度为 α_1，后轴车轮的侧偏角度为 α_2。

汽车转向时，由于弹性轮胎的侧偏，使前、后轴中点速度方向和瞬时转向中心都发生改变。与无侧偏时相比，前、后轴中点的速度分别由 u_1 和 u_2 变为 u_1' 和 u_2'，过前、后轴中点分别作前、后轴中点实际速度 u_1' 和 u_2' 的垂线交于 O' 点，此点即有侧偏时的瞬时转向中心，可见瞬时转向中心也不再是原来的 O 点。过 O' 点作汽车纵轴线的垂线交于 D 点，$O'D$ 即为有侧偏时汽车的转向半径，用 R 来表示。

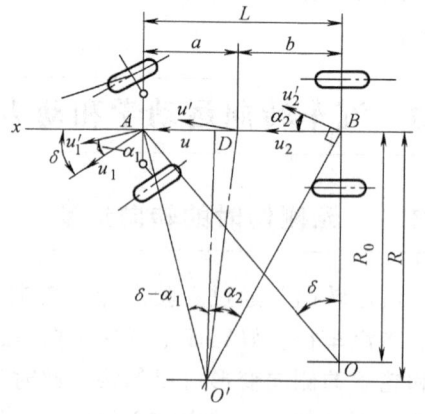

图 5-18 有侧偏时的汽车转向

由图 5-18 中的三角关系可得

$$\begin{cases} \tan(\delta-\alpha_1) = \dfrac{AD}{O'D} \\ \tan\alpha_2 = \dfrac{BD}{O'D} \end{cases} \tag{5-6}$$

将式（5-6）中两式相加，并且 $AD+BD=L$，$O'D=R$，$\tan(\delta-\alpha_1)\approx\delta-\alpha_1$，$\tan\alpha_2\approx\alpha_2$，整理可得汽车的转向半径为

$$R \approx \dfrac{L}{\delta+\alpha_2-\alpha_1} \tag{5-7}$$

式中　R——汽车的转向半径；
　　　δ——汽车前轴中点的速度方向与汽车纵轴线之间的夹角；
　　　α_1、α_2——汽车前后轮胎的侧偏角。

由式（5-7）可得汽车前轴中心的速度方向与汽车纵轴线之间的夹角为

$$\delta = \dfrac{L}{R}+\alpha_1-\alpha_2$$

比较式（5-5）和式（5-7），可得出如下结论：

1）对一定汽车而言，当前轮转角（或转向盘转角）一定时，即 δ 一定，前、后轴车轮的侧偏角影响转向半径。当前、后轴车轮的侧偏角相等时，有侧偏时的转向半径与无侧偏时的转向半径相等，称汽车具有中性转向特性；当后轴车轮的侧偏角小于前轴车轮的侧偏角时，有侧偏时的转向半径大于无侧偏时的转向半径，称汽车具有不足转向特性；当后轴车轮的侧偏角大于前轴车轮的侧偏角时，有侧偏时的转向半径小于无侧偏时的转向半径，称汽车具有过多转向特性。

2）当汽车沿给定的弯道转向行驶时，即转向半径一定，前、后轴车轮的侧偏角影响汽车转向所需的前轮转角（或转向盘转角）。当前、后轴车轮的侧偏角相等时，汽车具有中性转向特性，转向所需的前轮转角与无侧偏时相等；当后轴车轮的侧偏角小于前轴车轮的侧偏角时，汽车具有不足转向特性，转向所需的前轮转角比无侧偏时大；当后轴车轮的侧偏角大于前轴车轮的侧偏角时，汽车具有过多转向特性，转向所需的前轮转角比无侧偏时小。

5.3.3　转向特性

汽车时域响应可分为不随时间变化的稳态响应和随时间变化的瞬态响应。汽车等速直线行驶就是一种稳态。在汽车等速直线行驶时，若急速转动转向盘至某一转角并维持此转角不变，即给汽车转向盘一个角阶跃输入。一般汽车经短暂时间后便进入等速圆周行驶状态，这也是一种稳态，称为转向盘角阶跃输入下的稳态响应。

在等速直线行驶与等速圆周行驶这两个稳态运动之间的过渡过程是一种瞬态，相应的瞬态运动响应称为转向盘角阶跃输入下的瞬态响应。

汽车的等速圆周行驶，即汽车转向盘角阶跃输入下的稳态响应，在实际行驶中不常出现，但却是表征汽车操纵稳定性的一个重要的时域响应，称为汽车稳态转向特性。汽车稳态

转向特性分为不足转向、中性转向和过多转向三种类型。图 5-19 所示为这三种不同转向特性汽车的行驶特点。在转向盘保持固定转角 δ_{sw} 下，缓慢加速或以不同车速等速行驶时，随着车速的增加，不足转向汽车的转向半径增大，中性转向汽车的转向半径维持不变，而过多转向汽车的转向半径则越来越小。操纵稳定性良好的汽车应具有适度的不足转向特性。一般汽车不应具有过多转向特性，也不应具有中性转向特性，因为中性转向汽车在使用条件变动时，有可能转变为过多转向特性。

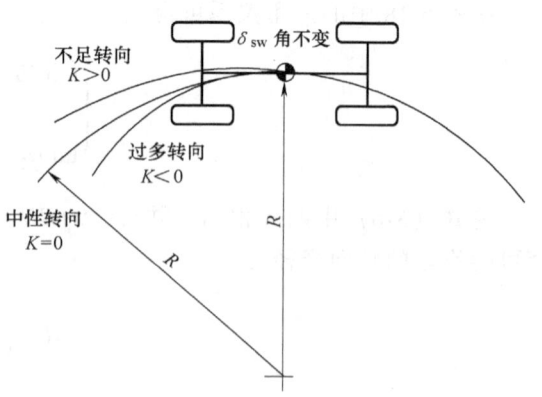

图 5-19 汽车的三种稳态转向特性

5.3.4 线性二自由度汽车模型的运动微分方程

为了便于掌握操纵稳定性的基本特性，对一个简化为线性二自由度的汽车模型进行研究。线性二自由度汽车模型的基本假设包括：

1) 分析中忽略转向系的影响，直接以前轮转角作为输入。
2) 忽略悬架的作用，认为汽车车厢只做平行于地面的平面运动，即汽车沿 x 轴的位移、绕 y 轴的俯仰角与绕 x 轴的侧倾角均为零。
3) 在本章特定条件下，汽车沿 x 轴的前进速度视为不变。因此，汽车只有沿 y 轴的侧向运动与绕 z 轴的横摆运动这样两个自由度。
4) 汽车的侧向加速度限定在 $0.4g$ 以下，轮胎侧偏特性处于线性范围。
5) 在建立运动微分方程时还假设：驱动力不大，不考虑地面切向力对轮胎侧偏特性的影响，没有空气动力的作用，忽略左、右车轮轮胎由于载荷的变化而引起轮胎特性的变化及轮胎回正力矩的作用。

这样，实际汽车便简化成一个两轮摩托车模型，如图 5-20 所示。它是一个由前后两个有侧向弹性的轮胎支承于地面、具有侧向及横摆运动的二自由度汽车模型。

分析时，令车辆坐标系的原点与汽车质心重合。

显然，汽车的质量分布参数，如转动惯量等，对固结于汽车的这一动坐标系而言为常数，这正是采用车辆坐标系的方便之处。因此，只要将汽车的（绝对）加速度与（绝对）角加速度及外力与外力矩沿车辆坐标系的轴线分解，就可以列出沿这些坐标轴的运动微分方程。

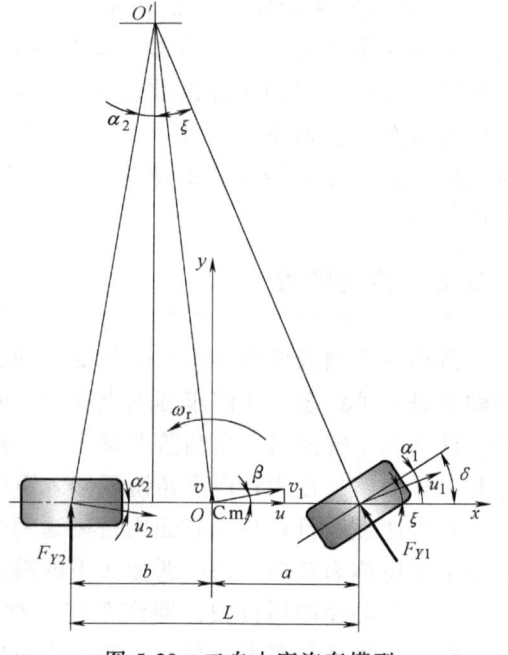

图 5-20 二自由度汽车模型

下面依次确定：汽车质心的（绝对）加速度在车辆坐标系上的分量，二自由度汽车受到的外力与绕质心的外力矩，外力、外力矩与汽车运动参数的关系。最后，列出二自由度汽车的运动微分方程。

首先确定汽车质心的（绝对）加速度在车辆坐标系上的分量。

如图 5-21 所示，x 与 y 为车辆坐标系的纵轴与横轴。质心速度 v_1 于 t 时刻在 x 轴上的分量为 u，在 y 轴上的分量为 v。由于汽车转向行驶时伴有平移和转动，在 $t+\Delta t$ 时刻，车辆坐标系中质心速度的大小与方向均发生变化，而车辆坐标系的纵轴与横轴的方向也发生变化。所以，沿 x 轴速度分量的变化为

$$(u+\Delta u)\cos\Delta\theta - u - (v+\Delta v)\sin\Delta\theta$$
$$= u\cos\Delta\theta + \Delta u\cos\Delta\theta - u - v\sin\Delta\theta - \Delta v\sin\Delta\theta \tag{5-8}$$

考虑到 $\Delta\theta$ 很小并忽略二阶微量，式（5-8）的右侧变为

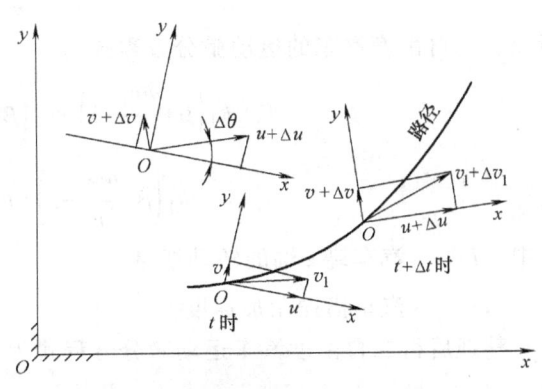

图 5-21 利用固结于汽车的车辆坐标系分析汽车的运动

$$\Delta u - v\Delta\theta$$

除以 Δt 并取极限，便是汽车质心绝对加速度在车辆坐标系 x 轴上的分量：

$$a_x = \frac{\mathrm{d}u}{\mathrm{d}t} - v\frac{\mathrm{d}\theta}{\mathrm{d}t} = \dot{u} - v\omega_r$$

同理，汽车质心绝对加速度沿横轴 y 上的分量为

$$a_y = \dot{v} + u\omega_r$$

由图 5-20 可知，二自由度汽车受到的外力沿 y 轴方向的合力与绕质心的力矩和为

$$\begin{cases} \sum F_Y = F_{Y1}\cos\delta + F_{Y2} \\ \sum M_Z = aF_{Y1}\cos\delta - bF_{Y2} \end{cases} \tag{5-9}$$

式中 F_{Y1}、F_{Y2}——地面对前、后轮的侧向反作用力，即侧偏力；

δ——前轮转角。

考虑到 δ 角较小，F_{Y1}、F_{Y2} 为侧偏力，式（5-9）可写为

$$\begin{cases} \sum F_Y = k_1\alpha_1 + k_2\alpha_2 \\ \sum M_Z = ak_1\alpha_1 - bk_2\alpha_2 \end{cases} \tag{5-10}$$

汽车前、后轮侧偏角与其运动参数有关。如图 5-20 所示，汽车前、后轴中点的速度为 u_1、u_2，侧偏角为 α_1、α_2，质心的侧偏角为 β，$\beta = v/u$。ξ 是 u_1 与 x 轴的夹角，其值为

$$\xi = \frac{v + a\omega_r}{u} = \beta + \frac{a\omega_r}{u}$$

根据坐标系的规定，前、后轮侧偏角为

$$\begin{cases} \alpha_1 = -(\delta - \xi) = \beta + \dfrac{a\omega_r}{u} - \delta \\ \alpha_2 = \dfrac{v - b\omega_r}{u} = \beta - \dfrac{b\omega_r}{u} \end{cases} \tag{5-11}$$

由此，可列出外力、外力矩与汽车运动参数的关系式为

$$\sum F_Y = k_1\left(\beta + \frac{a\omega_r}{u} - \delta\right) + k_2\left(\beta - \frac{b\omega_r}{u}\right)$$

$$\sum M_Z = ak_1\left(\beta + \frac{a\omega_r}{u} - \delta\right) - bk_2\left(\beta - \frac{b\omega_r}{u}\right)$$

所以，二自由度汽车的运动微分方程式为

$$k_1\left(\beta + \frac{a\omega_r}{u} - \delta\right) + k_2\left(\beta - \frac{b\omega_r}{u}\right) = m(\dot{v} + u\omega_r)$$

$$ak_1\left(\beta + \frac{a\omega_r}{u} - \delta\right) - bk_2\left(\beta - \frac{b\omega_r}{u}\right) = I_z\dot{\omega}_r$$

式中　I_z——汽车绕 z 轴的转动惯量；

$\dot{\omega}_r$——汽车横摆角加速度。

整理后得二自由度汽车运动微分方程式为

$$\begin{cases}(k_1+k_2)\beta + \frac{1}{u}(ak_1-bk_2)\omega_r - k_1\delta = m(\dot{v}+u\omega_r) \\ (ak_1-bk_2)\beta + \frac{1}{u}(a^2k_1+b^2k_2)\omega_r - ak_1\delta = I_z\dot{\omega}_r\end{cases} \quad (5\text{-}12)$$

这个联立方程式虽很简单，但却包含了最重要的汽车质量与轮胎侧偏刚度两方面的参数，所以能够反映汽车曲线运动最基本的特征。

5.3.5　汽车的稳态转向

1. 稳态响应

稳态转向特性可用稳态横摆角速度增益进行描述。稳态横摆角速度增益也称为转向灵敏度，定义为汽车横摆角速度 ω_r 与汽车前轮转向角 δ 之比，用 $\left(\frac{\omega_r}{\delta}\right)_s$ 表示。它是反映汽车稳定性的一个重要的参数。横摆角速度指汽车纵轴线绕汽车中心横向摆动的角速度，是汽车绕瞬时转向中心转动的角速度，即汽车沿纵轴方向前进的速度 u 与转向半径 R 之比：

$$\omega_r = \frac{u}{R}$$

稳态时横摆角速度 ω_r 为定值，此时 $\dot{v}=0$、$\dot{\omega}_r=0$，以此代入式（5-12）得

$$\begin{cases}(k_1+k_2)\frac{v}{u} + \frac{1}{u}(ak_1-bk_2)\omega_r - k_1\delta = m\omega_r \\ (ak_1-bk_2)\frac{v}{u} + \frac{1}{u}(a^2k_1+b^2k_2)\omega_r - ak_1\delta = 0\end{cases} \quad (5\text{-}13)$$

将式（5-13）中两式联立并消去 v，便可求得稳态横摆角速度增益为

$$\left(\frac{\omega_r}{\delta}\right)_s = \frac{u/L}{1+\frac{m}{L^2}\left(\frac{a}{k_2}-\frac{b}{k_1}\right)u^2} = \frac{u/L}{1+Ku^2} \quad (5\text{-}14)$$

式中 K——稳定性因数，其单位为 s^2/m^2，是表征汽车稳态响应的一个重要参数，且

$$K = \frac{m}{L^2}\left(\frac{a}{k_2} - \frac{b}{k_1}\right)$$

从 K 的表达式可以看到，K 仅与汽车的质量、质心位置及前、后轮的侧偏刚度等参数有关，它是汽车本身具有的一个特性。但是实际上汽车的稳定性因数 K 受到很多因素的影响，如悬架系统、转向系统等。如果需要考虑这些影响因素，则稳定性因数 K 不能简单地利用上面的表达式计算求得。通常 K 值的计算非常复杂，因此通常用试验的方法。

由于汽车以行驶速度 u 做横摆角速度为 ω_r 的等速圆周运动，如果等速圆周运动的半径为 R，则有

$$R = \frac{u}{\omega_r} = (1+Ku^2)\frac{L}{\delta} \tag{5-15}$$

2. 稳态转向的类型

稳定性因数 K 是表征汽车稳态转向特性的一个重要参数。随着汽车行驶速度的变化，汽车的稳态响应可以按照稳定性因数 K 的数值分为中性转向、不足转向和过多转向三类。

（1）**中性转向** $K=0$ 时，$\left.\dfrac{\omega_r}{\delta}\right)_s = u/L$，即稳态横摆角速度增益与车速呈线性关系，斜率为 $1/L$。这种稳态称为中性转向，如图 5-22 所示。

应指出，此关系式就是汽车以极低车速行驶而无侧偏角时的转向关系，如图 5-23 所示。在无侧偏角时，前轮转角 $\delta \approx L/R$，转向半径 $R \approx L/\delta$，横摆角速度 $\omega_r \approx (u/L)\delta$。因此，稳态横摆角速度增益 $\left.\dfrac{\omega_r}{\delta}\right)_s = u/L$。

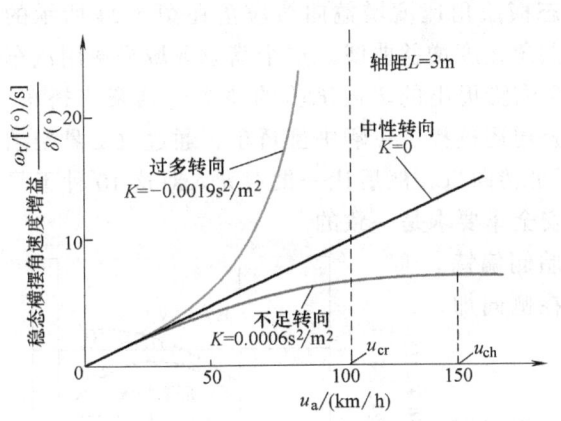

图 5-22 汽车的稳态横摆角速度增益曲线

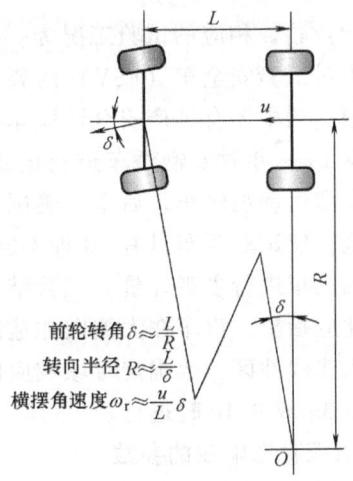

图 5-23 轮胎没有侧偏角时汽车的转向运动

（2）**不足转向** 当 $K>0$ 时，式（5-14）的分母大于 1，稳态横摆角速度增益 $\left.\dfrac{\omega_r}{\delta}\right)_s$ 比中性转向时要小。$\left.\dfrac{\omega_r}{\delta}\right)_s$ 不再与车速呈线性关系，$\left.\dfrac{\omega_r}{\delta}\right)_s - u_a$ 是一条低于中性转向的汽车稳态横摆

角速度增益线，后来又变为向下弯曲的曲线，如图 5-22 所示。具有这样特性的汽车称为不足转向汽车。K 值越大，稳态横摆角速度增益曲线越低，不足转向量越大。

可以证明，当车速为 $u_{ch}=\sqrt{1/K}$ 时，汽车稳态横摆角速度增益达到最大值，如图 5-22 所示，而且其稳态横摆角速度增益为与轴距 L 相等的中性转向汽车稳态横摆角速度增益的一半。u_{ch} 称为特征车速，是表征不足转向量的一个参数。当不足转向量增加时，K 增大，特征车速 u_{ch} 降低。

（3）过多转向　当 $K<0$ 时，式（5-14）中的分母小于 1，稳态横摆角速度增益 $\left(\dfrac{\omega_r}{\delta}\right)_s$ 比中性转向时大。随着车速的增加，$\left(\dfrac{\omega_r}{\delta}\right)_s$-$u_a$ 曲线向上弯曲（图 5-22）。具有这种特性的汽车称为过多转向汽车。K 值越小，（即 K 的绝对值越大），过多转向量越大。

显然，当车速为 $u_{cr}=\sqrt{-1/K}$ 时，稳态横摆角速度增益趋于无穷大，如图 5-22 所示。u_{cr} 称为临界车速，是表征过多转向量的一个参数。临界车速越低，过多转向量越大。

过多转向汽车达到临界车速时将失去稳定性。因为 ω_r/δ 等于无穷大时，只要极其微小的前轮转角便会产生极大的横摆角速度。这意味着汽车的转向半径极小，汽车会发生激转而侧滑或翻车。由于过多转向汽车有失去稳定性的危险，故汽车都应具有适度的不足转向特性。

根据日本《Motor Fan》杂志于 1996 年发表的道路试验数据，现代轿车在侧向加速度为 $0.3g$ 时的平均 K 值为 $0.0024\mathrm{s^2/m^2}$，在 $0.5g$ 时的平均 K 值为 $0.0026\mathrm{s^2/m^2}$。

一些大学的汽车研究所通过对近代小轿车进行试验后统计得出：轿车的稳态横摆角速度增益，即转向灵敏度 $\left(\dfrac{\omega_r}{\delta_{sw}}\right)_s$ 为 $0.16\sim0.33\mathrm{s^{-1}}$，其中 δ_{sw} 为转向盘转角（°）；ω_r 为汽车横摆角速度 [(°)/s]。相应的试验工况为：$u=22.35\mathrm{m/s}$，$a_y=0.4g$。

美国对试验安全车（ESV）的要求是，稳态横摆角速度增益曲线应落在图 5-24 所示的满意区域。图中还有日产安全试验车的稳态横摆角速度增益曲线。这个满意区域是通用汽车公司根据 1969 年对 6 辆轿车进行的操纵稳定性试验提出的。被试验的轿车包括豪华轿车、旅行轿车和运动型轿车。后来，美国福特汽车公司还选择了一辆中型轿车，通过改变悬架结构等措施，使试验轿车具有 10 种不同数值的不足转向量，然后让一批驾驶人对这 10 种不足转向量的汽车进行主观评价。试验结果与试验安全车要求是一致的。

在此应指出，汽车在大侧向加速度时，轮胎侧偏特性已进入非线性区，故确定时域响应的试验常在侧向加速度为 $0.3g$ 或 $0.4g$ 时进行。

3. 表征稳态响应的参数

为了试验与分析的方便，国内外研究开发部门根据自身习惯，还采用一些其他的参数来描述和评价汽车稳态响应。

（1）前、后轮侧偏角绝对值之差 $\alpha_1-\alpha_2$　为了测定汽车稳态响应，常输入一固定转向盘转角，令汽车以不同等速度做圆周行驶，测出其前、后轮侧偏角的绝对

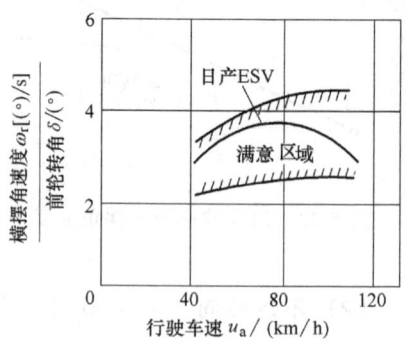

图 5-24　美国试验安全车稳态横摆角速度增益的满意区域

值 α_1、α_2，并以 $\alpha_1-\alpha_2$ 与侧向加速度 a_y（绝对值）的关系曲线来评价汽车的稳态响应，如图 5-25 所示。

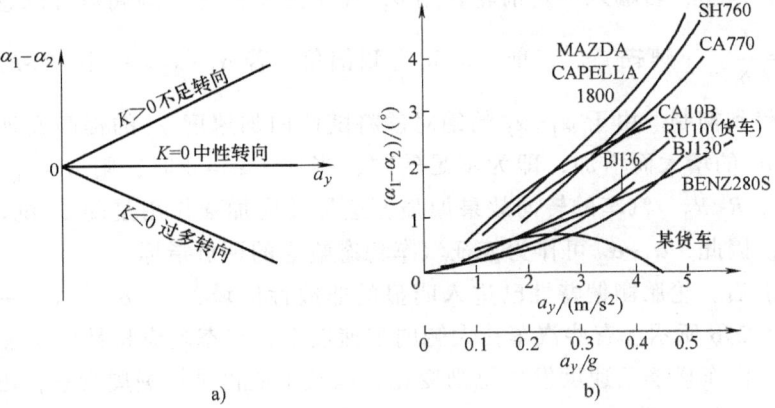

图 5-25　表示汽车稳态响应的 $(\alpha_1-\alpha_2)\text{-}a_y$ 曲线

汽车稳定性因数 K 为

$$K=\frac{m}{L^2}\left(\frac{a}{k_2}-\frac{b}{k_1}\right)=\frac{ma_y}{L^2 a_y}\left(\frac{a}{k_2}-\frac{b}{k_1}\right)=\frac{1}{La_y}\left(\frac{ma_y a/L}{k_2}-\frac{ma_y b/L}{k_1}\right)=\frac{1}{La_y}\left(\frac{F_{Y2}}{k_2}-\frac{F_{Y1}}{k_1}\right)$$

由于侧向加速度 a_y 与前、后轮的侧偏角 $\frac{F_{Y1}}{k_1}$、$\frac{F_{Y2}}{k_2}$ 符号相反，因此整理得

$$K=\frac{1}{a_y L}(\alpha_1-\alpha_2) \tag{5-16}$$

式中，α_1、α_2 及侧向加速度 a_y 均取绝对值。

式（5-16）表明，$\alpha_1-\alpha_2$ 与 a_y 呈线性关系，其斜率为 KL，如图 5-25 所示。若 $\alpha_1-\alpha_2>0$，则 $K>0$，为不足转向；若 $\alpha_1-\alpha_2=0$，则 $K=0$，为中性转向；若 $\alpha_1-\alpha_2<0$，则 $K<0$，为过多转向。

为进一步说明 $\alpha_1-\alpha_2$ 与稳态响应的内在联系，下面讨论 $\alpha_1-\alpha_2$ 的值与汽车转向半径 R 的关系。

前面已知稳态横摆角速度增益为

$$\left.\frac{\omega_r}{\delta}\right)_s=\frac{u/L}{1+Ku^2}$$

所以

$$R=\frac{u}{\omega_r}=\frac{L}{\delta}(1+Ku^2)$$

整理得

$$\delta=\frac{L}{R}+\frac{KLu^2}{R}=\frac{L}{R}+LKa_y \tag{5-17}$$

将式（5-16）代入式（5-17），得

$$\delta=\frac{L}{R}+\alpha_1-\alpha_2 \tag{5-18}$$

若以前轮转角 δ 作为输入，转向半径 R 作为输出，式（5-18）可写为

$$R = \frac{L}{\delta - (\alpha_1 - \alpha_2)} \tag{5-19}$$

式（5-19）表明，若输入一定前轮转角 δ，在车速 u 极低、侧偏角可以忽略不计时，转向半径 $R = R_0 = \frac{L}{\delta}$。车速提高后，前、后轮有侧偏角，若 $\alpha_1 - \alpha_2 > 0$，则 $R > R_0$。在这种条件下，转向效果受到抑制。由于 $\alpha_1 - \alpha_2$ 的绝对值将随侧向加速度 a_y 的提高而加大，因此这种抑制作用将随 a_y 的增大而增加，即为不足转向；当 $\alpha_1 - \alpha_2 = 0$ 时，则 $R = R_0$，为中性转向；当 $\alpha_1 - \alpha_2 < 0$ 时，$R < R_0$，汽车的转向效果加强，这种转向加强作用是随 a_y 的增大而增加的，即为过多转向。因此，$\alpha_1 - \alpha_2$ 可作为表征汽车稳态响应的评价指标。

当 $a_y > 0.4g$ 后，轮胎侧偏特性已进入明显的非线性区域，$\alpha_1 - \alpha_2$ 与 a_y 一般不再存在线性关系，如图 5-25b 所示。有些汽车在大侧向加速度下，稳态响应特性发生显著变化。后轮或前轮侧偏角、汽车横摆角速度发生急剧变化，以致不能再维持圆周行驶，出现转向半径迅速增加或迅速减小的情况。

在实际 $(\alpha_1 - \alpha_2)$-a_y 关系曲线中，应以曲线的斜率来区别其转向特性。斜率大于零时，随着侧向加速度 a_y 的增加，$\alpha_1 - \alpha_2$ 增加，转向半径 R 增加，汽车具有不足转向特性；斜率小于零时，随着侧向加速度的增加，$\alpha_1 - \alpha_2$ 减小，转向半径 R 减小，汽车具有过多转向特性；斜率等于零时，汽车为中性转向。

(2) **转向半径比 R/R_0**　在前轮转角 δ 不变的条件下，若车速极低，则汽车侧向加速度接近于零（轮胎侧偏角可忽略不计），此时转向半径为 $R_0 = \frac{L}{\delta}$。而一定车速下有一定侧向加速度时的转向半径为 R，则这两个转向半径之比 R/R_0 也可用来表征汽车的稳态响应。

汽车的转向半径为

$$R = \frac{u}{\omega_r} = (1 + Ku^2)\frac{L}{\delta} = (1 + Ku^2)R_0$$

故

$$\frac{R}{R_0} = 1 + Ku^2 \tag{5-20}$$

当稳定性因数 $K = 0$ 时，$\frac{R}{R_0} = 1$，汽车呈现中性转向的特性。汽车的转向半径不随车速的变化而变化，转向半径始终为 R_0。

当 $K > 0$ 时，$\frac{R}{R_0} > 1$，汽车的转向半径将随着车速的变化而改变，且转向半径总大于中性转向时的半径 R_0。汽车呈现出不足转向的特性。

当 $K < 0$ 时，$\frac{R}{R_0} < 1$，汽车的转向半径总小于中性转向时的半径 R_0。汽车呈现为过多转向的特性。

在上述三种不同程度的稳定性因数下，汽车的转向半径之比与车速的平方之间的关系曲线如图 5-26 所示。因此，转向半径之比也可以方便地用于描述汽车的稳态响应特性。

图 5-27 所示为利用试验测得的某型汽车的转向半径之比与侧向加速度的关系曲线。随

着侧向加速度的增大，汽车的转向半径之比也越大，依据上述的分析，则该车存在一定程度的不足转向特性。

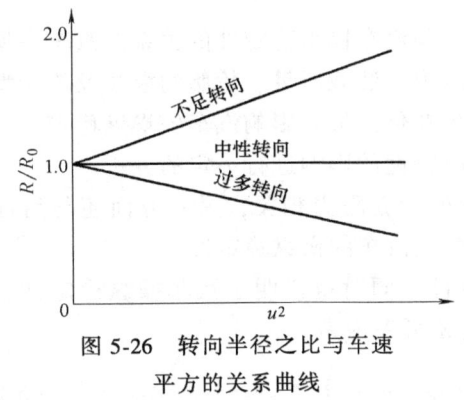

图 5-26 转向半径之比与车速平方的关系曲线

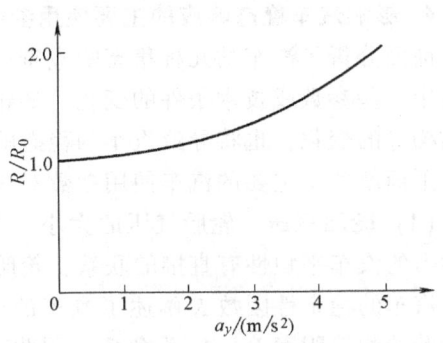

图 5-27 某型汽车的转向半径之比与侧向加速度的关系曲线

（3）**静态储备系数** 静态储备系数 S.M.（Static Margin）和处于汽车纵轴上的中性转向点有关。中性转向点是指使汽车前、后轮产生同一侧偏角的侧向力作用点。

可通过力矩平衡找出中性转向点的位置，如图 5-28 所示，图中，汽车的质心 c 到前、后轴的距离分别为 a 和 b，轴距为 L。汽车的前、后轴所受到的侧偏力分别为 F_{Y1} 和 F_{Y2}。当侧向力作用于中性转向点的位置时，前、后轮产生同一侧偏角 α，前、后轴的侧偏力为 $F_{Y1}=k_1\alpha$，$F_{Y2}=k_2\alpha$。因此，中性转向点 c_n 距前轴的距离为

$$a' = \frac{F_{Y2}L}{F_{Y1}+F_{Y2}} = \frac{k_2}{k_1+k_2}L$$

静态储备系数 S.M. 就是中性转向点至前轴距离 a' 和汽车质心至前轴距离 a 之差 $a'-a$ 与轴距 L 之比值，即

$$\text{S.M.} = \frac{a'-a}{L} = \frac{k_2}{k_1+k_2} - \frac{a}{L} \tag{5-21}$$

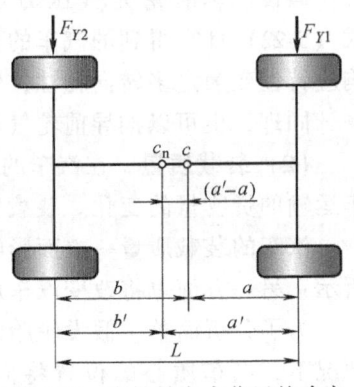

图 5-28 中性转向点位置的确定

由式（5-21）也可以看出，静态储备系数仅与汽车的前、后轮胎的侧偏刚度及汽车的布置参数有关，是汽车本身所固有的特性。

由前所述，汽车前、后轮侧偏角之差 $\alpha_1-\alpha_2$ 可以用来表征汽车稳态响应特性，而前、后轮上侧偏角的大小直接与静态储备系数相关。

当 S.M.=0 时，中性转向点与汽车的质心重合，因此在质心位置上作用的侧向力将使汽车前、后车轮上的侧偏角相等，即前、后轮侧偏角之差为 0，故使汽车具有中性转向特性。

当 S.M.>0 时，汽车的质心处于汽车的中性转向点之前。在质心位置上作用的侧向力将引起汽车前轴上的侧偏角 α_1 大于后轴上的侧偏角 α_2，使汽车具有不足转向特性。

当 S.M.<0 时，汽车的质心处于汽车的中性转向点之后。在质心位置上作用的侧向力将引起汽车前轴上的侧偏角 α_1 小于后轴上的侧偏角 α_2，使汽车具有过多转向特性。

虽然稳定性因数是表征汽车稳态响应的一个重要参数，但通过与之相关的几个参数，如

前、后轮侧偏角绝对值之差和转向半径之比及静态储备系数也可以很方便地分析和评价汽车的稳态响应特性。

4. 影响汽车稳态响应的主要使用参数

前面分析了汽车的几种稳态响应特性参数及它们与汽车操纵稳定性的关系。汽车在使用过程中一些参数或技术条件的变化，如轮胎的充气压力、装载质量、轮胎的混装及轮胎型号和结构等的变化，也将导致汽车的稳态响应特性发生变化，最终影响汽车的操纵稳定性。

下面就两个主要的汽车使用参数对汽车稳态响应特性的影响进行一定的分析。

（1）**轮胎气压** 轮胎气压的大小一方面与汽车的行驶阻力相关，另一方面还与后面将要学习的汽车平顺性有直接的联系，轮胎的气压还影响汽车的操纵稳定性。

汽车的稳定性因数 K 阐述了汽车的稳态响应特性，同时也说明了汽车操纵稳定性。由于轮胎的侧偏刚度 k_1、k_2 为负值，因此稳定性因数 K 可表示为

$$K = \frac{m}{L^2}\left(\frac{a}{k_2} - \frac{b}{k_1}\right) = \frac{m}{L^2}\left(\frac{b}{|k_1|} - \frac{a}{|k_2|}\right) \tag{5-22}$$

图 5-9 描述了轮胎的充气压力与侧偏力的关系。从图中可以看到，随着充气压力的增加，在某一侧偏角下轮胎的侧偏力将增大，即在轮胎的充气压力增大的情况下，轮胎的侧偏刚度（绝对值）将增大；反之，则减小。

假设汽车前轮充气压力增大后，前轮的侧偏刚度的绝对值 $|k_1|$ 将增大，因此按式（5-22）计算得到的汽车的稳定性因数 K 值将减小，极限情况下将使得 $K<0$，汽车稳态响应特性变为过多转向特性，使汽车的操纵稳定性变差。

同理，也可以推导前轮气压减小或者后轮气压变化情况下汽车转向特性的变化情况。

（2）**装载质量** 在汽车的运用过程中，不可避免地将使汽车装载质量发生变化，如货车运输的货物量的变化。装载质量的变化也将影响汽车的操纵稳定性。

汽车的装载质量一方面影响轮胎上的侧偏力大小，从而影响车轮的侧偏刚度，如图 5-7 所示；另一方面也将改变汽车质心的位置，即改变式（5-22）中的 a 和 b。

为了分析简单，假设轮胎的侧偏力大小与装载质量无关，并假设在汽车装载质量增大的情况下，汽车质心的位置将向后移动（一般货车的特性），即 b 减小而 a 增大。因此按式（5-22）计算得到的汽车的稳定性因数 K 值将减小，极限情况下将使得 $K<0$，汽车稳态响应特性变为过多转向特性，使汽车的操纵稳定性变差。这也是一些超载汽车经常发生事故的直接原因之一。

5.3.6 前轮角阶跃输入下的瞬态响应

给等速直线行驶的汽车以前轮角阶跃输入，经过短暂时间后，将进入等速圆周行驶状态。等速直线行驶与等速圆周行驶的过渡过程便是瞬态，相应的响应称为前轮角阶跃输入引起的汽车瞬态响应。在一般汽车行驶时，实际上驾驶人不断接触到的是汽车的瞬态响应。在瞬态响应过程中，汽车的特征参数如质心侧偏角 β 及横摆角速度 ω_r 将随着时间的变化而变化，因此汽车的瞬态响应比稳态响应更为复杂，也更能表征汽车的操纵稳定性。图 5-29 所示为某型汽车在转向盘角阶跃输入下的横摆角速度响应曲线。

1. 前轮角阶跃输入下的横摆角速度瞬态响应

将前面线性二自由度汽车的运动微分方程式（5-12）重写如下：

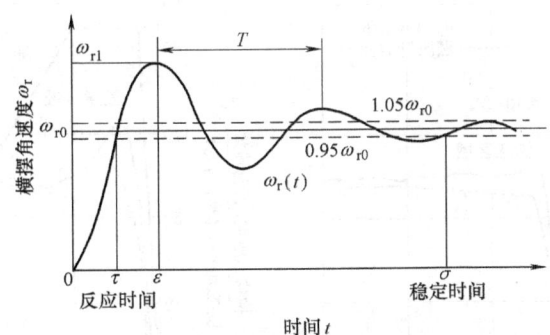

图 5-29 转向盘角阶跃输入下的横摆角速度响应曲线

$$\begin{cases}(k_1+k_2)\beta+\dfrac{1}{u}(ak_1-bk_2)\omega_r-k_1\delta=m(\dot v+u\omega_r)\\(ak_1-bk_2)\beta+\dfrac{1}{u}(a^2k_1+b^2k_2)\omega_r-ak_1\delta=I_z\dot\omega_r\end{cases} \quad (5\text{-}23)$$

横摆角速度是汽车操纵稳定性中非常重要的一个参数,因此可以利用式(5-23)对前轮角阶跃输入下汽车在瞬态响应中的横摆角速度的变化进行操纵稳定性瞬态响应的描述。

将式(5-23)整理后,可改写为如下的单自由度一般强迫振动的微分方程式:

$$\ddot\omega_r+2\omega_0\zeta\dot\omega_r+\omega_0^2\omega_r=B_1\dot\delta+B_0\delta \quad (5\text{-}24)$$

式中 ω_0——固有圆频率,$\omega_0^2=\dfrac{c}{m'}$,$c=mu(ak_1-bk_2)+\dfrac{L^2k_1k_2}{u}$,$m'=mI_zu$;

ζ——阻尼比,$\zeta=\dfrac{h}{2\omega_0 m'}$,$h=-[m(a^2k_1+b^2k_2)+I_z(k_1+k_2)]$;

B_1——$B_1=\dfrac{b_1}{m'}$,其中 $b_1=-muak_1$;

B_0——$B_0=\dfrac{b_0}{m'}$,其中 $b_0=Lk_1k_2$。

通过求解式(5-24),即可得到汽车的横摆角速度响应特性。图 5-30 所示为美国试验安全车(ESV)横摆瞬态响应满意区域。试验时汽车以 40km/h 和 110km/h 的车速直线行驶,以不小于 500°/s 的角速度转动转向盘,事先估计好转向盘转角,要求汽车进入稳态时的侧向加速度为 0.4g。满意区域的上界限是针对高速 110km/h 的阶跃制定的,下界限是针对较低车速 40km/h 的。图 5-30 中还给出了丰田试验安全车的横摆瞬态响应曲线。图中的前轮转角采用了两种计算方法,一种是直接采用前轮绕主销的转角来计算,另一种采用了转向盘转角与总传动比的比值来近似计算。

2. 表征瞬态响应的参数

瞬态响应通过下面的几个参数来表征。

(1) **横摆角速度 ω_r 波动的固有(圆)频率 ω_0** 由式(5-24)可知

$$\omega_0=\sqrt{\dfrac{c}{m'}}=\sqrt{\dfrac{mu(ak_1-bk_2)+\dfrac{L^2k_1k_2}{u}}{muI_z}}=\dfrac{L}{u}\sqrt{\dfrac{k_1k_2}{mI_z}(1+Ku^2)} \quad (5\text{-}25)$$

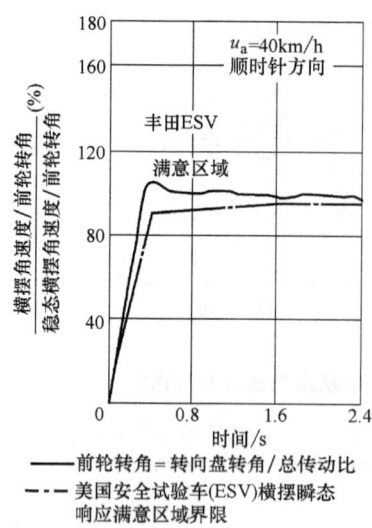
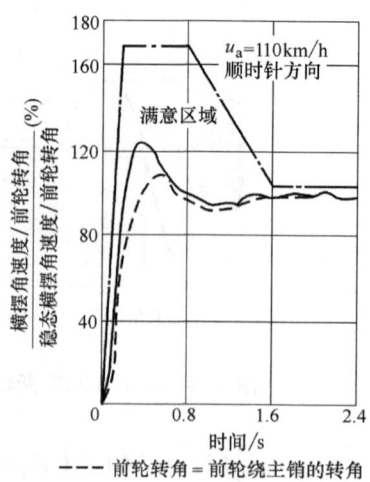

图 5-30 美国试验安全车（ESV）横摆瞬态响应满意区域与丰田 ESV 的瞬态响应

ω_0 是评价汽车瞬态响应的一个重要参数，ω_0 值应高些为好，这样可以减小谐振的倾向。由式（5-25）可知，横摆角速度 ω_r 波动的固有频率 ω_0 与汽车的一些主要物理参数有关，如汽车的质量、轴距、行驶速度、绕 z 轴的转动惯量、稳定性因数和前、后轮的侧偏刚度等。图 5-31 所示为一些欧洲及日本轿车的固有频率 f_0 值与稳定性因数 K 值，固有频率 $f_0=\omega_0/2\pi=1/T$。由图 5-31 可以看出，f_0 值在 1Hz 左右。欧洲高速公路允许的最高车速较高，轿车车速高，其固有频率也较高，通常在 0.9Hz 以上。

（2）阻尼比 ζ　由式（5-24）可得

$$\zeta=\frac{h}{2\omega_0 m'}=\frac{-m(a^2k_1+b^2k_2)-I_z(k_1+k_2)}{2L\sqrt{mI_zk_1k_2(1+Ku^2)}} \tag{5-26}$$

阻尼比 ζ 越大，横摆角速度 $\omega_r(t)$ 衰减越快，汽车的操纵稳定性越好，图 5-32 所示为不同阻尼比下汽车的横摆角速度瞬态响应曲线。

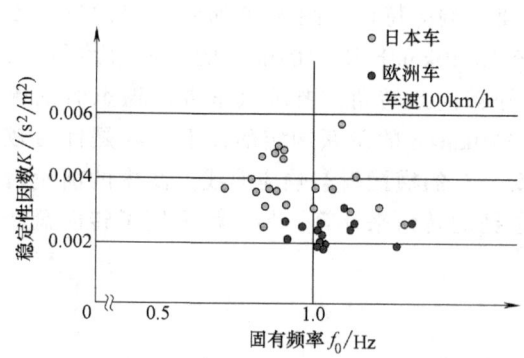
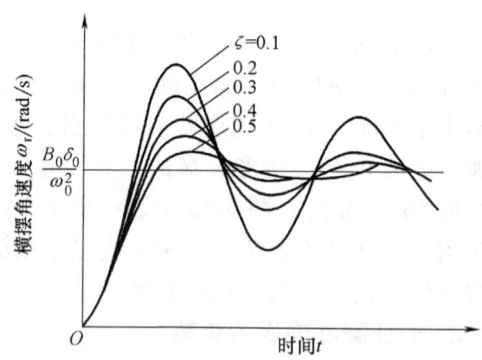

图 5-31　一些欧洲及日本轿车的 f_0 值与 K 值　　图 5-32　不同阻尼比下汽车的横摆角速度瞬态响应曲线

由式（5-26）可知，阻尼比 ζ 与汽车的一些主要物理参数有关，如汽车的质量、质心的位置、轴距、绕 z 轴的转动惯量、稳定性因数，以及前、后轮的侧偏刚度等。汽车的主要结构参数及车速与阻尼比的关系如图 5-33 所示。

（3）**反应时间 τ**　反应时间是指前轮角阶跃输入后，汽车的横摆角速度第一次达到稳定值所需的时间。反应时间短，则驾驶人感到转向响应迅速、及时；反应时间长，就会觉得转向反应迟钝。一般反应时间短些为好。

图 5-34 所示为汽车的主要结构参数及车速与反应时间的关系。

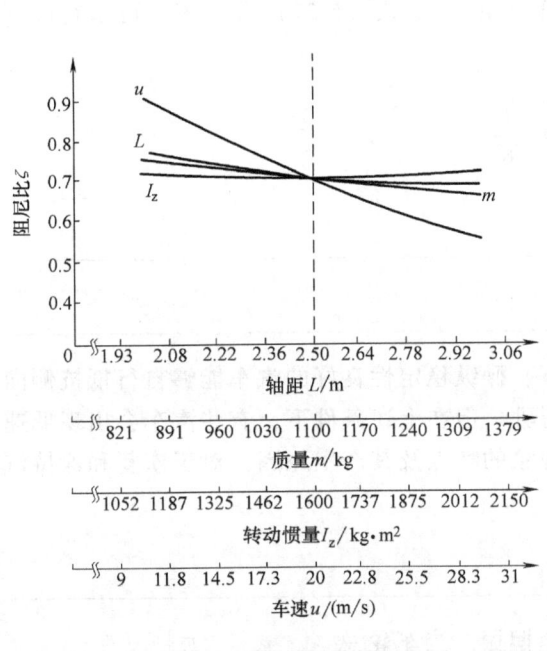

图 5-33　汽车的主要结构参数及车速与阻尼比的关系

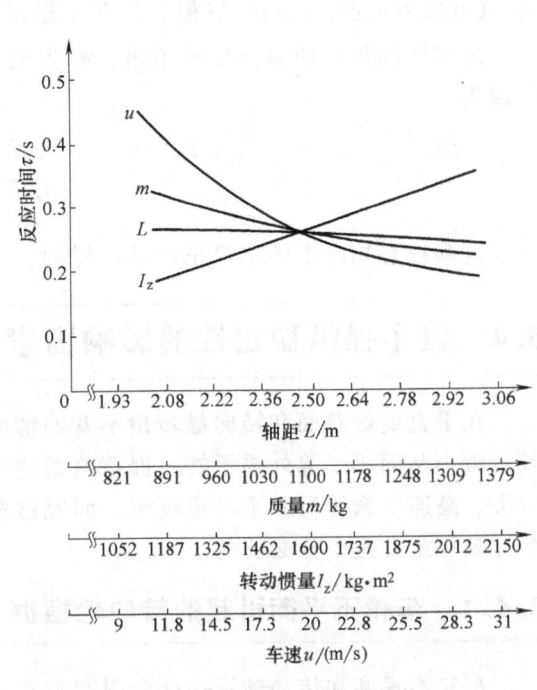

图 5-34　汽车的主要结构参数及车速与反应时间的关系

（4）**稳定时间 σ**　横摆角速度达到稳定值 ω_{r0} 的 95%~105% 之间的时间，称为稳定时间。这段时间应尽量短些，凡是能使横摆角速度加快衰减的因素，也是使稳定时间缩短的因素。

3. 瞬态响应的稳定条件

上面讨论的瞬态响应，其横摆角速度为减幅正弦函数，最后趋于一稳定值 ω_{r0}，因此是稳定的。少数汽车可能出现横摆角速度不收敛的情况，即 ω_r 越来越大，若车速不变即转向半径 R 越来越小，就会急剧增加离心力，汽车将发生侧滑或侧翻等危险情况。

汽车的瞬态响应是否稳定，取决于其对应的汽车运动微分方程，即取决于汽车本身的固有特性。横摆角速度响应是否稳定，取决于前轮角阶跃输入下的二自由度汽车模型的运动微分方程的通解。

通过对齐次微分方程的通解的分析可得以下结论：

1）当 $\zeta \leqslant 1$ 时，只要 $\zeta\omega_0$ 为正值，横摆角速度响应就收敛。而事实上，$\zeta\omega_0$ 恒为正值。因此 $\zeta \leqslant 1$ 时，齐次微分方程的解均收敛，横摆角速度响应也收敛，即是稳定的。

2）当 $\zeta > 1$ 时，只要 ω_0^2 为正值，汽车的横摆角速度就收敛，而

$$\omega_0^2 = \frac{ak_1 - bk_2}{I_z} + \frac{k_1 k_2 L^2}{mu^2 I_z} \tag{5-27}$$

式中，ω_0^2 的第二项恒为正，当车速很低时，它是很大的值，均为正值，$\omega_r(t)$ 收敛，汽车稳定；随着车速的增加，ω_0^2 的第二项越来越小；当汽车为过多转向，即 ak_1-bk_2 为负值时，ω_0^2 就可能为负值，$\omega_r(t)$ 发散，汽车不稳定。

过多转向汽车使 $\omega_0^2 = 0$ 的车速，称为临界车速 u_{cr}。令式（5-27）等于零，可求得临界车速为

$$u_{cr} = \sqrt{1 - \frac{1}{K}}$$

这和稳态响应中的临界车速是一样的。

5.4 汽车操纵稳定性的影响因素

在平直良好路面和转向盘转角不变的情况下，操纵稳定性良好的汽车能够自行抵抗侧向风、微小路面不平等外界干扰，保持直线稳定行驶。但在上述条件下，有些汽车会出现低速摆头、高速摆振等行驶不稳定现象。研究这些现象的特点及其产生原因，对于恢复和保持汽车行驶稳定性是十分必要的。

5.4.1 车轮不平衡引起的转向轮摆振

车轮不平衡和传动轴不平衡会引起汽车高速摆振。当车轮总成质量中心 C 与旋转中心 O 不重合（称为车轮静不平衡）时，在转动中会产生离心力 F_j，其分力 F_{jy} 是周期性的干扰力，它使前轴产生角振动，由于陀螺效应也可能引起前轮的摆振。当左、右轮偏心质量处于相隔 180°位置时，摆振更为明显，如图 5-35 所示。

即使质量中心 C 与旋转中心 O 重合，但质量分布相对于车轮的中心平面不对称，离心力的合力为零，但离心力的合力矩不为零，这时车轮处于动不平衡状态。在车轮旋转中，合力矩的方向不断变化，对主销产生周期性的干扰力矩，使转向轮绕主销摆振。

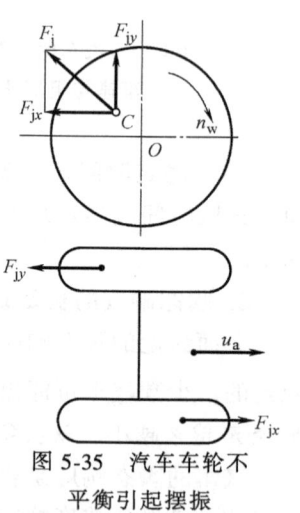

图 5-35 汽车车轮不平衡引起摆振

5.4.2 汽车操纵稳定性与悬架的关系

前面采用了二自由度汽车模型分析了汽车的稳态、瞬态响应，从中可知稳定性因数 K 与稳态时前、后轮侧偏角的绝对值有关，它是决定汽车响应的一个重要参数。因此，稳态时的前、后轮侧偏角绝对值 α_1、α_2 是与汽车响应密切相关的汽车运动学参数。

在忽略悬架与转向系统及驱动力作用的条件下，可知轮胎弹性侧偏角绝对值的大小只取

决于整车质心位置及轮胎有无外倾角、载荷有无变化且有无驱动力条件下的侧偏刚度。但是，实际上汽车沿曲线行驶时，车轮常有外倾角，且由于悬架导向杆系的运动及变形，外倾角将随之发生变化；前、后轴左、右两侧车轮的垂直载荷要发生变化；此外，车轮上还作用有切向反作用力。这些因素改变了轮胎的侧偏刚度和外倾侧向力，从而影响轮胎弹性侧偏角的大小。与此同时，位于悬架上的车厢在曲线行驶时将发生侧倾，即使转向盘转角固定不动，由于车厢侧倾时前悬架导向杆系和转向杆系的运动及变形，前轮轮辋平面也可能发生绕主销的小角度转动。车厢侧倾时后悬架导向杆系的运动及变形，也会使后轮轮辋发生绕垂直于地面轴线的小角度转动。这种车轮轮辋平面的转动称为侧倾转向（Roll Steer）与变形转向（Compliance Steer），它们与轮胎的弹性侧偏角叠加在一起，决定了汽车的转向运动。因此，汽车前、后轮侧偏角应当包括：

1）侧倾转向角。
2）变形转向角。
3）考虑到垂直载荷与外倾角变动等因素的弹性侧偏角。

这三个角度数值的大小，不仅取决于汽车质心位置和轮胎特性，还在很大程度上取决于悬架、转向和传动系统的结构形式及结构参数。所以，为了更准确地分析汽车响应，必须进一步考虑悬架、转向系统和传动系统对前、后轮侧偏角的影响。而悬架、转向系统对前、后轮侧偏角的影响，与汽车沿直线行驶时发生的车厢侧倾有很大关系。本节主要研究悬架侧倾特性与侧倾角的关系，并进一步讨论悬架与轮胎弹性侧偏角、侧倾转向角及变形转向角的影响。

1. 侧倾时垂直载荷在左、右车轮上的重新分配及其对稳态响应的影响

一般而言，在正常工作状态下，汽车左、右车轮的垂直载荷大体上是相等的。但曲线行驶时，由于侧倾力矩的作用，垂直载荷在左、右车轮上是不相等的。这将影响轮胎的侧偏特性，导致汽车稳态响应发生变化，有时汽车甚至会从不足转向变为过多转向。

因为作用于车轮上的垂直载荷等于地面对车轮的垂直反作用力，所以，下面分析作用于汽车前、后轴左、右车轮的地面垂直反作用力，来确定左、右车轮垂直载荷的重新分配。在分析左、右车轮地面垂直反作用力时，可将汽车简化成图 5-36 所示的模型。车厢上作用离心力 F_y，按照其质心位置分配到前、后悬架的侧倾中心质量 m_1、m_2 上，如图 5-36a 所示。进一步以一根轴为例，简化成图 5-36b 所示的形式，其力平衡方程式为

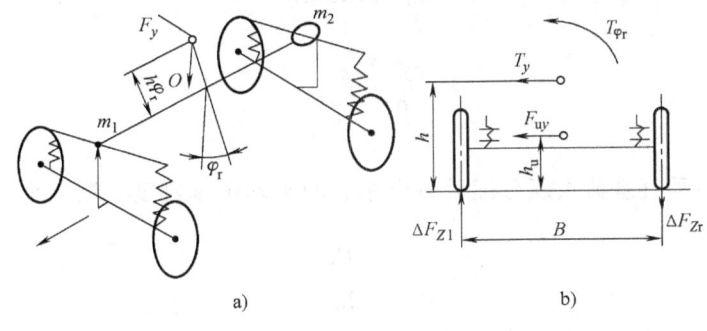

图 5-36 侧倾时左、右车轮垂直载荷重新分配及简化模型

$$\begin{cases} F_y = F_{yl} + F_{yr} \\ \Delta F_{Zl} = (F_y h + T_{\varphi r} + F_{uy} h_u)/B \\ \Delta F_{Zl} = -\Delta F_{Zr} = \Delta F_Z \end{cases} \tag{5-28}$$

式中　ΔF_{Zl}、ΔF_{Zr}——左右车轮的地面法向反作用力的变动量；

　　　　F_{uy}——簧下质量 m_u 产生的离心力；

　　　　h_u——簧下质量质心离地高度，常取车轮半径；

　　　　h——车厢的侧倾中心高度。

侧倾时作用在左、右车轮的地面法向反作用力 F_{Zl}、F_{Zr} 将是静止状态的地面法向反作用力和由侧倾引起的地面法向反作用力变动量之和 ΔF_Z，这个变动量在内侧车轮是减小垂直反力的，而在外侧车轮是增加垂直反力的，即

$$\begin{cases} F'_{Zl} = F_{Zl} + \Delta F_Z \\ F'_{Zr} = F_{Zr} - \Delta F_Z \end{cases}$$

由轮胎侧偏特性可知，轮胎侧偏刚度与垂直载荷有关（图 5-37），轮胎侧偏刚度在某一载荷下达到最大，大于或小于这个载荷时，侧偏刚度均下降。经试验得知，侧偏刚度最大时的垂直载荷约为额定载荷的 150%。

就一根车轴而言，当无侧向力作用于汽车时，车轴左、右车轮的垂直载荷均为 G_0（图 5-37）。每个车轮的侧偏刚度均为 k_0。在有侧向力作用于汽车上时，地面有相应的侧向反作用力 F_Y 作用于两轮胎时，若左、右车轮垂直载荷没有发生变化，则相应侧偏角为

$$\alpha_0 = \frac{F_Y}{2k_0} \tag{5-29}$$

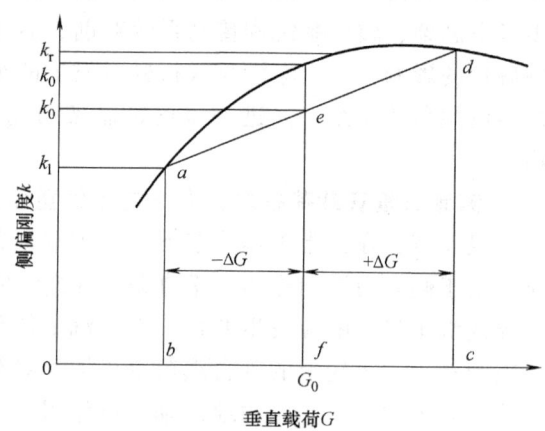

图 5-37　左、右车轮垂直载荷变动对轮胎侧偏刚度的影响

在侧向力作用下，左、右车轮垂直载荷发生变化。内侧车轮减小 ΔG，外侧车轮增加 ΔG，两个车轮的侧偏刚度随之变为 k_l、k_r。由于左、右车轮的侧偏角相等，故有

$$F_Y = k_l \alpha + k_r \alpha$$

或

$$\alpha = \frac{F_Y}{k_l + k_r}$$

令 $k'_0 = \dfrac{k_l + k_r}{2}$ 为垂直载荷重新分配后每个车轮的平均侧偏刚度，则两个车轮的侧偏角为

$$\alpha = \frac{F_Y}{2k'_0} \tag{5-30}$$

由图 5-37 可知，平均侧偏刚度 k'_0 为梯形 $abcd$ 中线 ef 的高度，显然 $k_0 > k'_0$，或 $\alpha > \alpha_0$。进一步分析可知，左、右车轮垂直载荷的差别越大，平均侧偏刚度越小。

根据以上的讨论，在侧向力作用下，若汽车前轴左、右车轮垂直载荷变动量较大，汽车趋于增加不足转向量；若后轴左、右车轮垂直载荷变动量较大，汽车趋于减小不足转向量。汽车前轴及后轴左、右车轮载荷变动量取决于前、后悬架的侧倾角刚度、簧载质量、非簧载质量质心位置及前、后悬架侧倾中心位置等一系列参数的数值。

2. 侧倾外倾（车厢侧倾时车轮外倾角的变化）

车厢侧倾时，因悬架形式不同，车轮外倾角的变化有三种情况：保持不变，沿地面侧向反作用力作用方向倾斜，沿地面侧向反作用力作用方向的相反方向倾斜（图5-38）。车轮外倾角的变化会引起外倾侧向力或轮胎侧偏角的改变。根据以上得出的结论，轮胎既有外倾角又有侧偏角时，地面侧向反作用力为

$$F_Y = F_{Y\alpha} + F_{Y\gamma} = k\alpha + k_\gamma \gamma \tag{5-31}$$

因而

$$\alpha = \frac{1}{k}(F_Y - F_{Y\gamma}) = \frac{F_Y}{k} - \gamma \frac{k_\gamma}{k} \tag{5-32}$$

即 F_Y 为正值而外倾角为负值时，外倾角的作用是使侧偏角的代数值增大、绝对值减小。

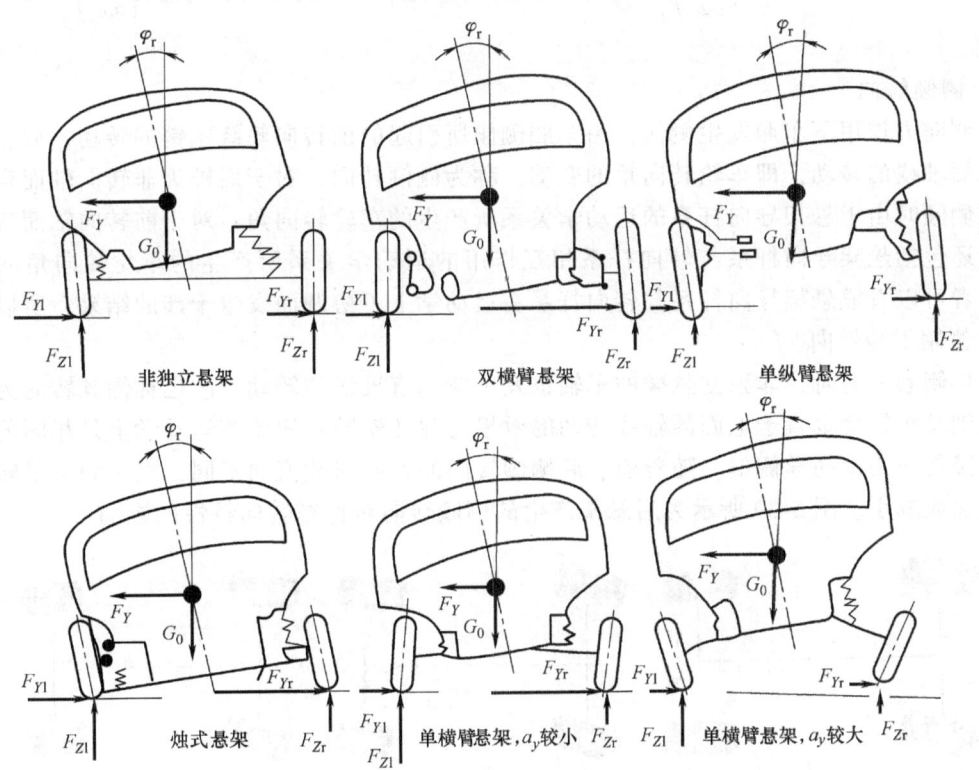

图 5-38 车厢侧倾时车轮外倾角的变化情况

外倾角为正值时，使侧偏角的代数值减小，绝对值增大。也就是说，当车轮外倾倾斜的方向与地面侧向反作用力的方向一致时，侧偏角绝对值减小；反之，则增大。因此，车轮外倾角变化规律将影响汽车稳态与瞬态响应。随着外倾角的增加，轮胎的侧向附着性能降低。因此，外倾角的变化也影响汽车极限侧向加速度。若要保持高的极限性能，急速转弯行驶时承受大部分垂直载荷的外侧车轮应尽量垂直于地面，使轮胎胎面花纹与地面保持良好的接

触。在悬架设计中应恰当控制、设置车厢侧倾引起的外倾角。

车厢侧倾时，车轮相对于地面的外倾角由两部分组成，一是车轮相对于车厢的外倾角，二是车厢相对于地面的侧倾角。

汽车在不平整地面上直线行驶时，由于有侧倾外倾角，车轮的上下跳动使车轮外倾角不断变化，会产生相应的外倾侧向力的变化而影响汽车直线行驶的稳定性。因此，侧倾外倾角的结构设计要兼顾横摆角速度响应和直线行驶稳定性两个方面。

车厢侧倾引起的车轮外倾角的变化一般由式（5-33）计算：

$$\gamma = \frac{\partial \gamma}{\partial \varphi_r} \varphi_r \quad (5-33)$$

式中　γ——车厢侧倾引起的外倾角变化率［(°)/(°)］，称为侧倾外倾系数。

为了说明这种外倾变化对汽车稳态响应的作用，在其数值后带一括号，在括号内标注"不足"或"过多"两字。若外倾的变化使汽车不足转向量减小或过多转向量增加，则写为（过多）；若外倾的变化使汽车不足转向量增加，则在数值后写为（不足）。

轿车前侧倾外倾系数 $\left(\frac{\partial \gamma}{\partial \varphi_r}\right)_1 = 0.61 \sim 0.88$（不足），后侧倾外倾系数 $\left(\frac{\partial \gamma}{\partial \varphi_r}\right)_2 = 0 \sim 0.86$（过多）。

3. 侧倾转向

在侧向力作用下车厢发生侧倾，由车厢侧倾所引起的前转向轮绕主销的转动、后轮绕垂直于地面轴线的转动，即车轮转向角的变动，称为侧倾转向。对于后轴为非转向轴而言，是指车厢侧倾时由于悬架导向杆系的运动学关系所产生的车轮转向角；对于前转向轴而言，侧倾转向还包括悬架导向杆系与转向杆系相互作用的运动学关系所产生的车轮转向角的变动量。后者可以看成悬架导向杆系与转向杆系在运动学上不协调而发生干涉的结果，所以它也称为"侧倾干涉转向"。

发生侧倾转向时，非独立悬架的车轴也发生绕垂直轴线的转动，故也称侧倾转向为轴转向。车轴及车轮绕垂直于地面的轴线转动的效果与弹性轮胎侧偏角在运动学上是相同的，故又称侧倾转向为运动学侧偏。随着前、后侧倾转向的方向与数值的不同，汽车的不足转向量可能增加或减小。图5-39所示为后悬架产生的侧倾转向对稳态转向特性的影响。

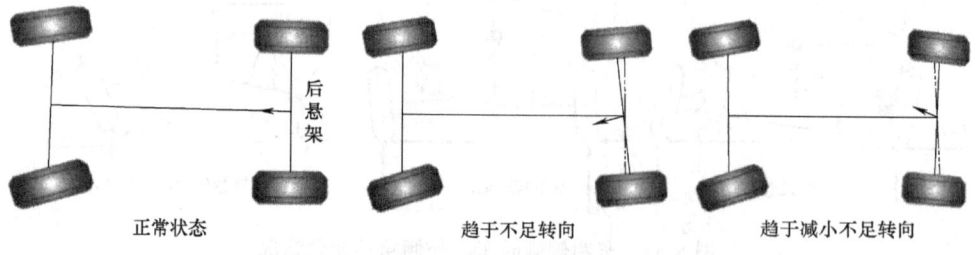

图 5-39　后悬架的侧倾转向对稳态转向特性的影响

独立悬架的侧倾转向效果可用车轮相对车厢跳动时的前束变化曲线加以说明。图5-40为某双横臂独立悬架汽车的前轮定位参数（前束、轮距、后倾角和外倾角）随悬架变形行程变化的曲线。转弯行驶时，车厢侧倾，外侧车轮与车厢的距离缩小，处于压缩行程；内侧车轮与车厢的距离加大，处于复原行程。因此，装有此独立悬架的汽车，外侧车轮的前束减小，车轮向外转动；内侧车轮的前束增加，车轮向汽车纵向中心线方向转动。这种汽车的侧倾转向具有不足转向量增加的趋势，这种侧倾转向称为不足侧倾转向。但是，具有侧倾转向效应的汽车在直线行驶时，路面不平引起车轮相对于车厢的跳动也会使车轮产生一定的转向角，从而影响汽车直线行驶的稳定性。现代轿车均力图减小侧倾转向量，如常采用的多连杆后独立悬架的侧倾转向量几乎等于零。

4. **变形转向**（悬架导向装置变形引起的车轮转向角）

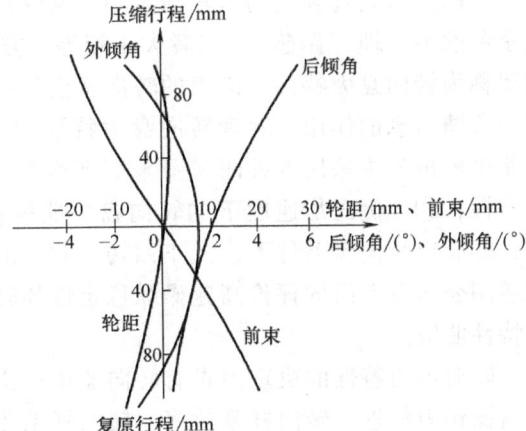

图 5-40 某双横臂独立悬架前轮定位参数的变化曲线

悬架导向杆系各元件在各种力、力矩作用下发生的变形，会引起车轮绕主销或垂直于地面轴线的转动，称为变形转向，对应的转角称为变形转向角。若变形转向角有增加不足转向的趋势，则称为不足变形转向角；若变形转向角有增加过多转向的趋势，称为过多变形转向角。

同侧倾转向一样，变形转向也是一种使车辆具有恰当不足转向的有效方法。一般希望转弯行驶时承受主要载荷的外侧车轮有适当的不足变形转向角，即前轮有减小前束的变形转向角，后轮有增加前束的变形转向角。

由轮胎力学特性可知，各轮胎上都作用有回正力矩。在回正力矩的作用下，悬架和车轮有扭转变形。前、后轴车轮均产生回正力矩变形转向角。回正力矩使前轴趋于增加不足转向，后轴趋于减小不足转向。由于前轴杆件和连接铰链比较多，汽车回正力矩的总效果一般趋于不足转向。

5. **变形外倾**（悬架导向装置变形引起的外倾角的变化）

受到侧向力的独立悬架杆系的变形会引起车轮外倾角的变化，从而影响汽车的稳态与瞬态响应。

5.4.3 转向系对汽车横摆角速度稳态响应的影响

汽车前轴的侧偏角不仅与悬架有关，而且也受转向系的影响。下面介绍转向系与侧倾转向及变形转向的关系。

1. **转向系的功能与转向盘的力特性**

转向系的功能大体可以分为两部分。一是驾驶人通过转向盘控制前轮绕主销的转角来操纵汽车运动的方向。驾驶人对转向盘的输入有力输入和角输入。本章大部分篇幅讨论转向盘的角输入，但实际驾驶中既有角输入，也有力输入，有时以其中一种为主。转向系的第二个功能是凭借转向盘力，将整车及轮胎的运动、受力状况反馈给驾驶人，不少文献中称这种反馈为驾驶人感受到的"路感"。驾驶人可以通过手、眼、身体和耳朵等来感觉、检查汽车的运动状态，但更重要的是来自转向盘反馈给驾驶人的"路感"。良好的"路感"是汽车操纵稳定性不可缺少的部分。

转向盘力是驾驶人输入转向盘用以操纵汽车的力，转向盘反作用力是转向盘输送给驾驶人手部的力，即"路感"，二者大小相等，方向相反。转向盘力随着汽车运动状态而变化的规律称为转向盘力特性。汽车的转向系应具有良好的转向盘力特性，才能很好地起到控制汽车与反馈信息的作用。表现转向盘力特性的方法目前仍不成熟。日本的《Motor Fan》杂志道路试验报告中采用五种曲线图来表征汽车的操纵稳定性：①稳定性因数 K 值曲线；②频率特性；③大侧向加速度下的转向盘力曲线；④转向盘中间位置、小转角下的转向盘力曲线；⑤固定转向盘条件下，汽车回转行驶时的转向盘力曲线。后三者便是转向盘力特性。美国通用公司有专门的评价高速操纵稳定性的转向盘中间位置行驶试验，从中也可测得转向盘力特性曲线。

转向盘力特性的决定因素有转向器传动比及其变化规律、转向器效率、助力转向器的转向盘操作力特性、转向杆系效率、转向杆系传动比、由悬架导向杆系决定的主销位置、轮胎气压、轮胎上的载荷、轮胎力学特性、地面附着条件、转向盘的转动惯量、转向盘摩擦阻力和汽车整体动力性特性等。

汽车的操纵稳定性在不同工况下的要求是不同的。如在高速、转向盘小转角、低侧向加速度范围内，汽车应具有良好的横摆角速度频率特性、直线行驶能力和回正性能，还应有良好的转向盘力特性，转向盘不能过轻，保持一定的"路感"。在低速、低侧向加速度行驶工况下，汽车应具有适当的转向盘力和转向盘总回转角，还应有良好的回正性能。考虑到高速行驶的汽车应具有较大的转向灵敏度，转向系总传动比不宜过大，可通过转向助力来解决转向沉重的问题。驾驶人还应能方便清晰地判断转向盘的中间位置，转向系应能够适度地隔断路面不平整的干扰。

2. 侧倾时转向系与悬架的运动干涉

车厢侧倾时，若非独立悬架汽车的转向系与悬架在运动学上关系不协调，将导致转向车轮干涉转向。这种干涉转向在汽车直线行驶中车厢与车桥发生相对运动时，会引起前轮转动而影响甚至损害汽车的操纵性。因此，干涉转向量应尽量小些。

如图 5-41 所示为一种纵置半椭圆板簧前悬架与转向系布置简图。板簧的固定吊耳在前轴前面，活动吊耳及转向器在前轴的后面。前轴和转向节等固定于板簧上，随板簧一起上、下运动。转向器固定于车架上。当板簧发生变形时，车轮相对于车架有上、下方向的运动，转向节上的球销作为前轴上一点绕 O_2 点摆动，其运动轨迹为 bb 弧。但 c 又与纵拉杆相连，这样 c 将绕转向器垂臂下端球关节 O_1 摆动，运动轨迹为 aa 弧（实际上是以 O_1 点为圆心，以纵拉杆长度为半径做球面运动）。c 点不能同时满足这两个运动要求，于是转向节将相对主销发生转动，以满足 c 点沿 aa 弧的运动。从俯视图可以看出，当前轮向上运动时，c 点向前

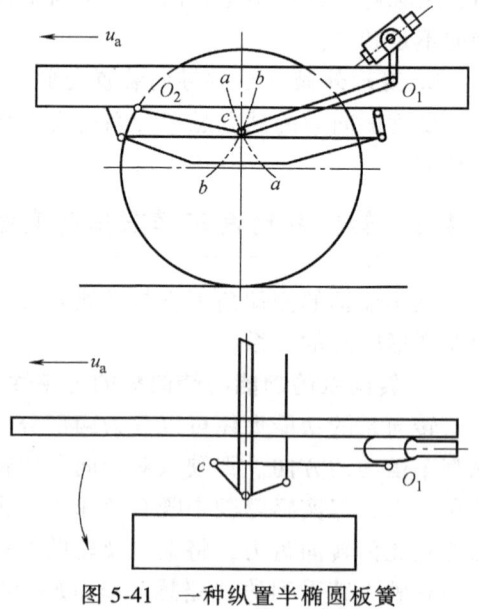

图 5-41 一种纵置半椭圆板簧前悬架与转向系布置简图

移动，转向节绕主销向左转动。当这辆车向右转动时，车身向外倾斜，外侧板簧受压缩，车轮与车架距离减小，使车轮向左转动，增加了汽车的不足转向量。这种现象称为侧倾干涉不足转向。当这种不协调导致过多转向时，称为侧倾干涉过多转向。显然，转向车轮干涉转向也是一种侧倾转向。

为了减小这种干涉摆动，可将转向器与固定吊耳尽可能地靠近，使 aa 和 bb 两弧轨迹接近。

平头驾驶室货车板簧的固定吊耳和转向器均安装在车轴前面，侧倾干涉量很小。

3. 转向系刚度与转向车轮的变形转向

从转向盘至转向车轮，包括转向器、转向杆系与转向器固定处在内的刚度，称为转向系（角）刚度。前转向轮的理论转向角应等于输入的转向盘转角除以转向系总传动比。但由于地面作用于转向车轮的回正力矩会使转向系发生弹性变形，从而使转向轮产生变形转向角。变形转向角等于回正力矩除以转向系刚度。若忽略转向系及前悬架有关部位存在的摩擦力，则前转向轮的实际转向角等于理论转向角与变形转向角之差。显然，在一定转向盘转角下，转向系刚度低，前转向轮的变形转向角大，增加了汽车的不足转向趋势；反之，若刚度大，则不足转向趋势小。

实际上，转向系的变形转向要比悬架的变形转向大很多，转向系的刚度不够高时，会产生过大的不足转向量。还应指出，不能只从稳态响应的角度来考虑转向系的刚度。为了全面满足操纵稳定性的要求，特别是为了获得轿车在高速行驶时的"良好路感"，转向系的刚度应高些，尤其是转向盘中间位置小转角范围内应有尽可能高的刚度。

5.4.4 传动系与汽车操纵稳定性的关系

由于轮胎侧偏特性受地面切向反作用力的影响，所以传动系和汽车操纵稳定性有密切关系，切向反作用力也可用于改善极限工况下的操纵稳定性。

下面以前驱动汽车为例，从几个方面说明驱动力对汽车转向特性的影响。

1) 当汽车在弯道上以大驱动力加速行驶时，前轴垂直载荷明显减小，后轴垂直载荷相对增加。一般载荷范围内，轮胎侧偏刚度随载荷的增加或减小而增减。因此，汽车加速时前轴侧偏角增大，后轴侧偏角减小，汽车不足转向趋势增加。

2) 车轮驱动时，由附着椭圆（图5-10）可知，随着驱动力的增加，同一侧偏角下的最大侧偏力下降。因此，汽车在弯道上加速行驶时，为了提供要求的侧偏力，前轮侧偏角必然增大。这是前驱动汽车有不足转向趋势的另一个原因。地面附着条件差时，如冰雪路面，这种现象更为突出。

3) 前轮受半轴驱动转矩的影响会产生不足变形转向，增加了前驱动汽车不足转向的趋势。图5-42中画出了处于直线行驶位置的前轮及其受到的地面切向反作用力 F_X 与驱动转矩 T_h。

不考虑滚动阻力忽略法向反作用力产生的力矩，作用于前轮绕主销的力矩为

$$T_k = F_X r_\sigma \cos\tau\cos\sigma + T_h \sin(\sigma+\xi) = F_X [r_\sigma \cos\tau\cos\sigma + r\sin(\sigma+\xi)] \tag{5-34}$$

式中 r_σ——接地面上的主销偏置距；

σ——主销内倾角；

τ——主销后倾角；

ξ——半轴与水平线的夹角；

r——车轮半径。

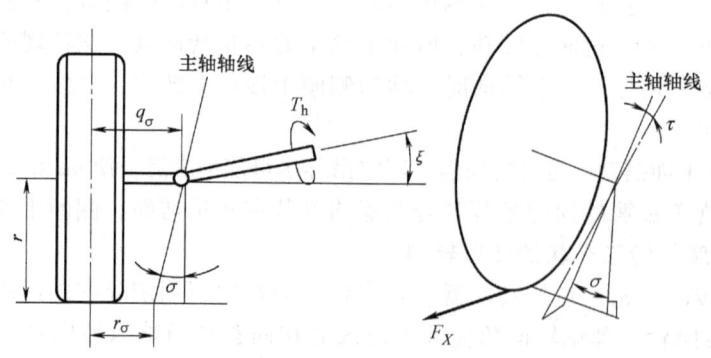

图 5-42 作用于前驱动轮的切向反作用力与驱动转矩

在实际中,主销后倾角、内倾角均较小,即 $\cos\tau \approx \cos\sigma \approx 1$,则式(5-34)可写为

$$T_k = F_X[r_\sigma + r\sin(\sigma + \xi)] \tag{5-35}$$

若半轴处于水平位置,$\xi=0$,则力矩臂为 $r_\sigma + r\sin\sigma$,即图 5-42 中的 q_σ,它就是车轮中心主销偏置距。

汽车在弯道行驶时,车厢侧倾,外侧车轮 ξ 减小,内侧车轮 ξ 增加。因此,作用于外侧车轮的 T_k 减小,作用于内倾车轮的 T_k 增大。这两个力矩之差使前轮受到一个使转向角变小的力矩。

由于转向杆系等处的弹性,前轮产生了相应的不足变形转向角,增加了汽车的不足转向趋势。

4) 随着驱动力的增加,轮胎回正力矩通常也有所增大,这也增加了不足转向趋势。

综上所述,驱动力的作用是增加前驱动汽车的不足转向趋势。

显然,当用发动机进行制动时,上述 1)、3)、4) 项的影响将使汽车有增加过多转向的趋势。所以,若大功率前驱动汽车在节气门大开度加速中突然松开加速踏板(发动机制动),汽车的转向特性会发生明显的变化,甚至成为过多转向。因此,汽车会发生出乎意料的突然驶向弯道内侧的"卷入"现象。可以通过采用自动变速器、有限差速作用差速器(LSD)和使驱动轮在制动时能产生不足变形转向的悬架来减少、消除卷入现象。

后驱动汽车在进行发动机制动时,由于制动力的作用增大了后轴侧偏角,产生了过多转向的趋势,加上其他因素的综合影响,后驱动汽车也常有"卷入"现象。

5.5 改善汽车操纵稳定性的措施

汽车操纵稳定性在很大程度上取决于汽车的结构,其中悬架和转向轮影响很大。除了传统的车轮定位和悬架设计对汽车起到稳定效应外,随着支持控制系统的计算机和传感器、执行机构的迅猛发展,改善汽车操纵稳定性的电子控制系统也在不断出现。

5.5.1 车轮定位及稳定效应

传统结构的主销内倾和主销后倾、轮胎侧偏等,形成了转向轮的稳定效应,使汽车转向轮具有直行时保持居中位置和转向后自动回正的能力。

转向轮的稳定效应可减弱甚至避免摆振，保持汽车良好的行驶稳定性。

1. 主销后倾的稳定效应

图 5-43a 所示为主销后倾的结构。在汽车的纵向垂直平面内转向主销中心线上端偏离铅垂线而向后倾斜的角度为 γ。当转向轮偏转时，汽车便处于转向状态，并会有相应的离心力 F_y 产生，同时转向轮受到地面侧向反作用力 F_Y 的作用，此侧向反作用力作用于车轮接地点。由于主销后倾，形成了对主销的回正力矩，阻止车轮偏转，促使转向轮回正。适当增大主销后倾角，可以改善车轮的回正能力，但是过大的主销后倾角将会导致转向困难或者左右牵引。

2. 主销内倾的稳定效应

图 5-43b 所示为主销内倾的结构。在汽车的横向垂直平面内转向主销中心线的上端向内倾斜与铅垂线所成的角度为主销内倾角。

假设前轴的空间位置不变，当转向轮偏转时，车轮与地面的接触点将落在以 OA 为母线、绕主销线旋转形成的圆锥的底圆上，即接地点将深入到地面之下，实际上接地点还在地面，只是将车轴连同汽车抬起一个高度。如果不在转向盘上作用一定力保持这种状态，前轴的重力作用将使车轴高度下降，迫使偏转的转向轮得以回正。

汽车转弯时，须在转向盘上施加一个力矩，以克服回正力矩，使汽车实现稳定的圆周行驶。如果松开转向盘，在回正力矩的作用下，前轮就会自动恢复到直行状态。

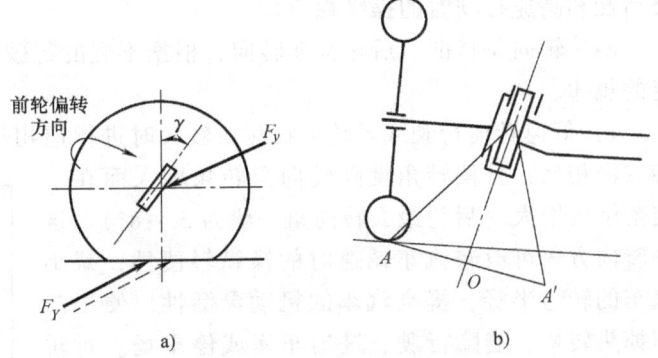

图 5-43 主销后倾和主销内倾

主销内倾角加大，还会使主销偏置距成为负值，在汽车受到侧向力或者左右车轮制动力不平衡时，使转向轮自动回正，迅速稳定。现代前驱动轿车的主销偏置距多数为负值。

3. 车轮侧偏的稳定效应

随着车辆载荷增大，车轮侧偏角增大，引起侧偏力加大，因而回正力矩逐步增大，但是到达一定程度后就会下降。

5.5.2 轮胎的结构、气压对操纵稳定性的影响

在同样侧偏角下，大尺寸轮胎一般回正力矩较大。子午线轮胎回正力矩比斜交轮胎大，有利于操纵稳定性；轮胎的气压低，接地印迹长，轮胎拖距大，回正力矩也就大，操纵稳定性就好。

现代轿车的发展趋势之一是车速在不断提高，加之悬架结构的改进和轮胎气压的降低。为提高汽车的操纵稳定性，在车轮定位上，除了前述的转向主销负后倾外，还有转向车轮负外倾、车轮负前束、主销大内倾，以及后轴车轮的外倾和前束等。

5.5.3 转向系的改进

1. 电动助力转向系统（EPS）

理想的助力转向系统应在停车状态时提供足够的助力，使原地转向容易；当车速增加时助力逐渐减小，进入高速状态时则应无助力，以使驾驶人有一定的路感。

电动助力转向系统能够以较简单的控制方式，可靠而精确地实现理想控制。电动助力转向系统主要由传感器、控制单元和助力电机三部分组成，控制单元接收传感器所测信号（车速、转矩、转向状态、侧向加速度等），经过分析处理，然后由助力电机实现操作。根据汽车的运行状态，随时按照驾驶人的意图提供转向助力，从而提高汽车（特别是在高速行驶时）的稳定性。

2. 四轮转向系统（4WS）

随着高速公路和高架公路的增多，车速增大和车辆并行的机会有了大幅度提高。为了使汽车具有更好的操纵稳定性，一些汽车在后轮上也采用了转向系统，以提高汽车转向的机动灵活性和高速行驶时的操纵稳定性。

四轮转向是指前、后轮都能转向，根据不同的行驶条件，前、后轮转向角之间应遵循一定的规律。

1）低速转向行驶或者转向盘转角较大时进行逆相位操作，后轮的偏转方向与前轮的偏转方向相反，且偏转角度随转向盘转角增大而在一定范围内增大（后轮最大转向角一般为5°~8°）。这种转向方式可改善汽车低速时的操纵轻便性，减小汽车的转弯半径，提高汽车的机动灵活性，便于汽车掉头转弯、避障行驶、进出车库或停车场。对轿车而言，若后轮逆相位转向5°，则可减小最小转向半径约0.5m，如图5-44a所示。

2）中高速行驶转向时进行同相位操作，后轮的偏转方向与前轮的偏转方向相同，靠车轮的偏转来抵消轮胎的侧偏角。这使得汽车车身的横摆角速度大大减小，可减小汽车车身发生动态侧偏的倾向，

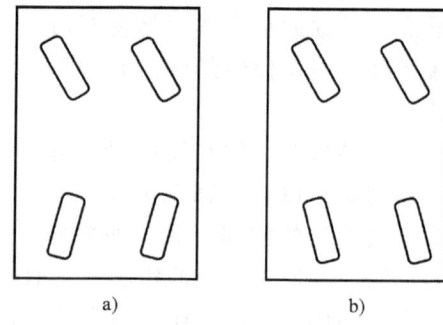

图5-44 四轮转向汽车的前、后轮偏转规律

保证汽车在高速超车、进出高速公路、高架引桥或立交桥时，处于不足转向状态，以提高车辆转弯时的操作稳定性和安全性，如图5-44b所示。

电控四轮转向系统主要由传感器、控制单元和操作执行机构三部分组成，控制单元接收传感器所测信号（车速、轮速、转向盘转角、油压等），进行分析处理，由执行机构实现车轮转向。

5.5.4 电子控制悬架

悬架对汽车的操纵稳定性影响很大。悬架决定着汽车在行驶中遇到障碍或者转弯时车轮与地面的接触情况，决定着汽车的侧倾和侧滑及车轮的侧偏，而汽车不同的行驶状态对悬架有不同的要求。一般行驶时需要较软的悬架以求舒适感，当急转弯及制动时又需要较硬的悬架以求稳定性，两者之间有矛盾。理想的悬架应在不同的条件下有不同的弹簧刚度和阻力减

振,既能满足行驶平顺性要求和操纵稳定性要求,又能达到安全行驶的目的。

电子控制悬架系统能根据不同的路面状况、载质量、车速和行驶状况控制悬架系统的刚度和阻尼力、调节车身高度。目前比较常见的是电控空气悬架。典型的电控空气悬架系统由电子控制元件、空气压缩机、车高传感器、转向角度传感器、速度传感器、制动传感器、空气弹簧元件等组成。该系统能够根据汽车的瞬时驾驶条件自动调节悬架组件的性能,即通过各种传感器对汽车的运行状况进行检测,当悬架电子控制元件收到传感器检测到的转向和制动状况信号后,能自适应地处理车辆的侧倾、前后仰,并自动调整减振器阻尼力,能防止车体倾斜并提高车轮的地面附着力。该系统使汽车更易于控制,具有更好的操纵稳定性。

5.5.5 车辆稳定性控制系统(VSC)

VSC(又称 ESP)是以 ABS 为基础发展而成的,系统主要控制处于极限工况下的汽车运动,使驾驶人可以按正常驾驶方法顺利处理原本令人难以驾驭的危急状况。VSC 利用左、右两侧制动力之差产生的横摆力偶矩来防止出现难以控制的侧滑现象,如在弯道行驶中因前轴侧滑而失去路径跟踪能力的驶出现象及后轴侧滑甩尾而失去稳定性的激转现象等危险工况。由图 5-45a 可知,当汽车转向行驶发生了不足转向甚至失去转向能力时,VSC 可以通过 ABS 对后内侧车轮进行制动,产生一个向内侧的横摆力矩,帮助汽车转向;如图 5-45b 所示,当汽车转向或者在侧向力作用下发生了过多转向甚至侧滑激转时,VSC 可以通过 ABS 对前外侧车轮进行制动,产生一个向外侧的横摆力矩,抵消汽车转向。

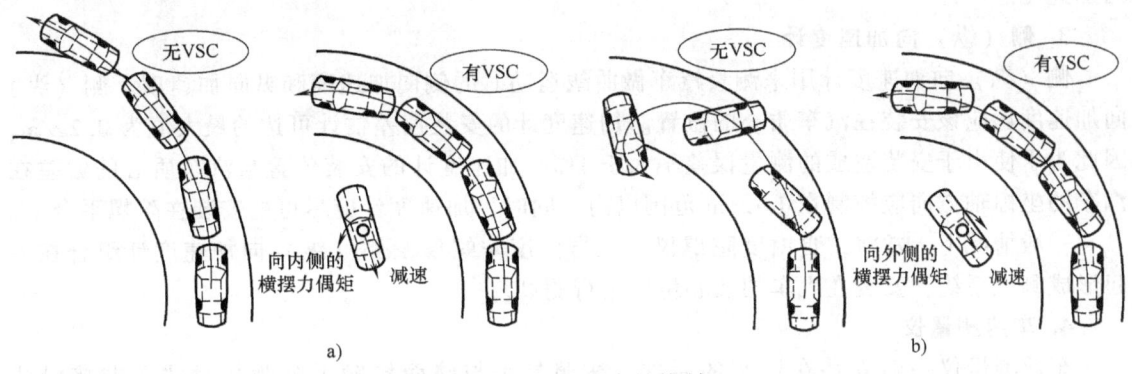

图 5-45 汽车稳定性控制
a) 前轮侧滑的抑制 b) 后轮侧滑的抑制

VSC 可根据驾驶人驾驶时的转向盘角度、加速踏板位置与制动系油压,判断驾驶人的行车意图 VSC 也可根据汽车横摆角速度、侧向加速度,判断汽车的真实行驶状况。VSC 调节发动机功率、由左右侧制动力差构成的横摆力矩及总制动力,以操纵汽车,使汽车的行驶状况尽可能地接近驾驶人的行车意图。

5.6 汽车操纵稳定性的试验

汽车操纵稳定性是汽车的一个非常重要的性能。虽然对汽车建立了物理模型,对汽车的性能进行了一些定性和定量的分析,为汽车操纵稳定性的评价提供了理论依据。但是汽车是一个复杂的系统，理论模型往往不能全面地反映汽车的性能。因此试验研究显得尤为重要。对汽车操纵稳定性的研究主要是研究在转向输入下汽车的运动响应特性，因此试验的设计主要有转向盘的力脉冲、回正性能等方面。

汽车操纵稳定性试验大致可以分为道路试验和室内（台架）试验两类。本节主要阐述道路试验的基本原理及相关的理论。

5.6.1　试验仪器与设备

1. 角速度陀螺仪

角速度陀螺仪也称为二自由度陀螺仪，主要用来测定汽车的横摆角速度。为了使动态测试值不产生太大的相位滞后，当仪器的相对阻尼系数 $\zeta = 0.2$ 时，其自振频率 f 应不小于50Hz。同时角速度陀螺仪还应该保证在输入频率为 $0 \sim 2.5$Hz 的范围内，其输出是线性的。角速度陀螺仪通常安装在汽车的地板上。

2. 垂直陀螺仪

垂直陀螺仪也称为三自由度陀螺仪，主要用来测定汽车的车身侧倾角、俯仰角。使用这种陀螺仪测量时，应注意由于其自转轴不完全垂直于地面所造成的正弦波信号输出偏差。必要时，在试验前应使汽车以极低的车速转圈行驶，测出由此引起的偏差，以便进行修正。也有带修正装置的三自由度陀螺仪，可在试验前进行修正。

较新的陀螺仪已经利用 CAN 总线技术进行数据的传输，来测量三个轴向的角速度及轴向加速度。

3. 侧（纵）向加速度计

侧（纵）向加速度计用来测量汽车做曲线运动时的侧向加速度和纵向加速度。侧（纵）向加速度计应该安装在汽车质心的位置。加速度计的安装偏差估计可达的最大值为 $0.2g/m$，因此为了使由于安装造成的测量误差不大于 1%，加速度计的安装位置与汽车质心的偏差在汽车的坐标轴方向应控制在 $1 \sim 2$cm 范围以内。同时，加速度计应尽可能安装在陀螺平台上。

一般情况下，常将二自由度陀螺仪、三自由度陀螺仪及侧（纵）向加速度计组合在一起形成测试系统，安装在汽车的质心位置进行测试。

4. 车速测量仪

车速测量仪一般安装在汽车的后部，按照是否与路面接触可分为接触式和非接触式两种。

五轮仪是一种接触式的车速测量仪器。由于五轮仪使用上的复杂性及测量误差的处理难度，特别是在不平的路面上及做曲线行驶时，其测量误差将更大。现在一般采用非接触式的速度传感器进行车速的测量，它可以方便地安装于汽车前后保险杠上或用真空吸盘附于前后车体上进行车速的测量。

随着 GPS（全球定位系统）的广泛应用，也可利用 GPS 测量车速、加速度、制动距离及车辆的位置等，还可以测量车轮上的侧偏力等参数。

5. 转向盘测力仪

转向盘测力仪主要用于测定施加在转向盘上的力矩和转角。转向盘测力仪有两种主要的形式。一种是副转向盘形式，测力元件装在副转向盘上，试验时将副转向盘与试验汽车的转向盘刚性的串联在一起，并通过操纵副转向盘进行转向输入；另一种是仅有力传感器及角度传感器等，将上述的传感器安装在汽车转向盘下方进行测定。

6. 操纵稳定性试验数据处理系统

操纵稳定性试验数据处理系统主要用来处理试验中的数据，进行数据的实时显示、处理、打印及保存等工作。因此可以非常方便地进行汽车操纵稳定性等试验。

整个试验系统由系统软件及系统硬件两个部分组成。系统软件部分为操纵稳定性试验数据的处理系统及与试验中数据采集相关的一些接口程序。系统的硬件主要由一些与试验相关的传感器及测试仪器等组成。

汽车操纵稳定性试验系统的流程图如图 5-46 所示。传感器及测试仪器上的信号进入数据采集与预处理系统中进行模/数（A/D）转换等，再通过串行接口进入计算机系统。整个数据的处理系统将完成数据的显示、实时的图形绘制、试验数据的保存及试验结果的输出等工作。

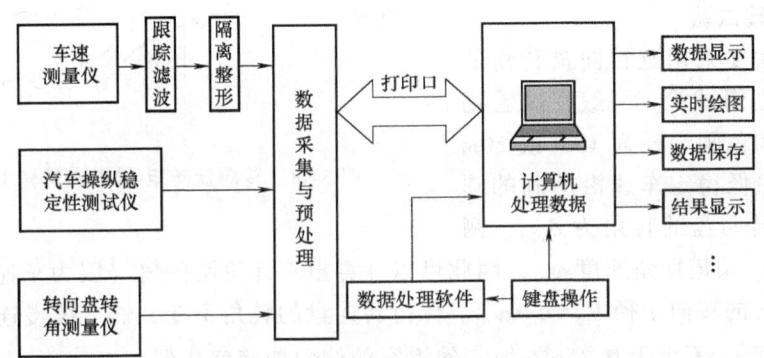

图 5-46 汽车操纵稳定性试验系统流程图

5.6.2 汽车操纵稳定性道路试验

汽车操纵稳定性的道路试验主要包括转向轻便性试验、稳态回转试验、转向盘转角阶跃输入试验、转向回正性能试验及蛇行试验等。

1. 转向轻便性试验

驾驶人操纵汽车转向盘的轻重程度主要取决于转向系的阻力，即转向系零部件之间的摩擦力、轮胎与路面之间的滑移摩擦力、运动速度变化时零部件的惯性力及轮胎与前轮定位角引起的回正力矩等。

当驾驶人操纵转向盘使转向角增大时，所作用的操纵力是主动力，也称为转向力。当转向盘转角减小时，回正力矩和复原力矩等转变为主动力，也称为保持力。汽车转向轻便性试验测量的参数主要有转向盘转角、转向盘力矩、转向盘直径和汽车行驶速度。

汽车转向轻便性试验一般沿图 5-47 所示的双纽线轨迹以 10km/h 的车速行

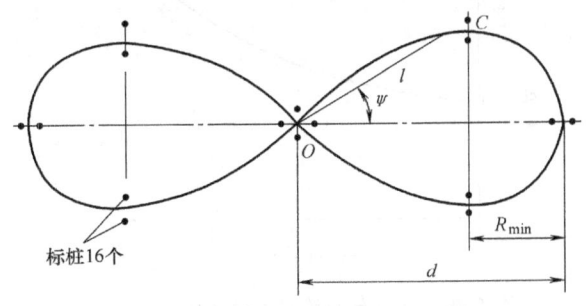

图 5-47 测定转向轻便性的双纽线

驶。双纽线轨迹的极坐标方程为 $l=d\sqrt{\cos2\psi}$。

在 $\psi=0$ 时，双纽线顶点处的曲率半径最小，其数值为 $R_{\min}=d/3$。双纽线的最小曲率半径应按试验汽车的最小转弯半径的 1.1 倍，并圆整到比此数值大的一个整数来确定。标桩共计 16 个，如图 5-47 所示。标桩与路径中心线的距离为车宽的 1/2 加 50cm 或按转弯通道宽的 1/2 加 50cm 确定。

试验中记录转向盘转角及转向盘转矩，并按照双纽线路径每一周整理出图 5-48 所示的转向盘转矩-转向盘转角关系曲线。通常以转向盘最大转矩、转向盘最大作用力及转向盘作用功等来评价转向轻便性。

2. 稳态回转试验

目前我国主要采用定转向盘转角的试验法，又称划圆试验。一般在试验场地上用鲜明的颜色画半径为 15m 或 20m 的圆，汽车以最低稳定车速沿所画的圆周行驶。此时转向盘的转角为 δ_{sw0}，测

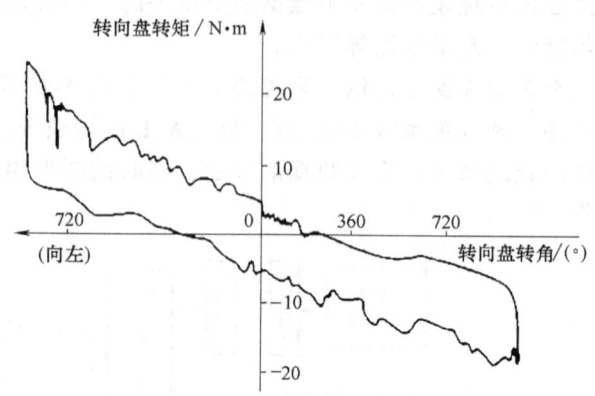

图 5-48　转向盘转矩-转向盘转角关系曲线

定此时的车速 u_0 及横摆角速度 ω_{r0}，因此可以计算出不计轮胎侧偏（因为车速极低，忽略轮胎的侧偏角）时的转向半径 $R_0=u_0/\omega_{r0}$。保持转向盘的转角不变，然后缓慢连续而均匀地加速（侧向加速度 a_y 不大于 $0.25m/s^2$），使汽车的侧向加速度达到 $6.5m/s^2$。记录不同车速 u 下的横摆角速度 ω_r，根据瞬时的 u 与 ω_r 值，按公式 $R=u/\omega_r$，$a_y=u\omega_r$，求出相应的转向半径 R 和侧向加速度 a_y 值，这样就获得了不同侧向加速度下有侧偏角时的转弯半径，进而求得 R/R_0-a_y 曲线（图 5-49）。

同时，绘制出不同侧向加速度下的转弯半径曲线。对于不足转向的汽车，随车速的增加，转弯半径越来越大；反之，过多转向汽车的转弯半径则越来越小。图 5-50 所示为汽车在定转向盘连续加速行驶中的运行轨迹。

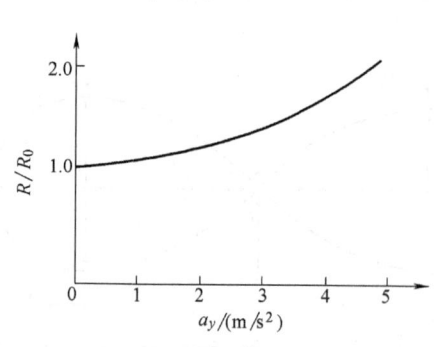

图 5-49　某汽车的转向半径之比与侧向加速度的关系曲线

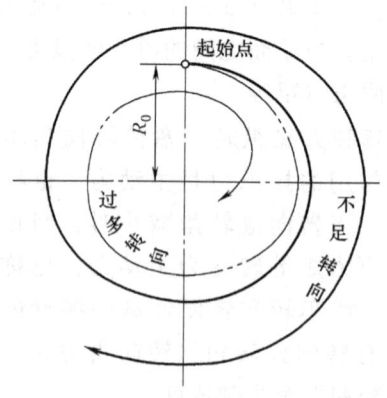

图 5-50　汽车在定转向盘连续加速行驶中的运行轨迹

3. 转向盘转角阶跃输入试验

转向盘转角阶跃输入试验也称为瞬态横摆响应试验，主要用来测定汽车对转向盘转角输入的瞬态响应。汽车在转向盘转角阶跃输入下将从一个稳态（直线行驶）过渡到另一个稳态（圆周运动），两个稳态之间的响应称为汽车的瞬态响应，汽车开始时以一定的车速直线行驶，一段时间后突然以最快的速度转动转向盘至预先确定的转角，并保持转向盘转角不变，节气门开度不变，使汽车进入圆周运动行驶状态。记录汽车的车速、时间、转向盘转角、横摆角速度和侧向加速度等参数。通常可以利用横摆角速度响应评价汽车的特性。

4. 转向回正性能试验

回正力矩取决于汽车轮胎的侧偏特性及主销定位角，反映了汽车回复到直线行驶的能力，因此转向回正性能是评价汽车操纵稳定性的一个重要参数。试验中，对转向盘施加一个输入力，然后卸掉输入，在回正力矩的作用下，汽车前轮将回复到直线行驶状态。试验过程中汽车的节气门开度保持不变，记录时间、车速、转向盘转角和横摆角速度等参数。可利用横摆角速度与时间曲线进行汽车转向回正性能的评价。

转向回正性能试验一般包括低速回正试验和高速回正试验。

5. 蛇行试验

蛇行试验是评价汽车随动性、收敛性、方向操纵轻便性及事故可避免性的典型试验，也是包括车辆、驾驶人、环境在内的一种闭环试验。其试验结果不但取决于车辆本身的特性，还取决于驾驶人的自身特性和驾驶技术。

蛇行试验是在保证安全的前提下以尽可能高的车速进行的，因此可以考查汽车在接近侧滑或侧翻工况下的操纵性能，也可以作为汽车操纵性对比时主观评价的一种感觉试验。蛇行道路布置如图5-51所示，在道路中间和两端布置10个标桩，对于轿车、轻型客车及最大总质量小于或等于2.5t的货车和越野汽车，标桩间距为30m，基准车速为65km/h。

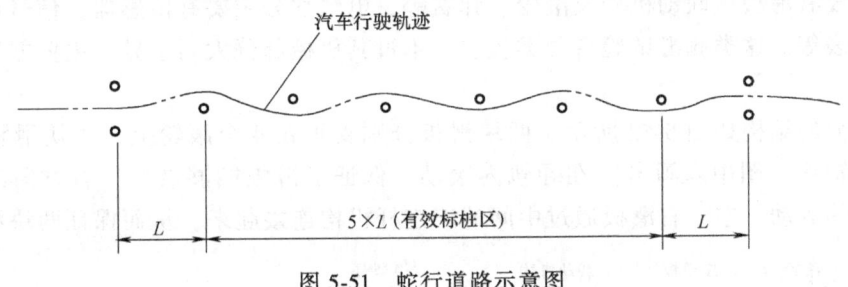

图 5-51 蛇行道路示意图

5.6.3 汽车操纵稳定性台架试验

1. 静侧翻稳定性台架试验

试验需要在侧翻试验台上进行。汽车按要求装备齐全，轮胎按要求充足气，对采用空气悬架和油气悬架的汽车，应安装防止悬架脱开的安全装置，有高度调节装置的应将其锁止。

试验时将汽车按要求置于试验台上，并将安全装置连接固定好。在试验台带动整车倾斜时，通过各车轮载荷值判断侧翻的临界状态，当有一个车轮的载荷达到零时，一次测试完成，并读取侧倾角度。通常将汽车向左、向右两侧各进行三次试验，取平均值为试验结果。

进行操纵稳定性试验时应注意，有些项目在测定过程中车辆可能面临侧滑或侧翻的临界状态，为避免危险发生，不致伤及车辆和人员，需在汽车上安装防护架或采取其他安全措施。

2. 车轮侧滑检测

汽车前轮定位包括前轮外倾、前轮前束、主销后倾和主销内倾，是评价汽车前轮直线行驶稳定性、操纵稳定性、前轴和转向系技术状况的重要诊断参数。后轮定位主要有后轮外倾和后轮前束，可用于评价后轮的直线行驶稳定性和后轴的技术状况。

车轮有外倾角后，在滚动时就会有类似于圆锥的滚动，两车轮有向外侧滚动的倾向，但由于受到车桥和横直拉杆的约束而不能向外滚开，于是车轮将在地面上出现边滚边滑的现象。

由于前束的作用，车轮在前进时，两个轮力图向内侧滚动。同样，由于机械上的约束，车轮不能向内侧滚动，也会出现车轮边滚动边向外滑的现象（或存在这种倾向）。

为保证汽车转向轮无横向滑移，要求车轮外倾角和车轮前束配合适当。当车轮前束值与车轮外倾角匹配不当时，车轮在直线行驶过程中不做纯滚动，产生侧向滑移现象。当侧滑量太大时，会引起汽车行驶方向不稳、转向沉重、轮胎磨损增加、燃油消耗加大，甚至会导致交通事故。因此，在对汽车的定期检验中，侧滑检验是必不可少的检验项目之一。

目前，多采用滑板式侧滑试验台进行动态检测。滑板式侧滑试验台简称为侧滑试验台。该试验台是使汽车在滑板上驶过，用测量滑板左、右方向移动量的方法，来检测前轮侧滑量并判断是否合格的一种检测设备。

后轮带有外倾和前束的汽车，也可以通过侧滑试验台测得后轮前束与后轮外倾的配合是否符合要求。

(1) 双板联动式侧滑试验台的结构 这类侧滑试验台主要包括机械和电气两大部分。机械部分主要有滑板、联动机构及滚轮、弹簧等，电气部分主要有传感器、信号放大处理电路及指示仪表等。这类侧滑试验台种类较多，不过其机械部分大同小异，主要差别在于电气仪表部分。

机械部分的结构如图 5-52 所示。两块滑板分别支承在 4 个滚轮上，每块滑板通过与其连接的导向轴承（图中未画出）在导轨内滚动，保证了滑板能够沿左、右方向滑动，而限制了其纵向的运动。左、右滑板通过中间的三连杆机构连接起来，从而保证两块滑板做同时

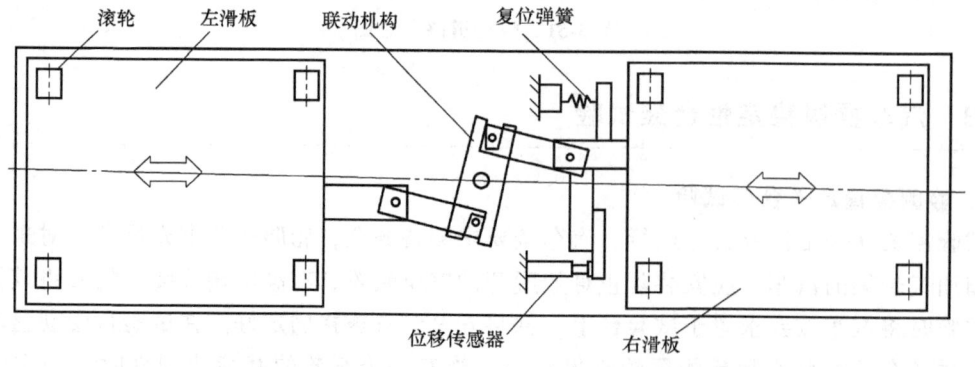

图 5-52 双板联动式侧滑试验台机械部分的结构

向内或同时向外的运动。相应的位移量通过位移传感器转换成电信号，经放大处理后送到指示仪表。

复位弹簧可以起到自动复位的作用，以使滑板在不受力时能够保持在中间位置（零位）。

电气部分按传感器的种类不同而有所区别。目前常用的位移传感器有电位计式和差动变压器式两种。

电位计式位移传感器原理简单，将一个可调电阻安装在侧滑检验台底座上，其活动触点通过传动机构与滑板相连，电位计两端输入一个固定电压（如5V），中间触点随着滑板的内外移动也发生变化，输出电压也随之在0~5V之间变化，仪表就可以通过A/D转换将位移传感器电压转换成数字量，并送入单片机处理，得出侧滑量的大小。

差动变压器式位移传感器的原理与电位计式类似，只是电位计式输出一个正电压信号，而差动变压器式输出的是正、负两种信号。将电压为0V时的位置作为零点。滑板向外移动输出一个大于0V的正电压，向内移动输出一个小于0V的负电压。同样，仪表就可以通过A/D转换将传感器电压转换成数字量，并送入单片机处理，得出侧滑量的大小。

（2）**双板联动式侧滑试验台的测量原理** 让带有前束的前轮驶过只能横向移动的滑板（图 5-53）。由于前束的存在，每个车轮都将边滚动边向外侧推动滑板。滑板被横向推动的距离应该既与前束的大小有关，又与车轮走过的距离有关。若在车轮滚过一段距离 D 之后，两块滑板外侧之间的距离由 L_1 变为 L_2，那么滑板总的滑移量是 L_2-L_1，平均每个车轮的滑移量就是 $(L_2-L_1)/2$。

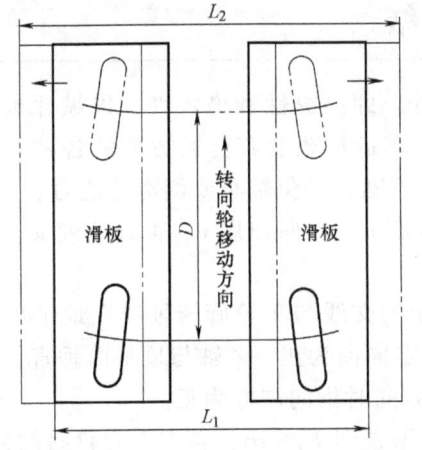 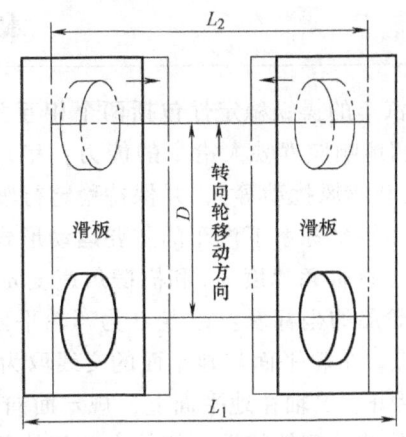

图 5-53 侧滑检测原理

由于滑移量的大小与车轮驶过的距离有关，所以定义侧滑量是每驶过单位距离引起的单轮横向滑移量。从而由前束引起的，每前进1m时横向滑移的距离侧滑量为

$$S_1 = \frac{L_2-L_1}{2D} \tag{5-36}$$

若让仅有前轮外倾而无前束的车轮驶过滑板，由于前轮外倾力图使车轮边滚边散开的作用受到约束，前轮只能边滚边向内侧滑移，从而推动滑板向内侧移动。

若车轮驶过距离为 D，滑板外侧间的距离由 L_1 缩短为 L_2，那么滑板总的滑移量是 L_2-L_1，注意其中 $L_2<L_1$。平均单边的滑移量仍是 $(L_2-L_1)/2$。则前轮外倾引起的侧滑量为

$$S_2 = \frac{L_2 - L_1}{2D} \tag{5-37}$$

由前轮外倾和前束引起的侧滑作用相反，总的侧滑量 S 为二者的代数和

$$S = S_1 + S_2 = d/D \tag{5-38}$$

式中　d——滑板单边滑移量（mm），

　　　D——滑板沿前进方向的宽度（m）。

这里应注意：

1) 侧滑现象是左、右两个车轮共同造成的，侧滑量规定为每个轮滑移量的平均值。

2) 侧滑量是有符号的，滑板向外滑时为正，表示前束的影响较大；反之，滑板向内滑为负，表示前轮外倾的影响较大。

（3）单板侧滑试验台的工作原理　单板侧滑试验台仅用一块滑板，检测时仅有一侧车轮从滑板上驶过（假设是左侧车轮），另一侧车轮则从地面上驶过（假设是右侧车轮）。

左轮的前束会造成滑板的移动，而右轮的前束会使车轮向内滚动，由于左侧有滑板，使得这一滚动得以实现：滑板向左（外）滑动。同样，两轮的车轮外倾也都会造成滑板向右（内）滑动。

所以滑板的总滑移量应是左、右两轮共同作用的结果。具体侧滑量的计算方法与双板侧滑试验台的类似。

（4）侧滑试验的标准　汽车侧滑量不得大于 5mm/m。

本 章 小 结

1. 汽车的操纵稳定性包括两个相互关联的部分，即操纵性和稳定性。操纵性是指汽车能够确切地响应驾驶人指令的能力；稳定性是指汽车抵抗改变其行驶方向的各种外界干扰（路面扰动或风扰动等），并保持稳定行驶而不失去控制，避免翻车或侧滑的能力。

2. 车辆坐标系下汽车的主要运动形式：前进速度 u、侧向速度 v、垂直速度 w、侧倾角速度 ω_p、俯仰角速度 ω_q 和横摆角速度 ω_r。

3. 轮胎的坐标系：原点 O 为车轮平面和地平面的交线与车轮旋转轴线在地平面上投影线的交点。车轮平面与地平面的交线取为 X 轴，规定向前为正。Z 轴与地平面垂直，规定指向上方为正。Y 轴在地平面上，规定面向车轮前进方向时指向左方为正。

4. 轮胎的侧偏特性：侧偏力与侧偏角呈线性关系，即 $F_Y = k\alpha$，其中 k 为轮胎侧偏刚度，侧偏刚度为负值。

5. 轮胎侧偏特性的影响因素：侧偏刚度随垂直载荷的增加而增大；尺寸较大、高宽比较小、气压较高的轮胎，侧偏刚度一般较大；子午线轮胎比斜交轮胎具有更大的侧偏刚度。

6. 轮胎回正力矩 T_Z 是使转向车轮恢复到直线行驶位置的主要恢复力矩之一，它是由接地面内分布的微元侧向反力产生的。

7. 外倾侧向力与外倾角呈线性关系，即 $F_{Y\gamma} = k_\gamma \gamma$，其中 k_γ 为外倾刚度，外倾刚度为负值。

8. 汽车的稳态转向特性的三种类型：不足转向、中性转向和过多转向。只有具有适度不足转向的汽车，才具有良好的操纵稳定性。

9. 稳态横摆角速度增益的计算式：$\left.\dfrac{\omega_r}{\delta}\right)_s = \dfrac{u/L}{1+\dfrac{m}{L^2}\left(\dfrac{a}{k_2}-\dfrac{b}{k_1}\right)u^2} = \dfrac{u/L}{1+Ku^2}$

10. 汽车的稳态转向特性分析：$K = \dfrac{m}{L^2}\left(\dfrac{a}{k_2}-\dfrac{b}{k_1}\right)$

当 $K=0$ 时，$\left.\dfrac{\omega_r}{\delta}\right)_s = u/L$，即稳态横摆角速度增益与 u 呈线性关系。具有这种特性的汽车，称为中性转向汽车。这个关系就是汽车轮胎无侧偏角时的转向关系。

当 $K>0$ 时，稳态横摆角速度增益比中性转向时小，即前轮转过相同的角度，汽车横摆角速度要小些。具有这样特性的汽车，称为不足转向汽车。K 值越大，不足转向量越大。特征车速的计算：$u_{ch} = \sqrt{1/K}$。

当 $K<0$ 时，稳态横摆角速度增益比中性转向时大，即前轮转过相同的角度，汽车横摆角速度要大些。具有这样特性的汽车，称为过多转向汽车。K 值越小，过多转向量越大。临界车速的计算：$u_{cr} = \sqrt{-1/K}$。

11. 用前、后轮侧偏绝对值之差 $\alpha_1-\alpha_2$ 来表征汽车稳态转向特性：$\alpha_1-\alpha_2 = Ka_yL$。即当 $K=0$ 时，汽车为中性转向，$\alpha_1-\alpha_2 = 0$；$K>0$ 时，汽车为不足转向，$\alpha_1-\alpha_2 > 0$；$K<0$ 时，汽车为过多转向，$\alpha_1-\alpha_2 < 0$。

12. 用转向半径比值表征汽车稳态转向特性：$\dfrac{R}{R_0} 1+Ku^2$。当 $K=0$ 时，$R/R_0 = 1$，汽车为中性转向，转向半径不随车速变化，始终等于 R_0；当 $K>0$ 时，$R/R_0 > 1$，汽车为不足转向，转向半径总小于 R_0，且随车速的增加而加大；当 $K<0$ 时，$R/R_0 < 1$，汽车为过多转向，转向半径总小于 R_0，且随车速的增加而减小。

13. 静态储备系数 $S.M. = \dfrac{a'-a}{L} = \dfrac{k_2}{k_1+k_2} - \dfrac{a}{L}$。当中性转向点与汽车的质心重合时，$S.M. = 0$，汽车具有中性转向特性；当汽车的质心处于汽车的中性转向点之前时，$S.M. > 0$，汽车具有不足转向特性；当汽车的质心处于汽车的中性转向点之后时，$S.M. < 0$，汽车具有过多转向特性。

14. 影响汽车稳态响应的主要参数：轮胎气压和装载质量。

15. 汽车瞬态响应：给等速直线行驶的汽车以前轮角阶跃输入，经过短暂时间后，将进入等速圆周行驶。等速直线行驶与等速圆周行驶的过渡过程便是瞬态，相应的响应称为前轮角阶跃输入引起的汽车瞬态响应。

16. 表征瞬态响应的参数：横摆角速度、波动的固有（圆）频率、阻尼比、反应时间、稳定时间。

习　题

1. 什么是汽车的操纵稳定性？
2. 什么是弹性轮胎的侧偏特性？
3. 汽车的稳态转向特性有几种？一般汽车应具有哪些性质的转向特性？为什么？

4. 什么是汽车的稳定性因数？有几种方式可以判定或表征汽车的稳态转向特性？
5. 汽车转向时瞬态响应的评价指标是什么？
6. 汽车左、右轮垂直载荷重新分配，对汽车转向特性有什么影响？为什么？
7. 某一小型客车总质量为 2010kg，轴距为 3.2m，其轴荷分配在静止水平情况下，前轴为 53.5%。

1) 已知每个前轮侧偏刚度为 -38920N/rad，每个后轮侧偏刚度为 -38300N/rad，试确定该车的稳态转向特性。

2) 若后轮保持不变，前轮换成子午线轮胎，每个子午线轮胎的侧偏刚度为 -38249N/rad，试求这时的汽车稳态转向特性。

3) 求上述两种情况的特征车速或临界车速。

8. 不足转向时 $K>0$，对应（ ）。

A. $\alpha_1-\alpha_2>0$, $R>R_0$ 　　　　B. $\alpha_1-\alpha_2<0$, $R<R_0$

C. $\alpha_1-\alpha_2>0$, $R<R_0$ 　　　　D. $\alpha_1-\alpha_2<0$, $R>R_0$

9. 绘制 3 种不同稳态转向特性的车速-横摆角速度增益关系曲线。

第6章

汽车的被动安全性

6.1 汽车被动安全性的评价

6.1.1 汽车被动安全性的概念

1. 汽车安全性

汽车安全性是指汽车在行驶中避免事故，保障行人和乘员安全的性能，一般分为主动安全性、被动安全性、事故后安全性和生态安全性。其中生态安全性是指发动机排气污染（将在第9章介绍）、汽车行驶噪声和电磁波对环境的影响。

汽车主动安全性，又称积极安全性，是指汽车本身防止或减少道路交通事故发生的性能，其中主要包括视认性、驾驶操作性和制动性，还包括减轻驾驶人的疲劳程度、行人的安全性等。汽车主动安全性主要取决于汽车的总体尺寸、制动性、行驶稳定性、操纵性、信息性、智能性及驾驶人工作条件（操作元件人机特性、座椅舒适性、噪声、温度和通风、操纵轻便性等）。此外，汽车动力性（特别是超车的时间和距离）也是很重要的影响因素。

汽车被动安全性，又称消极安全性，是指交通事故发生时，保护乘员和行人，使直接损失降到最小的性能；为防止事故后出现二次伤害的安全性，还应考虑防止事故车辆火灾及迅速疏散乘客的性能。

事故后安全性是指汽车能减轻事故后果的性能。这是指能否迅速消除事故后果，并避免新的事故发生。

为了保障汽车的安全性，美国率先颁布了《联邦机动车安全标准》（FMVSS）。随后，其他各国也都制定了严格的汽车安全法规。我国也制定了国家标准 GB 7258—2017《机动车运行安全技术条件》，目前在用车的年检就是依据这一标准进行的。

2. 汽车被动安全性的分类

汽车的被动安全性可分为汽车内部被动安全性（减轻车内乘员受伤和货物受损）及外部被动安全性（减轻对事故所涉及的其他人员和车辆的损害）。

（1）**内部安全性** 内部安全性包括事故中使作用于乘客的加速度和力降低到最小，在事故发生以后提供足够的生存空间，以及确保对从车辆中营救乘员起关键作用部件的可操作性等有关措施。其决定因素包括车身变形状态、车厢强度、碰撞发生时及发生后的生存空间尺寸、撞击面积（车内部）、转向、乘员的解救、防火等。

（2）**外部安全性** 外部安全性包括一切旨在减轻在事故中汽车对行人、自行车和摩托车乘员的伤害而专门设计的与汽车有关的措施。其决定因素包括碰撞后汽车车身变形的状态和汽车车身外部形状等。

影响汽车被动安全性的因素主要有结构吸能性、内饰软化、安全防护装置及安全玻璃等。

3. 车辆事故调查分析

道路交通事故的统计和分析是研究汽车被动安全性的基础。可以从大量的交通事故统计资料中寻找发生交通事故的原因；可以详细分析个别交通事故的过程及结果，根据事故统计，了解事故与气候、道路、时间及驾驶人和车外人员的年龄等的关系（影响因素），并找出发生频数最多的那一部分事故（即所谓"典型事故"），探求减少交通事故并降低事故损失的对策与措施。

车辆事故调查分析大体上分为两类，一类是交通事故统计性调查，另一类是典型事故的详细调查。

（1）**交通事故统计性调查** 交通事故统计性调查一般由车辆交通管理部门进行，这类调查能宏观表示出下述内容：

1）事故的分类：车辆与车辆碰撞、车辆与障碍物碰撞、翻车、火灾、自行车事故、行人事故等。

2）事故的分级：轻微事故、一般事故、重大事故、特大事故。

3）车辆的种类：轿车、轻型车、大型客车、货车等。

（2）**典型事故的详细调查** 典型事故的详细调查可由车辆管理部门、保险公司、医学专家、汽车专家进行。这类调查是对具体事故的状况、过程、结果、原因进行详细的分析，包括乘员的受伤部位，所受冲击力，与所碰撞车内装置的位置关系，事故特征，车辆压溃深度，车辆本身的灯光、视野、制动装置，道路情况，天气情况等。

交通事故调查可以从宏观上为制定安全对策，建立法规、条例提供依据，也可以为车辆安全性设计，增设安全装置提供参考。由于事故调查有这些基础作用，所以各国对交通事故的调查都非常重视，制定了相应的事故报告制度。我国公安部交通管理局负责全国道路交通事故统计工作，制定了特大事故报告制度，已建成全国范围内交通事故统计调查系统。

（3）**事故率** 交通事故率是表示一定时期内，一个国家、某一地区或某一具体道路地点的事故次数、伤亡人数与其人口数、登记机动车辆数、运行里程的相对关系。可分为亿车公里事故率、人口事故率、车辆事故率和综合事故率等。

常用每100万居民，每100万千米行程，或每100万辆车的事故死亡人数来衡量道路交通事故的程度。可以按照地区或车型分别统计数据。

6.1.2　汽车碰撞安全性

1. 汽车发生碰撞时乘员受伤害的原因

汽车的被动安全性常和汽车碰撞事故联系在一起，这种性能称为汽车碰撞安全性。汽车碰撞分为一次碰撞和二次碰撞。一次碰撞是指汽车与汽车或汽车与障碍物之间的碰撞（汽车和外部事物之间的碰撞）。二次碰撞是指一次碰撞后汽车的速度下降，车内驾驶人和乘客受惯性力的作用继续以原有的速度向前运动，并与车内物体碰撞（乘员与汽车内部结构的碰撞）。

汽车发生碰撞时乘员受伤害的原因：

1）碰撞时，汽车结构发生变形，汽车构件侵入乘员空间，使乘员受到伤害。

2）碰撞时，由于汽车结构被破坏等原因，使得乘员的部分或全部身体暴露在汽车外部而受伤。

3）在碰撞作用下，汽车的速度急剧减小，这使乘员由于惯性作用继续前移与汽车内部结构碰撞而造成伤害。

事故中致使受伤害的主要是头、胸、下腹和脊椎等部位。图 6-1 所示为汽车正面碰撞中乘员的运动。

图 6-1　汽车正面碰撞中乘员的运动
a）无安全带　b）有安全带

2. 汽车碰撞部位

乘用车和轻型商用车在碰撞事故中，碰撞一般发生在以下几个部位：

1）车辆的正面碰撞：指的是车辆的前部发生碰撞，有时只是前部的左边或者右边等部分发生碰撞，两车的正面碰撞就是车辆的前部相互发生碰撞。

2）车辆的追尾：就是车辆的前部和另一辆车的尾部发生碰撞，有时相撞接触的部位可能只是某一个部分。

3）车身的刮擦：指的是车辆的侧边发生损伤。

4）两车发生斜角侧面碰撞：碰撞的部位有发动机部位、前门部位、后门部位、行李舱盖部位等。

5）两车的垂直碰撞：一辆车的正面和另一辆车的侧边发生碰撞。

一辆车是侧面受损，一辆车是正面受损。侧面受损车辆中柱呈凹陷变形，前后车门框及门槛板变形，前后车门翘曲变形，严重时损坏会扩大至车底板、车顶板，甚至导致车身整体变形、轴距缩短、门窗玻璃破碎等。

6）翻车：车辆因为行驶不慎，顶部着地，易造成车身整体变形，局部严重损坏。顶板横梁、纵梁变形，顶板塌陷，车身前柱、中柱、后柱均会变形，翻滚过程中可能会造成车身侧面损坏，如车门、翼子板、后侧围板等损坏，严重时会使整体车身变形。

根据统计数据得到图 6-2 所示的乘用车和轻型商用车在碰撞事故中碰撞部位的分布情况（美国）及图 6-3 所示的右侧通行的乘用车碰撞部位的分布情况（中国）。由图 6-2 可知，汽车的正面碰撞（包括斜碰）占 43.2%，后部相随碰撞占 25.3%，右侧碰撞占 16.4%，左侧碰撞占 17.4%。图 6-4 所示为轿车各个座位的危险系数。

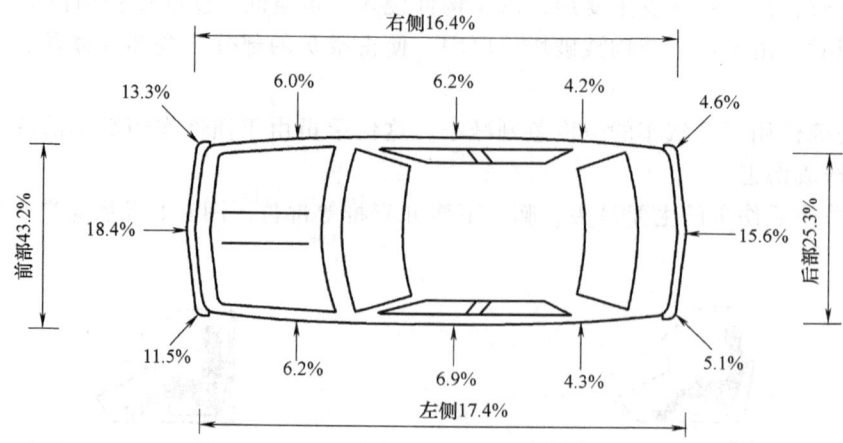

图 6-2 乘用车和轻型商用车碰撞部位的平均分布情况（美国 SAE）

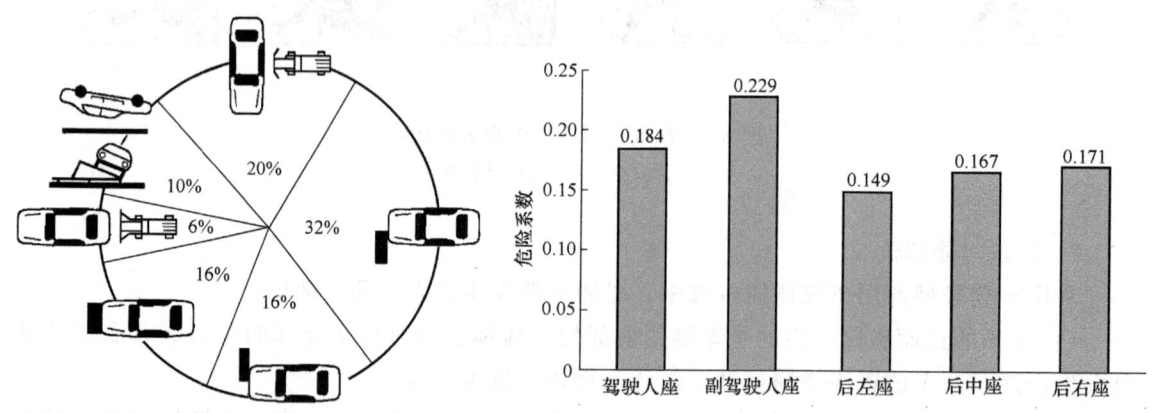

图 6-3 右侧通行的乘用车碰撞部位分布情况

图 6-4 轿车各个座位的危险系数

6.1.3 被动安全性评价方法

1. 严重性因素

评价被动安全性的指标有很多，其中最简单的是事故的严重性因素：

$$F = N_s / N_{sh} \tag{6-1}$$

式中 N_s——事故中的死亡人数（当场死亡或事故后存活不超过 7 昼夜的）；

N_{sh}——事故中的受伤人数。

2. 人体损伤评价指标

在碰撞交通事故中，乘员暴露在机械冲击载荷的环境中，在惯性力和接触力作用下，如果人体的各部分组织产生的生物力学响应超过人体能够承受的限度，将会造成人体组织的破坏、正常生理功能的丧失。由于损伤部位的不同，造成损伤的主要力学因素也不同。据此，可以建立不同部位的损伤耐受限度标准。

汽车碰撞安全性一般是通过法规试验来评价的，对固定壁障正面碰撞中的评价指标有头部性能指标（HPC）、胸部性能指标（ThPC）、大腿性能指标（FPC）等，这些指标能评价乘用车的碰撞安全性,但其结果不够直观,无法直接应用在产品设计的开发阶段。通常,在理论分析中用加速度均值、加速度方均根、加速度峰值这三个指标评价车身安全性设计的水平。GB/T 20913—2007《乘用车正面偏置碰撞的乘员保护》和 GB 11551—2014《汽车正面碰撞的乘员保护》规定了进行碰撞试验时常用人体损伤评价指标的评价方法和和限值。

(1) **头部性能指标**(HPC) 美国韦恩州立大学最先将头部的耐受度进行量化描述。通过尸体试验,他们测得了头部在直线加速度下的耐冲击性,得到著名的韦恩耐受曲线(WSTC)。在此基础上,FMVSS 提出了头部损伤耐受限度(HIC)的计算公式,见式(6-2)。并规定不系安全带正面碰撞(48km/h 的速度垂直撞击固定于地面的刚性壁障)36ms 间隔内的 $HIC_{36}=1000$ 为头部线性加速度耐受度阈值。GB 11551—2014 和 GB/T 20913—2007 规定 HPC 应不大于 1000,且头部合成加速度大于 $80g$ 的时间累计不大于 3s。

$$HIC = \max\left[\frac{t}{t_2-t_1}\int_{t_1}^{t_2}a(t)dt\right]^{2.5}(t_2-t_1) \tag{6-2}$$

式中 $a(t)$——碰撞过程中头部质心合成加速度;

t_2-t_1——HIC 达到最大值时的时间间隔。

(2) **胸部性能指标**(ThPC) 在交通事故中,胸部的损伤是挤压力、惯性力和冲击波载荷共同作用的结果。在实际考量中,为了便于测量,用碰撞中胸部的加速度来衡量胸部的损伤耐受限度。FMVSS 将 3ms 内加速度不大于 $60g$ 作为胸部的耐受限度,并且规定胸部的压缩量要小于 76mm。GB 11551—2014 和 GB/T 20913—2007 规定 ThPC 应小于或等于 75mm。

(3) **颈部损伤耐受限度** 颈部损伤耐受限度(N_{ij})是一个相对较新的耐受度指标。它考虑了颈部所受轴向力和弯矩等因素,其计算式为

$$N_{ij}=\frac{F_z}{F_{int}}+\frac{M_y}{M_{int}} \tag{6-3}$$

式中 F_z、M_y——轴向力和矢向弯矩;

F_{int}、M_{int}——相应的临界截距值。

FMVSS 将 $N_{ij}=1$ 作为颈部损伤耐受限度。GB 11551—2014 和 GB/T 20913—2007 规定颈部对 Y 轴弯矩在伸张方向应不大于 $57N\cdot m$。

(4) **大腿轴向力** 为了保护髋部-大腿-膝盖这段部位,GB 11551—2014 和 GB/T 20913—2007 规定大腿轴向力应不大于 9.07kN。

3. 汽车碰撞安全性测试标准

实车的整体碰撞试验称为 NCAP(New Car Assessment Program),是综合评价汽车整车安全性能的基本试验方法。试验件是一辆真正的汽车,车内放置类似真人的假人,在假人头部、四肢和身体各部位安装传感器。根据碰撞过程中传感器采集的数据,推算出各种人体损伤评价指标值,从而可以对汽车的碰撞安全性做出量化的评价。NCAP 是最能考验汽车安全性的测试。美国、欧洲和日本都有成熟的相关法规,定期对本国生产及进口的新车进行正面碰撞、侧面碰撞安全性试验,以检查汽车内驾驶人及乘客在碰撞时所受伤害的程度。

实车碰撞试验的适用车辆、碰撞形式、碰撞速度、假人排布位置、损伤评价指标等试验细节参数,已经形成了一套强制性标准和法规。国际上,美国的 FMVSS 和欧洲的 ECE 是实车碰撞试验法规的两大体系。其他国家的技术法规大多参照上述两大体系的法规并根据本国

实际而制定。正面碰撞试验法规为美国的 FMVSS 208 和欧洲的 ECE R94，侧面碰撞试验法规为 FMVSS 214 和欧洲的 ECE R95。中国在碰撞法规的研究中主要借鉴了欧洲 ECE 法规体系，相应的强制性标准分别为 GB 11551—2014《汽车正面碰撞的乘员保护》和 GB 20071—2006《汽车侧面碰撞的乘员保护》。这些法规中公认最为严格的，是欧盟实施的 EURO-NCAP（欧盟新车评价程序）测试。该测试包括正面和侧面碰撞两部分，正面碰撞速度为 64km/h，侧面碰撞速度为 50km/h。测试的成绩由五个星级表示，星级越高表示该车的碰撞安全性越好。

4. 改善被动安全性的基本途径

为确保乘员的安全，车身结构及乘员约束系统的性能都非常重要。尽管安全带、安全气囊等可以显著地减轻事故过程乘员所受的伤害程度，但随着车速的提高，仅靠几种乘员约束装置确保乘员的安全已变得越来越困难。因而，人们常考虑从汽车被动安全部件（如车身结构、安全带、安全气囊、吸能式转向管柱、座椅、头枕及内饰件等方面）着手来减轻乘员伤害，得到最佳的乘员保护效果。

汽车的碰撞安全性是通过三个途径来实现的。第一，通过提高车辆的耐撞性来减轻损伤。现在实现这个目标的措施有：在车体前部和后部增加碰撞缓冲区、保险杠，采用悬浮发动机防撞保护装置及提高驾驶室的刚度等。第二，通过控制碰撞过程中乘员的移动，实现乘员与汽车的同步移动，以降低冲击损伤及与驾驶室内部物件的二次碰撞损伤。采用乘员约束系统可以实现这个功能。常见的乘员约束系统包括安全带、头枕等结构。第三，通过降低人体与驾驶室内部部件之间的接触刚度，增大接触面积以降低二次碰撞的损伤。可以通过采用安全气囊，降低仪表盘、内饰的刚度等方法来实现。

6.2 汽车被动安全技术

按照保护的对象，汽车被动安全性包括车内被动安全性和外部被动安全性。

车内被动安全性的目的是保护驾驶人和乘员，保护的方法有安全车身、限制乘员位移的约束系统、消除部件致伤因素；外部被动安全性的目的是保护行人，通过将车身前部软化、降低保险杠高度、尽量减小突出部，减小行人受到的冲击并防止二次、三次碰撞。

欧洲、美国及日本都制定了安全车身的许多标准法规，我国汽车安全的强制性标准体系以欧洲 ECE/EEC 汽车技术法规为主要参考，参考欧洲、美国、日本三大法规体系的协调成果，内容与国际上先进的法规体系相同。表 6-1 给出了我国部分强制性汽车被动安全标准。

表 6-1 我国部分强制性汽车被动安全标准

序号	标准编号	标准名称
1	GB 15083—2019	汽车座椅、座椅固定装置及头枕强度要求和试验方法
2	GB 11550—2009	汽车座椅头枕强度要求和试验方法
3	GB 13057—2014	客车座椅及其车辆固定件的强度
4	GB 14166—2013	机动车乘员用安全带、约束系统、儿童约束系统和 ISOFIX 儿童约束系统
5	GB 14167—2013	汽车安全带安装固定点、ISOFIX 固定点系统及上拉带固定点

(续)

序号	标准编号	标准名称
6	GB 15086—2013	汽车门锁及车门保持件的性能要求和试验方法
7	GB 11552—2009	乘用车内部凸出物
8	GB 20182—2006	商用车驾驶室外部凸出物
9	GB 9656—2003	汽车安全玻璃
10	GB 15743—1995	轿车侧门强度
11	GB 11557—2011	防止汽车转向机构对驾驶员伤害的规定
12	GB 17578—2013	客车上部结构强度要求及试验方法
13	GB 17354—1998	汽车前、后端保护装置
14	GB 11551—2014	汽车正面碰撞的乘员保护
15	GB 11567—2017	汽车及挂车侧面和后下部防护要求
16	GB 7063—2011	汽车护轮板
17	GB 20071—2006	汽车侧面碰撞的乘员保护
18	GB 8410—2006	汽车内饰材料的燃烧特性
19	GB 18296—2019	汽车燃油箱及其安装的安全性能要求和试验方法

6.2.1 安全车身

对汽车交通事故进行分析，如图 6-5 所示，提高碰撞安全性的车身结构设计应当做到：

1) 利用车身的前、后部有效地吸收撞击能量，缓解乘员受到的冲击。

2) 驾驶室要坚固可靠，确保乘员的有效生存空间，还必须保证碰撞后乘员易于逃脱和容易进行车外救护。

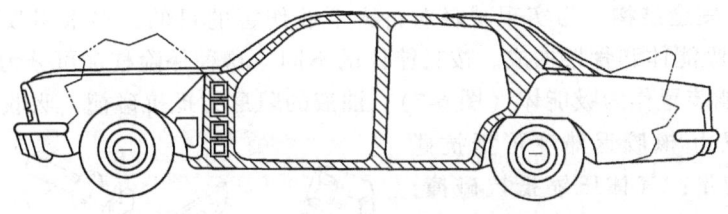

图 6-5 正向碰撞时轿车各部位不同的变形

良好的能量吸收特性，是指汽车前部结构要尽可能多地吸收撞击能量，使作用于乘员上的力和加速度降到规定的范围内，并控制受压各部件的变形形式，防止车轮、发动机、变速器等刚性部件侵入驾驶室。

驾驶室坚固可靠是保证乘员生存空间的最直接、最有效的方法，特别是在发生侧面碰撞和翻车事故时，坚固的驾驶室是保障乘员安全的主要手段。

为了满足不同情况下的碰撞安全要求，在设计车身结构时，需要从汽车的整体结构考虑，并且应将新材料、新工艺的研究成果应用于汽车设计。

1. 低速碰撞安全结构

汽车低速碰撞（8km/h）安全措施的目的：保护行人和骑车人的安全，降低对他们的伤害程度；保护汽车重要部件免遭损坏，节约因碰撞造成的维修费用。

这些功能主要由图 6-6 所示的为保护行人而设计的汽车头部的"软"外形来实现。

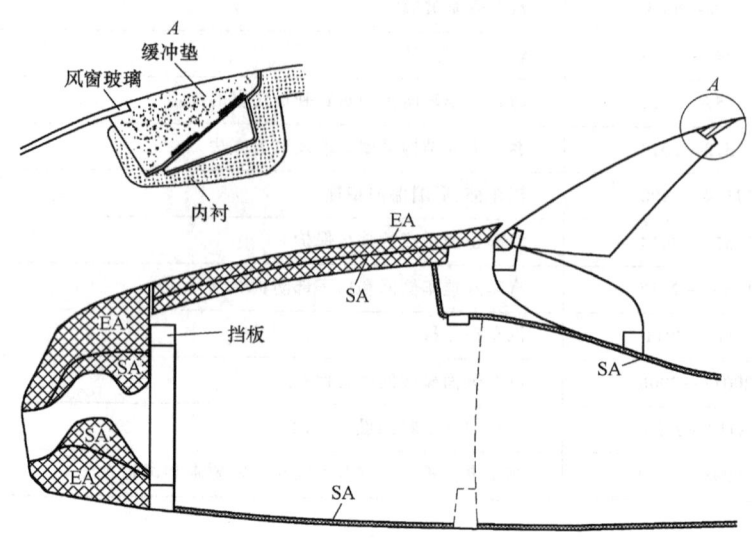

图 6-6 轿车碰撞变形和安全室构造
EA—吸收能量的泡沫　SA—隔声材料

行人伤害一般包括保险杠和一次碰撞时产生的下肢伤害，与发动机舱盖、风窗玻璃等二次碰撞时的伤害，以及与路面三次碰撞产生的伤害。设计车身时，应就这三方面伤害采取相应的措施。

（1）**保险杠安全结构**　为实现减轻对行人下肢伤害的目的，多采用吸能式保险杠，它由保险杠外板、吸能体和骨架构成。按吸能体的不同，这种保险杠又可分为三种形式：

1）筒状吸能装置作为吸能体（图 6-7）。油液的阻尼力抵抗碰撞，吸收撞击能量；油气混合或油液阻尼力-橡胶迟滞变形抵抗碰撞，吸收撞击能量；气体压缩抵抗碰撞，吸收撞击能量，这种结构吸能率高，车身部分变形量小，热敏性能稳定。

2）泡沫材料作为吸能体（图 6-8）。这种装置具有结构简单、质量小、成本低，对各方向的碰撞均有吸能能力等特点。其吸能元件一般采用聚氨酯类或聚丙烯类发泡树脂材料。

3）蜂窝状吸能装置（图 6-9）。该结构是由蜂窝状的聚乙烯等树脂制成的。其

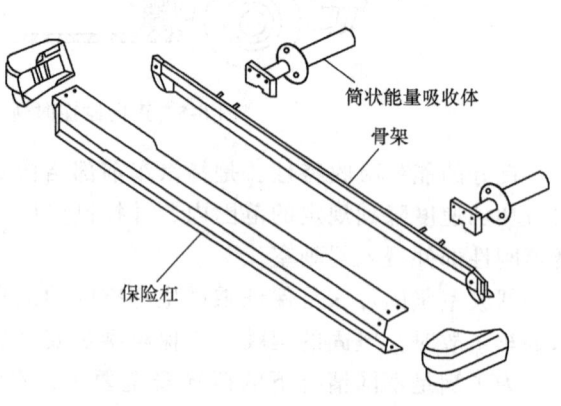

图 6-7 带筒状能量吸收体的保险杠

特点是吸能效率较高，但开模成本高，变形后修复困难。

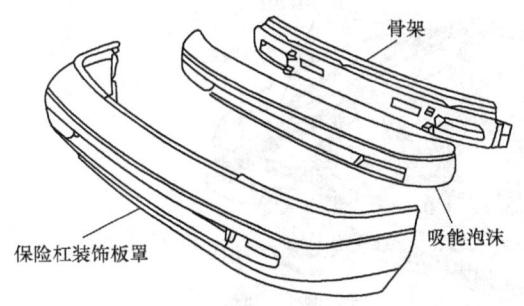

图 6-8 装有吸能泡沫的保险杠

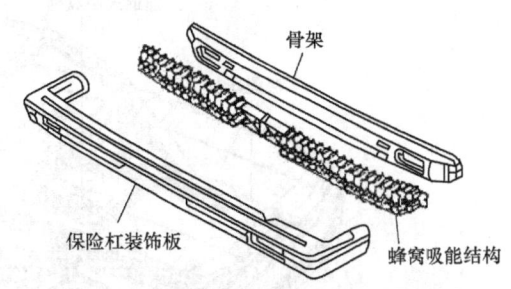

图 6-9 装有蜂窝能量吸收体的保险杠

以上结构在发生低速碰撞时，既能够对行人起到保护作用，又能避免汽车重要部件的损坏，减少了因碰撞造成的维修费用。

(2) **发动机舱盖、风窗玻璃边框等安全结构** 行人的二次碰撞对头部伤害较大。为了减轻行人的二次伤害，发动机舱盖和散热器罩过渡部位应采用吸能结构。

在二次碰撞伤害中，风窗玻璃框架起着重要的作用，将其外部设计成软结构，风窗玻璃框设有缓冲垫（图6-6），可以减轻对行人的伤害。对三次碰撞防护，一般安装防止行人摔到路面上的救助网等装置。

在行人保护措施中，防止车外凸出物对行人的伤害也很重要。在设计车身时，尽量将门把手等装置设计成内凹式，采用具有缓冲机构的后视镜等措施，均有利于减轻对行人的伤害。

2. 正面碰撞车内安全结构

在轿车发生正面碰撞或碰撞固定障碍物时，前部出现特别大的平均减速度（300~400g），向后逐渐降低。其质心位置的平均减速度为 40~60g，瞬时值可达 80~100g。

正面碰撞在汽车事故中发生的频率最高，采用适当的正面碰撞保护措施，可明显减少因交通事故造成的人员伤亡。正面碰撞保护的主要措施是利用汽车前部的压溃变形吸收能量，以缓解碰撞加速度；加固车身驾驶室结构，保证乘员有足够的生存空间（图6-5）；利用安全带、安全气囊等乘员保护装置，防止乘员因二次碰撞造成伤害。具体措施有：

(1) **坚固的安全驾驶室构造** 在非承载式车身中，正面碰撞的能量主要由纵梁承受；在承载式车身中，主要由上下布置的车身前部构件（包括下部的边梁及上部的挡泥板加强梁）承受。同时，为了保证乘员有足够的生存空间，采用图 6-10 所示的加强乘员室刚度减小变形的防撞梁。

(2) **汽车前部构件的碰撞能量吸收** 汽车前部构件的碰撞能量主要依靠构件的弯曲变形和压溃变形来吸收。

为了使车身前部满足图 6-5 所示的理想变形特性，汽车前部（特别是纵梁）常设计成 S 形纵梁，或者设计成 Y 形纵梁（图 6-10）。福特试验安全车为了能更好地吸收碰撞能量，将汽车纵梁设计成波纹筒状结构，如图 6-11 所示。

汽车前部如发动机、变速器、差速器、行走部分等质量较大，是不产生变形的部件，在发生碰撞时，并不吸收能量。为防止这些部件侵入驾驶室，必须采取相应措施使其向下转移。必要时，在车轮后面安装防护装置，可以防止车轮侵入驾驶室。

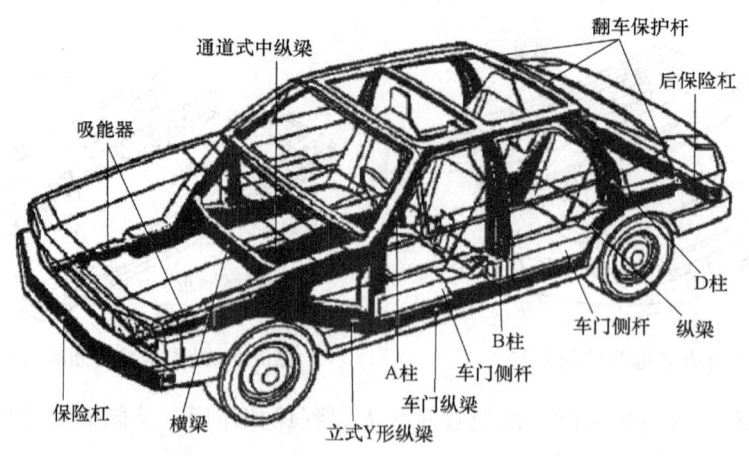

图 6-10　安全车身的结构

悬架系统对车身的变形特性也有很大影响，对于不同的悬架形式，应采取不同的防护措施。

（3）后面碰撞对策　汽车后面碰撞的吸能方式与前面碰撞基本相同。后面碰撞时乘员的减速度相对较小。由于燃油箱多数布置在汽车后部地板下面，因此，在后面碰撞中，防止燃油箱的损坏显得非常重要。

3. 侧面碰撞安全结构

侧面碰撞时车身变形空间小，所以侧面碰撞受伤的危险性比正面碰撞高得多。

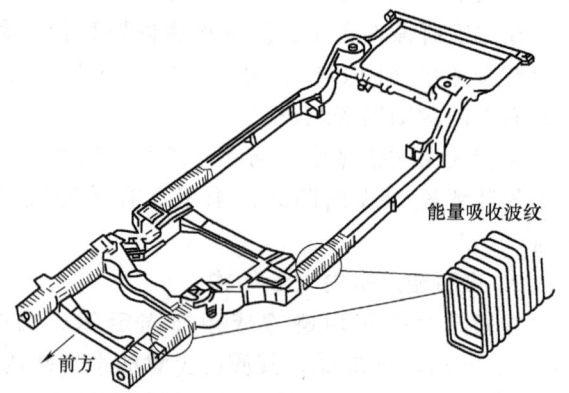

图 6-11　福特试验安全车（ESA）的波纹车架

为了加强乘员保护，车门、门槛和立柱都要设计成刚性结构，将侧碰力有效地转移到车身具有保护作用的梁、柱、地板、车顶及其他部件，使撞击力被这些部件分散、吸收，从而极大限度地将可能造成的损害降低到最小程度。越来越多的汽车采用防侧碰安全气囊，以减轻乘员因二次碰撞造成的伤害。为了提高侧面抗撞能力，可采用以下措施：

1）增加车门强度，采取的具体方法有增加板厚或增加防撞横梁。增加侧围构件的强度，包括增大 A 柱、B 柱、C 柱的截面及板厚，以及局部加强侧围与门加强构件的接触部位、立柱与门槛梁和车顶纵梁连接的部位，保证侧碰力有效地传递到整个车身。

2）增加门槛梁强度，增强措施包括增大承载面积，在梁内增加加强板，以及填充发泡树脂等，以保证将撞击力有效地分散给地板等其他构件。

3）在车身 B 柱高度上安装横梁系统，在仪表板下面及后风窗下面安装加强横梁。对于前置后驱汽车，合理设计地板中间的传动轴通道，对于提高汽车抗弯强度有一定作用。

4）合理设计门锁及门铰链，有利于将车门所受的撞击力有效地传至立柱，既要防止汽车发生侧面碰撞时车门自动打开，又要保证碰撞后，车门能够容易开启，以利于乘员的车外救护。

4. 翻车安全结构

在车辆行驶中，会由于急转转向盘等导致翻车，在这种情况下，为确保乘员有足够的生存空间，车身结构必须加强，主要措施包括加强车顶纵梁及立柱等，这些措施在侧面碰撞防护中同样有效。可在车顶设置翻车保护杆，如图6-10所示。

5. 防止火灾的措施

汽车火灾主要是由于燃料系统泄漏的燃料，遇到电气系统产生的火花或路面的火星而造成的。因此，防止火灾的措施一般有消除火源、发生火灾后防止火势扩大、采用阻燃材料等，具体措施如下：

1) 防止燃料泄漏。对燃油箱进行保护，燃油箱在后桥上方、车轮内侧的位置最安全。为了隔热，燃油箱与发动机排气管应分别布置在汽车两侧。燃油箱的位置受到车身总布置的制约，要采取特殊的保护措施，如增加隔热板、设置防撞构件等来保护。设计加油口时，要考虑撞车时的泄漏问题。燃油管的布置也很重要，撞车时要尽可能使其不受损伤，并且应有几个变形自由度。采取具有阻燃性能的超高相对分子质量聚乙烯塑料制作油箱，可以防止因撞车而发生的燃油箱爆炸。

2) 防止火焰向车内蔓延。合理设计发动机舱盖的结构，在发生碰撞时，控制发动机舱盖的变形，使其在中部发生弯折，而其根部变形很小，这样可以减小风窗玻璃的破碎面积，防止火焰向车内蔓延。

3) 采用阻燃的内饰材料。

6. 其他安全对策

1) 大量采用超高强度钢作为安全车身材料。普通低碳钢板的抗拉强度一般为280~320MPa，屈服强度在210~550MPa之间的钢板称为高强度钢板，屈服强度大于550MPa的钢板称为超高强度钢板。将以相变强化为主的钢板统称为先进高强度钢板，其屈服强度在500~1500MPa之间，这类钢板具有高的减重潜力、碰撞吸收能、疲劳强度、成形性和低的平面各向异性等优点。这类超高强度钢广泛应用于汽车的A柱、B柱和防撞梁等结构件（图6-10），可在很大程度上降低车身质量，达到实现汽车轻量化、提升安全可靠性和节能环保的目的。

2) 采用新型材料。铝材、铝制构件具有规则的轴向压溃特性，所以铝制构件的单位质量吸能率高于相应的钢制冲压件，质量仅为钢制管37%的铝制管可以吸收与钢制管相同的能量。

玻璃纤维增强塑料多用于外覆盖件，由带聚氨基甲酸乙酯泡沫芯的夹层材料和在两层聚酯层之间填充金属增强物质制成的夹层结构，比传统钢结构具有更高的撞击值。

3) 采用先进的激光焊接工艺。激光焊接可显著改善焊缝的连接强度，提高了整体的抗碰撞能力。

6.2.2 安全约束系统

1. 安全带

汽车座椅安全带是乘员保护约束系统的重要设施。从图6-1中可以看出，当碰撞事故发生时，安全带起作用，将乘员约束在座椅上，使乘员头部、胸部不至于向前撞到转向盘、仪表板及风窗玻璃上，免受车内二次碰撞的危险，同时使乘员不被抛离座椅。在正面碰撞、追尾碰撞及翻车事故中，普通安全带对乘员的保护效果很好，尤其是对乘员头部、胸部的保护。

安全带使用率的大幅度提高，使得事故中汽车乘员的伤亡率下降。统计数据表明，佩戴安全带使碰撞事故中乘员的伤亡率降低15%～30%。

在正常行驶时，安全带可以任意伸长而不妨碍驾驶人的操作和乘员的基本活动，安全带的惯性式锁紧装置在拉伸速度超过设计速度时就可以将安全带拉紧。为了进一步减轻碰撞时乘员下沉（即乘员沿座椅下滑）造成的腹部伤害，带预张紧器或织带夹紧装置的安全带得到广泛的应用。这种安全带同改进的座椅结构及安全气囊相结合，可大大提高对乘员的保护性能。为了提高安全带的使用方便性，许多轿车安装了不需乘员操作的自动佩戴式安全带。

安全带大体可分为二点式安全带、三点式安全带和全背带式安全带，如图6-12所示。

二点式安全带包括腰带和肩带两种。腰带（图6-12a）是用于限制乘员下躯体向前运动的安全带，多用于后排座椅和中间座椅。肩带（图6-12b）是用于限制乘员上躯体向前运动的安全带。

三点式安全带包括腰肩连续带和肩膝带两种。腰肩连续带是一种最常用的安全带，这种安全带既能限制乘员躯体向前移动，又能限制其上躯体过度前倾，如图6-12c所示。肩膝带（图6-12d、图6-12e）的作用与腰肩带类似，其区别只是膝带和肩带是分开的。

全背带式安全带又称四点式安全带，如图6-12f所示。

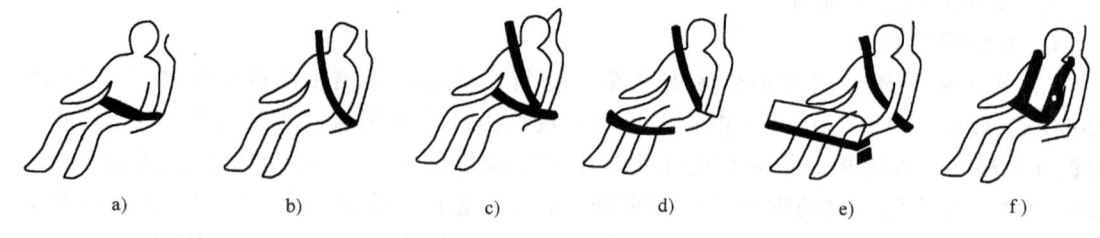

图6-12 安全带形式

佩戴三点式安全带同未佩戴安全带相比，驾驶人头部加速度峰值明显降低，有利于保护车内乘员。如图6-13所示，同普通三点式安全带相比，有安全带预紧作用的肩带/膝垫组合

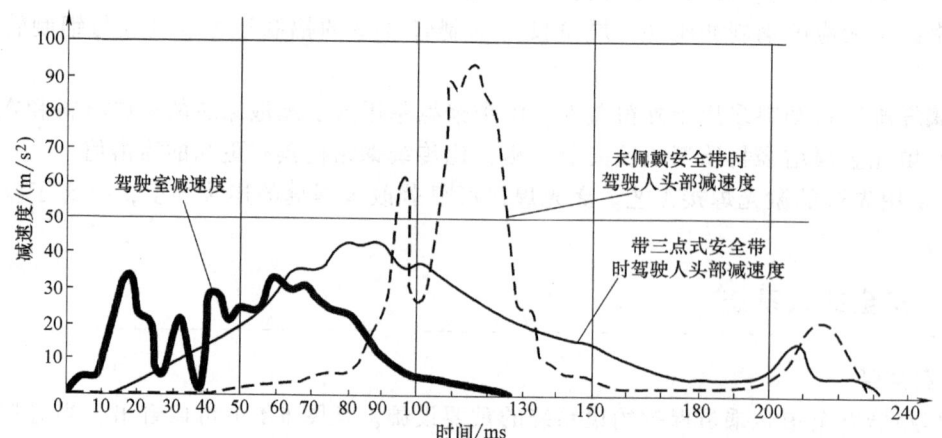

图6-13 以50km/h进行撞墙试验时汽车与乘员的减速度

时，驾驶人头部加速度较低。

为了避免在严重事故中乘员过度前移，在安全带上增设了收紧器。在碰撞时收紧器被触发，收紧作用的时间约为 5ms，乘员最大前移距离约 1cm，因而减小了汽车和乘员间的速度差。

2. 安全气囊

安全气囊是汽车被动安全技术中的高技术产品之一。安全气囊设计的基本思想是，在汽车发生碰撞后，乘员与车内构件碰撞前，迅速地在二者之间打开一个充满气体的气囊，使乘员扑到气囊上，气囊与乘员接触时，立即部分泄气，并以生理上可承受的表面压力和减速力柔和地吸收能量，可在很大程度上减小乘员头部和胸部损伤。

驾驶人前部气囊容积为 50~60L，应在 30~35ms 内充满气体；副驾驶前部气囊容积为 100~140L，要求在 50ms 内充满气体。由于乘员与向内移动的汽车部件之间距离很小，所以容积为 12L 的侧面气囊响应时间不得超过 3ms，充满气体的时间应小于 10ms。

气囊对乘员的保护效果一般不如安全带，气囊作为辅助约束系统，在较高车速碰撞时才起作用。它与安全带配合使用可大大降低事故中乘员的伤害指数，尤其是可大大减轻对驾驶人面部的伤害。据交通事故调查统计，气囊可使事故死亡率下降 18%，它与安全带配合使用可使事故死亡率下降 47% 左右，而单独使用安全带可使驾驶人事故死亡率下降 42% 左右。

（1）**气囊的结构** 典型的气囊系统一般由三个主要部分组成：

1）气袋、气体发生器（充气装置）、气体过滤及加热装置。

2）控制装置、触发装置、传感器、连接插头、导线及监控器、电压保护装置及备用电源。

3）转向盘、仪表板等上面的气囊安装位置及重新布置的内饰件等。

气囊一般至少具有两套独立的供电装置，除采用汽车上的蓄电池外，还要有备用电源，以保障气囊系统供电。对气囊电源的一般要求是汽车电源失效后，备用电源至少应能正常工作 150ms，以确保碰撞过程中气囊的电源不失效。

（2）**气囊的安装位置和数量** 根据气囊安装位置的不同，气囊分为以下几类：

1）装在转向盘内的驾驶座气囊。

2）装在仪表板内的副驾驶座气囊。

3）安装在车门上的侧气囊。

4）安装在车门立柱上的侧气囊。

5）安装在车身上的充气幕帘。

6）安装在车身上的充气管状结构。

7）安装在座椅上的侧气囊。

这些安装在不同部位的气囊可以保护乘员的头部、胸部和臀部等部位。

汽车可配置单气囊、双气囊、四气囊、六气囊、八气囊、多气囊+多气帘等多种气囊形式。

6.2.3 吸能式转向管柱

当汽车发生正面碰撞时，一方面位于汽车前部的转向管柱及转向轴在碰撞力的作用下要向后即驾驶人胸部方向运动。另一方面，在汽车发生正面碰撞时，驾驶人受惯性的影响有冲向转向盘的运动。在汽车发生正面碰撞时，能够有效地吸收碰撞能量，防止或减小碰撞能量伤害驾驶人的转向管柱称为吸能式转向管柱。

转向管柱向后的水平位移量和碰撞力应符合要求。为了满足这些要求，吸能式转向管柱得到广泛应用。因吸能的机理和形式不同、转向管柱与车身受撞脱开方式及转向轴受撞压缩的形式不同，吸能式转向管柱的种类很多。

吸能式转向管柱应具有以下性能：在汽车正常行驶时，转向管柱及其中的转向轴有足够的强度和刚度，以保证正常的转向力传递及安装于转向管柱上的其他功能件（如变速杆、组合开关等）正常工作；当汽车发生正面碰撞时，转向柱系统能够从车身结构中以机械的方式脱离，转向管柱及其中的转向轴可以被压缩，并且转向管柱系统中应具有吸能元件，以吸收碰撞能量。

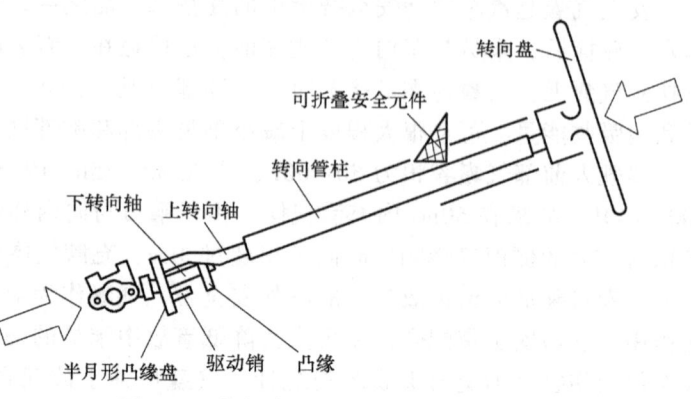

图 6-14 某轿车的吸能式转向管柱示意图

图 6-14 所示为某轿车的吸能式转向管柱示意图。

6.2.4 座椅和头枕

汽车座椅是影响汽车安全性的重要部件，它的主要作用包括为驾驶人定位、使乘客在汽车行驶中保持平稳、为乘客提供安全舒适的环境、在汽车受到撞击时保护乘员等。

近年来，陆续开发出许多具有特殊功能的座椅，如整体式安全带座椅、气囊座椅、传感器座椅、冷热可调式座椅、防下滑式座椅等，使汽车的乘坐舒适性、方便性及安全性得到提高。其中传感器座椅可判断乘员是否出席及其质量大小，并通知气囊传感器，使气囊自动地进行相应调整。传感器获取信息可以减少诸如气囊膨胀时对儿童及不在座位上的乘员的伤害，所以大大提高了汽车座椅对乘员的保护作用。

1. 座椅

汽车座椅主要由骨架、座垫、靠背及其调节装置组成。

从人机工程学的角度讲，汽车座椅应对乘员产生良好的静压感，使乘员在保持自然的了望姿势时，肌肉放松，体压分布合理，不影响血液循环，不易使乘员疲劳等。

为了使乘员获得良好的体压分布，对汽车座椅的结构设计提出了相应的要求，主要有：

1）座椅的高度和前后位置都可调节。

2）座椅靠背前后倾角应可调节，使乘员下体角度（指大腿和腹部之间的角度）可调，适当增大此角度，乘员腹部到大腿的血管不会受到压迫。

3）座垫应保证乘员坐得踏实。

4）座垫和靠背最好和弹簧连成一体，受冲击时使振动迅速衰减。

5）座垫前角使乘员大腿弯处受力小、仅能支持住大腿即可。

6）座垫倾斜角应能调节，以满足汽车在不同路面行驶时乘员的坐姿要求，使身体的重心容易通过腰关节的转动轴（此时肌肉受力最小）。

7）座椅靠背应能承受 1500N 以上的制动踏板力的反力。

8）可在靠背上设置头枕。

9）制动踏板和离合器踏板到座椅的距离应使踏板在踏到底时两只脚的移动距离和角度相等。如果加速踏板安装得过远，容易导致驾驶人疲劳。

从安全角度讲，为了在撞车时不因座椅破损而产生伤害事故，座椅的设计必须要考虑座椅骨架、靠背、滑轨、调节器和安全带固定装置等的强度，以及它们相互间的安装强度。另外还要考虑座椅对减小侧面撞车时的车体变形、确保乘员生存空间的作用。

2. 头枕

头枕是一种用以限制乘员头部相对于躯干向后移位的弹性装置。在发生追尾撞车事故时，头枕可减轻乘员颈椎可能受到的损伤。

头枕又可分为可调节型和不可调节型。可调节型头枕具有可以垂直和横向的调节机构，分为手动调节和自动调节。

可拆式头枕支持架须位于头枕本体与固定架之间并起连接作用，且能保持头枕本体的位置，固定架应容易固定于座椅靠背或嵌板、隔板等之上，且在受到振动及冲击时不脱落。

头枕本体通常采用能吸收冲击能量的发泡材料、缓冲材料等。其前部及上部的材质必须柔软而强韧，不易滑动及粘住，且不得有污点及伤痕。结构物及金属件应使用适当强度的材料。有可能触及乘员头部的金属或硬质部件，均应使用能吸收冲击能量的材料覆盖。金属部分除用耐蚀性材料外，均须进行防腐处理。支持架、固定架及各连接部分等，原则上均应使用能吸收冲击能量的材料覆盖。

头枕技术规格：位置和尺寸应满足沿平行于躯干基准线测量头枕的顶端到 R 点（汽车在设计时确定的一个参考点）的长度，驾驶人座椅为 700mm 以上，其他座椅为 650mm 以上。由头枕顶端沿平行于躯干基准线方向向下 65mm 处或者由 R 点沿平行于躯干基准线向上 635mm 处，头枕的外形宽度以座椅中心面为对称面，左右各应宽 85mm 以上。

头枕按规定的试验方法试验时，头型移动量必须小于 102mm，将载荷加至 890N 时，头枕及其安装部件在座椅及靠背等损坏前不能破损或脱落。头枕按规定的试验方法试验时，加给摆锤（头型）的减速度，连续超过 80g 的时间必须小于 3ms。

6.3 被动安全性试验

汽车工业发达国家都有自己的汽车被动安全标准（法规），且都形成了各自的标准体系。从内容看，各国的标准不尽一致，因此其性能的评价试验方法与使用的设备也不完全相同，但归纳起来，被动安全性试验的方法可分为如下三类：

1）台架试验。

2）模拟碰撞试验（滑车冲击试验）。

3）实车碰撞试验。

台架试验包括台架冲击试验及静态强度试验。台架冲击试验用于评价零部件冲击能量吸收性能；静态强度试验主要用于评价对速度不敏感零部件的安全性能，可作为动态试验的补充。

模拟碰撞试验是指模拟实车碰撞的试验，主要是模拟实车碰撞的减速度波形，以进行乘员保护装置的性能评价和零部件的耐惯性力试验。

实车碰撞试验与事故的情况最接近，是综合评价车辆安全性能的最基本方法，其试验结果说服力最强，但试验成本非常高。其他两种试验方法基本上都是以实车试验的结果为基础确定其试验条件，适合于评价零部件或由零部件组成的安全系统，试验成本较低，试验稳定性好。

6.3.1 零部件台架试验

零部件台架试验包括车顶及侧门强度、安全带固定点、门锁及门铰链、安全带、座椅及头枕、燃油箱、安全转向柱、内部凸出物等零部件的台架试验。

1. 车顶及侧门强度试验

车顶强度试验评价汽车发生翻滚事故时，为了确保乘员的生存空间，车顶应具备的最低强度。GB 17578—2013 和 FMVSS 216 规定了车顶强度的试验方法及性能要求。

试验时将车体或车辆固定在试验装置前的地板上，用 762mm×1029mm 的刚性平板对车顶规定位置加载，在垂直于加载平板下表面向下方向，以 12.7mm/s 速度加载，直至载荷达到空车质量 1.5 倍或 22246N 力中的较大者为止，此时加载平板的位移不应超过 127mm，试验应在 120s 内完成。

被试车的固定要保证不妨碍车顶的变形，且加载过程中车体或车辆不得发生移动。

2. 安全带固定点试验

安全带固定点必须具备足够的强度，才能确保安全带在事故中有效地保护乘员。此外，安全带固定点的位置也应符合有关规定，以保证安全带能最有效地保护乘员。FMVSS 219、ECE R14、GB 14167—2013 等标准都对安全带固定点的位置及强度提出了要求。各标准对位置及强度的要求相近，但强度试验的加载速度及载荷维持时间的要求不尽相同。一般情况下，同排座椅的安全带固定点应同时进行试验。若安全带固定点布置在座椅上，则应同时考虑座椅固定点强度试验。试验时对腰带及肩带部分分别用不动的加载块同时加载，腰带及肩带部分加载方向为水平向前方向 10°±5°。

3. 门锁及门铰链试验

为了在汽车发生撞车事故时，将由于车门被打开或脱开而造成的乘员抛出室外的可能性降至最低限度，应对车门锁及门铰链的强度进行评价试验。试验时将门锁或门铰链按实际装车状态安装在夹具上，进行纵向及横向加载。

对于门锁，应在车门全锁紧及半锁紧两个状态进行试验，不同的加载方向及不同的锁紧状态要求的载荷也不尽相同。

4. 安全带试验

为了保证安全带在实际撞车、翻车等形式的交通事故发生时能很好地约束车内乘员，以避免乘员与车内硬物相撞或被抛出车外而真正地对乘员起到保护作用，应对安全带各组成部件及总成的强度和移动量、锁止机构的工作性能、卷收器等主要组成部件的抗环境干扰性及耐久性等进行评估试验。GB 14166—2013 是试验需遵守的标准。

5. 座椅及头枕试验

座椅及头枕试验的目的是考核在前面和追尾撞车事故发生时，座椅固定装置、调节装置等部件的强度，以及座椅头枕和座椅靠背对乘员头部的缓冲保护作用及座椅头枕的强度和刚度。座椅及头枕试验主要包括强度试验、能量吸收性试验和头枕强度及后移量试验。GB 15083—2019 和 GB 11550—2009 是试验需遵守的标准。

6. 燃油箱试验

为了在汽车发生撞车事故后，将由于燃油泄漏而发生火灾的可能性降至最低限度，应对燃油箱的强度、耐冲击、防火、耐高温等性能进行评价试验。

金属燃油箱、塑料燃油箱及燃油箱加油口可进行坠落冲击试验，落地后一般要求燃油泄漏不超过 30g/min。GB 18296—2019 规定了汽车燃油箱安全性能要求和试验方法。

7. 转向管柱试验

为了评价汽车正面碰撞事故中可能发生的转向系统对驾驶人的伤害的程度，应对撞击时转向盘向后窜动量及转向盘受撞击时的吸能能力进行评价试验。我国 GB 11557—2011、欧洲 ECE R12 及美国 FMVSS 203 和 FMVSS 204 等标准均对撞击时转向盘向后窜动量及转向盘吸能性提出了要求。

8. 吸能材料试验

对于需进行试验的头部碰撞区内的吸能材料，应使其安装在装车的结构支撑件上或直接在车身上进行试验。试验装置一般为一个摆锤撞击装置，也可为能产生等效试验结果的装置。摆锤锤头是一个直径为 165mm 的刚性球头模型，在头部碰撞区内选定的冲击点，试验结果应满足锤头的减速度大于 $80g$ 的持续时间不超过 3ms。

6.3.2 实车碰撞试验

实车碰撞试验是综合评价汽车碰撞安全性能最基本、最有效的方法。它是从乘员保护的观点出发，以交通事故再现的方式，来分析车辆碰撞前后的乘员与车辆运动状态及损伤状况，并以此为依据改进车辆结构安全性设计，增设或改进车内外乘员保护装置。同时，它还是滑车模拟碰撞、计算机模拟计算等试验研究的基础。虽然实车碰撞试验成本较高，周期较长，但却是不可替代的试验方法。

实车碰撞试验按碰撞形态可分为正面碰撞、侧面碰撞、追尾碰撞和角度碰撞。其中正面碰撞、侧面碰撞为主要碰撞形态，这是从交通事故统计分析中得出的结论。

1. 实车碰撞试验标准

到目前为止，有多种实车碰撞试验。在欧洲有 ECE R94 前撞、ECE R95 侧撞和 ECE R32 后撞。在美国有 FMVSS 208 前撞、FMVSS 214 侧撞和 FMVSS 301 后撞。

另外，欧洲、美国和日本都有独立于整车企业和政府的第三方权威认证机构，有 Euro-NCAP、美国 NHTSA-NCAP 及日本 J-NCAP 计划，进行新车安全性的星级评估。其中欧洲 ECE R94 前撞、ECE R95 侧撞、ECE R32 后撞；美国 FMVSS 208 前撞、FMVSS 214 侧撞、FMVSS 301 后撞及等速车对车碰撞等测试，都可在实验室中进行，而除了不同角度的车辆互撞测试以外，其他国际上常见碰撞测试皆可依测试需求增加附加装备。

正面碰撞试验方法及评价指标的发展趋势是采取更好的模拟交通事故碰撞形式、防护评价指标改变。

2. 实车碰撞试验设备

实车碰撞试验室包括碰撞区、牵引系统、浸车环境室、照明（摄影）系统、假人标定室、测量分析室和车辆翻转台等。碰撞区安装有固定壁障和移动壁障。车辆翻转台包括模拟汽车翻车的车辆动态翻滚试验装置和用于测量车辆碰撞翻滚后的燃油泄漏的车辆静态翻滚试验装置。牵引系统将试验车或移动壁障加速到碰撞试验的初速度。实车碰撞试验过程中,为了分析汽车变形形态、假人的运动形态,必须同时采用多台高速摄影机从多个不同的角度拍摄试验过程。

(1)壁障 实车碰撞试验系统中,碰撞时与试验车辆相作用物体的表面称为壁障,包括固定壁障和移动壁障。

正面碰撞用固定壁障是一个混凝土主体和可拆装的硬表面的组合体。侧面碰撞和追尾碰撞采用带有吸能表面的移动壁障,如图6-15所示。

通常,在固定壁障表面安装若干载荷传感器,用来测量碰撞载荷。日本汽车研究所的固定壁障表面分为三大部分,共装有12个载荷传感器。也有在固定壁障表面装36~50个载荷传感器装置,多用于新车开发。

按美国FMVSS 208要求,固定壁障表面与被试车辆前端面成左或右30°角,这要借助于可拆装部件实现。

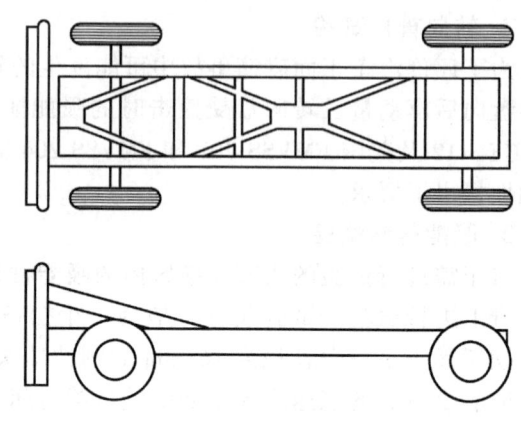

图6-15 移动壁障

固定壁障表面至少宽3m,高度不小于1.5m。壁障表面垂直于壁障前的路面且固定19mm厚多层板。壁障尺寸和结构应足以限制其表面变形量小于车辆永久压溃量的1%。正面碰撞时,试验车的纵向中心线应与壁障中心线重合,其不重合度应在300mm范围内(JIS D1060—1982也有同样要求)。JIS D1060—1982要求壁障宽×高×厚为3m×1.5m×0.6m,重70t以上,并要求试验车对壁障的不垂直度在±2°内。

根据FMVSS和SAE J972,移动壁障有两种冲击表面,一种是FMVSS 301规定的用于后面碰撞试验的平面刚性表面,另一种是FMVSS 214规定的用于侧面碰撞试验的吸能表面,这两种表面均可装在一个可移动车辆前端。侧面碰撞用的吸能表面由一块平板固定吸能缓冲部分构成。FMVSS 214规定,移动壁障质量1360kg、离地间隙279mm、高度559mm、宽度1679mm、厚度483mm,材料为蜂窝状铝材。后面碰撞试验移动壁障纵向垂直平面与被试车纵向垂直平面的倾斜角不应大于3°,并且在后面碰撞开始时,二者中心线处的纵向垂直平面不重合度应小于±76mm。

另外,还有偏置碰撞用壁障、柱状壁障和轿车钻入货车后部试验用的钻入式壁障等。试验时,可根据不同的碰撞形式选用不同形式的壁障。

(2)假人 碰撞试验假人是用于评价碰撞安全性的标准模型,它通过复杂的设计,不仅保证了严格的生物可信度(即假人的尺寸、外形、质量分布、刚度和碰撞中的能量吸收特性与相应的人体十分接近,进而使模拟碰撞环境下的动力学响应与人体也十分接近),而且假人的设计也有利于安装大量的传感器以采集有关的加速度、负荷、积压变形量等数据。通过对这些物理量进行分析处理,可以定量地衡量汽车产品的碰撞安全性。

假人的尺寸、外形、质量、刚度和能量性能要求与人体非常相似。能够准确地模拟人体在碰撞事故条件下的受力、变形等生物力学参数。

按人体类型分类，假人可分为成年假人和儿童假人。成年假人按体型又可分为中等身材男性假人、小身材女性假人和大身材男性假人。

按碰撞试验类型，假人可分为正面碰撞假人和侧面碰撞假人。

假人的类型和用途见表6-2。

表6-2 假人的类型和用途

名称	类型和用途	备注
Hybrid Ⅱ/Ⅲ型假人	Hybrid Ⅱ型50百分位男性假人 Hybrid Ⅲ型50百分位男性假人（应用最广，NCAP应用） Hybrid Ⅲ型50百分位女性假人 Hybrid Ⅱ/Ⅲ 95百分位男性假人（能够模拟成年人、身材较小和身材较大的成年人）	基于欧美人体型特征，我国汽车碰撞安全法规中使用的假人也是Hybrid Ⅲ系列假人
TNO-10假人	主要用于台车检测安全带性能	—
ES-2假人	满足世界范围内不同法规要求	—
DOTSID侧面碰撞假人	用于美国汽车侧面碰撞试验	—
BIOSID假人	可以用于NHTSA（美国国家公路交通安全管理局）侧面碰撞用	—
RID2尾撞假人	用于汽车追尾研究	—
Word-SID假人	主要是基于统一各国假人标准构想而研制	—

（3）**碰撞试验测量系统** 测量系统由电测量系统和光学测量系统构成。电测量系统用于精确测量碰撞过程中汽车各部位的加速度响应、对固定壁障的碰撞力及乘员伤害评价用的各种响应信号。汽车碰撞试验中电测量项目分为车体加速度响应信号（车体局部刚度较大的部位安装加速度传感器）、固定壁障碰撞力（安装在固定壁上的测力单元）和假人动力学响应（安装在假人身体各部位的传感器）三个方面。光学测量系统利用高速摄影机拍摄碰撞瞬间的车体、假人的运动变形等详细过程。通过对序列影像进行定性和定量分析，分析运动物体特征参数。

3. 正面碰撞试验

美国在1986年率先颁布了FMVSS 208标准，统一规定了碰撞车速为48.3km/h，固定壁障为刚性表面。正面碰撞试验以下面三种方式进行：①车辆纵轴线与壁障表面垂直；②车辆横截面与壁障表面成30°角，碰撞时车辆左前端先接触；③车辆横截面与壁障表面成30°角，碰撞时车辆右前端先接触。规定允许使用Hybrid Ⅲ型假人，形成了现行的美国正面碰撞标准。

欧洲ECE草案中规定碰撞速度为50km/h，固定壁障为刚性表面，碰撞形式为车辆横截面与壁障表面成30°角，碰撞时驾驶人侧先接触。该草案与美国FMVSS 208标准不同的是只进行一种方式的试验，壁障表面带防滑装置，防止碰撞时车辆沿壁障表面滑脱。刚性表面壁障与被试车辆正面偏置碰撞，重叠系数分别为40%、50%、60%。变形壁障正面偏置碰撞，重叠系数分别为40%、50%、60%，碰撞速度分别为50km/h、55km/h、60km/h、64km/h。

表 6-3 列出了三种实车正面碰撞的试验方法，表 6-4 列出了我国正面碰撞试验方法。

表 6-3 三种实车正面碰撞的试验方法（轿车）

法规号	FMVSS 208（美国）	TRIAS 11-4-30（日本）	EEVC-WG11/DOC6（欧盟）
法规名称	碰撞时的乘员保护	正面碰撞的安全基准	ECE 正面碰撞安全保护
碰撞形态	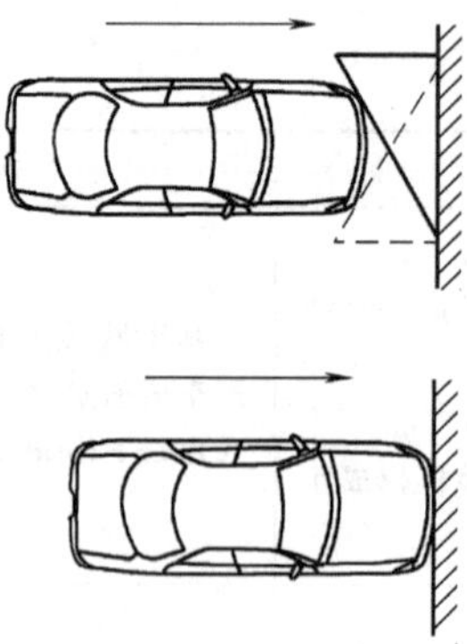 1) 30°角左与右斜壁障碰撞 2) 正面碰撞	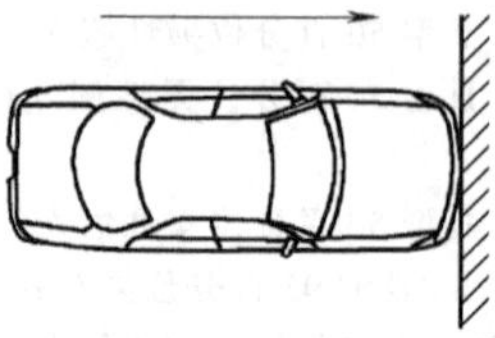 正面碰撞	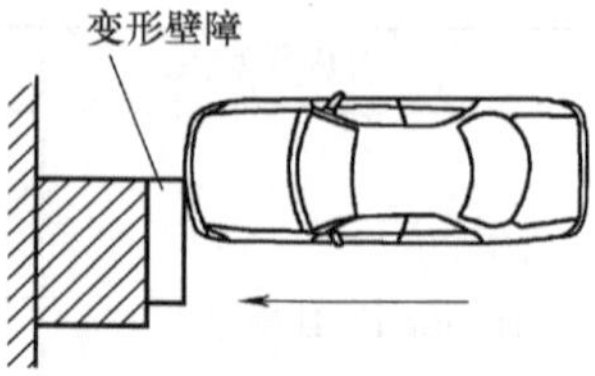 1) 变形壁障偏置，重叠系数分别为 40%、50%、60% 2) 硬壁障偏置，重叠系数分别为 40%、50%、60%
碰撞速度/(km/h)	48.3	50	50、55、60、64

表 6-4 我国正面碰撞试验方法

标准编号	GB 11551—2014	GB/T 20913—2007
标准名称	汽车正面碰撞的乘员保护	乘用车正面偏置碰撞的乘员保护
碰撞形态	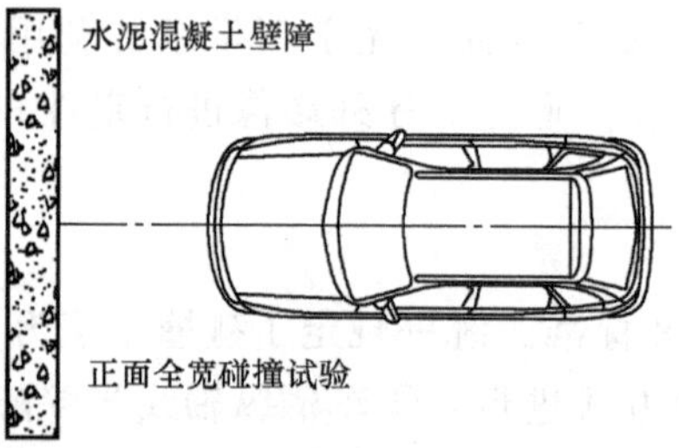 正面全宽碰撞试验（水泥混凝土壁障）	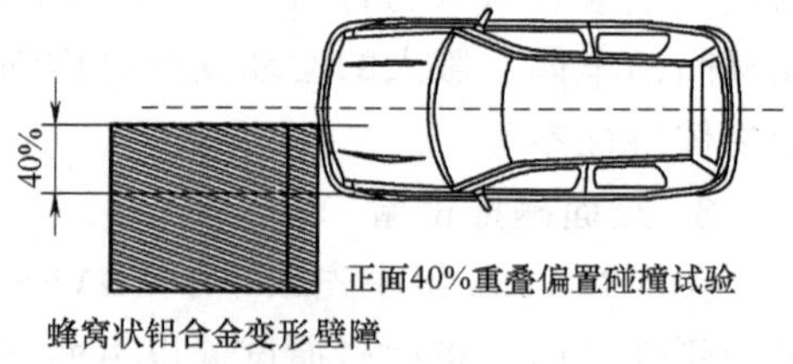 正面40%重叠偏置碰撞试验（蜂窝状铝合金变形壁障）
碰撞速度/(km/h)	50	56

4. 侧面碰撞试验

美国与欧洲现有侧面碰撞试验方法的不同点较多：①移动壁障的台车质量、尺寸，壁障尺寸、形状不同；②碰撞形态不同；③试验用假人不同；④碰撞速度不同；⑤碰撞点的位置不同；⑥乘员伤害指标也略有不同。

表 6-5 列出了三种实车侧面碰撞的试验方法。

表 6-5 三种实车侧面碰撞的试验方法（轿车）

法规号	ISO N123（国际标准化组织）	FMVSS 214（美国）	TRANS/SCI/WP29/R640（欧盟）
法规名称	碰撞时的乘员保护	侧面碰撞的安全基准	ECE 侧面碰撞安全保护
碰撞形态	0°碰撞角	27°碰撞角	0°碰撞角

我国借鉴欧盟标准，制定了 GB 20071—2006《汽车侧面碰撞的乘员保护》，图 6-16 所示为侧面碰撞形态示意图。侧面碰撞试验采用移动变形壁障，试验车 A 静止，移动壁障 B 向前运动，运动方向与试验车中轴线成 63°角，速度为 53km/h。

图 6-16 为碰撞左侧的情况，碰撞右侧与此类似，移动壁障的碰撞材料为铝制蜂窝状材料。

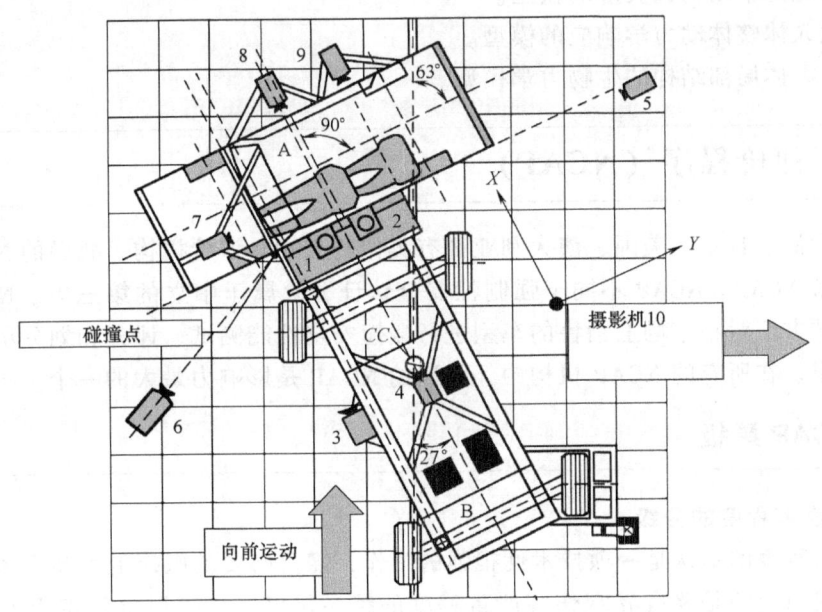

图 6-16 侧面碰撞形态示意图

1—上方摄影机摄试验车 A 动态性能　2—上方摄影机摄碰撞平面　3—移动壁障 B 上的摄影机摄碰撞点　4—移动壁障 B 上的摄影机摄碰撞边　5—摄影机从右侧摄试验车 A 和移动壁障　6—摄影机从左侧摄试验车 A 移动情况　7—试验车 A 发动机舱盖上方摄影机观察前面假人　8—试验车 A 侧面摄影机观察前面假人移位　9—试验车 A 侧面摄影机观察后面假人移位　10—高速摄影机

正面碰撞中的试验车及侧面碰撞中的移动壁障可用电机牵引加速，也可用牵引车牵引加速。为了确定碰撞试验中车内乘员所受伤害的严重程度，要在试验车内放置假人。试验用假人的各部肢体在形状、运动学和动力学性能方面都和真人相似，并能模拟人体的若干动作。假人头部还附有软化材料模拟肌肉和皮肤。在头、胸、背和大腿部位装有传感器，测定减速度和负荷。

5. 其他试验形态

两车相撞：两辆试验车正面、侧面、后面相撞。

翻车试验：有下落试验（主要用于检验车顶、车身的强度）和平台翻车试验。

6. 汽车碰撞模拟试验

从降低成本，方便对某专项内容进行重复性试验，人为改变试验环境等需要出发，往往采用模拟试验方法。如台车、台架试验就是在试验台上模拟汽车碰撞事故来进行试验的。

7. 碰撞试验仿真技术

在汽车被动安全性研究中，20世纪60年代中期就开始了计算机碰撞仿真技术的研究工作。至20世纪80年代，出现了很多碰撞仿真软件包，利用虚拟现实技术，通过有限元力学计算，在计算机上模拟碰撞试验过程，在产品开发过程中，能够起到减少昂贵的实车碰撞试验次数，降低开发成本，以及缩短开发周期的作用。

汽车碰撞试验模拟模型包括：

1）模拟汽车事故模型（交通事故再现）。
2）模拟碰撞中结构大变形的模型。
3）模拟人体整体动力学响应的模型。
4）模拟人体局部结构的生物力学模型。

6.4 新车评价程序（NCAP）

目前在欧洲、日本、美国、澳大利亚都有类似的NCAP评价机构。我国的NCAP已正式启动，称为C-NCAP。NCAP不同于强制性安全认证，它属于中立的第三方。NCAP按照比法规更严格的方法对在市场上销售的车型进行碰撞安全性能测试、评分和划分星级，向社会公开评价结果。在所有的NCAP机构中，欧洲的NCAP是影响力最大的一个。

6.4.1 NCAP星级

1. 乘员伤害程度的分级

乘员伤害程度的确认是一项技术性很强的工作，需要必要的医疗卫生知识和处理交通事故的经验，更重要的是要有界定伤害严重程度的统一尺度、统一评价伤害程度标准名词术语。以下是几种常用的伤害分级方法。

（1）简略伤害分级（AIS） AIS是当今广泛采用的伤害分级方法之一，对于典型事故的详细调查非常有意义。AIS将伤害水平分为0~9级见表6-6。

（2）最大伤害分级（MAIS）与器官伤害分级（OAIS） MAIS是人体伤害部位的分级，美国国家事故案例系统调查采用这一方法。OAIS是所有人体部位伤害的综合分级，由于这

表 6-6　伤害分级（AIS）

AIS 级别	伤害描述	AIS 级别	伤害描述
0	无伤害	5	垂危
1	轻伤	6	死亡 24h 以内，因一个致命伤而死亡
2	中伤	7	死亡，因二个致命伤而死亡
3	重伤，无生命危险	8	死亡，因三个及以上的致命伤而死亡或烧死
4	重伤，有生命危险	9	情况不明

一分级方法需要高水平的专业医生才能操作，因而这一方法已不再使用。

（3）**严重伤害分级**（ISS）　ISS 是一种对受伤者存活可能性的多种伤害综合评级方法。它是从人体受伤的若干部位中找出危及生命的最严重的前 3 个不同部位的 AIS，然后将 AIS 平方相加。计算 ISS 时涉及人体 6 个部位：头和颈、面、胸、腹和髋、四肢和骨、外表（皮肤），所以基本上概括了人体的所有部位。如果是 AIS9（情况不明），则 ISS 无法计算。

（4）**乘员伤害分级**（OIS）　OIS 是将人体的具体伤害部位用 4 个英文字母标在 AIS 之前的方法。例如，前排左座位左眼受伤害的乘员，要写成 FLLE-2。

2. NCAP 评分标准

NCAP 的碰撞测试成绩通过星级（★）表示，共有五个星级，星级越高表示该车的碰撞安全性能越好，达到 33 分为五星级。

1）★★★★★称为五星级，分数为 33～40 分，表示乘员受严重伤害的概率小于或等于 10%。

2）★★★★称为四星级，分数为 25～32 分，表示乘员受严重伤害的概率为 11%～20%。

3）★★★称为三星级，分数为 17～24 分，表示乘员受严重伤害的概率为 21%～35%。

4）★★称为二星级，分数为 9～16 分，表示乘员受严重伤害的概率为 36%～45%。

5）★称为一星级，分数为 1～8 分，表示乘员受严重伤害的概率等于或大于 46%。

NCAP 的星级包括成人保护、儿童保护、行人保护三部分。一般来说，成人保护一项得分在 30 分以上的可获 5 星，25～29 分的可获 4 星，20～24 分的可获 3 星。实际的星级评定并不是完全按分数换算的，如某车型虽然总体得分较低，但假人没有受致命伤，其星级可以上浮，同理，某车型虽然分数较高，但假人受到了致命伤，其星级可能会下调。另外，还可进行加分，如有安全带提醒功能一般会加 2 分。

另外，对四星及以上的车有一些特殊的规定，如分数满足五星的车在三项碰撞中假人的特定部位不能是零分，否则降为四星；分数满足四星的车每项测试不能低于 10 分，否则降为三星。假人的特定部位在正面和正面偏置碰撞中指头、颈和胸部，在侧面碰撞中指头、胸、腹部和骨盆。

6.4.2　NCAP 试验方法

表 6-7 列出了 NCAP 试验方法。

表 6-7　NCAP 试验方法

试验方法	正面100%重叠刚性壁障碰撞	正面40%重叠可变形壁障碰撞	可变形壁障侧面碰撞	假人布置
C-NCAP	50km/h	56km/h	50km/h	前排两个+后排一个
美国(NHTSA)	56km/h	—	62km/h(27°)	前排两个
美国(IIHS)	—	64km/h	51km/h	前排两个
日本 NCAP	55km/h	64km/h	55km/h	前排两个
欧洲 NCAP	—	64km/h	50km/h	前排两个

虽然由表 6-7 可知，欧洲并不是测试项目最多的，指标也不是最高的，但它在实际测评过程中要加上主观评价，使获得高星级并不容易。主观评价由汽车安全方面的权威专家给出，评价的方面包括诸如碰撞后驾乘人员头部的位置（如是否偏离气囊中心位）等情况，以及任何被认为具有潜在危险的因素。除了乘员保护，欧洲 NCAP 还有儿童约束系统和行人保护，按不同的碰撞结果分别给予星级评定，而我国现行 C-NCAP 评测不包括这两项。

C-NCAP 碰撞测试的评分由以下几个方面组成：正面碰撞、正面偏置碰撞和侧面碰撞各占 16 分，总共是 48 分。另外还有 3 个加分项目，分别是驾驶人安全带提醒装置、副驾驶安全带提醒装置、侧气囊及气帘。如果有加分项内的装置，每项可加 1 分，最高分是 51 分。在三项碰撞测试中，又对身体各部分进行小分分割，如正面碰撞中头部评价占 5 分，颈部占 2 分，其他具体见表 6-8。

表 6-8　C-NCAP 评分项目（正面100%刚性壁障碰撞）

部位	头部	颈部	胸部	大腿	小腿
评价指标	HIC、加速度、转向管柱上移量	剪切力、张力、弯矩	变形量、加速度、转向管柱后移量	压缩力、膝盖位移	TI、压缩力
满分	5分	2分	5分	2分	2分

注：1. 试验设定：碰撞速度为 50~51km/h；碰撞角度 0°；前排放两个 50 百分位 Hybrid Ⅲ 男性假人，后排右侧放一个 5 百分位女性假人。
2. HIC 为头部伤害值，由测量数据经公式计算得出。
3. TI 为胫骨指数，同样由公式计算得出。
4. 50 百分位和 5 百分位是人机工程学术语，表示假人身高体重在真人统计中的相关性。

在实际的碰撞事故中，汽车碰撞测试能够获得高分的车辆比较安全。然而，极少数车辆在不同的碰撞测试中表现迥异，如在欧洲 NCAP 碰撞测试中表现不佳仅获二星评级的某类型车在美国的测试中成绩却不错，正面碰撞中驾驶人和乘员保护均为五星，其他 3 项评价指标都获得了四星评级。对此，专家的看法也颇有不同，可能是由车速与试验设备的不同导致的。

不同形式的车在碰撞测试中也是有差异的，不同的车经受同样的撞击表现会有所不同。

6.4.3　C-NCAP

1. C-NCAP 简介

C-NCAP 是将在市场上购买的新车型按照比现有强制性标准更严格和更全面的要求进行

碰撞安全性能测试，评价结果按星级划分并公开发布，旨在给予消费者系统、客观的车辆信息，促进企业按照更高的安全标准开发和生产，从而有效减少道路交通事故造成的伤害及损失。

我国的 C-NCAP 由中国汽车技术研究中心有限公司进行测试，作为第三方测评车辆碰撞安全性的还有清华大学与大陆汽车俱乐部合办的 NCAP-CHINA。原则上，NCAP 碰撞试验并没有法定的举办单位，在同一国家内也没有限定一家单位的先例。

C-NCAP 的试验和评分规则是在深入研究和分析国外 NCAP 的基础上，结合我国的汽车标准法规、道路交通实际情况和车型特征，并进行广泛的国内外技术交流和实际试验确定的。C-NCAP 与我国现有汽车正面和侧面碰撞的强制性国家标准相比，在两种正面碰撞试验中在第二排座椅增加假人，具有更为细致严格的测试项目，技术要求也非常全面。

C-NCAP 对试验假人及传感器的标定、测试设备、试验环境条件、试验车辆状态调整和试验过程控制的规定都比国家标准更为严格。

2. C-NCAP 的试验和评分规则

对每一种测试车型进行车辆速度为 50km/h 与刚性固定壁障 100% 重叠率的正面碰撞、车辆速度为 56km/h 对可变形壁障 40% 重叠率的正面偏置碰撞、可变形移动壁障速度 50km/h 与车辆的侧面碰撞三种碰撞试验。在两种正面碰撞试验中，第二排座椅各增加了 1 个 5 百分位女性假人，用以考核后排座椅安全带性能，这充分考虑了我国消费者的用车习惯，是一项符合我国国情的测试标准。C-NCAP 中最高得分为 51 分。其中，三项试验每项试验满分为 16 分，对安全带提醒装置及侧气囊（侧气帘）分别有 2 分和 1 分的加分。根据总分，对试验车辆进行星级评价见表 6-9。

表 6-9　C-NCAP 车辆星级评价

总分	星级
≥50 分	五星+（★★★★★☆）
≥45 分且<50 分	五星（★★★★★）
≥40 分且<45 分	四星（★★★★）
≥30 分且<40 分	三星（★★★）
≥15 分且<30 分	两星（★★）
<15 分	一星（★）

6.5　燃气汽车的安全性

车用燃气主要有压缩天然气（CNG）、液化天然气（LNG）、液化石油气（LPG）三种，其中最常用的是 CNG，也有很多汽车尤其是重型货车开始使用 LPG。

因为燃气的物理化学性质不同，储运方式不同，燃气汽车的安全性有着不同于燃油汽车的特点。本节所叙述的是气体燃料的加注和使用环节的安全性。

6.5.1　天然气汽车安全技术标准

1. 天然气的安全性

理论上，相比汽油，天然气更安全，这是因为：

1）从燃料本身的特点来说，天然气的燃点一般在650℃以上，而汽油为427℃。这说明天然气不像汽油那样容易被点燃。

2）天然气在空气中燃烧时的体积界限是5%～15%，而汽油是1%～7%。即空气中有1%的汽油就很容易发生着火爆性，而天然气较难着火，因为它要积累到5%才达到它的燃烧界限。更重要的是，天然气的密度比空气小，稍有泄漏便很容易向大气中扩散，不至于达到低燃烧界限。

3）压缩天然气的释放过程是一个吸热过程。当压缩天然气从容器或管路中泄出时，泄孔周围会迅速形成一个低温区，使天然气燃烧困难。

2. 天然气汽车的安全隐患

虽然天然气有以上三个特点，但是压缩天然气瓶属于高压容器（20MPa）。与发动机液体燃料相比，在汽车上配置了高压燃料储备、输送系统，在使用时有发生爆炸失火的危险性。其原因如下：天然气的主要成分是甲烷，它的着火范围比汽油宽，在封闭容器中其气相比汽油容易形成易爆混合气。在燃用汽油时密封不严，泄漏的汽油遇到火源时主要引起扩散燃烧，在漏出天然气时形成的混合气，发生爆炸的危险性大。在系统密封不良时，由于气瓶装置中气体处于高压状态下，各种泄漏的可能性更大，在正常使用条件和发生事故时，都可能发生系统密封不良的情况。密封不良的部件可能是气瓶、连接件、管路、供气装置的小总成。小总成密封不良则可能导致外部泄漏或内部泄漏。

使用天然气时要特别注意安全。另外由管道天然气压缩而来的CNG除含杂质多外，还含有微量水分，在冬季环境温度低于0℃时常会造成发动机因进气阀门结霜而无法起动。

3. 天然气汽车技术标准

国家制定了严格的天然气汽车技术标准，从加气站设计、储气瓶生产、改车部件制造到安装调试等，每个环节都形成了严格的技术标准。相关标准见表6-10。

表6-10 天然气汽车安全标准

分类	标准编号	标准名称
整车	GB/T 23335—2009	天然气汽车定型试验规程
	GB/T 27876—2011	压缩天然气汽车维护技术规范
	GB/T 36883—2018	液化天然气汽车技术条件
专用装置	GB 19239—2013	燃气汽车专用装置的安装要求
	GB/T 20734—2006	液化天然气汽车专用装置安装要求
	QC/T 245—2017	压缩天然气汽车燃气系统技术条件
	QC/T 755—2006	液化天然气(LNG)汽车专用装置技术条件
	GB/T 18363—2017	汽车用压缩天然气加气口
专用装置	GB/T 20735—2006	汽车用压缩天然气减压调节器
	QC/T 674—2007	汽车用压缩天然气电磁阀
	QC/T 746—2006	压缩天然气汽车高压管路
车用储气瓶	GB 17258—2011	汽车用压缩天然气钢瓶
	GB 17926—2009	车用压缩天然气瓶阀
	GB 19533—2004	汽车用压缩天然气钢瓶定期检验与评定
	GB/T 34510—2017	汽车用液化天然气瓶
	TSG R0009—2009	车用气瓶安全技术监察规程

设计上考虑了严密的安全保障措施。对高压系统使用的零部件，安全系数均选用1.5~4或以上，在减压调节器、储气瓶上安装有安全阀，控制系统中安装有紧急断气装置。

储气瓶出厂前要进行特殊检验。气瓶经常规检验后，还需充气进行火烧、爆炸、坠落、枪击等试验，试验合格才能出厂使用。

6.5.2 天然气汽车使用安全性

1. 汽车用CNG气瓶

车用压缩天然气（CNG）属于高压、易燃、易爆气体。CNG汽车的储气瓶是用于储存压缩天然气的高压容器，具有爆炸危险性。CNG气瓶内部处于高压状态，其压强一般为20MPa，最大不超过25MPa，但是气瓶本身的设计强度足以承受50MPa的压强。

2. 汽车用CNG气瓶型式试验

（1）**静水压力爆破试验** 在抽样的储气瓶中充水，在加压速度不超过1.38MPa/s的条件下升压至56.5MPa并保持10s，最后加压到破坏。

（2）**压力循环试验** 在2.5~25MPa之间进行静水压力循环试验13000次，在2.3~35MPa之间试验5000次，每次试验1min，不出现裂纹或变形为合格。

（3）**耐火试验** 在CNG气瓶内，充以25MPa的天然气，用火烧此气瓶20min，以不发生爆炸为合格。

（4）**坠落试验** 将CNG空瓶升至3m或更高的空中，向水泥地上反复进行坠落摔打，然后进行10%~100%的工作压力下水循环13000次，不出现裂纹为合格。

（5）**枪击试验** 将CNG气瓶充入25MPa的天然气，在距离46m处用速度为853m/s、口径为7.62mm的空甲弹，对瓶体进行45°的射击，气瓶不应出现裂纹。

3. CNG气瓶的安全使用

使用CNG气瓶时要注意以下事项：

（1）**气瓶必须检验合格** CNG汽车所采用的气瓶必须是具有制造许可证的企业制造的合格产品。CNG汽车投入使用后，其CNG气瓶必须在检验有效周期内。按照有关规程和标准的规定，车用CNG气瓶每两年检验一次。对营运的出租车用CNG气瓶，第二次检验的有效期为一年。在发生交通事故中受到损伤的车用CNG气瓶和附件，若需重新使用，应对气瓶进行检验。停用时间超过一个检验周期的气瓶，启用前应进行检验。在使用过程中发现气瓶有严重腐蚀、损伤及其他可能影响安全使用的缺陷时，应及时将气瓶送至法定的检验单位进行检验。检验合格后方可投入使用。

（2）**报废气瓶需做破坏性处理** 汽车报废时，车用气瓶同时报废。报废气瓶和经检验不合格的报废气瓶应由气瓶检验单位对其进行破坏性处理。气瓶使用单位及个人不能自行破坏处理。禁止将未做破坏性处理的报废气瓶交予他人。

（3）**车用CNG气瓶技术档案管理** 驾驶人及主管部门应加强对气瓶技术档案的管理和对气瓶使用者的安全教育培训工作，保存好气瓶的出厂合格证、质量证明书和改装合格证、气瓶使用登记证、定期检验合格证等有关资料，严格监控使用期限。

（4）**充气检查** CNG汽车每次充气时，驾驶人应主动出示改装合格证、气瓶使用登记证、定期检验合格证，并积极配合充装人员进行气瓶充装前后的检查。车用CNG气瓶的最高储气压力为20MPa，充气时，应严格控制充装气体的速度和温度，严禁超压充气。

（5）**出车收车检查** CNG 汽车的驾驶人在每次出车前，应对气瓶及其紧固件、安全附件、管路及连接部位进行例行检查。有时，气瓶、燃气管道及各类阀门由于磨损、腐蚀，出现天然气的微量泄漏是很难发现的，因此，为了及时发现天然气是否有泄漏，应在每天收车时，检查压力表，并记录气压值，与第二天出发时的气压值进行对照，即可比较准确判断出是否漏气。对存在安全隐患的车辆应及时处置，不得贸然行车。

（6）**车用 CNG 气瓶维修** 气瓶在使用过程中若发现安全附件、瓶阀、易熔合金塞失灵等故障，首先应将汽车移至安全处，及时通知或送到气瓶检验单位或 CNG 汽车修理厂处理。严禁自行维修和更换附件。

4. LNG 安全性特点

相比 CNG，LNG 具有以下特点：

1）温度极低，常压下沸点约为 $-162℃$（气变液），熔点为 $-182℃$（液变固）。
2）LNG 的体积膨胀比极大，约为 600 倍。
3）LNG 不能加臭，必须用专用仪器检漏。
4）LNG 具有天然气的易燃易爆特性，爆炸范围：上限 15%，下限 5%（体积百分比）。
5）CNG 的体积能量密度约为汽油的 26%，而 LNG 的体积能量密度约为汽油的 72%，是 CNG 的两倍多，因而使用 LNG 的汽车续驶里程长。
6）低温系统安全阀放空的全部是低温气体（放散气体），在约 $-107℃$ 以下时，天然气的密度大于常温下的空气，排放不易扩散，会向下积聚，容易产生安全隐患。因此设置一台空温式放散气体加热器，放散气体先通过该加热器，经过与空气换热后的天然气的密度会小于空气，放散后将容易扩散，从而不易形成爆炸性混合物。
7）低温冻伤。由于 LNG 在压力为 0.4MPa 的条件下，储存温度约为 $-162℃$，泄漏后的初始阶段会吸收地面和周围空气中的热量迅速汽化。但一定时间后，地面被冻结，周围的空气温度在无对流的情况下也会迅速下降，此时汽化速度减慢，甚至会发生部分液体来不及汽化。LNG 泄漏后的冷蒸气云或者来不及汽化的液体都会对人体产生低温冻伤等危害。
8）低温冻害。LNG 泄漏后的冷蒸气云、来不及汽化的液体或喷溅的液体，会使所接触的一些材料变脆、易碎，或者产生冷收缩。材料脆性断裂和冷收缩，会对加气站设备如储罐、潜液泵、LNG 高压柱塞泵、加注机、加注车造成危害，特别是可能引起 LNG 储罐和 LNG 槽车储罐外筒脆裂或变形，导致真空失效，保冷性能降低失效，从而引起内筒液体膨胀造成更大的事故。

5. 汽车用 LNG 气瓶

汽车用 LNG 气瓶是一种低温绝热压力容器，设计有双层（真空）结构。内胆的材料采用耐低温合金钢；外壳为内胆的保护层，与内胆之间保持一定间距，形成绝热空间，承受内胆和介质的重力荷载及绝热层的真空负压。外壳和支撑系统的设计能够承受车辆在行驶时所产生的相关外力，低温储罐蒸发率一般低于 0.2%。某 LNG 储罐工艺参数见表 6-11。

内胆设计有两级安全阀在超压时起到保护作用，在超压情况下首先打开的是主安全阀（开启压力为 1.6MPa 左右），其作用是放散由于绝热层和支撑正常的漏热损失导致的压力上升，或真空遭破坏后及在失火条件下的加速漏热导致的压力上升。副安全阀（开启压力一般为 2.4MPa 以上）的压力设定点较主安全阀高，在主安全阀失效或发生堵塞时，副安全阀启动。

表 6-11 某 LNG 储罐工艺参数

项　目	指　标
充装率	90%
内/外罐的设计温度	-196℃/-19~50℃
内/外罐的工作温度	-146℃/环境温度
内/外罐的材质	06Cr19Ni10/Q345R
设计压力	1.2MPa/-0.1MPa(内筒/外筒)
工作压力	0.8MPa/-0.1MPa(内筒/外筒)
蒸发率	≤0.3%/d

如果真空破坏，这时可以发现外壳出现"冒汗"（大面积结水珠）甚至结霜现象。当然，在与气瓶连接的管道末端出现的结霜或凝水现象是正常的。所有的管路、阀件都设置在气瓶的一端，并用护环或保护罩进行防护。

低温储罐的出液以储罐的自压为动力。液体送出后，液位下降，气相空间增大，导致罐内压力下降。因此，必须不断向罐内补充气体，维持罐内压力不变，才能满足工艺要求。在储罐的下面设有一个增压气化器和一个增压阀。增压气化器是空温式气化器，它的安装高度要低于储罐的最低液位。增压阀与减压阀的动作相反，当阀的出口压力低于设定值时打开，而压力回升到设定值以上时关闭。

增压过程如下：当罐内压力低于增压阀的设定值时，增压阀打开，罐内液体靠液位差缓流入增压气化器，液体汽化产生的气体流经增压阀和气相管补充到储罐内。气体的不断补充使得罐内压力回升，当压力回升到增压阀设定值以上时，增压阀关闭。这时，增压气化器内的压力会阻止液体继续流入，增压过程结束。

6. 汽车用 LNG 气瓶安全性能试验

LNG 车载气瓶在生产完成后，须通过一系列安全性能试验，包括振动试验、火烧试验、跌落试验。

（1）**振动试验** 振动试验主要模拟检验 LNG 车载气瓶在汽车运行条件下，内胆与外壳的支撑结构、管道系统等附件的耐久性。振动试验前气瓶中充装与装满 LNG 等质量的液氮，气瓶处于完全冷却状态，压力（表压）为 0MPa。振动加速度为 $3g$，振动方向为汽车前进方向的垂直方向。振动完毕后，任何部位不得出现泄漏，静置 30min 以上气瓶外壳没有结露或结霜现象为合格。

（2）**火烧试验** 火烧试验考查在汽车发生火灾情况下 LNG 车载气瓶绝热系统性能的安全可靠性。试验前气瓶中充装与装满 LNG 等质量的液氮。试验采用天然气（或液化石油气）为燃料，在卧放的气瓶正下部布置燃气管道和燃烧装置，保证气瓶最低点距燃烧装置 120~130 mm。燃烧装置大小应足以使气瓶的主体边缘完全置于火焰之中，因此燃烧装置的长度至少超出气瓶在水平面投影长度 100 mm，宽度至少超出气瓶在水平面投影宽度 100 mm，但超出长度均不大于 200 mm。保证足够燃烧时间，气瓶在规定时间内安全阀不起跳为合格。

（3）**跌落试验** 跌落试验模拟在汽车发生翻车情况下检验 LNG 车载气瓶受冲击后的完整性。跌落试验包括对气瓶最关键部位（自行指定，如封头、筒体等，管道系统端除外）进行 10m 高的跌落试验和对管道系统端进行 3m 高的跌落试验。跌落试验前，气瓶应装满与

LNG等质量的液氮，气瓶处于完全冷却状态，压力（表压）为0MPa，地面为混凝土地面。跌落试验完毕后的1h内，气瓶外壳没有结露或结霜现象为合格。

6.6 新能源汽车安全性

新能源汽车一般包括纯电动汽车、油电混合动力电动汽车、燃料电池汽车，前两种已经广泛应用。本节重点介绍纯电动汽车的安全性。

相比内燃机汽车，新能源汽车装备有三电系统（电池、电驱动、电控），电池以锂电池为主，动力蓄电池和驱动电机都为高压，因此新能源汽车除了具有和内燃机汽车整车相同的安全车身、约束系统、座椅车门等附件的强度刚度要求以外，它的三电系统的安全性也很重要。

纯电动汽车在充电及运行过程中，可能出现意外事故，造成动力系统的窜动、挤压、短路、开裂、漏电、热冲击、爆炸、燃烧等，由此对乘员产生机械伤害、电伤害、化学伤害、电池爆炸伤害及燃烧伤害等，并可能引发更大的连发性事故及二次伤害。

6.6.1 纯电动汽车安全性问题

1. 纯电动汽车高压电安全

纯电动汽车的电压和电流等级都较高，纯电动汽车的动力蓄电池组的电压一般在300~600V电流可达几百安培。人体能承受的安全电压的大小取决于人体允许通过的电流和人体的电阻。人体电阻主要是由体内电阻、体表电阻、体表电容组成。人体电阻随着条件的不同在很大范围内变化，但是人体电阻一般不低于1000Ω。我国安全电压多采用36V，大致相当于人体允许电流30mA、人体电阻1200Ω的情况，这就要求人体可接触的电动汽车任意两个带电部位的电压要小于36V。根据国际电工标准的要求，人体没有任何感觉的电流阈值是2mA。流过人体的电流应当小于2mA才认为车辆绝缘合格。

车辆运行环境恶劣，使得纯电动汽车在运行过程中面临着短路、非预期断路及绝缘失效等诸多的安全问题。

2. 电池热失控

动力蓄电池在充放电过程中会发热，如果电池的热效应加剧，最终表现为电池的"热失控"，从而引起安全事故。热失控是电池滥用造成的，滥用情况包括机械滥用、电气滥用和热滥用。

（1）机械滥用 破坏性变形和位移是机械滥用的两个共同特征。车辆碰撞和随之而来的电池组的挤压或穿刺是机械滥用的典型条件。

汽车碰撞时，很可能发生电池组变形。电池包在车上的布置影响电池组在碰撞过程中的响应方式。电池组的变形可能导致的危险后果有电池隔膜被撕裂并发生内部短路及易燃电解质泄漏并可能引发燃烧。

穿刺是在车辆碰撞期间可能发生的另一种常见现象。与挤压条件相比，剧烈的内部短路可以被穿刺滥用瞬间触发。针对锂离子电池的一些强制性测试标准（即GB/T 31485—2015、SAE J2464—2009等），对穿刺进行了规定，以模拟内部短路在滥用测试中的情况。机械破坏和电短路同时发生，穿刺的滥用状况更为严重。

电池被穿刺造成内部急剧短路，在 60s 内强烈释放多达 70% 的能量，导致显著的温度上升。在穿透过程中产生的热的危害，与穿刺物体所处的位置有关。在电极边缘的穿刺，散热不够充分将更加危险。

(2) 电气滥用　电气滥用的情况包括外部短路、过度充放电、过电流、电池过温。

1) 外部短路。当存在压差的两个电极在外部用导体接通时，外部短路就发生了。电池组的外部短路可能是由汽车碰撞引起的变形、浸水、导体污染或维护期间的电击等造成的。与穿刺相比，通常外部短路释放的热量不会加热电池。

2) 过度充放电。在电池充电末期，电池内部离子的浓度增加，扩散性能下降，浓差极化增加，电池接受能力下降，电池再充电就会出现过充电。过充电时如果电池的散热性较好，或者过充电电流很小，此时电池的温度较低，过充电后只发生电解液的分解，电池仍然安全；如果此时电池的散热性较差，或者由于高倍率充电导致电池温度很高而引发化学反应，往往导致热失控。

同样，在电池放电末期提供大电流的能力下降，当电池剩余电量不足而又要大电流放电时，就会使电池过放电，电池负极的活性物质脱落，容易造成电池内部短路。

3) 过电流。电池过电流主要有以下几种情况：

① 低温环境下充放电。在低温环境下，由于电池的导电性和扩散性下降，特别是电池负极的锂离子嵌入和脱出的能力下降，电池可接受电流的能力下降，容易导致电池出现过电流。

② 电池老化、电池的性能下降（包括容量降低、内阻增加、倍率特性下降等）后，仍按照原来电流充电。

③ 电池并联成组后不均衡。在充电过程中，由于电池一致性的差异，单体电池的内阻各不相同，分配到各单体电池的充电电流不同，可能会导致分配到某些单体电池的电流远大于充电电流。

④ 电池的内外部短路。电池短路会在瞬间产生很大的电流，电池内部温度急剧升高，而使电池发生泄漏、起火等安全事故。

4) 电池过温。上述提到的过充电、过放电、过电流会导致电池过温，以下几种情况也会引起电池过温：

① 电池的热管理系统失效。表现为电池箱内电池温度传感器损坏、检测控制电路失效或散热风扇损坏。

② 电池温度采样点有限。电动汽车上电池数量较多，很难对每个单体电池都实现温度检测。

③ 温度采样点受限制。由于电池本身结构的原因，电池管理系统对电池的温度采样点一般都在电池正负极接线柱上，或者通过贴片采集电池外壳的温度，不能反映实际的电池内部温度。

6.6.2　电动汽车安全性评价和测试

电动汽车的市场投放量迅速增加，其安全性事故时有发生，电动汽车的安全性受到了广泛关注。世界各国都制定了一系列关于电动汽车安全性的法规和标准，我国制定了一系列电动汽车标准，而且标准不断更新。表 6-12 列出了我国相关电动汽车安全性标准，这些标准给出了新能源汽车整车和电池等储能装置安全性评价的方法和限值。

表 6-12 我国电动汽车安全性标准

序号	标准编号	标准名称
1	GB 18384—2020	电动汽车安全要求
2	GB/T 18387—2017	电动车辆的电磁场发射强度的限值和测量方法
3	GB/T 18388—2005	电动汽车 定型试验规程
4	GB/T 24549—2009	燃料电池电动汽车 安全要求
5	GB/T 26990—2011	燃料电池电动汽车 车载氢系统 技术条件
6	GB/T 28382—2012	纯电动乘用车 技术条件
7	GB/T 29126—2012	燃料电池电动汽车 车载氢系统 试验方法
8	GB/T 31485—2015	电动汽车用动力蓄电池安全要求及试验方法
9	GB/T 31486—2015	电动汽车用动力蓄电池电性能要求及试验方法
10	GB/T 31467.3—2015	电动汽车用锂离子动力蓄电池包和系统 第3部分:安全性要求与测试方法

1. 高压电安全评价项目和测试

高压电安全评价人员是否会有触电的危险,触电防护应包含防止人员与任何带电部件的直接接触和在带电部件的基本绝缘故障的情况下的触电防护,如果不影响整车安全,可以用独立的部件试验代替。触电防护方式包括基本绝缘、附加绝缘、双重绝缘和加强绝缘。

测试项目包括绝缘电阻、电位均衡、电容耦合、防水性能。

2. 电池安全评价项目和测试

动力蓄电池在电动车辆上安装应用,因此必须满足车辆部件的耐振动、耐冲击、耐跌落、耐盐雾等要求,保证可靠应用。为满足防水、防尘要求,电池包应满足一定的 IP 防护等级。

GB/T 31485—2015 规定了电动汽车用动力蓄电池的安全要求及试验方法,考查动力蓄电池单体和模组的安全指标,围绕化学能的防护,给出一系列极端条件下的安全要求和检验规范。测试内容详见表 6-13。

表 6-13 电池单体及模块安全性试验

序号	检测对象	检测项目	判定条件
1	单体蓄电池 蓄电池模块	过放电	蓄电池充满电后,放电 90min,观察 1h,不爆炸、不起火、不漏液
2	单体蓄电池 蓄电池模块	过充电	蓄电池充满电后,充电至额定电压的 1.5 倍或者继续充电 1h,观察 1h,不爆炸、不起火
3	单体蓄电池 蓄电池模块	短路	蓄电池充满电后,将单体蓄电池正负极经外部短路 10min,蓄电池模块经外部短路 10min,外部线路电阻应小于 5mΩ,观察 1h,不爆炸、不起火
4	单体蓄电池	跌落	蓄电池充满电后,正负端子向下从 1.5m 高度处自由跌落到水泥地面上,观察 1h,不爆炸、不起火、不漏液
	蓄电池模块		蓄电池充满电后,正负端子向下从 1.2m 高度处自由跌落到水泥地面上,观察 1h,不爆炸、不起火

(续)

序号	检测对象	检测项目	判定条件
5	单体蓄电池	加热	蓄电池充满电后,对于锂离子蓄电池,温度箱按照5℃/min的速率由室温升至128~132℃,并保持此温度30min后停止加热,观察1h,不爆炸、不起火、不漏液;对于金属氢化物镍蓄电池,温度箱按照5℃/min的速率由室温升至83~87℃,并保持此温度2h后停止加热,观察1h,不爆炸、不起火
	蓄电池模块		
6	单体蓄电池	挤压	蓄电池充满电后: 1)挤压方向:垂直于蓄电池极板方向施压 2)挤压板形式:半径75mm的半圆柱体,半圆柱体的长度大于被挤压电池的尺寸 3)挤压速度:4~6mm/s 4)挤压程度:电压达到0V或变形量达到30%或挤压力达到200kN后停止挤压 5)观察1h,不爆炸、不起火
	蓄电池模块		蓄电池充满电后: 1)挤压方向:与蓄电池模块在整车布局上最容易受到挤压的方向相同。如果最容易受到挤压的方向不可获得,则垂直于单体蓄电池排列方向挤压 2)挤压板形式:半径75mm的半圆柱体,半圆柱体的长度大于被挤压电池的尺寸,但不超过1m 3)挤压速度:4~6mm/s 4)挤压程度:蓄电池模块变形量达到30%或挤压力达到蓄电池模块重量的1000倍和表6-14所列数值中较大值并保持10min 5)观察1h,不爆炸、不起火
7	单体蓄电池	针刺	蓄电池充满电后,用$\phi 5 \sim \phi 8$mm耐高温钢针以20~30mm/s的速度,从垂直于蓄电池极板的方向贯穿,贯穿位置宜靠近所刺面的几何中心,钢针停留在蓄电池中,观察1h,不爆炸、不起火
	蓄电池模块		蓄电池充满电后,用$\phi 6 \sim \phi 10$mm耐高温钢针以20~30mm/s的速度,从垂直于蓄电池极板的方向,依次贯穿至少3个单体蓄电池,钢针停留在蓄电池中,观察1h,不爆炸、不起火
8	单体蓄电池	海水浸泡	蓄电池充满电后,将蓄电池完全浸入3.5%NaCl溶液(质量分数,模拟常温下的海水成分)中2h,不爆炸、不起火
	蓄电池模块		
9	单体蓄电池	温度循环	蓄电池充满电后,将蓄电池放入温度箱中,温度箱温度按照要求进行调节,循环次数5次,观察1h,不爆炸、不起火、不漏液
	蓄电池模块		
10	单体蓄电池	低气压	蓄电池充满电后,放入低气压箱中,调节试验箱中气压为11.6kPa,温度为室温,静置6h,观察1h,不爆炸、不起火、不漏液

表6-14 挤压力选取表格

挤压面接触单体数 n	挤压力/kN
1	200
2~5	100×n
>5	500

6.6.3 提高电动汽车安全性的措施

电动汽车的安全性是综合性问题。动力蓄电池的能量密度与安全性是一对矛盾，在提高动力蓄电池能量密度的同时如何保证其安全性，需要进行细致的科学研究与试验，以把握准确的"度"。提高动力蓄电池的安全性，涉及多个技术层面，其中既有正极材料、负极材料、电解液的配方问题，也有制造工艺和装备问题，还有安全防护技术的问题。

1. 公布强制性国家标准，加强准入管理的政策性措施

2018年9月25日，工业和信息化部发布了《关于开展新能源乘用车、载货汽车安全隐患专项排查工作的通知》，督促生产企业对生产的新能源乘用车和载货汽车开展安全隐患专项排查工作，公示的三项强制性国家标准，成为新能源汽车产品报批准入的基础要求。

2. 电动汽车的安全性是全生命周期的问题

动力蓄电池电芯的设计与制造及电池包的设计与制造，应该更重视安全性。合理使用也很重要，过充、深放电都会影响电动汽车的安全。耐久性也会影响安全，使用过久、使用不当和磕碰，都会影响电池包的密封性和插接件的可靠性，进而影响安全性。科学使用和合理维护方面有待加强。

3. 加强电动汽车的安全性管理

建立对电动汽车的安全性监管机制，建立经过一段时间使用后和发生事故修复后的安全性检查制度。及时分析事故原因，进而为以后的设计、制造、使用、管理提供建议。

目前，我国动力蓄电池制造企业、电动汽车制造企业及充电运营企业之间信息不畅。发生事故后，不能汇集充分的数据进而有效地分析事故原因。在年检方面，电动汽车仍沿用传统能源汽车的方式。

4. 提高电动汽车安全性的技术路线

1）提高电池组抗撞击能力。

2）重视车载预警系统设计。

3）做好驾驶室的阻燃设计。

4）做好电池组之间的防护，大大降低燃烧强度。高能量比既是动力蓄电池的优势，也是其最大的安全隐患。各电池模块之间可靠的隔离防护，能够防止与起火电池组相邻的其他电池组殉燃。

5）研发对温度低敏感性的安全电池。

6）研发精确可靠的电源管理系统（BMS），提高电池热管理技术水平。

7）加快消化和吸收国际标准的步伐，出台具有国际先进水平的锂电池安全标准。

8）电池的能量密度指标要满足安全性需求，推广安全性较好的电池。

9）锂电池行业准入应该以提升电池安全性为主要目标。抓好锂电池生产制造全过程安全关键点的控制，推进设计、材料、制造工艺技术的进步，解决锂电池的安全性和一致性问题。

5. 动力蓄电池安全管理系统

动力蓄电池安全管理系统主要包括烟雾警报、绝缘检测、自动灭火、过电压和过电流控制、过放电控制、防止温度过高、在发生碰撞的情况下关闭电池等功能。

在极端工况下，通过电池安全管理系统应能实现电池包的高压断电保护、过流断开保护、过放电保护、过充电保护等功能。

本 章 小 结

1. 汽车被动安全性，是指交通事故发生后，汽车本身减轻人员伤害和货物损失的能力。其又可分为汽车内部被动安全性（减轻车内乘员受伤和货物受损）及外部被动安全性（减轻对事故所涉及的其他人员和车辆的损害）。

2. 为确保乘员的安全，车身结构及乘员约束系统的性能都非常重要。尽管安全带、安全气囊等可以显著地减轻事故中乘员的伤害程度，但随着车速的提高，仅靠几种乘员约束装置确保乘员的安全已变得越来越困难。因而，人们常考虑从汽车被动安全部件，如车身结构、安全带、安全气囊、吸能式转向管柱、座椅、头枕及内饰件等方面，从减轻乘员伤害的各个部件着手，以得到最佳的乘员保护效果。

3. 根据汽车交通事故分析，提高撞车安全性的车身结构设计应当做到：
1) 利用车身的前、后部有效地吸收撞击能量，缓解乘员受到的冲击。
2) 驾驶室要坚固可靠，确保乘员的有效生存空间，还必须保证碰撞后乘员易于逃脱和容易进行车外救护。

4. 汽车工业发达国家都有自己的汽车被动安全标准（法规），归纳起来，被动安全性试验方法可分为台架试验、模拟碰撞试验（滑车冲击试验）和实车碰撞试验三类。

5. 实车碰撞试验是综合评价汽车碰撞安全性能的最基本、最有效的方法。它是从乘员保护的观点出发，以交通事故再现的方式来分析车辆碰撞前后的乘员与车辆运动状态及损伤状况。

6. 实车碰撞试验按碰撞形态可分为正面碰撞、侧面碰撞、追尾碰撞、角度碰撞。其中正面碰撞、侧面碰撞为主要碰撞形态，这是从交通事故统计分析中得出的结论。

7. NCAP 按照比法规更严格的方法对在市场上销售的车型进行碰撞安全性能测试、评分和划分星级，向社会公开评价结果。

8. 因为燃气的物理化学性质不同，储运方式不同，燃气汽车的安全性有着不同于燃油汽车的特点。压缩天然气（CNG）汽车气瓶是高压容器，其制造质量受到严格的标准控制。液化天然气（LNG）汽车的气瓶是双层保温的，两种气瓶最重要的就是要防止泄漏。

9. 电动汽车的安全性包括高压绝缘安全和防止电池热失控。

习 题

1. 什么是汽车的被动安全性？
2. 汽车被动安全性保护的对象是什么？
3. 安全车身的主要设计原则是什么？
4. 什么是超高强度钢？在汽车上应用如何？
5. 什么是安全约束系统？

6. 安全气囊安装在汽车的什么部位？
7. 汽车被动安全性试验包括哪些内容？
8. 汽车零件的安全性试验包括哪些内容？
9. 各个国家进行的汽车碰撞试验的试验车速是多少？
10. NCAP 的星级是如何评定的？
11. 燃气汽车包括哪些类型？其安全性的重点是什么？
12. 新能源汽车包括哪些类型？造成电动汽车火灾频发的原因是什么？

第7章

汽车的通过性

汽车的通过性是指在一定载质量下，汽车能以足够高的平均车速通过各种坏路及无路地带和克服各种障碍的能力。坏路及无路地带是指松软土壤、沙漠、雪地、沼泽等松软地面及坎坷不平地段；各种障碍是指陡坡、侧坡、台阶、壕沟、灌木丛和水障等。

根据地面对汽车通过性的影响因素，汽车通过性又可分为轮廓通过性和牵引支承通过性，前者是表征车辆通过坎坷不平路段和障碍的能力，后者是指车辆能顺利通过松软土壤、沙漠、雪地、冰面、沼泽等地面的能力。

在松软地面上行驶时，汽车驱动轮对地面施加向后的水平力，使地面发生剪切变形，相应的剪切变形所构成的地面水平反作用力，被称为土壤推力。根据土壤的剪切特性可以确定土壤推力。由于土壤在提供推力时发生剪切变形，故车辆驱动轮或履带的接地面相对于地面有向后的滑动，称为滑转。它既影响平均车速，又影响燃料消耗，故应该掌握土壤推力与滑转的关系。履带所获得的土壤推力是由于土壤被履刺推动、剪切而产生的。驱动轮的运动情况比履带复杂，一般常采用履带的土壤推力公式来估算。但总体来说，土壤推力常比在一般硬路面上的附着力要小得多。

汽车在松软地面上行驶时也受到土壤阻力的作用。土壤阻力是指轮胎对土壤的压实作用、推移作用而产生的压实阻力、推土阻力，以及充气轮胎变形引起的弹滞损耗阻力。它要比在硬路面上的滚动阻力大得多。因此，它们经常不能满足汽车行驶附着条件的要求，这是松软地面限制汽车行驶的主要原因。

牵引车的挂钩牵引力等于土壤最大推力与土壤阻力之差，相当于在硬路面上行驶时附着力与滚动阻力之差，它表征了土壤强度的储备能力。该力可用于车辆加速、上坡、克服道路不平的阻力和牵引与挂钩连接的挂车等装备，也反映了汽车通过无路地带的能力。因此要分析越野车的挂钩牵引力，必须掌握松软地面在水平与垂直方向的载荷与变形的关系。

汽车的通过性是汽车的重要性能之一，主要取决于地面的物理性质和汽车的结构参数及几何参数。同时，它还与汽车的其他性能，如动力性、平顺性、机动性、稳定性和视野性等有密切的关系。

农林区、矿区、建设工地等使用的车辆和军用车辆，经常行驶在坏路和无路地面上。因此，要求这些汽车应具有良好的通过性。

7.1 汽车的轮廓通过性

汽车在非常规路面上行驶时，由于汽车与不规则地面的间隙不足，出现汽车被托住而无法通过的现象，称为间隙失效。汽车中间底部的零件碰到地面而被顶住称为顶起失效。汽车前端或车尾触及地面而不能通过称为触头失效或托尾失效。汽车的以上失效形式与汽车的轮廓通过性有很大关系。而汽车的轮廓通过性主要是由汽车本身的结构和性能决定的。

与间隙失效有关的汽车整车的几何参数,称为汽车通过性的几何参数。它们主要包括最小离地间隙、接近角、离去角、纵向通过角等,如图7-1所示。汽车通过性的几何参数见表7-1。另外,汽车的最小转弯直径、内轮差、转弯通道圆及车轮半径也是汽车通过性的重要轮廓参数。

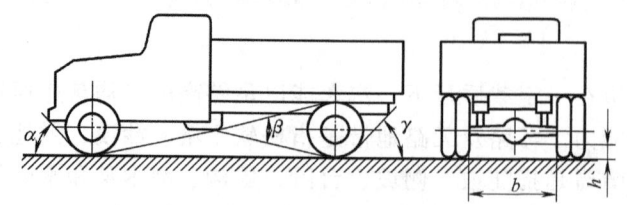

图 7-1　汽车的通过性参数

h—最小离地间隙　b—两侧轮胎内缘间距　α—接近角　γ—离去角　β—纵向通过角

表 7-1　汽车通过性的几何参数

汽车类型	驱动形式	最小离地间隙 h/mm	接近角 α /(°)	离去角 γ /(°)	最小转弯直径 d_{min}/m
轿车	4×2	120~200	20~30	15~22	14~26
	4×4	210~370	45~50	35~40	20~30
货车	4×2	250~300	25~60	25~45	16~28
	4×4、6×6	260~350	45~60	35~45	22~42
越野车(乘用)	4×4	210~370	45~50	35~40	20~30
客车	6×4、4×2	220~370	10~40	6~20	28~44

7.1.1　最小离地间隙

最小离地间隙 h 是汽车满载静止时,支承平面与除车轮之外的最低点之间的距离。它反映汽车无碰撞地越过石块、树桩等障碍物和地面凸起的能力。汽车的前桥、飞轮壳、变速器壳、消声器和主减速器外壳等通常有较小的离地间隙。汽车前桥的离地间隙一般比飞轮壳的还要小,以便利用前桥保护较弱的飞轮壳免受冲碰。后桥内装有直径较大的主减速齿轮,一般离地间隙最小。在设计越野汽车时,应保证有较大的最小离地间隙。

7.1.2　接近角与离去角

接近角 α 和离去角 γ 是指自车身前、后突出点向前、后车轮引切线时,切线与路面之间的夹角(最小锐角)。它表征了汽车接近或离开小丘、沟洼地等障碍物时,不发生碰撞的能力。接近角和离去角越大,汽车的通过性越好。

7.1.3　纵向通过角

纵向通过角 β 是指汽车空载、静止时,在汽车侧视图上通过前、后车轮外缘作切线交于车体下部较低部位所形成的最小锐角。它表征汽车可无碰撞地通过小丘、拱桥等障碍物的轮廓尺寸。纵向通过角越大,汽车的通过性越好。

7.1.4 最小转弯直径

车辆在转向过程中,转向盘向左或向右转到极限位置时,车辆外转向轮印迹中心在其支承面上的轨迹圆直径中的较大者,称为车辆的最小转弯直径。它表征车辆在最小面积内的回转能力和通过狭窄弯曲地带或绕过障碍物的能力。转向轴和末轴的内轮印迹中心在车辆支承平面上的轨迹圆直径之差,被称为内轮差。

GB/T 12540—2009《汽车最小转弯直径、最小转弯通道圆直径和外摆值测量方法》规定了有关转弯通过性的几个直径和最大通道宽度。

7.1.5 转弯通道圆

转向盘转至极限位置,汽车在圆周内行驶至少1/2圈(半个圆周)时,如图7-2所示,图中两圆为车辆转弯通道圆:在圆周内行驶的车辆最外侧部位在地面上的投影所形成的圆周轨迹即为车辆通道圆的外圆;最内侧部位在地面上的投影所形成的圆周轨迹即为车辆通道圆的内圆。

车辆有左和右转弯通道圆。转弯通道圆的最大内圆直径越大,最小外圆直径越小,车辆所需的通道越窄,通过性越好。

上述过程中车辆外侧任何部位在地面上的投影形成外摆轨迹,该轨迹与车辆静止时车辆最外侧部位形成的投影线的最大距离即为车辆外摆值 T。

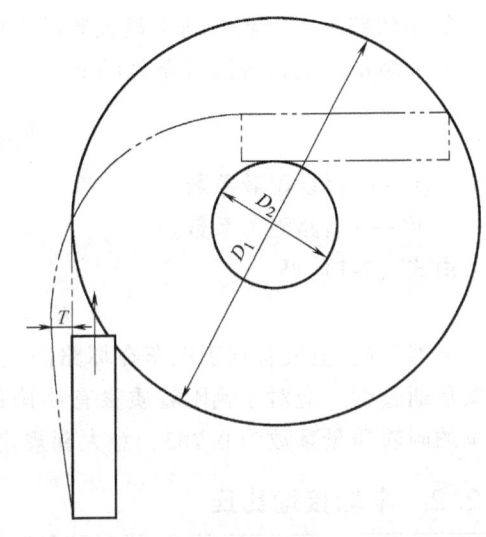

图 7-2 转弯通道圆与外摆值

D_1—转弯通道外圆直径 D_2—转弯通道内圆直径

T—外摆值

7.2 汽车的牵引支承通过性

汽车的牵引支承通过性主要包括两方面,一是拖挂牵引通过性,二是地面支承通过性。拖挂牵引通过性考查的是汽车的挂钩牵引力,地面支承通过性考查的是汽车在土壤、沙漠、雪地和沼泽等不利路面上的通过性。

汽车在松软路面上行驶时,驱动轮对地面施加向后的水平力,地面随之发生剪切变形,相应的剪切力便构成土壤(沙、雪)对汽车的推力;车轮压紧土壤(雪、沙),形成车辙而产生阻力。挂钩牵引力是上述推力与阻力之差,因此要分析挂钩牵引力,需掌握松软地面在水平与垂直方向的载荷与变形的关系。这里只简单地说明半流体泥浆及雪的密度对通过性的影响。

半流体泥浆不能用土壤应力变形来描述,流体力学中所采用的简化解法可以用来解决这类问题。车辆在半流体泥浆中所受的阻力除与其行驶速度、浸入面积等有关外,还与泥浆的密度及阻力系数有关。密度和阻力系数越大,其阻力也越大。为了确定车辆在雪地上的性能与评价通过性，除了可根据应力-应变关系进行分析外，还应了解雪的密度及其覆盖层的厚度。如果雪层厚度小于汽车的离地间隙，则任何密度的雪都不会阻碍汽车通过。如果雪层厚度大于汽车离地间隙的150%，轻型汽车可在密度大于350kg/m³的雪地上行驶，重型汽车可在密度大于500kg/m³的雪地上行驶。这里不包括渗水的雪，渗水的雪密度大，但强度低。

地面支承通过性的主要评价指标包括附着质量、附着质量系数及车轮接地比压。

7.2.1 附着质量和附着质量系数

附着质量是指轮式车辆驱动轴载质量 m_μ。车辆附着质量与总质量 m_a 之比，称为附着质量系数 K_μ。显然，附着质量系数越大，汽车行驶在附着系数（指轮胎对路面的摩擦因数）较小的路面上时越有利于最大驱动力的发挥，减小车轮打滑的可能。

为了满足车辆行驶附着条件的要求，应有

$$m_\mu g \varphi_s \geq m_a g \Psi \tag{7-1}$$

式中　φ_s——滑动附着系数；
　　　Ψ——道路阻力系数。

由式（7-1）得

$$K_\mu = m_\mu / m_a \geq \Psi / \varphi_s \tag{7-2}$$

显然，K_μ 值大有利于汽车在坏路面上行驶，丧失通过性的可能性就小。为了保证车辆的支承通过性，应对车辆附着质量有明确的要求。例如，英国规定 4×2 牵引车组成的汽车列车的附着质量系数为 0.263，意大利规定为 0.27。

7.2.2 车轮接地比压

车轮接地比压是指车轮对地面的单位压力，即车轮上的负载与轮胎接地面积之比。当车的质量一定时，一般认为车轮宽度越大越好，因为增加对地面的附着面积（即减小接地比压），有利于提高抓地力。这也是越野车的轮胎宽度较大的原因。高性能跑车一般采用宽胎，且高宽比较小，但运动型多用途汽车（SUV）轮胎的高宽比应大些，因为要能够对抗坑洼不平的道路和兼顾一定的舒适性。车辆在松软地面上行驶的滚动阻力系数和附着系数都与车轮接地比压直接有关。车轮接地比压小，轮辙深度小，车轮的行驶阻力和车轮沉陷失效的概率就小。同样，当汽车行驶在黏性土壤和松软雪地上时，降低车轮接地比压可使得车轮接地面积增加，提高地面承受的剪切力，使车轮不易打滑。

车轮接地比压 p 与轮胎气压 p_w 有关，车轮在硬路面上承受额定载荷时，有

$$p = k_w p_w \tag{7-3}$$

式中　k_w——系数，$k_w = 1.05 \sim 1.20$，其大小取决于轮胎刚度，帘布层多的轮胎 k_w 值较大。

7.3 汽车的倾覆失效

越野车在通过障碍时，过大的侧坡或纵坡会导致汽车倾覆失效，如图7-3所示。汽车在侧坡上直线行驶时，当坡度大到使其重力通过一侧车轮接地中心，而另一侧车轮的地面法向

反作用力等于零时，将发生侧翻。此时有

$$Gh_g \sin\theta = G\frac{B}{2}\cos\theta \tag{7-4}$$

$$\tan\theta = \frac{B}{2h_g} \tag{7-5}$$

式中 θ——汽车不发生侧翻的极限角。

为防止侧翻，汽车质心高度 h_g 应降低，轮距 B 应变大。

在良好道路上汽车高速曲线行驶时，侧向惯性力也会导致侧翻。设汽车做等速圆周运动，其受力如图7-4所示，侧向惯性力 F_j 为

$$F_j = \frac{G}{12.96g} \frac{u_a^2}{R} \tag{7-6}$$

式中 R——圆周半径（m）；
u_a——汽车行驶速度（km/h）。

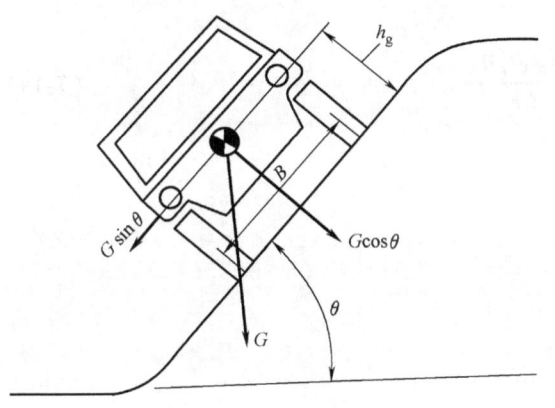

图7-3 汽车的倾覆

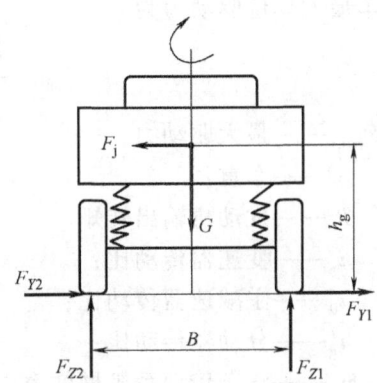

图7-4 汽车圆周行驶受力分析

作用在汽车左、右车轮上的法向反作用力分别为

$$F_{Z1} = \frac{G}{2} - \frac{F_j h_g}{B} \tag{7-7}$$

$$F_{Z2} = \frac{G}{2} + \frac{F_j h_g}{B} \tag{7-8}$$

侧翻的临界状态为 $F_{Z1} = 0$，则

$$\frac{GB}{2} = F_j h_g \tag{7-9}$$

显然，汽车不侧翻的最大允许车速为

$$u_{a\max} = \sqrt{\frac{6.48gBR}{h_g}} \tag{7-10}$$

为保证汽车高速行驶的横向稳定性，轿车都力求保持一定轮距，并尽量降低质心高度。

在大侧坡角度 θ' 的坡道上也可能发生侧滑，此时

$$G\cos\theta' \varphi_s = G\sin\theta' \tag{7-11}$$

$$\tan\theta' = \varphi_s \tag{7-12}$$

当侧坡角的正切值等于侧向附着系数时，汽车发生整车侧滑。当不可避免发生滑动时，应尽量发生侧滑而不是侧翻。所以，应满足 $\tan\theta > \tan\theta'$，即

$$\frac{B}{2h_g} > \varphi_s \tag{7-13}$$

纵向倾覆的条件也取决于质心高度与质心至前轴或后轴的距离。

7.4 影响汽车通过性的因素

7.4.1 汽车的最大单位驱动力和行驶速度

由于汽车越野行驶的阻力很大，为了充分利用地面提供的挂钩牵引力，保证汽车通过性，除了减小行驶阻力外，还必须增加汽车最大单位驱动力。

汽车最大单位驱动力为

$$\frac{F_{tmax}}{G} = \frac{T_e i_g i_0 i'_g \eta_T}{Gr} \tag{7-14}$$

式中　F_{tmax}——最大驱动力；
　　　G——车重；
　　　T_e——发动机输出转矩；
　　　i_g——变速器传动比；
　　　i_0——主减速器传动比；
　　　i'_g——分动器传动比；
　　　η_T——汽车传动系机械效率；
　　　r——车轮半径。

实际上，在汽车低速行驶时，若忽略空气阻力，最大单位驱动力等于最大动力因数。为了获得足够大的单位驱动力，要求越野车有较大的比功率及较大的传动比。这些要求可通过提高发动机功率，在传动系中增加副变速器或使分动器具有低档，以增加传动系统的总传动比来实现。在困难的行驶条件下，限制越野车的额定载质量能提高单位驱动力，同时也能降低在松软地面上的滚动阻力。

越野车，从定义上说是指主要用于坏路或无路地区的，可以全轮驱动的具有高通过性的汽车。同样的无路地面，同样的驾驶人，一些越野车可以通过，有一些越野车则难以通过。因此，汽车的通过性与汽车的结构性能和地面障碍类型有密切关系。但对于一般民用汽车市场上的具有越野功能的SUV，从围绕高通过性的目的出发，一般都具有与轿车不同的外结构、轮胎、动力和传动形式。

具有越野功能的SUV，为达到防止和减少汽车前端碰撞障碍物的情况，应使汽车接近角尽量大，为了防止和减少汽车后端被障碍物托起的情况，应使汽车离去角尽量大。

接近角和离去角越大，汽车的通过性越好。另一个重要参数是最小离地间隙，它反映了汽车底部无碰撞通过凸形障碍物的能力。一般具有越野功能的SUV，接近角和离去角约为30°，最小离地间隙约为200mm。

车速方面，对于汽车的通过性的改善，一是汽车的最低车速，二是匀速通过。当汽车低速行驶时，土壤剪切和车轮滑转的倾向减小。所以，用低速行驶克服困难路段，可改善汽车的通过性。为此，越野车传动系最大总传动比一般较大。越野车最低稳定车速可按表7-2选取，其值根据汽车总质量确定。也可由发动机的最低稳定转速求得汽车的最低稳定行驶速度 u_{amin}，即

$$u_{amin} = 0.377 \frac{n_{emin} r}{i_g i'_R i_0}$$

式中　n_{emin}——发动机的最低稳定转速（r/min）。

表 7-2　越野车的最低稳定车速

汽车总重力/kN	<19.6	<63.7	<78.4	>78.4
最低稳定车速/(km/h)	≤5	2~3	1.5~2.5	0.5~1

其次，在泥泞路段行车时首先应降低车速，控制变速器在一档或二档，中途不要换档，若换档可能使汽车停顿后很难再起步。操作方法为：

1）提前挂入低速档。

2）握住转向盘，控制好加速踏板，注意车速的变化，匀速地一次性通过。

7.4.2　汽车车轮

车轮是与地面直接接触的汽车部件，车轮对汽车通过性有着决定性的影响，为了提高汽车的通过性，必须正确选择轮胎的花纹尺寸、结构参数、气压等，使汽车行驶滚动阻力较小，附着能力较大。

(1) 轮胎直径与宽度　在不坚实的地面上行驶时，直径较大的轮胎和较宽的胎面可以增加接地面积，降低单位阻力，从而减小了滚动阻力系数，提高了附着系数，即减小了地面阻力和提高抓地力。其中，采用直径较大的轮胎要比单纯增加胎面尺寸更有效。增大轮胎直径和宽度都能降低轮胎的接地比压。用增加轮胎直径的方法来减小接地比压，增加接触面积以减小土壤阻力和减少滑转，要比增加车轮宽度更为有效。但增大轮胎直径会使惯性增大，汽车质心升高，轮胎成本增加，并要采用大传动比的传动系。因此，大直径轮胎的推广使用受到了限制。加大轮胎宽度不仅直接降低了轮胎的接地比压，而且因轮胎较宽，允许胎体有较大的变形，而不降低其使用寿命，因而可使轮胎气压较小。若将后轮的双胎换为一个断面比普通轮胎大 2~2.5 倍、气压很低（29.4~83.3kPa）、断面为拱形的"拱形轮胎"，接地面积将增大 1.5~3 倍及以上，可大幅度减小接地比压，使汽车在沙漠、雪地、沼泽地面上行驶时具有良好的通过性。但这种专用于松软地面的特种轮胎，花纹较大，气压过低，不应在硬路面上工作，否则将过早损坏和迅速磨损。一般赛车的轮胎较宽，正是为了增大附着力，在高车速的情况下减少汽车滑移现象，但赛车在比赛跑道上行驶时，一般在行驶几圈后便要更换轮胎，这正是轮胎在硬路面上迅速磨损的缘故。

(2) 轮胎花纹　轮胎花纹对附着系数有很大影响。正确地选择轮胎花纹，对提高汽车在一定类型地面上的通过性有很大作用。例如，以汽车后驱动为例，前轮胎的胎面花纹一般为竖条状，而后驱动轮的轮胎花纹为中间竖条、两边凸起折条状。这是与汽车的行驶状况密切相关的，前轮为从动轮，所以尽量减小其阻力，增加平滑性，而后轮为驱动轮，需要增加其附着力，并且利用轮胎花纹能尽快地去除轮胎上的泥土或水，以保证正常的行驶。越野车

的轮胎具有宽而深的花纹,当汽车在湿路面上行驶时,由于只有花纹的凸起部分与地面接触,使轮胎对地面有较高的单位压力,足以挤出水层。而汽车在松软地面上行驶时,因轮胎下陷而嵌入土壤的花纹凸起数目增加,与地面的接触面积及土壤剪切面积都迅速增加,因而能保证有较好的附着性能。越野轮胎花纹的形状应能保证脱掉轮胎泥土。

在表面泥泞湿滑而底层坚实的道路上(如雪地或雪水路面),提高通过性的简单方法是将轮胎套上防滑链(或使用带防滑钉的轮胎),它相当于在轮胎上增加了一层高而稀的花纹。防滑链能挤出表面的水层,直接与地面坚硬部分接触,有的还会增加土壤剪切面积,从而提高附着能力。

(3)轮胎的气压 适当地增大轮胎的气压,可以减小滚动阻力,这对于汽车的动力性和燃料经济性有利。但在松软地面上行驶的汽车,应相应降低轮胎气压,以增大轮胎与地面的接触面积,降低接地比压,从而减小轮胎在松软地面的沉陷量及滚动阻力,提高土壤推力。轮胎气压降低时,虽然土壤的压实阻力减小,但却使轮胎本身的迟滞损失增加。因此,在一定的地面上有一个最小地面阻力的轮胎气压,如图 7-5 所示。实际上,轮胎气压应比该气压高 19.2~29.4kPa。此时,地面阻力虽稍有增加,但由于在潮湿地面上的附着系数将较大地提高,从而可改善汽车的通过性。

为了提高越野车通过松软地面的能力,而在硬路面上行驶时又不致产生大的滚动阻力和影响轮胎寿命,可装用中央轮胎充气系统,使驾驶人能根据道路情况,随时调节轮胎气压。通常,越野车的超低压轮胎气压可以在 49~343kPa 的范围内变化。在低压条件下工作的超低压越野轮胎,其帘布层数较少,具有薄而坚固且富有弹性的胎体,以减小由轮胎变形引起的迟滞损失,并保证其使用寿命。

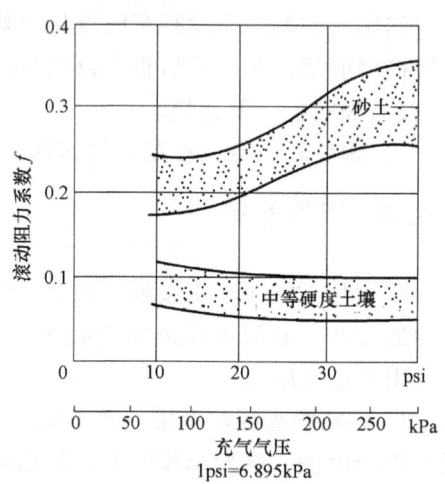

图 7-5 轮胎气压与地面阻力的关系

(4)前轮与后轮的接地比压 轮胎的接地比压与汽车的附着力和滚动阻力有关。试验表明,轮距相等的汽车行驶于松软地面时,当前轮对地面的比压比后轮的比压小 20%~30% 时,汽车滚动阻力最小。为此,除在设计汽车时,可将负荷按此要求分配于前、后轴,也可以使前、后轮的轮胎气压不同,以产生不同的接地比压。

(5)前轮距与后轮距 经常在硬质路面上行驶的轿车(以后驱车为例),一般后轮距比前轮距略大,以利于转向和行驶的平稳。当汽车在松软地面上行驶时,各车轮都需克服形成轮辙的阻力(滚动阻力)。如果汽车前轮距与后轮距相等,并有相同的轮胎宽度,则前轮辙与后轮辙重合,后轮就可沿被前轮压实的轮辙行驶,使汽车总滚动阻力减小,提高汽车通过性。所以,多数越野车的前轮距与后轮距相等。

(6)从动车轮与驱动车轮 一般的越野车都采用全轮驱动,下面讨论其原因。在越野行驶中,常常要克服某些障碍物,如台阶、壕沟等。这时,由于其车速很低,故可用静力学平衡方程式求得障碍物与汽车参数间的关系。

图 7-6 所示为硬地面上后轮驱动汽车越过台阶时的受力情况。由图 7-6a 可知,前轮(从动轮)碰到台阶时的平衡方程式为

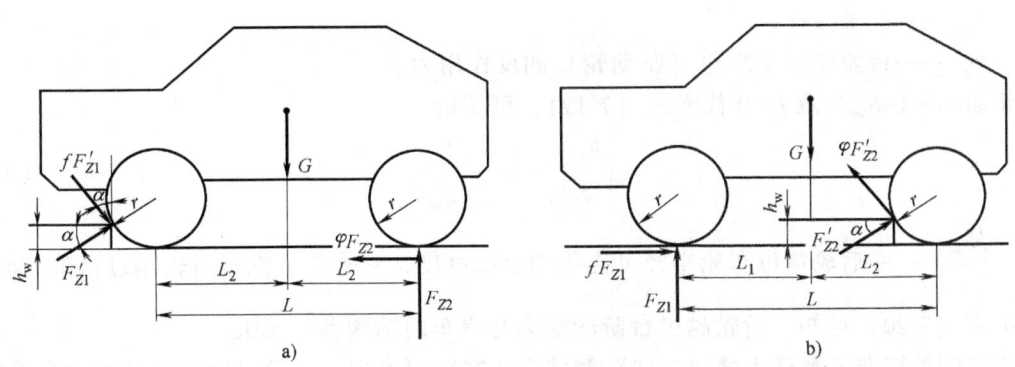

图 7-6 4×2 汽车在硬地面上越过台阶时的受力情况

$$\begin{cases} F'_{Z1}\cos\alpha + fF'_{Z1}\sin\alpha - \varphi F_{Z2} = 0 \\ F'_{Z1}\sin\alpha + F_{Z2} - fF'_{Z1}\cos\alpha - G = 0 \\ fF'_{Z1}r + F_{Z2}L - GL_1 - r\varphi F_{Z2} = 0 \end{cases} \quad (7\text{-}15)$$

式中 F'_{Z1}——台阶作用于前轮（从动轮）的反作用力；

F_{Z2}——后轴载荷；

G——汽车总重力；

φ——附着系数；

f——滚动阻力系数。

消去式（7-15）中的 G、F'_{Z1}、F_{Z2}，可得无因次方程：

$$\left(\frac{\varphi+f}{\varphi}\frac{L_1}{L} - \frac{f}{\varphi} + \frac{fr}{L}\right)\sin\alpha - \left(\frac{1}{\varphi} - \frac{1-f\varphi}{\varphi}\frac{L_1}{L} - \frac{r}{L}\right)\cos\alpha = \frac{fr}{L} \quad (7\text{-}16)$$

由图 7-6 中几何关系可知

$$\sin\alpha = \frac{r-h_w}{r} = 1 - \frac{h_w}{r} \quad (7\text{-}17)$$

将式（7-17）代入式（7-16），并设硬路面上的 $f \approx 0$，则式（7-16）成为

$$\left(\frac{h_w}{r}\right)_f = 1 - \frac{1}{\sqrt{1+\varphi^2\left(\frac{L_1/L}{1-L_1/L-\varphi r/L}\right)^2}} \quad (7\text{-}18)$$

式中 $\left(\dfrac{h_w}{r}\right)_f$——前轮单位车轮半径可克服的台阶高度，它表示前轮越过台阶的能力。

由式（7-18）可知，L/r 越小、L_1/L 越大，$\left(\dfrac{h_w}{r}\right)_f$ 就越大，即汽车前轮越容易越过较高的台阶。

当后轮（驱动轮）碰到台阶时（图 7-6b），其平衡方程式为

$$\begin{cases} F'_{Z2}\cos\alpha + fF'_{Z2} - \varphi F'_{Z2}\sin\alpha = 0 \\ F_{Z1} + F'_{Z2}\sin\alpha + \varphi F'_{Z2}\cos\alpha - G = 0 \\ F_{Z1}L + \varphi F'_{Z2}r - GL_2 - rfF_{Z1} = 0 \end{cases} \quad (7\text{-}19)$$

式中　F_{Z1}——前轴载荷；
　　　F'_{Z2}——台阶作用于后轮（驱动轮）的反作用力。

将 $\sin\alpha = 1-h_w/r$ 及 $f\approx 0$ 代入式（7-19），可解得

$$\left(\frac{h_w}{r}\right)_r = 1-\frac{1}{\sqrt{1+\varphi^2}} \tag{7-20}$$

式中　$\left(\dfrac{h_w}{r}\right)_r$——后轮单位车轮半径可克服的台阶高度，它表征了汽车后轮越过台阶的能力。

由式（7-20）可知，后轮越过台阶的能力与汽车的结构参数无关。

将不同的附着系数代入式（7-18）和式（7-20）可发现，后轮是限制汽车越过台阶的因素。由式（7-20）所得的曲线如图 7-7 所示。

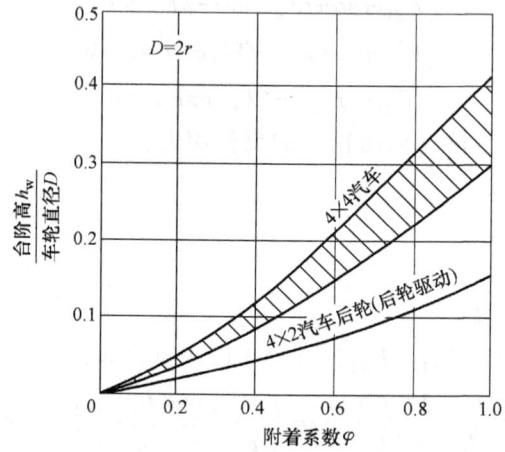

图 7-7　汽车越障能力与附着系数的关系

图 7-8 所示为 4×4 汽车在硬地面上越过台阶时的受力情况。按与上述同样的方法，当前轮与台阶相遇时，有

$$\left(\frac{1}{\varphi}-\frac{1-f\varphi}{\varphi}\frac{L_1}{L}-\frac{r}{L}\right)\cos\alpha-\left(1-\varphi\frac{r}{L}\right)\sin\alpha-\varphi\frac{r}{L}=0 \tag{7-21}$$

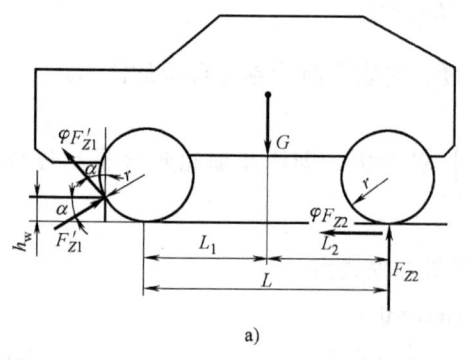
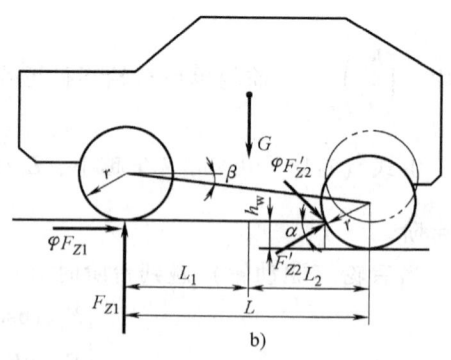

a)　　　　　　　　　　　　　　b)

图 7-8　4×4 汽车在硬地面上越过台阶时的受力情况

同样，将 $\sin\alpha = 1 - h_w/r$ 代入式（7-21），可求出 $\left(\dfrac{h_w}{r}\right)_f$。经分析计算后可知，$\left(\dfrac{h_w}{r}\right)_f$ 随 $\dfrac{L}{r}$ 的增加而降低；另外，增加 $\dfrac{L}{r}$ 的比值时，可使 4×4 汽车前轮越过台阶的能力显著提高，甚至可使车轮爬上高度大于车轮半径的台阶。

当后轮遇到台阶时（图 7-8b），有

$$\left(\cos\beta - \varphi\sin\beta - \varphi\frac{r}{L}\right)\sin\alpha - \left[\left(\frac{1+\varphi^2}{L}\frac{L_1}{L} + \varphi\right) - \left(\frac{1+\varphi^2}{L}\frac{h_0}{L} + 1\right)\sin\beta - \frac{r}{L}\right]\cos\alpha -$$

$$\varphi\frac{r}{L}\left[(L - L_1)\cos\beta + h_0\sin\beta\right] = 0 \tag{7-22}$$

式中 h_0——汽车质心至前、后轴心连线的距离。

对式（7-22）进行分析，可知 L_1/L 的值的影响正好与 4×4 汽车前轮越过台阶的情况相同。长轴距、前轴负荷大的汽车（即 L_1/L 较小），其后轮越过台阶的能力要比前轮大。L_1/r 的值较大时，无论汽车的总质量如何在轴间分配，总会改善后轮越过台阶的能力。

由图 7-7 可知，4×2 汽车的越障能力要比 4×4 汽车差得多。4×4 汽车的越障能力与 L_1/L 的值有关，有关数据均已包含在曲线的阴影区内。该区域的上、下限取决于试验汽车的几何参数。由图 7-8 可知，当 $\varphi = 0.7$ 时，根据 L_1/L 的参数不同，4×4 汽车的 $h_w/r = 0.36 \sim 0.52$，但是后轮驱动的 4×2 汽车越障能力比 4×4 汽车约降低一半。

用同样的方法解汽车越过壕沟的问题时，可以看到，沟宽 L_d 与车轮半径之比值 L_1/r，同上面求得的 h_w/r 值间只有一个换算系数的差别，它们之间的关系为

$$L_d/r = \sqrt{h_w/r - (h_w/r)^2} \tag{7-23}$$

将式（7-23）绘成曲线，如图 7-9 所示。因此，只要知道车轮越过垂直障碍的能力 h_w/r，就可通过图 7-10 查得可越过的壕沟宽度。

如上所述，就 4×4 汽车的 L/r 与 L_1/L 的值的变化而言，前、后轮在越障能力方面有不同的反映。因此，在设计时就应当综合考虑这两方面。这可通过将前、后轮对不同 L_1/L 值绘制 $h_w/r = F(\varphi)$ 曲线，找出它们的理想交点来求得。初步设计时，若结果不够理想，可适当地改变 L/r 值，以得出较好的性能。

驱动轮在汽车上的部位及数目对汽车通过性的影响还可从克服坡度能力加以论述。汽车上坡行驶时，其行驶所能克服的坡度大小与此有密切关系。

当汽车在坏路上行驶时，其行驶速度较低，故可略去空气阻力和加速阻力，前驱动汽车上坡的通过性最差，全轮驱动车辆的爬坡能力最强。此外，增加汽车驱动轮数，还可提高汽车附着质量，增加驱动轮与松软地面的接触面

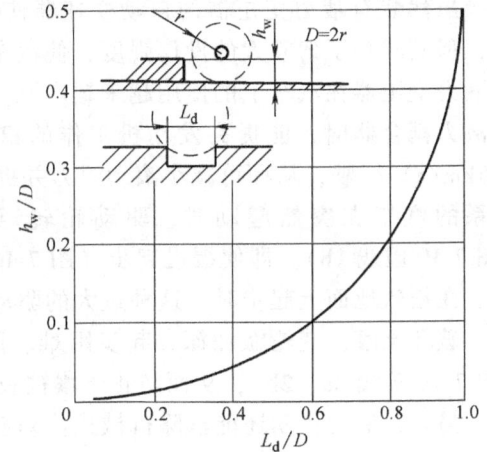

图 7-9 车轮可越台阶或壕沟尺寸换算图

积，是改善汽车通过性的有效方法。因此，越野车多采用全轮驱动。

实践证明，提高牵引力除了有较大功率的发动机外，还必须要有四轮驱动，以保证有较大的附着力。四轮驱动的汽车质量分配到前后轴的比例分别为40%和60%，因为越野车前、后轮一般是等轮距布置，后轮是完全沿着前轮的轮辙痕迹通过的，因此阻力相对较小，故在后轴上载荷大些，整车的行驶阻力就会小一些。同时还要装置差速锁，当一个驱动轮打滑，左右两半轴的阻力矩相差悬殊，造成一侧车轮飞转而另一侧停止时，可以通过将差速器锁强行带动慢半轴转动或制止快半轴飞转，将驱动转矩传送到不打滑的车轮上。一些越野车采用了独立悬架形式，可以提高通过性。因为独立悬架能允许车轮之间有较大的位移，使驱动轮尽可能地保持与地面接触，以保证有较好的附着性能。另外，独立悬架还可以提高汽车的最小离地间隙。

7.4.3 液力变矩器

液力变矩器位于发动机和机械变速器之间，以自动变速器油（ATF）为工作介质，主要有以下作用：

1) 传递转矩。发动机的转矩通过液力变矩器的主动元件，再通过ATF传给液力变矩器的从动元件，最后传给变速器。

2) 无级变速。根据工况的不同，液力变矩器可以在一定范围内实现转速和转矩的无级变化。

3) 自动离合。液力变矩器由于采用ATF传递动力，当踩下制动踏板时，发动机不会熄火，此时相当于离合器分离，当抬起制动踏板时，汽车可以起步，此时相当于离合器接合。

4) 驱动油泵。ATF在工作时需要油泵提供一定的压力，而油泵一般是由液力变矩器壳体驱动的，同时由于采用ATF传递动力，液力变矩器的动力传递柔和，且能防止传动系过载。

虽然装有液力变矩器的自动变速器使得汽车的传动效率比机械有级变速器的传动效率低，但其减轻了驾驶人的操作强度，使汽车行驶平稳，并能充分利用发动机的有效功率，所以液力变矩器在汽车上的使用越来越广泛。对于汽车的通过性来说，当汽车装有液力变矩器或液力耦合器时，能提高发动机工作的稳定性，使汽车可以长时间稳定地以低速（0.5~1.5km/h）行驶，从而可减小滚动阻力并提高附着力，改善汽车通过性。装有普通机械式传动系的汽车在突然起动时，驱动轮转矩急剧上升，并产生对土壤起破坏作用的振动（图7-10虚线1b）。即使缓慢起步（图7-10虚线1a），驱动转矩M也比滚动阻力矩M_f大得多。在松软地面上起步时，这种过大的驱动转矩并不能使汽车得到较大的加速度，相反地，却会破坏土壤，使轮辙加深，起步困难。而液力传动能保证驱动轮转矩逐渐而平顺地增长（图7-10实线2a、2b），从而防止土壤被破坏和车轮滑移。

另外，液力传动还能消除机械式传动系经常发生的扭振现象。这种扭振现象会引起驱动力产生周期性冲击，减小土壤颗粒间的摩擦，增加了轮辙深度，并减小轮胎与土壤间的附着力，因而使车轮滑转的可能性大为增加。转矩脉动所引起的土壤内摩擦力的减小，还会使汽车前轮所造成的轮辙立即展平，使后轮滚动阻力增加。

一般情况下，装有普通机械式传动系的汽车，在松软的地面行驶时，由于车速低，汽车惯性不足以克服较大的行驶阻力，会导致换档时因切断动力传递而停车；而采用液力传动即

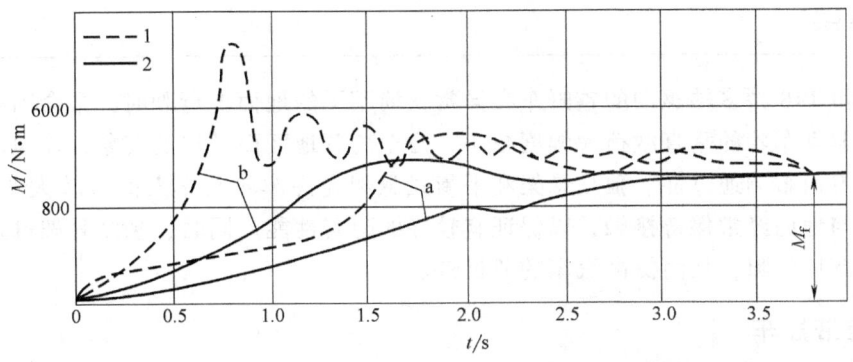

图 7-10 汽车起步时驱动轮上转矩变化图
1—机械传动　2—液力传动　a—缓步起步　b—突然起步

可消除因换档所引起的动力传递中断现象，因而使汽车的通过性有显著提高。

7.4.4 差速器

行星齿轮差速器可以在转向时使两个驱动车轮具有一定的转速差。为了保证各驱动车轮能以不同的角度旋转，在传动系中装有差速器。普通齿轮差速器由于具有使驱动车轮之间转矩平均分配的特性，当某一侧驱动车轮陷入泥泞或冰雪路面上时，得到较小的附着力 $(F_\mu)_{min}$，则与之对应的另一侧驱动车轮也只能以同样小的附着力 $(F_\mu)_{min}$ 限制其驱动力。为了避免这种情况的发生，某些越野车上装有差速锁，以便必要时能锁止差速器。此时汽车可能达到的驱动力为

$$F_X = (F_Z\varphi)_{min} + (F_Z\varphi)_{max} \tag{7-24}$$

但在实际道路条件下，各驱动车轮上的附着力差别很小，汽车总驱动力的增加一般不超过 25%。而且长时间使用差速锁会使半轴过载引起功率循环，而当驱动车轮滑转导致停车后，再挂差速锁起步，有时会因滑转处土壤表面已被破坏，或因全部转矩突然传至另一驱动车轮引起土壤破坏而失去效果。

差速器的内摩擦能使左右车轮传递的转矩不等。设传给差速器的转矩为 M，差速器的内摩擦力矩为 M_r，则旋转较慢和较快的驱动车轮上的转矩分别为

$$\begin{cases} M_1 = (M+M_r)/2 \\ M_2 = (M-M_r)/2 \end{cases} \tag{7-25}$$

这样，如果一个驱动车轮由于附着力不足而开始滑转，因其转速加快，则传给它的转矩就会减小到 M_2，因而可能停止滑转；而另一车轮的转矩增大到 M_1，结果在两个驱动车轮上的总驱动力可能达到最大数值：

$$(F_X)_{max} = 2(F_Z\varphi)_{min} + M_r/r \tag{7-26}$$

由式 (7-26) 可知，由于差速器存在内摩擦，使汽车的总驱动力增加了 M_r/r。由于普通齿轮差速器的内摩擦不大，实际上驱动力仅提高了 4%~6%。为了增加差速器的内摩擦力，越野车常采用高摩擦式差速器或托森差速器等限滑差速器，大大地提高了汽车的通过性。

7.4.5 悬架

6×6型和8×8型多轴驱动的越野车在异常坎坷不平的地面上行驶时，常会因独立悬架的结构引起某驱动车轮的垂直载荷大幅度减小，乃至离开地面而悬空的现象，使驱动车轮失去与地面的附着而影响通过性。独立悬架和平衡式悬架允许车轮与车架间有较大的相对位移，使驱动车轮与地面经常保持接触，以保证有较好的附着性能。同时，独立悬架可显著地提高汽车的最小离地间隙，从而提高汽车的通过性。

7.4.6 拖带挂车

汽车拖带挂车后，总质量增加，动力性将有所降低，即汽车列车最大动力因数将比单车最大动力因数小，汽车列车的通过性也随之变差。

为保证汽车列车有足够高的通过性，经常拖带挂车工作的汽车应该有较大的动力因数。增大传动系的总传动比可以加大动力因数，但与此同时，汽车的最大行驶速度将会降低；加大发动机功率也会增大动力因数，但汽车在一般道路上行驶时，由于功率利用率低，汽车的燃料经济性将会变差。

汽车拖带挂车后的相对附着重力随之减小。在汽车列车总重力相同的条件下，因为半挂车的部分质量作用在牵引车上，则拖带半挂车时的相对附着质量比拖带全挂车时的大，因而半挂车汽车列车的通过性较好。

将汽车列车做成全轮驱动是提高相对附着质量的有效方法。这可通过在挂车上也装上动力装置（动力挂车），或将牵引车的动力通过传动轴或液压管路传输到挂车的车轮上（驱动力挂车）实现。

全轮驱动汽车列车的通过性较高，这不仅因其相对附着质量较大，还由于道路上各点的附着系数一般是不同的（如道路上有积水小坑），驱动车轮数目增多后，各驱动车轮均遇到附着系数小的支承面的可能性大为减小，因而对汽车列车的通过性有利。此外，与相同质量的重型货车相比，全轮驱动汽车列车的车轮数一般较多，因而车轮对地面的比压较小。另外，还可以将各轴轮距做成相等，以减小滚动阻力，提高通过性。

设计汽车列车时，应使挂车车轮轨迹在转弯时与牵引车后轮轨迹重合。这不仅可减小汽车列车的转弯宽度，提高机动性，还可降低汽车列车在松软地面上转弯时的滚动阻力，提高其通过性。

汽车列车克服障碍的能力与挂钩和牵引杆的结构参数也有关，如牵引杆在垂直平面内的许可摆角 $\alpha_\beta + \alpha_H$ 对汽车列车所能通过的凸起路面高度有很大影响（图7-11）。

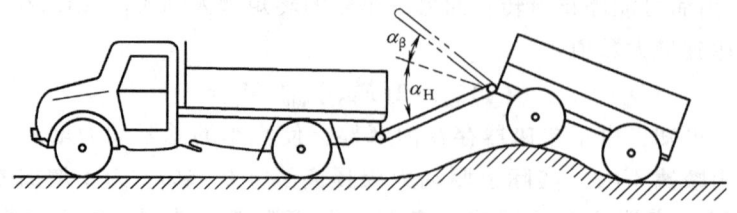

图7-11 汽车列车通过凸起路面

7.4.7 驱动防滑系统（ASR）

汽车在泥泞道路或冰雪路面行驶时，因路面的附着系数小，常会出现驱动轮滑转现象。当驱动轮滑转时，产生的驱动力很小，特别是驱动轮原地空转时，驱动力接近零。例如，驱动轮陷入泥坑时，汽车不能前进。汽车的驱动轮一侧或两侧滑转后，汽车的总驱动力不足以克服行驶阻力，使汽车通过坏路的行驶能力受到限制。汽车驱动轮胎滑转，限制了汽车动力性的发挥，增加了轮胎的磨损，降低了轮胎的使用寿命，并使汽车抗侧向力的能力下降，当遇到侧向风或横向斜坡时，容易发生侧滑，影响汽车行驶的横向稳定性。

ASR 系统（图 7-12）可自动调节发动机转矩到驱动轮的驱动力，使驾驶人的工作强度得以减小，汽车稳定性和操纵性得到安全的调节，驱动力的发挥得以改善。ASR 系统保持驱动轮处于最佳滑转范围内的控制方式有调节发动机输出转矩、制动驱动轮及锁止差速器等，这些控制方式的目的都是调节驱动轮上的驱动力矩。

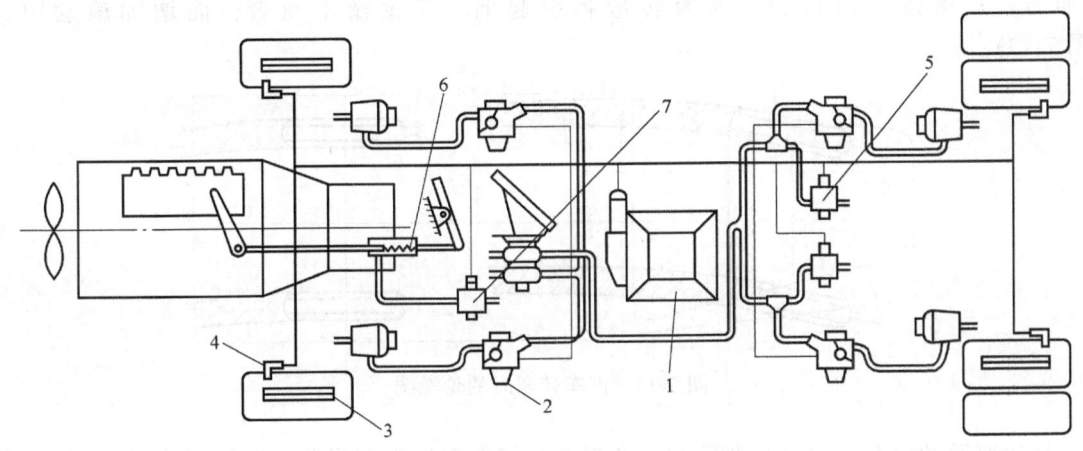

图 7-12　ASR 系统示意图
1—驱动防滑系统控制计算机　2—制动压力调节器　3—车轮速度传感器脉冲盘　4—车轮速度传感器
5—差速制动阀　6—发动机控制缸　7—发动机控制阀

（1）**发动机输出转矩控制**　如果驱动过程中左、右驱动轮同时滑转，ASR 系统的控制系统可从前、后车轮速度传感器传来的转速差极大的信息中，判断出左、右车轮均在空转。于是，对发动机控制阀（节气门）发出指令，通过发动机控制系统直接操纵发动机供油量控制杆，相应降低其输出转矩，使得驱动轮的转速降低，直到驱动轮停止滑转。

（2）**驱动轮制动控制**　汽车行驶中若出现一侧车轮滑转超过规定值，控制系统向差速器制动阀和制动压力调节器发出控制指令，对滑转的车轮施加制动，使得滑转的车轮减速，当其减速至规定值后，停止对其控制。若车轮再次滑转，则重复上述循环过程。整个过程中，一方面对滑转的车轮施加制动，另一方面又对另一侧无滑转车轮施加正常驱动力，其效果相当于差速锁的作用，使车辆行驶在附着系数较低的路面上的方向稳定性和起步能力均得到改善。

（3）**发动机输出转矩控制和驱动轮制动控制综合进行**　当汽车在附着系数较低的路面转弯行驶时，如果驱动力过大，会引起驱动轮空转，使车辆在离心力的作用下甩尾侧滑。遇到这类情况时,控制系统会自动控制驱动轮制动和调节发动机输出转矩,使二者同时或单独工作,保证汽车稳定行驶。

另外,在驱动轮滑转时,ASR 系统自动向驾驶人发出警告(警告灯),提示不要急踏加速踏板,注意转向盘操作。

随着汽车电子技术的发展,汽车防抱制动系统(ABS)在现代汽车上得到广泛应用,ASR 系统是 ABS 的延伸。ABS 和 ASR 分别保证汽车在制动和驱动过程中的稳定性和转向性。ASR 是保证驱动附着条件,充分发挥驱动力,保证汽车的驱动稳定性的装置。一般在汽车的 ABS 中设有与 ASR 的接口电路。ASR 系统也可独立装车使用。

7.4.8 驾驶方法

驾驶方法对汽车通过性的发挥有很大影响。在通过沙地、泥泞道路、雪地等松软地面时,应该使用低速档,以保证车辆有较大的驱动力和较低的行驶速度。在行驶中应避免换档和加速,并保持直线行驶。因为转弯将引起前、后轮辙不重合,而增加滚动阻力(图 7-13)。

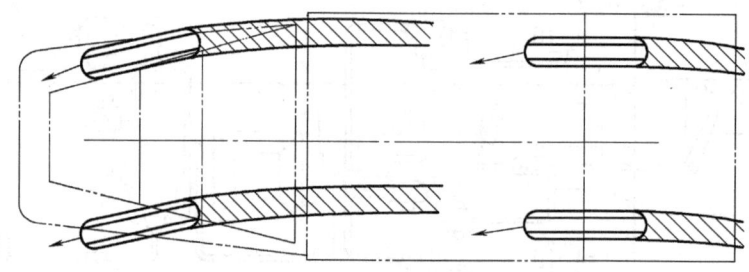

图 7-13 汽车转弯时的轮辙图

后轮双胎的汽车,常会在两胎间夹杂泥石,或在车轮表面附着一层很厚的泥,因而使附着系数降低,增加了车轮滑转的可能性。遇到这种情况时,驾驶人可以适当提高车速,将车轮上的泥甩掉。

当汽车传动系装有差速锁时,驾驶人应该在估计行驶路面可能使车轮滑转时将差速器锁住。因为车轮一旦滑移,土壤表面就会被破坏,导致附着系数下降,此时再锁住差速锁不会起显著作用。当汽车离开坏路地段后,驾驶人应将差速锁脱开,避免由于功率循环现象使发动机、传动系和轮胎磨损增加,燃料经济性和动力性变坏,以及通过性降低。

此外,为了提高越野车的涉水能力,应注意发动机的分电器总成、火花塞、曲轴箱通气口等的密封问题,并提高空气滤清器的位置,不得使其浸入水中。普通汽车一般能通过深度为 0.5~0.6m 的硬底浅水滩。

7.4.9 轴距

轴距是指汽车前轴中心到后轴中心的距离。汽车的轴距短,汽车长度就短,最小转弯半径和纵向通过半径也小,汽车的通过性就好。反之,不仅上述两值变大,而且还易发生托底现象。

7.4.10 涉水深度

最大涉水深度是评价汽车越野通过性的重要指标之一，它是指汽车所能通过的最深水域的深度，这一深度也是安全深度。它也直接形象地表明了一个汽车通过一定复杂路况的能力。最大涉水深度越大，通过性能越强。

7.4.11 分动器

分动器是将动力传递给平时非驱动桥的一种装置，分为手动和自动两种，它对通过性有较大的影响。自动分动器由于需要有电子装置介入，常常会比实际需要的时刻慢，并且电子装置在某些恶劣环境下并不是十分可靠，因此，单从通过性的角度来看，手动分动器比自动分动器更可靠。

7.4.12 底盘保护

底盘保护分为底盘封塑、底盘装甲、安装底盘防护钢板等几类，在汽车通过性中不是一个很重要的方面，因为它只能适当保护底盘部件不受伤害，并不能从根本上改善汽车的通过性。汽车行驶在崎岖路面上时，会发生底盘托底现象，此时适当的底盘保护有助于汽车顺利通过。但底盘封塑、底盘装甲只是一种喷涂在汽车底盘上的化学涂剂，在真正发生托底时它们与没有底盘保护时的效果是相同的，因此不是很重要。底盘防护钢板在此时的用处就大得多，它能保证发动机和传动系不受损害，因此是比较重要的。

本 章 小 结

1. 汽车的通过性也称为越野性，是指汽车在一定载质量下能以足够高的平均车速通过各种坏路和无路地带（如松软地面、凹凸不平地面等）及各种障碍（如陡坡、侧坡、壕沟、台阶、灌木丛、水障等）的能力。

2. 汽车的间隙失效：汽车与越野地面间的间隙不足而被地面托住、无法通过的情况称为间隙失效，包括"顶起失效""触头失效"和"托尾失效"，后两种情况属于同一类失效。

3. 汽车通过性的几何参数主要包括最小离地间隙、纵向通过角、接近角、离去角等。

4. 后轮驱动 4×2 汽车越过台阶的能力：$\left(\dfrac{h_w}{r}\right)_r = 1 - \dfrac{1}{\sqrt{1+\varphi^2}}$。

5. 汽车跨过壕沟的能力：$L_d/r = \sqrt{h_w/r - (h_w/r)^2}$。

6. 汽车通过性的影响因素有汽车的最大单位驱动力、行驶速度、汽车车轮（轮胎的花纹尺寸、结构参数、气压等）、液力传动、悬架、差速器及驾驶方法等。

习 题

1. 汽车通过性的几何参数有哪些？

2. 简述汽车接近角、离去角、最小离地间隙和纵向通过角。
3. 汽车在横坡不发生侧翻的极限角是多少？
4. 汽车在横坡不发生侧滑的极限角是多少？
5. 试计算汽车在水平道路上，轮距为 B，质心高度为 h_g，以半径 R 做等速圆周运动时，汽车不发生侧翻的极限车速是多少？该车不发生侧滑的极限车速又是多少？
6. 已知汽车的轮距 $B=1.8\mathrm{m}$，质心高度 $h_g=1.15\mathrm{m}$，横坡角度为 $10°$，圆形跑道半径 $R=22\mathrm{m}$，汽车在此圆形跑道上行驶时不发生侧翻的最大车速是多少（设附着系数足够大）？
7. 影响汽车通过性的因素有哪些？

第8章

汽车的舒适性

　　汽车的舒适性是指行驶中的汽车对其乘员身心影响的性能。舒适性主要取决于行驶平顺性、噪声、空气调节和居住性等因素。

　　汽车的舒适性是汽车的主要性能之一，长期以来，各汽车制造厂都在积极采取改进措施，以提高汽车的舒适性。如对轮胎、悬架和缓冲块进行改进，以减小路面不平对乘员和货物的冲击；降低发动机噪声、采用隔声技术等以减小车内外环境噪声；改善车内换气及温度调节，增强密封性等，以使车内空气保持清新，保持适宜的温度；尽可能将座椅、转向盘、仪表、变速杆等合理布置在有限的居住空间内，以适应各种人体特征的要求等。采取这些措施可获得良好的舒适性。

8.1　汽车平顺性

　　汽车行驶时，由于干扰力的作用而产生振动。引起振动的振源主要有两个，一是地面不平引起的随机干扰力，这种干扰力的变化规律除与地面的几何形状有关外，还与汽车行驶速度、车轮直径、轮胎的弹性有关；二是由发动机力矩不均造成的干扰力矩，以及发动机旋转质量、往复运动质量不平衡引起的惯性干扰力和力矩等而产生的较高频率的规则振动。

　　汽车行驶平顺性是指汽车在一般行驶速度范围内行驶时，能保证乘员不会因车身振动而引起不舒服和疲劳的感觉，以及保持所运货物完整无损的性能。它是评价汽车使用性能的一项重要指标。由于行驶平顺性主要是根据乘员的舒适程度来评价的，因此又称为乘坐舒适性。

　　汽车振动系统由轮胎、悬架、座椅等弹性、阻尼元件和簧载、非簧载质量构成。路面不平度和车速形成了对汽车振动系统的"输入"，振动系统的"输入"经过振动系统的传递，得到系统的"输出"，即簧载质量或进一步经座椅传至人体的加速度。此加速度通过人体对振动的反应，即舒适性来评价汽车的平顺性。通常还要考虑车轮与路面间的动载荷和悬架弹簧的动挠度。它们分别影响"行驶安全性"和撞击悬架限位的概率。汽车作为一个复杂的多质量振动系统，其车身通过悬架的弹性元件与车桥连接，而车桥又通过弹性轮胎与道路接触，其他如发动机、驾驶室等也是以弹性悬置固定于车架上。在激振力作用（如道路不平而引起的冲击和加速、减速时的惯性力等）及发动机振动与传动轴等振动时，系统将发生复杂的振动。这种振动对乘员的生理反应和所运货物的完整性，均会产生不利的影响，乘员也会因为必须调整身体姿势，增加产生疲劳的趋势。

　　车身振动频率较低，共振区通常在低频范围内。为了保证汽车具有良好的平顺性，应使引起车身共振的行驶速度尽可能地远离汽车行驶的常用速度。在坏路上，汽车的允许行驶速度受动力性的影响不大，主要取决于行驶平顺性，为了平顺性而被迫降低汽车行驶速度。其次，振动产生的动载荷，会加速零件磨损乃至引起损坏。此外，振动还会消耗能量，使燃料经济性变差。因此，减小汽车本身的振动，不仅关系到乘坐的舒适性和所运货物的完整性，而且关系到汽车的运输生产率、燃料经济性、使用寿命和工作可靠性等。

8.1.1 汽车平顺性评价

人体是一个复杂的振动系统，人体对振动的反应既与振动频率、强度、作用方向和暴露时间有关，也与人的心理、生理状态有关。

大量的振动试验表明，人体对不同方向的振动反应存在差异，对上下振动的忍耐性最强，其次是前后振动，对左右振动最敏感。人体上下振动的共振点为 4~8Hz，水平振动的共振点为 1~2Hz。如果在共振点上加振，人的抗振能力会严重下降，氧气消耗量剧增，能量代谢加快。

暴露时间是指人体处于振动环境的时间。暴露时间越长，人体所能承受的振动强度越小。

汽车平顺性评价方法大致可分为客观评价法和主观评价法。客观评价法借助于测量仪器来完成对随机振动数据的采样和记录，分析车身的固有频率和振动强度。固有频率是指弹性系统由于偶然的干扰而离开静平衡位置，在弹性恢复力作用下振动的频率，单位为次/min、Hz（次/s）。

人走路时重心在不断地振动，人们习惯于行走所引起的垂直振动频率。行走的标准步距为 0.75m，中等步行速度为 3~4km/h，相应的振动频率为 67~89 次/min。

因此，希望车身振动的固有频率在 60~85 次/min 的范围内。车身的固有频率低于 40 次/min 会引起头晕，高于 150 次/min 会产生明显的冲击感，对乘客的生理反应和货物完整性均有不利影响。

经常用振动加速度来表示振动强度。车身振动加速度不宜过大，如果加速度过大，达到 $1g$，会导致未固定乘客或者货物立刻离座或离开车厢。客车振动加速度的极限值为 $0.2 \sim 0.3g$，货车车身的振动加速度极限值应低于 $0.6g$。

主观评价法是根据乘员的主观感觉，对各类汽车的平顺性做比较评价。由于汽车平顺性的好坏最终反映在人的感觉上，所以感觉评价始终是平顺性的最终评价。各种物理量指标是否可应用，也要看这些评价指标的评价结果是否与人的感觉评价结果一致。有经验的试验人员有时能发现一些特殊的不正常现象，而这些现象有的不能完全由仪器测定的结果所发现。常见的情况是先由人的感觉发现平顺性问题，然后使用仪器进行测定分析。

主观评价是由有经验的驾驶人和乘客组成的专门小组来完成的。该小组成员按预定的方式驾驶和乘坐一组车辆来主观评价行驶平顺性，然后完成相应的主观评价表，最后综合确定车辆的乘坐舒适性。此评价法一般用来在同样的试验条件（路况、车速、气象等条件）下对车辆进行比较，通过统计分析法，可以建立相对可信度。但是主观评价的缺点也是很明显的，个人对振动感觉的不同、不同层次或者不同组人员给出的评价车辆平顺性的数据具有差异等都会影响评价的结果。

1. 国际标准 ISO 2631 的评价标准

国际标准 ISO 2631 用加速度方均根值给出了在 1~80Hz 振动频率范围内人体对振动反应的三个不同界限。

(1) **暴露极限** 人体承受在这个极限之内的振动强度将保持健康或安全。通常将此极限作为人体可以承受振动量的上限,超过此极限就意味着不安全和有害于健康。

(2) **疲劳-工效降低界限** T_{FD} 该界限与保持工作效能有关。当驾驶人承受的振动强度在此界限之内时,驾驶人能准确、灵敏地反应,正常地进行驾驶。图8-1和图8-2所示分别为垂直和水平方向振动对人体影响的疲劳-工效降低界限。

(3) **舒适性降低界限** T_{CD} 此界限与保持舒适性有关,在这个界限之内,人体对所暴露的振动环境主观感觉良好,能顺利地完成吃、读、写等动作。超过此界限舒适性将降低。

上述三个界限只是振动加速度容许值不同。暴露极限值为疲劳-工效降低界限的2倍;舒适性降低界限为疲劳-工效降低界限的1/3.15。各个界限容许加速度值随频率的变化趋势完全相同。

在一定的频率下,随着暴露(承受振动)时间加长,感觉界限容许的加速度值下降。所以,可用达到某一界限允许暴露时间来衡量人体感觉到的振动强度的大小。

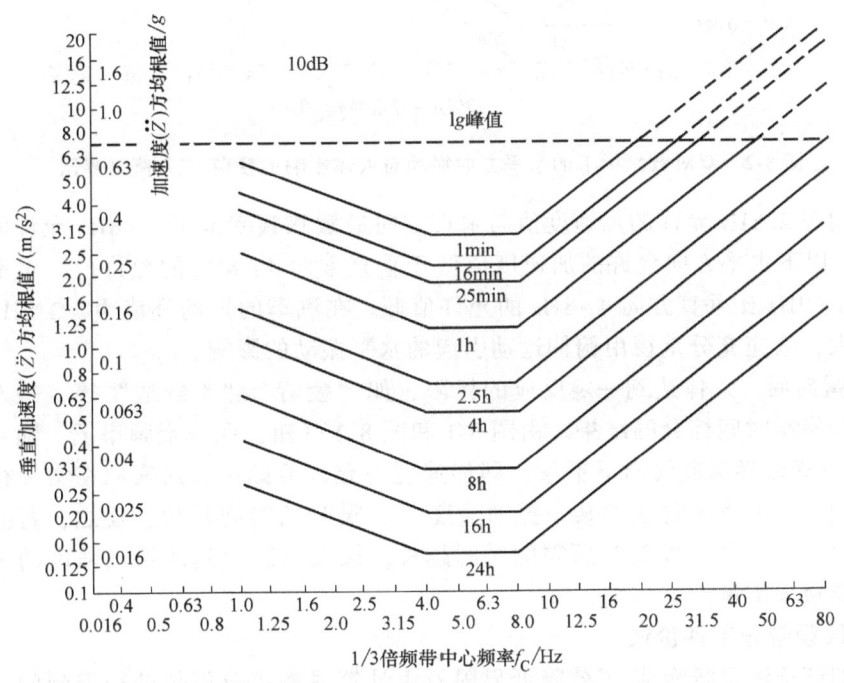

图8-1 双对数坐标下的垂直方向振动对人体影响的疲劳-工效降低界限

2. 振动频率、振动作用方向和暴露时间

由图8-1和图8-2可知,疲劳-工效降低界限振动加速度允许值的大小与振动频率、振动作用方向和暴露时间这三个因素有关。

(1) **振动频率** 在图8-1和图8-2中,每一个给定的暴露时间都相应有一条疲劳-工效降低界限曲线,它表明不同频率下,经同一暴露时间达到"疲劳",即人体对振动强度的感觉相同时,加速度允许值不同。有时将该曲线称为等感觉曲线。从这些曲线可以看出,人体对振动最敏感的频率范围(垂直方向4~8Hz,水平方向1~2Hz)的加速度允许值最小。

(2) **振动作用方向** 如果将图8-1和图8-2重叠加以比较,可以看出在同一暴露时间

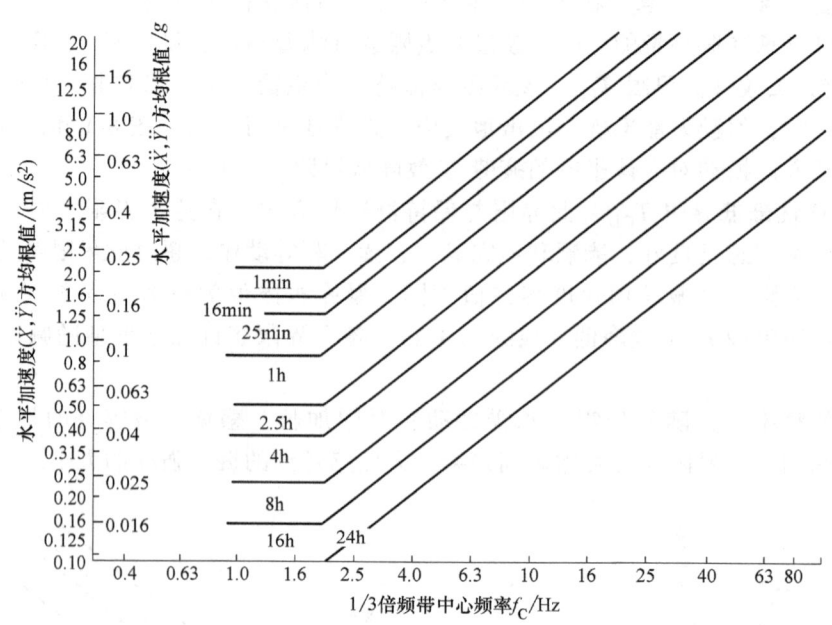

图 8-2 双对数坐标下的水平方向振动对人体影响的疲劳-工效降低界限

下,水平方向在 2.8Hz 允许的加速度值与垂直方向最敏感频率范围 4~8Hz 允许的加速度值相同,2.8Hz 以下水平方向允许的加速度值低于垂直方向 4~8Hz 的允许值,水平方向最敏感频率范围 1~2Hz 比垂直方向 4~8Hz 的允许值低。在汽车的振动环境中,2.8Hz 以下的振动占比相当大,故应充分重视由俯仰运动引起的水平振动的影响。

(3) 暴露时间 人体达到一定反应的界限,如"疲劳""不舒适"等,是人体感觉到的振动强度和暴露时间综合的结果。由图 8-1 和图 8-2 可知,在一定频率下,随暴露时间加长,疲劳-工效降低界限曲线向下平移,即加速度的允许值减小。这表明在实际行驶过程中振动加速度越大,人体感觉达到某一振动强度"界限"的时间越短;反之,若振动加速度越小,人体感觉达到某"界限"所需的时间越长。故人体感觉到的振动强度的大小可以用暴露时间的长短来衡量。

3. 1/3 倍频带分别评价法

直接分别评价法是将疲劳-工效降低界限及由计算或频谱分析仪处理得到的 1/3 倍频带的加速度方均根值画在同一张频谱图上,然后检查各频带的加速度方均根值是否都保持在界限值之下。

1/3 倍频带上限频率 f_u 与下限频率 f_1 的比值为

$$f_u/f_1 = 2^{\frac{1}{3}} \tag{8-1}$$

中心频率为

$$f_c = \sqrt{f_u/f_1}\,f_1 = 2^{\frac{1}{6}}f_1 \tag{8-2}$$

上限频率、下限频率与中心频率的关系为

$$\begin{cases} f_u = 1.12f_c \\ f_1 = 0.89f_c \end{cases} \tag{8-3}$$

分析带宽为

$$\Delta f = f_u - f_l \tag{8-4}$$

将振动传至人体加速度 $p(f)$ 的功率谱密度 $G_p(f)$，对所对应的 1/3 倍频带中心频率 f_{ci} 在带宽 Δf_i 区间积分，得到各个 1/3 倍频带的加速度方均根值分量 σ_{pi}，即

$$\sigma_{pi} = \sqrt{\int_{0.89f_{ci}}^{1.12f_{ci}} G_p(f) \, df} \tag{8-5}$$

带宽加速度方均根值分量 σ_{pi} 的大小不能真正反映人体感觉振动强度的大小。为此，引入人体对不同频率振动敏感程度的频率加权函数。将人体最敏感频率范围以外的各 1/3 倍频带加速度方均根值分量 σ_{pi} 进行频率加权，等效于 4~8Hz（垂直）、1~2Hz（水平）的分量数值 σ_{pwi}，即按人体感觉的振动强度相等的原则，折算为最敏感的频率范围。用 σ_{pwi} 和最敏感频率范围的允许加速度方均根值比较，确定疲劳-工效降低界限或舒适性降低界限允许的暴露时间 T_{CD} 和 T_{FD}。加权加速度方均根值分量 σ_{pwi} 的计算式为

$$\sigma_{pwi} = W(f_{ci}) \sigma_{pi} \tag{8-6}$$

式中 f_{ci}——第 i 频带的中心频率（Hz）；

$W(f_{ci})$——频率加权函数。

垂直方向振动的频率加权函数 $W_N(f_{ci})$ 为

$$W_N(f_{ci}) = \begin{cases} 0.5\sqrt{f_{ci}} & 1 < f_{ci} \leq 4 \\ 1 & 4 < f_{ci} \leq 8 \\ 8/f_{ci} & f_{ci} > 8 \end{cases} \tag{8-7}$$

水平方向振动的频率加权函数 $W_L(f_{ci})$ 为

$$W_L(f_{ci}) = \begin{cases} 1 & 1 < f_{ci} \leq 2 \\ 2/f_{ci} & f_{ci} > 2 \end{cases} \tag{8-8}$$

加权加速度方均根值分量 σ_{pwi} 反映了人体对各 1/3 倍频带振动强度的感觉。1/3 倍频带分别评价法的评价指标就是 σ_{pwi} 中的最大值 $(\sigma_{pwi})_{max}$。

此法认为，当有多个频带的振动能量作用于人体时，各频带的作用无明显联系，对人体的影响主要由单个影响最突出的频带所造成。因此，要改善行驶平顺性，主要应避免振动能量过于集中，尤其是在人体最敏感的频率范围内不应该有突出的尖峰。

4. 总加权值评价法

在处理平顺性试验结果或计算设计参数对振动的影响时，通常还采用传至人体振动的加速度方均根值 σ_p 或车身振动的加速度方均根值 σ_z 作为评价平顺性的指标。这种方法比较简单，适合在振动频率分布相似的条件下进行对比。σ_p 和 σ_z 的值等于 1~80Hz 中 20 个 1/3 倍频带加速度方均根值分量 σ_{pi} 或 σ_{zi} 平方和的平方根。即

$$\sigma_p = \sqrt{\sum_{i=1}^{n} \sigma_{pi}^2} \qquad \sigma_z = \sqrt{\sum_{i=1}^{n} \sigma_{zi}^2} \tag{8-9}$$

式中 n——频带数。

总加权值 σ_p 反映了全部振动能量的大小，而且振动加速度均值为零，所以 σ_p 和 σ_z 代表加速度幅值波动的范围。

总加权值还可利用计权滤波网络，由方均根值检波器读出。GB/T 4790—2009《汽车平

顺性试验方法》将总加速度加权方均根值 σ_p 作为平顺性评价指标之一。

当各 1/3 倍频带加速度加权方均根值分量 σ_{pwi} 彼此相等时，1/3 倍频带分别评价指标 σ_{pwi} 和总加速度加权方均根值 σ_p 的关系为

$$\sigma_p = \sqrt{n}(\sigma_{pwi})_{max} \qquad (8-10)$$

式中　n——频带数。

在只有一个 1/3 倍频带值的窄带振动条件下（$n=1$），能量分布都集中在该 1/3 倍频带内。总加速度加权方均根值 σ_p 显然就是前面 1/3 倍频带分别评价法所考虑的，对人体影响最突出的频带的加速度方均根值为

$$\sigma_p = (\sigma_{pwi})_{max} \qquad (8-11)$$

只是此值已折算到人体最敏感的频率范围，所以可通过比较 σ_{pwi} 值与疲劳-工效降低界限上人体最敏感频率范围的容许值来进行评价。

汽车座椅传递给人体的振动主要是 10Hz 以下的宽带随机振动，频带数 n 约为 10。若各 σ_{pwi} 都相等，则

$$\sigma_p = \sqrt{10}(\sigma_{pwi})_{max} \approx 3.16(\sigma_{pwi})_{max} \qquad (8-12)$$

实际上，各 1/3 倍频带的 σ_p 不相等，实际测算为

$$\sigma_p = 2(\sigma_{pwi})_{max} \qquad (8-13)$$

因 ISO 2631 中的界限值是针对 1/3 倍频带分别评价法给出的，用总加速度加权方均根值 σ_p 进行评价时，允许界限值也要相应调整，即比 ISO 2631 给的允许值增大 2 倍，否则会偏于保守。

8.1.2　影响汽车平顺性的结构因素

汽车是个复杂的多质量振动系统，在汽车质心处建立的三轴空间坐标系上，汽车有垂直（z 向）、纵向（x 向）和横向（y 向）的直线运动，有绕 y 轴的俯仰、绕 x 轴的侧倾及绕 z 轴的横摆运动，所以驾驶人要承受这六个自由度的振动。

为了便于分析，需要对由多质量组成的汽车振动系统进行简化。图 8-3 所示为经过简化的振动系统模型。

在研究振动时，常将汽车用当量系统代替，即将汽车视为由彼此相联系的簧载质量与非簧载质量所组成。

汽车的簧载质量 m_2 由车身、车架及其上的总成所构成。簧载质量由减振器和悬架弹簧与车轴、车轮相连。车轮、车轴构成的非簧载质量为 m_1，车轮再经过具有一定弹性和阻尼的轮胎支撑于路面上。

悬架结构、轮胎、簧载质量和非簧载质量是影响汽车平顺性的重要因素。

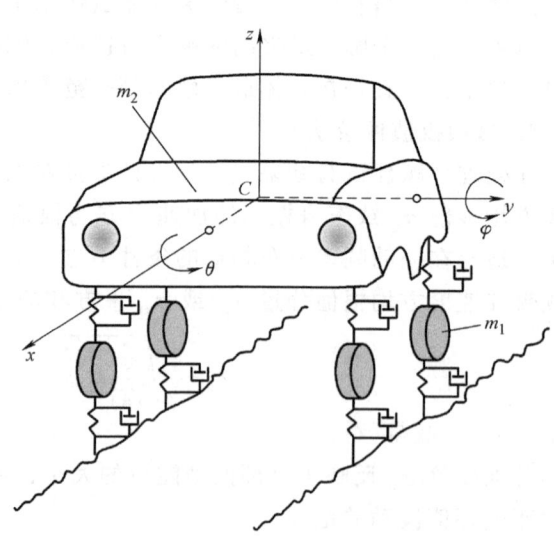

图 8-3　四轮汽车简化的立体模型

1. 悬架结构

悬架是保证汽车平顺性的关键部件。悬架中的弹性元件、减振装置及簧载质量与非簧载质量都对平顺性有较大影响。悬架结构主要指弹性元件（悬架刚度）、导向装置与减振装置（减振器阻尼力系数），其中弹性元件与悬架系统中阻尼影响较大。

弹性元件主要起到缓冲作用，减振装置用来消耗振动能量。减小悬架刚度，可降低车身的固有频率，减小车身加速度，但是这会使悬架动挠度增加，可能导致频繁撞击限位块，另外，也可能使汽车的操纵稳定性变差。减振装置可以有效地衰减车身的振动和抑制车身、车轮的共振，以减小车身的垂直振动加速度和车轮的振幅。非簧载质量小一些对于提高平顺性是有利的。

（1）弹性元件 将汽车车身看成一个在弹性悬架上做单自由度振动的质量时，其固有频率 f_0 为

$$f_0 = \frac{1}{2\pi}\sqrt{\frac{gC}{G}} \tag{8-14}$$

式中 f_0——固有频率（Hz）;
　　G——簧载质量重力（N）;
　　C——悬架刚度（N/mm）;
　　g——重力加速度。

悬架静挠度 f_s（mm）为

$$f_s = G/C \tag{8-15}$$

由式（8-14）可知，减小悬架刚度 C，可降低车身的固有频率 f_0。当汽车的其他结构参数不变时，要使悬架系统有低的固有频率，悬架就必须具备很大的静挠度。静挠度是指汽车满载时，刚度不变的悬架在静载荷下的变形量。对变刚度悬架，静挠度由汽车满载时悬架上的静载荷和相应的瞬时刚度来确定。汽车悬架静挠度 f_s 的变化范围见表 8-1。

表 8-1　汽车悬架静挠度的变化范围

车型	轿车	货车	大型客车	越野车
悬架静挠度/mm	100~300	50~110	70~150	60~130

汽车前、后悬架静挠度的匹配对行驶平顺性也有很大影响，一般希望前、后悬架系统的固有频率接近相等，若前、后悬架的静挠度及振动频率都比较接近，共振的可能性会减小。为了减小车身纵向角振动，通常后悬架的静挠度 f_{s2} 要比前悬架的静挠度 f_{s1} 小些。据统计，一般取 $f_{s2}=(0.7\sim0.9)f_{s1}$。对于短轴距的微型汽车，为了改善其乘坐舒适性，将后悬架设计得软一些，即将前悬架的固有频率选得略低于后悬架的固有频率，也就是使 $f_{s2}>f_{s1}$。

为了防止汽车在不平路面上行驶时频繁冲击缓冲块，悬架还应有足够的动挠度 f_m（悬架平衡位置到悬架与车架相碰时的变形量）。

前、后悬架的动挠度常根据其相应的静挠度选取，其数值主要取决于车型和经常使用的路面状况，动挠度与静挠度之间的关系为

$$f_m = \begin{cases}(0.5\sim0.7)f_s & \text{轿车} \\ (0.7\sim1.0)f_s & \text{货车、大型客车}\end{cases}$$

越野车的f_m可按货车的范围取上限,以减少车轮悬空和悬架击穿现象。

减小悬架刚度即增大静挠度,可提高汽车行驶平顺性。但刚度降低会增加非簧载质量的高频振动位移。而大幅度的车轮振动有时会使车轮离开地面,前轮定位角也将发生显著变化,在紧急制动时会产生严重的汽车"点头"现象。转弯时因悬架侧倾刚度的降低,使车身产生较大的侧倾角。为了防止路面对车轮的冲击而使悬架与车架相撞,要相应地增加动挠度,即要有较大的缓冲间隙,对纵置钢板弹簧应增加弹簧长度等,从而导致悬架布置困难。

具有线性弹性特性的悬架,其刚度为常数。其车身振动固有频率将随着装载质量而改变,尤其是后悬架载质量变化较大的货车和大型客车。这种变化会使汽车空载或部分载荷时前、后悬架振动固有频率过高或配合不当,导致车身猛烈颠簸,平顺性变差。

为了使悬架既有大的静挠度,又不影响其他性能指标,可采取一些措施,如采用悬架刚度可变的非线性悬架。由于非线性悬架的刚度随动行程增大,可以在同样的动行程中,得到比线性悬架更多的动容量(悬架从静载荷时的位置起,变形到与车架部分接触时的最大变形量)。悬架的动容量越大,对缓冲块撞击的可能性就越小。现代货车在后悬架上采用钢板弹簧加副簧的形式即是其中一种简单的方法。为使载荷变化时静挠度保持不变,较为理想的是在悬架系统中设置自动调节车身高度的装置。这样,悬架弹性特性曲线就应如图8-4所示。图8-4中画出了有代表性的三条弹性曲线,曲线1、曲线2和曲线3分别表示静载荷为满载、半载和空载时的情况。由于有一组曲线,虽然载荷发生了变化,但静挠度f_s可以保持不变(静挠度f_s指图8-4中a、a'、a''点在横坐标上的投影到O点的距离,O点为曲线过a、a'、a''诸点所作切线的交点)。

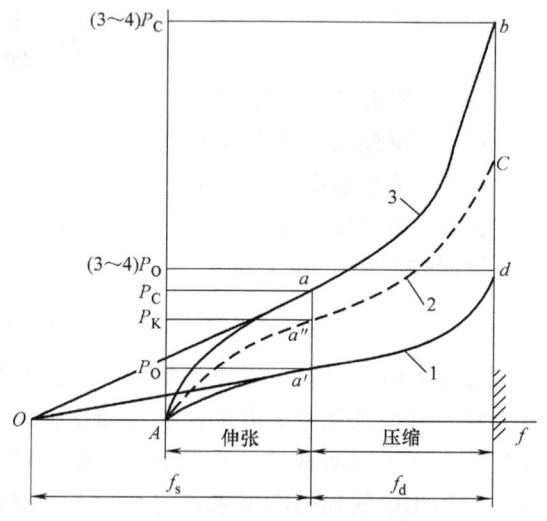

图8-4 可变的悬架弹性曲线

这组曲线的另一个特点是在悬架行程中各点的斜率也是不同的,即悬架刚度还随行程而变化。一般是在静载时(行程中间位置)刚度小,而在离静载荷较远的两端,如在压缩行程b、C、d点和伸张行程A点的刚度就较大,实现了在有限的动行程范围内有足够的动容量。

采用变刚度悬架,可明显改善载荷变化较大的货车的行驶平顺性。例如,某货车在满载时,后悬架的载荷约为空车的4倍多,假定悬架刚度不变,若满载时的静挠度为100mm,则空车时的静挠度将不足25mm。不难算出,满载时的振动频率为1.6Hz,而空车时的振动频率则为3.2Hz。显然,空车时的振动频率过高,平顺性较差。如果采用变刚度悬架,使空车时的刚度比满载时的低,就会降低空车的振动频率,从而改善汽车行驶的平顺性。

悬架的非线性弹性特性可以通过下述方法来实现:

1)在线性弹性特性悬架中加入辅助弹簧、复合弹簧,采用适当的导向机构及与车架的支承方式等。

2)选用具有非线性弹性特性的弹簧,如空气弹簧、油气弹簧、橡胶弹簧和硅油弹簧。

(2) 阻尼系统的阻尼 为了衰减车身自由振动和抑制车身、车轮的共振,以减小车身的垂直振动加速度和车轮的振幅(减小车轮对地面压力的变化,防止车轮跳离地面),悬架系统中应具有适当的阻尼。若阻尼比过大,虽然能使振动迅速衰减,但会将较大的路面冲击传递到车身;反之,阻尼比过小,则振动衰减缓慢,受一次冲击后振动持续时间过长,使人感觉不舒服。一般为了减振效果好,又不传递较大的冲击力,常将压缩行程的阻尼和伸张行程的阻尼取得不同。压缩行程的阻尼应选小些,伸张行程的阻尼选择大些。

在悬架系统中,引起振动衰减的阻尼来源很多。例如,在有相对运动的摩擦副中,轮胎变形时橡胶分子间产生摩擦,或在系统中设减振器等。各种悬架结构,以钢板弹簧悬架结构的干摩擦力最大,钢板弹簧叶片数目越多,摩擦力越大。所以,一些汽车采用钢板弹簧悬架时,可以不装减振器,但其阻尼力的数值很不稳定,钢板生锈后阻尼力过大,不易控制。而采用其他内摩擦力很小的弹性元件(如单片钢板弹簧、螺旋弹簧、扭杆弹簧等)的悬架,必须使用减振器,以吸收振动能量,使振动迅速得到衰减。

减振器的阻尼力常用相对阻尼系数 ψ 来评价,即

$$\psi = \frac{r}{2\sqrt{CM}} \tag{8-16}$$

式中　C——悬架刚度;
　　　M——簧载质量;
　　　r——减振器阻尼系数。

在弹性元件的压缩行程,为了减小减振器传递的路面冲击力,选择较小的相对阻尼系数 ψ_c;而在伸张行程,为使振动迅速衰减,选择较大的相对阻尼系数 ψ_e。一般减振器的 ψ_c 与 ψ_e 之间的关系为

$$\psi_c = (0.25 \sim 0.5)\psi_e \tag{8-17}$$

采用单向作用减振器时,$\psi_c = 0$,即减振器压缩行程无阻尼,只在伸张行程有阻尼作用。

不同悬架结构形式及不同的使用条件,满足平顺性要求的相对阻尼系数的大小应有所不同。在设计时,通常先取压缩行程和伸张行程相对阻尼系数的平均值。

对于无内摩擦的弹性元件(如螺旋弹簧)悬架,$\psi_c = 0.25 \sim 0.35$。对于有内摩擦的钢板弹簧悬架,相对阻尼系数较小。如某货车前悬架的相对阻尼系数 $\psi = 0.13$,其中 $\psi_e = 0.174$,$\psi_c = 0.086$。后悬架的 ψ 可取稍大值。越野车或行驶路面条件较差的汽车取较大值,一般 $\psi_e > 0.3$。为避免悬架碰到车架,ψ_e 也应加大,可取 0.54。

减振器可提高汽车行驶平顺性,还可增加悬架的角刚度,改善车轮与道路的接触条件,防止车轮离开路面,因而可改善汽车的稳定性,提高汽车的行驶安全性。改进减振器的性能,对提高汽车在不平道路上的行驶速度有很大的作用。

悬架系统的干摩擦可使悬架的弹性元件部分或全部被锁住,使汽车只在轮胎上发生振动,因而增加振动频率,且使路面冲击容易传给车身。因此,为了减小钢板弹簧叶片间的摩擦力,应减少叶片数;合理地计算各叶片在自由状态下的曲率半径,将各叶片端部切成梯形或半圆形,以保证各叶片间接触压力分布均匀;在各叶片间加润滑脂或减摩衬垫等以减小干摩擦力。

通过悬架提高平顺性的方法较多,大致可分为以下几种:

1) 采用独立悬架,减小非簧载质量。采用半主动、主动悬架,实时调整悬架参数,以

使悬架性能接近最优，兼顾操纵稳定性与平顺性。

2）选用具有非线性特性的弹性元件，如空气弹簧、油气弹簧、橡胶弹簧和硅油弹簧。

3）在线性悬架中，加入辅助弹簧、复合弹簧，采用适当的导向机构及调整与车架的支承方式等。

4）改进减振器的性能，采用可调式减振器，如机械可调式减振器、磁流变减振器、电流变减振器等。

2. 轮胎

对于平顺性而言，路面凹凸不平是造成平顺性变差的主要原因，而轮胎是与路面直接接触的部件，所以轮胎的特性对平顺性的影响非常明显。

轮胎对行驶平顺性的影响取决于轮胎的径向刚度、轮胎的展平能力及轮胎内摩擦所引起的阻尼作用。减小轮胎径向刚度，可使悬架换算刚度减小 10%~15%。当汽车行驶于不平道路时，由于轮胎的弹性作用，轮胎位移曲线较道路断面轮廓要圆滑平整，其长度较道路坎坷不平处的实际长度大，而曲线的高度则较道路不平的实际高度小，即所谓的轮胎展平能力。它可使汽车在高频的共振振动减小。由于轮胎内摩擦所引起的阻尼作用，轿车轮胎的相对阻尼系数 ψ 可达 0.05~0.106。

为了提高汽车行驶平顺性，轮胎的径向刚度应尽可能减小。在采用足够软的悬架的情况下，在相当大的行驶速度范围内，低频共振的可能性完全可以消除。但轮胎刚度过低，会增加车轮的侧向偏移量，影响稳定性，同时还使滚动阻力增加，轮胎寿命降低。

轮胎由于本身的弹性，在很大程度上吸收了因路面不平所产生的振动，它是保证汽车平顺性的关键部件之一。轮胎性能的好坏用轮胎在标准气压和载荷下的压缩系数来表示。在最大允许载荷作用下，普通轮胎的压缩系数为 10%~12%，为了乘坐舒适，客车轮胎的压缩系数稍大些，为 12%~14%。轮胎的缓冲性能好，有助于提高汽车的平顺性。

车轮旋转质量的不平衡，对汽车的行驶平顺性和稳定性都有不利影响，所以需要对车轮进行静平衡和动平衡测试，改善其平衡性能。

如前所述，提高轮胎的缓冲性能，减小其不平衡性，都有利于提高汽车的平顺性。提高轮胎缓冲性能的方法如下：

1）增大轮胎断面、轮胎宽度和空气容量，并相应降低轮胎气压。

2）改变轮胎结构形式，如采用子午线轮胎。它因轮胎径向弹性大，可以缓和不平路面的冲击，并吸收冲击能量，使汽车平顺性得到改善。

3）提高帘线和橡胶的弹性，采用较柔软的胎冠。

3. 簧载质量

车身振动主要是以自振频率进行的振动，即由于车身偏离平衡位置积蓄的能量所产生的振动。为了研究汽车在纵向垂直平面内的自由振动，将汽车的簧载质量 M 分解为由无质量的刚性杆互相连接的前轴上的质量 M_1、后轴上的质量 M_2 及质心 C 上的质量 M_3 三个集中质量（图 8-5）。它们的大小由下述三个条件决定：

1）总质量保持不变：

$$M = M_1 + M_2 + M_3 \tag{8-18}$$

2）质心位置不变：

$$M_1 L_1 - M_2 L_2 = 0 \tag{8-19}$$

3) 转动惯性 I_y 的值保持不变：
$$I_y = M\rho_y^2 = M_1 L_1^2 + M_2 L_2^2 \qquad (8\text{-}20)$$

式中 ρ_y^2——绕横轴 y 的回转半径；

L_1、L_2——分别为质心到前、后轴的距离。

由式（8-18）~式（8-20）可得出三个集中质量的值分别为

$$M_1 = M\frac{r_y^2}{L_1 L} \qquad (8\text{-}21)$$

$$M_2 = M\frac{r_y^2}{L_2 L} \qquad (8\text{-}22)$$

$$M_3 = M\left(1 - \frac{r_y^2}{L_1 L_2}\right) \qquad (8\text{-}23)$$

式中 L_1、L_2——车身质心至前、后轴的距离；

r_y——绕 y 轴的回转半径。

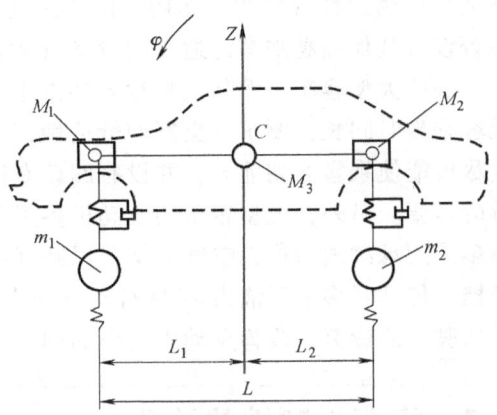

图 8-5 双轴汽车简化的平面模型

由式（8-21）~式（8-23）可知，当簧载质量分配系数等于 1 时，质心上的质量 $M_3 = 0$。此时，前、后轴上的集中质量 M_1、M_2 的垂直方向运动相互独立。即当前轮因路面不平而引起振动时，质量 M_1 运动，而质量 M_2 不运动，反之亦然。

为了维持这个条件，应保证 r_y 为相应数值。例如，将质量分配到汽车的两端（发动机前移，行李舱后移等），或者改变汽车质心的位置，但这有时难以实现。

减小公共汽车和货车的簧载质量，由于车身振动的低频和加速度增加，会大大地降低行驶平顺性。在此情况下，为了保持良好的行驶平顺性，应采用等挠度悬架，使悬架刚度随簧载质量的减小而减小。

座位的布置对行驶平顺性也有很大影响。实际感受和试验表明，座位接近车身的中部，其振动最小。座位位置常由它与汽车质心间的距离来确定，用座位到汽车质心距离与汽车质心到前（后）轴的距离之比评价座位的舒适性。该比值越小，车身振动对乘客的影响越小。

对货车和公共汽车，座位的布置高度也是重要的。为了减小水平纵向振动的振幅，座位在高度方向上与汽车质心间的距离应该较小。

弹簧座椅刚度的选择要适当，防止因乘客在座位上的振动频率与车身的振动频率重合而发生共振。具有较硬悬架的汽车可采用较软的座垫。具有较软悬架的汽车可采用较硬的座垫。

4. 非簧载质量

减小非簧载质量可降低车身的振动频率，增加车轮的振动频率。这样就使低频共振与高频共振区域的振动减小，而将高频共振移向更高的行驶速度，对行驶平顺性有利。

减小非簧载质量还将使高频振动的相对阻尼系数增加，因而减振器所吸收的能量减小，工作条件得到改善。非簧载质量可因悬架导向装置的形式而改变，采用独立悬架，可使非簧载质量减小。

常用非簧载质量与簧载质量之比 m/M 评价非簧载质量对行驶平顺性的影响。比值越小，行驶平顺性越好。对于现代轿车，$m/M=10.5\%\sim14.5\%$可以保证良好的行驶平顺性。

总之，影响行驶平顺性的结构参数很多，且其关系复杂，必须对这些参数进行综合分析，以便正确选择参数，提高汽车行驶的平顺性。

乘坐舒适性在很大程度上还取决于座位的结构、尺寸、布置方式和车身（或货车的驾驶室）的密封性（防尘、防雨、防止废气进入车身）、通风保暖、照明、隔声等效能，以及是否设有其他提高乘客舒适性的设备（钟表、收音机等）。

一些大型客车，尤其是长途公共汽车的座位都充分考虑舒适性。如美国的长途客车，因乘客乘坐时间长，要求有更好的舒适性，一般都设有半躺座椅或可调的活动座椅，座椅的布置尽可能使乘客面朝前方，并设有阅读专用灯、洗漱室、快餐部和广播设备，以适应长途旅行的需要。另外，大型客车的发动机多采用后置式，以利于隔绝噪声和方便维修。车身越来越多采用承载式结构、空气悬架，以减轻振动和噪声。市内公共汽车因需经常起步、加速和换档，传动系多采用液力-机械自动变速器或自动变速器，以实现自动换档和无级变速，减轻驾驶人的疲劳，改善发动机功率的利用。

8.2 汽车平顺性的试验

汽车行驶平顺性试验是新发展起来的一种整车试验，而且还在逐步完善的过程中。其主要试验方法有随机输入试验法和感觉评价试验法。

8.2.1 汽车平顺性随机输入试验法

1. 试验目的

该试验测定汽车在随机不平的路面上行驶时，路面不平激起的振动对驾驶人、乘员和货物的影响，评价汽车的行驶平顺性。

2. 试验条件

(1) **道路条件** 试验道路应平直，其路面不平度应均匀无突变，纵坡不大于0.1%。试验道路包括"二级公路"和"三级公路"。

(2) **汽车的技术条件** 汽车的技术状态应符合技术条件规定。特别应注意轮胎气压应符合规定，误差不超过9.8kPa。悬架系统的铰接点应润滑良好，橡胶件完整、良好，减振器技术状况良好。

3. 试验仪器

加速度传感器、磁带记录仪、五轮仪。

4. 试验方法

1) 在被试车辆的驾驶人座垫上设置加速度传感器。对于货车，还应在货箱地板中心及最后端安装加速度传感器；对于客车，还应在最后排座椅上安装加速度传感器。

2) 被测试人员应全身肌肉放松，驾驶人的两手自然地置于转向盘上，乘员的两手应自由地放在大腿上，在试验过程中应保持乘坐姿势不变。为使试验结果有对比性，不同的试验车应用同一人作为载荷。测定座椅的振动时，不能用沙袋作为载荷。

3) 试验时，汽车先在稳速路段内稳住车速，然后按不同的规定车速匀速驶过试验路段。在试验路段内用磁带记录仪记录各测量点的加速度时间历程。测量通过试验路段的时间，用来计算平均车速。

5. 试验结果分析

根据试验记录，计算加速度方均根值，将所得结果画在疲劳-工效降低界限图上（对于货车），查出那些凸出的加速度方均根值所对应的允许承受时间，再确定其中最短的承受时间值。最后作出疲劳-工效降低界限的车速特性曲线，或作出舒适性降低界限的车速特性曲线。

6. 试验注意事项

在我国的公路条件下，满载的货车经常使用的车速是 40~50km/h。如果在常用车速下的允许承受时间较长，则可认为这辆汽车的行驶平顺性较好。如果在某一车速下的允许承受时间很短，说明不宜在该车速下行驶。

8.2.2 汽车平顺性感觉评价试验法

1. 试验目的

该试验对各类汽车的平顺性做比较评价，或对同类型汽车或同种车型不同结构方案的平顺性做比较评价。这种试验方法分为相对比较法和绝对比较法两种。后者比较简单，但要求评价人员具有较丰富的评价经验。两种方法可同时采用或采用其中一种。

2. 评价人员

评价人员应具有 5 年以上汽车试验经历，身体健康，身高（1.7±0.1）m，体重（65±5）kg 的驾驶人或技术人员。

3. 评分标准

1）相对比较法评分标准见表 8-2。

表 8-2 相对比较法评分标准

分　值	-3分	-2分	-1分	0分	1分	2分	3分
对象车对于基准车的平顺性差异	很差	差	稍差	相同	稍好	好	很好

2）绝对比较法评分标准见表 8-3。

表 8-3 绝对比较法评分标准

分值	0分	1分	2分	3分	4分	5分	6分	7分	8分	9分	10分
性能水平	无法评价		非常坏		坏		一般		好		非常好
满意程度	不能使用		很不满意		不满意		尚可		满意		很满意
问题程度	极严重		严重		有		稍有		很小		全无

4. 试验方法

（1）**相对比较法** 被评价的汽车两辆一对地组合，分别评价每个组合。按两种顺序进行评价。试验时，评价人员先乘坐（或驾驶）第一辆车（基准车），然后乘坐（或驾驶）第二辆车（对象车），汽车以预定车速匀速通过试验路段。然后按要求评价的项目（参考表8-3）按表8-2的规定给出对象车对于基准车的平顺性差异分值（对象车较基准车好的为"+"，差的为"−"）。乘坐姿势应端正自然。两次乘坐的位置、姿势、行驶车速、方向、距离应一致。行驶车速规定如下：三级路面上为50（或60）km/h，四级路面上为40（或50）km/h。测定通过试验路段的时间，计算平均车速，车速误差不大于1km/h。

（2）**绝对比较法** 评价人员分别依次乘坐（或驾驶）每辆汽车，每次由乘坐者凭个人感觉按表8-4给出的规定评分。

绝对比较法的评价项目与相对比较法基本相同。对记录数据进行处理，最后得出试验结论。

表 8-4 绝对比较法计分表

分值	−3分	−2分	−1分	0分	+1分	+2分	+3分	备注
上下振动								
左右振动								
前后振动								
胸部								
总评								

8.3 汽车车内空间舒适性

8.3.1 居住性

汽车的居住性主要是指车内空间的分配、布置如何适应各种人体特征的要求，以使驾驶人和乘员经长时间行驶而不感到疲劳。

为了使驾驶人长时间驾驶而不感到过度疲劳，汽车的居住性应满足下列要求：

1）各操纵机构的布置应合理，便于操作。

2）各类操纵机构需要的操作力要适度。

3）驾驶人座椅高度、前后位置等能适度调整，以满足不同体形驾驶人的需要及保证使驾驶人获得与各操纵机构相协调的位置和舒适的坐姿。

4）保证良好的视野，以便于获取道路状况、各种信号标志和周围行车情况等必需的外部信息。

5）仪表和警告灯等易于辨认，以便及时发现汽车各装置工作状况和行驶状况的乘员的居住性。为了使乘员长时间乘坐汽车而不感到乏力和疲劳，就必须给乘员提供能够随意选择乘坐姿势的宽敞室内空间和舒适可靠的座椅。

由于汽车的外形尺寸有限，要给乘员提供宽敞的室内空间，一方面是要在有限的外形尺寸内制造出必要的空间，另一方面是要合理安排居住空间的形状，以便更有效地发挥有限居住空间的功效。

车辆室内空间尺寸的确定，首先应考虑人体尺寸的差异。通常是从成年女性5%分布值开始，到成年男性95%分布值之间（所谓5%分布值，以身长为例，是指不超过此高度者为5%，95%分布值的含义与此相同）。对人体的身长、坐高等尺寸进行测量，然后以被测对象的尾椎点为基准，考虑适于汽车各种用途的坐姿及供身体转动的足够空间，还要考虑不致因振动而令乘员触及车内装备件而受伤等，由这些因素决定汽车室内空间的长、宽、高尺寸。

在汽车横截面积不变的情况下，采用发动机前置前轮驱动及减小轮胎装置空间等可以扩大车辆室内有效空间，采用曲面玻璃可以扩大乘员肩部空间。

要使座椅舒适可靠，首先应保证座椅的长、宽、高尺寸与人体尺寸相适应，能按照乘员的体形进行尺寸调整。大多数汽车座椅靠背的倾角调整为3°~8°，长途客车的座椅靠背要求可以倾斜到25°以上，以便乘员休息。座椅靠背的结构为头枕式，可以提高其舒适性，要进一步提高座椅的舒适性，还需对座椅的振动特性进行测试，使其共振频率避开人体和悬架的共振频率。

8.3.2　汽车内饰

汽车的内饰包括座椅、脚垫、地毯、车门面板、车门嵌入板、车门立柱、车顶蒙板、后窗台板、行李舱侧壁板、驾驶座椅后壁等，还包括车门储物盒、杂物箱等储物装置，另外还有保险带等。

汽车内饰对改善汽车的乘坐和驾驶舒适性，减轻人员疲劳具有十分重要的作用，而且对提高安全性也有影响。现代汽车装饰除了更换更舒适的座椅、增加脚垫外，还包括增加汽车影音等娱乐设备及汽车自动导航仪等信息设备。如新一代的奔驰S级汽车的转向盘除了使用皮饰覆盖，中央扶手使用大块的木饰，可进一步增加整车豪华感以外，在其仪表板采用了分屏显示技术，能够使驾驶人和乘客通过中央显示屏同时看到不同的内容，在确保行驶安全的同时又大幅提高了车内娱乐性，内饰采用的氛围灯更是升级到三种颜色。汽车装饰的领域正在不断拓宽。

8.4　汽车噪声

噪声是指人们不需要并希望设法加以控制和消除的声音的总称。汽车是一个综合噪声源，汽车噪声是汽车产生的不同振幅和频率声音组成的杂乱、令人感到不适并有害于身心健康的综合声辐射的总称。

噪声的危害是多方面的。噪声对人的工作能力会产生影响。人对噪声的一般反应是感到单调、烦恼和容易疲劳。100dB以下的噪声对各种非听觉工作影响不大，但突如其来的强声或间歇的噪声，会导致不适或分心，造成工作效率下降。对复杂的智力活动及要求注意力高度集中的工作，噪声的影响更为严重。

噪声对人体中枢神经系统有影响。长期处于噪声环境中，会导致中枢神经系统机能失调，出现全身性疲劳、头昏、注意力不集中、记忆力减退等症状。噪声还会影响人的消化系统、内分泌系统、心血管系统等，对视觉及人体的发育也有不良影响。

成人的听力损失，可分为永久性和暂时性两种。在轻度噪声（一般指90dB以下的噪声）的短时作用下，虽然听力有所降低，但只要进入安静环境，2~3min便可恢复。如果在这种环境中暴露的时间较长，听力会显著下降，进入安静环境后，需要较长时间（数分钟、数小时甚至数日）才能恢复，这种现象称为"听觉疲劳"。反复而长期的听觉疲劳，会使听觉器官产生永久性损伤而导致失聪。

随着现代交通运输的发展，城市交通工具越来越多，运行的速度越来越快，运输工具的功率越来越大，交通运输噪声已成为现代城市环境的最主要的噪声源之一。一些大城市的统计数据表明，交通运输噪声占城市噪声的75%，其中以汽车噪声影响最大。为了给人们创造良好的学习、工作和生活环境，尽量减小噪声的干扰和对人体的危害，应减小或控制汽车的噪声。因此，采取有效的措施降低汽车本身的噪声是非常必要的。

8.4.1 声学基本知识

1. 声波

当物体振动时，会激励周围的空气产生周期性的压缩和膨胀，并逐渐向外传播，这一传播过程即为声波。液体和固体也能传播声波。当声波传播到人耳时，人就听到了声音。人耳能听到的声波频率为20~20000Hz，频率低于20Hz的声波称为次声波，高于20000Hz的声波称为超声波。

2. 声压

在静止时，空气中存在着均匀的大气压强，当声波传播时，空气产生压缩和膨胀，使大气压强增加或降低，这一变化部分的压强，即总压强与静止时大气压强的差值称为声压，单位为Pa。

正常人耳在声波频率为1000Hz时能听到的最低声压为2×10^{-5}Pa，这个值称为人耳的听阈，也称为基准声压。人耳能承受的最高声压是20Pa，这个值称为人耳的痛阈，也称为极限声压。最高声压与最低声压相差达100万倍。因此，用声压数值来表示声音的强弱极为不便，另外也不符合人耳对声音强弱变化的感觉。为此，建立了声压级的概念。

3. 声压级

声压级是声音的实际声压和基准声压之比，取以10为底的对数再乘以20，单位为分贝（dB）：

$$声压级 = 20\lg(实际声压/基准声压)$$

一般取基准声压为2×10^{-5}Pa。根据声压级公式可以得出听阈的声压级为0dB，而痛阈的声压级为120dB。由于采用了声压级，将相差100万倍的可听声压范围简化为0~120dB的声压级变化，它既符合人耳对声音的主观感觉，也便于表示。

4. 噪声

噪声是由各种不同频率和不同声压级的声音无规律地组合起来，形成声响较大，声色不悦耳，使人感觉不舒适的综合声音的总和。噪声并非单独的物理量，其包含主观与心理上的一些因素。

典型环境中的声压级见表8-5。

表 8-5 典型环境中的声压级

声压级/dB(A)	声环境或声源	声压级/dB(A)	声环境或声源
0~10	青年人可听到	80~90	货车附近、吵闹街道
10~20	安静的夜晚	90~100	压缩机房、发电机
20~30	很安静的房间	100~110	织布机车间、汽车发动机实验室
30~40	普通住宅的夜晚	110~120	大型柴油机和大型鼓风机附近
40~50	安静的办公室	120~130	内燃机排气口附近
50~60	轻声谈话	130~140	喷气发动机试验台附近
60~70	小客车内、安静的街道	>140	火箭、导弹发射、枪炮声
70~80	公共汽车内、城市街道	—	—

8.4.2 汽车噪声源和控制措施

汽车在行驶中受到发动机和传动系的影响,并受到来自路面的冲击,所有零部件都会产生振动和噪声。噪声大小因汽车的类型不同而异,还与车辆的技术状况和车辆的使用情况有关。汽车加速行驶、制动减速和在非良好路面上行驶时噪声较大。汽车噪声主要包括发动机噪声、传动系噪声、高速行驶时产生的轮胎噪声及车体振动噪声,有时喇叭噪声和制动噪声也是汽车的主要噪声源。

1. 发动机噪声

直接从发动机机体及附件向空间传播的噪声称为发动机噪声。发动机是一个包括各种不同性质噪声的综合噪声源,是汽车的主要噪声源。发动机噪声随机型、运行工况的不同而有很大差异。在相同的转速下,柴油机噪声较汽油机噪声高 5~10dB(A)。发动机噪声主要包括燃烧噪声、机械噪声、进气噪声、排气噪声和风扇噪声等。按照噪声的辐射方式来分类,燃烧噪声和机械噪声是通过发动机表面向外辐射的,故称为发动机表面噪声;进、排气噪声和风扇噪声则是直接向大气辐射的噪声,是空气动力噪声。

(1) **燃烧噪声** 燃烧噪声是燃料在发动机的气缸内燃烧而产生的声音,指燃烧时气缸内压力急剧上升冲击活塞、连杆、曲轴、缸体及气缸盖等,引起发动机壳体表面振动而辐射出来的噪声。燃烧噪声是发动机的主要噪声源。一般地,柴油机的燃烧噪声高于汽油机的燃烧噪声。

压力升高率是影响燃烧噪声的根本因素。因而,燃烧噪声主要集中在速燃期,其次是缓燃期。在使用过程中,汽油机主要通过根据压缩比选择合适牌号的燃料、适当推迟点火提前角、及时清除燃烧室积炭来减少爆燃和表面点火的产生,从而控制燃烧噪声。柴油机控制燃烧噪声的根本措施是降低燃烧时的压力升高率,由于压力升高率取决于着火延迟期和着火延迟期内形成的可燃混合气的数量和质量,因此可以通过选用十六烷值高的燃料,合理组织燃油喷射和选用低噪燃烧室等控制燃烧噪声。

(2) **机械噪声** 由于相互运动的零件之间存在间隙,发动机运转时零件在气体压力和机件惯性力的作用下产生撞击及周期性作用,使零部件产生弹性变形导致发动机壳体表面振动引起噪声,该噪声称为机械噪声。机械噪声主要包括活塞敲缸噪声、配气机构噪声、齿轮啮合噪声、供油系噪声、不平衡力引起的噪声等。

活塞敲缸噪声通常是发动机最大的机械噪声源。敲缸的强度主要取决于气缸的最大爆发压力和活塞与气缸之间的间隙。控制活塞敲缸噪声的措施主要是在满足使用与装配的前提下，尽量减小活塞与气缸之间的间隙。

配气机构噪声是由气门开启和关闭时产生的撞击及系统振动而形成的噪声。影响配气机构噪声的主要因素有凸轮形线、气门间隙和配气机构的刚度等。配气机构噪声的控制应从减小气门间隙、优化凸轮形线、提高配气机构刚度、减轻驱动元件质量等方面着手。

（3）进、排气噪声　进、排气噪声是由发动机在进、排气过程中的气体压力波动和气体流动所引起的振动而产生的噪声，按照噪声形成的机理，它们属于空气动力噪声。其中，排气噪声是仅次于发动机机体噪声的噪声源，其强弱与风扇噪声类似，有时甚至比发动机机体噪声高 $10 \sim 15dB(A)$。进气噪声比排气噪声小，但所特有的低频成分可使车身发生共振，是产生车内噪声的原因之一。

发动机进、排气噪声包括：进、排气管中流动气流的压力脉动所产生的低、中噪声，气流高速流过气门的进气截面时，形成涡流，产生高噪声；在气缸内气体产生动力振动的过程中，气门迅速关闭时，进、排气系统也会产生气体振动，并通过进、排气门表面传播噪声。进气噪声主要频率为 $0.05 \sim 0.5kHz$，其主要成分为低频噪声。进气噪声随转速的提高而增强。转速提高，吸入空气的流速提高，同时在进气管入口处空气脉动强度和频率随之提高。进气噪声随负荷增大而略有增加。

排气噪声的主要频率为 $0.05 \sim 5kHz$。对非增压发动机来说，排气噪声可高达 $110 \sim 120dB(A)$（距离排气口 1m 处）。排气噪声与发动机排量、有效功率、有效转矩、平均有效压力、排气口面积有关。

降低进、排气噪声的主要措施是使用消声效果好的消声器。由于消声器的阻抗大会使发动机的性能恶化，因此要选用阻抗小而消声效果好的消声器。此外，在使用过程中，要注意检查进、排气系统紧固作业和接头的密封状况，以减小表面辐射噪声和漏气噪声。

（4）风扇噪声　风扇噪声是汽车的噪声源之一。目前，由于车内普遍装设空调系统和排气净化装置等，使发动机舱内温度升高，散热风扇负荷加大，风扇噪声相应增大。风扇噪声主要是空气动力噪声，它由旋转噪声和涡流噪声组成。此外，还有因风扇机械零件（如轴承松旷等）机械振动引起的噪声。旋转噪声是由风扇旋转的叶片周期性地切割空气，引起空气的压力脉动而激发出的噪声。涡流噪声是由风扇旋转时叶片周围产生的空气涡流造成的。控制风扇噪声的措施有合理设计风扇与散热器之间的距离、改进叶片形状、选择能减小噪声的叶片料等。

2．传动系噪声

传动系噪声包括变速器噪声、传动轴噪声及驱动桥噪声，其中变速器是主要噪声源。

（1）**变速器噪声**　变速器噪声主要有齿轮噪声、轴承噪声、润滑油搅动噪声、发动机通过离合器传至变速器的振动噪声等。在使用维修中，应注意及时更换齿面缺损、磨损严重的齿轮，防止齿轮与轴上的花键配合松旷、轴向间隙过大、轴弯曲或轴承松旷等，保证齿轮正常的啮合间隙，以减小齿轮噪声。及时更换钢珠碎裂或有疲劳麻点的轴承，消除轴承磨损严重引起的轴向或径向间隙过大和轴承内、外配合松动，均可以减小轴承运转噪声。润滑油黏度要合适且油量足够，及时清除变速器中的异物，经常检查紧固螺母以免松动。此外，提高齿轮加工精度，选择合适的齿轮材料，设计固有振动频率高、密封性好、隔声性强的齿轮箱等均可减小变速器噪声。

(2) **传动轴噪声** 传动轴噪声是由发动机转矩波动、变速器及驱动桥等振动输入、万向节输入和输出的转速和转矩不均衡及传动轴本身的不平衡引起的。传动轴噪声的扩散主要有两个途径：一是经传动轴的中间支承、变速器和后桥传至车身及其部件，引起广泛的振动和噪声；二是直接向外辐射噪声。传动轴噪声的能量一般很小，在传动系噪声中不占主要地位。

传动轴噪声主要表现为汽车行驶中传动轴发出周期性响声，且车速越高响声越大，甚至使车身发生抖动、驾驶人握转向盘的手有麻木感，这是由传动轴变形、轴承松旷及装配不良等原因造成的。因而在装配传动轴时，应注意传动轴花键槽和伸缩节的装配记号；万向节凸缘叉接合平面清洁平整；避免中间轴承装配歪斜、支架螺栓松动或松紧不一；传动轴应进行动平衡试验，使用中经常检查平衡片有无脱落，避免超速行驶，以减少不平衡现象。驱动桥噪声是在汽车行驶时车后部发出较大的响声，且车速越高响声越大，主要是由齿隙不合适、齿轮装配不当、轴承调整不当等原因造成的。在使用维修中，要注意主减速器中锥齿轮的啮合面及间隙调整适当，保证有足够的齿轮轴承预紧度及适当的轴承座孔同轴度等。

3. 轮胎噪声

轮胎噪声包括轮胎花纹噪声、道路噪声、弹性振动噪声和风噪声。

(1) **花纹噪声** 花纹噪声在轮胎噪声中占主要地位。汽车在行驶时，因轮胎胎面花纹槽内的空气在接地时被挤压，并有规律地排出，引起周围压力变化而产生噪声。

(2) **道路噪声** 轮胎花纹噪声是由胎面凹凸不平而引起的，而道路噪声是由路面凹凸不平引起的。当汽车通过凹凸不平的路面时，轮胎胎面使凹凸部位内的空气受挤压和排放，类似于泵的作用，从而形成噪声。轮胎花纹噪声和道路噪声都是轮胎和路面相互作用而产生的噪声。

(3) **弹性振动噪声** 弹性振动噪声是由于轮胎不平衡、胎面花纹刚度变化或路面凹凸不平等原因激发轮胎振动而产生的噪声，其振动频率一般在200Hz以下。弹性振动噪声是轮胎本身的弹性引起的，由于振动频率低，不在人的听觉敏感范围内，所以影响不大。

(4) **风噪声** 风噪声与路面无关，它是轮胎在前进和旋转时搅动周围空气而产生的空气振动声。

影响轮胎噪声的因素主要有轮胎花纹、车速、负荷、轮胎气压、轮胎磨损程度及路面状况等。轮胎噪声随车速升高而增大的原因：一是轮胎花纹内的空气容积变化速度加快，"气泵"声增大；二是胎面花纹承受的激振力增大，振动声也随之增大。当车辆的载荷不同时，轮胎花纹的挤压作用也产生变化。随着载荷的增加，胎面花纹的变形增大，轮胎的胎肩逐渐接地，横向花纹便容易造成"空腔的封闭"而使噪声增大。但载荷的变化对纵向花纹轮胎影响不大。

轮胎气压增加，轮胎变形小，反之则变形增大。因此，对于齿形花纹轮胎来说，气压高时噪声小，而气压低时噪声大。对于齿形花纹轮胎，胎冠尺寸增大，花纹的接地状态产生变化，使噪声增大。当进一步磨损时，花纹逐渐磨平，槽内空气量减少，噪声降低。

路面状况对轮胎噪声的影响主要取决于路面的粗糙度和潮湿程度。路面的粗糙度和潮湿程度增大，轮胎噪声也增大。

使用中适当提高轮胎气压可使轮胎变形减小，噪声降低。装配轮胎时应对轮胎进行动平衡试验，若不平衡会增加弹性振动，导致噪声增加。在汽车行驶过程中，应避免急速起步、转弯及制动，以减小轮胎自振噪声。

8.4.3 汽车噪声的测定

1. 汽车噪声的试验方法

汽车噪声是一个由多种声源组成的综合性噪声，影响噪声的因素很多，难以用某一特定状态来模拟汽车发出的噪声。从防止噪声公害的角度出发，只能简单再现汽车使用中的某一工况进行测定。目前，各国汽车噪声的测定方法差异很大。下面介绍具有代表性的几种试验方法。

（1）通过噪声的试验方法 我国机动车加速噪声测定标准与国际标准化组织规定的测试方法（ISO 362）基本相同，测量场地如图8-6所示。测试传声器位于20m跑道的中心点两侧，各距中心线7.5m，距地面1.2m，传声器接收面应朝向车辆，并平行于车辆行驶方向。

在进行加速噪声测定时，车辆以50km/h的稳定车速到达AA'线。此时，发动机转速应为额定转速的3/4；变速器有4档以上的档位时，使用3档，4档，4档以下者用2档。车辆前端到达AA'线开始立即全开节气门，直线加速行驶。当车辆后端到达终了线BB'时，立即停止加速。声级计用"快"档"A"计权网络进行测量，并读出车辆驶过时声级计所指示的最大读数。车辆应往返测量两次，且同一侧面两次测量结果之差不应大于2dB。加速噪声的限值见表8-6。

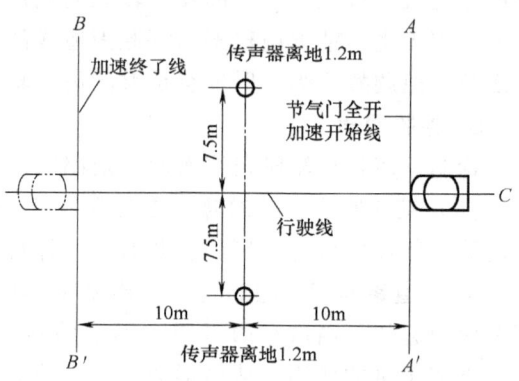

图8-6 加速噪声的测量场地

目前，匀速噪声试验在国际上应用得不广泛。我国匀速噪声试验方法规定，测量场地与图8-6相同，测定时车辆以50km/h的车速匀速通过测试区，变速器取常用行驶档位。声级计的档位和测量方法与测加速噪声时相同。

（2）停车噪声的试验方法 具有代表性的停车噪声试验方法标准是ISO 362及ISO 5130，前者规定了停车噪声的全周噪声测定法，后者规定了排气噪声测定法。图8-7所示为停车噪声测定场地及发动机工况。

表8-6 机动车最大允许车外加速噪声

车辆类型		我国标准/dB(A)（1985年1月1日起）	欧洲标准范围/dB(A)	
			1986年	1996年
货车	8t≤载质量<15t	89	80~84	79~80
	3.5t≤载质量<8t	86		
	载质量<3.5t	84		
轻型越野车		84	—	—
公共汽车	4t≤总质量<11t	86		
	总质量<4t	83		
轿车		82	77	74

（3）车内噪声的试验方法　对车内噪声进行测量和评价时，主要考虑的因素是车辆舒适性、语言清晰度（客车）、听觉损害程度（货车驾驶室）及人在车内对车外各种声响信号的识别能力。

我国机动车噪声测量标准规定，测量跑道应是具有足够长度的平直、干燥的沥青路面或水泥路面，且风速不应大于5.6m/s。车内环境噪声必须比所测车内噪声低10dB，并保证测量时不被偶然的其他声源的峰值所干扰。车内噪声的测量点通常取人耳附近（图8-8）。大型客车室内噪声的测量点取在车厢中部及最后排的中间位置，距座垫水平面的高度为650mm。测量时，车辆取常用档位，以50km/h的速度匀速行驶。声级计用"快"档测量"A""C"计权声压级，并分别读取声级计指示的最大读数平均值。如果需要做噪声频谱分析，可用倍频程分析仪进行。

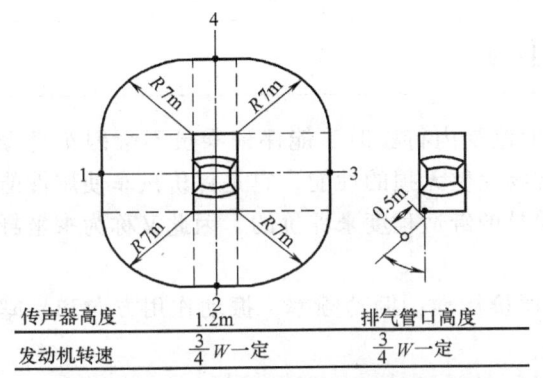

图8-7　停车噪声的测试场地及发动机工况

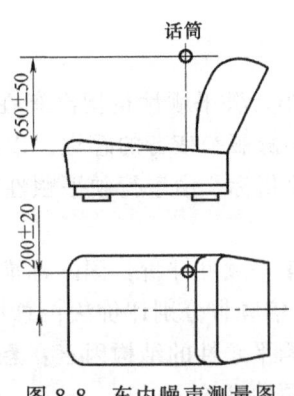

图8-8　车内噪声测量图

2. 汽车噪声的测量仪器

汽车噪声常用的测量仪器是声级计和频谱分析仪，此外还有标准噪声源、噪声信号发生器、磁带记录仪及电平记录仪等。

（1）声级计　声级计是一种测量声音声压级或声压的仪器，由传声器、具有频率计权特性的放大器和一定时间计权特性的检波指示器等部分组成。按其准确度等级可分为4种类型，见表8-7。

表8-7　各型声级计的准确度

类型	0型	1型	2型	3型
准确度/dB	±0.4	±0.7	±1	±1.5

传声器是将声波的压力信号转换为电信号的装置，有晶体式、电容式等几种。晶体式传声器具有结构简单、灵敏度高及造价低等优点，但不耐高温（不大于45℃）及高湿度（湿度不超过85%），且耐振动性差。电容式传声器是一种较好的噪声测量传感器，它具有体积小、频率响应宽、频率特性平直及在高、低温条件下长时间使用性能稳定等优点，一般多与精密声级计配合使用。

在测量噪声时，由于噪声的波动，指示读数往往不稳定。为此，声级计表头的阻尼一般都有"快""慢"两档。通常在噪声起伏大于4dB时，可用慢档测量，当噪声起伏小于4dB

或需记录声级变化过程时，使用快档较为合适。

（2）**频谱分析仪** 频谱分析仪是以一定频带宽度分析声音的仪器，它主要由测量放大器和多组滤波器组成，一个滤波器只允许一定频率宽度的声波通过，超出该频率范围的上限或下限的声波均受到极大的衰减。通常，在进行噪声成分的分析时多采用 1/3 倍频程分析仪。

（3）**标准噪声源** 标准噪声源是一种能产生已知声功率级的噪声源，用于测定机器或设备的噪声声功率级，也可用来测定房间的吸声、隔声量及房间的混响时间。

在噪声测量中，还利用电平记录仪（笔式伺服记录仪器）记录音频范围内噪声信号的有效值、峰值、平均值等。还可以用磁带记录仪将现场的噪声信号记录和保存下来，再在实验室内重放，以便对噪声信息做进一步分析。

本 章 小 结

1. 汽车行驶平顺性是指汽车在一般行驶速度范围内行驶时，能保证乘员不会因车身振动而引起不舒服和疲劳的感觉，以及保持所运货物完整无损的性能。它是评价汽车使用性能的一项重要指标。由于行驶平顺性主要是根据乘员的舒适程度来评价的，因此又称为乘坐舒适性。

2. 汽车平顺性评价：国际标准 ISO 2631 的评价标准；振动频率、振动作用方向和暴露时间；1/3 倍频带分别评价法；总加权值评价法。

3. 影响平顺性的结构因素：悬架结构、轮胎、簧载质量和非簧载质量。

4. 平顺性试验。

5. 车内空间舒适性。

6. 汽车噪声内容、控制措施和度量指标。

习 题

1. 什么是汽车平顺性？
2. 汽车平顺性的影响因素有哪些？
3. 如何评价汽车平顺性？
4. 人体对振动的反应主要与哪些因素有关？
5. 汽车的噪声源主要有哪些？控制汽车噪声的措施主要有哪些？
6. 噪声会对人产生什么影响？

第9章

汽车的排放污染

9.1 汽车排放

9.1.1 汽车常规排放污染物的主要成分及其危害

汽车排放的污染物主要指发动机排气管排出的废气和其他部位漏出的燃料蒸气及从曲轴箱窜出的气体,其中大部分是由排气管排出来的。汽车排放的污染物主要有一氧化碳(CO)、碳氢化合物(HC)、氮氧化物(NO_x)、微粒(PM)。这些有害物质的排出量取决于燃烧前混合物的形成条件、燃烧室的燃烧条件和排气系统的反应条件。排气中的 CO、HC 和 NO_x 的生成条件各不相同,CO 和 HC 是燃料不完全燃烧的产物,而 NO_x 则在燃烧温度高且氧气充足的条件下形成。

1. 一氧化碳(CO)

(1) 一氧化碳(CO)的形成　CO 是碳氢燃料在燃烧过程中的中间产物。

对于汽油机来说,如果空气量充分(过量空气系数 $\alpha \geq 1$),理论上不会产生 CO。而当发动机混合气过浓或燃烧质量不佳时,燃料不能充分燃烧会产生 CO。此外,若燃烧后的温度很高,也会使正常燃烧情况下形成的少量 CO_2 分解成 CO 和 O_2。

柴油机由于过量空气系数大,循环温度低,因此,柴油车的 CO 排放量比汽油车低很多。

(2) 一氧化碳(CO)的危害　CO 是一种无色无味的有毒气体,它进入人体后极易与血液中的血红蛋白结合,CO 与血红蛋白的亲和力是氧气的 300 倍。因此,CO 可使血液携带氧的能力降低而引起缺氧。CO 被人体大量吸入后,因缺氧而形成各种中毒症状,如恶心、头晕、四肢无力,严重时会使人窒息死亡。不同含量 CO 对人体健康的影响见表 9-1。

表 9-1 不同含量 CO 对人体健康的影响

CO 含量(体积分数)($\times 10^{-6}$)	对人体健康的影响
5~10	对呼吸道患者有影响
30	接触 8h,视力及神经机能出现障碍
40	接触 8h,出现气喘
120	接触 1h,中毒
250	接触 2h,头痛
500	接触 2h,剧烈心痛、眼花、虚脱
3000	接触 30min 即死亡

2. 碳氢化合物（HC）

(1) 碳氢化合物（HC）的形成　HC 主要是由发动机排气管排出，部分从供油系统、曲轴箱和燃油箱中泄漏或蒸发。在任何工况下，汽油机排气中总含有一定量的 HC，其排放量远大于柴油机。

发动机工作过程中，燃料不完全燃烧与着火前的混合气形成条件、燃烧室的燃烧条件、膨胀行程的温度条件及排气系统的化学反应条件均有密切的关系。发动机燃用的混合气过浓、过稀或雾化不良，点火能量不足或点火过迟，火焰难以传播到的低温缸壁的激冷作用，都是影响 HC 形成的重要因素。

发动机气缸内的混合气通过火焰传播而燃烧，但是紧靠缸壁的气体层（0.05~0.5mm），因低温缸壁的激冷作用使其温度低而不能燃烧。此外，火焰也不能在激冷缝隙内传播。其结果是，在小于 1mm 的缝隙内（如活塞顶部与第一道气环之间的空隙）混合气不可能完全燃烧，紧靠缸壁的混合气中的 HC 随废气排出。

此外，在发动机工作过程中，混合气过浓或过稀、点火系统出现故障、火焰在传播过程中熄灭，都会导致混合气中的部分或全部燃料以 HC 的形式排出，HC 既有未燃烧的燃料，也有燃料不完全燃烧的中间产物和部分被分解的产物，因此，一切妨碍燃料正常燃烧的因素都是 HC 形成的原因。

(2) 碳氢化合物（HC）的危害　高浓度的 HC 对人的眼、鼻和咽喉黏膜都有较强的刺激作用，严重时可致癌。

HC 对大气的污染主要在于其与 NO_x 产生光化学反应形成光化学烟雾。HC 与 NO_x 在强太阳光作用下，会发生一系列的光化学反应，生成臭氧（O_3）、过氧乙酰基硝酸酯（PAN）等光化学过氧化物及各种游离基根、醛、酮等成分，形成一种毒性很大的光化学烟雾（白色或浅蓝色）。光化学烟雾滞留在大气中时，会使人感到呼吸困难、头晕目眩、眼红咽痛，甚至引起中枢神经受损。

3. 氮氧化物（NO_x）

(1) 氮氧化物（NO_x）的形成　NO_x 是 NO、NO_2、N_2O、N_2O_3、N_2O_4、N_2O_5 等的总称。在发动机排出的 NO_x 废气中，NO 占绝大部分（约占 99%），NO_2 的含量较少（约占 1%）。NO 排入大气后，继续氧化生成 NO_2。

NO_x 是在高温条件下由 N_2 和 O_2 反应生成的，其形成机理比较复杂。目前普遍认为，除燃烧气体的温度和氧的浓度外，N_2 在高温条件下的停留时间是 NO_x 生成的重要影响因素。

(2) 氮氧化物（NO_x）的危害　NO 刚从发动机排出时，其毒性较小，但排出之后的 NO 在大气中被氧化为剧毒的 NO_2，这一过程一般需要几小时，若空气中有强氧化剂如臭氧，则氧化过程变得很迅速。NO_2 是一种刺激性很强的污染物，它能刺激眼、鼻黏膜，麻痹嗅觉，甚至引起肺气肿。NO_2 还是形成酸雨及光化学烟雾的主要物质之一，对人及植物的生长均有不利影响。不同含量 NO_2 对人体健康的影响见表 9-2。

4. 微粒（PM）

(1) 微粒（PM）的形成　汽车排放中的微粒是发动机排气中各种固体或液体微粒的总称。汽油机排出的微粒主要是铅化物、硫酸盐、低分子物质；柴油机排出的微粒主要为碳物质（碳烟）和相对分子质量较大的有机物（润滑油的氧化和裂解产物）。

表 9-2 不同含量 NO_2 对人体健康的影响

NO_2 含量(体积分数)($\times 10^{-6}$)	对人体健康的影响
1	闻到臭味
5	闻到强臭味
10~15	10min 眼、鼻、呼吸道受到刺激
50	1min 内人呼吸困难
80	3min 感到胸痛、恶心
100~150	在 30~60min 内因肺气肿而死亡
250	很快死亡

碳烟由直径很小的多孔性颗粒组成,它主要是燃油在高温缺氧情况下的产物。混合气燃烧时,在空气不足的局部高温区(2000~3000K),已形成气相的燃油分子通过裂解和脱氢过程,经过核化或形成先期产物,快速产生较小分子的物质,在后期出现聚合反应,最终产生碳烟微粒,随废气排入大气,形成碳烟。图 9-1 所示为碳烟颗粒的形成过程。

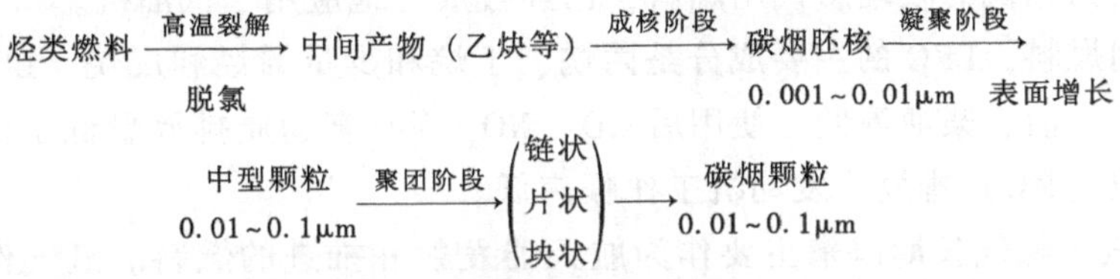

图 9-1 碳烟颗粒的形成过程

另外,在低于 1500K 的低温区,如燃烧室壁等非火焰区,通过聚合和冷凝过程,缓慢形成相对分子质量较大的物质,最后也生成碳烟微粒。

柴油车排出的微粒要比汽油车多得多。其中碳烟微粒比汽油机多 30~60 倍。理论研究表明,汽油等轻质燃料的汽化是一个物理过程,而柴油等重质燃料的汽化则还包含化学裂解过程,这就是柴油车微粒排放多的重要原因。

(2) 微粒(PM)的危害　微粒中对人体和大气环境危害最大的是直径为 2.5μm 左右的微粒,它悬浮于离地面 1~2m 的空气中,容易被人体吸收。而这些微粒往往吸附许多有机污染物、重金属元素和一些致癌物质。因此,微粒碳烟被人体吸收后,易引起心、肺部病变,甚至致癌,严重危害人体的健康。

9.1.2 新能源汽车的排放污染物及危害

新能源汽车是区别于传统的燃油汽车的命名概念,新能源汽车使用的将是新的替代能源。目前可以考虑使用的替代能源较多,如太阳能、电能、燃气能源、一些化学类燃料能源。

1. 纯电动汽车

纯电动汽车并非真正意义上的零排放,而是在行驶过程中不会产生尾气排放。但是车辆在充电和更换电池时依然会造成污染,只是其相对于传统燃油汽车的尾气排放污染要小得多。

首先,纯电动汽车的电能来源会对环境产生一定的影响。假设使用太阳能发电或者风力发电是不会造成污染的,但是由于太阳能和风力发电属于大自然提供能源,非常不稳定,提供的能源也较为有限,再加上技术和成本相对较高,所以很大一部分的电力来源是靠燃煤提供的,这会对环境造成一定的影响。

除了能源排放以外,纯电动汽车的动力蓄电池在报废以后的回收处理问题也应引起关注。现在市场上所销售的电动汽车搭载的动力蓄电池的使用寿命一般为3~5年,或者是15万~20万公里就要更换,而电池的处理和回收也会对环境造成一定的污染。

2. 代用燃料汽车

代用燃料汽车是指在现有车辆结构不做根本改变的条件下,使用原始资源较为丰富、能满足现有常规传统汽车使用性能的替代燃料,且能方便过渡到优化使用的"汽车"。近期的代用燃料有甲醇、乙醇、氢气、天然气(NG)、液化石油气(LPG)、压缩天然气(CNG)等。它们之所以被称为清洁代用燃料,是因为它们的相对分子质量比汽油、柴油小得多,具有极强的经济性和尾气排放性,排放的CO、HC、CO_2等污染物比使用汽油、柴油低得多。

(1) **天然气和液化石油气** 天然气(NG)和液化石油气(LPG)由于生成的污染物较少,被认为是内燃机的较理想代用燃料,已经被成功地应用于汽油机。

作为车用燃料,LPG的主要成分是丙烷、丁烷和少量烯烃和戊烷。LPG的辛烷值较高,成本比酒精、汽油、柴油等低,使用后CO、NO_x等有害物质排放量低于汽油机,基本上消除黑烟和微粒(PM)排放,发动机工作噪声低。

(2) **氢气** 氢气长期以来主要作为航天器发射和推进的燃料。氢气作为汽车燃料,辛烷值高,发动机热效率高,发动机可在过量空气系数较大的范围内稳定燃烧,点火能量低,不到汽油最低点火能量的1/10,且氢燃料的火焰传播速度快,低温下易起动,其燃烧生成物主要是水,不产生HC、CO和碳烟。但在发动机上使用还有回火、早燃、燃烧控制等问题尚待解决。氢气的主要缺点是储运性能很差,氢气的沸点为-253℃,以液态方式储存时成本高,不适宜长期储存。氢气的制取原料有天然气、煤、水。从水制取氢有电解法、热化学法、光解法及微生物法,目前,这些制氢方法的成本及能耗都较高,难以进行大规模生产,因此氢气必须在解决降低生产成本、储存运输等难题后,才能走向实用。

(3) **醇类燃料** 醇类燃料主要是甲醇和乙醇,具有辛烷值高、汽化潜热大、热值较低等特点。作为汽车燃料,醇类燃料自身含氧,在发动机燃烧中可提高氧燃比,CO和HC的排放量较汽油和柴油的低,几乎无碳烟排放。另外,由于汽化潜热大,因此可降低进气温度,提高充气效率,使最高燃烧温度降低,发动机的NO_x排放量较低。

发动机使用甲醇燃料,会产生有毒的醛类排放物。此外甲醇对人体的毒性较大,它对金属有腐蚀作用,对橡胶皮革有溶胀作用,会使塑料过早老化,这些缺点使甲醇在实际应用中受到了较大限制。

(4) **生物燃料** 生物燃料是指从农作物或动物的脂肪中提取的可再生燃料。目前,已研制成功并投入使用的植物油型燃料有菜籽油、棉籽油、棕榈油、豆油、甲醇酯混合油等。将植物油和动物脂肪与酒精反应,脱去甘油三酯转变成甲酯或乙基酯之后就可以在柴油机上使用,这些酯类物被称为"生物柴油"。生物柴油中的富氧可以加快燃烧速度,减少CO、HC和微粒的排放量。

9.1.3 汽车排放标准

1. 国外汽车排放标准

为了抑制有害气体的产生，促使汽车生产厂改进产品以降低有害气体的产生，欧洲和美国都制定了相关的汽车排放标准。其中欧洲标准是我国借鉴的汽车排放标准，目前国产新车都会标明发动机废气排放达到的标准。

欧洲排放标准是由欧洲经济委员会（ECE）的排放法规和欧洲经济共同体（EEC）的排放指令组成的，EEC即是现在的欧盟（EU）。排放法规由ECE参与国自愿认可，排放指令是EEC或EU参与国强制实施的。汽车排放的欧洲法规（指令）标准在1992年前已实施若干阶段，欧洲从1992年起开始实施欧Ⅰ（欧Ⅰ型式认证排放限值），1996年起开始实施欧Ⅱ（欧Ⅱ型式认证和生产一致性排放限值），2000年起开始实施欧Ⅲ（欧Ⅲ型式认证和生产一致性排放限值），2005年起开始实施欧Ⅳ（欧Ⅳ型式认证和生产一致性排放限值），2009年起开始实施欧Ⅴ（欧Ⅴ型式认证和生产一致性排放限值），2014年起开始实施欧Ⅵ（欧Ⅵ型式认证和生产一致性排放限值）。

相对于欧Ⅴ标准，欧Ⅵ标准更加严格。根据欧Ⅵ标准，柴油轿车每公里NO_x的排放量不应超过80mg，比目前标准规定的排放量减少68%。

欧Ⅴ和欧Ⅵ标准排放的具体限值指标见表9-3和表9-4。

表9-3 欧Ⅴ标准排放限值 （单位：mg/km）

分类		基准质量RM/kg	限值											
			CO		THC		NMHC		NO_x		HC+NO_x		PM质量		PM[①]数量
			L1		L2		L3		L4		L2+L4		L5		L6
类别	级别		PI	CI	PI	CI	PI	CI	PI	CI	PI	CI	PI[②]	CI	PI	CI
M	—	全部	1000	500	100	—	68	—	60	180	—	230	5.0	5.0		
N_1	Ⅰ	RM≤1305	1000	500	100	—	68	—	60	180	—	230	5.0	5.0		
	Ⅱ	1305<RM≤1760	1810	630	130	—	90	—	75	235	—	295	5.0	5.0		
	Ⅲ	RM<1760	2270	740	160	—	108	—	82	280	—	350	5.0	5.0		
N_2	—	—	2270	740	160	—	108	—	82	280	—	350	5.0	5.0		

注：1. PI表示点燃式，CI表示压燃式。
  2. THC为总碳氢化合物。
  3. NMHC为非甲烷碳氢化合物。
① PM数量指标应尽快制定并最迟在欧Ⅵ实施阶段制定出台。
② 仅适用于使用直喷发动机的车辆。

2. 我国汽车排放标准

我国从1981年开始制定标准，于1983年首次发布了国家汽车排放标准及测量方法GB 3842~3847—1983，并于1984年4月1日开始实施。其中GB 3842—1983、GB 3843—1983、GB 3844—1983分别为汽油车怠速污染物排放标准、柴油车自由加速烟度排放标准、汽车柴油机全负荷烟度排放标准。

1993年，我国发布七项汽车排放国家标准GB 14761.1—1993《轻型汽车排气污染物排放标准》、GB 14761.2—1993《车用汽油机排气污染物排放标准》、GB 14761.3—1993《汽

表 9-4　欧Ⅵ标准排放限值　　　　　　　　　　（单位：mg/km）

分类		基准质量 RM /kg	限值												
			CO		THC		NMHC		NO$_x$		HC+NO$_x$		PM 质量		PM[①]数量
			L1		L2		L3		L4		L2+L4		L5		L6
类别	级别		PI	CI	PI	CI	PI	CI	PI	CI	PI	CI	PI[②]	CI	PI	CI
M	—	全部	1000	500	100	—	68	—	60	80	—	170	5.0	5.0	—	—
N$_1$	Ⅰ	RM≤1305	1000	500	100	—	68	—	60	80	—	170	5.0	5.0	—	—
	Ⅱ	1305<RM≤1760	1810	630	130	—	90	—	75	105	—	195	5.0	5.0	—	—
	Ⅲ	RM<1760	2270	740	160	—	108	—	82	125	—	215	5.0	5.0	—	—
N$_2$	—	—	2270	740	160	—	108	—	82	125	—	215	5.0	5.0	—	—

注：PI 表示点燃式，CI 表示压燃式。
① PM 数量指标在该阶段应已制定。
② 仅适用于使用直喷发动机的车辆。

油车燃油蒸发污染物排放标准》、GB 14761.4—1993《汽车曲轴箱污染物排放标准》、GB 14761.5—1993《汽油车怠速污染物排放标准》、GB 14761.6—1993《柴油车自由加速烟度排放标准》、GB 14761.7—1993《汽车柴油机全负荷烟度排放标准》。1999 年，我国正式发布四项汽车排放国家标准 GB 14761—1999、GB 17691—1999、GB 3847—1999、GB 3692—1999，于 2000 年 1 月 1 日开始实施。至此，我国新车排放达到欧洲 20 世纪 90 年代初期水平。2001 年，我国发布了 GB 18352.1—2001 与 GB 18352.2—2001，分别于 2001 年 4 月 16 日和 2004 年 7 月 1 日起开始实施。2002 年，我国发布了 GB 14762—2002，从 2003 年 1 月 1 日起开始实施。2016 年，我国发布了 GB 18352.6—2016《轻型汽车污染物排放限值及测量方法（中国第六阶段）》，自 2020 年 7 月 1 日起实施。2018 年，我国发布了 GB 17691—2018《重型柴油车污染物排放限值及测量方法（中国第六阶段）》，自 2019 年 7 月 1 日起实施。

简单来说，国家第六阶段机动车污染物排放标准（国六）是国家第五阶段机动车污染物排放标准（国五）的升级版，对 CO、THC（总碳氢化合物）、NMHC（非甲烷碳氢化合物）、NO$_x$（氮氧化物）、PM 的排放限值相比国五标准有了更加严格的限定，同时新增了对 PN（颗粒物数量）的排放规定。据测算，按照国六排放标准，轻型汽油车的 CO、HC、NMHC 和 NO$_x$ 的排放量将比国五阶段降低 50%左右，颗粒物排放量降低 40%左右；对于重型柴油车，NO$_x$ 和颗粒物排放量将比国五阶段降低 60%以上。国五与国六限值对比见表 9-5。

表 9-5　国五与国六限值对比

污染物	类　　别												
	THC/(g/km)		CO/(g/km)		NO$_x$/(g/km)		NMHC/(g/km)		PM/(mg/km)		PN	
	汽油	柴油	汽油	柴油	汽油	柴油	汽油	柴油	汽油	柴油	汽油	柴油
国五阶段	100	—	1000	500	60	180	68	—	4.5	4.5	—	6.0×10^{11}
国六 a 阶段	100		700		60		68		4.5		6.0×10^1	
国六 b 阶段	50		500		35		35		3		6.0×10^1	

除了排放量限值更严格，冷起动测试循环从国五的 NEDC 循环调整为国六的 WLTC 循环，实际排放量有所增加；双怠速测试从 2023 年 7 月 1 日开始调整为实际行驶试验（RDE），尾气排放量更多。

9.2 汽车排放污染物的检测

9.2.1 汽油机排放污染物的检测设备

目前，在汽车排气分析仪中，测定汽油机的有不分光红外线分析仪、氢火焰离子型分析仪、化学发光分析仪等。根据 GB 18285—2018《汽油车污染物排放限值及测量方法（双怠速法及简易工况法）》规定，CO、CO_2、HC 的测量应采用不分光红外线法（NDIR）。

1. 不分光红外线法的基本原理

汽车废气中的 CO、HC、NO 和 CO_2 等气体，都分别具有能吸收一定波长范围红外线的性质，红外线被吸收的程度与废气浓度有一定的关系，如图 9-2 所示。不分光红外线法就是利用这一原理，即根据废气吸收一定波长红外线能量的变化，来测量废气中各种污染物的浓度。例如，CO 主要吸收波长为 4.7μm 附近的红外线，因此可以使红外线通过一定量的汽车尾气，根据对比 4.7μm 红外线经过尾气前后能量的变化，来测定废气中 CO 的含量。在各种气体混合在一起的情况下，这种测量方法具有测量值不受影响的特点。

利用不分光红外线法原理制成的分析仪（或称为监测仪、测量仪），既可以制成能单独测量 CO 和 HC 含量的单项分析仪，也可以制成能测量这两种气体含量的综合分析仪。无论哪种形式的分析仪，在测量 HC 含量时，由于排气中 HC 成分非常复杂，因此要将各种 HC 成分的含量换算成正己烷（$n\text{-}C_6H_{14}$）的含量，以此作为 HC 含量的测量值。

2. 不分光红外线分析仪的组成与工作原理

不分光红外线 CO 和 HC 气体分析仪是一种能从汽车排气管中采集气样，并对其中所含 CO 和 HC 的浓度进行连续测量的仪器。它由废气取样装置、废气浓度指示装置和校准装置等组成，如图 9-3 所示。

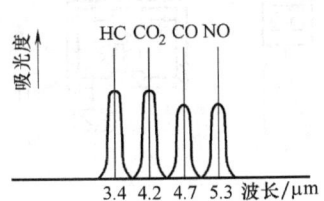

图 9-2 不同气体吸收
红外线的情况

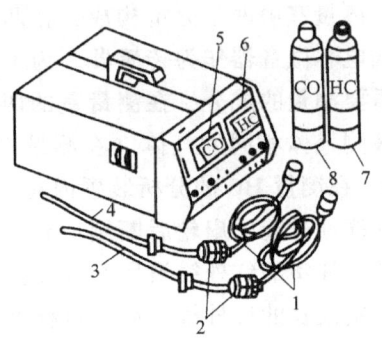

图 9-3 不分光红外线分析仪
1—导管 2—滤清器 3—低浓度取样探头 4—高浓度取样探头
5—CO 指示仪表 6—HC 指示仪表 7—标准 HC 气样瓶
8—标准 CO 气样瓶

(1) **废气取样装置** 废气取样装置用于获取被测发动机的排气气样，由图9-4所示的废气在分析仪内的流动可以看出，废气取样装置由取样探头、滤清器、导管、水分分离器和泵等组成。该装置通过取样探头、导管和泵从汽车的排气管里采集废气，再用滤清器和水分分离器过滤掉废气中的炭渣、灰尘和水分，只将废气送入分析装置。

为了使取样探头具有耐热性和防止导管吸附HC气体，此处所用导管由特殊材料制成。从发动机排气管中吸出废气，需要一定的真空度，因此在取样装置系统内还包括一个吸气泵。

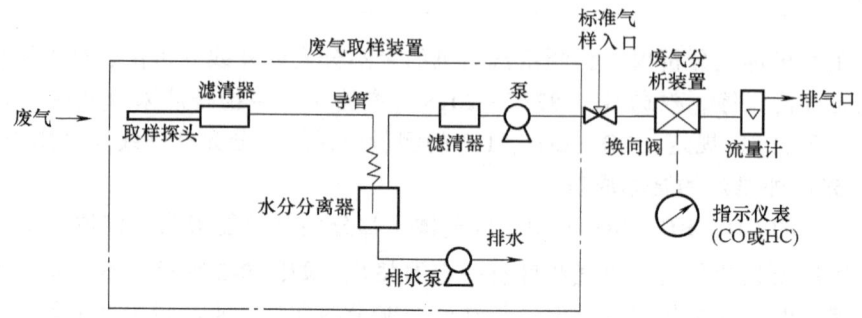

图9-4 废气在分析仪中的流动路线

(2) **废气分析装置** 废气分析装置是尾气分析仪的核心部分。废气分析装置由红外线光源、测量气样室、标准气样室、旋转扇轮、测量室和传感器等组成。该装置是按照不分光红外线法，从来自取样装置的混有多种成分的废气中，测量出CO和HC的浓度，并以电信号形式输送给浓度指示装置的。

图9-5所示为不分光红外线分析仪结构简图，从两个同样的红外线光源发出同等量的红外线，一束通过标准气样室，另一束通过测量气样室后到达测量室。在标准气样室里充有不吸收红外线的N_2，因此红外线光束穿过时，红外线光能未受损失。在测量气样室里充有被测量的废气，由于废气中含有吸收红外线的CO和HC，因此红外线光束穿过时，红外线光能将相应减小。测量室由两个分室构成，在两个分室中间装有金属膜式电容微音器作为传感器。为了能够从废气中选择出只需要测量的成分，在测量室的两个分室内，分别充入与被测气体相同的气体（在测量CO的分析装置内充入CO，在测量HC的分析装置内充入正已烷）。

当红外线通过旋转扇轮后断续地到达测量室时，由于通过测量气样室的红外线被所测气体按其浓度大小吸收一部分一定波长的红外线，而通过标准气样室的红外线没有被吸收，因此在测量室的两个分室内，因红外线的能量差而出现温度差，从而导致两分室有压力差，致使两腔之间的金属膜片弯曲变形。该膜片与电容器的一只金属片相连，金属片的位移引起电容的变化，这一

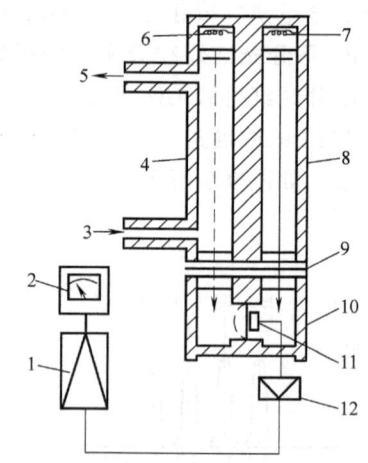

图9-5 不分光红外线分析仪结构简图

1—主放大器 2—指示仪表 3—废气入口 4—测量气样室 5—排气口 6、7—红外线光源 8—标准气样室 9—旋转扇轮 10—测量室 11—电容微音器 12—前置放大器

微弱信号经过放大器放大,即可在显示仪表上显示出来。废气中被测气体浓度越大(两个分室红外线的能量差越大),金属膜片弯曲变形越大。

由于检测不同的尾气成分需要使用不同波长的红外光,所以在多种气体分析仪中需要相应数量的气体分析装置,如两个气体分析仪需要有两个分别检测 CO 和 HC 的分析装置。

(3) **浓度指示装置** 综合式分析仪的浓度指示装置主要由 CO 指示装置和 HC 指示装置组成,如图 9-6 所示。从废气分析装置送来的电信号,在 CO 指示仪表上以体积百分数(%)表示,在 HC 指示仪表上以正己烷当量体积百万分数(10^{-6})表示。仪表指针可用零点调整螺钉调零。根据测量浓度的不同,仪表上设有不同量程的换档旋钮,可以方便地控制。新型仪器的指示装置改为数字显示,有的还可以直接打印测量值。此外,还可以通过在气流通道一端设置的流量计,得知废气通道是否有滤清器脏污等异常情况。

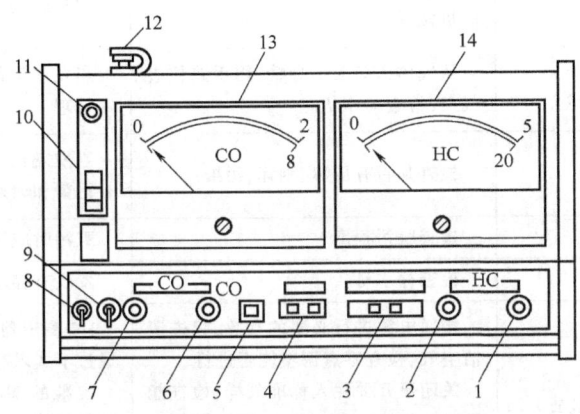

图 9-6 综合式分析仪面板图
1—HC 标准调整旋钮 2—HC 零点调整旋钮 3—HC 读数转换开关 4—CO 读数转换开关 5—简易校准开关
6—CO 标准调整旋钮 7—CO 零点调整旋钮 8—电源开关 9—泵开关 10—流量计 11—电源指示灯
12—标准气样注入口 13—CO 指示仪表 14—HC 指示仪表

(4) **校准装置** 校准装置是为了保持分析仪指示精度,使之能经常显示正确指示值的一种装置。在分析仪上经常设有加入标准气样进行校准的校准装置和机械的简易校准装置。

标准气样校准装置是将标准气样从分析仪单设的一个专用注入口直接送到废气分析装置,再通过比较标准气样浓度值和仪表指示值的方法来进行校准。

简易校准装置通常是用遮光板将废气分析装置中通过测量气样室的红外线挡住一部分,用减少一定量红外线的方法进行简单校准。简易校准开关装在仪表板上,并分别设有 CO、HC 校准旋钮。

3. **不分光红外线分析仪的使用和维护**

(1) **不分光红外线分析仪的使用**

1) 不分光红外线分析仪使用前的准备。接通电源,进行必要的预热(30min 以上)。对仪器进行校准,接通分析仪的简易校准开关,用标准调整旋钮将指示仪表指针调到校准刻度线位置。将取样探头和取样管接到检测仪上,检查取样探头和取样管内是否有残留的 CO、HC。如果导管内壁吸附有较多的 CO、HC,仪表指针将大大超过零点,此时,要用压缩空气吹洗管道或用细布条擦拭。起动发动机进行充分预热。

2) CO、HC 测量步骤。将不分光红外线分析仪的测量档位开关旋到最高量程位置。将取样探头插入排气管消声器内 60cm 左右（无法插入 60cm 时，需接长排气管或用布套将排气管口罩住，以防外部气体混入）。一边观察指示仪表，一边用测量档位开关选择适于排气中的 CO、HC 浓度的量程档位，待指示稳定后，读取仪表显示值。测量结束后，将取样探头从排气管内取出，再吸入新鲜空气 5min，待仪表指针回零后，再关掉电源。

（2）不分光红外线分析仪的维护　正确保养、维护是保持仪器测量精度的关键，不分光红外线分析仪的保养周期与作业项目可参照表 9-6 执行。

表 9-6　不分光红外线分析仪的保养周期与作业项目

时间	检查部位	检查要领	备注
使用前	指针	在不接通电源的状态下，检查指针的机械零点	偏离时，调节零点调整螺钉，直至合格
	流量计	从气体入口取下导管，用手遮住进气口，检查动作状态	当发现不能正常动作时，应由专业厂家修理
	探测器和导管	检查是否有压扁、割坏、污染	当发现已压扁、割坏时应更换新件，如有污染和堵塞时，用布和压缩空气清扫
	滤清器	检查脏污程度	脏污时应更换
	水分分离器	检查存水量	发现有存水时，取下排尽清扫
	校准装置 1）标准气样校准装置 2）简易校准装置	接通电源进行必要的预热，吸进清洁空气，检查零点调整能否进行 关闭泵开关注入标准气样，检查能否进行标准气样校准。打开简易校准开关，检查动作状态和指针的指示位置，即刻度板的调整位置	HC 测定器的标准气体为丙烷，所以应通过下式求得校准的基准值： 校准的基准值＝标准气体浓度×换算系数 当发现不能调整时，应送专业厂家修理
	接线	检查有无损伤和接触不良	若发现有接触不良和断线，应更换新线

4. 四气体与五气体分析仪

鉴于目前实施的怠速工况测定 CO、HC 两种气体的排气检测方法已无法有效反映汽车排气污染物对大气的污染现状，更不能满足环保部门对环境全面严格监测的要求。因此，除测定 CO、HC 外，还必须测定汽车排气中的 NO_x 和 CO_2。

汽车排气中的含氧量是装有电控燃油喷射式发动机的汽车计算机监测空燃比、控制排放量、保护三元催化转化器正常工作的重要信号，因此，现代汽车尾气分析仪又增加了 O_2 的测试功能。

这五种气体的浓度通常采用不同方法来测定。其中 CO、CO_2、HC 通过不分光红外线不同波长能量吸收的原理来测定，可获得足够的测试精度。而 NO_x 和 O_2 的浓度通常采用电化学的原理来测定，排气中的含氧量往往通过在测试通道中设置氧传感器来测定。

国内现在使用的 NO_x 测试仪器是化学发光分析仪（CLD）。其测定原理为

$$NO+O_3 \rightarrow NO_2^* + O_2 \tag{9-1}$$

$$NO_2^* \rightarrow NO_2 + hr \tag{9-2}$$

式中　NO_2^*——激发态二氧化氮；
　　　hr——激发态二氧化氮向基态二氧化氮过渡时发射出的光子。

当气样中的 NO 和 O_3 反应生成 NO_2 时，约有 10% 的 NO_2 处于激发态，这些激发态分子按式（9-2）向基态过渡时，会发射波长为 $0.59 \sim 2.5 \mu m$ 的光子 hr，并且光子 hr 的强度与 NO 的含量成正比，因此，可以利用光电倍增管将这一光能转变为电信号输出而测出 NO 的含量。对于排气中的 NO_2，通过转化器分解成 NO，再以上述相同方法一起测定，求得 NO 和 NO_2 之和，即为 NO_x 值。化学发光分析仪的结构简图如图9-7所示。

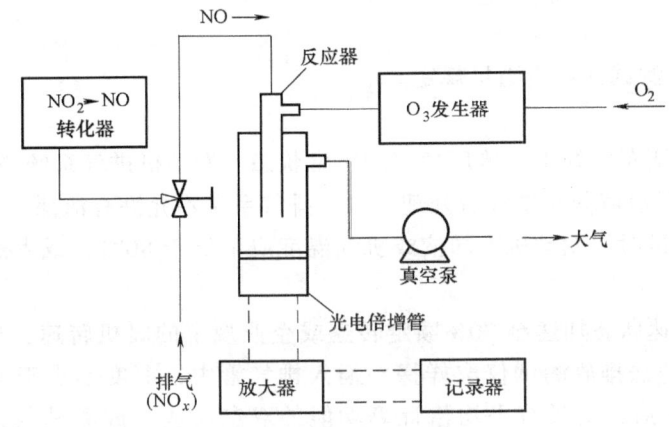

图9-7　化学发光分析仪的结构简图

9.2.2　发动机汽车排气污染物排放限值及测量方法

对于使用闭环控制电子燃油喷射系统和三元催化转化器技术的汽车进行过量空气系数（α）的规定。发动机转速为高怠速转速时，α 应为 1.00 ± 0.03 或在原厂规定的范围内。测试混合气浓度前，应按照原厂使用说明书规定预热发动机。

1. 发动机汽车排气污染物排放限值

汽油车和柴油车排气污染物限值分别见表9-7和表9-8。

表9-7　双怠速法检验排气污染物排放限值

类　别	怠速		高怠速	
	CO(%)	HC[①](10^{-6})	CO(%)	HC[①](10^{-6})
限值 a	0.6	80	0.3	50
限值 b	0.4	40	0.3	30

① 对以天然气为燃料的点燃式发动机汽车，该项目为推荐性要求。

2. 发动机汽车排气污染物排放测量方法

GB 18285—2018《汽油车污染物排放限值及测量方法（双怠速法及简易工况法）》和 GB 3847—2018《柴油车污染物排放限值及测量方法（自由加速法及加载减速法）》规定了在用汽油车和柴油车的污染物排放限值和检测所应满足的要求。

表 9-8　在用汽车和注册登记排放检验排放限值

类别	自由加速法	加载减速法		林格曼黑度法
	光吸收系数/m^{-1} 或不透光度(%)	光吸收系数/m^{-1} 或不透光度(%)[①]	氮氧化物[②]($\times 10^{-6}$)	林格曼黑度(级)
限值 a	1.2(40)	1.2(40)	1500	1
限值 b	0.7(26)	0.7(26)	900	

① 海拔高于 1500m 的地区，加载减速法限值可以按照每增加 1000m 增加 0.25m^{-1} 幅度调整，总调整不得超过 0.75m^{-1}。

② 2020 年 7 月 1 日前限值 b 过渡限值为 1200×10^{-6}。

(1) 双怠速法

1) 测量仪器。测试仪器应满足规定。

2) 测量程序。

① 应保证被检测车辆处于制造厂规定的正常状态，发动机进气系统应装有空气滤清器，排气系统应装有排气消声器和排气后处理装置，排气系统不允许有泄漏。

② 进行排放测量时，发动机冷却液或机油温度应不低于 80℃，或者达到汽车使用说明书规定的热状态。

③ 发动机从怠速状态加速至 70% 额定转速或企业规定的暖机转速，运转 30s 后降至高怠速状态。将双怠速法排放测试仪取样探头插入排气管中，深度不小于 400mm，并固定在排气管上。维持 15s 后，由具有平均值计算功能的双怠速法排放测试仪读取 30s 内的平均值，该值即为高怠速污染物测量结果，同时计算过量空气系统的数值。

④ 发动机从高怠速降至怠速状态 15s 后，由具有平均值计算功能的双怠速法排放测试仪读取 30s 内的平均值，该值即为怠速污染物测量结果。

⑤ 在测试过程中，如果任何时刻 CO 与 CO_2 的浓度之和小于 6.0%，或者发动机熄灭，应终止测试，排放测量结果无效，需重新进行测试，混合动力车辆除外。

⑥ 对双排气管车辆，应取各排气管测量结果的算术平均值作为测量结果。也可以采用 Y 型取样管的对称双探头同时取样。

⑦ 若车辆排气系统设计导致的车辆排气管长度小于测量深度时，应使用排气延长管。

⑧ 双怠速法测量程序如图 9-8 所示。

⑨ 应使用符合规定的市售燃料，如车用汽油、车用天然气、车用液化石油气等。试验时直接使用车辆中的燃料进行排放测试，不需要更换燃料。

(2) 自由加速法

1) 试验条件。

① 试验应针对整车进行。

② 试验前车辆发动机不应停机或长时间怠速运转。

③ 不透光烟度计及其安装应符合规定。

④ 试验应采用符合国家标准的车用燃料。可以直接使用车辆油箱中的燃料进行测试。

2) 车辆准备。

① 车辆在不进行预处理的情况下也可以进行自由加速烟度试验。但出于安全考虑，试验前应确保发动机处于热状态，并且机械状态良好。

② 发动机应充分预热，如在发动机机油标尺孔位置测得的机油温度至少为 80℃。如果

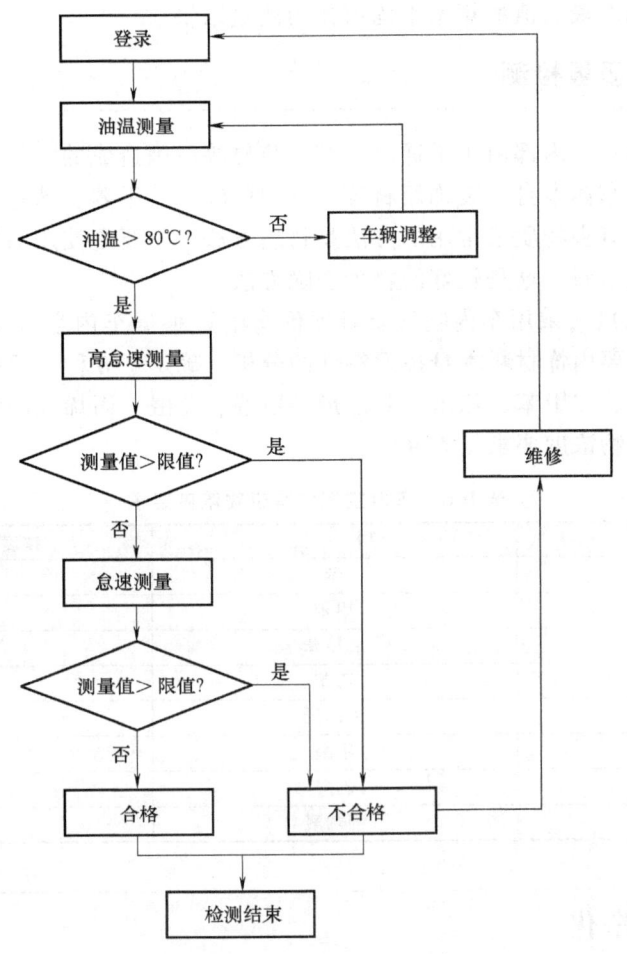

图 9-8 双怠速法测量程序

由于车辆结构限制无法进行发动机机油温度测量，可以通过其他方法判断发动机温度是否处于正常运转温度范围内。

③ 在正式进行排放测量前，应采用三次自由加速过程或其他等效方法吹拂排气系统，以清扫排气系统中的残留污染物。

3）试验方法。

① 通过目测进行车辆排气系统相关部件泄漏检查。排气取样探头插入汽车排气管中至少 400mm，若不能保证此插入深度，应使用延长管。

② 在每个自由加速循环的开始点发动机（包括废气涡轮增压发动机）均应处于怠速状态，对重型车用发动机，将加速踏板放开后至少等待 10s。

③ 在进行自由加速测量时，必须在 1s 的时间内，将加速踏板连续完全踩到底，使供油系统在最短时间内达到最大供油量。

④ 对每个自由加速测量，在松开加速踏板前，发动机应达到额定转速。在测量过程中应监测发动机转速，检查是否符合试验要求（特殊无法测得发动机转速的车辆除外），将发动机转速数据实时记录并上报。

⑤ 检测应重复进行三次自由加速过程，烟度计应记录每次自由加速过程最大值，应将

上述三次自由加速烟度最大值的算术平均值作为测量结果。

9.2.3 车内空气质量检测

车内空气污染指汽车内部由于不通风、车体装修等原因造成的空气质量差的情况。车内空气污染源主要来自车体本身、装饰用材等，其中甲醛、二甲苯、苯等有毒物质的污染后果最为严重。处理这些有害物质最常用的方法是物理方法，主要是使用活性炭等材料对污染气体进行吸附，即物理吸附，这是较好的物理去除方法。

GB/T 27630—2011《乘用车内空气质量评价指南》根据车内空气中挥发性有机物的种类、来源和对车辆主要内饰材料本身挥发特性的分析，确定了 8 种主要被控制物质，规定了车内空气中苯、甲苯、二甲苯、乙苯、苯乙烯、甲醛、乙醛、丙烯醛的浓度要求。

车内空气中有机物浓度要求见表 9-9。

表 9-9 车内空气中有机物浓度要求

序 号	项 目	浓度要求/(mg/m^3)
1	苯	≤0.11
2	甲苯	≤1.10
3	二甲苯	≤1.50
4	乙苯	≤1.50
5	苯乙烯	≤0.26
6	甲醛	≤0.10
7	乙醛	≤0.05
8	丙烯醛	≤0.05

9.3 汽车排气净化

9.3.1 排放污染物的机内净化技术

1. 汽油机的机内净化技术

（1）**推迟点火提前角** 推迟点火提前角一直是简单易行、应用普遍的排放控制技术。汽油机推迟点火提前角，不仅可以降低燃烧温度，从而降低 NO_x 的生成速度和生成量，还会因后燃使 HC 的排放量减少。但推迟点火提前角降低污染物排放量的效果是有限的，在不降低发动机动力性和燃油经济性的前提下，NO_x 可降低 10%~30%。在实际应用中，应综合考虑动力性、经济性和排放特性以确定一个最佳的点火提前角。

（2）**排气再循环**（EGR） 排气再循环也是一种被广泛采用的控制技术，但仅对降低 NO_x 的生成有效。排气再循环是将 5%~20% 的废气引入进气管送到气缸，使混合气被稀释，燃烧最高温度下降，从而使 NO_x 的生成量减少。EGR 阀装于进、排气管交叉处，如图 9-9 所示，根据发动机负荷及转速控制排气再循环量。当负荷增加或转速升高时，化油器喉管的真空度增加，即可克服回位弹簧预紧力的作用，使膜片上移带动 EGR 阀开启，废气从排气管进入进气管，真空度增加，阀门开启量增大，排气再循环量增加，急速时喉管的真空度降低，阀门关闭，不进行排气再循环，以防废气混入导致急速不稳定。

为了精确地控制 EGR 率，最好采用电子控制 EGR 系统。为了使降低 NO_x 生成量的效果更明显，可采用中冷 EGR。为了消除 EGR 对发动机动力性和经济性的不利影响，往往同时采用一些快速燃烧和稳定燃烧的措施。例如，通过采用进气涡流和双火花塞点火，使采用 EGR 时的燃油消耗率不仅没有增加，反而有所降低。

（3）**燃烧系统优化设计** 紧凑的燃烧室形状可以促使燃烧更加快速、充分地进行，并减少淬熄效应，由此可以降低 CO 和 HC 的排放量。改善气缸内气流运动，有助于加强油气混合，也可以促进燃烧快速、充分进行。此外，还可以改善燃烧时的循环波动，从而降低 HC 的排放量。

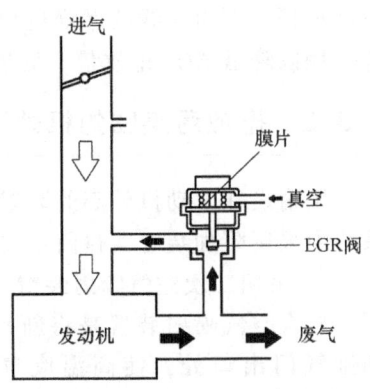

图 9-9 排气再循环系统工作原理

减小活塞头部、火花塞和进排气门等处的缝隙也可以有效地降低 HC 的排放量。

（4）**提高点火能量** 提高点火能量可以提高着火的可靠性，减小循环波动率，扩大混合气的着火界限。尤其是随着汽油机稀薄燃烧技术的发展，无触点的高能电子点火系统也得到了很广泛的应用。

提高点火能量的方法主要有增大火花塞电极间的电压、增大火花塞间隙、延长放电时间等。

（5）**电控汽油喷射技术** 电控汽油喷射系统可以更好地满足汽车各工况的参数优化要求，从而实现汽车动力性、燃料经济性和排放特性的综合优化。此外，可变进气系统、可变配气相位、可变排量、稀薄燃烧及缸内直喷等新技术，已成为当前和未来较长时期内汽油机排放控制的最主要和最有效的技术。

总之，汽油机的机内净化技术并不是很多，这主要是因为目前汽油机大多采用闭环电喷加三元催化转化器的排放控制技术，从而大大减小了对机内净化的要求。

2. 柴油机的机内净化技术

与汽油机的排放控制相比，柴油机的控制难度要更大一些。目前，有效的方法和技术较少，特别是排气后处理技术还没有达到相关标准，所以柴油机的排放控制主要依靠机内净化技术。

柴油机的燃烧过程要比汽油机复杂得多，因而可用于控制有害物生成的燃烧特性参数也要比汽油机多。为此，理想的喷油规律、混合气运动规律及与之匹配的燃烧室形状是必不可少的。

为使 NO_x 和颗粒排放物减少，又不影响发动机的热效率，柴油机应采用图 9-10 所示的

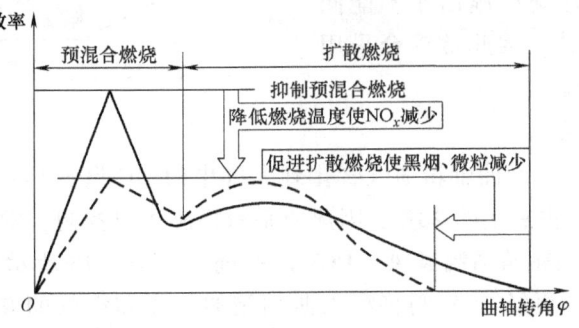

图 9-10 柴油机燃烧控制过程

燃烧过程，即由实线的燃烧过程变为虚线的燃烧过程。这一过程可以概括为两点：抑制预混合燃烧以降低 NO_x 排放量；促进扩散燃烧以降低颗粒物排放量和提高热效率。

9.3.2 排放污染物的机外净化技术

用附设在发动机外部的装置，将废气净化后再排出机外，称为机外净化，一般是在排气系统中采用附加装置，目前主要应用以下几种措施：

1. 采用二次空气喷射装置

二次空气喷射装置是将新鲜空气喷射到排气门出口处，使高温废气与空气混合，利用燃烧后的高温将废气中残留的未完全燃烧的 CO 及 HC 再燃烧，达到排气净化的目的，图 9-11 所示为该装置的工作示意图。新鲜空气由空气泵抽取，经分流阀送到排气门后；另一路从化油器下侧送入进气管，减速时进气真空度增大，止回阀打开，暂时将空气吸入进气管对混合气

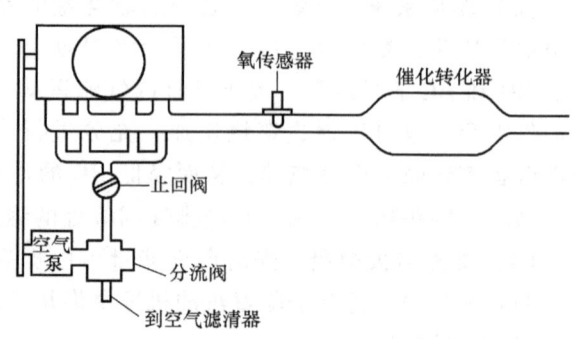

图 9-11 二次空气喷射装置示意图

进行稀释，使燃烧完全并防止后燃，高速时空气由溢流阀排出，该装置对 CO、HC 的净化效果较好。

2. 三元催化转化器

三元催化转化器是使废气通过催化反应器后，利用催化剂使有害的 CO 在较低温度下迅速进行化学反应，变为无害的 CO_2、H_2O、N_2。催化法有两种：

（1）**催化氧化法** 它是以铂、钯等贵金属或其他氧化物作为催化剂，将 CO、HC 氧化成 CO_2 和 H_2O。

（2）**催化还原法** 它是以铂、铑、碱等作为氧化剂，还原 NO_x，我国研究的用稀土元素作为氧化剂，已取得很好的成果。这种催化转化器要将空燃比精确地控制在理论空燃比附近的最佳范围内，以实现对三种有害物质的高效率净化，为此常与计算机控制系统结合在一起使用。

三元催化转化器的优点是净化与经济性都比较好，主要缺点是成本高，其结构及组成如图 9-12 所示。

目前所用机外净化措施由于不能同时净化各种有害气体，因此常综合采用两种和三种以上措施。

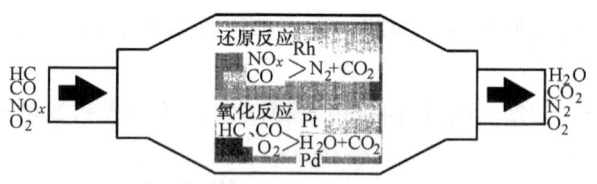

图 9-12 三元催化转化器结构及组成

3. 防止汽油蒸发

汽油机中气缸窜气经曲轴箱通气管排到大气中的 HC 量占其总量的 20%～25%，油箱和化油器蒸发的 HC 量占总量的 20%，因此应采取措施予以控制，常用以下方法：

（1）**采用闭式曲轴箱强制通风（PCV）系统** 如图 9-13 所示，从空气滤清器引出的新鲜空气进入曲轴箱，再经 PCV 阀将窜入曲轴箱的气体和空气的混合气一起吸入气缸燃烧，PCV 阀可随发动机运转状况自动调节吸入气缸的窜气量。在急速、低速和小负荷时，由于

进气管真空度较高，阀体被吸向上方（进气管侧），阀口流通截面减小，吸入气缸的窜气量减少，以避免混合气过稀，造成燃烧不稳定或失火。而在节气门全开时，窜气量增多，进气管真空度变低，在弹簧力的作用下阀体下移，阀口流通截面增大，使大量的窜气进入气缸燃烧。当发动机高速大负荷运转时，一旦窜气量过多而不能完全被吸净，部分窜气会从闭式通气口进入空气滤清器，经化油器被吸入进气管。

PCV 装置可将窜入曲轴箱内的 HC 完全处理干净，因此这种装置得到广泛应用。

（2）**过滤吸附法** 随外界气温升高和发动机加热，油箱和化油器将燃油蒸气排入大气，温度越高，蒸发量越多，为防止汽油蒸气排入大气，可采用吸附法。最常用的就是活性炭罐式油蒸气吸附装置，其工作原理如图 9-14 所示。

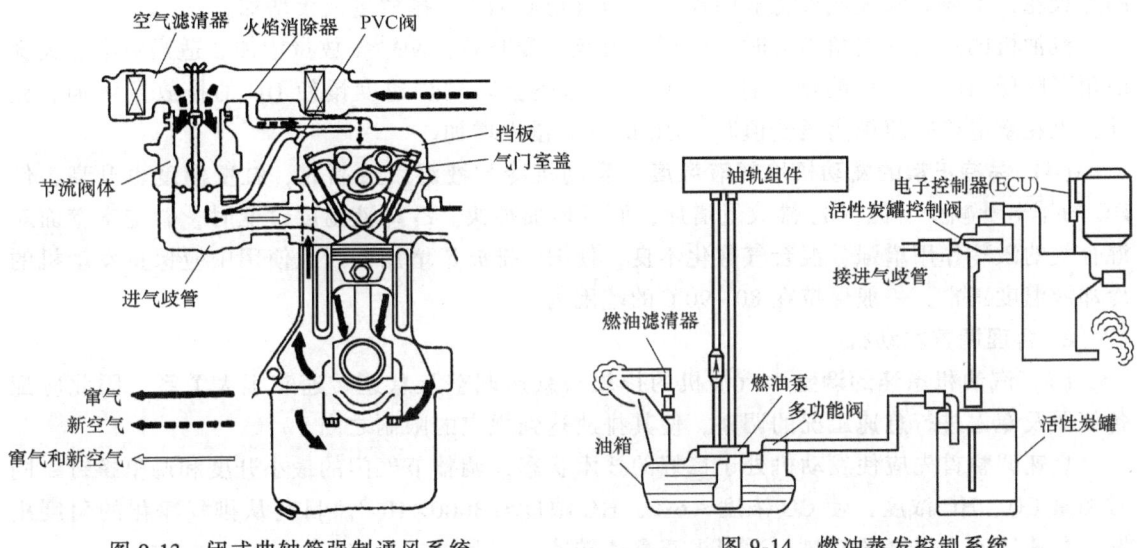

图 9-13 闭式曲轴箱强制通风系统　　　图 9-14 燃油蒸发控制系统

当汽油机不工作时，从油箱及化油器溢出的油蒸气流入附罐中，被装在罐内的活性炭吸附，当汽油机工作时，由于排气压力作用，清除控制阀开启，来自空气滤清器的空气和蒸气一起从吸附罐进入气缸燃烧。

活性炭是一种由石墨晶粒和无定形炭组成的微孔物质，由于内部存在大量的微孔，因而具有很大的比表面积，这就是活性炭吸附能力很强的原因。活性炭对物质吸附具有选择性，燃油蒸气通过活性炭时，其中的 HC 成分几乎被完全吸附，而空气则基本不被吸附。

试验表明，柴油机排出的污染物中，HC 为汽油机的 30%，CO 为 5%，主要是 NO_x 及碳烟。可通过减小喷油提前角、提高喷油速率、加强进气涡流和采用催化剂法等使 NO_x 减少。为清除碳烟，可利用废气涡轮增压及采用消烟添加剂，一般钡盐添加剂的消烟效果好，当钡盐的添加量达到每升燃油 1g 时，碳烟降低率为 50%~70%。

9.3.3　使用中净化措施

使用中净化措施主要包括以下方面：

1. 保持良好的发动机技术状态

发动机良好的技术状态主要指：

(1) **保持正常的气缸压力和清除积炭**　当气缸的压缩压力低时，发动机不易起动，燃烧不完全，燃料经济性下降，HC 和 CO 的排放量增加，因燃烧室积炭使压缩压力过大时，会使 NO_x 排放量增加。燃烧室积炭还会使燃烧室面容比加大，对混合气的激冷效果增强，导致 HC 的排放量增加。此外，积炭还易引起爆燃和早燃，使排放量增加。

(2) **保持良好的汽油机燃油供给系统技术状态**　供油系统最重要的是保持良好的化油器技术状态。急速调整不当、空气量孔堵塞、加速泵活塞磨损等都会使耗油及排放量增加。此外，空气滤清器堵塞会增大进气阻力而使空气量下降，导致混合气过浓，也会使 CO 及 HC 的排放量增加。

(3) **保持良好的点火系统技术状态**　点火系统应保证汽油机在各种工况下有足够能量的点火花，不应有断火或火花弱的现象。断火会使 HC 的排放量大大增加。

汽油机的点火提前角增大时，循环压力及温度升高，NO_x 排放量增加。适当减小点火提前角可降低 HC 及 NO_x 的排放量，但点火过迟还会因燃烧速度慢使 HC 的排放量增加。此外，火花塞电极间隙偏离最佳值时，HC 的排放量也增加。

(4) **保持正常的发动机冷却液温度**　发动机冷却液温度过高时，缸壁温度也升高，使 HC 的排出量减少，但 NO_x 排放量增加，而且增加很快。冷却液温度过低时，燃烧室壁面对混合气的激冷作用增强，混合气雾化不良，使 HC 排放量增加，因此使用中应保持发动机的冷却液温度正常，一般保持在 80～90℃ 的范围内。

2. 合理调整发动机

(1) **汽油机急速的调整**　汽油机的排放与急速调整及急速转速有很大关系，因此应配备仪器及专人进行急速工况的调整，使其排放达到规定的限制之内。

急速调整首先应使发动机处于良好的技术状态，调整节气门的最小开度和调整螺钉。同时测量 CO、HC 浓度，使 CO 浓度 ≤6%，HC 浓度 ≤3000×10^{-6}。目前从排气净化的角度出发，急速转速有提高的趋势，适当提高急速转速，有利于减少 HC 及 CO 的排放量。

(2) **柴油机自由加速烟度的控制**　目前，我国对柴油机的排放主要是控制自由加速烟度。如果烟度值超过标准，应考虑其产生原因，如喷油器喷雾不良或滴漏、供油时间过迟、供油量过大、滤清器堵塞等。

3. 提高驾驶技术

驾驶技术不良不仅会使耗油量增加，车辆状况变差，寿命缩短，还会使排气污染增加。因此，驾驶技术是十分重要的，要求驾驶人应有良好的驾驶技术。

(1) **正确起步**　首先做好起动前的准备工作，尽量减少发动机的起动次数，起动后应根据发动机工作状况和外界温度及时适当加大阻风门开度，并使发动机预热。还应避免在空档情况下急踩加速踏板，防止混合气过浓，进而降低排气污染。

(2) **中速行驶**　汽车行驶时应使节气门开度适当，不能过大，保持汽车中速行驶，使发动机总在动力性及经济性较好范围内稳定工作。尽量减少化油器加浓装置的工作时间，并且避免突然加速和急减速，以避免化油器加速泵供油增加，使混合气过浓等。

本 章 小 结

1. 汽车常规排放污染物主要有一氧化碳（CO）、碳氢化合物（HC）、氮氧化物

（NO_x）、微粒（PM）。CO 和 HC 是燃料不完全燃烧的产物，而 NO_x 则在燃烧温度高且氧气充足的条件下形成。

2. 纯电动汽车并非真正意义上的零排放，而仅是在行驶过程中不会产生尾气排放物而已。但是车辆在充电时和更换电池时依然会造成污染，只是相对于传统燃油汽车的尾气排放污染要小得多。

3. 发动机使用甲醇燃料会产生有毒的醛类排放，此外甲醇的毒性较大，它对金属有腐蚀作用，对橡胶皮革有溶胀作用，会使塑料过早老化，这些缺点使甲醇在实际应用中受到了较大限制。

4. 国六排放标准是目前国五排放标准的升级版，对 CO、THC、NMHC、NO_x（氮氧化物）、PM 的排放限值相比国五标准有了更加严格的限定，同时新增了对 PN 的排放规定。

5. 目前，在汽车排气分析仪中，测定汽油机的有不分光红外线分析仪、氢火焰离子型分析仪、化学发光分析仪等。

6. 汽油车怠速污染物的检测应该在怠速工况下采用不分光红外线分析仪按规定程序检测 CO 和 HC 的含量。怠速工况是指发动机运转，离合器处于接合位置，加速踏板处于松开位置，变速器处于空档位置。

7. 车内空气污染指汽车内部由于不通风、车体装修等原因造成的空气质量差的情况。车内空气污染源主要来自车体本身、装饰用材等，其中甲醛、二甲苯、苯等有毒物质的污染后果最为严重。处理这些有害物质最常用的方法是物理方法，主要是使用活性炭等材料对污染气体进行吸附，即物理吸附，这是较好的物理去除方法。

8. 汽油机的机内净化技术有推迟点火提前角、排气再循环（EGR）、燃烧系统优化设计、提高点火能量、采用电控汽油喷射技术等。

9. 排气再循环是将 5%～20% 的废气引入进气管送到气缸，使混合气被稀释，燃烧最高温度下降，从而使 NO_x 的生成量减少，根据发动机负荷及转速控制排气再循环量。

10. 排放污染物的机外净化技术有采用二次空气喷射装置、三元催化转化器、闭式曲轴箱强制通风系统等。

11. 汽车使用中的净化措施有保持良好的发动机技术状态、保持良好的汽油机燃油供给系统技术状态、保持良好的点火系统技术状态、保持发动机正常的冷却液温度等。

习　　题

1. 填空题

1）汽车的公害有三个方面，一是_____，二是_____，三是_____。其中_____的影响最大。

2）汽车排放污染物的主要来源有_____、_____、_____。

3）解决排放物污染的途径有两个，一是研制_____，二是对现有发动机的_____。后者的主要措施有_____和_____两个方面。

4）常见的代用燃料有_____、_____、_____、_____、_____、_____、_____。

5）柴油机负荷增加，混合气变浓，难以完全燃烧，排气烟度_____。

6）EGR 降低了燃气温度，NO_x 排放_____，_____颗粒排放。

2. 术语解释

1）排放物净化。

2）排气再循环装置。

3. 简答题

1）汽车排气污染物主要有哪些？

2）汽车尾气中的一氧化碳是如何产生的？有何危害？

3）汽车尾气中的氮氧化物是如何产生的？有何危害？

4）汽车尾气中的碳氢化合物是如何产生的？有何危害？

5）汽车尾气中的微粒是如何产生的？有何危害？

6）汽车排放物净化途径与措施有哪些？

7）汽油机排放物机内净化技术有哪些？

8）调查分析我国在用汽车的排气污染物排放限值。

9）如何采用双怠速法检测汽油汽车的排气污染物？

第10章

汽车的运行材料

10.1 车用燃料

10.1.1 车用汽油的使用性能及评价指标

在使用性能方面，要求车用汽油具有良好的蒸发性、抗爆性、安定性、防腐性、清洁性和无害性，并且不含机械杂质和水分。

1. 汽油的蒸发性及评价指标

（1）汽油的蒸发性　汽油的蒸发性是指汽油从液态转化为气态的能力。在汽油机的工作过程中，汽油不能直接燃烧，需要与一定比例的空气混合雾化后进入气缸燃烧，使汽油机产生动力，连续完成进气、压缩、膨胀做功和排气的工作循环，这就要求燃料供给系统必须在一个工作循环（0.02~0.04s）内形成均匀的可燃混合气。因此，汽油的蒸发性影响着燃料的雾化质量。

（2）汽油蒸发性的评价指标　通常用馏程和饱和蒸气压来衡量汽油的蒸发性。馏程是指定量油品在规定条件下蒸馏时，从初馏点到终馏点的温度范围。在评价汽油蒸发性时，一般采用初馏点、10%馏出温度、50%馏出温度、90%馏出温度、终馏点和残留量等指标。

1) 初馏点。指在规定条件下对100mL汽油进行蒸馏时，从冷凝管流出第一滴油时的温度。

2) 10%馏出温度。指在规定条件下对100mL汽油进行蒸馏时，得到10mL汽油的气相温度。它表示汽油中含轻质馏分的多少。10%馏出温度越低，说明汽油中轻质馏分越多，挥发性越好，发动机易在低温下起动，起动时间短，耗油少。规定各牌号汽油的10%馏出温度不高于70℃，但10%馏出温度过低，在夏季易产生"气阻"，使汽油机功率下降，甚至供油中断。一般认为10%馏出温度不宜低于60℃。汽油的10%馏出温度与汽油机最低起动温度的关系见表10-1。

表10-1　汽油的10%馏出温度与汽油机最低起动温度的关系

汽油的10%馏出温度/℃	36	53	71	88	98	107	115	122
汽油机最低起动温度/℃	-29	-18	-7	-5	0	5	10	15

3) 50%馏出温度。指在规定条件下对100mL汽油进行蒸馏时，得到50mL汽油馏分的温度。它表示汽油的平均蒸发性。该温度低，汽油容易蒸发成气体，发动机冷起动性、加速性和运行稳定性好；反之，发动机冷起动性、加速性会变差，加速时，供油量突然增加，使汽油来不及蒸发，燃烧不完全。因此规定各牌号汽油50%馏出温度不高于145℃。

4) 90%馏出温度。指在规定条件下对100mL汽油进行蒸馏时,得到90mL汽油馏分的温度。它表示汽油中含重质成分的多少。该温度越高,汽油的挥发性就越差,在燃烧过程中易产生燃烧不完全、冒黑烟的现象,耗油量多,气缸的磨损加剧。因此,规定各牌号汽油的90%馏出温度不能高于190℃。

5) 终馏点。指在规定条件下对100mL汽油进行蒸馏时,蒸馏结束时的温度,也称干点。它的影响与90%馏出温度一样,各牌号汽油的终馏点不能高于205℃。汽油终馏点与汽油消耗率、活塞磨损率的关系见表10-2。

表10-2 汽油终馏点与汽油消耗率、活塞磨损率的关系

汽油终馏点/℃	175	200	225	250
汽油消耗率(%)	98	100	107	140
活塞磨损率(%)	97	100	200	500

6) 残留量。残留量指100mL汽油在规定条件下蒸馏结束后,残留物质的体积分数,是指汽油中最不易蒸发的重质成分和储存过程中生成的氧化胶状物的含量。残留量过多,会影响汽油机的正常工作,因此,要严格限制残留量,规定车用汽油的残留量应不大于2%。

7) 饱和蒸气压。饱和蒸气压是指在规定的条件下,汽油在适当的试验仪器中蒸发达到平衡状态时,汽油蒸气所显示的最大压力。饱和蒸气压表示汽油的平均蒸发性能。饱和蒸气压对燃油供给系产生气阻有直接影响,同时还与汽油在储存、运输和使用过程中的蒸发损耗有密切关系,因此,规定汽油饱和蒸气压不大于67kPa。各种环境温度下不致引起汽油"气阻"的最大饱和蒸气压见表10-3。

表10-3 各种环境温度下不致引起汽油"气阻"的最大饱和蒸气压

环境温度/℃	10	16	22	28	33	38	44	49
最大饱和蒸气压/kPa	97	84	76	69	56	49	41	37

汽油饱和蒸气压过高,蒸发性过强,容易产生气阻,在炎热的夏季或大气压力较低的高原及高山地区,这种现象更易出现。气阻会使供油中断,发生停车故障。因此,在使用中应严格限制汽油饱和蒸气压的最大值。而限制饱和蒸气压的最大值,又会影响汽油的蒸发性,进而影响汽油机的起动性能和加速性能。所以,为综合考虑汽油的蒸发性,既规定汽油馏程的各馏出温度不能大于规定限值,又规定汽油的饱和蒸气压不得高于规定限值,以使汽油有适宜的蒸发能力。

(3) 汽油的蒸发性对发动机工作的影响 蒸发性好,汽油容易汽化,与空气混合均匀,发动机在低温、冷车情况下起动性能好,燃烧迅速,加速能力强,功率大;蒸发性差,雾化不良,将有一部分汽油以液态形式进入气缸,使可燃混合气品质变坏,不易点火,发动机起动困难,功率下降,油耗增加,有害气体排放增加,气缸磨损加剧。然而,蒸发性过强会使燃油系统产生"气阻",即在油管中形成气泡,使供油中断,并且使汽油在保管和使用中的蒸发损失增大。

(4) 使用条件对车用汽油蒸发性的影响 虽然车用汽油的蒸发性是由自身的化学组成和馏分组成决定的,但使用条件对其蒸发速度和蒸发量也有一定的影响。

1) 进气温度。汽油在气缸中的燃烧是在气态下进行的,所以汽油必须先由液态转变为

气态。在汽油的这个相变过程中，需要吸收空气中的热量。汽油蒸发量越大，需要吸收的热量越多。而空气温度的高低，决定了可以提供给汽油汽化所需热量的多少。因此，提高汽油机的进气温度，能增加汽油的蒸发量。

2) 进气流动速度。进气流动速度影响汽油被气流带入气缸后形成的油粒的大小。气流速度越大，汽油汽化率越大，这增大了汽油的蒸发和扩散面积，从而得到较高的蒸发速度和蒸发量。

3) 气缸壁温度。气缸壁温度影响可燃混合气中未蒸发油滴的进一步蒸发。未蒸发油滴的蒸发需要吸收气缸壁的热量。气缸壁的温度升高，则汽油在气缸内的蒸发量增大。

2. 汽油的抗爆性及评价指标

(1) **汽油的抗爆性**　汽油的抗爆性指汽油在汽油机中燃烧时抵抗爆燃的能力。爆燃是汽油机的一种不正常燃烧。汽油在汽油机内的燃烧有正常燃烧和不正常燃烧两种情况。正常燃烧的特征为可燃混合气被电火花点燃后，在火花塞火焰中心，火焰逐渐向未燃混合气扩散（传播速度为20~50m/s），气缸内的压力和温度上升均匀。不正常燃烧的特征为形成多个火焰中心，火焰传播速度快，气缸内的压力和温度急剧上升。其中爆燃是常见的不正常燃烧形式之一。影响爆燃的因素很多，汽油本身的抗爆性是最重要的影响因素。

(2) **汽油抗爆性的评价指标**　汽油抗爆性的评价指标是辛烷值和抗爆指数。

1) 辛烷值。通常采用辛烷值作为汽油抗爆性的评定指标。测试辛烷值的方法有研究法和马达法两种，分别得到研究法辛烷值和马达法辛烷值。

从使用角度来讲，研究法辛烷值（RON）表示汽油机在中负荷、低转速运转条件下汽油的抗爆性。它是在以较低的混合气温度（一般不加热）和较低的发动机转速（一般为600r/min）的中等苛刻条件为特征的实验室标准发动机上测得的辛烷值，它模拟了轿车在城市道路条件下行驶的工况。马达法辛烷值（MON）则表示汽油机在重负荷、高速运转条件下汽油的抗爆性。它是在以较高的混合气温度（一般加热至140℃）和较高的发动机转速（一般达900r/min）的苛刻条件为特征的实验室标准发动机上测得的辛烷值，它模拟了货车在公路条件下行驶的工况。同一种汽油用研究法测定的辛烷值比用马达法测定的辛烷值高，其差值称为汽油的灵敏度，可用来反映汽油抗爆性随运转工况激烈程度的增加而降低的情况，汽油灵敏度越小越好。

2) 抗爆指数。从辛烷值的测定条件看，马达法辛烷值表示的是汽油在发动机重负荷条件下高速运转时的抗爆能力，研究法辛烷值表示的是汽油在发动机常有加速条件下低速运转时的抗爆能力，两者都不能全面反映车辆运行中汽油燃烧的抗爆性能。为能较全面地反映汽油在车辆运行中的抗爆能力，引入了抗爆指数这一指标。

抗爆指数是汽油研究法辛烷值（RON）与马达法辛烷值（MON）的平均值，即

$$抗爆指数 = \frac{RON+MON}{2} \tag{10-1}$$

(3) **改善抗爆性的方法**　由于汽油的抗爆性对发动机工作的影响很大，人们一直致力于改善汽油的抗爆性。常用方法有：

1) 采用新的汽油炼制工艺，在低辛烷值汽油中加入抗爆剂。过去广泛采用的抗爆剂是四乙基铅，但含铅汽油的燃烧废气中有强烈的致癌物质，因此，各国先后取消了使用含铅汽油。

2）在汽油中调入辛烷值高的改善组分。20 世纪 70 年代起出现了新的高辛烷值汽油调和组分，如甲基叔丁醚（MTBE）等含氧化合物。MTBE 的研究法辛烷值为 117，其抗爆性好，且因含氧而燃烧性好，可代替四乙基铅，减少芳香烃调入量，使车用汽油在含有较高辛烷值的同时，排放物污染更小。

（4）**抗爆性对发动机工作的影响**　爆燃对发动机危害很大，主要表现在以下几个方面：

1）增大发动机机械负荷。由于强烈冲击波的作用，气缸盖、活塞顶、气缸壁、连杆、曲轴等机件的负荷增加，产生变形甚至损坏。

2）加剧磨损。爆燃时产生的高压和高温，会破坏气缸壁润滑油膜的润滑性，使发动机磨损加快，气缸的密封性下降，发动机功率降低。

3）发动机过热。爆燃产生的高温会增加冷却系统的负担，易使发动机出现过热现象。

4）排气冒黑烟。爆燃的局部高温会引起强烈的热分解现象，使燃烧产物分解为 HC、CO 和游离碳的现象增多，排气冒黑烟，易形成积炭，破坏活塞环、火花塞、气门等零件，使发动机的可靠性下降。

对既定的发动机，当压缩比一定时，产生爆燃的主要影响因素是汽油自身的抗爆性。因此，为避免出现爆燃现象，应尽量使用抗爆性好的汽油。

3. **汽油的安定性及评价指标**

（1）**汽油的安定性**　汽油的安定性是指汽油在储存、运输、加注和进行其他作业时抵抗氧化生胶的能力。安定性差的汽油，容易发生氧化反应，生成胶状物质和酸性物质，使辛烷值降低，酸值增加，颜色变深，产生黏稠沉淀。使用这种汽油，易使油箱、输油管和滤清器中产生胶状物，造成输油不畅，堵塞电喷式发动机的喷嘴，气门黏结关闭不严，积炭增加，气缸散热不良，火花塞积炭导致点火不良等。

（2）**汽油安定性的评价指标**

1）实际胶质。实际胶质是指在规定条件下测得的发动机燃料的蒸发物，以 mg/100mL 为单位表示其质量浓度。对于汽油的实际胶质质量浓度，规定出厂时不大于 5mg/100mL；出厂后 4 个月检查封样时不大于 10mg/100mL；油库交付给使用单位时，允许不大于 25mg/100mL。

2）诱导期。诱导期是指在规定的加速氧化条件下，油品处于稳定状态下所经历的时间周期，以 min 为单位。诱导期越长，越不易氧化，生成胶质的倾向越小，其安定性越好，适宜长期储存。一般国产汽油出厂时诱导期为 600~800min，在普通条件下储存 21 个月后，诱导期仍为 400~500min。

4. **汽油的防腐性及评价指标**

（1）**汽油的防腐性**　汽油的防腐性是指汽油阻止与其相接触的金属被腐蚀的能力。汽油机的燃料供给系统是由许多金属零件组成的。汽油中的各种烃均无腐蚀性，但若汽油中含有硫及硫化物、有机酸及水溶性酸、水溶性碱和水分等时，汽油就有了腐蚀性。

（2）**汽油防腐性的评价指标**　汽油的防腐性用硫含量、硫醇硫含量、水溶性酸和水溶性碱含量等指标来评价。汽油中硫含量高，使汽车排放尾气中的有害物质增多，污染严重，硫还使三元催化转化器的催化剂中毒，使催化剂活性下降，甚至失效。因此，先进的发动机需要清洁的燃料，安装三元催化转化器的现代电喷发动机对燃料中的铅和硫的含量都有严格要求。

5. 汽油的清洁性

汽油的清洁性是指汽油是否含有机械杂质和水分。车用汽油中应严格控制机械杂质和水分的混入。

6. 汽油的无害性

汽油的无害性是指汽油在发动机内燃烧后的产物不对汽车排放、人体健康和生态环境产生不利影响的性能。汽油的无害性与汽油的组分有关。

引起燃烧产物对汽车排放产生不利影响的汽油组分有铅、锰、铁、铜、磷、硫等。它们除了会增加排放废气中的有害物质外，还会引起三元催化转化器中的催化剂中毒，使三元催化转化器这一排放控制装置丧失长期有效地控制排放污染物的能力，进而使排入环境的污染物增多。因此，要严格控制汽油中这些组分的含量。

引起燃烧产物对人体健康和生态环境产生不利影响的汽油组分有苯、烯烃、芳香烃等有机物。

汽油中的苯组分会增大排放废气中的苯含量。苯对人类的危害极大，是已知的致癌物质之一。

10.1.2 车用汽油介绍

我国车用汽油均采用无铅汽油，目前我国国家第五阶段机动车污染物排放标准（国五）及国家第六阶段机动车污染物排放标准（国六）的汽油牌号分别为89号、92号和95号。汽油的牌号是按照研究法辛烷值（RON）划分的，其中的数字就是辛烷值，如92号油的研究法辛烷值为92个单位，其他以此类推。

国六阶段车用汽油标准降低了车用汽油的烯烃、芳香烃、苯含量，硫含量限值与国五阶段标准相同。国六汽油标准分为国六a和国六b两个标准。2019年1月1日起实施国六a标准，2023年1月1日起实施国六b标准。国六汽油标准最大的变化是降低了烯烃、芳香烃和苯的含量，芳香烃和苯具有致癌性，升级后的油品更加清洁、环保，同时能有效保护发动机，减少积炭，降低车辆维修和保养成本。车用汽油国五与国六标准对比见表10-4。

表10-4 车用汽油国五与国六标准对比（上限值）

项　　目	国　　五	国六a	国六b
50%馏出温度/℃	≤120	≤110	≤110
苯的体积分数(%)	≤1	≤0.8	≤0.8
芳香烃的体积分数(%)	≤40	≤35	≤35
烯烃的体积分数(%)	≤24	≤18	≤15

10.1.3 车用柴油的使用性能及评价指标

与汽油相同，柴油也是从石油中提炼出来的，由碳、氢元素组成的烃类化合物。在石油蒸馏过程中，温度在200~350℃之间的馏分即为柴油。柴油可分为轻柴油、重柴油等品种。轻柴油用于高速柴油机，重柴油用于中、低速柴油机。汽车用柴油机属于高速柴油机，所用柴油为轻柴油。与汽油相比，轻柴油的黏度大，自燃点低（240~400℃），蒸发性不如车用汽油好。

柴油应具有良好的燃烧性、雾化和蒸发性、低温流动性及安定性，对机件等无腐蚀，且本身应清洁。

1. 柴油的燃烧性及评价指标

（1）柴油的燃烧性 柴油的燃烧性是指其自燃能力。从柴油喷入燃烧室到燃烧明显开始的时间间隔为着火延迟期，柴油的燃烧性能差，会引起柴油机工作粗暴。柴油机的工作粗暴与汽油机的爆燃相同，会使发动机曲柄连杆机构承受过大的冲击作用，从而产生强烈的金属敲击声，加速零件的磨损且使柴油机起动困难，造成柴油机功率下降，油耗增大。燃烧性能良好的柴油的自燃点低，在着火延迟期，燃烧室的局部区域易形成高密度的过氧化物，成为着火中心，着火延迟期短，整个燃烧过程的发热量均匀，气缸压力升高平缓，柴油机工作柔和。

（2）柴油燃烧性的评价指标 柴油燃烧性的评价指标是十六烷值。十六烷值是代表柴油在发动机中燃烧性的一个约定数值，在规定条件下的标准发动机试验中，通过与标准燃料进行比较来测定，用和被测定燃料具有相同着火延迟期的标准燃料中正十六烷的体积分数表示。标准燃料由两种碳氢化合物组成：一种是自燃点低、发火性能好的正十六烷，将其十六烷值定为100；另一种是自燃点高、发火性能差的α-甲基萘，将其十六烷值规定为0。两种化合物按不同的体积混合，就可得到需要的标准燃料十六烷值。

十六烷值高的柴油的燃烧性好，着火延迟期短，速燃期内压力升高率不致过大，柴油机不易产生工作粗暴现象；反之，十六烷值低的柴油的燃烧性差，着火延迟期长，易产生工作粗暴现象。

十六烷值除了影响柴油机工作粗暴的程度外，对柴油机的起动性能也有一定的影响。十六烷值高的柴油，即使在较低的温度下也易起动。但十六烷值不宜过高，否则，由于十六烷值过高，其相对分子质量过大，柴油的低温流动性、雾化和蒸发性均会受到影响，致使燃烧不完全，发动机功率降低，油耗增加。一般选用十六烷值为40～50的柴油基本可满足工作要求。

2. 柴油的雾化和蒸发性及评价指标

（1）柴油的雾化和蒸发性 为了保证柴油机的动力性和经济性，可燃混合气燃烧过程必须在活塞位于压缩行程上止点附近迅速完成。喷油持续时间极短，可燃混合气的形成时间只有汽油机的1/30～1/20。在已确定燃烧室的喷油设备的条件下，柴油的雾化和蒸发性决定了柴油在燃烧室内形成混合气的质量和速度。因此，要求柴油有良好的雾化和蒸发性。

（2）柴油雾化和蒸发性的评价指标 评价柴油的雾化和蒸发性的主要指标是运动黏度、馏程、闪点和密度。

1）运动黏度。当液体受外力作用时，液体分子间发生相对运动，所呈现的内部摩擦力称为黏度。运动黏度是液体在重力作用下流动时内摩擦力的量度。运动黏度不仅影响柴油的流动性，更主要的是影响柴油的雾化质量。现代高速发动机内，柴油通过喷油器高压喷射，使喷入燃烧室的柴油被分散成细小的油滴并在气缸内散布，形成一团由无数细粒组成、外形与火炬相似的油雾。油雾雾粒的平均直径小，说明柴油雾化得好。

实践表明，柴油运动黏度不可过大，也不可过小。运动黏度过大，混合气形成不良，燃烧不完全，油耗增加；运动黏度过小，燃烧不完全，柴油机功率下降，运动黏度过小还会影响耦合件的可靠润滑，引起磨损加剧。所以对每一牌号的柴油都规定了其运动黏度的范围值。

2) 馏程。测定柴油馏程和测定汽油馏程的方法大致相同，不同的只是柴油馏程的测定项目为 50%馏出温度、90%馏出温度和 95%馏出温度。

50%馏出温度越低，说明柴油中轻质馏分的含量越多，蒸发速度越快，柴油机越易起动。柴油的 50%馏出温度与柴油机起动时间的关系见表 10-5。

表 10-5 柴油的 50%馏出温度与柴油机起动时间的关系

柴油的 50%馏出温度/℃	200	225	250	275	285
柴油机起动时间/s	8	10	27	60	90

柴油中轻质馏分的含量过多，会使喷入气缸的柴油蒸发太快，易引起全部柴油迅速燃烧，造成压力剧增，使柴油机工作粗暴。

90%馏出温度和 95%馏出温度越低，说明柴油中重质馏分的含量越少，混合气燃烧越完全，这不仅可以提高柴油机的动力性，减小机械磨损，避免发动机过热，还可以降低油耗。

3) 闪点。在规定的条件下，加热油品所逸出的蒸气和空气形成的混合物与火焰接触发生瞬间闪火的最低温度称为闪点，单位为℃。根据测定方法和仪器的不同，闪点可分为开口闪点和闭口闪点两种。闭口闪点用于测定闪点低的油品，如柴油；开口闪点用于测定闪点高的油品，如内燃机油、车辆齿轮油。

柴油的闪点既是控制柴油蒸发性的指标，也是保证柴油安全性的指标。闪点低，说明柴油中轻质馏分多，蒸发性好，但闪点不能过低，以防轻质馏分过多，蒸发过快，导致气缸内压力突然上升，引起柴油机工作粗暴，且在使用中不安全。

在柴油的馏程指标中，只规定了 50%馏出温度不高于 300℃，以保证柴油有较强的蒸发性，但没有规定馏出温度的下限值。为了控制柴油的蒸发性，使其不致过强，相关标准规定了各种柴油的闪点的下限值。这样用闭口闪点和馏程两个指标，就可控制柴油的馏分不致过重或过轻。

4) 密度。柴油的密度增大，其黏度也将增大，使雾化质量变差，不能形成质量良好的混合气，使燃烧条件变差，排气冒黑烟。柴油密度的升高也是柴油内存在芳香烃的标志，它将导致柴油机产生工作粗暴现象。

3. 柴油的低温流动性及评价指标

（1）**柴油的低温流动性** 柴油的低温流动性反映了柴油在低温条件下具有一定的流动状态的性能。柴油的低温流动性直接影响柴油能否可靠地供给气缸，发动机能否正常工作。

（2）**柴油低温流动性的评价指标** 评价柴油低温流动性的指标有凝点、浊点、冷滤点。

1) 凝点。凝点是将柴油装在规定的试管内，冷却到预期的温度，将试管倾斜 45°，经过 1min 液面不移动，此时的温度便是柴油的凝点。

2) 浊点。浊点是柴油中开始析出石蜡晶体、柴油失去透明时的最高温度。达到浊点后柴油虽然未失去流动性，但在燃料供给系统中易造成油路堵塞，使供油减少以致逐步中断供油。

3) 冷滤点。冷滤点是指在规定的冷却条件下，柴油在 1.96kPa 的压力下进行抽吸试油，1min 通过缝隙宽度为 45μm 的金属滤网的柴油体积少于 20mL 的最高温度。由于冷滤点的测定条件近似于使用条件，所以冷滤点与柴油的实际使用最低温度有良好的对应关系，可作为根据气温选择柴油牌号的依据。

对柴油低温流动性的评价，各国所用的指标不同，我国用冷滤点和凝点，而美国、欧洲使用冷滤点。

4. 柴油的安定性及评价指标

（1）**柴油的安定性** 柴油的储存安定性是指柴油在运输、储存和使用过程中保持其外观颜色、组分和使用性能不变的能力。使用安定性差的柴油，易生成胶状物质使发动机供油系统堵塞。

（2）**柴油安定性的评价指标** 安定性的评定指标有实际胶质、10%蒸余物残炭、颜色等。

5. 柴油的腐蚀性

柴油中含有硫及硫化物、水分和酸性物质等，会对零件产生腐蚀作用，燃烧后的排放物污染严重，腐蚀性可用硫含量、硫醇硫含量、酸度、水溶性酸或水溶性碱含量等指标评价。测定标准与汽油相同，在此只强调硫和硫醇硫含量。

（1）**硫含量** 柴油中硫含量高，不仅会增加柴油机机件的磨损，还会使柴油机内的沉积物增加，排放污染严重。因此，现代柴油发动机要求使用清洁柴油。

（2）**硫醇硫含量** 硫醇硫含量用硫醇硫在柴油中所占的质量百分数表示。硫醇硫含量高会增加柴油机机件的磨损，特别是供油系统零件的磨损，并对人造橡胶有不良影响。

10.1.4 车用柴油的牌号

车用柴油标准执行 GB 19147—2016《车用柴油》，该标准中按凝点将车用柴油分为 5 号、0 号、-10 号、-20 号、-35 号、-50 号六个牌号。车用柴油标准的公布和实施，一方面将有效降低柴油车引起的空气污染，另一方面也将促进柴油机生产企业对产品的更新换代。

10.1.5 气体燃料

常用的车用气体燃料包括天然气和液化石油气。天然气和液化石油气均是以饱和碳氢化合物为主要成分的混合气体，燃气发动机的排放性能优于汽油机和柴油机。

1. 天然气的组分

各类天然气中所包含的组分有 100 多种，将这些组分加以归纳，大致可以分为三大类，即烃类组分、含硫组分和其他组分。

（1）**烃类组分** 天然气中的烃类组分，烷烃的比例最大，其中最简单的是甲烷（CH_4）。一般来说，大多数天然气的主要成分是甲烷，其含量（体积分数，下同）通常为 70%～90%，部分天然气的甲烷含量达 95%甚至 99%以上。天然气中除含甲烷外，还有乙烷、丙烷、丁烷（正丁烷和异丁烷），它们在常温常压下都是气体，而丙烷、丁烷可以经适当加压降温而液化，这就是通常所说的液化石油气。天然气中还含有一定量的戊烷、已烷、庚烷、辛烷、壬烷和癸烷等含量较多的烷烃，它们在常温常压下是液体，是一种天然汽油的主要成分。在天然气开采中，上述组分凝析为液态而被回收，称为凝析油，可以作为汽车的燃料。

（2）**含硫组分** 天然气中的含硫组分可以分为无机硫化物和有机硫化物两类。无机硫化物只有硫化氢（H_2S），它是一种密度比空气大、可燃、有毒、有臭鸡蛋气味的气体。硫化氢的水溶液称为氢硫酸，显酸性，故称硫化氢为酸性气体。在有水分存在的情况下，硫化氢对金属有强烈的腐蚀作用，硫化氢还会使化工生产中的催化剂中毒而失去活性（催化能力减弱）。因此天然气必须经过脱硫处理，才能进行管道输送和利用。

（3）**其他组分** 天然气中，除烃类组分和含硫组分外，常见的组分还有二氧化碳、氧和氮、氢、氦、氩以及水汽。天然气中凝析出的液态水会影响管道输送工作，且遇二氧化碳和硫化氢会腐蚀金属设备及管道，故应脱除天然气中的饱和水汽。

2. 天然气的性质

甲烷是无色无味的气体，燃烧时有微微发光的蓝色火焰，其密度比空气小，在低温高压下可变成液体，液化后体积将缩为原来的1/600。天然气不但辛烷值远远高于汽油，与空气的混合也更为均匀，燃烧更充分，可以提高热效率，使燃烧速度加快，有效减少爆燃现象的产生，使燃烧产生的热能得到充分利用。同时，天然气燃烧后积炭少，减小了磨损，机油消耗量也大大减小。表10-6列出了天然气的物理性质。

表10-6 天然气的物理性质

低热值	$35.81MJ/m^3$（$8555kcal/m^3$）	闪点	$-218℃$
高热值	$39.73MJ/m^3$（$9491kcal/m^3$）	熔点	$-182℃$
液化后相对水的密度	$0.423(-164℃)$，常温下为$0.66~0.71$	饱和蒸气压	$53.32kPa(-168.8℃)$
		临界温度	$-82.11℃$
相对空气的密度	$0.58~0.62$（密度对温度及压力极为敏感）	临界压力	$4.64MPa$
爆炸上限（20℃）	15%	辛烷值	120以上
爆炸下限（20℃）	5%	溶解性	微溶于水，溶于醇、乙醚

压力对于可燃烧气体的爆炸极限有很大影响。例如，当压力低于6665Pa时，天然气与空气的混合物，遇明火不会发生爆炸，而在常温常压下，天然气的爆炸极限为5%~15%，随着压力的升高，爆炸极限急剧上升。爆炸极限分为爆炸上限和爆炸下限，爆炸上限指可燃性混合物能够发生爆炸的最高浓度，爆炸下限指可燃性混合物能够发生爆炸的最低浓度。压力为$1.5×10^7$Pa时，天然气的爆炸上限为58%。

3. 压缩天然气（CNG）

将天然气加压至20.7~24.8MPa，以气态形式储存在容器中，称为压缩天然气。

4. 液化石油气（LPG）

液化石油气是以丙烷、丙烯、丁烷、丁烯为主，含少量其他组分的有机混合物，经过加压至常温液态。其主要来源于炼油厂，一般是炼油厂的副产品。表10-7列出了液化石油气的物理性质。

表10-7 液化石油气的物理性质

项 目	丙 烷	丁 烷
液态密度	$0.50~0.51kg/L$	$0.57~0.58kg/L$
气态密度/空气密度	$1.40~1.55$	$1.90~2.10$
气态体积/液态体积	274	233
沸点	$-42.1℃$	$-0.5℃$

(续)

项 目	丙 烷	丁 烷
汽化潜热	358J/g	372J/g
含硫量	0~0.02%	0~0.02%
可燃度极限	2.2%~10.0%	1.8%~9.0%
燃烧热值	91120kJ/m³(气态) 45930kJ/kg(液态)	118450kJ/m³(气态) 45300kJ/m³(液态)
饱和蒸气压	0.71MPa(15℃)	0.17MPa(15℃)
着火温度	430~460℃	
理论空燃比	23~30	
辛烷值	100~110	

液化石油气有如下特点:

(1) **延长汽车使用寿命** 液化石油气沸点低,挥发性好,其硫含量和机械杂质含量均远低于汽油、柴油、积炭、结焦少,燃烧过程中不产生焦油,不易污染机油,可减少机油的消耗量,延长了发动机的使用寿命和机油更换周期,与汽油车相比,LPG 汽车大修里程可提高 50%以上,而且可节约 50%以上的维修费用,使用寿命约为汽油车的 3 倍。

(2) **汽车的燃料经济性好** LPG 的热值比汽油高 4%~5%,理论空燃比大,一定量的空气匹配的 LPG 比汽油燃料消耗少约 6%。因此,采用 LPG 作为车用燃料,可提高发动机的经济性。LPG 的辛烷值比优质汽油高 8%~16%,抗爆性较好,可适当提高发动机的压缩比,获得较好的动力性和经济性。此外,LPG 比汽油、柴油的燃点高,不易自燃,安全性更好。

(3) **安全性好** 液化石油气燃点高,着火界限为 6%~15%,不易形成可燃性混合气,所以汽车用液化石油气不易产生火灾事故,即使因意外事故碰撞也不易爆炸燃烧,比汽油更加安全。

(4) **汽车低温起动性好,尤其适用于寒冷地区** LPG 的蒸发温度低,雾化性能好,在环境温度达到-30℃时,LPG 汽车无须采取特别措施仍可顺利起动。

(5) **低污染** LPG 燃烧得更充分,因此 LPG 汽车排气中的 CO、HC、NO_x 等有害成分大为减少,且没有黑烟和积炭。

5. 液化天然气(LNG)

天然气经过一系列的特殊处理(脱烃、脱水、净化、超低温液化),达到超低温(-162℃)的液体状态,称为液化天然气。

6. 气体燃料的缺点

由于气体燃料的能量密度低,天然气汽车携带的燃料量较少,一般行驶距离较汽油车短。由于气体燃料在气缸中的可燃混合气占有一定的容积(汽油机气缸中流体燃料所占容积几乎可以忽略不计),在同样的气缸工作容积下,天然气燃料做功少。而目前使用的天然气发动机大多是由原汽油机改装的,因而汽油车在改用天然气后功率往往会下降 10%~20%,会出现爬坡无力、加速响应慢等现象。一般柴油车如果用"双燃料"方式改装使用天然气,则不会出现这种现象,但改装件的结构较为复杂。

10.2 汽车润滑材料

10.2.1 内燃机油

1. 内燃机油的分类

我国内燃机油按内燃机的类型分为汽油机油和柴油机油两类,每一类内燃机油又按其使用性能和黏度分成若干等级。

(1) 按使用性能(使用等级)分类 国家标准 GB/T 28772—2012《内燃机油分类》给出了内燃机油的分类。使用分类法,将内燃机油分为汽油机油和柴油机油两类。每一个品种由两个大写英文字母及数字组成的代号表示。当代号的第一个字母为"S"时代表汽油机油,"GF"代表以汽油为燃料的、具有燃料经济性要求的乘用车发动机油,第一个字母与第二个字母或第一个字母与第二个字母及其后的数字相结合代表质量等级。当代号的第一个字母为"C"时代表柴油机油,第一个字母与第二个字母相结合代表质量等级,其后的数字2或4分别代表二冲程或四冲程柴油发动机。每个特定的品种代号应附有规定的黏度等级。表10-8给出了内燃机油的分类。

表10-8 内燃机油的分类

应用范围	品种代号	特性和使用场合
汽油机油	SE	用于轿车和某些货车的汽油机及要求使用 API SE、SD 级油的汽油机,此种油品的抗氧化性能及控制汽油机高温沉积物、锈蚀和腐蚀的性能优于 SD 或 SC
	SF	用于轿车和某些货车的汽油机及要求使用 API SF、SE 级油的汽油机。此种油品的抗氧化和抗磨损性能优于 SE,同时还具有控制汽油机沉积、锈蚀和腐蚀的性能,并可代替 SE
	SG	用于轿车、货车和轻型货车的汽油机及要求使用 API SG 级油的汽油机。SG 质量还包括 CC 或 CD 的使用性能。此种油品改进了 SF 级油控制发动机沉积物、磨损和油的氧化性能,同时还具有抗锈蚀和腐蚀的性能,并可代替 SF、SF/CD、SE 或 SE/CC
	SH、GF-1	用于轿车、货车和轻型货车的汽油机及要求使用 API SH 级油的汽油机。此种油品在控制发动机沉积物、油的氧化、磨损、锈蚀和腐蚀等方面的性能优于 SG,并可代替 SG GF-1 与 SH 相比,增加了对燃料经济性的要求
	SJ、GF-2	用于轿车、运动型多用途汽车,货车和轻型货车的汽油机及要求使用 API SJ 级油的汽油机。此种油品在挥发性、过滤性、高温泡沫性和高温沉积物控制等方面的性能优于 SH。可代替 SH,并可在 SH 以前的"S"系列等级中使用 GF-2 与 SJ 相比,增加了对燃料经济性的要求,GF-2 可代替 GF-1
	SL、GF-3	用于轿车、运动型多用途汽车、货车和轻型货车的汽油机及要求使用 API SL 级油的汽油机。此种油品在挥发性、过滤性、高温泡沫性和高温沉积物控制等方面的性能优于 SJ,可代替 SJ,并可在 SJ 以前的"S"系列等级中使用 GF-3 与 SL 相比,增加了对燃料经济性的要求,GF-3 可代替 GF-2
	SM、CF-4	用于轿车、运动型多用途汽车、货车和轻型货车的汽油机及要求使用 API SM 级油的汽油机。此种油品在高温氧化和清净性能、高温磨损性能及高温沉积物控制等方面的性能优于 SL。可代替 SL,并可在 SL 之前的"S"系列等级中使用 GF-4 与 SM 相比,增加了对燃料经济性的要求,GF-4 可代替 GF-3

(续)

应用范围	品种代号	特性和使用场合
汽油机油	SN、GF-5	用于轿车、运动型多用途汽车、货车和轻型货车的汽油机及要求使用 API SN 级油的汽油机。此种油品在高温氧化和清净性能、低温油泥及高温沉积物控制等方面的性能优于 SM。可代替 SM，并可在 SM 以前的"S"系列等级中使用 对于资源节约型 SN 油品，除具有上述性能外，强调燃料经济性、对排放系统和涡轮增压器的保护及与含乙醇最高达 85% 的燃料的兼容性能 GF-5 与资源节约型 SN 相比，性能基本一致，GF-5 可代替 GF-4
柴油机油	CC	用于中负荷及重负荷下运行的自然吸气、涡轮增压和机械增压式柴油机及一些重负荷汽油机。对于柴油机具有控制高温沉积物和轴瓦腐蚀的性能，对于汽油机具有控制锈蚀、腐蚀和高温沉积物的性能
	CD	用于需要高效控制磨损及沉积物或使用包括高硫燃料自然吸气、涡轮增压和机械增压式柴油机及要求使用 API CD 级油的柴油机。具有控制轴瓦腐蚀和高温沉积物的性能，并可代替 CC
	CF	用于非道路间接喷射式柴油发动机和其他柴油发动机，也可用于需有效控制活塞沉积物、磨损和含铜轴瓦腐蚀的自然吸气、涡轮增压和机械增压式柴油机。能够使用硫的质量分数大于 0.5% 的高硫柴油燃料，并可代替 CD
	CF-2	用于需高效控制气缸、环表面胶合和沉积物的二冲程柴油发动机，并可代替 CD-II
	CF-4	用于高速、四冲程柴油发动机及要求使用 API CF-4 级油的柴油机，特别适用于高速公路行驶的重负荷货车。此种油品在机油消耗和活塞沉积物控制等方面的性能优于 CE，并可代替 CE、CD 和 CC
	CG-4	用于可在高速公路和非道路使用的高速、四冲程柴油发动机。能够使用硫的质量分数小于 0.05%～0.5% 的柴油燃料。此种油品可有效控制高温活塞沉积物、磨损、腐蚀、泡沫、氧化和烟炱的累积，并可代替 CF-4、CE、CD 和 CC
	CH-4	用于高速、四冲程柴油发动机，能够使用硫的质量分数不大于 0.5% 的柴油燃料。即使在不利的应用场合，此种油品可凭借其在磨损控制、高温稳定性和烟炱控制方面的特性有效地保持发动机的耐久性；对于非铁金属的腐蚀、氧化和不溶物的增稠、泡沫性及由于剪切所造成的黏度损失可提供最佳的保护，其性能优于 CG-4，并可代替 CG-4、CF-4、CE、CD 和 CC
	CI-4	用于高速、四冲程柴油发动机。能够使用硫的质量分数不大于 0.5% 的柴油燃料。此种油品在装有排气再循环装置的系统里使用可保持发动机的耐久性。对于腐蚀性和与烟炱有关的磨损倾向、活塞沉积物，以及由于烟炱累积所引起的黏温性变差、氧化增稠、机油消耗、泡沫性、密封材料的适应性降低和由于剪切所造成的黏度损失可提供最佳的保护。其性能优于 CH-4，并可代替 CH-4、CG-4、CF-4、CE、CD 和 CC
	CJ-4	用于高速、四冲程柴油发动机。能够使用硫的质量分数不大于 0.05% 的柴油燃料。对于使用废气后处理系统的发动机，如使用硫的质量分数大于 0.0015% 的燃料，可能会影响废气后处理系统的耐久性和/或机油的换油期。此种油品在装有微粒过滤器和其他后处理系统里使用可特别有效地保持排放控制系统的耐久性。对于催化剂中毒的控制、微粒过滤器的堵塞、发动机磨损、活塞沉积物、高低温稳定性、烟炱处理特性、氧化增稠、泡沫性和由于剪切所造成的黏度损失可提供最佳的保护。其性能优于 CI-4，并可代替 CI-4、CH-4、CG-4、CF-4、CE、CD 和 CC
农用柴油机油	—	用于以单缸柴油机为动力的三轮汽车（原三轮农用运输车）、手扶变型运输机、小型拖拉机，还可用于其他以单缸柴油机为动力的小型农机具，如抽水机、发电机等。具有一定的抗氧、抗磨性能和清净分散性能

注：SD、SC、CD-II 和 CE 已经废止。

（2）按黏度分类 国家标准 GB/T 14906—2018《内燃机油黏度分类》采用含字母 W 和不含字母 W 两组黏度等级系列。含字母 W 的一组单级内燃机油以低温起动黏度、低温泵送黏度和 100℃ 时运动黏度划分黏度等级；不含字母 W 的一组单级内燃机油以 100℃ 时运动黏度和 150℃ 时高温高剪切黏度划分黏度等级。一个多黏度等级内燃机油，其低温起动黏度和低温泵送黏度应满足系列中一个 W 级的要求，同时，其 100℃ 运动黏度和 150℃ 高温高剪切黏度应在系列中一个非 W 级分类规定的黏度范围之内。

黏度等级以六个含字母 W 的低温黏度等级号（0W、5W、10W、15W、20W、25W）和八个不含字母 W 的高温黏度等级号（8、12、16、20、30、40、50、60）表示。黏度牌号有单级油和多级油之分。任何一个牛顿油可标为单级油（含 W 或不含 W）。一些经聚合物黏度指数改进剂调配的油是非牛顿油，应标上适当的多黏度等级（含 W 和高温等级），即含 W 黏度级和高温黏度级，并且两黏度级号之差大于等于 15。例如，一个多级油可标为 10W-30 或 20W-40，而不可标为 10W-20 或 20W-20。一个油可能同时符合多个 W 级，所标记的含 W 级号或多黏度级号只取最低 W 级号。例如，一个多级油同时符合 10W、15W、20W、25W 和 30 级号，黏度牌号只能标为 10W-30。

对于黏度等级为 SAE 8~SAE 20 的内燃机油，其 100℃ 运动黏度可能同时符合一个以上高温黏度等级要求，在标记一个符合一个以上高温黏度等级要求的单级油或多级油时，仅需标记符合最大高温高剪切黏度的黏度等级。其标记示例见表 10-9。

内燃机油黏度分类见表 10-10。SE、SF 质量等级汽油机油和 CC、CD 质量等级柴油机油及农用柴油机油黏度分类见表 10-11。

表 10-9 标记示例

运动黏度(100℃)/(mm²/s)	高温高剪切黏度(150℃)/mPa·s	SAE 黏度等级
7.0	2.6	20
7.0	2.4	16
7.0	2.1	12
5.6	2.1	12
5.6	1.9	8

表 10-10 内燃机油黏度分类

黏度等级	低温起动黏度/mPa·s 不大于	低温泵送黏度（无屈服应力时）/mPa·s 不大于	运动黏度(100℃)/(mm²/s)不小于	运动黏度(100℃)/(mm²/s)小于	高温高剪切黏度(150℃)/mPa·s 不小于
试验方法	GB/T 6538	NB/SH/T 0562	GB/T 265	GB/T 265	SH/T 0751[①]
0W	6200(-35℃)	60000(-40℃)	3.8	—	—
5W	6600(-30℃)	60000(-35℃)	3.8	—	—
10W	7000(-25℃)	60000(-30℃)	4.1	—	—
15W	7000(-20℃)	60000(-25℃)	5.6	—	—
20W	9500(-15℃)	60000(-20℃)	5.6	—	—
25W	13000(-10℃)	60000(-15℃)	9.3	—	—
8	—	—	4.0	6.1	1.7

(续)

黏度等级	低温起动黏度 /mPa·s 不大于	低温泵送黏度（无屈服应力时）/mPa·s 不大于	运动黏度（100℃）/(mm²/s) 不小于	运动黏度（100℃）/(mm²/s) 小于	高温高剪切黏度（150℃）/mPa·s 不小于
12	—	—	5.0	7.1	2.0
16	—	—	6.1	8.2	2.3
20	—	—	6.9	9.3	2.6
30	—	—	9.3	12.5	2.9
40	—	—	12.5	16.3	3.5（0W-40,5W-40 和 10W-40 等级）
40	—	—	12.5	16.3	3.7（15W-40,20W-40, 25W-40 和 40 等级）
50	—	—	16.3	21.9	3.7
60	—	—	21.9	26.1	3.7

① 也可采用 SH/T 0618、SH/T 0703 方法，有争议时，以 SH/T 0751 为准。

表 10-11　SE、SF 质量等级汽油机油和 CC、CD 质量等级柴油机油及农用柴油机油黏度分类

黏度等级	低温起动黏度 /mPa·s 不大于	边界泵送温度 /℃ 不高于	运动黏度（100℃时）/(mm²/s) 不小于	运动黏度（100℃时）/(mm²/s) 小于
试验方法	GB/T 6538	GB/T 9171	GB/T 265	GB/T 265
0W	3250(-30℃)	-35℃	3.8	—
5W	3500(-25℃)	-30℃	3.8	—
10W	3500(-20℃)	-25℃	4.1	—
15W	3500(-15℃)	-20℃	5.6	—
20W	4500(-10℃)	-15℃	5.6	—
25W	6000(-5℃)	-10℃	9.3	—
20	—	—	5.6	9.3
30	—	—	9.3	12.5
40	—	—	12.5	16.3
50	—	—	16.3	21.9
60	—	—	21.9	26.1

2. 内燃机油的规格

内燃机油的产品规格是由品种（使用性能等级）与牌号（黏度等级）两部分构成的。每一特定品种都附有规定的牌号。产品按统一的方法命名，如 SD 30 是指使用等级为 SD 级，黏度等级为 30 的汽油机油；SE/CC 30 则为汽油机/柴油机通用油，它符合 SE 级汽油机油和 CC 级柴油机油使用性能，且黏度等级为 30。

10.2.2　润滑脂

润滑脂是将稠化剂分散于液体润滑剂中所得到的一种稳定的固体或半固体产品，俗称黄油。润滑脂主要由基础油、稠化剂、添加剂及填料组成。润滑脂具有许多优良性能，是汽车中不可缺少的润滑材料。

1. 润滑脂的性能

(1) 稠度 稠度是指润滑脂一类的塑性物质，在受力的作用时抵抗变形的程度。适当的稠度可以使润滑脂容易加注并保持在摩擦面上，以保持持久的润滑作用。稠度不同，适用的转速、负荷和环境温度等工作条件也有所不同，所以稠度是润滑脂的一个很重要的指标。

润滑脂的稠度用锥入度评价。锥入度是指在规定的时间、温度条件下，规定质量的标准锥体刺入润滑脂试样的深度，以 0.1mm 表示。锥入度反映润滑脂在低剪切速率下的变形和流动阻力的性能。锥入度越大，润滑脂越软，即稠度越小，越易变形和流动；锥入度越小，润滑脂越硬，即稠度越大，越不易变形流动。我国用锥入度划分润滑脂的稠度牌号，是选用润滑脂的重要依据。

(2) 滴点 润滑脂在规定的试验条件下，由半固态变为液态时的温度，称为滴点。通过滴点可以粗略地估计润滑脂的最高使用温度，为了使润滑脂能在润滑部位长期工作而不流失，滴点应高于润滑部位的工作温度 15~30℃ 或更高。滴点越高，其耐热性越好。

(3) 极压性与抗磨性 相互接触的金属表面间的润滑脂所形成的脂膜，能承受轴向与径向的负荷，脂膜具有的承受负荷的特性称为润滑脂的极压性。一般而言，在基础油中添加了皂基稠化剂后，润滑脂的极压性得到增强。在恶劣条件下使用的润滑脂，常添加有极压添加剂，以增强其极压性。

润滑脂通过在运动部件间产生油膜，防止金属与金属相接触而磨损的能力称为抗磨性。润滑脂的稠化剂本身就是油性剂，具有较好的抗磨性。在恶劣条件下使用的润滑脂，添加有二硫化钼、石墨等减磨剂和极压剂，因而具有比普通润滑脂更强的抗磨性，这种润滑脂被称为极压型润滑脂。

(4) 胶体安定性 胶体安定性是指润滑脂在储存和使用中避免胶体分解、防止液体析出的能力。胶体安定性差的润滑脂在受热、压力等作用下，易发生油皂分离现象，使润滑脂稠度改变和流失。安定性差的润滑脂不易长期保存。

(5) 氧化安定性 氧化安定性是指润滑脂在储存和使用中抵抗氧化的能力。润滑脂中的基础油和稠化剂与空气接触，在不同程度上被氧化，使其酸值增加，腐蚀金属性增强，稠度变小，使用寿命缩短。作为稠化剂的金属皂有促进氧化的作用，使润滑脂的氧化安定性要比其基础油差，因此润滑脂中普遍加入抗氧剂。

(6) 机械安定性 机械安定性是指润滑脂在机械工作条件下抵抗稠度变化的能力。润滑脂在使用过程中因受到机械运转剪切作用，稠化剂的纤维结构受到不同程度的破坏，使稠度有所下降。如果润滑脂的机械安定性不好，则在长期工作中可能因过分软化而流失，从而缩短其使用寿命。

(7) 抗水性 抗水性是指润滑脂遇水后抵抗结构和稠度等改变的性能。抗水性差的润滑脂，遇水后稠度下降，甚至乳化而流失。汽车在雨天和涉水行驶时，底盘各摩擦点可能与水接触，要求使用抗水性良好的润滑脂。润滑脂的抗水性主要取决于稠化剂的抗水性。皂基稠化剂除钠皂和钙钠皂外，其他金属皂的抗水性都比较好。

(8) 防腐性 润滑脂通过吸附在金属表面，隔绝外界各种腐蚀介质与金属的接触，以达到防腐的目的。润滑脂对金属不应有腐蚀作用，这就要求润滑脂不能含有过量的游离酸或碱，并且不应含游离水。

2. 润滑脂的使用特点

汽车常用润滑脂有钙基润滑脂、石墨钙基润滑脂、无水钙基润滑脂、复合钙基润滑脂、钠基润滑脂、钙钠基润滑脂、通用锂基润滑脂、汽车通用锂基润滑脂、二硫化钼锂基润滑脂等，其主要性能和适用范围见表10-12。

表10-12 润滑脂的主要性能和适用范围

类型	牌号	主要使用性能	适用范围	使用温度/℃
钙基润滑脂 （GB/T 491—2008）	ZG-1	主要用于汽车、拖拉机，纺织等工农业机械的滚动轴承和易与水或潮气接触部位的润滑。使用温度在-10~60℃之间，转速在3000r/min以下的滚动轴承，一般都可以使用。其主要特征是耐水性强，耐热性差	适用于集中供脂系统和汽车底盘	≤55
	ZG-2		适用于一般中转速、轻负荷的中小型机械（如电动机、水泵、鼓风机）的滚动轴承，汽车、拖拉机的轮毂轴承,离合器轴承和各种农业机械的润滑部位	≤60
	ZG-3		适用于一般中转速、中负荷的重型机械的轴承	≤65
	ZG-4		适用于一般低转速、重负荷的重型机械设备	≤70
石墨钙基润滑脂 （SH/T 0369—1992）	—	极压抗磨性好、抗水性好、耐热性差，含10%（质量分数）的鳞片状石墨	适用于工作温度在60℃以下的汽车钢板弹簧、起重机齿轮转盘、矿山机械、绞车齿轮、钢丝索、升降机的滑板及其他粗糙、承受重负荷的摩擦部位	≤60
无水钙基润滑脂	—	具有优异的机械安定性和抗水性及较好的胶体安定性，其抗吸湿性和抗热硬化性均优于复合钙润滑脂，使用温度比钙基润滑脂高30℃	适用于寒区，严寒区汽车、拖拉机的轮毂轴承、底盘和水泵轴承，以及电动机和风机轴承等摩擦部位的润滑	A型：-50~100 B型：-45~100
复合钙基润滑脂 （SH/T 0370—1995）	ZFG-1	滴点高，耐热性好，耐低温，可在-40℃以下工作。有一定的抗水性，可在潮湿环境或与水接触的情况下工作	适用于汽车轮毂轴承、水泵轴承。将2%（质量分数）的二硫化钼加入复合钙基润滑脂中，适宜于炎热、潮湿地区	120~150
	ZFG-2			
	ZFG-3			
	ZFG-4			
钠基润滑脂 （GB/T 492—1989）	NV-2	耐热性好，耐水性差润滑脂，只适用于工作温度较高又不易与水接触的工作部位	适用于汽车、拖拉机的轮毂轴承	≤120
	NV-3		适用于中型电动机和发电机轴承及其他机械摩擦部位	≤120
钙钠基润滑脂 （SH/T 0368—1992）	ZGN-1	抗水性优于钠基润滑脂，耐热性优于钙基润滑脂，性能介于钙基润滑脂和钠基润滑脂之间，适用于工作温度较高的部位，但不适用于低温条件和水直接接触的部位	适用于各种类型电动机、发电机、鼓风机、汽车、拖拉机和其他机械设备轴承的润滑，如离合器、传动轴和轮毂轴承	≤85
	ZGN-2			≤100
通用锂基润滑脂 （GB/T 7324—2010）	ZL-1	属于长寿命、多用途的润滑脂。具有良好的抗水性、防锈性，可用在潮湿和与水接触的部位。具有良好的机械安定性和胶体稳定性。耐热性好，滴点高，可在较高温度下使用。是钙基润滑脂、钠基润滑脂、钙钠基润滑脂的替代产品	适用于集中供热系统	-20~120
	ZL-2		适用于中转速、中负荷的机械设备，如汽车、拖拉机轮毂轴承及中小型电动机、水泵和鼓风机等	
	ZL-3		适用于矿山机械、重型汽车、大型拖拉机轮毂及大中型电动机等	

（续）

类　　型	牌号	主要使用性能	适用范围	使用温度/℃
汽车通用锂基润滑脂 （GB/T 5671—2014）	—	具有良好的高低温性能、抗水性和防锈性，可用在潮湿和与水接触的部位。具有良好的机械安定性和胶体稳定性。在高转速下不会变质、流失，并保持良好的润滑性能	适用于汽车轮毂、底盘和水泵轴承，也可用于坦克的支重轮和引导轮轴承	-30~120
二硫化钼锂基润滑脂 （NB/SH/T 0587—2016）	—	具有良好的高低温性能、抗水性和防锈性，可用在潮湿和与水接触的部位。具有良好的机械安定性和胶体稳定性、部分种类具有突出的极压抗磨性能	适用于冶金机械、矿山机械、重型机械及汽车等重负荷齿轮和轴承的润滑，也可用于有冲击负荷的重载部位，能有效防止卡咬和烧结	-30~120

10.2.3　齿轮油

1. 齿轮油的性能

齿轮油与内燃机油的作用有相同之处，都是在运动机件表面间用于减磨、防锈、冷却的。但与内燃机油的工作条件相比较，齿轮油的工作温度不是很高，油膜所承受的压力却很大。因此，齿轮油必须具有良好的抗磨性，适当的黏度和良好的黏温性、热氧化安定性、润滑性和低温流动性、防腐性、防锈性和抗泡沫性等。

（1）**极压抗磨性**　极压抗磨性是指油品在摩擦面接触压力非常高的条件下，保持在运动部件之间的油膜，能有效地防止金属间直接接触的能力。齿轮的传动基本上都是滚动摩擦和滑动摩擦同时存在的线接触，所以承受的压力极大，特别是准双曲面齿轮，因此要求齿轮油在高温极压条件下，附着在摩擦表面上的固体无机膜的润滑性和耐冲击性能好。齿轮油的黏度增加有利于承载能力的提高，但黏度过大会增加摩擦损失，所以齿轮油中一般都加有极压抗磨添加剂，其主要含有化学性活泼的元素，如硫、磷、氯的有机化合物。当齿面在高压接触时，表面间的凹凸部位相啮合，将产生局部高温，此时齿轮油中的极压抗磨添加剂与金属表面发生化学反应，形成剪切强度小、熔点低的固体金属膜，将金属表面隔开，阻止金属间发生齿面擦伤、咬合现象。极压抗磨性是齿轮油最主要的基本性能，其评价指标是运动黏度值。

（2）**润滑性和低温流动性**　为了使齿轮油的润滑性和低温流动性良好，齿轮油应具有适当的黏度和良好的黏温性。黏度不能过低，以保证形成油膜，实现液体润滑状态。为带走摩擦产生的热量和低温时迅速供油，齿轮油的黏度又不能过大。和内燃机油相同，齿轮油的多级油通常要加入黏度指数改进剂，以提高其黏温性。齿轮油的低温表观黏度，对车辆起步时的润滑可靠性有重要影响。车辆齿轮油规格中标出了表观黏度为150Pa·s时的温度，它决定齿轮油适用的最低温度，是选用齿轮油的依据之一。

评价润滑性和低温流动性的指标有黏度指数、倾点、成沟点、表观黏度及表观黏度为150Pa·s时的温度等。成沟点是指在规定的试验条件下，试油成沟的最高温度。

（3）**热氧化安定性**　齿轮油抵抗高温条件下氧化作用的能力称为热氧化安定性。在高温的恶劣工作条件下，齿轮油在空气、水和金属的催化作用下，容易氧化生成胶质、沥青、不溶物、腐蚀性物质，使油的性能变坏并缩短使用周期。所以，齿轮油必须要有好的抗氧化能力，延缓氧化速度，一般采取加入抗氧化添加剂的方法改善油的品质。

（4）**防腐性和防锈性** 在车辆齿轮传动装置的工作条件下，齿轮油防止齿轮、轴承腐蚀和生锈的能力称为防腐性和防锈性。外界水分可能渗入齿轮传动装置，工况变化、冷热交替也可能使冷凝水分出现。油内的水分和氧化生成的酸性产物，是齿轮和轴承腐蚀、生锈的主要原因。此外，齿轮油中添加的极压抗磨添加剂含有的硫化物极易对金属产生腐蚀作用，而且极压抗磨添加剂的活性越强，腐蚀作用越大。生锈和腐蚀将加速磨损，使材料强度降低。因此，齿轮油应选择适当的极压抗磨添加剂及加入防腐剂和防锈剂，它们能在金属表面形成保护膜，防止腐蚀性物质侵蚀金属。

（5）**抗泡沫性** 齿轮油在空气存在的情况下工作时受到剧烈的搅拌，会产生许多小气泡，它们上升到液面若能很快消失则不会影响使用，但若形成安定的泡沫则会发生溢流和磨损等现象。在齿轮油中，泡沫一旦形成，齿轮油和空气会一起到达润滑部位，使齿轮油得不到充分供给，导致齿轮磨损和胶合等破坏。

因此，齿轮油应具有良好的抗泡沫性，以保证在齿轮剧烈搅拌过程中产生的泡沫少并易于消失。为减少泡沫，一方面要破坏已产生的泡沫，另一方面要抑制泡沫的产生。前者可使用醇类物质实现，后者一般是采用在齿轮油中添加抗泡剂来实现。常用的抗泡剂是硅油。

车辆齿轮油除上述要求的使用性能外，还要求有较好的清洁性、储存安定性等。

2. 齿轮油的分类

（1）**美国汽车工程师学会（SAE）和美国石油学会（API）对齿轮油的分类** 目前世界上广泛采用美国汽车工程师学会的车辆齿轮油黏度分类法和美国石油学会的车辆齿轮油使用性能分类法对车辆齿轮油进行分类。

1）按黏度分类。采用 SAE 齿轮油黏度分类法，按齿轮油黏度为 150Pa·s 时的最高温度和 100℃时的运动黏度，将齿轮油分为 70W、75W、80W、85W、90、140 和 250 七个黏度等级，见表 10-13，表中带 W 级号的为冬季用油。另外，还规定了三个多级油的牌号：80W/90、85W/90、85W/140。

表 10-13　SAE 车辆齿轮油黏度分类

SAE 黏度等级	黏度为 150Pa·s 时的最高温度	100℃时的运动黏度/(mm²/s)	
		最低	最高
70W	−55	4.1	—
75W	−40	4.1	—
80W	−26	7.0	—
85W	−12	11.0	—
90	—	13.5	<24.0
140	—	24.0	<41.0
250	—	41.0	—

2）按使用性能分类。目前国际上广泛采用的 API 使用分类法按齿轮承载能力和使用条件的不同，将齿轮油分为 GL-1、GL-2、GL-3、GL-4、GL-5 和 GL-6 六个级别，API 齿轮油使用性能分类见表 10-14。

表 10-14 车辆齿轮油 API 使用性能分类

分类	使用说明	用 途
GL-1	低齿面压力、低滑动速度下的汽车弧齿锥齿轮、蜗轮式驱动桥及各种手动变速器规定用 GL-1 齿轮油。直馏矿物油能满足这类情况的要求,可以加入抗氧剂、防锈剂和消泡剂改善其性能,但不加摩擦改进剂和极压剂	汽车手动变速器,包括拖拉机和货车手动变速器
GL-2	汽车蜗轮式驱动桥,由于其负荷、温度和滑动速度的状况,用 GL-1 齿轮油不能满足要求,规定用 GL-2 级油,通常都加有脂肪类物质	蜗杆传动装置
GL-3	速度和负荷比较大的汽车手动变速器和弧齿锥齿轮后桥规定用 GL-3 类油,这种使用条件要求润滑油的负荷能力比 GL-1 和 GL-2 级油高,但比 GL-4 级油低	苛刻条件下的手动变速器、弧齿锥齿轮驱动桥
GL-4	在低速高转矩、高速低转矩下操作的各种齿轮,特别是客车和其他各种车用的准双曲面齿轮规定用 GL-4 级齿轮油。其抗磨擦伤性能等于或优于 CRC RGO-105 参考油	手动变速器、弧齿锥齿轮和使用条件不太苛刻的准双曲面齿轮
GL-5	在高速冲击载荷、低速高转矩、高速低转矩下操作的各种齿轮,特别是客车和其他车用的准双曲面齿轮规定用 GL-5 级齿轮油。其抗擦伤性能等于或优于 CRC RGO-110 参考油	操作条件缓和或苛刻的准双曲面齿轮及其他各种齿轮、手动变速器
GL-6	在高速冲击条件下运转的轿车和其他车辆的各种齿轮,特别是偏移距大的准双曲面齿轮,偏移距大于 50mm 或接近大齿轮直径的 25%,规定用 GL-6 级齿轮油。其抗擦伤性能等于或优于参考油 L-1000	—

（2）**我国齿轮油的分类** 我国参照 API 使用性能分类法,将齿轮油分为普通车辆齿轮油、中负荷车辆齿轮油、重负荷车辆齿轮油和非同步手动变速器油,代号分别是 GL-3、GL-4、GL-5 和 MT-1。

10.2.4 润滑材料的选用和使用

1. 内燃机油的选择和使用

（1）**选择的基本原则** 选择合适的内燃机油是保证内燃机正常工作、延长其使用寿命的重要条件。内燃机油的选择应遵循一定的原则,即应兼顾使用性能等级和黏度等级两方面。首先应根据内燃机的结构特点和要求,确定其合适的使用性能等级,然后再根据内燃机使用的外部环境温度,选择该使用等级中的黏度等级。

（2）**使用性能等级选择** 内燃机油的使用性能等级,主要根据内燃机的结构特性、工作条件和燃料品质来选择。

在选择汽油机油的使用性能级别时,应注意汽油机工况的苛刻程度和进排气系统中的附加装置及生产年代。汽油机油使用性能等级的选择一般应考虑如下具体因素:

1）内燃机的压缩比、排量、最大功率、最大转矩。
2）内燃机油负荷,即内燃机功率（kW）与曲轴箱机油容量（L）之比。

3) 曲轴箱强制通风、排气再循环等排气净化装置的采用对内燃机油的影响。
4) 城市汽车时开、时停等运行工况对生成沉积物和内燃机油氧化的影响等。

(3) 黏度等级的选择　内燃机油的黏度等级主要根据温度、工况和内燃机油的技术状况进行选择。

黏度是评价内燃机油品质的一个重要指标。它的大小直接影响内燃机油的减磨、降温、清洁、除锈、防尘、吸收振动和密封等作用。内燃机油的黏度越小，流动性越好，清洁、冷却效果越好，但高温油膜易受破坏，润滑效果较差；黏度越大，油膜厚度适当，密封性较好，但低温起动时上油较慢，易出现干摩擦或半流体摩擦，冷却、冲洗作用也较差。因此，内燃机油的黏度要适当，一般要遵循以下原则：

1) 应根据工作地区的环境温度、内燃机负荷、转速选用适宜黏度等级的内燃机油，以保证零件正常润滑。

2) 尽量选用黏温性好、黏度指数高的多级油。多级油的使用温度范围比单级油大，具有低温黏度油和高温黏度油的双重特性。如 5W-30 多级油同时具有 5W、30 两种单级的特性，其使用温度区间由 5W 级油的 -30~10℃ 和 30 级油的 0~40℃ 组合成 -30~40℃。与单级油相比，多级油极大地扩大了使用范围。这样不仅可以减少因温度变化而更换内燃机油的次数，而且可以减少内燃机油的浪费。

3) 工况方面考虑，重载低速和高温下应选择黏度较大的内燃机油；轻载高速应选择黏度较小的内燃机油。

(4) 内燃机油的使用　选择了合适的内燃机油使用性能等级和黏度等级后，还应注意使用方法。如果使用不当，同样会造成内燃机磨损加剧，甚至出现拉缸、烧轴瓦的现象。因此，使用时应注意以下几点：

1) 应注意使用中内燃机油颜色、气味的变化，有条件者可以定期检查内燃机油的各项性能指标，一旦发现颜色、气味及性能指标有较大变化，应及时更换。

2) 换油时应采用热机放油方法，即在更换内燃机油时，应先运行车辆，然后趁热放出内燃机油，以便使内燃机内的油泥、污物等尽可能地随内燃机油排出。

3) 加注内燃机油时应适量。油量不足会加速内燃机油的变质，而且会因缺油而引起零件的烧损；内燃机油加注过多，则不仅会增加内燃机油的消耗量，而且过多的内燃机油易窜入燃烧室内，恶化混合气的燃烧环境。

4) 定期检查清洗内燃机油滤清器，清理油底壳中的脏物。

5) 应避免不同种类的内燃机油混用，以免起化学反应。

(5) 内燃机油油量的检查　用油尺检查内燃机油油量是准确、可靠的方法。检查内燃机油油量时，必须将车辆停放在水平路面上，待内燃机熄火一段时间后（内燃机油流回油底壳）进行检查。这时，先拔出油尺，用干净毛巾擦干后，将油尺重新插入曲轴箱内，随后再拔出并读出内燃机油液面位置。

(6) 内燃机油的更换　车辆行驶一定的里程或一定的时间后应更换内燃机油。内燃机油的更换期限应适宜。过早会造成内燃机油浪费，过迟又会增大内燃机磨损，缩短内燃机维修周期和使用期限。一般应按照汽车使用说明书上规定的期限换油。但内燃机油的变质程度与汽车性能、修理技术、驾驶水平、道路和气候条件、内燃机油的质量等都有关，统一规定换油期限有时并不完全切合实际。

一般地，内燃机油的更换依据以下三条原则：一是根据车辆的行驶里程（或内燃机油的工作时间）确定，称为定期换油；二是根据内燃机油使用性能的降低程度确定，称为按质换油；三是采用在内燃机油油质监测下的定期换油。

2. 润滑脂的选择和使用

（1）**润滑脂的选择原则** 润滑脂的品种及牌号较多，性能各异，润滑脂的选择是否得当，直接影响汽车使用的可靠性。选用润滑脂的主要依据是润滑点的工作温度、承载负荷和工作环境。选择润滑脂时，要明确润滑脂的失效机理，使用部位、温度、速度、负荷和工作环境等。

1）按工作温度选择。对润滑脂影响最大的是工作温度，应选择滴点适当的润滑脂。工作温度越高，选择的滴点越高；工作温度越低，选择的滴点越低。工作温度越高，使用寿命越短。一般轴承温度升高 10~15℃，润滑脂的寿命缩短 1/2。温度高的部位一定要选用抗氧化安定性好、热蒸发损失小、滴点高、分油量少的润滑脂；温度较低的部位，一定要选用低温起动性好、相似黏度小的润滑脂。例如，水泵轴承、离合器分离轴承、轮毂轴承、发电机轴承等均可选用复合钙基润滑脂。

2）按承载负荷选择。对重负荷机械，应采用稠度大的润滑脂，如选择加极压抗磨添加剂、二硫化钼或石墨的润滑脂。若承载负荷对润滑脂的影响最大，就应选用锥入度合适的润滑脂。承载负荷较大、速度较低的摩擦机件，应选用锥入度较小的润滑脂；承载负荷较小的摩擦机件，应选用锥入度较大的润滑脂。

3）按工作环境选择。选择润滑脂时还应考虑润滑部位的湿度、灰尘、腐蚀性等因素，特殊环境选用特殊性能的润滑脂。若润滑脂的工作环境较差，可直接与水接触，就应选用耐水性好的润滑脂。例如，汽车的钢板弹簧可选用石墨钙基润滑脂。传动轴中间支承轴承的工作温度虽然不高，但容易与水接触，应选用钙钠基润滑脂。

（2）**润滑脂的使用注意事项**

1）应按规定及时地向各润滑点加注润滑脂。

2）各种稠化剂制成的润滑脂不能互相混用，否则可能破坏其胶体结构而失去原有的性能。不同种类的润滑脂不得混用。换用新润滑脂时，必须将旧的润滑脂擦干净，否则会加速新润滑脂的氧化变质。

3）润滑脂的加注量不要过多，否则会使运转阻力增加，工作温度升高。

4）一般情况下，润滑脂与内燃机油不能混用。

5）润滑脂一旦混入杂质便难以除去。在保存、分装和使用过程中，应严格防止灰、沙和水分等外界杂质污染润滑脂，容器和润滑脂加注工具必须干燥清洁；尽可能减少润滑脂与空气的接触；作业场所要清洁无风沙；轴承及润滑脂加注口在加注润滑脂前必须清洗干净；作业完毕，盛装润滑脂的容器和加注器管口应立即加盖或封帽。

3. 齿轮油的选择、更换和使用

（1）**齿轮油的选择** 首先要根据齿轮的类型、负荷大小、滑动速度选择合适的质量等级。然后再根据使用的最高和最低工作温度来确定齿轮油的黏度等级。一般而言，温度较低、负荷较小时，可选择黏度较小的齿轮油；反之，温度较高、负荷较大的车辆，宜选用黏度较大的齿轮油。可以同时满足最低环境温度的冷起动和正常工作条件下的温度要求的油是多级油。因此，正确选用齿轮油是十分必要的。通常应使用汽车厂指定的齿轮油。

（2）齿轮油的更换　一般根据车辆的传动结构特性、运行条件等由汽车制造厂推荐或由用户自行确定固定的换油周期（时间或里程）。

（3）齿轮油的使用

1) 不能将使用级较低的齿轮油用在要求较高的车辆上，但使用级较高的齿轮油可以用在要求较低的车辆上。

2) 使用黏度级别过高的齿轮油，将使燃料消耗及磨损显著增加，特别是对高速轿车影响较大，应尽可能使用合适的多级齿轮油。

3) 不同使用级别的齿轮油不能混用。

4) 严防水分混入，以免极压抗磨添加剂失效。

10.3　汽车工作液

汽车工作液包括冷却液、制动液、车用空调制冷剂、冷冻机油、减振器油等。

10.3.1　冷却液

冷却液是发动机冷却系统的冷却介质。除了具有防冻功能外，还有冷却、防垢、防腐、防沸等作用。冷却液的优劣直接影响发动机的使用寿命。发动机冷却液要符合 GB 29743—2013《机动车发动机冷却液》的规定。

1. 冷却液的组成

发动机冷却液由水、防冻剂和各种添加剂组成。

（1）水　水是冷却液的重要组成部分，因为水具有良好的流动性、导热性和较大的比热容，而且乙二醇防冻剂只有在配成一定浓度的水溶液后才能充分发挥其冷冻作用。冷却液中的水是软水，应符合 GB/T 6682—2008《分析实验室用水规格和试验方法》规定的三级水要求，由蒸馏、离子交换或反渗透等方法制取。

（2）防冻剂　由于水的冰点较高，车辆在低温天气使用时容易结冰，所以在发动机冷却液中都加入一定量的防冻剂。目前冷却液中通常使用的防冻剂主要有乙二醇和丙二醇。

（3）添加剂　冷却液中所使用的添加剂有缓冲剂、缓蚀剂、防垢剂、消泡剂和着色剂等。

1) 缓冲剂。冷却系统中的金属部件在弱碱性条件下容易得到保护，因此为了使冷却液在使用过程中维持一定的 pH 值，防止其酸化，冷却液中通常都加入缓冲剂，使冷却液具有一定的缓冲能力。

2) 缓蚀剂。缓蚀剂是冷却液中最主要的添加剂，其主要作用是减缓或防止冷却系统中金属零部件因腐蚀而穿孔，以免造成冷却液渗漏和流失。

3) 防垢剂。为了防止冷却系统内水垢的产生，一些冷却液中还加有一定量的防垢剂，通常使用的防垢剂有配合型和分散型两种。

4) 消泡剂。为了减少冷却液产生的泡沫，冷却液中一般还含有一定量的消泡剂。消泡剂通常使用硅油、甲基丙烯酸酯等，以使所产生的泡沫及时破灭。

5) 着色剂。冷却液在使用过程中，一般都要求加入一定量的着色剂，使它具有醒目的颜色，以便与其他液体相区别。这样，在冷却系统发生泄漏时，通过观察冷却系统外部管路，就能够很容易判断泄漏的位置。目前，广泛使用的冷却液以绿色和蓝色为主，也有红褐色的。

冷却液着色剂一般有染色剂和pH值指示剂两种。染色剂是通过染料或颜色的作用使冷却液具有一定的颜色，而pH值指示剂除了具有显色作用外，它的颜色还会随着冷却液pH值的变化而变化，可以根据其颜色来大致确定冷却液是否需要更换。

2. 冷却液的作用

（1）**防腐蚀** 发动机及其冷却系统多由金属制造而成，如小轿车的缸体为铸铝，大型货车的缸体为铸铁，散热器主要是由纯铜、黄铜、铸铝制成的。金属在高温下与水接触会因被腐蚀而生锈。冷却液不仅不会对发动机冷却系统造成腐蚀，还具有防腐和除锈功能，能极大地保护发动机冷却系统，延长其使用寿命。

（2）**防垢** 水中的钙、镁离子很容易在冷却系统中形成无机盐水垢，当这些水垢形成于缸体衬里及缸盖的冷却液通道时，会影响传热效率，出现局部高温区，恶化润滑条件，加速发动机系统的磨损。

防冻液中除了乙二醇、蒸馏水以外，还要加入阻垢添加剂等，它能有效防止和去除部分水垢，提高冷却系统效率。

（3）**防穴蚀** 穴蚀是腐蚀的一种，由无数个气泡打击金属产生，对发动机冷却系统有极大的破坏性。穴蚀主要位于两处，一处是缸套的外部，即缸套与防冻液的接触面上，另一处是循环冷却液泵泵体上。穴蚀严重时会将缸套穿透，使冷却液渗入燃烧室，这种情况在大功率发动机上尤为常见。添加优质缓蚀剂的冷却液具有良好的防穴蚀能力，可延长发动机的寿命。

（4）**防沸** 优质的冷却液还应具备防沸功能，这就要求冷却液有较高的沸点。

（5）**防泡沫** 优质的冷却液还应添加消泡剂，目的是减少泡沫的生成。几乎所有冷却液在高温下都会产生泡沫，这可能是由于冷却液缓蚀剂自身的抗泡性太差，或是发动机冷却系统的某些部件磨损，或其他原因使大量空气窜入散热器内部等，所以需要在冷却液中加入消泡剂，以减少泡沫在冷却系统内产生。

3. 冷却液的分类

（1）**按防冻剂类型分类** 按防冻剂类型，冷却液可分为乙二醇型冷却液和丙二醇型冷却液。

乙二醇-水冷却液冰点低、沸点高、闪点高、不起泡，具有很好的流动性和化学稳定性，可在腐蚀抑制剂存在下长期防腐防垢，其性能优于水，故被广泛使用。

其缺点是有毒性，对金属有腐蚀作用，并对橡胶零件有轻度侵蚀作用。

（2）**按适用对象分类** 按适用对象，冷却液可分为轻负荷发动机冷却液（适用于乘用车和轻型货车发动机）和重负荷发动机冷却液（适用于重型货车及其他长周期运转的采用湿式缸套的发动机）。

4. 冷却液的使用注意事项

1）加注冷却液之前应对发动机冷却系统进行清洗。最简单的方法是打开散热器阀，用自来水从加水口冲洗。

2）稀释浓缩液时要使用蒸馏水或去离子水。

3）注意检查冷却液液面高度。适宜的冷却液液面应在储液罐的最高线和最低线之间，应视具体情况正确补充。

4）不同厂家、不同牌号的发动机冷却液不能混用。

5）冷却液在使用一段时间（一般为2年）后应及时更换。

6）在使用乙二醇型冷却液时，应注意乙二醇有毒，切勿误食。乙二醇型冷却液沾染到皮肤上时，应及时用清水清洗干净。

10.3.2 制动液

汽车制动液又称制动油，是液压制动系统中传递制动压力的液态介质，用在采用液压制动系统的车辆中。制动液的作用是传递动力，以实现制动，保护制动系统中的金属及橡胶密封件。它是汽车液压制动系统中传递能量的一种功能液，在汽车化学品中被称为"安全油料"，其质量优劣直接影响驾乘人员和行人的安全。

1. 制动液的使用要求

1）应保证汽车在正常的工作温度范围内，制动灵敏可靠，这是对制动液最根本的要求。

2）不产生气阻，具有足够的黏度、黏温性和良好的润滑性能。

3）具有良好的抗氧化安定性和热安定性，不腐蚀金属，对制动系统的皮碗、皮管相容性好。

2. 制动液的使用性能与指标要求

（1）**高温抗气阻性** 制动液应具有优良的高温抗气阻性，即应有高的沸点。如果制动液沸点过低，在高温时就会蒸发成蒸气，使液压制动系管路中产生气阻，导致制动失灵。

制动液高温抗气阻性的评定指标主要有平衡回流沸点、湿平衡回流沸点和蒸发性。

（2）**低温流动性和黏温性** 制动液应在使用温度范围内具有良好的流动性，使系统内压力能随制动踏板的动作迅速上升和下降，橡胶皮碗能在制动缸中顺利地滑动。因此，要求制动液在很大的温度范围内保持适当的黏度。在制动液规格中都规定了-40℃时的最大运动黏度和100℃等时的最小运动黏度。

（3）**与橡胶件的匹配性** 汽车液压制动系统有橡胶皮碗等橡胶件，要求制动液不会对橡胶件造成显著的溶胀、软化或硬化等不良影响。

（4）**不腐蚀金属** 液压制动系的主缸、轮缸、活塞、回位弹簧、导管和阀等零件，主要采用金属材料制成，制动液应具有不腐蚀金属的能力。

3. 制动液的种类

美国运输部（DOT）制定的机动车辆安全标准将制动液分为DOT-3、DOT-4和DOT-5三类。

现代汽车主要采用合成型制动液，GB 12981—2012《机动车辆制动液》将制动液划分为HZY3、HZY4、HZY5、HZY6四个质量等级，制动液系列代号中H、Z、Y分别为合成、制动和液体的汉语拼音首字母，阿拉伯数字为区别本系列各标准的标记。

各类制动液规格分类对照、主要特性和使用范围见表10-15。

4. 制动液的选用

1）优先使用合成制动液。

2）按照使用说明书中规定的制动液的类型选用。

表 10-15　汽车制动液分类对照和主要特性

GB 12981—2012	FMVSS 116	ISO 4925:2005	主要特性	推荐使用范围
HZY3	DOT-3	3级	具有良好的高温抗气阻性能和优良的低温性能	我国广大地区均可使用
HZY4	DOT-4	4级		
HZY5	DOT-5	5级		供特殊要求车辆使用
HZY6	—	6级		配备 ESP/EBD+ABS 的商用车

3) 所选制动液的产品质量等级应等于或高于汽车制造厂规定的制动液质量等级。

5. 制动液的使用注意事项

1) 不同规格的制动液不能混用。不同类型的制动液混合后，因组分不同可能发生反应，产生分层或沉淀而堵塞制动系统。

2) 加注制动液时应注意清洁，防止杂质进入制动系统。

3) 制动液中含有有机溶剂，易燃、易挥发，因此要注意防火，远离火源。

4) 防止日晒雨淋，避免水分或矿物油混入制动液使其变质而影响使用性能。

5) 汽车在坡道连续制动或频繁制动时，应注意制动液温度，防止气阻。

6) 汽车制动液应定期更换。

10.3.3　车用空调制冷剂

1. 车用空调制冷剂的性能要求

车用空调制冷系统由压缩机、冷凝器、储液器、膨胀阀、蒸发器和鼓风机等组成，如图 10-1 所示。

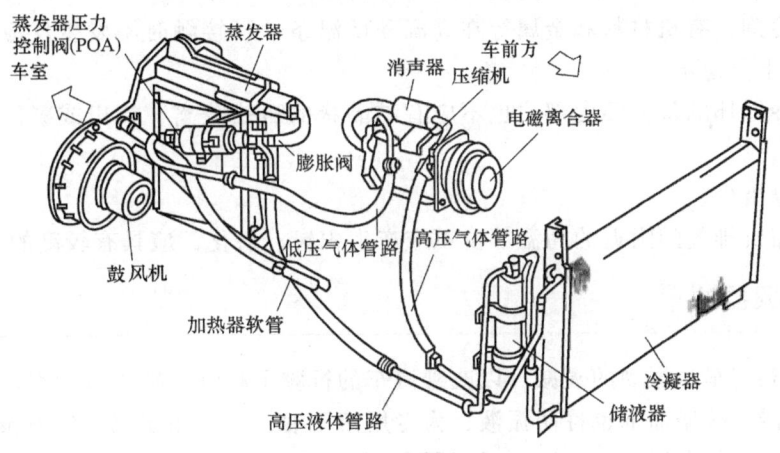

图 10-1　车用空调系统

各部件之间采用铜管（或铝管）和高压橡胶管连接成一个密闭系统，制冷系统工作时，制冷剂以不同的状态在该密闭系统内流动，便可达到降低蒸发器周围空气温度的目的。

2. 车用空调制冷剂的性能特征

对制冷剂热力性质的要求见表 10-16。

对制冷剂物理化学性质的要求见表 10-17。

表 10-16　对制冷剂热力性质的要求

序号	热力性质要求
1	制冷剂的临界温度高,这样有利于使用一般的冷却水和空气进行冷凝,同时可以使节流损失小,制冷系数高
2	单位容积制冷量大
3	蒸发压力和冷凝压力适中。制冷剂冷凝压力不应过高,蒸发压力不应过低,尤其是不应低于大气压力
4	绝热指数小,这样有利于降低压缩机排气温度,提高压缩机的效率

表 10-17　对制冷剂物理化学性质的要求

序号	物理化学性质要求
1	黏度、密度小,以减少制冷剂在制冷系统中的流动阻力损失
2	热导率高,以提高热交换热备的传热系数,减少换热面积,节省材料消耗
3	使用安全。车用空调制冷剂应无毒、不燃烧、不爆炸
4	具有较好的化学稳定性和热稳定性。车用空调制冷剂应与润滑油无亲和作用,不腐蚀金属材料,在高温下不分解,可与冷冻机油以任意比例相溶
5	易于改变吸热与散热的状态,有很强的重复改变状态的能力

10.3.4　冷冻机油

空调压缩机使用的润滑油一般称为冷冻机油。在选择冷冻机油时,必须注意空调压缩机内部冷冻机油所处的状态,如排气温度、排气压力、吸气温度等。对空调压缩机冷冻机油的要求如下:

1) 不同的制冷剂要求使用不同黏度的冷冻机油。

2) 与制冷剂、有机材料和金属等在高温和低温条件下接触时不发生反应,其热力学性能和化学性能十分稳定。

3) 在制冷循环的最低温度部位也不应有结晶状的石蜡分离、析出或凝固,从而保持较低的流动温度。

4) 含水量极少。

5) 在压缩机排气门附近的高温部位不应产生积炭、氧化,应具有较高的热稳定性。

10.3.5　减振器油

为加速车架与车身振动的衰减,以改善汽车的行驶平顺性,在大多数汽车的悬架系统内部都装有减振器。减振器油也称防振液,为专用液压油,主要用于汽车的减振器。减振器油是汽车减振器的工作介质,它在汽车减振器内用于吸收汽车振动能量,在与汽车悬架弹簧的共同作用下,使汽车的振动迅速减弱,以提高汽车的行驶平顺性。目前,减振器油的品种不多,选用时应选具有优良性能和符合质量要求的减振器油。

10.4　汽车轮胎

轮胎是汽车的重要部件之一,也是重要的汽车运行材料,其使用是否合理,直接影响汽车的行驶安全性和使用经济性。轮胎能否承受汽车行驶时的载荷,能否提供足够的制动力,能否提供充足的防止汽车横向滑移的侧滑力,会影响汽车的行驶安全性;轮胎的使用寿命、滚动阻力系数,会影响汽车的使用经济性。据统计,汽车使用中,轮胎的费用一般占运输成本的5%~10%,轮胎的技术状况可使油耗在10%~15%范围内变化。

10.4.1 汽车轮胎的类型与结构特点

现代汽车广泛采用充气轮胎。轮胎按组成结构可分为有内胎轮胎和无内胎轮胎两种。

1. 轮胎的组成结构

有内胎的充气轮胎主要由外胎、内胎和垫带等组成(图10-2)。外胎是轮胎的主体,是强度高且富有弹性的外壳,用以保护内胎,使之不受外来损害。外胎由胎面(包括胎冠和胎肩)、胎侧、胎体(包括缓冲层和帘布层)和胎圈组成,如图10-3所示。

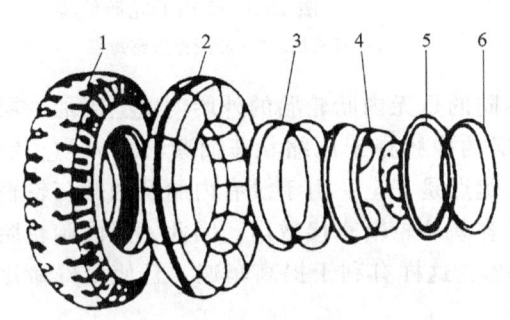

图10-2 充气轮胎的组成
1—外胎 2—内胎 3—垫带 4—轮辋 5—压圈 6—压条

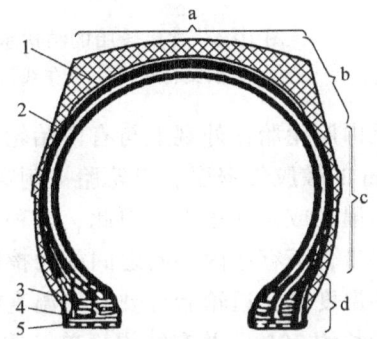

图10-3 外胎的结构
1—缓冲层 2—帘布层 3—钢丝圈
4—帘布层包边 5—胎圈包边
a—胎冠 b—胎肩 c—胎侧 d—胎缘

2. 斜交轮胎与子午线轮胎

(1) **斜交轮胎** 斜交轮胎的帘布层和缓冲层各相邻层帘线交叉。帘线与胎面中心线的夹角约为35°,由一侧胎边穿过胎面到另一侧胎边,如图10-4a所示。由这种斜置帘线组成的帘布层,通常有多层,它们交错叠合,组成胎体的基础。帘布层的斜交排列增加了轮胎胎面和胎侧的强度。

(2) **子午线轮胎** 子午线轮胎以钢丝或纤维织物为帘布层。帘线与胎面中心线的夹角约为90°,从一侧胎边穿过胎面到另一侧胎边。这样的分布如同地球上的子午线,因此被称为子午线轮胎,如图10-4b所示。

子午线轮胎帘线的特殊环形排列方式使帘线的强度得到了充分利用,故子午线轮胎的帘布层数可比斜交轮胎减少40%~50%,胎体较柔软。帘线在圆周方向上只通过橡胶来联系,难以承担行驶时产生的切向力,所以子午线轮胎增加了若干层帘线与胎面中心线的夹角为10°~20°、强度高、不易拉伸的周向环形带束层。带束层的作用类似缓冲层,又称硬缓冲层或固紧层。

子午线轮胎的结构特点使其具有较斜交轮胎更优越的性能,如行驶里程长,滚动阻力小、节约燃料,承载能力大,减振性能好,附着性能好,胎面耐穿刺、不易爆破,胎温低、散热快,轮胎质量小、节约原料等。

3. 无内胎的充气轮胎

近年来，在轿车和一些货车上，无内胎充气轮胎的使用日渐广泛。空气直接压入此种轮胎的外胎中，因此要求外胎和轮辋之间有很好的密封性，如图10-5所示。

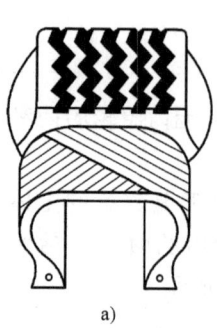
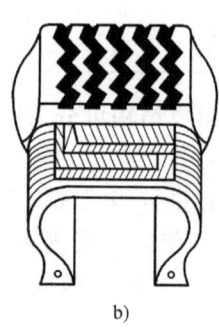
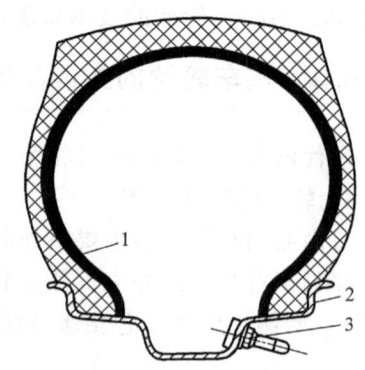

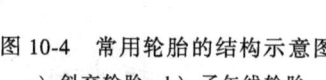

图 10-4　常用轮胎的结构示意图
a) 斜交轮胎　b) 子午线轮胎

图 10-5　无内胎轮胎结构
1—气密层　2—胎圈橡胶密封层　3—气门

无内胎轮胎在外观上与有内胎轮胎相似，不同的是无内胎轮胎的外胎内壁上附加一层厚2～3mm的橡胶气密层。当轮胎被刺穿后，气密层的橡胶处于压缩状态而紧箍刺入物，使得轮胎不漏气或漏气很慢，因此，这种轮胎的突出优点是安全。由于没有内胎及内胎与轮辋之间的垫带，不存在内外胎之间的摩擦问题，热量容易从轮辋直接散出。因此，无内胎轮胎行驶时的温度较普通轮胎行驶时的温度低20%～30%，这样有利于提高车速，且使用寿命比普通轮胎长约20%，并有结构简单、质量小的特点。

4. 轮胎的充气压力

汽车轮胎按充气压力的不同，可分为高压轮胎、低压轮胎、超低压轮胎和调压轮胎四种。

（1）**高压轮胎**　充气压力为0.5～0.7MPa的轮胎为高压轮胎。高压轮胎的滚动阻力小，油耗差，但缓冲性能差，与路面的附着能力差，因此在汽车上很少使用。

（2）**低压轮胎**　充气压力为0.15～0.45MPa的轮胎为低压轮胎。低压轮胎由于具有弹性好、断面宽，与道路接触面积大，壁薄而散热性好等优点，所以被广泛使用。目前，轿车、货车几乎全部采用低压轮胎。

应当指出，目前因制造材料的发展，一些低压轮胎的充气压力已被提高，已属高压轮胎范围，但仍将其归为低压轮胎。其原因是，这些轮胎的工作压力虽然高，但仍具有同规格低压轮胎的良好缓冲性能，故其仍属低压轮胎。

（3）**超低压轮胎**　充气压力低于0.15MPa的轮胎为超低压轮胎。超低压轮胎的断面宽度比低压轮胎的大，其与道路的接触面积也比低压轮胎大，所以超低压轮胎在松软路面上的通过能力比较好，非常适合于在泥泞路、雪地、沙漠等地带使用。目前，超低压轮胎多用于越野汽车和少数特种汽车。

（4）**调压轮胎**　充气压力可根据路面条件进行调节的轮胎为调压轮胎。轮胎的气压变化会改变轮胎与路面的接触面积和压强，也将改变汽车的滚动阻力系数与附着系数。

5. 轮胎胎面花纹

汽车轮胎按胎面花纹的不同，可以分为普通花纹轮胎、越野花纹轮胎和混合花纹轮胎三种。

(1) **普通花纹轮胎** 普通花纹轮胎的花纹细而浅，花纹接地面积大，其耐磨性和附着性较好，因而适于在硬路面行驶。这种轮胎的花纹有纵向和横向之分，分别如图 10-6a 和图 10-6b 所示。纵向花纹滚动阻力小，方向性好，附着性和防滑性较好，散热性好，适于高速行驶，轿车、货车均可选用；横向花纹耐磨性和抓地性比较好，花纹集中不打滑，抛土性能好，一般只用于货车。纵向花纹的常见形状有锯齿形、波浪形、弓形，横向花纹的常见形状有烟斗形、八角形、元宝形、羊角形、水龙头形、蛇形等。

(2) **越野花纹轮胎** 越野花纹轮胎的花纹凹部深而粗（图 10-6c、d），沟槽面积约占总面积的 50%，单位面积所受的压力大，抓地性和抛土性好，不夹石子，散热性好，能发挥汽车在恶劣路面上的牵引性和通过性，因而适用于矿山、建筑工地、林区等软路面。若用于硬路面，则花纹磨损较快。有些越野花纹（如人字形花纹）有行驶方向，使用时应使驱动轮胎面花纹的尖端与旋转方向一致。

(3) **混合花纹轮胎** 混合花纹轮胎的花纹是介于普通花纹和越野花纹之间的过渡性花纹，兼有两者的特点，中部为菱形，纵向为锯齿形或烟斗形，两边为横向越野花纹，如图 10-6e 所示。混合花纹轮胎具有良好的抗滑性与抓地性，纵横抓地力几乎相等，可有效避免汽车行驶打滑。一般适用于在城市、乡村之间的路面行驶。现代货车驱动轮多选用此种花纹轮胎。

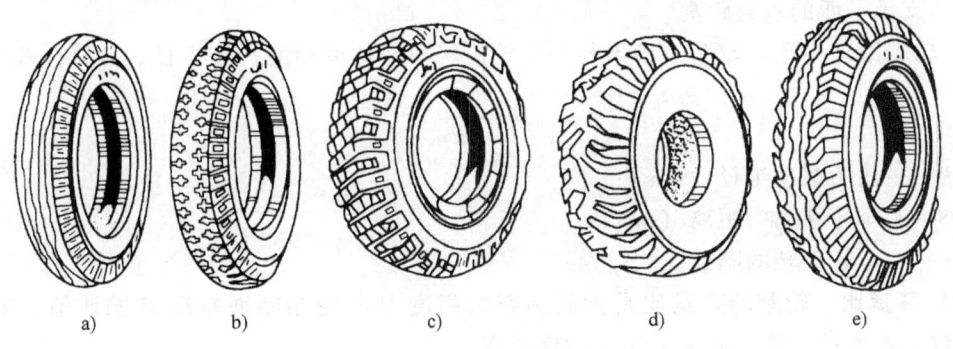

图 10-6 轮胎花纹
a)、b) 普通花纹 c)、d) 越野花纹 e) 混合花纹

10.4.2 汽车轮胎的规格与表示方法

1. 轮胎的基本术语

(1) **轮胎的主要尺寸** 轮胎的主要尺寸包括轮胎外径 D、轮胎内径 d、轮胎断面高度 H、轮胎断面宽度 B、负荷下静半径、轮胎滚动半径等，如图 10-7 所示。

1) 轮胎外径 D。轮胎外径是指轮胎按规定压力充气后，在无任何负荷状态下胎面最外表的直径。

2) 轮胎内径 d。轮胎内径是指轮胎按规定压力充足气后，在无任何负荷状态下轮胎内圈的直径。轮胎内径一般与配用轮辋的名义直径相一致。

3) 轮胎断面高度 H。轮胎断面高度是指轮胎按规定压力充足气后，轮胎外径与轮胎内径之差的一半。即

$$H = \frac{D-d}{2} \tag{10-2}$$

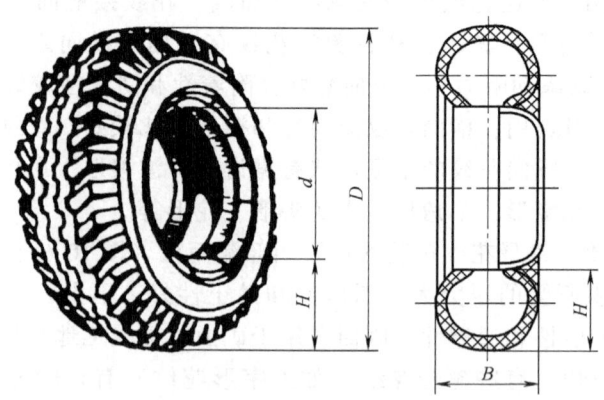

图 10-7 轮胎的主要尺寸

4)轮胎断面宽度 B。轮胎断面宽度是指轮胎按规定压力充足气后，轮胎两外侧面间的距离。

5)负荷下静半径。负荷下静半径是指轮胎在静止状态下只承受法向负荷作用时，由轮轴中心到支承平面的垂直距离。

6)轮胎滚动半径。轮胎滚动半径是车轮旋转与滑移运动的折算半径。计算公式为

$$R = \frac{S}{2\pi n} \tag{10-3}$$

式中 R——轮胎滚动半径（mm）；
S——车轮移动的距离（mm）；
n——车轮旋转的圈数。

（2）高宽比 轮胎的高宽比是指轮胎断面高度 H 与轮胎断面宽度 B 的比值，即 H/B，以百分数形式表示。轮胎的高宽比又称扁平率。

轮胎通常根据高宽比划分系列。目前，汽车轮胎常见的高宽比为 80%、75%、70%、65%、60%、55%、50%、45%等，相对应的轮胎系列分别为 80 系列、75 系列、70 系列、65 系列、60 系列、55 系列、50 系列、45 系列等。

轮胎发展的方向是高宽比越来越小，即扁平化。轮胎的高宽比小，说明轮胎的断面高度相对较小、断面宽度相对较大，因而在相同的承载能力下，宽断面轮胎较普通轮胎的直径减小，从而可降低整车质心，提高汽车的行驶稳定性。此外，宽断面轮胎还有接地面积大、接地比压小、磨损小、滚动阻力小、抗侧向稳定性强等优点，因此宽断面轮胎在高速轿车上得到了广泛的应用。

（3）轮胎最高速度 轮胎最高速度是指在规定的路面级别、轮辋名义直径等条件下，在规定持续行驶时间（最长时间为 1h）内，所允许使用的最高速度。

随着现代科技的不断发展，汽车的最高速度也在不断提高。为了使轮胎的速度性能与汽车的最高速度相匹配，一般需标注轮胎的速度级别，以便能根据最高设计车速正确配装汽车轮胎。轮胎速度级别符号和允许的最高行驶速度见表 10-18。

表 10-18 给出的速度级别符号既适用于轿车轮胎，也适用于货车轮胎，但它们的含义不完全相同。对于轿车轮胎，它是指不允许超过的最高速度；对于货车轮胎，它是指随负荷降

低可以超过的参考速度。

表 10-18 轮胎速度级别符号和允许的最高行驶速度

轮胎速度级别符号	最高行驶速度/(km/h)	轮胎速度级别符号	最高行驶速度/(km/h)
A1	5	K	110
A2	10	L	120
A3	15	M	130
A4	20	N	140
A5	25	P	150
A6	30	Q	160
A7	35	R	170
A8	40	S	180
B	50	T	190
C	60	U	200
D	65	H	210
E	70	V	240
F	80	W	270
G	90	Y	300
J	100		

对轿车轮胎来说，在限定最高行驶速度的前提下，若选用不同名义直径的轮辋，则轮胎速度级别符号所表示的最高行驶速度也不同。

2. 汽车轮胎的表示方法

（1）**轿车轮胎规格**　由于轮胎断面轮廓不断演变和发展，传统标记方法已经不适应新的要求。GB/T 2978—2014《轿车轮胎规格、尺寸、气压与负荷》对轿车的轮胎表示方法做出了规定。该标准以名义断面宽度（mm）、名义高宽比（%）、结构类型代号（如R）、轮辋名义直径（in）、负荷指数、速度符号和层级表示轮胎规格，如图10-8所示。

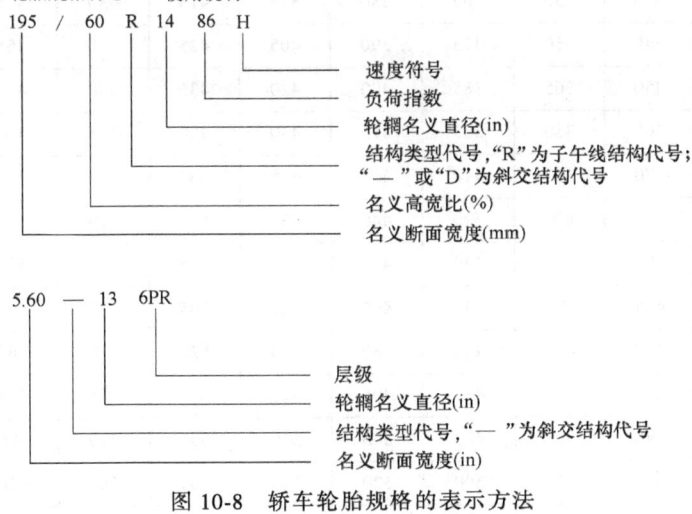

图 10-8　轿车轮胎规格的表示方法

轮胎的负荷能力是指在一定行驶速度和相应充气压力下的最大载质量。标准型轿车子午线轮胎负荷与气压对应值见表 10-19。

表 10-19 标准型轿车子午线轮胎负荷与气压对应值

负荷指数	不同气压(kPa)下标准型轮胎的负荷能力/kg										
	150	160	170	180	190	200	210	220	230	240	250
62	175	185	195	205	215	220	230	240	250	255	265
63	180	190	200	210	220	230	235	245	255	265	272
64	185	195	205	215	225	235	245	255	260	270	280
65	195	205	210	225	235	245	250	260	270	280	290
66	200	210	220	230	240	250	260	270	280	290	300
67	205	215	225	235	245	255	265	275	285	295	307
68	210	220	230	240	255	265	275	285	295	305	315
69	215	225	240	250	260	270	285	295	305	315	325
70	225	235	245	260	270	280	290	300	315	325	335
71	230	240	255	265	275	290	300	310	325	335	345
72	235	250	260	275	285	295	310	320	330	345	355
73	245	255	270	280	295	305	315	330	340	355	365
74	250	260	275	290	300	315	325	340	350	365	375
75	255	270	285	300	310	325	335	350	360	375	387
76	265	280	295	310	320	335	350	360	375	385	400
77	275	290	305	315	330	345	360	370	385	400	412
78	280	295	310	325	340	355	370	385	400	410	425
79	290	305	320	335	350	365	380	395	410	425	437
80	300	315	330	345	360	375	390	405	420	435	450
81	305	325	340	355	370	385	400	415	430	445	462
82	315	330	350	365	380	395	415	430	445	460	475
83	325	340	360	375	390	405	425	440	455	470	487
84	330	350	365	385	400	420	435	450	470	485	500
85	340	360	380	395	415	430	450	465	480	500	515
86	350	370	390	410	425	445	460	480	495	515	530
87	360	380	400	420	440	455	475	490	510	525	545
88	370	390	410	430	450	470	485	505	525	540	560
89	385	405	425	445	465	485	505	525	545	560	580
90	400	420	440	460	480	500	520	540	560	580	600
91	410	430	450	475	495	515	535	555	575	595	615
92	420	440	465	485	505	525	550	570	590	610	630
93	430	455	475	500	520	545	565	585	610	630	650

（续）

负荷指数	不同气压(kPa)下标准型轮胎的负荷能力/kg										
	150	160	170	180	190	200	210	220	230	240	250
94	445	470	490	515	540	560	585	605	625	650	670
95	460	485	505	530	555	575	600	625	645	670	690
96	470	495	520	545	570	595	620	640	665	685	710
97	485	510	535	560	585	610	635	660	685	705	730
98	500	525	550	575	600	625	650	675	700	725	750
99	515	540	570	595	620	650	675	700	725	750	775
100	530	560	590	615	640	670	695	720	750	775	800
101	550	575	605	635	660	690	720	745	770	800	825
102	565	595	625	655	680	710	740	765	795	825	850
103	580	610	645	675	705	730	760	790	820	845	875
104	600	630	660	690	725	755	785	815	840	870	900
105	615	645	680	710	745	775	805	835	865	895	925
106	630	665	700	730	765	795	825	860	890	920	950
107	650	680	715	750	785	815	850	880	910	945	975
108	665	700	735	770	805	835	870	905	935	970	1000
109	685	720	755	790	825	860	895	930	965	995	1030
110	705	740	780	815	850	885	920	955	990	1025	1060
111	725	765	800	840	875	910	950	985	1020	1055	1090
112	745	785	825	860	900	935	975	1010	1050	1085	1120
113	765	805	845	885	925	960	1000	1040	1075	1115	1150
114	785	825	865	905	945	985	1025	1065	1105	1140	1180
115	805	850	890	935	975	1015	1055	1095	1135	1175	1215
116	830	875	920	960	1005	1045	1085	1130	1170	1210	1250
117	855	900	945	990	1030	1075	1120	1160	1200	1245	1285
118	875	925	970	1015	1060	1105	1150	1190	1235	1280	1320
119	905	950	1000	1045	1090	1140	1185	1230	1270	1315	1360
120	930	980	1030	1075	1125	1170	1220	1265	1310	1355	1400
121	965	1015	1065	1115	1165	1215	1260	1310	1355	1405	1450
122	995	1050	1100	1155	1205	1255	1305	1355	1405	1450	1500
123	1030	1085	1140	1190	1245	1295	1350	1400	1450	1500	1550
124	1065	1120	1175	1230	1285	1340	1390	1445	1495	1550	1600
125	1095	1155	1210	1270	1325	1380	1435	1490	1545	1595	1650

注：表中气压是指轮胎的行驶速度为160km/h或以下、车轮外倾角不大于2°时，为达到相应负荷能力而应备的最低气压。

（2）**货车轮胎规格** GB/T 2977—2016《载重汽车轮胎规格、尺寸、气压与负荷》对货车的轮胎表示方法做了规定，如图10-9、图10-10所示。

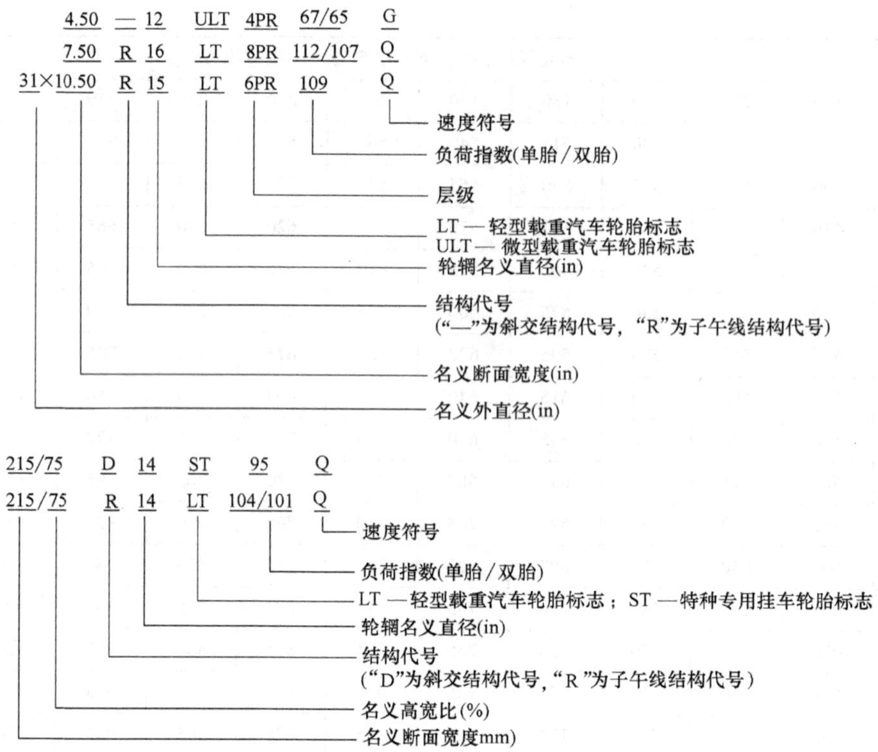

```
4.50    —   12      ULT  4PR   67/65    G
7.50    R   16      LT   8PR   112/107  Q
31×10.50 R  15      LT   6PR   109      Q
```
速度符号
负荷指数(单胎/双胎)
层级
LT—轻型载重汽车轮胎标志
ULT—微型载重汽车轮胎标志
轮辋名义直径(in)
结构代号("—"为斜交结构代号,"R"为子午线结构代号)
名义断面宽度(in)
名义外直径(in)

```
215/75  D   14  ST   95       Q
215/75  R   14  LT   104/101  Q
```
速度符号
负荷指数(单胎/双胎)
LT—轻型载重汽车轮胎标志;ST—特种专用挂车轮胎标志
轮辋名义直径(in)
结构代号("D"为斜交结构代号,"R"为子午线结构代号)
名义高宽比(%)
名义断面宽度mm

图 10-9 微型、轻型货车轮胎规格的表示方法

```
9.00   —   20         14PR   141/139   G
9.00   R   20         14PR   141/139   J
11     R   22.5       14PR   144/139   G
8      R   22.5       10PR   124/122   G
8.25   R   15    TR   14PR   129/127   L
8      —   14.5  MH   10PR   114       F
```
速度符号
负荷指数(单胎/双胎)
层级
TR—轮辋标定直径等于名义直径加上0.156in或0.250in的载重汽车、客车和其他用途的轮胎;
MH—房屋汽车轮胎标志
轮辋名义直径(in)
结构代号("—"为斜交结构代号,"R"为子午线结构代号)
名义断面宽度(in)

```
315/80  R   22.5        18PR   154/151   L
375/70  R   20    MPT   14PR   141       L
```
速度符号
负荷指数(单胎/双胎)
层级
多用途载重轮胎标志
轮辋名义直径(in)
子午线结构代号
名义高宽比(%)
名义断面宽度(mm)

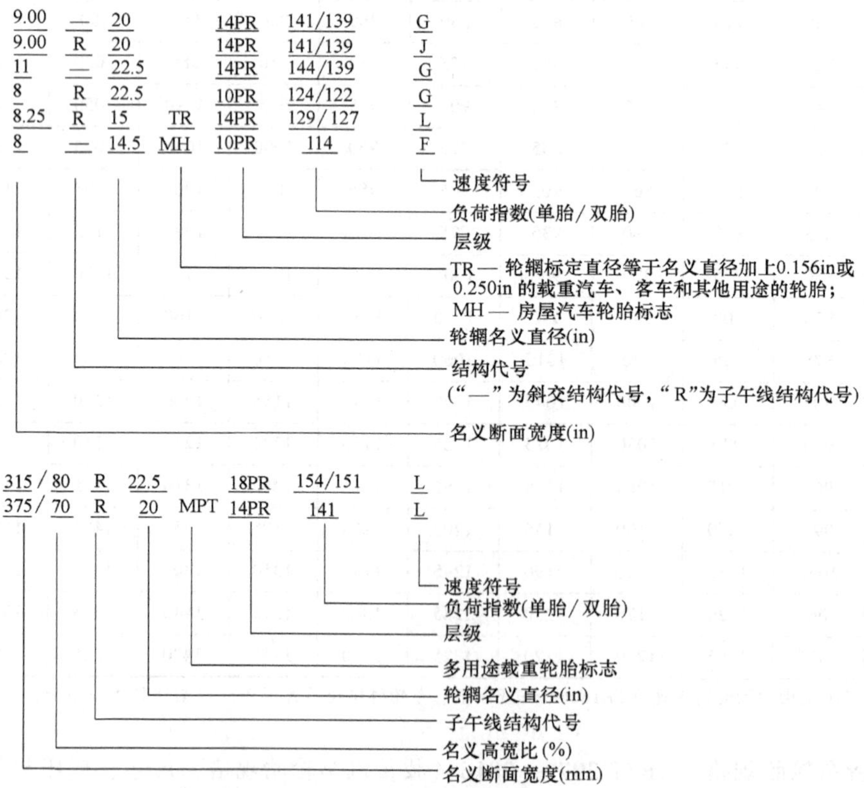

图 10-10 其他货车轮胎规格的表示方法

10.4.3 合理使用轮胎

合理使用轮胎的目的在于降低轮胎的磨损速度，防止不正常的磨损和损耗，延长轮胎的使用寿命，保障行车安全，降低运输成本，提高经济效益。GB/T 9768—2017《轮胎使用与保养规程》规定了轮胎使用和保养等的基本原则和具体技术要求。

1. 轮胎的损坏形式

汽车轮胎承受和传递汽车与路面的全部作用力，在各种力的作用下，轮胎将产生复杂的变形。因变形发生摩擦，产生大量的热，使轮胎温度升高，强度降低。轮胎的损坏基本上是力和热作用的结果。汽车轮胎损坏的主要形式有胎面磨损，帘线松散、折断，帘布脱层，胎面与胎体脱胶及由上述结果引起的胎体破裂。

2. 轮胎的选用

选用轮胎的依据是，车辆的使用条件、车型、路线（长途、短途、市内）、装载（重物、特殊货物、一般杂货）、车速（高速、中速、低速）、气象状况（雨季、冬季、夏季），以及使用部门的管理水平和管理方式。选用的轮胎应与汽车生产厂规定的规格型号相一致，并且装配在规定的车型和轮辋上。选用轮胎时应对该轮胎所执行的标准有所了解。

3. 轮胎的正确使用

（1）**保持轮胎气压正常** 轮胎气压是决定轮胎使用寿命和工作状况的主要因素。气压过低时，胎体变形增大，造成内应力增加，轮胎过度升热升温；胎面接触面积增大，磨损加剧，特别是胎肩的磨损加剧，滚动阻力增大，燃料消耗增加。据统计，轮胎气压比规定值下降30%，轮胎的使用寿命缩短33%，燃油消耗增加6%。双胎中一胎气压过低还会使另一胎超载损坏。气压过高时，胎冠部分磨损加剧，动载荷增大，易发生胎冠爆破。

各种轮胎都有规定的气压，在使用中应严格按照规定的轮胎气压充气。另外，在炎热的夏季行驶时，轮胎发热会引起气压增高。此时，应将汽车暂停于阴凉地点，待胎温下降、胎压正常后再继续行驶。切不可采用冷水降温和放气降压的错误做法，否则会使轮胎剧烈变形，造成帘布脱层，加速轮胎的损坏。

（2）**防止轮胎超载** 轮胎超载对使用寿命有很大影响，超载行驶时，轮胎变形增大，帘布和帘线应力增大，容易造成帘线折断、松散和帘布脱层。同时，因为接触面积增大，增加胎肩的磨损，尤其是在遇到障碍物时，由于受到冲击而引起爆破。因此，必须按车辆标定的容量装货载客，不得超载。货物装载应平衡，防止在车辆行驶时发生货物移动及倾斜。

（3）**合理搭配轮胎** 轮胎必须装在规定规格的车辆上。同一车轴应装配相同规格、花纹和负荷能力的轮胎，普通斜交轮胎与子午线轮胎在同车上不能混用。轮胎花纹应根据道路条件选择，装配有方向性花纹的轮胎时，驱动轮胎面花纹尖端的指向要与汽车前进时轮胎的旋转方向一致。换装轮胎时，应尽量做到整车同轴同换，为确保行车安全，翻新轮胎不能装在转向轮上。汽车上所有轮胎的规格都应与最大设计车速相适应。

（4）**按操作要求驾驶车辆** 操作要领是：起步平稳、加速均匀、中速行驶、选择合适的路面等。此外，在温度较高的条件下行车时应增加停车次数，以防轮胎过热和内压过高。严禁放气降压和用冷水降温。

4. 轮胎的维护和保养

（1）**轮胎的日常维护** 轮胎日常维护工作包括出车前、行车中和收车后的检查。主要检查轮胎气压是否符合规定；检查轮胎螺母有无松动；清理轮胎夹石和检查有无不正常的磨损和损伤，并及时消除造成不正常磨损和损伤的因素。

保持汽车技术状况良好。从延长轮胎使用寿命的角度出发，汽车维护中应特别注意：前轮前束和外倾角应符合标准；行车制动器调整良好，不拖滞；轮毂轴承的间隙调整适当；轮胎螺母紧固，车轮应平衡；钢板弹簧的挠度应尽量一致，前后轴平行；液压制动器和轮缸无漏油现象；车轮总成的横向摆动量和径向跳动量应符合 GB 7258—2017《机动车运行安全技术条件》的要求。

(2) **轮胎强制维护** 对轮胎的维护应与对整车的维护一样，应以预防为主、强制维护为原则。轮胎的维护分日常维护、一级维护和二级维护，轮胎维护的分级和周期与车辆维护相同。由于受负荷、驱动形式和道路的影响，汽车各轮胎磨损部位和磨损程度不同，为使全车轮胎磨损均匀，一般应按照规定的周期进行轮胎换位。

1) 轮胎换位的基本方法。轮胎换位有循环换位法、交叉换位法和单边换位法等。一次更换轮胎的位置，不能使所有轮胎从汽车的一侧换到另一侧的换位方法，称为循环换位法。仅一次更换轮胎的位置，便可实现所有轮胎从汽车的一侧完全换到另一侧的换位方法，称为交叉换位法。子午线轮胎采用单边换位法。

进行轮胎换位时应注意：轮胎换位方法在选定后不再变动；对有方向性花纹的轮胎，换位后不能改变轮胎旋转的方向；轮胎换位后，应按规定重新调整轮胎气压。

2) 轮胎的磨损极限。在使用轮胎时，应注意掌握其磨损极限。在胎面花纹磨浅后，汽车容易打滑和延长制动距离。从安全性的角度出发，最好在胎面花纹较深时，便换用新轮胎。但从经济性的角度出发，这种做法费用过高。为兼顾安全性和经济性，当轿车轮胎胎面磨损至磨耗标志，货车轮胎花纹深度磨损至剩余 2~3mm 时，应停止使用，进行翻新或报废。GB 7037—2007《载重汽车翻新轮胎》和 GB 14646—2007《轿车翻新轮胎》对轮胎的翻新质量做了规定。

轿车的磨耗标志位于胎面花纹沟底部。当胎面磨损到此处时，花纹沟断开，表明轮胎必须停驶而进行翻新。为便于确定磨耗标志所处的位置，通常都在磨耗标志对应的胎肩处标出"△"等符号。

本 章 小 结

1. 汽车燃料主要指汽油机用燃料和柴油机用燃料，是当前汽车运行的主要动力来源。汽车燃料主要包括汽油、柴油及其他新型汽车燃料。

2. 汽油的使用性能直接影响汽油机的工作，尤其是影响现代电喷汽油发动机的工作，因此要求汽油具有良好的蒸发性、抗爆性、安定性、防腐性、清洁性和无害性。

汽油牌号中的数字指辛烷值。选择的汽油牌号过高，会增加费用；选用的汽油牌号过低，则会使发动机产生爆燃，影响动力性和经济性，严重时还会使汽油机损坏。

3. 柴油的使用性能指标有燃烧性、雾化和蒸发性、低温流动性、安定性和腐蚀性等。

车用柴油按凝点分为 5 号、0 号、-10 号、-20 号、-35 号和-50 号六个牌号。柴油牌号的选择主要是根据当地的最低温度进行的。为保证在最低温度下柴油机能正常工作，凝点应比环境温度低 5℃以上，所选柴油应保证在最低温度时，不发生凝固而失去流动性，造成

第10章 汽车的运行材料

油道堵塞。柴油的低温流动性直接影响柴油能否可靠地供给气缸，发动机能否正常工作。温度高时选用高牌号柴油，温度低时选用低牌号柴油。高温地区若选用低牌号柴油，会导致使用成本升高。

4. 我国内燃机油的黏度分为 0W、5W、10W、15W、20W、25W、8、12、16、20、30、40、50、60 共 14 个等级。按使用性能分类是等效采用美国石油协会的（API）的使用分类法，将汽油机油分为 SE、SF、SG、SH 等级别，将柴油机油分为 CC、CD、CF 等级别。

内燃机油的选用包括使用等级的选用和黏度等级的选用。应严格按车辆使用说明书的规定及内燃机油的工作条件选择合适的使用等级，根据温度、工况和内燃机的技术状况选择合适的黏度等级。

5. 汽车常用的润滑脂有钙基润滑脂、复合钙基润滑脂、石墨钙基润滑脂、钙钠基润滑脂、汽车通用锂基润滑脂。推荐使用的牌号有 1 号和 2 号，实际中多用 2 号。

6. 采用 SAE 车辆齿轮油黏度分类法，将齿轮油分为 70W、75W、80W、85W、90、140 和 250 共七个黏度等级；按齿轮油的质量分为普通车辆齿轮油、中负荷齿轮油和重负荷齿轮油三个品种。按车辆使用说明书的规定和齿轮油的工作条件选用齿轮油的质量等级，根据最低温度和最高油温选用齿轮油的黏度等级。

习 题

1. 选择题

1）引起汽油机三元催化转化器中催化剂中毒是因为汽油中含有（　　）。
A. 氧　　　　B. 铅　　　　C. 水　　　　D. 碳

2）选用汽油的原则是发动机工作时不发生（　　）。
A. 飞车　　　B. 表面燃烧　　C. 爆燃　　　D. 共振

3）（　　）馏出温度表示汽油中含重质成分的多少。
A. 10%　　　B. 50%　　　C. 90%　　　D. 100%

4）导致柴油机工作粗暴的原因是柴油的（　　）。
A. 凝点过低　B. 黏度过大　C. 闪点过低　D. 十六烷值高

5）柴油的低温流动性的评价指标有（　　）。
A. 闪点　　　B. 浊点　　　C. 馏程　　　D. 十六烷值

6）内燃机油的黏度是随温度变化的，温度升高，黏度（　　）。
A. 变大　　　B. 变小　　　C. 不变

7）冬季用油按低温黏度、低温泵送性划分等级。级号越小，其低温黏度（　　），低温流动性（　　），适应的温度也（　　）。
A. 越小　　　B. 越好　　　C. 越低

8）非冬季用油的级号越大，黏度越大，适应温度（　　）。
A. 越低　　　B. 越高

9）评定润滑脂稠度的指标是（　　）。
A. 锥入度　　B. 滴点　　　C. 黏温性

10）（　　）按其锥入度分为 ZFG-1、ZFG-2、ZFG-3 与 ZFG-4 四个牌号。
A. 钙基润滑脂　B. 复合钙基润滑脂　C. 钠基润滑脂

11）汽车钢板弹簧采用（　　）进行润滑。

A. 钙基润滑脂　　　　　B. 石墨钙基润滑脂　C. 钠基润滑脂
　12）齿轮油必须要有好的抗氧化能力，延缓氧化速度。一般采取加入（　　）的方法，改善油的品质。
　　A. 抗氧化添加剂　　　　B. 极压抗磨添加剂　C. 防腐剂和防锈剂
　13）齿轮油的工作温度较低，使用寿命较长，消耗量较少，一般当汽车每行驶（　　）万公里时才更换齿轮油。
　　A. 1~2　　　　　　　　B. 2~3　　　　　　C. 3~4
　14）轮胎 185/70 R 13 86 T 中的 R 表示（　　）。
　　A. 负荷能力　　　　　　B. 速度标志　　　　C. 子午线轮胎　　　　D. 无内胎轮胎
　15）使用子午线轮胎的轿车，在进行轮胎换位时，可采用（　　）法。
　　A. 循环换位　　　　　　B. 单边换位　　　　C. 交叉换位　　　　　D. 同轴换位

2. 填空题
　1）车用汽油的使用性能包括蒸发性、＿＿＿＿、＿＿＿＿、＿＿＿＿等。
　2）我国按＿＿＿＿划分无铅汽油牌号，共有＿＿＿＿、＿＿＿＿、＿＿＿＿三个牌号。
　3）评价汽油的清洁性的指标是＿＿＿＿和＿＿＿＿。
　4）柴油腐蚀性评价指标有＿＿＿＿、＿＿＿＿、＿＿＿＿等。
　5）柴油按＿＿＿＿可分为＿＿＿＿、＿＿＿＿、＿＿＿＿、＿＿＿＿、＿＿＿＿、＿＿＿＿六个牌号。
　6）十六烷值低的柴油，其燃烧性能＿＿＿＿，着火延迟期＿＿＿＿，易产生工作粗暴现象。
　7）内燃机油的分类方式有＿＿＿＿、＿＿＿＿。
　8）影响内燃机油抗磨性能的主要因素是在内燃机工作条件下，内燃机油在金属表面保持＿＿＿＿。
　9）润滑脂主要由＿＿＿＿、＿＿＿＿、＿＿＿＿三部分组成。
　10）锥入度反映＿＿＿＿。锥入度越＿＿＿＿，润滑脂越＿＿＿＿，即稠度越＿＿＿＿。
　11）润滑脂在规定的试验条件下，由＿＿＿＿变为＿＿＿＿时的温度，称为滴点。
　12）选用润滑脂的主要依据是润滑点的＿＿＿＿、＿＿＿＿和＿＿＿＿。
　13）我国参照 API 使用性能分类法，将齿轮油分为＿＿＿＿、＿＿＿＿、＿＿＿＿和＿＿＿＿。
　14）评价齿轮油的润滑性和低温流动性的指标有＿＿＿＿、＿＿＿＿、＿＿＿＿、＿＿＿＿及＿＿＿＿等。
　15）齿轮油黏度等级的选择，主要根据＿＿＿＿和＿＿＿＿，并考虑＿＿＿＿的因素。
　16）轮胎的高宽比是指＿＿＿＿。

3. 简答题
　1）如何合理选用汽油？汽油的使用有哪些注意事项？
　2）汽油的使用性能有哪些？分别有哪些评价指标？
　3）什么是汽油的辛烷值？辛烷值的测试有哪些方法？
　4）如何合理选用柴油？
　5）柴油的主要使用性能有哪些？
　6）车用柴油的牌号是根据什么划分的？
　7）简述内燃机油的使用性能。
　8）如何正确检查内燃机油？
　9）如何正确更换内燃机油？
　10）使用内燃机油的注意事项有哪些？

11) 简述润滑脂的使用性能。
12) 润滑脂的使用注意事项有哪些？
13) 简述润滑脂的选用原则。
14) 如何加注润滑脂？
15) 简述齿轮油的使用性能。
16) 如何更换齿轮油？
17) 齿轮油的使用注意事项有哪些？
18) 轮胎的种类有哪些？
19) 如何正确选用轮胎？如何合理地使用轮胎？

第11章

汽车的合理使用

11.1 汽车的运行条件

汽车的运行条件是指影响汽车完成运输工作的各类外界条件，主要包括载荷与速度条件、燃料和润滑条件、气候条件、道路条件、驾驶技术和维修质量等。

11.1.1 载荷与速度条件

汽车的载质量不应超过制造厂规定的额定标准载质量，否则，零件的磨损速度会加快。因为载质量增加，各总成的工作负荷增加，工作状态就会不稳定，发动机曲轴箱单位行驶里程的转数也相应增加，发动机处于高负荷状态且在不稳定情况下工作，导致冷却液温度和曲轴箱内的机油温度过高，热状况不良，这些均会导致发动机磨损量增大。

汽车的行驶速度对发动机磨损的影响比载质量更为显著。当汽车的行驶速度过高时，发动机活塞的平均移动速度增加，气缸磨损也相应增大。但行驶速度过低时，由于机件润滑条件不良，磨损同样加剧。汽车高速行驶还会引起轮胎发热，影响行车安全。由于车轮制动蹄片的磨损一般与每平方厘米衬带所吸收的汽车动能量成正比，因此高速行驶的汽车在急速制动时会使制动蹄片的磨损量迅速增加。

以加速滑行行驶的发动机磨损量比以稳定速度行驶的发动机磨损量增加 25%~30%。因此，起动次数多，并利用加速滑行行驶时，发动机磨损量增加。加速终了的速度越高，速度变化范围越大，发动机的磨损量越大。为了减小机件磨损，必须控制行驶速度，正确选用档位，中速行驶。

11.1.2 燃料和润滑条件

在使用中为保证汽车正常工作，应合理地选用品质合适的燃料与润滑材料。汽油机的燃料应保证其正常工作需要，不发生爆燃现象，在储存和使用过程中不发生显著的质量变化，燃烧后无沉积物，不含机械杂质及水分，对环境的污染小。柴油机的燃料应具有良好的流动性，能保证在各种使用条件下燃料的顺利供给，容易喷散、蒸发，形成良好的混合气，保证柴油机工作柔和，喷油器不结焦，不含机械杂质和水分。

现代高性能发动机的热负荷和机械负荷很高，对机油性能提出了很高的要求：能及时可靠地被输送到发动机各摩擦零件的表面，在各种不同的发动机工况下都能在摩擦面上形成足够牢固的油膜或抗磨保护膜，从而减小摩擦和磨损；及时导出摩擦生成的热，使机件维持正常的温度；本身没有腐蚀性，并且保持发动机零件不受外界介质的腐蚀。

11.1.3 气候条件

我国地域广阔,很多地区一年四季的温度差别较大。环境因素对汽车发动机的工作性能影响很大。在寒冷地区,发动机起动困难,油耗增加,机件磨损加剧;车窗玻璃容易结霜、结冰;冰雪路面附着系数下降,容易发生交通事故,因此为了保证行驶安全性和驾驶人与乘客的舒适性,防止运输的货物受低温影响等,需要在结构上对汽车加以改进。在炎热地区行驶时,发动机容易过热,导致充气系数下降,燃料消耗增加;燃料供给系易过热,燃油蒸发压力过高,形成气阻的倾向增大。高温还会使制动液黏度下降,在制动系中形成气阻,导致制动故障,同时加速非金属零件的老化及变形。

高原地区昼夜温差大,而且空气稀薄,气压低,冷却液沸点下降,容易使发动机的混合气过浓,冷却液易沸腾,气压制动系统气压不足,从而导致汽车的燃料经济性和制动性下降。

因此,应根据具体的气候条件对汽车进行相应的变型和改造,以提高汽车的适应能力。

11.1.4 道路条件

道路条件是指由道路状况决定的,影响汽车运行的因素。它是汽车使用性能的直接影响因素。

汽车运行对道路的要求有:在充分发挥汽车速度特性的情况下,保证车辆安全行驶;满足对道路所要求的最大通行能力;车辆的通过性和舒适性好;车辆运行材料的消耗量少,零件的故障率及损坏率低。

11.1.5 驾驶技术

驾驶技术好的驾驶人,经常采用诸如预热升温、轻踏缓抬、均匀中速、行驶平稳、及时换档、爬坡自如、正确滑行、掌握温度与避免灰尘等一整套正确、合理的操作方法,使汽车经常处于良好的工作状态,从而延长汽车各总成的使用寿命。

11.1.6 维修质量

汽车的维修质量对汽车的运行状况、使用寿命和使用性能的保持极为重要。要做到维修及时且保证质量,就必须认真执行技术标准、操作规程和维修作业项目,特别是在进行作业中的过程检验,能保持完好的技术性能,减小零件的磨损,有效地延长车辆的使用寿命,最大限度减少故障。应及时对汽车底盘各总成和机构进行润滑、检查、紧固和调整,这样不仅能减小机件的磨损,避免工作中发生异响,还能使操作方便灵活,保证了行车安全。

11.2 一般运行条件下汽车的合理使用

11.2.1 行驶注意事项

在汽车行驶过程中,随着行驶里程的增加,各零部件将产生磨损、变形、疲劳、松动、老化和损伤，导致车辆技术状况变差，动力性下降，经济性变差，安全可靠性降低。为此，应坚持在行车中仔细观察，合理运用档位，控制行驶车速，及时添加燃料、机油及工作液。

汽车在行驶一段路程后，应停车进行检查。其项目主要包括：

1）检查机油、燃油、冷却液和制动液是否充足；蓄电池电解液是否充足，密度是否符合标准；轮胎气压是否符合标准。

2）检查汽车各部位有无漏水、漏油、漏气、漏电。

3）检查照明、信号、喇叭、刮水器、后视镜、车门锁、车窗玻璃及其升降手柄是否良好和齐全有效。

4）检查汽车外露部位的螺栓、螺母是否齐全紧固。

5）检查转向装置和横、直拉杆等连接部位是否牢固可靠，制动器、离合器的工作情况是否符合标准。

6）起动发动机，检查发动机运转是否正常，有无异响，各仪表工作是否正常。

7）检查汽车轮胎气压，清除双胎间和胎面花纹中的夹杂物。

8）检查装载物是否牢固。

11.2.2 正确装载

装载是车辆的基本功能，也是车辆运输的具体内容。装载是否恰当，对道路使用和运输安全有很大的影响。

1. 车辆载物

车辆载物的质量不准超过行驶证上核定的载质量，因为行驶证上核定的载质量是根据发动机、牵引力、底盘、轮胎负荷四者中最弱的部分来确定的。车辆只有在规定的载重负荷下运行，机件技术状况才能得到良好的保持和发挥。如果车辆超载，则会使车辆发动机及轮胎负荷增大，加剧零部件磨损、变形，缩短车辆的使用寿命，使车辆的转向、制动性能受到很大影响，极易造成交通事故。

2. 装载均衡牢固

车辆装载必须均衡平稳，捆扎牢固。装载容易散落、飞扬、流漏的物品时，须封盖严密。车辆装载的质量在车厢内前后左右的分布要均匀一致，若装载偏于一侧，将严重影响车辆的横向稳定性，容易发生跑偏或侧滑等；若装载偏于前、后，将严重影响车辆的转向性能，导致转向沉重和失控。货物未固定或捆扎不牢，会因道路颠簸造成丢失及损坏，甚至砸伤行人，损坏道路设施。特别是高大货物，其倒塌还会砸坏车厢或驾驶室，危及驾驶人的安全。

3. 载物长、宽、高的限定

车辆载物的长、宽、高都有明确的限制规定。这是因为过长、过宽、过高地装载对安全行车影响很大。若装载过宽，在会车、超车及通过狭窄的路段时，都有可能发生碰擦及撞车等事故，夜间行车危险性更大。若装载过高，在通过立交桥孔和隧道时，可能撞坏货物或建筑物；装载过高还会使车辆重心增高，当车辆行驶在横向或纵向坡道及转弯时，极易发生翻车事故。

4. 车辆载人

车辆的载人数不准超过行驶证上核定的载人数。因为行驶证上核定的载人数是车辆管理机关根据车辆检验标准,按车辆制造厂规定的限额规定的,这是车辆设计、制造和试验确定的安全可靠的科学数据。如果超载,则会影响车辆的正常行驶,危及乘客的人身安全。

11.2.3 合理拖挂

目前,我国公路交通以混合交通为主,单车运行车速难以提高。因此,汽车后备功率较大,发动机常处于小负荷工况,其燃油质量消耗率较高。为了充分发挥汽车的后备功率,应合理拖挂。这不仅能使运送的货物量增加,还能提高发动机的负荷率,从而使燃油质量消耗率下降,汽车百公里油耗明显下降。此外,拖挂列车的车辆制造成本和使用成本都较低,对道路也无更高的要求,因此,合理拖挂是一种非常有经济价值的运输方式。

11.3 汽车在特殊条件下的使用

我国幅员辽阔,地形复杂,气候多样,有温带、亚热带、高原、山区及沙漠等。汽车在上述不同的条件下使用时,各部件或总成的工作状况常有显著差异,复杂的地域和恶劣的气候条件都会导致汽车的使用性能变差。因此必须针对使用上的某些特殊情况,掌握其特点和采取相应的措施,以保证汽车的合理使用。

11.3.1 汽车在磨合期内的合理使用

1. 汽车的磨合期

新车或大修结束的汽车在开始投入使用阶段,各机构中的零件正处于磨合状态,仍不能全负荷运行,这个使用阶段称为汽车的磨合期(走合期)。

新车或大修结束的汽车,尽管经过了生产磨合,但零件加工表面仍存在微观和宏观几何形状偏差(表面粗糙度、圆度、圆柱度、直线度等)。此外,总成及部件装配也有一定的允许误差。因此,新配合件表面的实际接触面积比计算面积小得多(按加工质量不同,实际接触面积小,新配合件表面的实际单位压力要比理论计算值大得多)。在这种情况下,若汽车全负荷运行,零件摩擦表面的单位压力会很大,将导致润滑油膜被破坏和局部温度升高,使零件迅速磨损和破坏。汽车的磨合期实际上是为了使汽车向正常使用阶段过渡而进行的磨合加工的过程。经过汽车磨合期的使用,零件表面的不平部分被磨去,逐渐形成比较光滑而耐磨的工作表面,以承受正常的工作载荷。同时由于磨合期内所暴露出来的生产、修理缺陷得以消除,降低了汽车正常使用阶段的故障率,从而提高汽车的使用可靠性。

2. 汽车在磨合期内的特点

(1) **磨损速度快** 两个相配合零件的磨损量与汽车行驶里程的变化规律称为磨损特性,两者的关系曲线称为磨损特性曲线。配合零件的磨损特性曲线通常如图11-1所示,由图可知,配合零件的磨损基本可分三个阶段:第一阶段是零件的磨合期 A(行驶里程一般为1000~2500km),这个阶段的磨损特点是工作初期磨损较快,当摩擦副配合良好后,磨损量的增长速度开始减慢。磨合终了的间隙为 Δcd;第二阶段为零件的正常工作期 B,其特点是磨损量随着汽车行驶里程的增加而缓慢地增长,在间隙达到 Δef 后,磨损将再度加剧,由于配合零件通常以不同的强度进行磨损,所以在 B 阶段磨损特性曲线的斜率是不同的;第三阶段是零件的加剧磨损期，其特征是相配合零件的间隙已达到最大允许使用极限，磨损量急剧增加，如果在这个阶段使用不当，未正确地执行磨合规范（包括清洁作业、合理选用含有添加剂的专用润滑油等），将影响配合零件的工作期限。

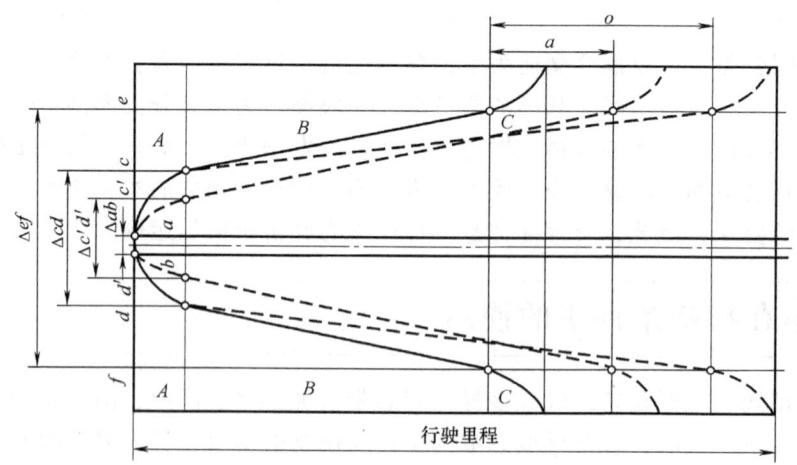

图 11-1　配合零件的磨损特性曲线

（2）**油耗量高，经济性差**　在磨合期内，车速不易过高，发动机负荷不宜过大，因此汽车难以达到经济运行速度，经常在中低负荷下工作，致使油耗量增加，经济性降低。

（3）**润滑油易变质**　磨合期内的零件表面比较粗糙，加工后的形状和装配位置都存在一定的偏差，配合间隙较小。由于零件表面和润滑油的温度都很高，同时有较多的金属磨屑进入配合零件间隙中，很容易使润滑油氧化变质。因此，磨合期对润滑油的更换有较严格的规定，通常是行驶到 300km、1000km、2500km 时分别更换发动机油底壳润滑油，若发现润滑油杂质过多或变质严重，应缩短更换里程。

（4）**行驶故障较多**　零件表面的几何形状偏差、装配误差、紧固件松动、使用不当等均会使汽车在磨合期的故障增多。例如，汽车在磨合期内行驶时，工作表面摩擦剧烈，润滑条件差，发动机易过热，容易出现拉缸、制动不灵等故障。

3. 汽车磨合期应采取的技术措施

根据总成或部件在磨合时的工作特点，汽车在磨合期内为减小磨损，延长机件的使用寿命，必须遵循的规定有减小载质量、限制行驶速度、选择优质燃料和润滑材料、正确驾驶及加强维护等。

（1）**减小载质量**　汽车载质量的大小直接影响机件的寿命。载质量越大，发动机和底盘各部分受力越大，还会使润滑条件变差，影响磨合质量。所以在磨合期内必须适当地减载。一般货车按额定载质量标准减载 20%~25%，并禁止拖带挂车；半挂车按载质量标准减载 25%~50%。

（2）**限制行驶速度**　处于磨合期内的汽车，应控制行驶速度不能太高，最好控制在 50~80km/h。在行驶里程超过 1500km 后可逐渐将发动机转速和车速提高到车辆允许的最高速度，而且不应用力踩加速踏板，以保证活塞、气缸及其他重要的部件逐渐提高负荷。

（3）**选择优质燃料和润滑材料**　为了防止汽车在磨合期内产生爆燃现象与加速机件磨损，应采用优质燃料。此外，由于部分机件配合间隙较小，故选用低黏度的润滑油可以使摩擦工作表面得到良好润滑。润滑油的加注量应略多于规定量，并应按磨合期维护的规定及时更换。

（4）正确驾驶　新车初期的磨合效果在很大程度上取决于2500km磨合期内的驾驶方式。起动发动机时不应猛踩加速踏板，而应严格控制加速踏板行程，以免因起动过快而产生较大的冲击载荷。发动机起动后应低速运转，待冷却液温度升到50~60℃再起步。为减小传动件的冲击，行驶时要正确换档。不要长时间使用一个档位，应以低档起步，逐步换为高档，循序渐进地行驶。一定要避免低档高速、高档低速的现象。要注意选择路面，不要在路况差的道路上行驶，减小振动和冲击。要避免紧急制动、长时间制动和使用发动机制动。

（5）加强维护　汽车磨合前，应检查汽车外部各种螺栓、螺母和锁销的紧固情况，检查润滑油、制动液的加注情况和轮胎气压，检查蓄电池放电情况和汽车的制动效能，以防止汽车在磨合期出现事故和损坏。汽车磨合150~1000km时，应检查有关机件的紧固程度和汽车传动系、行驶系的温度状况，并消除漏液、漏油、漏气现象；汽车磨合1000~3000km时，清洗发动机润滑系统和底盘传动系统壳体，更换润滑油，对汽车上技术状况开始变化的部分进行维护。磨合期结束后，应结合二级维护对汽车进行全面的检查、紧固、调整和润滑作业，使其达到良好的技术状况。

11.3.2　汽车在低温条件下的使用

1. 低温对汽车使用性能的影响

汽车在低温条件下使用的主要问题是发动机起动困难和总成磨损严重。此外，还存在机件损坏、腐蚀、总成热状态不良、燃油消耗量增加，以及零件材料的性能变差、行车条件明显变差等问题。

（1）发动机起动困难　温度在-15~-10℃时，发动机通常可正常起动，但温度再低时，冷车起动有一定困难，而当温度为-40℃时，若不经预热，则很难起动发动机。不同的发动机的起动性能有所差别，这主要与发动机类型、燃烧室形状和设计、工艺水平有关。在使用过程中，发动机的低温起动性主要受发动机曲轴旋转阻力、发动机机油黏度、汽油或柴油的蒸发性、柴油的低温流动性及蓄电池工作能力的影响。

1）发动机曲轴旋转阻力大。随着温度的降低，发动机机油的黏度增大，机油内摩擦阻力增大，从而增加了曲轴的旋转阻力，使发动机的起动转速下降。如图11-2所示，曲线1为发动机的最低起动转速曲线，曲线2为起动系统能带动发动机旋转的转速曲线。曲线1与曲线2的交点对应的温度为-22℃。这个温度是发动机起动的最低温度。随着温度的下降，发动机起动的最低转速上升。

2）发动机机油黏度。发动机的起动与起动转速有很大关系，而起动转速主要受起动阻力的影响。曲轴在起动时的旋转阻力包括气缸内被压缩的可燃性混合气（或空气）的反作用力、运动部位的

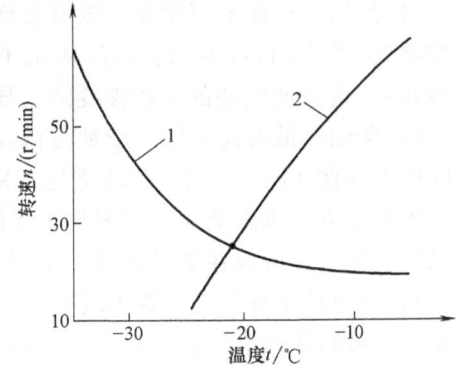

图11-2　发动机起动的最低转速
1—发动机的最低起动转速曲线
2—起动系统能带动发动机旋转的转速曲线

惯性力、各摩擦副的摩擦力等。为了获得最低的起动转速，起动转矩 M_C 示为

$$M_C = M_K + M_J + M_R \tag{11-1}$$

式中　M_C——发动机起动转矩（N·m）；

　　　M_K——消耗在压缩工作气体上的转矩（N·m）；

　　　M_J——消耗在运动部件惯性力上的转矩（N·m）；

　　　M_R——消耗在摩擦力上的转矩（N·m）。

由式（11-1）可知，对于结构一定的发动机，前两种阻力在温度降低时变化不大，而摩擦力在低温条件下主要取决于机油的黏度，即发动机曲轴旋转阻力矩和起动转速在低温条件下主要受机油黏度的影响。在摩擦力中，活塞与气缸、曲轴各轴承的摩擦力是主要的，约占起动摩擦力的60%以上。

随着温度的下降，机油的内摩擦力增加，发动机的阻力矩增加，使发动机起动所需要的功率增加。图11-3所示为三种黏度的发动机油SAE 30W、SAE 20W、SAE 10W随温度下降使某发动机起动所需要功率增加的情况，使用低黏度机油所需要的起动功率相对增幅较小。例如，在温度为-23.3℃时，使用SAE 10W机油只需3.7kW的起动功率，使用SAE 20W机油则需7.4kW，而使用SAE 30W机油则需11.8kW。其原因是SAE 10W机油比其他两种机油的低温黏度小。在-18℃时SAE 10W机油的动力黏度最大只有2500mPa·s，而在相同温度下，SAE 20W机油的动力黏度却高达10000mPa·s。

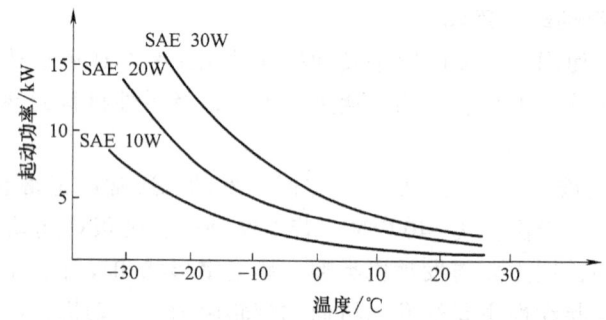

图11-3　发动机油随温度下降使某发动机起动所需要功率增加的情况

3）汽油或柴油的蒸发性。随着温度的降低，汽油的蒸发性变差，汽油的黏度和相对密度均增大。如图11-4所示，温度从40℃降到-10℃时，汽油的运动黏度提高约76%，密度提高6%，这就使汽油的流动性变差，导致汽化不良。

4）柴油的低温流动性。柴油在低温条件下的使用受影响更大，随着温度的降低，柴油黏度增大（图11-5），引起柴油雾化不良，压缩终了的压力和温度变低，导致发动机起动困难。当温度进一步降低时，因燃料含蜡的沉淀物析出，使燃料的流动性逐渐丧失，最终使发动机无法起动。所以在低温条件下使用柴油，要求其具有很好的流动性和较低的黏度。

5）蓄电池工作能力。蓄电池在起动过程中主要影响起动机的起动转矩和火花塞的跳火能量。在低温条件下，蓄电池电动势的变化不大，即环境温度有较大变化时，蓄电池的单格电压下降并不多。但是，随着温度的降低，蓄电池的电解液黏度增大，向极板的渗透能力下降，内阻增加。同时，起动时的电流很大，从而使蓄电池的端电压及容量明显下降。所以在低温起动时，蓄电池的输出功率下降，导致起动机无力拖动发动机旋转或不能达到最低起动转速。

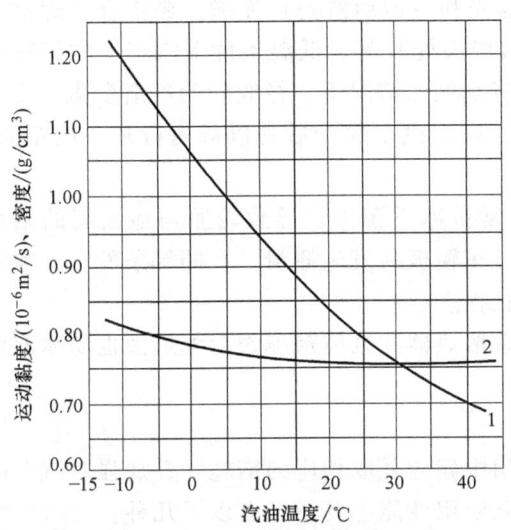

图 11-4　汽油运动黏度、密度与温度的关系
1—黏度曲线　2—密度曲线

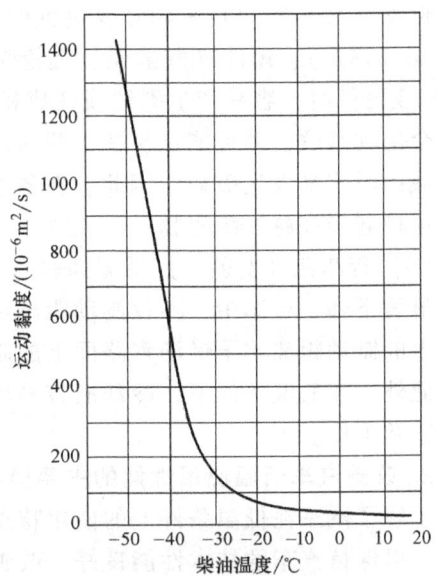

图 11-5　柴油运动黏度与温度的关系

低温起动时,由于蓄电池端电压低,火花塞的跳火能量小,使发动机起动困难。此外,火花弱的原因还有冷的可燃混合气密度大使电极间电阻增大,以及火花塞沾有油、水及氧化物等。

(2) **汽车总成磨损严重**　汽车在低温条件下使用时,各主要总成磨损都比较大,发动机的磨损更为明显。在发动机使用周期内,50%的气缸磨损发生在起动过程,而冬季起动占磨损的 60%~70%。而且,低温起动后在未达到正常温度之前,磨损强度一直很大。

造成低温下发动机磨损严重的主要原因有:

1) 低温起动时,机油黏度大,流动性差,机油泵不能及时地将机油压入曲轴颈的工作表面,使润滑条件恶化。

2) 冷起动时,大部分燃料以液态形式进入气缸,冲刷了气缸壁的油膜,并沿气缸壁流入曲轴箱,稀释机油,使其润滑性能减退。

3) 汽油的含硫量对气缸壁磨损的影响也很大,这是由于汽油在燃烧过程中产生的硫化物与凝结在气缸壁上的水滴化合成酸,从而引起磨损腐蚀。

4) 机油被窜入曲轴箱中的燃料稀释,燃料不完全燃烧形成的碳化物也会与废气一起窜入曲轴箱污染机油。

5) 在低温条件下,由于轴瓦的合金、瓦背与轴颈的膨胀系数不同,使配合间隙变小,而且很不均匀,加速了轴颈与轴瓦的磨损。

(3) **燃油消耗量增加**　汽车在低温环境中行驶,因发动机工作温度低,升温过程长,摩擦损失大,从而使发动机输出功率下降,燃油消耗量增加。当发动机冷却液温度自 80℃降低为 60℃时,耗油量增加约 3%;降到 40℃时,增加约 12%;降到 30℃时,增加约 25%。因此,低温起动时要尽量缩短发动机升温到 40~50℃ 的时间。

(4) **零件材料在低温下的性能变差**　金属材料在低温条件下的物理和力学性能将会变

差。例如，温度为-30~-40℃或更低时，碳素钢的冲击韧性急剧下降，硅钢、锰钢制的零件（钢板弹簧）、铸件（气缸盖、飞轮壳、变速器壳和主传动器壳）变脆，锡铝合金焊剂在-45℃或更低时，容易产生裂纹或变成粉末状，从接头处脱落。低温条件下汽车上的塑料制品将会出现裂纹，并可能从机体上脱落。在温度特别低的情况下，橡胶轮胎逐渐变脆，受到冲击载荷时容易发生破裂。因此，在冬季行车时，应在汽车起步后先以低速行驶一段距离，并要平稳起步和越过障碍物。

（5）**行车条件变差** 在低温条件下，道路通常被冰雪覆盖，导致轮胎与地面间的附着系数显著下降，行车中，不仅制动距离延长，而且车辆极易发生侧滑。在同等条件下，冰雪道路上的制动距离比干燥沥青路面上的制动距离长很多。

此外，在低温条件下，冷却液容易冰冻而导致散热器和缸体被冻裂。电解液也易冰冻而无法正常工作。

2. 改善汽车低温使用性能的主要措施

了解了汽车在低温条件下的使用特点，在使用中就应采取相应的措施，并加强对汽车的维护，以保持汽车的技术性能良好。改善汽车低温使用性能主要措施有以下几种：

（1）**加强技术维护** 在季节转换之前，应结合汽车的定期维护作业，附加作业项目，使汽车适应气候变化后的运行条件。

换入冬季的维护是为了提高汽车在低温、寒冷条件下的适应能力，避免发生意外事故。定期维护以外的附加维护项目主要有安装和维护发动机保温及起动预热装置，检查调整冷却散热装置是否有效，更换冬季用润滑油（脂）及防冻冷却液，检查调整供油系、点火系，做好防滑保护的准备等。

（2）**保温** 对汽车发动机进行保温的目的是使发动机在正常状况下工作及随时可以出车。在无车库条件下，一般主要是对发动机进行保温，其次是对蓄电池进行保温，只有在温度很低时或承担某些特殊任务的车辆才进行油箱和驾驶室保温。

发动机的保温可通过采用百叶窗或改进风扇参数（叶片数目或角度）实现，也可以降低风扇转速或使风扇不工作（装离合器）。后一种方法不但减少了热量耗散，而且还减少了发动机的功率损失。关闭百叶窗可减小流经散热器的空气流，但由于气流阻力变大，风扇消耗的功率略有增加。

汽车发动机舱盖采用保温套是保持发动机温度的重要措施。这种常见的保温方法可以使汽车在-30℃左右的温度下工作时，发动机舱盖内温度保持在20~35℃。停车后，汽车发动机主要部位的冷却速度也比无保温套的低。

保温材料可以是棉质或毡质的，前者的保温性能更好。用很薄的乙烯基带来密封汽车发动机舱盖也取得了良好的效果。

发动机除了采用双层油底壳保温外，还可以在油底壳的内表面用一层玻璃纤维密封。

提高蓄电池在低温条件下的输出功率，一般有两种方法，一是使用低温蓄电池，二是对蓄电池进行保温。低温蓄电池的特点是使用薄极板来降低蓄电池的内阻，并加入一些活性添加剂。由于采用了薄极板，同样大小的蓄电池壳中的极板片数增加，与电解液的接触面积增大，使蓄电池容量增加，降低了内阻，提高了蓄电池输出功率。

（3）**预热** 在温度低时对发动机进行预热是改善混合气形成，提高燃料蒸发性和雾化性，降低起动阻力并减小起动过程中的零件磨损的有效方法，也是提高发动机在低温条件下起动性能的一项重要措施。

汽车的预热方法分为进气预热和发动机预热。汽车采用进气预热装置起动称为"冷态起动",采用发动机预热装置起动称为"热态起动"。一般说来,在温度低于-25℃时,推荐汽车采用"热态起动",在温度高于-25℃的低温环境下,推荐采用"冷态起动"。

1) 进气预热。进气预热装置是在起动时加热进气气流的一种低温起动附加装置。按照加热进气热源的不同,进气预热装置可分为电热进气预热装置与火焰进气预热装置两大类。电热进气预热装置采用广泛,它利用装在进气系统中的电热塞对进气气流进行加热,以改善发动机的低温起动性能。电热塞的工作由计算机控制,计算机根据进气温度和冷却液温度来控制电热塞是否通电及通电时间,并能在起动后自动切断电源。火焰进气预热装置是应用于柴油机低温起动的辅助方式,它是在进气管内利用火焰来加热进气气流,能将起动温度下降20℃左右,明显提高柴油机的低温起动性能。

2) 发动机预热。进气预热装置虽然冷态起动效果明显,但由于发动机机体温度很低,起动过程中润滑条件差,发动机总成磨损严重,因此采用发动机预热方式,能更好地解决低温起动遇到的这些问题。这种预热方式能保证汽车在-40℃的低温条件下顺利起动。发动机预热一般采用热水、热蒸气、热空气、电热器和红外辐射加热装置等。

(4) **合理使用燃油和机油** 发动机合理使用燃油和机油也是改善汽车低温使用性能的重要措施。低温条件下使用的燃料应具有良好的蒸发性、流动性、低含硫量,以利于低温起动和减小磨损。某些国家有专门牌号的冬季汽油和柴油,供汽车在严寒地区使用。

(5) **正确使用防冻冷却液** 在低温条件下使用防冻冷却液,是改善发动机低温起动性能和防止冷却系易冻的一项重要措施。使用防冻冷却液,能大大减少起动前的准备时间,减轻驾驶人的劳动强度。

使用防冻冷却液的过程中应注意以下几点:

1) 防冻冷却液的冰点应比使用地区的最低温度低5℃。

2) 防冻冷却液表面张力小,因而易泄漏,加注前应检查冷却系统的密封性。

3) 防冻冷却液膨胀系数大,一般只应加到冷却系统总容量的95%,以免升温膨胀后防冻冷却液溢出。

4) 经常用密度计检查防冻冷却液成分。使用乙醇型防冻冷却液时,乙醇蒸发快,应及时添加适量乙醇和少量的水,乙二醇型和甘油型防冻冷却液只需添加适量的水。

5) 添加防冻冷却液前,应先将发动机熄火,待其温度降低后再添加,以免烫伤。

6) 乙二醇有毒,使用中应特别注意。

表11-1列出了防冻冷却液的组成成分及其相关参数。

表11-1 防冻冷却液的组成成分及其相关参数

成 分	凝固点/℃	沸点/℃	比热容/[kJ/(kg·℃)]
水	0	100.0	4.18
甘油	-17.0	290.0	2.43
乙醇	-117.0	78.5	2.43
甲醇	-97.8	64.5	—
乙二醇	-11.5	197.5	2.72

(6) 调整供油系和点火系 为便于低温起动,应适当增加断电触点的开启角度,使点火提前角稍有增大,并将触点间隙略微调小,一般以 0.3~0.4mm 为宜,以增加其闭合角度,提高电火花强度。

另外,由于冬季行车时,风窗玻璃容易结霜,特别是刮风飘雪时,驾驶人的视野变差,操作困难,给安全运行造成隐患。可在风窗玻璃上涂饱和盐水与甘油的溶液,以降低露水的凝点。由于冰雪路面附着系数小,汽车行驶时容易打滑,因此可在行车时使用防滑链,并采取"两轻两少"的行车要领,即轻踩加速踏板,轻打转向盘,少换档,少制动。

11.3.3 汽车在高温条件下的使用

1. 高温对汽车使用性能的影响

在高温条件下,由于热辐射强,汽车往往由于发动机过热,使其动力性、经济性和行驶可靠性变差,严重时会影响汽车正常行驶。

汽车在高温环境中,发动机冷却系的散热温差小,散热能力差,发动机容易过热。汽车发动机散热器的散热量 Q 可表示为

$$Q = KS\Delta T \tag{11-2}$$

式中 Q——散热量;
K——传热系数;
S——散热器的散热面积;
ΔT——散热器内外温度差。

当散热器一定时,K 和 S 的数值变化不大,散热量 Q 主要取决于 ΔT。在高温条件下,由于发动机冷却液与外界的温差变小,导致冷却系散热量变小,使发动机过热。

在高温条件下行驶的汽车,由于发动机过热,往往会出现下述问题:

(1) 发动机充气系数下降 温度高,空气密度小,发动机的实际进气量减少;由于发动机过热,发动机舱盖内的温度更高,发动机的充气能力降低。充气系数下降,造成发动机功率下降,导致汽车行驶无力。另外,由于充气系数下降,混合气相对变浓,汽车废气中有害物质(CO、HC、NO_x、碳烟)的浓度增大,环境污染加剧。

试验表明,当外界温度为 32~35℃时,若冷却液不沸腾,发动机的最大功率仅为在该转速下所能发出的最大功率的 34%~48%。如果温度为 25℃,则由发动机舱盖外吸入空气,可使发动机最大功率提高 10%。

(2) 燃烧不正常 由于温度高,进入气缸的混合气温度也高,发动机整个工作循环的温度也高,而散热器的散热效率又低,使发动机处于过热状态,燃烧室内末端混合气接收的热量多,加剧焰前反应,从而容易产生爆燃。

此外,过热的发动机使积存于活塞顶部、燃烧室壁、气门顶部及火花塞上的积炭形成炽热点,易造成可燃混合气的早燃。这种不正常的燃烧更加剧了发动机的过热现象,形成恶性循环,气缸体和气缸盖易产生热变形甚至裂纹,较为常见的是烧坏气缸垫、气门及气门座。

(3) 机油易氧化变质,发动机磨损加剧 在高温条件下,发动机的燃烧室、活塞和活塞环区域及油底壳是引起机油性质发生变化的主要区域。因为这些区域的温度很高,加剧了机油的热分解、氧化和聚合过程。燃烧的废气窜入曲轴箱,不但使油底壳的温度升高,还污染了机油。而且温度越高,机油的变质越快。

在高温条件下运行的汽车，虽然起动过程的磨损减少了，但行驶时间过长，尤其是超载爬坡或高速行驶时，机油温度更高。随着机油黏度的下降，其性质变差，压力降低，加速了零件的磨损。

（4）**供油系易产生气阻** 汽车在高温条件下或在高原山区行驶时，发动机舱盖内的温度很高，有时会出现供油不足，甚至供油完全中断，致使汽车行驶无力甚至熄火，这种现象称为气阻。

供油系受热后，部分汽油蒸发成气体存在于油管及油泵中，这不仅增加了汽油的流动阻力，同时由于气体的可压缩性，油泵出油管中的油蒸气随着油泵的脉动压力不断地被压缩和膨胀，破坏了油泵在吸油行程中所形成的真空度，造成发动机供油不足甚至中断，严重时形成供油系气阻。在高温条件下，特别是汽车满载爬坡或以低速长时间行驶时，更容易产生气阻。

（5）**点火系工作不正常** 汽车在高温环境中行驶时，因点火线圈过热而使高压火花减弱，容易出现发动机高速断火现象，严重时会烧坏点火线圈。环境温度升高，蓄电池的电化学反应加快，电解液蒸发快，极板易损坏，同时易产生过充电现象，影响蓄电池的使用寿命。

（6）**易出现爆胎** 在高温条件下，橡胶老化速度加快，强度减弱，因行驶中散热不良，轮胎内温度升高，气压增大，容易出现爆胎。

在高温条件下，轮胎因升温而使胎体强度下降。如果汽车超载行驶，容易产生胎面脱胶和胎体爆破。轮胎的负荷能力以速度为基础，行驶速度越高，负荷能力相应减小。

轮胎的最高工作速度有统一规定，一般在子午线轮胎的胎侧都注有速度符号。同一规格轮胎可能有不同的速度标志，使用中应正确选用，不可超速行驶。

2. 改善汽车高温使用性能的主要措施

（1）**提高发动机冷却系的冷却强度** 每种汽车的冷却系只能适应一定的使用条件。在高温条件下使用时，需要在结构方面加大冷却系的冷却强度。其主要措施是，增加风扇叶片数、直径或叶片角度；提高风扇转速；采用形状过渡圆滑的护风圈等；尽量使气流通畅、分布均匀、阻力小、没有热风回流现象及避免散热器正面存在无风区，风扇对散热器的覆盖面积要大。还可以采用通风良好的发动机舱盖、发动机舱盖外吸气、冷却供油系等方法减小吸入空气及燃料温度的变化。

（2）**加强季节维护** 根据夏季温度高的特点，为了适应汽车正常运行的需要，在夏季来临之前，应结合二级维护对汽车进行一次必要的季节检查与调整。

首先，应加强冷却系的维护，清除污垢，保持冷却系有良好的冷却效果。行车中勿使发动机过热。在发动机、散热器过热时，应及时停车降温，且注意不要熄火，防止发动机因内部过热而发生拉缸事故。

同铸铁和铝相比，污垢热导率很低，因此污垢会影响冷却系的散热强度。清除冷却系污垢可提高散热能力。此外，还应定期检查节温器的工作情况。

其次，加强润滑系的维护。在高温条件下，发动机应采用黏度高的机油并适当缩短换油周期。在灰尘较多的地区，应加强空气滤清器的维护。在条件允许的情况下，对于在高温条件下连续行驶的车辆，要加装机油散热器和选用优质机油。润滑脂在高温下易流失，特别是应按规定周期检查和维护用于润滑轮毂的润滑脂。

最后，加强对制动系的维护。汽车制动液在高温下也可能产生气阻。对于带有液压制动系的汽车，在经常制动的情况下，制动液温度可达 80~90℃，甚至达 110℃。为了保证行车安全，应选用沸点高（不低于 115℃）的制动液。

(3) **防止爆燃**　由于发动机爆燃与发动机的进气温度有很大的关系，从而可以改变进气方式，降低进气温度，以防止爆燃。例如，在夏季，某型汽车满载拖挂行驶时，发动机舱盖下的温度可达 60℃。如果将空气滤清器原进气缝隙密闭，另开进气口，用连接管通至散热器侧支撑板处，在支撑板上开口，即改进成前吸式空气滤清器，使进气不受发动机热辐射的影响。试验表明，在汽车满载拖挂（汽车列车总质量为 14t）上坡行驶（坡度为 8%）时，进气温度下降近 10℃，减小了爆燃倾向。在使用中，可适当推迟点火时间，防止爆燃。此外，还要根据发动机压缩比选用相应辛烷值的汽油。

(4) **防止气阻**　对于使用中的汽车，防止气阻的措施是在原车的基础上改善发动机的散热和通风状况，以及隔开供油系的受热部位。具体措施如下：

1) 行车中发生了气阻，可用湿布使油泵冷却或驾驶汽车至阴凉处，降温以减少和消除气阻。

2) 改进油泵的结构，现代汽车将油泵安装在燃油箱内、增加供油及增设回油管路，均可有效地防止气阻。

3) 改变油泵的安装位置，由原来靠近排气管后侧处，移至排气管前面通风良好处，并在油泵与排气管之间加装一块隔热板，以防油泵受高温而不能正常工作。

4) 装用电动油泵。电动油泵具有结构简单、工作可靠、不受安装位置的限制（即可以远离热源装在汽车车架外侧）等优点，有利于防止气阻产生。

(5) **防止行车时爆胎**　长时间在高温条件下行驶的汽车，很容易出现爆胎事故，必须给予充分的重视，并应严格做到以下两点：

1) 在运行中随时注意轮胎的温度和气压，经常检查，保持规定的气压。

2) 在高温条件下行驶时，应适当降低车速，每行驶一段距离应停车于阴凉处，待轮胎温度降低后再继续行驶，不得中途采用放气或用冷水冲浇轮胎的方法降低气压，以免加速轮胎损坏。

(6) **注意车身维护**　试验结果表明，在湿热地区，漆涂层的主要损坏是老化、褪色、失光、粉化、开裂和起泡等，电镀层的主要损坏是脱皮及锈蚀等。因此，在维修中应注意喷漆前的除锈和采用耐腐蚀、耐磨性高的涂层，并加强外表养护作业。

高温、强烈的阳光、多尘和多雨均影响驾驶人的劳动强度、行车安全和乘客舒适性。应加装空调设备、遮阳板，或者加强驾驶室、车厢的通风和防雨。

11.3.4　汽车在高原和山区条件下的使用

1. 高原和山区对汽车使用性能的影响

汽车在高原行驶时，由于海拔高、空气稀薄、气压低，发动机充气量少，因此汽车的动力性和燃料经济性下降。汽车以低档爬坡时，发动机易过热，停车时，发动机又很快冷却。因此，应采取良好的发动机冷却和保温措施。汽车在山区行驶时，换档、制动和转弯次数多，底盘机构的载荷大，轮胎磨损大，应适当缩短维护周期。

(1) **高原和山区对发动机动力性的影响**　随着海拔的升高，气压逐渐降低，空气密度减小，充气量下降，发动机动力降低。

发动机功率指标中的平均指示压力 p_i 与充气系数 η_v 成正比，即

$$p_i = \frac{H_{mo}\eta_i}{1000\alpha}\eta_v \tag{11-3}$$

式中　p_i——平均指示压力（kPa）；

　　　H_{mo}——理论混合气的热值（kJ/m³）；

　　　α——过量空气系数；

　　　η_i——指示效率；

　　　η_v——充气系数。

当气压下降时，若进气温度和进气系统的阻力不变，进气终了时刻的气缸内压力与进气压力的比值基本不变，则充气系数变化不大。但是，随着海拔升高，气压逐渐降低，空气密度减小（表 11-2），发动机的进气量减小，平均指示压力下降。

表 11-2　海拔、气压、温度及空气相对密度的关系

海拔/m	气压/kPa	气压比例	温度/℃	空气密度/（kg/m³）	空气相对密度
0	101.3	1.0	15.0	0.2255	1.0
1000	89.9	0.887	8.5	0.1120	0.9074
2000	79.5	0.7845	2.0	0.1007	0.8215
3000	70.1	0.6918	-4.5	0.9094	0.7421
4000	51.3	0.6042	-11.0	0.8193	0.6685
5000	54.0	0.533	-17.5	0.7363	0.6007

对于四冲程发动机，发动机功率 P_i 与平均指示压力成正比，即

$$P_i = \frac{p_i V_h n}{120} \times 10^{-3} \tag{11-4}$$

式中　P_i——发动机指示功率（kW）；

　　　V_h——发动机总工作容积（L）；

　　　p_i——平均指示压力（kPa）；

　　　n——曲轴转速（r/min）。

对于一定型号的发动机，在转速不变的情况下，平均指示压力直接影响发动机功率，即发动机功率随海拔的升高而下降。

图 11-6 所示为某型商用汽车发动机功率、转矩与海拔的关系。海拔 4000m 比海拔为零时的发动机功率降低 40%~50%。海拔每上升 1000m，发动机功率和转矩分别下降 12% 和 11% 左右。

海拔也影响汽车的速度性能。海拔每增高 1000m，加速时间和加速距离增长 50%，最高车速下降约 9%。

海拔也对发动机的怠速性能有很大影响。由于进气管真空度下降，进气量不足，发动机怠速转速下

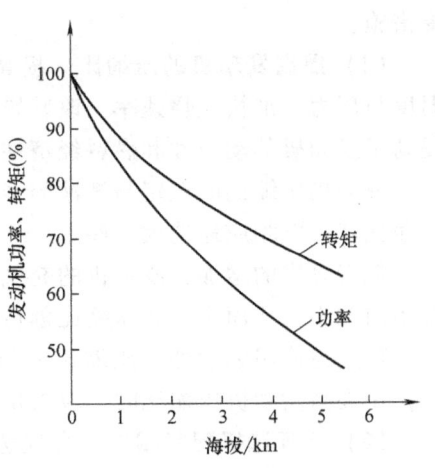

图 11-6　海拔对发动机功率、转矩的影响

降。海拔每增加1000m，怠速转速下降约50r/min。同时，发动机怠速稳定性变差。

(2) 对发动机经济性的影响　发动机正常工作状况下的喷油量和混合气浓度的设计一般是按照海拔在1000m以下的条件设计的。在高原行驶的汽车，由于空气密度下降，充气量将明显降低。随着海拔的增加，空燃比变小，混合气变浓，若不能进行修正，会使发动机油耗增大。电子控制燃油喷射发动机的控制单元可对空气状况（气压）进行修正。

由于气压降低，燃料蒸发性提高，就燃料蒸气压力、蒸馏特性而言，当气压从101kPa降至80kPa（海拔约为2000m）时，相当于外界温度上升8~10℃所造成的影响。因此，高原行车易产生气阻和渗漏等问题，致使油耗增大。同时，因发动机功率不足，汽车需经常以低档行驶，这也是引起油耗增大的原因之一。

综上所述，即使是同一台发动机，由于气压不同，其动力性和燃料经济性也不同。为了使功率、耗油率的标定不致混乱，需进行大气修正。

(3) 对汽车制动性能的影响　在山区行驶的汽车，由于地形复杂，经常会遇到上坡、下坡、窄路、弯道等情况。影响山区行驶安全的主要问题是汽车的制动性能。

在山区行驶时，汽车需要经常制动减速，致使制动器摩擦片和制动鼓经常处于发热状态，特别是在下长坡时，摩擦片、制动鼓的工作温度可高达400℃以上。而制动器的温度在一般情况下不应超过200℃，温度过高时，制动器摩擦片的摩擦因数将明显下降，导致汽车的制动性能变差。此外，由于摩擦片常处于发热状态，磨损加剧并常产生碎裂现象。

在山区行驶中使用气压制动时，特别是在高原山区，因空气稀薄，空气压缩机供气压力不足，加之制动次数多，耗气量大，因此往往不能保证汽车，特别是汽车列车的制动可靠性。

在高原山区行驶的汽车，使用制动频繁，制动器因摩擦而生热，使制动系统温度升高。如果使用沸点低的制动液，则在高温时由于制动液的蒸发而产生气阻，从而引起制动失灵。

(4) 对汽车排气污染物的影响　海拔对排气污染物的生成也有影响。由于海拔影响发动机的空燃比，空燃比的变化又导致排气成分浓度的改变，从而影响有害物质的排放量。CO、HC的排放浓度随海拔升高而增大，而NO_x的浓度则有所下降。

2. 改善汽车在高原山区使用性能的主要措施

在高原山区行驶的汽车，为提高汽车的动力性、经济性，确保行车安全，可采取如下主要措施：

(1) 提高发动机的压缩比　提高发动机的压缩比，不仅可以提高压缩终了时气缸内的温度与压力，加快燃烧速率，改善燃烧过程，减小热损失，而且可采用较稀的混合气，从而提高了发动机的动力性和燃料经济性。

发动机压缩比的选定与汽油的辛烷值有直接关系。汽油的辛烷值越高，爆燃倾向越小，压缩比就可以相应地选大一些。

随着海拔的增加，发动机的充气量下降，压缩终了的气缸压力及温度相应降低，因此爆燃倾向减小，从而为提高压缩比创造了有利条件。

除上述使用因素外，压缩比还与大气温度、汽车负荷、发动机热状态等因素有关。因此，在提高发动机压缩比时，应根据具体使用条件，合理选择压缩比。

(2) 合理选择配气相位　合理选择配气相位可以提高发动机的充气系数，改善发动机的动力性和燃料经济性。配气相位的确定，应与发动机的实际转速范围相适应。发动机的转速不同，进、排气门开、闭角对气流惯性的影响也不同，因而进、排气门开闭的最有利的角度应随之变化。在进、排气门开闭的四个时期中，进气迟后角和排气提前角的影响最大。

进气迟后角是利用气流惯性提高充气系数的，在一定的气流惯性下，对应着一个最佳迟后角。进气迟后角减小能提高低转速下的充气系数，改善发动机低速范围的动力性与经济性。反之，进气迟后角增大，对经常处于高速运转的发动机有利。

排气提前角主要影响做功行程中膨胀功损失 P_W 和排气行程中的排气功损失 P_X。排气提前角增大，P_W 增加，P_X 减小；排气提前角减小则 P_W 减小，P_X 增加。最佳的排气提前角可使 P_W+P_X 的值最小。试验表明，随着发动机转速的提高，排气提前角增大。

为了使凸轮轴的设计（凸轮线型和各凸轮间的夹角等）更为合理，其应与发动机常用转速工况相适应，以提高充气量，改善汽车在高原地区的使用性能。

（3）采用增压技术　废气涡轮增压器实际上是一种空气压缩机，通过压缩空气来增加进气量。增压器是利用发动机排出的废气能量推动涡轮室内的涡轮，涡轮又带动同轴的叶轮，叶轮压缩来自空气滤清器的空气使之增压进入气缸。当发动机转速加快时，废气排出速度与涡轮转速也同步加快，叶轮压缩更多的空气进入气缸，使空气的压力和密度增大，相应增加喷油量和调整发动机转速，就可增加发动机的输出功率，降低油耗。

柴油机由于无爆燃的限制，使用增压器比较合适。柴油机安装增压器后（一般是废气涡轮增压），增加了充气量，压缩终点的压力和温度也得到相应提高，从而改善了发动机的动力性和燃料经济性。由于发动机的工况复杂及发动机舱盖下空间的限制，要求增压器结构紧凑，涡轮等旋转零件的转动惯量小，反应敏感。此外，还应对柴油机的供油量及喷油提前角进行适当的调整。

汽油机采用废气涡轮增压的困难很大，其中主要是要解决爆燃问题和涡轮热负荷过高问题。可采用中冷器，使吸入的空气在中冷器冷却后再进入气缸。总之，废气涡轮增压技术在汽油机上的应用受到一定限制，但是为使在高原地区使用的汽车恢复原有的发动机功率，使用增压技术仍是行之有效的方法。

随着海拔的升高，混合气变浓，燃烧不完全。为此，应按海拔的升高减小供油量，适当增大空气量，以改善混合气的形成质量，提高发动机的动力性和燃料经济性。

随着海拔升高，发动机压缩终了的压力降低，火焰的传播速度减慢，而空气稀薄又使分电器的真空提前装置受到影响。为此，可将点火提前角略为提前 1°~2°，或适当调整火花塞和断电器触点间隙，以使火花塞产生较强的火花，还可适当增大火花塞间隙。

（4）采用含氧燃料　所谓含氧燃料就是在汽油中掺入酒精、丙酮及其他含氧化合物。由于掺入的含氧燃料的分子中都含有氧元素，在燃烧过程中，理论上需要的空气量减少，从而克服了因气压低而产生的充气量不足的问题。试验表明，采用含氧较高的燃料，其相对效能随海拔的增加而提高。

（5）改善润滑条件　在高原地区行驶的汽车，其所使用的发动机油应具有良好的黏温性，以保证发动机在低温条件下起动时性能良好，以及在高温条件下润滑性能良好。为防止机油变质，应保持良好的曲轴箱通风条件，并采用机油散热器散热。

（6）采用耐高温制动摩擦片　由于山区地形复杂，经常会遇到上坡、下坡、窄路、弯道等问题，所以在山区行驶时，汽车需要经常制动减速，因此制动系的使用特点是制动频繁，致使摩擦片和制动鼓（盘）经常处于发热状态。

汽车制动器抗热衰退性能与制动器摩擦副材料及制动器的结构有关。采用耐高温制动摩擦片是一种改善汽车在高原山区条件下安全性的简单易行的方法。耐高温摩擦片采用环氧树脂、三聚氰胺树脂等改进的酚醛树脂作为黏合剂或采用无机黏合剂,将摩擦材料粘结、固化成形而制成。

(7) 采用辅助制动器　辅助制动器主要有电涡流、液体涡流和发动机排气制动器三种。前两种辅助制动器由于体积较大,结构复杂,多用于山区或矿用的重型汽车上,又称电力或液力下坡缓行器。发动机排气制动是一种有效而简便的措施,它是在一般发动机制动的基础上,在发动机排气管上安装一个排气节流阀,当使用排气制动时,切断发动机的燃料供给,关闭排气节流阀,达到降低车速制动汽车的目的。排气制动也属于缓行制动装置,多用在重型汽车上。排气制动可保证各车轮制动均匀,制动功率可达发动机有效功率的80%~90%。

(8) 制动器淋水散热　为了防止制动器过热,在下长坡时,对制动鼓外圆进行淋水冷却效果很好,可以基本防止摩擦片产生烧蚀。在下坡之前,驾驶人应提前将制动淋水开关打开,使水淋到每个制动鼓上,从而带走制动时所产生的热量。但是,这种方法需要有充足的水源,在缺水地区无法使用。此外,经常需要停车加水,增加了驾驶人的劳动强度并降低了运输生产率。

(9) 采用大范围可调制动比例阀　现有的比例阀主要用于防止后轴制动抱死,不能解决前轮制动抱死问题,而一些进口矿用车的前轮制动减压阀,又只能用于防止前轮抱死,而且以上两类阀一般都是固定比例的,不适用于制动工况变化很大的山区情况。因此有必要采用一种从前轮制动减压到后轮制动减压的大范围可调比例阀。

(10) 采用矿油型制动液　在高原地区行驶的汽车,因制动频繁,制动管路容易发生"气阻"现象,致使制动失灵,行车不安全。采用矿油型制动液,其制动压力传递迅速,制动效果好,不易挥发变稠,制动液消耗也较少。但使用矿油型制动液,必须换用耐矿物油的橡胶皮碗。

(11) 防止爆胎　海拔升高时,轮胎气压也会升高。在海拔为4000m时,轮胎气压比在海平面上增加约501kPa。因此在高原山区行车时,需注意保持轮胎压力不超过规定值,同时注意轮胎的工作温度。

(12) 改善灯光,确保夜间行车安全　由于山区路窄弯多,应加宽汽车前照灯照射角度,以使在急转弯时有可靠照明。前照灯最好采用能随转向传动机构做相应转动的装置。

(13) 加强维护保养　汽车在高原和山区行驶时,因换档、制动和转弯次数多,道路崎岖不平,底盘的负荷大,轮胎磨损剧烈,所以维护周期应适当缩短。高原地区的冬季一般兼有寒区的低温特点,因而也要遵照寒冷地区的使用要求加以维护。

11.3.5　汽车在坏路或无路条件下的使用

坏路是指泥泞的土路、冬季的冰雪道路和覆盖砂土的道路等;无路是指松软土路、耕地、草地和沼泽地等。

汽车在坏路和无路条件下行驶时,其平均技术速度和载质量明显下降,影响了汽车运输生产率。显然,汽车的通过性是其主要问题。

1. 汽车在坏路和无路条件下的使用特点

在坏路和无路条件下,汽车驱动轮与路面的附着力减小,车轮的滚动阻力增大,且突出的障碍物也会影响汽车的通过,从而导致汽车的牵引-附着条件变差。

(1) 土路 汽车在松软的土路上行驶时,支撑路面将出现残余变形,车轮在路面上形成车辙,滚动阻力增大,甚至陷车无法行驶。汽车在泥泞而松软的土路上行驶时,常因附着系数低,导致驱动轮打滑,使汽车无法通过。

汽车在土路上的附着系数与土壤的性能状况、轮胎气压和花纹、汽车驱动轴上的载荷及汽车的行驶速度有关。

附着程度的好坏主要取决于轮胎与路面的接触处变形后的相互摩擦情况。在干燥平坦的土路上,附着系数为 0.5~0.6;在不平整的低级道路上,由于轮胎与路面的接触面积减小,附着系数下降;当路面潮湿或为泥泞路时,由于其表面坑洼都被泥浆填满,阻碍了轮胎与路面间的接触,致使附着系数降低到 0.3~0.4 甚至更低。

轮胎花纹和轮胎气压对附着系数的影响较大。越野花纹轮胎的抓着力大,附着系数大,适于无路和坏路条件下的使用。轮胎气压低,轮胎与路面的接触面积大,单位压力减小,增加了轮胎与路面的附着力。

在较差的路面上行驶时,轮胎花纹和气压对汽车最大牵引力有极大的影响(表 11-3)。

表 11-3 不同花纹的 9.00-20 轮胎最大牵引力对比试验结果

路 面	硬质泥土路		草 地		砂 地	
轮胎气压/kPa	350	550	350	550	350	550
使用越野花纹轮胎的最大牵引力/N	25000	23000	17000	15000	8000	6000
使用普通花纹轮胎的最大牵引力/N	21500	20000	14000	11000	6000	5000
两者最大牵引力的差值/N	3500	3000	3000	4000	2000	1000
越野轮胎提高(%)	16.3	15.0	21.4	36.3	33.3	20.0

(2) 砂路 砂路的特点是表面松散,受压后变形大,嵌入轮胎花纹内的砂土在水平方向上的抗剪切能力差,抓着力小,使附着系数降低。同时,车轮的滚动阻力增大,干砂路和流砂路容易使汽车发生打滑,特别是流砂路,车轮的滚动阻力系数为 0.15~0.30 甚至更大,而驱动轮由于附着系数小而空转,影响汽车的通过性。

(3) 雪路 雪路对汽车通过性的影响主要取决于雪的特性(即雪层的密度和硬度)和深度。雪层密度越大,其承受的压力也越大。雪层密度与温度和压实的程度有关。温度越低,雪层密度越小。雪层硬度也与温度有关,温度低,雪层干而硬;温度高,雪层软而松。当温度为 -15~-10℃ 时,雪路的性能见表 11-4。由表可知,雪路比一般刚性路面对车轮的滚动阻力增加了,而车轮的附着系数显著下降,雪层的密度越小,汽车的行驶条件越差。

表 11-4 -15~-10℃ 低温条件下雪路的主要性能

雪的状态	密度/(g/cm³)	车轮滚动阻力系数	车轮附着系数
中等密度雪	0.25~0.35	0.10	0.1
密实雪	0.35~0.45	0.05	0.2
非常密实雪	0.5~0.6	0.03	0.3

雪层的厚度对汽车行驶也有一定的影响。经车轮压实,平坦而密实的雪层厚度为 7~10cm 时,对汽车的正常行驶影响不大;当雪层特别是松软雪层增厚时,汽车的通过性将明显下降。

使用经验表明，雪层厚度大于汽车最小离地间隙的1.5倍、雪的密度低于0.45g/cm³时，汽车便不能通过。

(4) 冰路　汽车在冰路上行驶时，轮胎与冰面的附着系数非常低。冬季有冰道路的附着系数可降低到0.1以下，但是车轮滚动阻力与刚性路面相比稍有增加。为了保证行车安全，在冰路上行驶时的车速要低，行车间隔要大。特别是通过河流或湖泊的冰面时，还需要检查冰层厚度和坚实情况（裂缝、气泡或雪的夹层）。

冰层除了表面有一层冰雪外，主要由混浊的上层冰层和透明的下层冰层组成。在检查冰层厚度时，每隔15~25m测量一次这两部分冰层的厚度，并观察冰层的状况。

在温度低于0℃，汽车通过冰封的渡口时，冰层的最小厚度见表11-5。

表11-5　冰层的承受能力

汽车(汽车列车)的总质量/t	冰层厚度/cm(-20~-1℃)	从渡口到对岸的最大距离/m	
		海冰	河冰
≥3.5	25~34	16	19
≥10	42~46	24	26
≥40	80~100	38	38

注：春天的冰层厚度标准应提高1.5~2倍。

汽车在坏路或无路条件下使用，燃油消耗量比一般正常使用条件约高35%。

2. 改善汽车在坏路或无路条件下使用性能的主要措施

在坏路或无路条件下使用汽车时，改善驱动轮与路面的附着系数、减小滚动阻力对提高汽车的通过性有重要作用。

从使用方面改善汽车通过性的措施主要有：提高车轮与路面的附着力或减小轮胎对地面的压力，防止车轮打滑；采取汽车自救措施；合理使用汽车轮胎。

(1) 降低滚动阻力，提高车轮与路面的附着系数　在汽车驱动轮上装防滑链是提高车轮与路面附着系数的有效措施，已得到广泛应用。防滑链的形式主要取决于路面状况和汽车行驶系的结构。防滑链有普通防滑链、履带式防滑链和防滑块三种。

普通防滑链是带齿的（圆形、V形或刀形）链条，用专用的锁环装在轮胎上。这种防滑链适用于冰雪路面和松软层不厚的土路，而用于松软层厚的土路或黏土路时效果明显下降。

履带式防滑链有菱形和直形两种形式，适用于松软层很厚的土路，它能保证汽车在坏路上，甚至驱动轮陷入土壤或雪内时仍可以通过，菱形履带链还具有防侧滑能力。

防滑链的缺点是链条较重，拆装不方便，而且装有防滑链的汽车，其动力性和燃料经济性均会下降；在硬路面上行驶时冲击大，轮胎和后桥磨损增大。因此仅在困难道路上行驶时，轮胎才装用防滑链。在短而难行的无路地段，宜使用容易拆装的防滑块和防滑带。

(2) 采取合理的驾驶方法　汽车在恶劣的道路上行驶时，应选择适宜路线，尽可能避开泥泞和滑度较大的路面。通过泥泞或翻浆路时，最好一次性通过，途中不要换档和停车。被迫停车后再起步时，若为空车则挂中速档；若为重车则挂低速档；轻踩加速踏板起步，使驱动力低于附着力，以免汽车打滑。

此外，松软道路因附着系数低，所以需防止侧滑。驾驶过程中不能使用紧急制动，转向也不能过急，以免发生侧滑危险。在坡道或急转弯行驶时更要注意。如果发生侧滑，首先要抬起加速踏板降低车速，并立即将转向盘向车轮侧滑的方向转动（在路面允许的情况下），以防止继续发生侧滑或事故。

当车轮已陷入泥泞道路空转时，不可盲目踩加速踏板强行驶出，以免越陷越深，且强行驶出易损坏机件。

（3）**合理使用轮胎** 汽车轮胎对其通过性具有决定性的影响。为了提高汽车在坏路和无路条件下的通过性，可根据路况选择汽车轮胎气压和花纹。

在松软道路上，汽车轮胎单位面积的压力越大，滚动阻力越大，汽车的通过性越差。所以，降低轮胎气压，增加轮胎宽度，可降低车轮的滚动阻力，提高汽车的通过性。轮胎气压减小后，轮胎与路面的接触面积增大，单位压力减小，致使车轮的滚动阻力减小，并改善了附着条件。但轮胎气压降低后，轮胎变形加大，使用寿命降低，因此不能使轮胎长期在低气压状况下工作。

轮胎花纹对滚动阻力和附着力的影响也较大。轮胎胎面花纹可分为普通花纹、越野花纹和混合花纹，即纵向花纹、横向花纹和纵横混合花纹。

越野花纹轮胎的特点为，花纹横向排列、花纹沟槽深、凸出面积小，抓着力大、抗刺扎且耐磨性好，适合在坏路和无路条件下使用；普通花纹轮胎适合在硬路面上使用；混合花纹轮胎适合在各种路面上使用。

在使用中，应注意轮胎的磨损情况，轮胎花纹的剩余深度是检查轮胎磨损的标准。因此，在轮胎花纹沟底部，轮胎生产厂应当设计磨损限度标志，每个轮胎有 4~6 个或更多，在轮胎胎肩处设有相同数目的磨损限度位置的标志。磨损大的轮胎附着力小且容易爆胎，不适合在坏路上使用。

（4）**采用自救或他救措施** 汽车克服局部障碍或陷住时，可采用自救或他救措施。他救就是用其他车辆拖出已陷入的汽车。无法他救时，可采用自救措施。一般的自救措施是，去掉松软泥土或雪层，在驶出的路面上撒砂、铺石块或木板等，然后将汽车开出。也可以将绳索绑在树干（或木桩）和驱动轮上，如同绞盘那样驶出汽车。

11.4 天然气汽车和新能源汽车的安全使用和维护

天然气（一般为压缩天然气，CNG）汽车驾驶人必须经过技术培训，取得合格证后才能驾驶天然气汽车。

11.4.1 天然气汽车安全使用

CNG 汽车的使用主要分为正常操作、停车注意事项和进站加气注意事项三个部分。

1. 正常操作

CNG 汽车的发动机特性决定了它在发动机低转速时的输出功率较汽油机稍小，因而相对来说提速较慢，所以要注意汽车的正确使用和操作。

1）发动机起动前。缓慢开启各天然气气瓶阀，然后缓慢开启高压截止阀，观察压力表，了解天然气压力，检查管线接头和减压阀是否漏气。打开气阀时，人员不要站在阀和气瓶的正面。

2）天然气起动。将燃料转换开关置于"气"位置，点火开关置于"点火"位置，燃料转换开关上的指示灯亮，即可按汽车正常操作程序起动运行。

3）行驶途中。使用天然气行驶时，注意观察仪表上气量指示灯，了解气量情况，当绿灯全熄而红灯亮时，表示天然气即将用完，严禁油气混烧。

4）漏气处理。汽车在行驶中发生漏气，首先应将电源关闭，使发动机熄火，迅速将气瓶截止阀关闭，然后再做其他处理。当管线破裂使气体大量泄漏无法关闭气瓶时，应立即将现场圈起，隔离火源，不允许人、车入内，待天然气散尽（天然气密度比空气小）后再做处理。如果发生火灾，除立即关闭电源和气瓶外，还应将现场圈起，用干粉灭火器灭火。

2. 停车注意事项

1）临时停车。临时停车，应选择通风阴凉、远离火源和热源之处，并设置停车警示标志。

2）当驾驶人离开汽车或临时停车较长时间时，应关闭电源及供气阀。

3）夜间停车。夜间停车，应选择通风阴凉，远离火源和热源之处。夜间停车前，应检查系统是否正常，有无漏气现象，储气瓶固定装置有无松动。

4）车停稳后，应关闭电器总开关和发动机，视情况关闭气瓶截止阀，查看并记录气表压力读数和液位数值，再次行车前，再次观察气表压力读数和液位数值，评估 CNG 管路接头是否存在微漏气隐患。

5）长期停车。汽车长期停放时，除按上述停放规定处理外，应将冷却液、燃油放尽，天然气用完，电源断开，拆下蓄电池线，将车辆置于通风、防潮、防火、阴凉之处。

6）重新使用汽车时，应确认管路完好，连接部位没有松动、泄漏，必要时进行储气瓶多次充液置放操作，才能再次使用。

7）将汽车停放在车库内时，严禁打开供气阀和使用天然气起动发动机。

3. CNG 汽车进站加气注意事项

（1）进站停车 汽车进站前，车上其他人员全部下车，在加气区外休息处等候，然后汽车按指定方向进入加气区，缓慢进入加气位置后停车，拉紧驻车制动，以免充气时汽车移动，发动机熄火。

气瓶使用登记证宜插放在驾驶台边，以配合加气人员在加气前检验确认。加气人员同时检查供气系统有无异常，无异常才能准予加气。

在加气站内禁止吸烟、使用手机和其他电器、电子设备，以防静电感应导致发生事故。

（2）开始加气 打开加气舱盖，由加气站专业工作人员取下充气阀防尘塞，清洁加气口，插入充气管，再打开总气阀，充装天然气。

在加气中，不准超压加气，压力不得高于 20MPa。使用的天然气应进行净化处理，符合车用天然气质量标准。

加气时若发生泄漏，应立即关闭加气开关和气瓶截止阀，停止加气。此时不能起动发动机，应将车辆推到空旷处，待检修合格后才能再次进站加气。

（3）加气后检查 加气完毕后，取出充气管，装上防尘塞，并检查连接处是否有泄漏现象，若无泄漏即可起动车辆。

（4）起动离站 观察管路及各接头组件连接处有无泄漏，若发现泄漏，要在修复后才能起动车辆。确认加气枪已完全脱开，加气舱盖已经盖好，才能起动车辆，缓慢驶离加气站，进行正常的行驶操作。

11.4.2 天然气汽车维护作业安全要求

1. 一般要求

CNG 汽车维护作业前，应首先进行 CNG 专用装置的密封性检查，若有泄漏应先排除故障，在确认系统密封良好后再进行维护作业。

维护作业中应先进行涉及 CNG 使用的检查、维护等作业，然后关闭储气瓶截止阀并使管路内的 CNG 耗尽，再进行其他项目的维护。

当需要进行焊割等有明火的作业时，应拆掉蓄电池及重要总成的电控元件。应安全拆卸气瓶并放入专用库房妥善保管，或在专用的符合安全防护要求的场地将 CNG 供气系统（包括储气瓶）卸压，确保供气系统内无 CNG。

若需在气瓶附近打磨或切割，应先将其拆掉或进行有效隔离。应由具备认可资格的单位、人员从事气瓶维护与检测，不得在气瓶上进行挖补、焊割等作业。

若 CNG 汽车发生漏气，应立即关闭电源和储气瓶截止阀，然后在专用场地进行处理。当高压管路破裂或脱落导致气体大量泄漏而无法关闭储气瓶截止阀时，应立即将现场隔离，不允许人、车入内，隔离火源，待天然气散尽后再做处理。

驾驶人应在出车前、行车中和收车后对车辆进行日常维护，并重点观查 CNG 专用装置有无泄漏和异常情况。

2. 压缩天然气汽车的日常维护

1) 检视 CNG 专用装置各功能部件、系统的工作状态及其连接和密封，要求状态正常且无松动、泄漏、损坏。气瓶及固定支架固定牢固、无损伤，必要时更换；CNG 管线不得与其他部件擦碰。

2) 检查 CNG 储气量，降至规定值以下时应立即加充 CNG。

3) 对于 CNG/汽油两用燃料汽车，油箱中存有的汽油应符合车辆使用规定及油品质量要求。当长期使用燃油时，应将储气瓶的燃气用完；当使用 CNG 时，应按规定定期转换燃料运行，确保两种燃料供给及其转换系统工作正常。

4) 行车中，应随时观察车辆各系统工作状况，当发现 CNG 专用装置有过热、过冷、异味等异常现象时，应立即关闭 CNG 储气瓶截止阀，并及时送 CNG 汽车维修企业进行维修。

3. 液化天然气汽车的日常维护

驾驶人应在出车前、行车中和收车后对车辆进行日常维护，重点观查液化天然气专用装置有无泄漏和异常情况。

（1）**出车前** 检查液化天然气储气量，记录液位表气压或液位数据，液位降至规定值以下时应立即加充液化天然气。

当发现气压升至 1.5MPa 或以上时，应立即送液化天然气汽车维修企业进行维修。

（2）**行车中** 应随时观察车辆各系统工作状况。当发现液化天然气专用装置有过热、过冷、异味等异常现象时，应立即关闭液化天然气储气瓶手动液气切断阀，并及时送液化天然气汽车维修企业进行维修。

（3）**收车后** 检视液化天然气专用装置（天然气供气系统包括液化天然气储气瓶、手动切断阀、天然气滤清器、低压电磁阀、汽化器、电控调压器和混合器）各部件工作状态及其连接和密封，要求状态正常且无松动、泄漏、损坏。气瓶及固定支架固定牢固、无损

伤，必要时更换，管线不得与其他部件擦碰。

车辆结束当日运行后，驾驶人应观察并记录气瓶压力、液位数据等，视情况关闭手动液气切断阀。

11.4.3 新能源汽车的合理使用

新能源汽车都以电动机作为动力来源，都有蓄电池。使用动力蓄电池的汽车的续驶里程比燃油车的短，充电速度较慢，低温条件下蓄电池充放电速度都很慢，而且续驶里程明显下降。下面以纯电动汽车的正确使用为例说明新能源汽车的日常使用注意事项。

1. **出车前充足电量**

出车之前检查电量是否充足，提前充足电量，在低电量情况下过度消耗电池会造成电池性能下降，从而影响汽车的正常起动及相关系统工作。低温条件下，电池的储电能力会下降，更加需要关注用电情况，如果长期低电量消耗，则会造成电池的损伤。车辆长期不使用时，电池存储一般采用半电存储，电量可以在30%~80%之间。

收车后及时充电，保持电量充足，行驶中当电量表黄色和红色指示灯亮时，需要尽快充电，过度放电会缩短电池寿命，同时充电时间不要过长，因为过度充电也会影响电池的使用寿命。

2. **规划行程，留有足够的电量**

在行驶前应先规划行程，估算行驶距离，如果距离过远，则应注意节约用电，尽量不开空调和音响，保持平稳的行驶，避免急制动，可以有效减小制动片的损耗和电池耗电的速度，防止中途断电。

3. **出车前先预热**

电池的容量和充电速度都随温度下降而降低。出车前，应先预热车辆，这样会增强车对外部环境的适应性，可以起到更好的保护电池的作用，增强其使用寿命。

4. **安全驾驶，避免发生碰撞**

如果汽车撞击障碍或者拖底，可能会使电池模组（电池箱）变形甚至电池泄漏，这会产生严重的爆炸火灾隐患，因此行驶中一定要关注路面情况，避免发生交通事故。带有驾驶辅助功能的汽车的主动安全性较高。如果发生交通事故，一定要检查车底部电池箱是否发生了变形甚至泄漏。

5. **尽量使用慢充，避免在低温条件下充电**

电池在充电的过程中会伴随一系列的化学反应，温度越低其充电所需要的时间就会越长，充电温度在5~25℃之间较好。所以电动汽车最好选择在相对封闭的车库内充电。

尽量使用慢充，少用大功率的快充，这样可以延长电池寿命。

6. **尽量避免大电流放电**

起步时瞬间加大电流会对电动汽车产生很大的损害，因为瞬间加大电流对电路、控制器及电动机，甚至是电池都是一个考验，经常这样驾驶会使电池的储电量下降，甚至会造成电池鼓胀。正确的做法是匀速起步，逐渐加大电流。

7. **勤充电、勤保养**

行驶后应该立即充电，这样使电池处于浅循环状态，电池的寿命会延长。应经常检查电量，如果发现电量不足，要及时充电，但是不要长时间过量充电。

8. 出车检查的一般要求

出车前应注意检查各个配件是否良好，如轮胎气压是否适当，前后制动是否灵敏，整车有无异响，螺钉是否松动，电池电量是否充足。若遇雨雪积水，不能使水淹没轮毂中心，这样有利于延长纯电动汽车电池、电机的寿命。

本 章 小 结

1. 汽车的运行条件是指影响汽车完成运输工作的各类外界条件，主要包括载荷与速度条件、燃料和润滑条件、气候条件、道路条件、驾驶技术和维修质量等。

2. 使用中为保证汽车正常工作，应合理地选用品质合适的燃料与润滑材料。

3. 环境因素对汽车发动机工作性能的影响很大。如在寒冷地区，发动机起动困难，油耗增加，机件磨损加剧，车窗玻璃容易结霜、结冰，冰雪路面附着系数下降；而在炎热地区行驶时，发动机容易过热，导致充气系数下降，燃料消耗增加，燃油蒸发压力过高，形成气阻的倾向增大，高温还会加速非金属零件的老化及变形。

4. 应根据具体的地理位置和气候条件对汽车进行相应的变型和改造，以提高汽车的适应能力。

5. 道路条件是指由道路状况决定的，影响汽车运行的因素。它是汽车使用性能的直接影响因素。

6. 装载是车辆的基本功能，也是车辆运输的具体内容。装载是否恰当，对道路使用和运输安全有很大的影响。

7. 拖挂列车的车辆制造成本和使用成本都较低，对道路也无更高的要求，因此，合理拖挂是一种非常有经济价值的运输方式。

8. 新车或大修结束的汽车在开始投入使用阶段，各部机构中的零件正处于磨合状态，仍不能全负荷运行，这个使用阶段称为汽车的磨合期（走合期）。

9. 在磨合期内，车速不易过高，发动机负荷不宜过大，因此汽车难以达到经济运行速度，经常在中低负荷条件下工作，致使油耗量增加，经济性降低。

10. 为减小汽车在磨合期内的磨损，延长机件的使用寿命，必须遵循的规定有减小载质量、限制行驶速度、选择优质燃料和润滑材料及正确驾驶等。

11. 汽车在低温条件下使用的主要问题是发动机起动困难和总成磨损严重。此外，还存在机件损坏、腐蚀、总成热状态不良、燃料及润滑油消耗增大，以及轮胎强度减弱、行车条件明显变差等问题。

12. 改善汽车低温使用性能的主要措施有加强技术维护、保温、预热，合理使用燃油和机油、正确使用冷却液等。

13. 汽车在高温环境中，发动机冷却系的散热温差小，散热能力差，发动机容易过热。

14. 改善汽车高温使用性能的主要措施有提高发动机冷却系的冷却强度、加强季节维护、防止气阻、防止爆胎等。

15. 汽车在山区行驶时，换档、制动和转弯次数多，底盘机构的载荷大，轮胎磨损大，应适当缩短维护周期。

16. 改善汽车高原山区使用性能的主要措施有提高发动机的压缩比、合理选择配气相位、采用增压技术、采用含氧燃料、采用辅助制动器等。

17. 坏路是指泥泞的土路、冬季的冰雪道路和覆盖砂土的道路等；无路是指松软土路、耕地、草地和沼泽地等。

18. 天然气汽车使用气瓶，天然气汽车的 CNG 气瓶或者 LPG 气瓶是压力容器，驾驶人必须经过培训才能驾驶天然气汽车。

19. 新能源汽车的电池能量密度比燃油小，一般电动汽车的续驶里程要小于内燃机汽车，驾驶新能源汽车时应缓加速、尽量匀速行驶，这样可以提高实际续驶里程。尽量使用慢充，勤充电，浅充电浅放电，这样可以延长电池寿命。驾驶时要避免电池受到撞击，定期保养。

习 题

1. 名词解释
1) 磨合期（走合期）。
2) 气阻。

2. 简答题
1) 汽车磨合期有什么特点？
2) 汽车磨合期应采取哪些技术措施？
3) 低温条件下汽车使用的主要问题是什么？
4) 汽车传动系在低温条件下磨损的主要原因是什么？
5) 改善汽车低温使用性能的主要措施有哪些？
6) 冷却液有哪些类型？
7) 海拔对发动机动力性和经济性有哪些影响？
8) 汽车在高温条件下的使用特点及措施是什么？
9) 高原山区对汽车的使用性能有何影响？
10) 改善汽车高原山区使用性能的主要措施有哪些？
11) 坏路或无路条件对汽车的使用有何影响？
12) 改善汽车在坏路或无路条件下使用性能的主要措施有哪些？
13) 和燃油汽车相比，天然气汽车在使用中要注意哪些问题？
14) 如何使用新能源汽车可以延长其续驶里程？

参 考 文 献

[1] 徐志军，田春芝，刘强. 汽车性能与使用 [M]. 北京：化学工业出版社，2010.
[2] 戴汝泉. 汽车运行性能 [M]. 北京：机械工业出版社，2010.
[3] 许洪国. 汽车运用工程 [M]. 北京：人民交通出版社股份有限公司，2014.
[4] 钱国刚，陆红雨，阿部真一，等. 混合动力汽车油耗测试试验研究 [J]. 汽车工程，2006，28 (11)：1028-1030.
[5] 沈华，姚健. 碳平衡法油耗检测在汽车综合性能检测站的应用 [J]. 汽车维护与修理，2011 (2)：78-80.
[6] 刘学良. 汽车自动变速器传动效率试验及评价方法研究 [D]. 长春：吉林大学，2016.
[7] 方志勤，朱丹丹，任翔，等. 自动变速器传动效率损失及占比分析 [J]. 汽车实用技术，2018 (14)：27-28.
[8] 朱西产. 实车碰撞试验法规的现状和发展趋势 [J]. 汽车技术，2001 (4)：5-10.
[9] 张文春. 汽车理论 [M]. 北京：机械工业出版社，2014.
[10] 杨万福，余晨光. 汽车理论 [M]. 广州：华南理工大学出版社，2010.
[11] 陈焕江. 汽车运用工程学 [M]. 北京：机械工业出版社，2010.
[12] 张勇斌. 汽车性能与评价 [M]. 北京：化学工业出版社，2017.
[13] 张君智. 汽车检测与诊断技术 [M]. 长春：吉林大学出版社，2015.
[14] 付百学. 汽车试验技术 [M]. 2版. 北京：北京理工大学出版社，2015.
[15] 张西振，黄艳玲，张成利. 汽车运用工程 [M]. 北京：北京理工大学出版社，2014.
[16] 全国汽车维修专项技能认证技术支持中心编写组. 制动系统 [M]. 北京：教育科学出版社，2004.
[17] 鲁植雄. 汽车运用工程 [M]. 北京：机械工业出版社，2015.
[18] 丁莉，邹雄辉，戴春蓓，等. 轻型车国六与国五排放标准比对分析 [J]. 小型内燃机与车辆技术，2019，48 (3)：54-59.
[19] 赵虎. 国六排放标准及其实施和影响分析 [J]. 汽车维护与修理，2019 (11)：65-67.
[20] 杨明志，肖毅，齐永唐，等. 内燃机代用燃料发展前景探索研究 [J]. 内燃机与配件，2018 (9)：218.
[21] 王山，朱海兵，姚王锴，等. 轻型汽油车的实际道路排放试验研究 [J]. 汽车实用技术，2019 (16)：140-143.